完本

日本武芸小伝

綿谷 雪
Watatani
Kiyoshi

国書刊行会

解　題

一、武芸者の系譜と伝記を綜覧するためには、『本朝武芸小伝』と『新撰武術流祖禄』の二書が、もっとも要を得た資料であることは云うまでもないが、何分にも原本は、両書ともぜんぶ漢文であって取りつきにくい上に、その叙述も繁簡よろしきを得ず、誤謬・矛盾もまた必ずしも少なくない。そこで本書では、本文をぜんぶ口訳文になおし、むつかしい用語に註釈をほどこし、まちがいや矛盾を指摘し、簡略に過ぎたり根本的に別の考察を加える必要のある箇処には、広く関係資料を渉猟して関連的な補記をできるだけ多く追加した。なお徳川時代後記の武芸者に関しては、前記の資料のみでは記述の行きとどかぬ面が多いから、『続・武芸小伝』の新稿を編集して付け加え、又、綜覧の目的に役立たせるために『人名索引』を附載した。

一、『本朝武芸小伝』は一名『干城小伝』ともいう。天道流の達人日夏繁高の著で、正徳四年の成稿、享保元年の版行である。

一、『新撰武術流祖禄』は、見返しに天保十四年の刊記がある。著者は羽鳥燿清・池田豊直・青山敬直の三人。本文は前記の『本朝武芸小伝』に重複せる部分が多く、その記述も前者の文章を簡約しただけで異説を提出していないから、ここでは重複部分は全文をはぶき、重複しない部分だけ口訳し、注解と補記をほどこした。

凡例

本書は綿谷雪『増補武藝小傳』（歴史図書社、昭和四十六年）を底本として、『日本武藝小傳（限定版）』（人物往来社、昭和三十六年）、『日本武藝小傳（普及版）』（人物往来社、昭和三十七年）を斟酌し新たに組み直したものである。


*明らかな誤記・脱字・誤植はそれを改めた。

*ばらつきのある固有名詞の表記は最低限の統一をはかった。

*「人名索引」の他に、「流派名索引」「文献・伝書・史料名索引」「神社・仏閣名索引」を加えた。

*今日から見れば不適切と思われる表現があるが、時代背景および著者が差別助長の意図で使用していないことを考慮しそのままとした。

*『続・武芸小伝』に多く引用されている「善行録」「ありやなしや」は、日本武藝小傳（限定版）』『日本武藝小傳（普及版）』では、それぞれ独立した章であった。同書の解題には以下のようにある。

一、『善行録』は著者不明の稿本であるが、男谷下総守信友門下の高足の一人であることだけは読めば判明する。男谷と平山行蔵に関しては詳細を尽くした好資料であろう。

一、『ありやなしや』は清水赤城の次男礫洲の著作。寛政前後以降の武芸者の日常を語って余すところがない。

完本　日本武芸小伝⦿目　次

解題

一　増補・本朝武芸小伝

武芸小伝・巻之三

射術

武芸小伝・巻之四

馬術

武芸小伝・巻之五

刀術

武芸小伝・巻之六

武芸小伝・巻之七

槍術

武芸小伝・巻之八

砲術

武芸小伝・巻之九

小具足・捕縛

武芸小伝・巻之十

二　新撰武術流祖録

槍術・刀術補

柔術・小具足・捕手

砲術

三　続・武芸小伝

増補・本朝武芸小伝

干城小伝序

それ一文一武とは、日に対して夜があり、陽に対して陰があるようなものである。天地の間、一日として文武はなくてかなわぬものだが、しかし世間には、文があれば武がなく、武があれば文がないというような例、たとえば絳灌（漢の高祖に仕えた武将の絳侯灌嬰）には文がなく、随陸（随何と陸賈。共に漢の臣で雄弁の士）には武がないといったような類は、古今の通病である。小にしては家国、大にしては天下、いずれにせよ文武がそろっていなくては、いけない。ところで日夏氏の子である繁高（本書の著者。後にその伝がある）は、武夫の家にうまれて攻伐（戦闘）籌策（はかりごと）のことに通達しているものの、一面、余暇をさいて文を事とすること久しく、ここに『干城小伝』十巻を編述した。これを読んで見るのに武術に達した士の小伝を列ね、その来由を記し、その事績をのべている。文章の筋道はまだ十分とは云えないけれど、その素志は感称すべきである。その繁高が、私の同僚を介して、この書の序文を作ってくれと頼んで来たわけだが、私はその人を知らないから一たん固辞したいと思った。だが考えなおしてみると、すでにその原稿を見てその志を知った以上は、その著者を未見であるかどうかは問題外であろう。文武の道についてはこの文の始めにすでに書いてしまったから、さらにつけ加えていうこともない。繁高は武家にうまれて文を学ばんとしているのであり、この私は儒家にうまれて軍旅のことを学ぶ立場にあるのだから、業こそちがえ志は同じであって、序文をたのまれたのも奇遇というべきであるから黙止することができず、つい引き受けて一語を巻首に弁じたわけである。序に干城の文字を用いたのは〝赳々タル武夫ハ公侯ノ干城〟という文（出典は『詩経』）から採った。

正徳甲午（四年）秋八月

葛廬　林信如*序

□　□

* 葛廬林信如――葛廬は林信如の書斎の名。信如は初め信明、源次郎といい剃髪して春益と号す。幕府儒官林春東の養子で、御小納戸・御小姓など勤め元禄十年正月儒官に列して五百石。享保十九年九月十五日死す。六十四歳。牛込の林家墓地に墓あり。

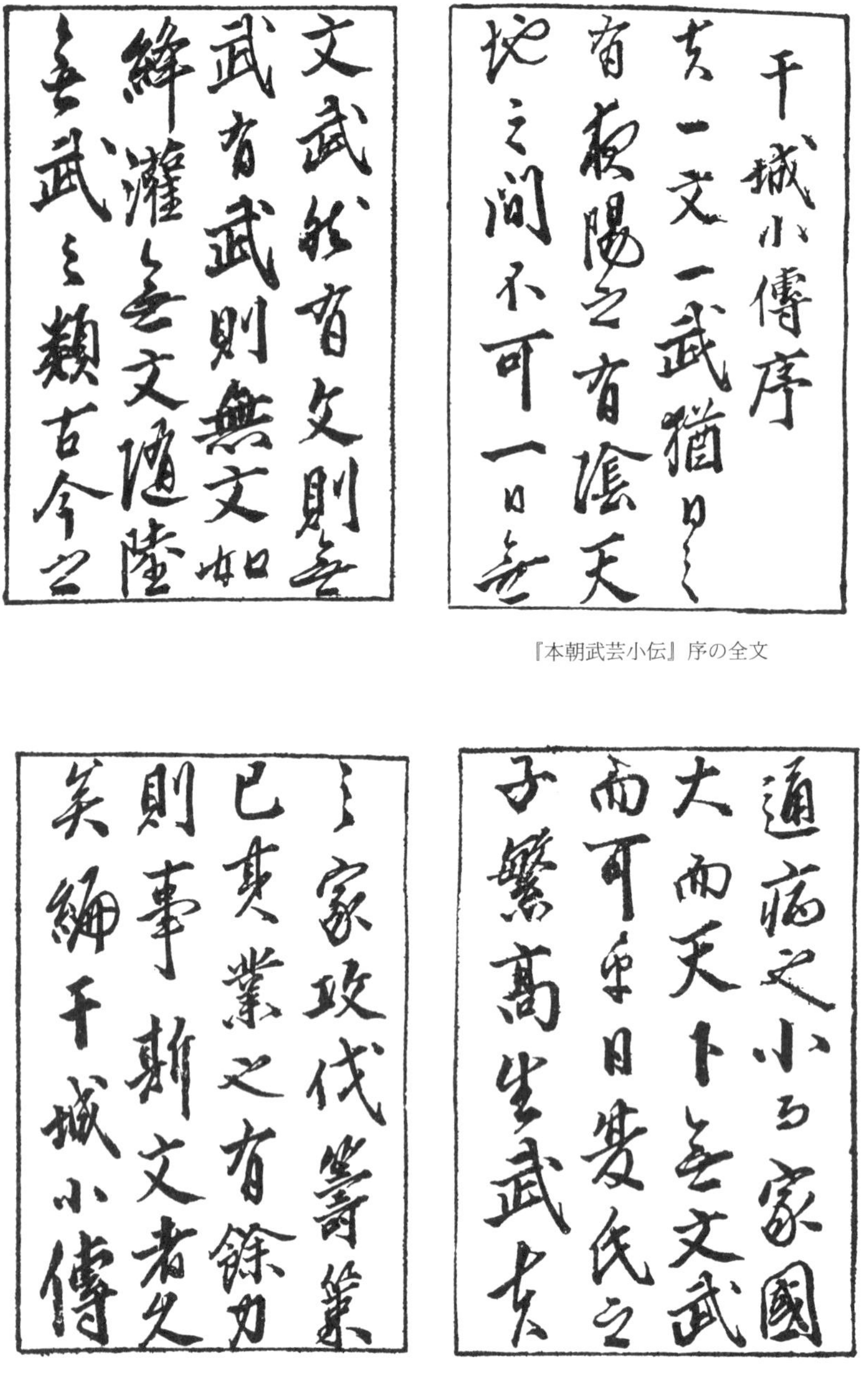

干城小傳序
夫一文一武猶晝之有夜陽之有陰天地之間不可一日無文武然有文則無武有武則無文如絳灌無文隨陸無武之類古今之通病也小而家國大而天下無文武而可乎日夏氏之子繁高生武夫之家攻伐籌策已其業之有餘力則事斯文者久矣編干城小傳

『本朝武芸小伝』序の全文

十巻閲之則列達
武術之士於小傳
記其来由記其事
實雖文路未善

善矣其素志可
感稱而已繁高然
予同寮諸作之序
予不識其人故欲固

辭想夫已見其書
而知其志知其志
而識其人與不識
亦何傷哉文武之

道前言以盡又何
謂乎繁高生武藝
而欲學斯文寺生
儒家而欲學軍旅之

事業異而志同不亦奇遇乎不得默止弁一語於卷首干城者取諸赳々武夫公侯干城云爾

正德甲午秋八月

葛廬林信如序

武芸小伝・巻之一

兵　法

兵法は鹿島香取の神兵、神武天皇まつろわざる（服従しない者）を平らげたまい、日本武尊東夷を征し、神功皇后三韓を撃ちたまうより起る。持統天皇は陣法の博士をして諸州に教え習わせた。大江匡房・吉備大臣は諸葛亮の八陣（諸葛孔明の作った洞当・中黄・竜騰・鳥翔・連衡・握奇・虎翼・折衝の八種類の陣形）や、孫子の九地（戦いをなすに散地・軽地・争地・交地・衢地・圮地・重地・囲地・死地の九地あり）および結営・向背を吾が朝に伝えた。中興武田家の軍律は諸家その右に出るものがないが、ありがたいことに小幡景憲大いにこれを興起して以来、旗本も諸大名もみなその法を用いないものはない。まことに景憲こそ兵家の大祖というべきである。

小幡勘兵衛景憲

小幡勘兵衛平景憲は、甲州の武田家の人である。曾祖父日浄入道盛次が遠州の葛俣（今、静岡県榛原郡榛原町字勝俣）に生まれ、後、甲州へ来て武田信縄・信虎につかえた。その子小幡孫十郎虎盛も、織部に改め山城と号して、明応九庚申の年、父と共に甲州に来て武田家につかえた。大永元年辛巳に福島上総介正成が駿・遠の勢をひきいて甲州を攻めた時、信虎は二千に足らぬ小勢で勝利をえたが、この戦いで山城は山県淡路守を討って首を取ったが、じぶんも負傷した。信虎、その功を賞し、諱の字をたまわって虎盛と改名した。のち武田晴信につかえ、信州川中島の海津城（河中島の首邑、いま松代町。古く貝津城・海津城・河中嶋ともいい、後に松代城となる）の二の郭に住んで、永禄四年六月、七十二歳で死す。

その子の小幡孫十郎昌盛は、又兵衛と改名して豊後守と号した。信玄の命で小幡上総介の庶子に準じて小畠を小幡とあらためたのである。はじめ海津城にいて旗本武者奉行をしていたが、たびたびの戦功で信玄・勝頼から感状を十七通もらっている。天正十年三月六日死す。享年四十九歳。

昌盛に二子あり、兄を藤五郎、弟を孫七郎といったが、この孫七郎が後の勘兵衛景憲である。生まれたのは元亀三年五月一日（『流祖録』は九月に誤る）。天正十年十二月、十一歳で徳川家康につかえた（秀忠の小姓になり、文禄元年五月に采地二百石を給せられたが、同年幕下を脱走した。時に二十二歳――『寛政重修諸家譜』）。

慶長五年に上杉景勝が謀叛した節、景憲は井伊兵部少輔直政にしたがって宇都宮にいたが、石田治部少輔三成が乱をお

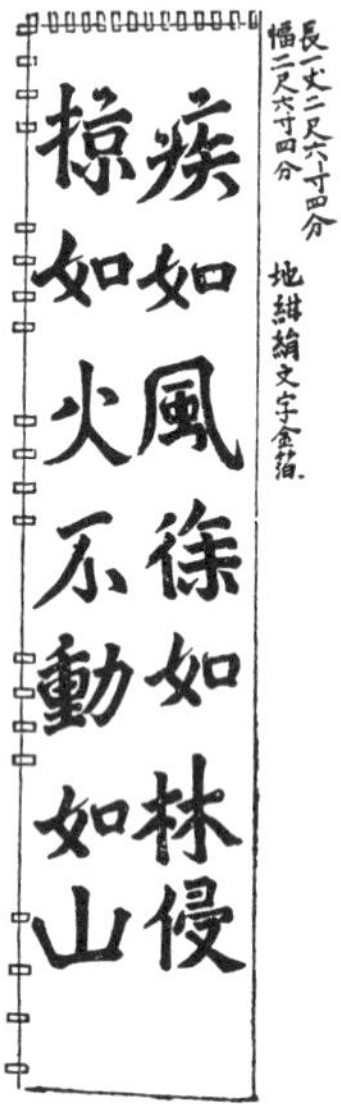

小畑勘兵衛蔵「武田軍旗」
（『集古十種』）

こしたので、徳川家康は兵を関ガ原に進めた。井伊直政の士大将木俣土佐が兵を指揮して宇喜多の陣営を襲った時、脇五右衛門・中村与兵衛・小幡孫次郎、同じく景憲らが倫をへだてて接戦し、景憲は崩れぎわ（敵勢の崩れ初める際）において母衣武者を討って首をとり、なお追跡して他の首を獲た。

同じ十九年の大坂の役では、景憲は、富田越後（後述）の備えを借りて戦った（某武将の陣場に加えてもらって戦線に出ること。陣場借り・武者修行ともいう。浪人はこの形で稼いだので、景憲は当時脱走中の浪人だった）。富田は加賀前田利光の士大将であるが、十二月四日、兵を進めて真田の出廓を攻めた。景憲は杉山八蔵・村上荘五郎、および加賀軍の中条又兵衛父子・川西善兵衛（一書——喜兵衛）・田村助右衛門・本田安房守家人葛右衛門と八人連れで楯をへだてて進む。才伊豆・平野弥二右衛門・葛野主殿らも、やがて合した。すでにして太陽がまさに没しようとしたから陣場へもどることになり、景憲と才伊豆と平野がしんがりをつとめて後退しはじめたところ、逆襲があって才伊豆が鉄砲疵をうけた。景憲はこれをかついで帰って、伊豆の家人にわたしたが、かつぐ時に自分のしていた酒林の指物（杉の葉をたばねた箒形の指物）を落してきたので、戦場へ引返してひろって帰った。

この年、大坂ではいったん和議がととのったので、翌年二月二十四日、景憲は松平隠岐守定行・板倉伊賀守勝重としめし合わせて大坂城に入る（大野主馬から書状で誘われ、表向は大坂側の士として入城し、平野町の焼残り民家を与えられた。合力扶持米を月三十石ずつ四月からもらう約束であったが、それ以前に大坂から出ている——『校合雑記』巻一四）。弁才をもって城兵の謀計を押しひしいだりしたが、三月二十六日大坂城を出て堺におもむき、さらに尼ガ崎に至り、二十八日伏見に行って松平定行に大坂城内の諜報を告げた。四月十八日、徳川家康が二条城に着座。同十九日、定行・勝重が言上して、景憲はこのときから徳川の旗本に復帰し、彼は家康の問いに応じて大坂城中のことを委細に答えた。五月六日、景憲は徳川の旗本として進撃して敵を斬り倒したが、その場には阿部左馬助が一騎いて彼の戦功の目撃者になった。翌七日大坂城が陥落して天下は一に帰した。小幡景憲は采邑千五百石を領し（元和元年十一月に旗本に復帰し、元和二年に采地五百石、寛永九年八月御使番となり、同年十一月布衣をゆるされ、十二月千石加増されて千五百石になる——『寛政重修諸家譜』）、御使番列（戦時には本陣の号令を諸軍に伝え、また軍中を巡察する役）となる。

景憲は甲州先方（先手）の士の、早川弥左衛門幸豊・広瀬美濃守景房・辻弥兵衛盛昌・小宮山八左衛門昌久・三科肥前守形幸・辻甚内盛次等を招いて武田家の兵法を問い、『甲陽軍鑑』（二十巻。一に『武田全書』ともいい、武田二代の事績、殊に信玄の戦功・武略を述べている。高坂弾正昌俊の著ともいうが、じっさいは小幡景憲が高坂の名に仮託して作ったともいう）の闕文をおぎない、甲州武田の兵法を大いに興起した。ゆえに世人はこれを尊んで、この道の宗師（元祖）としている。又、軍配を、岡本半助宣就（後述）・赤沢太郎右衛門・益田民部秀成に習った（山鹿素行に与えた景憲の印可書に「愚老かつて岡本半介にしたがい、方に訓閲集一部を伝写す」とある）。又、甲州北部に岡本実貞入道（後述）という者があったが、もと武田家の人で兵法の奥義に通じていたから、景憲はまたこれを招いて物語をきいた。のち若干の書を述作して門人に授けた。千五百石の知行の内、五百石を村上庄次郎に、五百石を杉山八蔵にあたえ、じぶんの取り分は五百石にすぎなかった。寛文三癸卯年二月二十五日卒す（厚木市中依知の蓮生寺に葬り、堂内に景憲の木像がある）。享年九十二。院号は倍曾、法名は無角道牛。およそ列侯諸士でその法を学ぶ門人は、概数二千余人であった。いにしえより、兵を談ずる者は多いとはいえ、しかも景憲のごとき者は前になかった。ああ景憲は兵家の鳳か。杉山八蔵は寛文元年五月三日死す。法受院蓮心日鑒と号す。

貝原氏（益軒『和事始』）いう。甲州流兵学の始めは小幡勘兵衛である。勘兵衛は甲州の士小幡山城が子又兵衛（後に豊後）の子である。豊後は天正三年、武田勝頼滅亡のとき病死した。勘兵衛はそのとき九歳であったが、家康公が尋ね出し、勇士の末であるからと云って井伊兵部とともに秀忠公の御遊伴（児小姓）にした。十六歳のとき武者修行を志して、玄関にてもとどりを切って（自分勝手に元服し）、欠落ちした。家康公あわれんで尋ねさせられたが、行衛が知れなかった。勘兵衛は所々遊歴した末、慶長五年の関ガ原陣には井伊兵部にしたがって功を立て、そのまま浪人して佐和山（城主は石田三成）城下に住んでいたが、慶長十九年、大坂冬の陣に、いつわって大坂城に入り、夏の陣のとき城を抜けて、徳川秀忠に召出されて御使番になった。佐和山にいたとき高坂弾正（補記参照）の書を編集し、信玄のことを研究して甲州流の兵学をおこして、人の師となる。高坂弾正のつくった書は『甲陽軍鑑』十九冊、同末書上中下、結要本竜虎豹の三品がこれである。以上。愚いわく（繁高の評言）、景憲は元亀三壬申五月一日に生まれ、勝頼滅亡のときは四歳で、『和事始』に甲乱（甲州武田家を中心にした戦国時代の戦乱）のとき九歳とあるは繕写の誤りだろう。

『芝山会稿』（芝山は水戸の臣と『山鹿流兵法系図』の附文にある）にいう。本邦の軍律では武田流だけが可である。その他の流はたいてい拠りどころとなる法ではない。

『兵術文稿』（香西成資の著作）にいう。わが国の兵学の淵

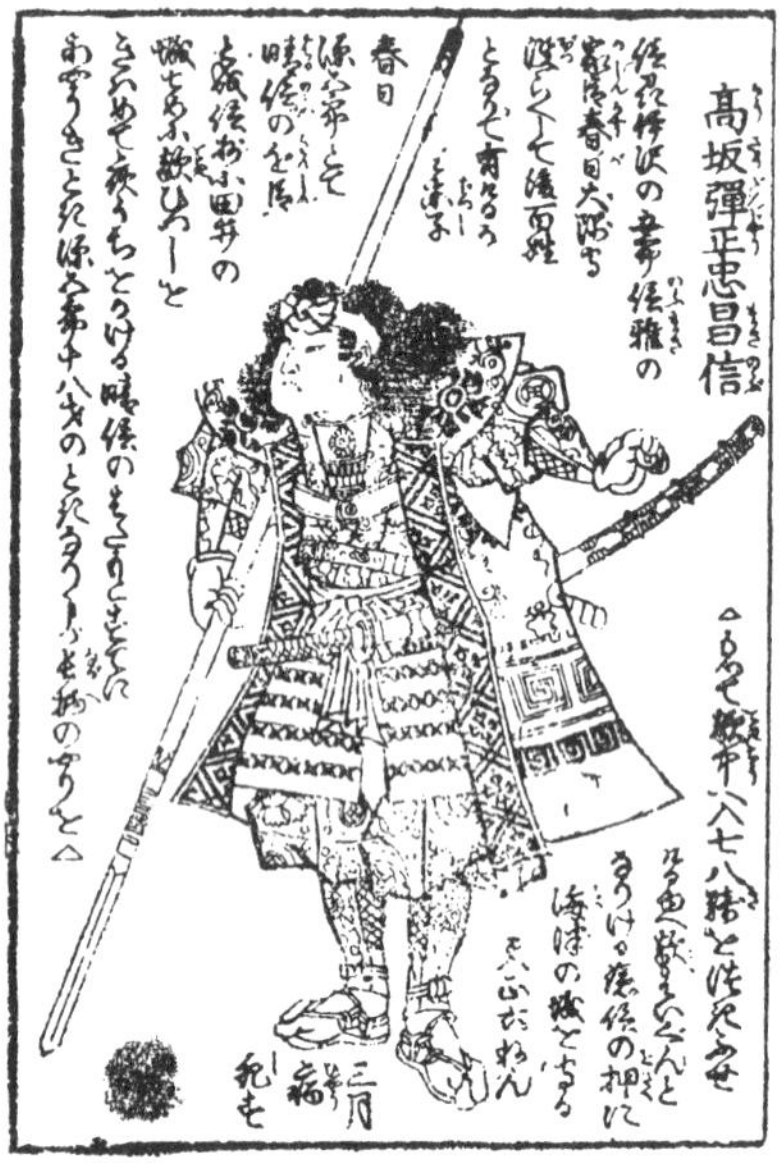

高坂弾正忠昌信（草双紙『川中島』）

源は、大江維時（平安時代の文章博士。応和三年死、七十六歳。兵書『訓閲集』を小笠原家に伝えた）・大江匡房（平安後期の文学者。『江家次第』二十巻の著者）・法眼鬼一（鬼一法眼、後述）山本道鬼（山本勘助、後述）より武田宗師（信玄）にいたって、その法が大いにおこなわれた。その臣高坂昌信が、その軍法を書にして後世にのこし、小幡景憲がその伝をなして教えを立てた。これ武田兵法が世におこなわれる所以であるが、その法が良くても、しかし昌信が書をつくらなかったら世に伝わらなかったろうし、書があっても景憲が伝をなさなければ世におこなわれはしなかったのである。以って二子の功の、もっとも雄偉であるのを知る。だいたい兵法は節制・権謀・陰陽・機巧の四種に分けるが、武田用兵の教則の基本は節制である。それ節制は、兵を統ぶる常道であり、世々伝来の法で、必ず先進にしたがって教えを受けなくてはならない。権謀は敵を制する奇変で、平時に人に教える道ではない。ひろく古史を学んでその要をとり、時にしたがって使えばよろしい。陰陽は天文の向背・時日の吉凶をいう。機巧は兵甲・器械の制である。およそ右の四つは兵家の法則であって、人は知っている必要があるものだ。『司馬法』（兵書で斉の司馬穰苴の撰とも、威王のとき斉国諸臣の追輯ともいい、『漢書』に百五十篇というが現存は五篇だけ）に曰く、〝国大ナリトイエド戦ヲ好ムハ必ズ亡ブ、天下安シトイエド戦ヲ忘ルルハ必ズ危シ〟と。東照宮が井伊直政に命じて、

「国政は必ず三河の先規にしたがえ。軍法は必ず武田の兵制を用いよ」

と云ったのも、家康公が徳川軍制の根本策として、武田の兵制を重視したのを知る。その識見の高いこと、万々の上に出で給うと云うべきである。ゆえに、我が国幕府より諸州および遠島にいたるまで、兵家の将吏たる者は、武田の兵制を用いてその士卒を訓練しないものはない。これをおし広めて云えば、甲州兵学は我が国全般の定法となったと見てよろしい。今や我が国の兵制が炳然（はっきり）として全備したわけは、これ小幡景憲・その門人北条氏長（後述）・小早川能久（後述）・山鹿義呂（山鹿素行の初名、後述）が、おのおの功を武田の兵制に用いて、その伝を弘めたからであるが、この四子の功もまた赫然として世にあらわれた。私は若年にして小

早川氏にしたがい、はじめて、小幡氏の門に遊んだのは慶安二年であった。当時はまだ乱世を去ること遠からず、天正壬午の甲州武田家の没落以後六十九年であり、武田の遺臣で長寿を保っている者の口から往昔談をきくことができたが、その話によると、高坂昌信のあらわした書物は全篇が真実の記録であることがわかった。しかし甲州以外の地の記事は、土地が遠くて実否のわからぬために、少々誤りのあるのは止むをえない。天正六年、昌信没して後、甲州の徒がその書の闕略を補ったけれども、その補記に誤りがないとは云えない。しかし、春秋なお時にして贋説をなすべからず。今や世人数百歳の旧事の全部を書きのこすわけでもないのである。私は兵を学ぶのを喜んでここに積年。ゆえに我国歴代の伝記を猟渉して、理乱・盛衰の機を察し、そのうえ諸家の兵書を熟読して節制・機権の術を研究したが、その説を色々自分でこころみて見た結果、いいかげんな臆説の書でないことを知った。それもそのはずで、信玄のごときは新羅公（新羅三郎義光。武田信玄の先祖）の家法を継いで彼に至り、若い時から兵を用うること三十八度、出陣数は大小百二十有余回。大戦三十二、小戦数十、いつも戦いに勝って負けることがなかった。その他は勝負がつかなくて引き分けに軍を引いたのである。高坂昌信は、この経緯を記して武田家の法とした。その書は、用語は上等でないが的然として学ぶべく、その法は深くて緻密でないにしても、かっきりと整っていて法則的である。大昔の風后（黄帝につかえた政治家）・呂望（呂尚。後に太公望。周の文王に仕う）の節制にも合致し、後年の孫武（春秋時代。『孫子』の著者）・呉越（呉と越の両国。たがいに攻伐して戦った）の権謀にも通じている。我が国の上古からこのかた、兵法の書としてこれほど実録を尽したものは未曾有であるから、私はこの書を大いに信じているわけであるが、天帝に誓って云う、何も私はえこひいきで、他をそしり高坂の書を褒めているのではない。ただ優劣をよくしらべてみて、ぬきんでていて勝れるものを推賞しているだけなのだ。以上。

愚いう（繁高の評言）、『甲陽軍鑑』は現在では稀書である。刊行書は落丁・錯巻が多いから、景憲の補訂写本によって訂正増補しなければいけない。

又いう。ある人の曰く、

「兵を学ぶ者は、必ず王者のあとを従うてその法を効すべきであって、覇者の法を用いてはいけない。思うに、管仲（斉の桓公に仕えた富国強兵策の政治家。『管子』の著者）は覇者をたすけ、孔明（三国時代の蜀の名臣諸葛亮）は王佐の才があった。古人が管仲の術をとらずに孔明の術の方を高く評価するのは、これ王道を貴とし、覇者をいやしむからである。我が国で云えば、楠正成が後醍醐天皇につかえて忠を尽した功は、世にも明らかだが、これは王者の兵といってもよかろう。それにくらべると武田信玄などは、まことに戦国の英雄とは云っても、利をほしいままにして義にそむき、父を追放して不孝、子を殺して不慈をなした。こういう人間の法にしたがうのは、不仁のまねをして正義の道を失うというものでなかろうか。だから学者は正成の法にしたがうべきである」

と。

愚（繁高）これに答えていう。

「あなたの云うところ、義に似て非であると云わねばならない。あなたは道にしたがって兵を用いるのを王者の兵とし、道に反して兵をおこなう者を覇者の兵とおっしゃるが、道に王覇のちがいこそあれ、兵に王覇の別はないだろう。昔、周の武（武王）は兵法を用いて四海の王たり、斉の桓（桓公）もその法を用いて天下に覇をとなえた。これをもって見ても、兵法に王覇の別がないのがわかる。もちろん昔の兵を説く者も、また道をもって先とせざるはない。孫子は道・天・地・将・法の五事を説き（『孫子』始計第一）、呉子は道・義・礼・仁の四徳を説いた（呉子は戦国の衛の人、呉起。礼儀・教訓を明らかにして、詭謀を説く他流と異る）。いずれか道に拠らないものがあろうか。信玄も兵をおさめるに恩愛をもって下を御し法制をもって衆に正したからこそ、士民親附して腹心のごとく従ったのである。ただ父が暴逆であり、子が不孝であったために、これを追放または殺害して人倫の道をやぶる結果におち入り、止むをえず衆人の誹謗を受ける結果となったのだが、何といっても国家の暴乱をしずめるためには、少々は常理に合わないことを恐れるわけにも行くまい。漢の高祖（漢の第一世）・唐の大宗（唐の第二世）のような英雄でも、不義をなしたという悪名は避けられないのだから、常人の才しかない者などは、なおのことである。思うに、小人はもとよりあやまちが多いけれど、世人にはわからない。賢人はあやまちが少なくても、世人はその少失を取り上げて大きな欠点とする。信玄は武徳あり、故に世人がそのあやまちを深刻に追求する。信玄だからこそ、そういうことになったのである（信玄が、無道悪逆にもかかわらず、英雄としての評価を失わなかったのは、江戸期の通評であった。信玄は、父への大逆罪をみずから悟って、生涯、『論語』を手にしなかったなどと、妙なほめられ方もあるくらいである――『梧窓漫筆』）。あなたのおっしゃる楠正成は、なるほど忠臣であり、また良将でもあった。だからその忠義を学ぶのはよいことだが、だからといって、その軍法を無批判に学べというのは、どうかと思う。なぜかと云えば、今世楠氏の兵法（補記参照）というものは、後世に好事の者が擬作したもので、正成自身から出たものとは云えないからである。正成が始めて後醍醐天皇の密詔を賜わったのは正慶元年のことだが、兵を統率すること五年、建武三年に摂州湊川で戦死している。そのころ天下は大いに乱れ、公卿から士庶にいたるまで、ことごとく患難のなかにあって寝食を安んぜず、正成は日夜苦心して暴乱をしずめようとしていたのだから、兵書を作って後世にのこす余裕のあろうはずもないことは、それだけでもわかる。慶安年代に楠正雪（由比正雪。駿河国庵原郡由比町の、紺屋の子というのは誤説。駿府、今の静岡市の宮ガ崎の、岡村弥右衛門の次男で、幼名は久米と『寛明日記』にあるのが正しかろう。後に引用する南木流系譜には、幼名を田左衛門としている）という者があり、承応年代に石橋源右衛門（水野美濃守の臣、三百石。慶安五年九月、別木庄左衛門らとともに芝でクーデターを敢行しようとして露見し、浅草刑場で磔に処せられた――『公儀日記』・『天享吾妻鑑』。なお由比正雪の著作と云われている『平家物語評判』は、じつは石橋の著作である――『二川随筆』）という者があって、この二子が正成の名を仮り信玄の法をぬすんで附会の書をつくり、世の人をだまそうとした。その奸曲の心根がすでに甚だしい。だから正雪は正成の密計に習って叛逆をくわだて、それが露見して刑場に誅された。石橋もまた正成の奇謀と称して謀叛をはかったが、その徒もことごとく刑死した。これは正成の事績が後世に作り出した罪人である。だいたい詐をおこなって人をあざむき、私を匿しておのれをあざむく罪は、天誅のゆるさないところであるから、その点は、よーく心得てもらわねばならぬ。昔、呉起（兵書『呉子』の著者）が衛の国から魯の国へ行って曾子につかえて道を学んだ（『史記』列伝にある話）。衛にのこして来た母が死んだのに呉起が帰郷しないので、曾子はそれを詰って破門した。その後呉起は兵法を学んで魯につかえたが、たまたま斉の軍が魯を攻めた。呉起が斉の女を妻にしていたので、魯はこれを疑った。呉起は妻を殺して斉に味方しないことを明らかにしたが、このやり方は甚だしく不仁であるけれども、用兵の法としては万世の師であると云わねばならない。武田信玄を不徳であると云う人はあるが、その法則を研究して後世の師とすべきものを選ぶとすれば、明君も賢将も、やはり信玄の法を採用しないわけにはいかない。私が、その法を師として道を師としないと云ったのは、この理由からである。あなたもこれを研究してみるがよろしいであろう」

【補】高坂弾正

正しくは弾正忠。名は昌信。信州の士豪と云われるが、じつは甲州伊沢の豪戸春日大隅の子で、幼名は源五郎。海津城を守り、武田家四名将の一に数えられた。永禄四年、その臣の高坂某を誅し、その家督を昌信に与えたから、昌信は春日を高坂と改姓した。天正六年五月十一日、病死す。五十三歳。関屋村の明徳寺に葬る。

【補】わが国の軍学の概観

本文の著者日夏繁高は、ひいき目から武田流の軍学のみを説いて謙信流を黙殺し、楠流に対しては由比・石橋の謀叛を悪罵するに止まっている。ゆえに、ここに少々補記しておきたい。

『明良帯録』巻六、世職篇に日本の軍学の流儀を列挙して、「兵道は北条流・甲州流・道灌流・朝倉流・鈴木流・山鹿流・神武流なり」などと書いてはいるが、いずれにせよその基本になっているものは越後流・甲州流の二体系であったように思われる。そしてその流裔がどんな風に分化したかを、ごくかいつまんで云うためには、『真野家伝甲冑故実』中の左の一節を要約するのが、もっとも手っとりばやい。

高坂弾正の墓（関屋村、明徳寺）

越後家伝というのは越後の上杉謙信公の流儀である。日本で軍学者流の大祖は甲州の武田信玄公と越後の謙信公であるが、上杉家は管領であったから越後家を上位におき、甲州家を次位におくのが通例となって後代に及んだ。越後家伝というのにも品々あり、まず越の三流といって、その一は謙信公御取り立ての流儀、流名を日本伝といい、教則本を『武門要鑑抄』という。その二は加治遠江守景英が伝、その三は宇佐美駿河守為直が伝で、この流の教則本を『兵要抜萃』といい、以上すべて謙信流である。これに対し甲州流は一に信玄流ともいい、山本勘助晴幸入道道鬼が伝、江戸の浪人（浪人と書いたのは非）小畑勘兵衛景憲が伝、山鹿甚五左衛門高祐が伝など品々あり、流派が分かれている、云々。

右文の内、まず謙信流の加治と宇佐美の伝系について補足しておく。

加治遠江守景英の伝系は、景英―加治対島守景治―加治七郎兵衛景明（竜爪斎）―沢崎主水景実、以下略（『張藩武術師系録』）。これを加治流また加治遠江流という（『閑散余録』）。

宇佐美駿河守為直の流派は宇佐美流といい、伝系は宇佐美造酒介勝興が寛永十九年紀州藩に召し出されて以降、同藩代々の軍務主裁の位置を保持して幕末に及んだ（『南紀徳川史』）。なお宇佐美造酒介の門人須田作左衛門の伝系から神徳流が派生している（『海録』）。

しかし何といっても軍学を講じてもっとも著名だったのは甲州系の山本勘助・小幡勘兵衛・北条安房守氏長・山鹿素行の系列である。

山本勘助の軍学は、はじめ、鈴木流とも源氏流とも云われ、小幡勘兵衛は甲州流とも甲陽流とも、または山本勘助流とも称し、この系列の軍学は非常に広くおこなわれ、やがて北条安房守の北条流、山鹿素行の山鹿流に至る。

なるほど本書で、日夏繁高が陳弁これ努めねばならなかった程度に、小幡の甲州系軍学をひどく悪口する世論が、たしかに一方には有った。薩摩藩島津家の古式武道を極力推賞した『旧国実話』等は、徹頭徹尾、小旗の軍学を虚妄と難じて、「治世ノ妄作ニテ乱世ノ実伝ニ非ズ」とまで云っている。さりながら、そういった棘々しい毒舌が往々奔出してくるとこ

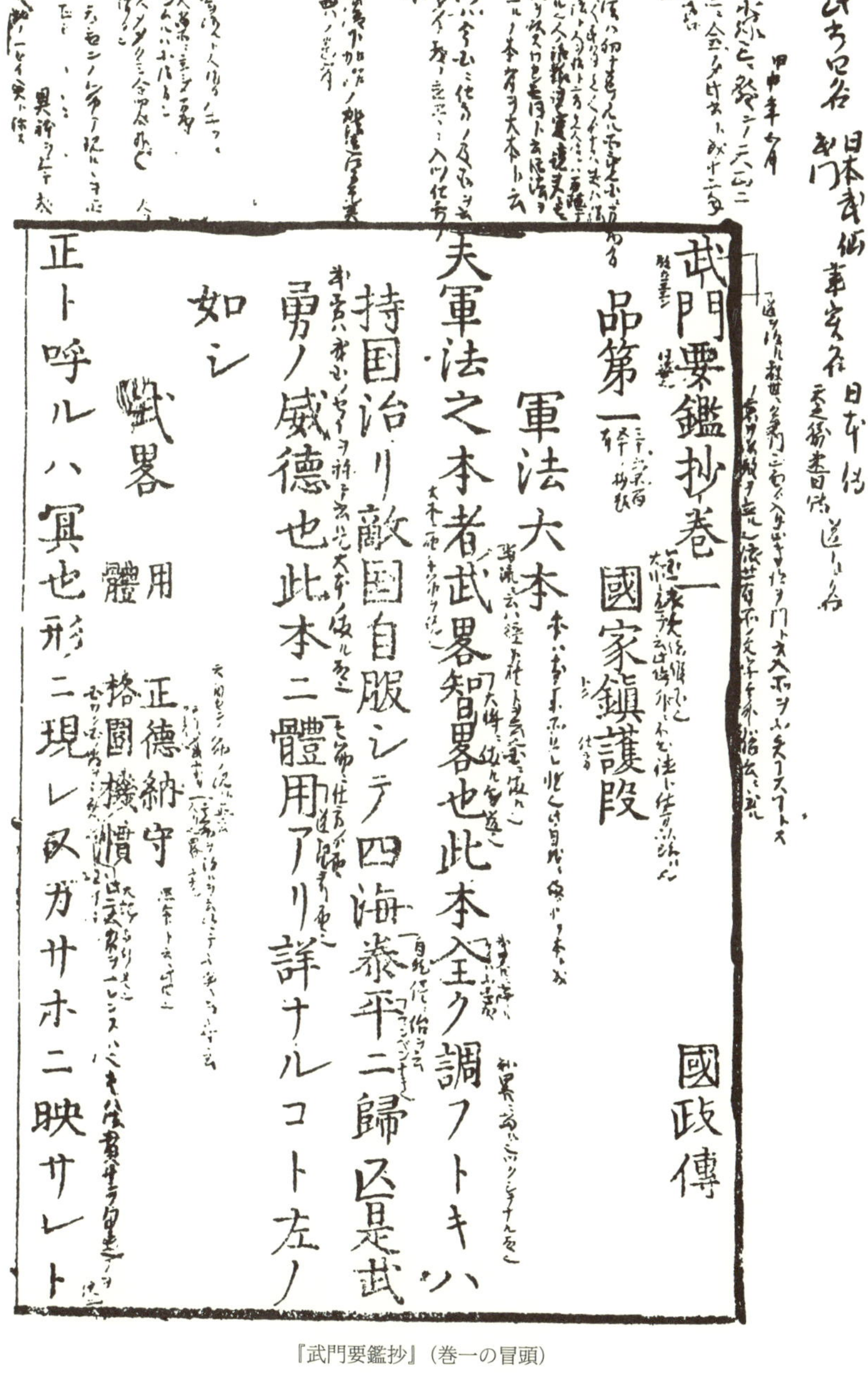

『武門要鑑抄』（巻一の冒頭）

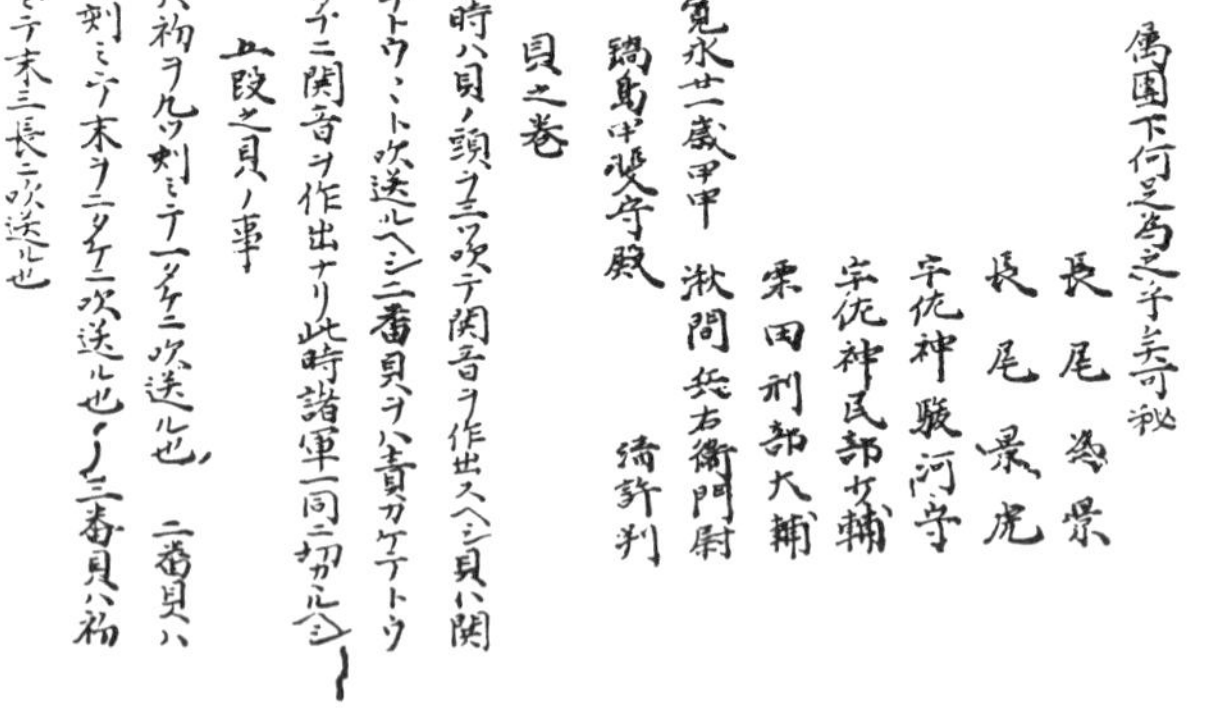
属国下何足為之乎兵可秘
長尾為景
長尾景虎
宇佐神駿河守
宇佐神民部少輔
栗田刑部大輔
寛永廿一歳甲申　湫間兵右衛門尉
鵜島中務守殿　倚許判
貝之巻
一敵ニカヽル時ハ貝ノ頭ヲ三ツ吹テ関音ヲ作出スヘシ貝ハ関
音ニツレテトウ、、ト吹送ルヘシ二番貝ヲハ責カケテトウ
、、ト吹ウケニ関音ヲ作出ナリ此時諸軍一同ニ切カヽルヘシ
五段之貝ノ事
一一番貝ハ初ヲ九ツ刻ミテ一ツケニ吹送ル也　二番貝ハ
一初ヲ七ツ刻ミテ末ヲ二ツケニ吹送ル也　三番貝ハ初
ヲ五ツ刻ミテ末三長ニ吹送ル也

『謙信三徳流伝書』（部分）

ろにも、かえって、甲州系軍学の一般的評価の高さが、うかがわれるのである。

さて、この甲州流に拮抗（きっこう）してできたのが楠流軍学である。世に楠公の遺書と称する兵書に『楠公遺言』（一名、桜井巻物）・『楠家伝七巻書』・『楠公一巻書』など若干あるが、それらはいずれも後世仮託（かたく）の偽書である。が、いずれにせよ楠流は、『太平記』（鎌倉時代の著作）を兵書として研究する方法に発している。むろん戦国末期の所産である。それが江戸時代の初頭に兵学流派興隆の機運が高まり、いろいろな楠流が生じた。

古いのは陽翁伝楠流で、これは安土・桃山時代。次ぎが楠不伝の楠正辰伝楠流（南木流）と、河宇田酔庵の会津伝楠流（河陽流）であり、そのほかにも秋田采女正の楠正成行流（略して行流）、吉見自楽軒の河内流、名取三十郎の新楠流（名取流）などがある。

後に由比正雪が楠不伝からゆずられた兵書は『兵道集』と『軍用集』で、正雪自身も『献捷録』・『和漢軍理』・『平家物語評判』を作ったと徳富蘇峰氏の『近世日本国民史』に云うが、『平家物語評判』は前に云ったように石橋源右衛門の著作であり、『兵道集』と『軍用集』は行流の伝書で、不伝の流派では使用しない。何よりも不伝派でもっとも重要な教則本は『南木拾要』であるから、これをゆずらないような相続なら、およそ無意味というべきだろう。

楠不伝は越州の人とか（『甕涓記』・『草賊前記』）、越後の上杉家浪人とか（『由井根元記』）、河内国道明寺領主楠次郎右衛門の妾腹の子とか（『慶安太平記』）云われているが、ほんとうは紀州熊野山中の生まれで楠嘉兵衛良清といい、堀内家（徳川頼宣の紀州入国以前が浅野家で、そのもう一つ前が堀内家だ）の家臣として軍功があったという（『新宮市誌』）。しかしその伝書に、楠正成の後裔正秀四世の嫡流、十七代の道統を継ぐとあるのは信用しがたい。江戸初期になって楠流

楠正成一巻書

大將衆ヲ下知ニ可隨事

○大將諸兵ヲ下知ニ可令隨事軍陣ニ諸卒ヲ使ハ常ニ人ヲ使ト同事ナリ君臣ノ道ハ常モ軍陣モカワルベカラズ然𪜈軍ニ臨サレハ將兵𪜈ニ血氣サカンニシテ常ヲワスレ兵ハ將ノ下知ヲ不聞將ハ軍ニ勝ベキ理ヲ不見付故ニ軍ノ備ミダリガワシクシテ必敗軍スルモノナリ是ヲ闇主盲將ト云ナリ亦良將ハ言行トモニ常ニカワラズ軍ニ勝ベキ理ヲ以テ兵ヲ常ノゴトクニ使故ニ兵ノ血氣サメテ百萬ノ

山鹿本『楠公一巻書』（内容）

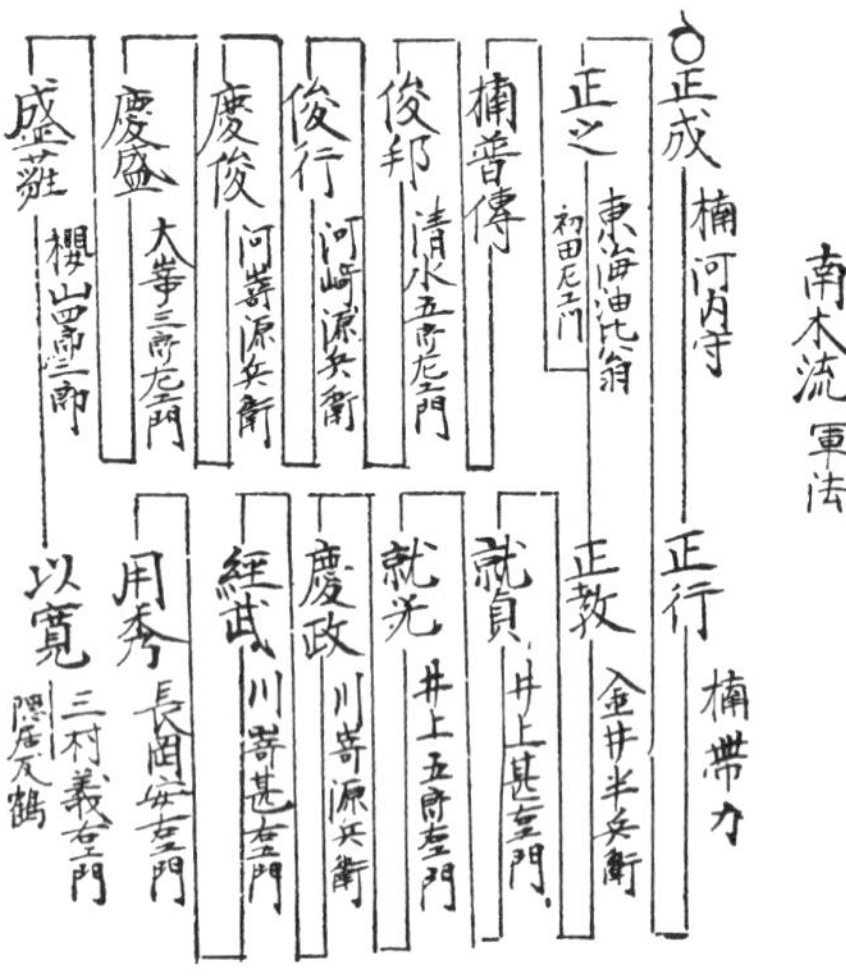

南木流系譜（『張藩武術師系録』）

に一派を立て、それを楠正辰伝、一に南木流と称し、伝書には良清でなく正辰としてあるから、『新宮市誌』は正辰と良清の二代の事績を一人に混視したのでないか。正雪の師は良清の方だろう。不伝には長男があって後に土井大炊頭につかえて五百石、名は父と同じく嘉兵衛といったが、号もまた父の不伝を継いだらしく、尾州藩の武術調査書『張藩武術師系録』南木流、由比の門人中に〝楠普伝〟とある。

前記以外に、なお徳川期におこなわれた軍学に数十流あることは、『武術流派大事典』を検索していただけば明瞭であるが、手っとり早くその概観を知るために、尾州藩全流軍学近松彦之進の書翰の一節を、左へ引用しておく――『近松早川書簡往近抄』浜田市之進宛。

此方他流軍法之儀、前々より指南有之は五六十流も可有之候。私いまだ長沼流を不学已前は、八流免許を得申候。

甲州流（三流）	信玄流（二流）	武田流
小幡流（三派）	謙信流	宇佐美流
大内流	宇野流	佐々木流
誠極流（一云、柏木流）		松本流
斎藤流	小池流	温故流
上泉流	北条流	山鹿流
山上流	山井流	白井流
水野流	楠　流	枢要流

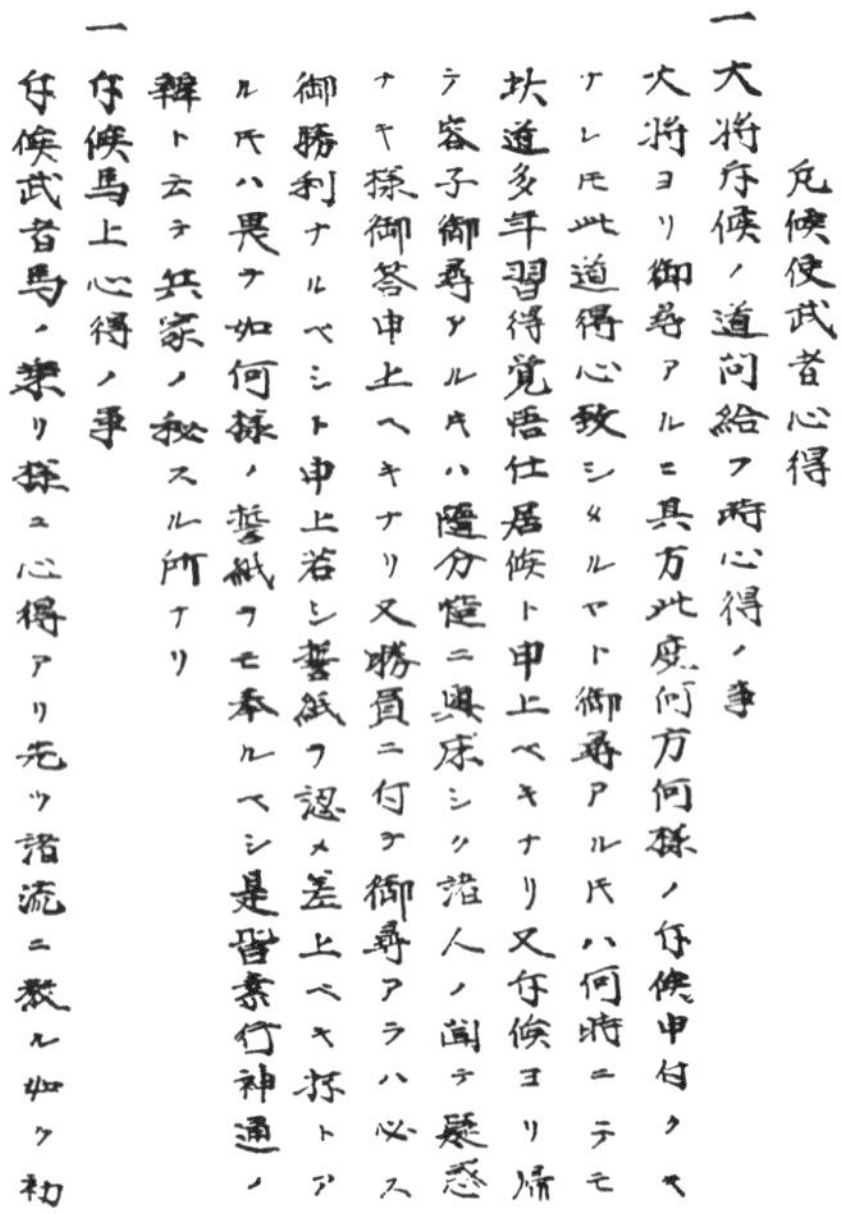
斥候使武者心得
一 大将斥候ノ道問給フ時心得ノ事
大将ヨリ御尋アルニ其方此度何方何様ノ斥候申付クヘ
ナレトモ此道得心致シタルヤト御尋アルトモハ何時ニテモ
此道多年習得覚悟仕居候ト申上ベキナリ又斥候ヨリ帰
テ容子御尋アルトモハ随分篤ニ思案シク諸人ノ聞テ疑惑
ナキ様御答申上ヘキナリ又勝負ニ付テ御尋アラハ必ス
御勝利ナルヘシト申上若シ誓紙ヲ認メ差上ベキ抔トア
ルトモハ畢テ如何様ノ誓紙ヲモ奉ルヘシ是皆斥候神通ノ
雑ト云テ兵家ノ秘スル所ナリ
一 斥候馬上心得ノ事
斥候武者馬ノ乗リ様ニ心得アリ先ツ諸流ニ教ル如ク初

『南木拾要』斥候巻（内容）

伊賀流　小林流　橘　流
恩地流　天然流　南木流
小笠流　鎌田流　早水流
義経流　赤松流　孔明流
　惣計四拾五伝

右のごとき多くの軍学流派の中にも、小幡・北条・山鹿以後において最も斬新な軍学を打ち出したものは、長沼外記澹斎であった。

澹斎は、もと松本藩士である。名は宗敬、通称を伝十郎、後に三左衛門といい、晩年、外記とあらためた。父を外記長政という。長政、はじめ松本藩主戸田康長に仕え、戸田氏移封の後も留まって松本城主松平直政に仕え、澹斎はそのころ生まれた。寛永十二年五月である。同十五年、松平氏は出雲松江へ移封され、長政これに従った。長政死去し、澹斎は母子三人、旧縁によって藩州明石におもむき、戸田家の救助を受けて辛じて生活していたが、藩主の移封にしたがって美濃の加納に来、承応元年、十八歳のとき禄百石を賜い、軍政所に出仕した。やがて藩主の忌諱にふれて浪人し、江戸に出た。ここで安達弥兵衛に礼法を学び、兼て諸家の兵書を研究した。安達は妹を澹斎にめあわせた上、筑後の有馬侯に推挙し、澹斎は二百五十石で召し抱えられた。寛文八年有馬家を辞して後、新しく銃馬・曲芸・築城まで参酌し、孫呉七子の兵書を基本にして『兵要録』二十二巻を著作して、一派を立てた。これを長沼流兵学という。明石藩主松平直明これを招いて国老としたが、居ること五年、辞して山城伏見に引退し、元禄三年十一月二十一日死去した。五十六歳。詳伝は『事実文編』に就いて見よ。

岡本半助宣就

岡本半助石上（いそのかみ）宣就（流名は氏隆流・上泉流――『武術流祖録』）は、上州小幡家の人で、武田家につかえていた。小笠原家の『訓閲集』（伊勢貞丈は偽書と断定している）を上泉常陸介藤原秀胤（後述）に習って、よく軍配（軍配団扇による軍隊指揮法。軍学中で軍配だけは小笠原流が唯一の基本である）を知る。これは小笠原宮内少輔源氏隆（後述）が大膳大夫頼氏武勇入道より伝授された書で、上泉武蔵守信綱（後述）が秀胤にあたえた秘本である。宣就は、かつて武名があり、また文筆もよくした。今でも筆跡を秘蔵している者があるほどだ。彼は後に井伊侍従直孝につかえて重臣となり、その名は海外にまで知られている。

古伝いう。醍醐帝のとき大江維時が入唐して『六韜（りくとう）』（周の太公望撰に仮託された兵書で、文韜・武韜・竜韜・虎韜・豹韜・犬韜の六巻）・『三略』・（黄石公撰に仮託された兵書で、上略・中略・下略の三篇）・『軍勝図』（『軍装図』の誤記か。写本一巻、著者年代不明）四十二条を得て帰朝した。はなはだ秘して人に伝えず、和訳本をつくって『訓閲集』と名づけ、世に伝わった。その書すべて百二十巻ある。

又いう。『訓閲集』に二本ある。一本は大江維時伝来の書

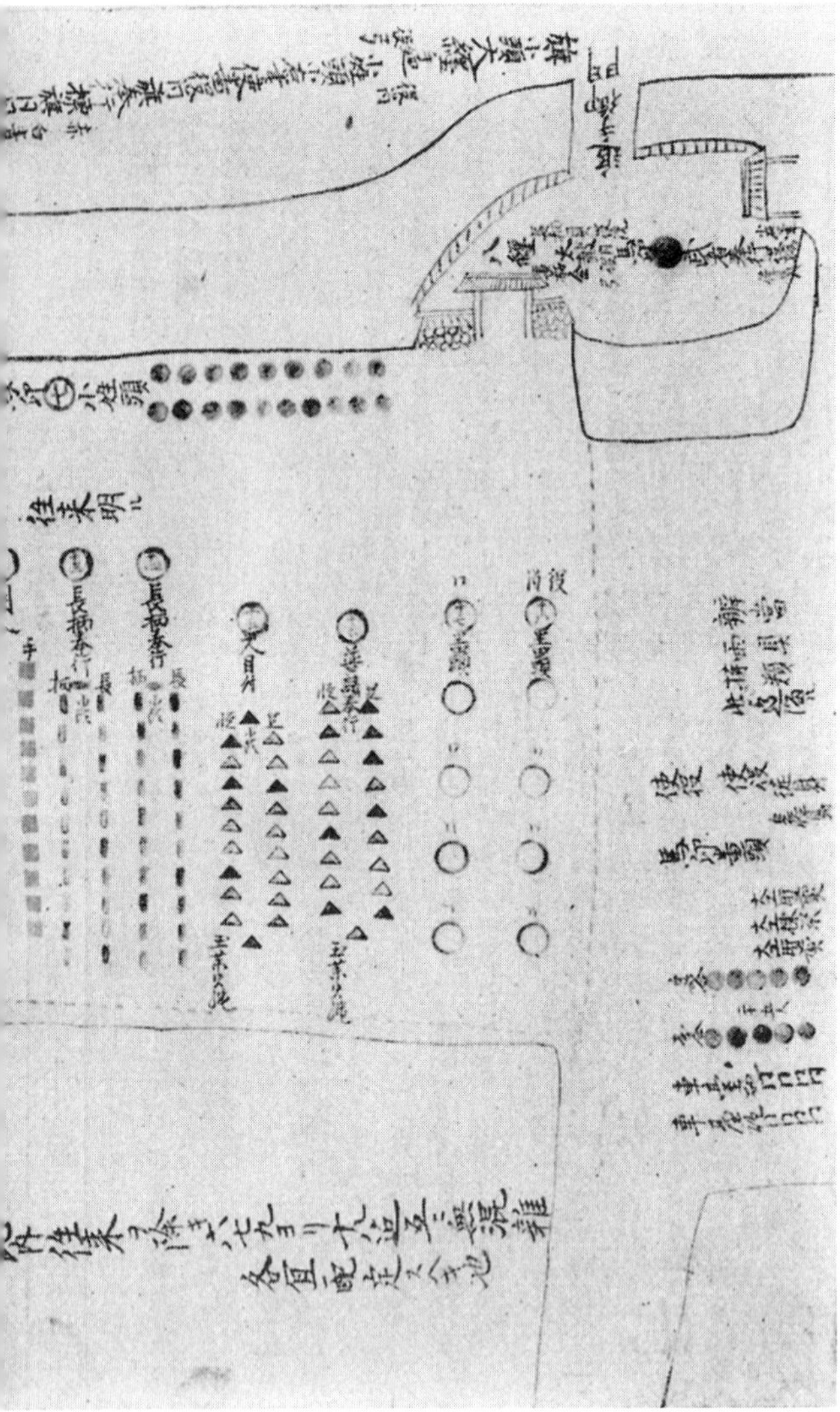

『長沼流御練調調書』挿図

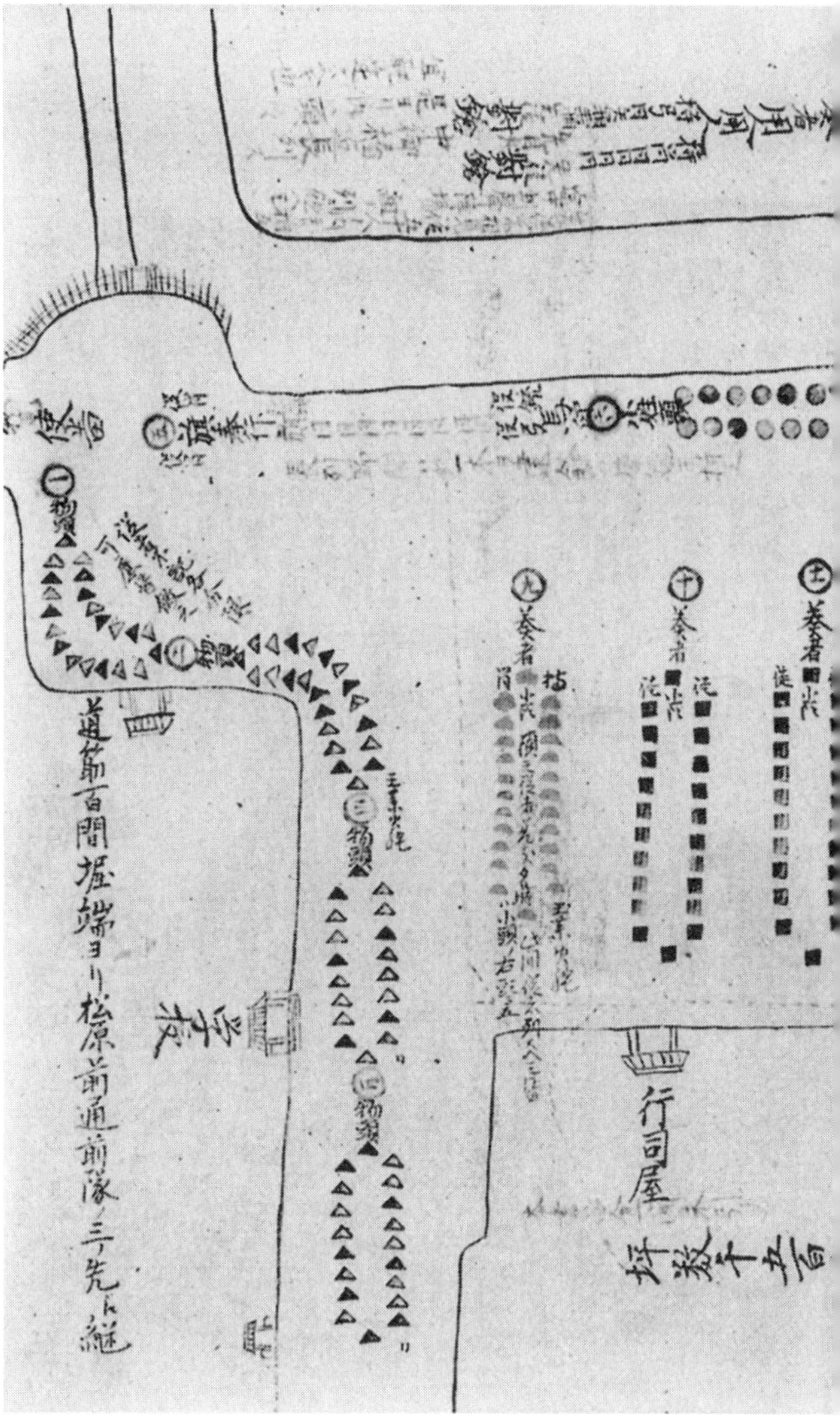
道筋百間堀端ヨリ松原前通前隊ノ三ケ先ト縦
行司屋

で小笠原家に相伝。一本は吉備大臣（吉備真備。奈良朝の学者で、遣唐留学者。天平七年帰朝。二度目は天平勝宝六年帰朝。宝亀六年死す、八十三歳。『続日本紀』天平宝字四年の条に、授刀の舎人六人を大宰府につかわし、吉備真備について孫子・諸葛亮が兵法を習わせた云々という）の書で鞍馬寺にあったのを、後白川帝時代に鬼一法眼（補記参照）が手に入れた。源義経、鬼一の娘に通じてひそかにその書を写す。その本は鞍馬法師祐頼より清尊―明範―性慶―隆慶―光慶―光祐―性祐―了尊―戒円―玄窓―賢智―了呼―慶海―能尊―重宥―通大―慶義―延宥と伝授したということである（判官流伝書には、鬼一法眼―源判官義経の次ぎに、祐頼・清尊・朝範・性尊・隆尊・光尊・性祐・了尊の八名を挙げて、「右八人鞍馬法師なり」とあり、鞍馬八流の称は、この八名より生じたらしい）。

【補】鬼一法眼と京八流・関東七流

鬼一法眼は『義経記』に伝える京の一条堀川に住む陰陽師で、文武両道の達人。牛若丸その末娘になじんで六韜の兵書を盗むというが、多分に作為的な俗説である。鬼一の実伝は不詳であって、一に帰一、名は憲海、今出川義円と自称したとか、伊予国吉岡村出身とかいう説もあるものの、高井蘭山などはその著『復讐銘々伝』のなかで、

「この人はその来歴知らず。かの異国の鬼谷子になぞらえ、また張良が黄石公のたぐいなるべし」（鬼谷子は周・戦国の縦横家で『鬼谷子』という術数に関する撰書ありといい、黄石公は途上で漢の高祖の臣張良に会って兵書を授けたという話がある）

と、フィクション説さえ唱えている。この鬼一というのは、俗書ではあるが『武稽百人一首』に、

「鬼一は伊予の国、傔仗律師三代目の孫吉岡憲清が子にて、幼名を鬼一丸といえり。陰陽博士主税頭安倍泰長が門人となり、天文・地理をきわめ歴算・推歩の術にくわし。曾つて兵法を好み、鞍馬の多聞天に祈りその道に達せんことを願う。あるとき多聞天の示現により左府頼長公に就いて六韜・三略を乞い、ついに兵法において天下万世の師と仰がれけり」

とあるなども、もとより『義経勲功記』などの俗説の亜流であろう。

ただ、鬼一という名の陰陽師が実在していたことだけは、事実かも知れぬ。荻生徂徠の『南留別志』に、鬼一は紀一であろうといい、篠崎東海の『不問談』に、紀氏の総領の意としているのは考慮しておいてもいい。

今出川に住んで吉岡憲海、また義円と称したというのは、思うに、今出川は後に足利将軍家の兵法所となった吉岡憲法の代々住地であったから吉岡憲海の名を作為し、義円は義経の兄（幼名は乙若、後に円成）が円慧法親王の坊官だったころの僧名であるから、これを取り合わせた合成人名でないだろうか。

世に〝京八流・鹿島七流〟の語があって、上方の剣法は鬼

一法眼が鞍馬の衆徒八人に教えたのが淵源であり、関東の剣法は鹿島の神官に発するというけれど、その詳細については拠るべき資料がほとんど皆無である。

貝原益軒の『知約』にいう。

　鬼一法眼は堀川の人なり。兵法を知れり。軍法・弓馬・剣術ことごとく人に教う。鞍馬の衆徒八人に伝う。剣術に京の八流というは、鞍馬八人の衆徒の伝えし流なり。義経もその八人の内の弟子なり。世俗に天狗に逢って剣術をさずかるという。虚誕（きょたん）の説なり。また関東の七流というのは鹿島の神官より出たり。およそ剣術の流は京八流・鹿島七流より外はなしとぞ。

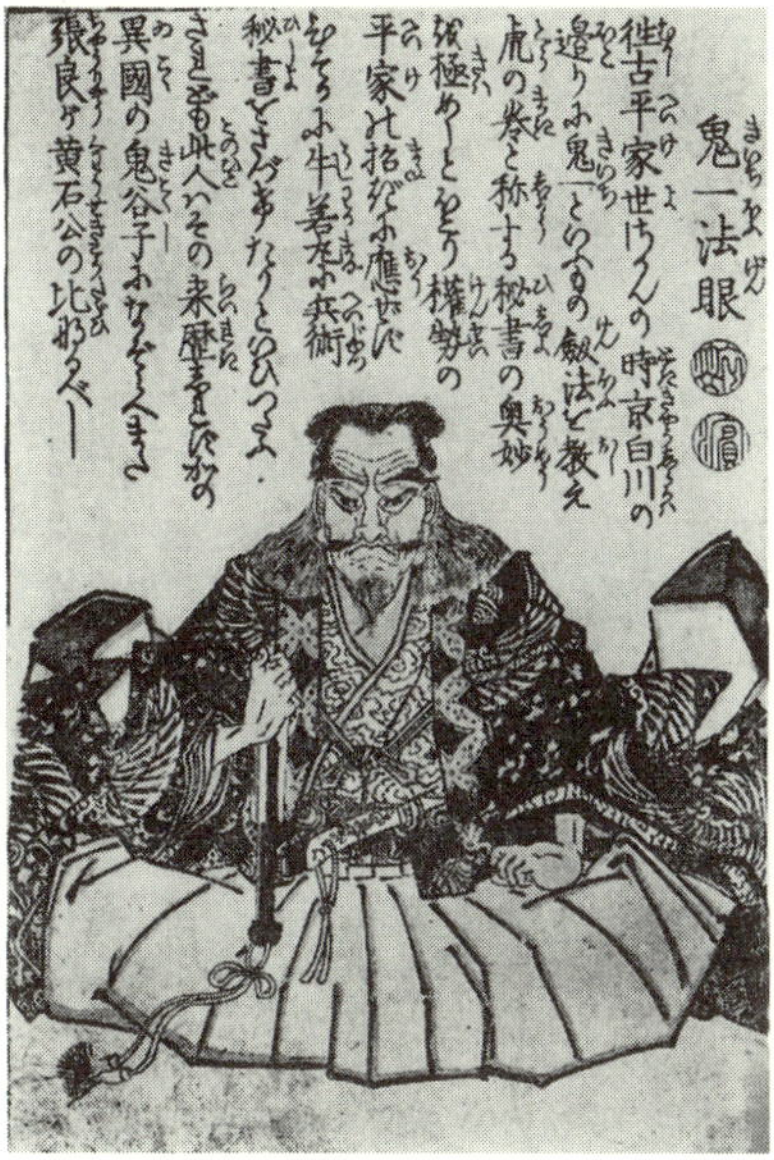

鬼一法眼（『復讐銘々伝』より）

【補】山本勘助

山本勘助貞幸、後に晴幸、号は道鬼。三河国牛窪（愛知県宝飯郡豊川市牛久保町）の生まれで、領主牧野家の家来筋であったらしい。三州寺辺城主（愛知県西加茂郡高橋村寺部）鈴木日向守重教（一に重辰）にしたがって、鈴木家伝の鈴木流軍学（源氏流ともいう。付属の棒術は源氏流棒の手と称して現存する）と京流剣術を学び、また伯父の尾形成氏からも剣術を教えられた。以下、『甲陽軍鑑』巻三の記事を要約する。

　駿河で今川義元が勢力を張っていた時代に、今川氏につかえたいと思って山本勘助は三河国牛窪から出て来た。（出郷の理由は『武功雑記』に、牛窪の領主牧野氏が、たまたま上方から関東へ帰る途上の上泉伊勢守と家来の山本勘介を試合させようとしたが、勘介は上泉の従者疋田虎伯と試合して負け、甲州へ逃げて行ったとあるのは、年代的に見てフィクションか。）

　勘介を推薦する者があって、重臣の朝比奈兵衛尉に、

「山本勘介と申す者、見たところ散々の醜男（ぶおとこ）で、眼っかちで指もきかず足もちんばでありますが、何分にも大剛の者でありますから、義元公へお召抱え下さるよう御口添え下さい」

と頼みこむと、朝比奈はさっそく引き受けて、義元公に言上した。

「山本勘介は大剛の者、ことに城取り・陣取りいっさいの軍法をよく鍛練し、京流の武術も上手でありますし、軍配のことも存じていますから、御召抱えになってはどうですか」

山本勘助（『武稽百人一首』）

ところが今川義元、首をたてに振らない。

「駿河ではあの勘介のことを、だれも好く云わぬではないか。第一に片輪者だ。城取り・陣取りの軍法などといっても、自分でまだ城をもった経験もなく、ひとりの家来もついていないようでは、どうしてそのような働きができるものか。奉公したいばかりに、あのような法螺（ほら）をふくのだ」

こんな次第で山本勘介は、九年間も駿河にいて世に出る機会を待っていたが、ついに実現しなかった。この間、陣場を借りて出戦し、二、三度手柄を立てるには立てたが、なかまの評判は相変らずよくない。

「今どき京流の武術では、どうにもならぬわ。当時の剣は何といっても新当流（飯篠長威斎・塚原卜伝の流系である。後述）でなくてはらちが明き申さぬ」

「それに今以って独り武者で、草履取り一人抱えられぬようでは、たいてい人間のねうちも知れてある」

などと、なかなか風当りが強い。

もっとも当時の兵法、新当流に限るという理論は穏当を欠いている。京流の者が下手ばかりで、新当流の者が上手ばかりとも言えない。勘介は戦場では実際に数度の手柄を立てたのだから、それは上手なのだし、上手なら褒めてもよいじゃないか、と、こういう解釈をして彼を召し抱えたのは甲州の武田信玄だ。知行は百貫である（永（えい）百貫文のことで、当時の米の相場で換算すれば、現米四十八石ぐらいの取りぶんになる）。

「小者一人も召し使わぬ勘介に百貫の知行をやると、前からのおれの家来の小身者たちが、とやかく文句をいうかも知れない。だから馬・弓・槍・小袖などの用をする小者を付けてやれ」

と、武将の板垣信形に命じたというから、なかなか信玄は寛大な人物だ。

勘介これで身づくろいをし、きゅうにできた家来をつれて甲府の館（やかた）へ御礼に行ったら、はじめて彼を謁見した信玄、ばかに気に入ったと見えて、すぐに百貫増しの二百貫知行に出世させる。いわく、

「あれほどちんちくりんの小男のくせに、ずいぶんと世間に

名の高いのは、たしかに有能な人物にちがいない。約束は百貫だが、それでは安過ぎるから二百貫にしよう」（ここまで要約）

　高坂弾正が武田家の足軽大将数名の武芸談を収録した『武具要説』を見ると、山本勘助は盛んに塚原卜伝の提灯持ちをしている。彼は卜伝の新当流をも習っていたのでないだろうか。

　剣術は、なかなかの使い手だったらしい。『甲陽軍鑑』に、小幡上総介が剣の技量を、兵法遣い・兵法者・兵法仁に三別して、一は人に教えられる程、二は技巧に富んで勝つ者、三は特別変った技巧を用いないで楽々と勝つ者と規定した上で、最上の兵法仁として、山本勘介と諏訪流（北条流剣術）の方波見備前守のふたりを挙げている。

　勘介は永禄四年九月十日、川中島合戦のとき東福寺村沢真木神社付近で戦死した、六十二歳。遺骸は千曲川畔陣の瀬東高畑に埋め、五輪の塔が建ててあったが後に散潰してしまった（『海津旧顕録』）。元文四年に塚の東方の阿弥陀堂（埴科郡寺尾村字紫）の境内に建てられた石碑も、千曲川改修工事のとき川敷に入って消滅した。

　附記。山本勘介在判と明記した武術書が三種ある。『兵法秘伝書』三巻（元禄十四年刊）、『軍法兵法記』四巻（刊年不明）、『剣道独稽古』一巻（田中勇勝軒刊）。内容の文章はほとんど同一で、画だけは三種三様、山本勘介判というのは仮託と思われる。

【補】岡本半助の事績

半助の事績逸話はひじょうに多いが、その若干を要約する。

　半助は井伊家の足軽から出世して家老になった（『古老茶話』）。幼少のころ井伊侯の児小姓をしていたが、たまたま半助は侯のお供で家老の庵原主税助方へおよばれに行った。

　唐犬大流行の時代で（『翁草』に、江戸時代初期には唐犬を飼うことを大名たちは役のようにしていた、という）、庵原屋敷にも井伊侯がやった唐犬が一ぴきいて、井伊侯を見かけて盛んにほえる。

「旧主人をもう忘れてしまったらしい。くそめ、何というやつだ。おい半助、こいつの耳が長過ぎて見苦しいから、切り取ってしまえ」

と仰せになる。

　半助少年、ちょこちょこと玄関へ馳せ上り、釘にかけた馬の髪鋏をとってきて主人の前へさし出した。

「はい髪鋏。これで犬の耳より御自分の耳をどうぞ」と、からかった。

　侯はハッと気がつく。じぶんが余りに衝動的なことばを吐いたのを、恥ずかしいと感じたのである。

　べつの家老長野十郎左衛門の宅へも、侯のお供で行った。その家に寄食中の浪人者が乱心して、人を殺して長屋へとりこもり、家来たちが大騒ぎで取りおさえようとしていた。

「よろしい。私がとりしずめましょう」

云うや否や、半助は人びとの袖をくぐり抜けて長屋内へ飛

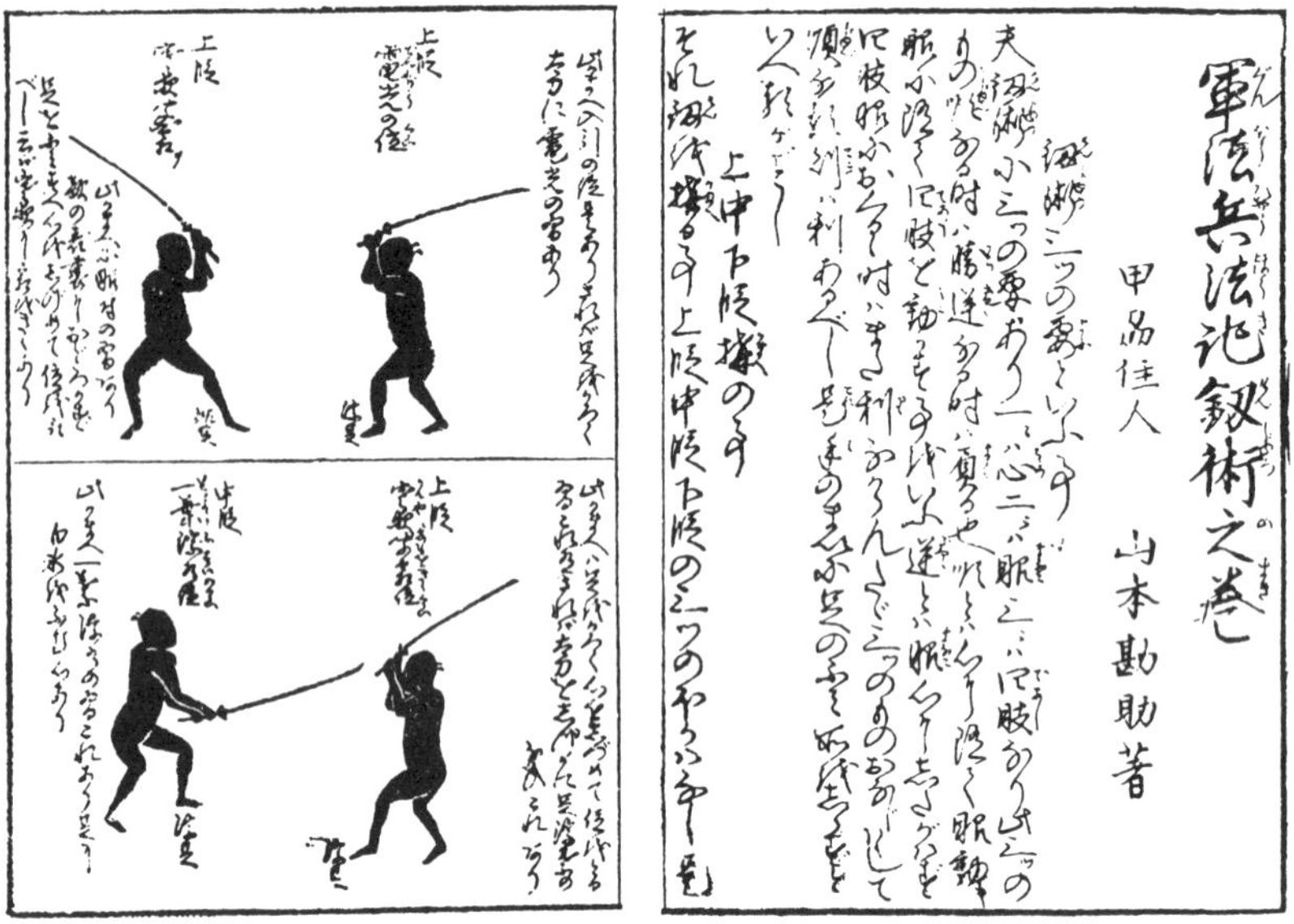

山本勘助在判『軍法兵法記剣術之巻』（部分）

びこんだと思うと、すぐに浪人を手取りにして出て来る。

「比類のない働きだ」

と井伊侯は、その場で彼に二百石あたえた。

半助は子供のときから機智縦横だった。かつて彦根の青竜寺で何か大法要があった時、門前に〝無縁の者入るべからず〟の札を立てた。見たくてたまらない半助、無理に入ろうとするのを、僧が出て来て止める。

「これこれ。無縁の者はダメダメ」

「でも、嫁さんが入って行くじゃないか。嫁さんは他人だろう。あれは無縁とちがうの」

と、やりこめる。

井伊侯が、あるとき冗談をいった。

「とうがらしは小さくても辛い。お前は小さくても何か取柄があるか」

「とうがらしは食べるしか用がありませんよ。そこへ行くとこの半助などは……」

井伊侯あわてて手を振って、

「もうよい。わかったわかった」

半助は重役に出世して江戸勤番に出たが、その宿舎を訪ねた知人が彼の生活ぶりを見てびっくりした。

重役屋敷だからずいぶん広々とした間取りだが、居間という居間がすべて板の間で、ただ坐るところだけ一帖たたみが敷いてある。寝るときに使うという小さな布団が一枚出してあるが、そのほかの家財道具はことごとく一つにまとめて挟箱に詰めてあるのだ。話すほどに時間がたち、昼時分だからといって膳が出た。黒い飯に青菜の汁、お向こうに赤鰯一尾だけであるが、半助は、

「久しぶりで御馳走だ。どうか充分にたべて下さい」

と満足そうにいう。

中酒といって、飯の後の酒が出る。さかなは胡麻をすりこんだ味噌だけ。したたかに飲んでから半助は、又いう。

「今日は珍客だから過分に御馳走をし、私もおかげでおいしく食べ申した」

客は、さすがに馬鹿にされたようで小腹が立つのか、思い切って云った。

「今日のおもてなし、御主人はよほどお気張りになった様子ですが、私の家ではこんな粗食は平日だとて食べてませんよ」

すると半助は口調をあらため、きっとなった。

「バカ云うちゃいけないなあ。これ以上の御馳走があるものか。これより上は奢(おご)りというものだ。私は三十五万石のしめくくりをせねばならぬ役目でござるからな、平常の心入れが肝心。いかに口当りがよいといって、あたら高価な美食を腹に入れて、糞にしてしまうのは勿体(もったい)ないことだ。私は、ふだんは半つき米に香の物よりほかは食べませんのじゃ」

以上すべて『雨窓閑話』に拠る。だいだい岡本半助の仕えた井伊掃部頭は、生来倹約で知られた名君であるが、家中の者に対して倹約を押しつける気になれなかった。これを踏み切って家中法度を出させたのは、家老岡本半助の献言に拠ったのである（『校合雑記』巻一二）。

京都二条城の普請を上方の大名たちに命じられた。諸国から工事奉行の者がたくさん上京したが、中で井伊家の評判が、ひどくよろしくない。というのは同家の奉行岡本半助が、大変じむさいからだった。季節は夏であるが、粗末なカタビラの、洗いざらしの剝(は)げっちょろけを着ている。行儀作法その他することはきちんきちんと折りめ正しいが、大家の重臣に似合わない貧寒(ひんかん)のかっこうだから、他藩の人たちからは、とかく笑い者になっていた。

もう一つ侮(あなど)りを買う理由があった。石垣用の大石を、各藩の持ち場の材料置場にたくさん積んであるのを見るのに、各藩とも、目を見張るような大石を積んでいる。中にも井伊に隣り合った持ち場の本多家では、これ見よがしの美事な大石を山と積んでいた。ところが井伊家と来たら、みすぼらしい小石ばかりで、そんな小石で石垣を組むかと思うだけでも軽蔑の念がおこる。

が、いざ本積みという時になって、事態が変った。井伊藩の工事奉行岡本半助、なんとも早や御念の入った人物で、かねてから伏見へんの材木屋で安い材木をしこたま仕込んでおいて、これから積む石垣の土台や堀の底を、きれいにさらえて材木と小石でキッチリと平均させた上へ、今まで何処にかくしておいたのか、見るも美事な大岩を引いて来て、石垣の根石としてドンとまっすぐに据(す)える。

他藩の工事は、こういうぐあいに行かない。深く掘らず、堀をさらえず、土台の底を材木と小石で処理しないで、よいかげんに大きな石を据えようとするから、まっすぐに安定させることができない。一列目の根石を据えるだけに泥だらけになって、何度も何度も大さわぎして、上げたり下げたり横にしたり、詰め物をしたりして、日数も人足賃も大変なものだ。

それにくらべると井伊家の工事、監督の岡本半助はひどくじじむさくても、することは気もちのよいほど順調に進行する。小石ばかりと軽蔑していたのに、それは基礎工事に使用してしまって、根石から上へドンドン積み上げるのはすばらしい大石ばかり、こうして始めの嘲笑は、いつか賞讃の声に変った。

岡本半助は武辺ばかりでなく、筆跡も人にすぐれ、乱世には珍しい能書と云われたものであった。

以上、『かたらひ草』に拠る。

岡本半助は軍学、殊に軍配の巧者として名高いが、へいぜいは至って倹約家で、そのくせ大そう客好きであった。大身・小身の傍輩を招いて、いつも軽い料理でもてなしながら武辺咄をきくのをよろこんだ。こんな状態で彼の家には、常に十人・二十人の傍輩が詰めかけていたから、時には、さすがの彼も聞きくたびれることがある。すると彼は、

「ちょっと御免」

といって、風呂先屏風をもって来て枕もとに立て、客の前でしばらく寝て休み、目がさめると又おき上がって、

「さあ続きを話せよ」

と、さいそくするようなこともあった。

右の話は『積翠雑話』巻四にある。

松田阿波守の家老増田豊後が、主人を恨むことがあって、有ること無いことを云い立てて、幕府に訴えた。阿波守は、謹慎して江戸邸に閉居していたが、こんなときには権門に賄賂金を贈って救解してもらうのが風習なので、江戸邸の用金が逼迫して来た。国から取りよせるにしては日がかかるので、思いついて親戚筋にあたる井伊家へ使者を出して、借金を申しこんでくる。

井伊家では家老どもが集まって、どうしたものかという相談。

「公儀へ対してはばかりがあるから、貸さぬ方がよい」

という説が多い。

すると岡本半助が云った。

「人の急を救うは義であるから、貸すべきであると思う」

「では、我々の意向を、殿へ言上してから貸すことにしよう」

と誰かがいう。半助は手を振った。

「いや、それはよろしくない。拙者の一存で貸すことにする。後で公儀から咎めをうけるような場合には、殿は御存知でなく、拙者だけが責任をとればよいのだからな」

半助は、このような人間であった。

以上は『明良洪範』・『見聞談叢』に拠る。

北条安房守氏長

北条安房守平氏長、先祖は遠州の出である。高祖父福嶋左衛門大夫綱成は永正二年生まれ。その父上総介正成は遠州土方の城主（土方は今、静岡県小笠郡城東村の内だが、城は土方の南接なる高天神城をいう）で、大永元年、一万五千余人の軍勢をひきいて甲州に発向し、飯田河原に武田信虎と合戦して討死したので、綱成はそれ以後、北条氏綱の麾下にぞくするようになった。氏綱は綱成の剛勇を賞して娘を嫁にやり、北条の一翼として、これを甘縄城（鎌倉市城廻りの山上にあった）に居らしめた。天文戊戌の年（七年）、綱成が五百の兵をもって川越城（いま埼玉県川越市の東郊）にこもっているときに、両上杉の軍勢八万六千余が攻めて来て数日間城を包囲したが、善戦してよく防ぎ、やがて北条氏康の援軍が小田原を発して後詰めをし、上杉勢は敗北した。綱成は、こうして享禄三年から天正十五年までの五十七年間、北条氏綱・氏康・氏政三代につかえて惣軍の指揮官であり、近隣の主将と挑み戦うこと三十六度、毎度勝利を得た。世人はこれを呼んで〝直八幡〟というのは、かつて氏康の命で八幡の二字を四角い黄旗に書いて用いたからで、その旗は子孫末裔に持ち伝えた（『東国記』に、北条上総介地黄八幡の旗をなびかしと書いている。それが正字であろう。『積翠雑話』に、北条綱成が朽葉色の地に八幡と書いた旗を持たせ、戦いのたびに「勝ったぞ勝ったぞ」と勇みかかるとあり、『常山紀談』にも練絹三幅、くち葉地黄にて八幡の二字を染めたる物という。なお『武家軍鑑』・『武林名誉録』その他に詳しい記事がある）。天正十五年死す、享年七十有三、円竜院道感と号す。

その子左衛門大夫氏繁、母は北条氏綱の女。天文二十年、氏繁十六歳のとき、氏康にしたがって上州・野州で戦功を立て、その後、天正年中になってからの戦功は数えられないほどである。天正六年死す。四十三歳。竜宝院一無と号す。

その子、左衛門大夫氏勝。母は北条氏康の女。氏康・氏政につかえて惣軍の長であったが、のち東照宮につかえ奉る。慶長十六年卒す、五十三歳。

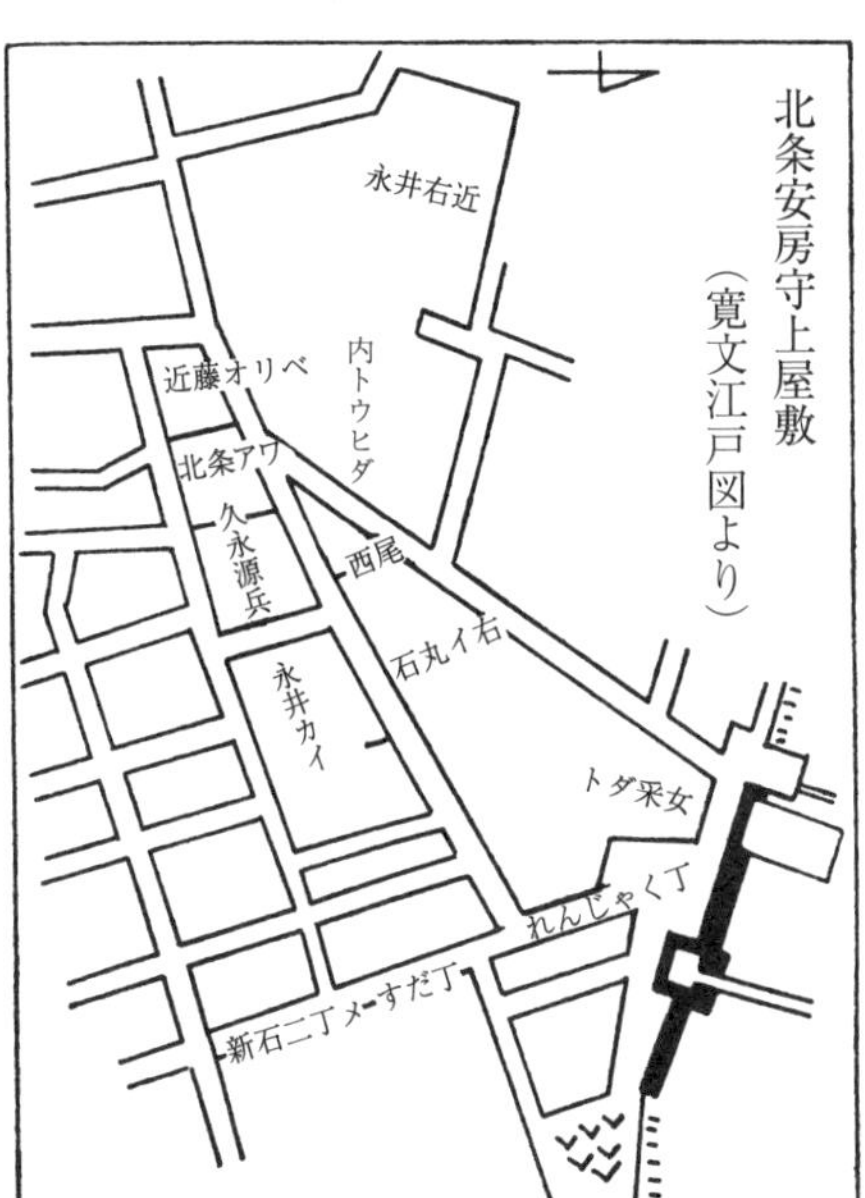

北条安房守上屋敷（寛文江戸図より）

その子、新左衛門繁広も、父とともに東照宮につかえ、慶長壬子の年（十七年）駿府において卒す。享年三十有九。

その子、新蔵氏長（初め氏永、のち正房。初名は梅千代、新蔵。安房守――『寛政重修諸家譜』）は慶長十四年生まる。母は遠山彦六の女。四歳のときに父が死んだ。六歳のとき始めて東照宮に目通りした（このとき稟米五百俵、寛永十年に七百石になる――同上書）。元和二年台徳大君（二代将軍秀忠）に拝謁。寛永十五年五月八日御歩行頭となる。同十六年、采地を転じて下総の国中田・川崎・上泉ならびに武州蓑輪を賜う。のち足軽大将になった。明暦元年六月、大目付役、従五位下に叙し、安房守に任ず。寛文十年五月二十九日死す、六十二歳。趨州院栢陽西意と号す（葬地は駒込總禅寺）。氏長は幼より好んで兵書をよみ、小幡景憲にしたがって武田家の兵法を習い（鈴木日向守に習ったという異伝あり、補記見よ）、ついに奥秘を得、景憲門下として氏長の右に出づる者がなかった。のち『師鑑抄』・『雄鑑抄』（正しくは『兵法雄鑑』）を述作した。列侯・諸士・氏長の門に入って真伝を得ようとする者が多く、まことに盛大というべきだろう。後また『士鑑用法』（一巻、承応二年遠山信景の跋あり）を撰み（そのほかにも『兵法問答』・『雑格問答』・『微妙至善之巻』等の著作がある）、流名を唱えて北条流（別称――甲州流大星伝）という。氏長は武田兵法を研修してその伝をひろめた。その功は赫然として世にあらわれている。

【補】鈴木日向守（鈴木流軍学）

北条新蔵氏長が鈴木日向守の流であるという異伝について、『明良帯録』巻六、世職篇にこうある。

北条安房守。三州鈴木日向守の流儀を伝えて兵学の家なりしが、安房守先祖兵道の妙を得れば、北条流とあらたむ。殊には寛永の天草の一揆、渡辺四郎大夫時貞の討手として、松平伊豆守総管として北条安房守相向かい、はなはだ功多し。これによって御賞美あり。今は福島伝兵衛この流儀を伝う。

『兵法伝統録』に、三州寺部城主（今、愛知県西加茂郡高橋村寺部。矢作川の左岸）鈴木日向守守重とあり、『山鹿流兵法系図』には、三河国の老人地侍で軍者の由、山本勘介が有名になったので鈴木の名も揚がったという。系統は、鈴木―勘介―広瀬郷左衛門―早川弥左衛門―小幡景憲の順次で、この系譜には他にも異伝があるけれども、鈴木日向守の流れと甲州流とは全く同一のものと見てよろしかろう。

鈴木は一に鱸に作り、戦国のころ三河の名家の一に数えられ、先祖より源氏流の軍学を伝えていた。永禄元年、吉良氏をかたらって、今川氏にそむき、松平元康（徳川氏）に攻められて降参した事績は『改正三河志』に見えている。そのときの城主が鈴木日向守重教（一に重辰）で、これを守重と誤伝したのである。誤伝のもとは『慶長古文書』におさめられた永禄時代の遺文の中に、「日向守重而令入城処」云々とあるのを、日向守カサネテ城ニ入ラシムル処と読むべきを日向モリシゲと誤読したからであろう。

小早川式部能久

小早川式部大江能久の先祖は、平城帝の皇子阿保親王である。その四世大江維時（前述）の後裔で、毛利元就の八男の小早川秀包の三男が能久である。少年時代から兵書を好んで小幡景憲の門に学び、その宗を得た。香西成資がその伝を継ぐ（甲州流香西派という）。香西は讃州の人で黒田家につかえていた。『兵術文稿』を述作して世におこなわれている。

【補】香西成資

香西太郎左衛門成資。後に庄右衛門とあらためた。寛永九年、讃州香川郡佐科に生まる。はじめ小幡景憲に、後、小早川能久に学んだ。筑前へゆき、天和二年、黒田家に仕え、平尾山下に演武場をひらく。致仕後は本立軒常山と号し、『兵術文稿』の著作がある。亨保六年死す、九十歳。一説——正徳ごろ死去、八十四歳とも。子孫は同藩に仕えて代々相伝した。香西成資—香西資始—香西資武—香西成貞。

山鹿甚五左衛門義矩

山鹿甚五左衛門義矩（諸書に素行の名を義矩とするものが多いが、誤りである。正しくは義呂（よしもち）、俗に義以ともあり。初名は貞直、字は子敬、号は素行軒、堂号は曳尾。軍学を山鹿流という）は、のち高祐とあらたむ。北条氏長について（年譜には寛永十九年九月、小幡景憲の印可をうけたとあり）兵法の奥秘を得、評判が高かった。しばらく浅野采女正長友につかえ（承応元年十二月八日より）、采邑（さいゆう）千石。のち致仕（ちし）す（辞したのは万治三年）。講武の余暇に『神武雄備集』・『武経全書』等を述作して門人に教えた。列侯・諸士の入門者が多く、これほど多くの門人をもった兵学者は彼以前になかった。後、故あって赤穂城下に蟄居（ちっきょ）す（寛文六年十月）。後、また江戸に来る（延宝三年八月）。貞享二年九月二十六日死す（六十四歳）。牛込宗参寺に葬る。月海院瑚光珊と号す。山鹿門でその宗をえた者は多い。布施源兵衛その伝統をつぎ、もっとも識（しき）量があり、研究も深かった（『山鹿門人帖附録』——布施源兵衛忠之。武教小学の校訂をなし、また赤穂の謫居をわざわざ往訪しなどして、有数の門弟なり。松平日向守・出羽守に歴任す）。明石侍従松平信之につかえ、兵法を教授した。法名は覚海。

【補】山鹿素行の出自（しゅつじ）

素行は山鹿六右衛門貞以の子。貞以は関一政の家臣であったが、同輩を討って立ち退き、会津に来て蒲生家の老臣町野長門守幸仍の家に頼り、そこに食客中、蒲生家重臣岡左内（貯金豪傑として名高いキリスト教徒で、後に猪苗代城代になった。ヨーロッパ製の騎士鎧を着て戦場を疾駆した名物男で、上田秋成の『雨月物語』にも小説されている）の一族岡備中守の女を妾にして、素行を生んだ。元和八年八月十六日である。今その生誕地の若松市栄町に記念碑が建っている。

山鹿素行（『先哲像伝』）

岡本実貞入道

岡本実貞入道は甲州北部の人である。父兄は武田勝頼につかえて甲府にいた。勝頼滅亡のとき実貞はわずかに三、四歳であったが、長ずるに及んで信玄の兵法を甲州の浪人に教わり、詳しくその奥秘に通じた。後、小幡景憲の招きによって江戸に来、景憲に面会して、その兵法を語って甲州に帰った。

堀金太夫藤原貞則という者、少年のころより兵書を好み、榎本半左衛門順之の伝書を得て、よく小幡景憲の兵法に通じていた。というのは、順之が井伊家の臣であった小幡門の篠(ささ)保(また)喜兵衛正幸の門人であったからだ。この正幸は、同じ井伊家の臣であった岡本半助宣就から、軍配の方を伝えていた。堀金太夫はその後、ゆえあって岡本実貞入道に会って兵家の奥秘を得るとともに、また小幡景憲にも教えをうけて、よく甲陽の兵法を通達するに至った。当世、兵を談ずる者は多いけれど、十分に甲陽伝(こうようでん)を会得することが貞則ほどの者は、まことに僅少である。

堀金太夫藤原貞則は、先祖は信州村上家の人で、姓を加藤といっていたのを、後に堀とあらため、貞則以来堀氏を号したのである。彼は幼より刀槍の術を練習し、また書をよくした。性質は口かずが少なくて、まめまめしくて実直だった。かねて兵書を好んでその宗を得たいと思っていたが、たまたま親戚に榎本半左衛門順之という人があり、甲州の兵法を篠保喜兵衛正幸にならい、よくその法に通じていた。正幸は井伊家の臣で、小幡景憲の門弟であり、また岡本半助から軍配の法を教わって宗を得ていた。そこで貞則は、順之に従ってその伝をうけ、極意(ごくい)に達したが、なおその上にも研修しようと欲して、小幡景憲にも直接教えをうけたのである。ところで甲州北部に、岡本実貞入道という人がいた。その父兄は武田勝頼につかえて武名があったが、甲乱(こうらん)のとき実貞わずかに、三、四歳、長じて甲陽の兵法の奥旨を知る。貞則は、この実貞翁に武州金子の瑞泉院（今、入間郡武蔵町木蓮寺にある。曹洞宗。金子十郎家忠の開基）で謁見し、厚く慕うて奥旨を伝授された。はじめ小幡景憲が甲陽の伝をあつめるときに、実貞入道に学んで参考にしたので、貞則もよく考えてみて、その小幡にも入門して、益々その伝を欠陥のすくないものにした。当時、兵法を伝える者はひじょうにたくさんあったが、たいていはいいかげんのもので、中には戦国時代の良将某が中興した軍法であるなどといい、百流・千流、むやみに天下にわずらわしく、錯雑していた。もちろん甲州の兵法と称するものの中にも、正しいものとなると多くはなかったのだ。貞則はそれを遺憾におもって、本末・始終を正し、次第・節目を分けて一篇の書を作り、これを『甲武』と名づけた。修理粲然として、これこそ甲陽伝の全貌が完成したのである。世の兵を談ずる者と同列だと思ってはならない。貞則ただひとりその宗を得て、他をぬきんでているというべきである。

　愚いう（繁高評言）。近世、有名な兵法は他にもあるが、甲陽の兵法に及ばないことは今さら云うまでもない。それ兵法とは、万世不易の習いをさして云う。臨機応変といい、戦術といい、謀計というごときは、じつは兵の術であって、その時のよろしきに従えばよいのであるから、これをあえて兵法などと鹿爪らしくいうには当らない。そんなことを数えていい出したら、無量にして際限のないものになってしまう。今の兵を談ずるともがらは、戦術を兵法だと心得違いしているから、かんじんの不易の法を学ばない。だから昔の戦いを評しても、取るところを取らずに良将の悪口などをいっている。しかし、こういった妄説を信じてその門に頼り、同じような妄偽をふりまわす徒が多いのは、泰平の時代が長くつづくゆえに諸家に武道が廃り、真の武士道の研究が、頽敗・隠息してしまったからである。どうしてそんなものを兵法などと云ってよいものか。

（巻一・終）

武芸小伝・巻之二

諸礼

孝徳天皇の御宇、礼式を定められた。これが礼式を定めた権輿である。その後、京都将軍義満公（足利義満）が、小笠原修理大夫長秀と、伊勢・今川をして諸家の礼法を参考して法式をつくらせた。これ以来小笠原家が諸礼の祖家となる。同家は新羅義光からの弓馬の芸を伝え来たって、武将の師範であることは詳しく家譜に記載されている。庸夫（下僕）・販婦（物売りの女）といえども、小笠原家の礼法を尊ばないものはない。

小笠原信濃守貞宗

小笠原信濃守 源 貞宗（月山と号す）は、新羅義光の遠裔で信濃守宗長の子である。代々弓馬の芸を伝えて家名を落さない（小笠原流という。『大日本史』――その家に射芸騎乗の法を伝う。貞宗にいたって最も精妙を極む）。後醍醐天皇の御宇、貞宗は常に参内して馬を丹墀（丹砂塗りの壁塀）にととのえ、射を金門（皇居の宮門）にこころみた（御上覧に供えた）。帝、勅して、

「貞宗こそ天下弓馬の俊傑である。貞宗を天下の師範としよう」

と仰せられた。

貞宗は、弓馬の芸を武田伊豆守信元（あるいは甲斐守）に授けたが、観応元年（正平五年）八月二十五日、貞宗死す、五十七歳。法泰山正宗、開善寺と号す。貞宗の長男の信濃守政長が、武田信元にしたがって、箕裘の芸（父祖代々の業）を継ぎ、特に射撃が上手で、尊氏につかえ奉り、これを教授した（『寛永諸家系図伝』政長の条――将軍尊氏卿ならびに義詮卿の師範として武士の定式となる。尊氏卿入洛のとき武者所となりて弓馬の法案をしめす。諸軍ことごとくこれに応ず）。貞治四年三月二十一日卒す、四十九歳。その子（長男）信濃守長基も弓馬の芸すぐれ、将軍義満公の師範となる（このこと同前の系譜伝に見ゆ）。その子（次男）修理大夫長秀は、義満公の命によって、伊勢・今川両氏と『三議一統』（正しくは『三議一統大双紙』別名を『当家弓法集』という。武家故実書、二巻）を撰した。大膳大夫政康（長秀の異母弟）が、長秀の家を継ぐ。弓法を義教公に伝授す（『京都将軍家譜』義教の条――永享四年三月、小笠原政康をもって御弓師範となす）。時に永享四年の三月である。嘉吉二年八月九日死す、六十七（小笠原古文書には六十五歳）。大膳大夫持長これを継ぎ、文安元年十一月九日、将軍義政公の射始めに持長が師範となった（このこと同前『京都将軍家譜』に見

ゆ)。寛正三年六月十五日卒す、六十七歳。

大膳大夫清宗(持長の子)が、これを相続した。伝にいう。清宗が厠へ行ったときに、怪物が出たのでその手を折った。しばらくたってから怪物が窓外へやって来て、折った手を返してくれというので、名をたずねると、

「狸です」

と答える。

「折れた手をとりもどしてどうするのだ」

と問うと、

「妙薬があるから、接(つ)ぐんです。製法が御入用ならお教えいたします」

といったので、清宗は手を返してやった。そんなことから、妙薬の製法が手に入ったので、代々相伝えて家伝の膏薬を作った。この清宗は文明十年十二月八日死す、五十二歳。

民部大輔長朝(清宗の子)継ぎ、文亀元年八月十二日卒す、五十九歳。修理大夫貞朝(長朝の庶長子)が継ぐ。このとき家に妖怪が出た。貞朝はチラと見て、そのいる場所を見定め、ただ一矢でこれを射止めて、その精妙をもてはやされた。永正十二年六月二日(一説――三日)死す、五十五歳。大膳大夫長棟(貞朝の長男)相続し、天文十八年十月八日卒す、五十八歳。

大膳大夫長時(長棟の長子)、父祖の業を相伝して、信州林の館(のち深志(ふかし)に改む。深志城址は松本城下の小島村にあり、一里ほどへだてて小笠原長時の居城籠の鼻というのがあり、その近くに小笠原貞慶の林の城という城跡があると『古老茶話』にあるから、げんみつに同じ場所ではない)にいた。弓馬の技術と胆勇(たんゆう)で名があった。甲州の武田晴信が辺境をかすめるので、多年防戦して武威をあらわしたが、やがて晴信が大軍をひきいて深志城を襲うこと数度、さすがの長時も抗しかねて、城をすてて越後へ脱出し、長尾(上杉)謙信に庇護されたものの、こうなってはもう甲州に服するわけにはゆかない。はじめ晴信は長時に対して、

「信州はことごとく我が領国となった。もしおれに帰服するなら、もとの領地を安堵(あんど)してやろう」

と通告したが、長時はこれに答えて、

「むかしを尋ねれば武田は兄、小笠原は弟というわけだが、小笠原は代々京都にいて格式は武田より上であった。いま長時にいたって何で武田に属することができよう」

といい、北越へ奔(はし)ったのである。

その後、伊勢へ行って榎倉太夫のもとにいたが、あたかも三好長慶が天下の執権で、この三好が小笠原氏の族であるところから、使を出して長時を招いた。そこで長時は京へ上り、将軍に謁して、弓馬の師範になって河内の高安に十七カ所の領地をたまわった。しかし、やがて将軍義輝が三好のために害せられたので(永禄八年)、長時は奥州会津へ逃げ、天正十一年二月二十五日(五ノ町光明院の位牌には二十四日とあり)、星野味庵(後述)の宅に死んだ。時に六十五歳。麒翁(きおう)正麟(しょうりん)と号する。

その子（三男）喜三郎、のち右近大夫貞慶は、はじめ父と同じく奥州へ行ったが、やがて信州へ帰り（天正十年）、譜代の家人をもよおして軍を上げ、深志城を攻め取って入城し、あらためて松本城という。貞慶は（父親が）信州を出奔して後、三十三年でまた本国へ帰ったわけである。文禄四年五月十日、下総の古河で死んだ、五十歳。法名は以清宗得、大隆寺という。

その子の兵部大輔秀政（補記見よ）は東照宮につかえ、下総の古河城（二万石。いま猿島郡古河市）をもらった。後（慶長五年）信州飯田城（いま長野県伊那郡飯田市）に移り、さらに松本城に移って（慶長十八年十月、八万石）、子孫相続して繁栄した。このように小笠原氏が、代々弓馬の芸を伝えて天下に甲たり、もって武人の泰斗（偉大な存在）と目されるのは、まことに稀有のことというべきであろう。

貝原氏いう（貝原益軒『和事始』）。小笠原家の和礼の始めは、後醍醐天皇の御時、甲州源氏小笠原信濃守貞宗という人があって、弓馬・古実に通じていた。あるとき禁中で的の会があり、そのとき武将尊氏・義貞をはじめ在京中の有名な士が残らず召し出されて的を射たが、中にも貞宗の射礼が衆を抜いて正しかったばかりでなく、命中した矢もとびぬけて多かったから、天皇は叡感のあまり貞宗に昇殿をゆるして、弓馬の古実を勅問された。くわしく御答えしたので、いよいよ叡感あって、太子と諸皇子の御師範とさだめ給い、信濃国の守護職に任じ、従五位下に叙せられたのみならず、弓馬の道においては日本一の師範であるとの勅諚をいただいた。貞宗は大いに面目をほどこして信濃に入国した（『安斎随筆』巻二十二に「小笠原信濃守貞宗、云々、唐僧清拙という者と議して諸礼を定めたる由、寛永系図に見えたり。この定めたる諸礼は小笠原自家の礼法なるべし、天下の礼法にはあらざるべし」という。その語気に、諸礼といえば小笠原をさす天下の風潮に対する伊勢貞丈の不満が明白に見えている）。この貞宗の玄孫に兵庫助長秀という人があって、将軍義満につかえていたが、義満公は、今川左京大夫氏頼・伊勢平氏武蔵守満忠・小笠原兵庫助長秀、彼等三人に仰せつけて、武家の礼法を考定せしめられた。三人が銘々の家の秘伝に、世間の古例など参考して一書をえらんで差し上げたのが三議一統の『当家弓法集』である。青蓮院の清書で、一七日に書き立て、これを天下にひろめた。これ以来小笠原家は和礼の家元として代々将軍家につかえ、天下の師となってあまねく人々に用いられるようになった（小笠原伝書）。

伝書にいう。後醍醐天皇のとき貞宗参内し、騎射を叡覧にそなえたてまつる。天皇叡感はなはだしく御手を鞍にかけさせられて、鞍あたりの様をこころみ給うと、云々。後、勅ありて貞宗の像をえがかしめられたが、いま京都東山長清寺にある衣冠の像というのがそれである。

【補】三議一統の共撰者

『三議一統』は、正称は『三議一統大双紙』といい、二巻。別名は『当家弓法集』。応永三年の撰で、共撰者は小笠原長秀・今川左京大夫氏頼・伊勢武蔵守満忠といい（『小笠原伝書』・『信府統記』・『千曲の真砂』）、或いは小笠原長秀・今川範忠・伊勢貞行の三名ともある（『南方紀伝』）。いずれにせよ武家礼法の三議一統ということは、小笠原家で云い出した文飾らしく、事実としては矛盾する点が多い。伊勢貞丈も明和元年、『三議一統之弁』を著作して、古撰書は偽書であると論じている。

秋元大補君のしらべに拠ると、小笠原長秀の信濃守受領は応永六年（一説――七年）で、応永三十二年、五十九歳で死去しているが、この年代に吻合する人名が、今川氏と伊勢氏からは、うまく証拠立てられないのである。

今川氏で左京大夫だったのは今川貞臣（貞世の子）だけで、氏頼の名は探し当たらない。貞臣は応永三年まで肥後に在国し、以後、解任されて世に出ず、応永七年、父とともに遠州に閉居したから、共撰者とは考えにくい。これを今川範忠とすれば、応永三年には範忠の父範政がまだ十三歳で、範忠は生まれていなかった。何よりも今川了俊の『今川大草紙』や『今川系図』に、三議一統書のことは全然記載されていないのである。

又、伊勢武蔵守満忠の名は、『伊勢系図』や『尊卑分脈』その他に確証がないのみならず、武蔵守の官は当時は執事の受領に限られ、伊勢守を極官とする伊勢氏には有りえないことであった。満忠でなく伊勢貞行であったとすれば、貞継の長男で、父より大坪道禅相伝の故実礼式をゆずられたと伊勢系図一本に見えるものの、三議一統撰者と見るには、なお疑いなきを得ない。

【補】小笠原氏と松本城

小笠原氏は甲斐源氏で、新羅三郎義光から出ている。義光の子の義清が甲斐におり、その子清光、清光の子信義が、武田氏の祖である。清光の二男が遠光で、加賀美氏を称し、その二男の長清（母は和田義盛の女）が北巨摩郡小笠原に住んで、小笠原氏を称した。父とともに頼朝にしたがって功あり、文治元年八月、遠光が信濃守に任じられたので、長清・長経、共に信濃に移った。長清・長経・長忠・政長・長氏・宗長と六代つづいて、そのつぎの貞宗のときに松本に近いところに川井城を築いて移り、貞宗から政長・長基・長秀・政康・持長・清宗・長朝と八代、百五十年にして長朝が、林城（東筑摩郡里山辺村）に築いて移り、長棟・長時と二代六十年にして、天文十九年六月、武田信玄のために滅ぼされた。三十三年後、長時の子の貞慶が家を再興し、あらたに深志城（後の松本城）を築いて、居をここに定めた。

以下、『古老茶話』から要約抜粋する。

新羅三郎義光の後胤信濃守遠光から代々弓馬の法を伝え、京都・鎌倉に在勤し、朝廷・幕府から恩寵をうけた。二十一代目の大膳大夫長時の代に、武田信虎・晴信父子と兵をまじえること数年、縁者の仁科道外と、家来の三村・山村らの裏切りで深志城は没落した。長時は、同国の村上義清に拠って旧好の士をあつめ、晴信と上野原に戦ったが利なく、忠臣二木豊後の中塔城に退去し、さらに越後、伊勢へと落ち、京に上って三好長慶に頼ったが、三好の一族が将軍を殺したので会津へ下向し、蘆名家の臣星野味庵に寓居中、天正十一年二月二十五日、近習の侍に殺された。これは長時の妾がその近習と密通していて、主人を殺したのである。味庵はすぐにその近習を誅した。長時の長男右馬助長隆は上杉家につかえ、天正八年、越中富山城に戦死し、二男曾寿丸は武田信玄が養育して出家し、牟堂といったが、のち還俗して右馬助貞次という。三男喜三郎貞慶は、生まれつき武将の器が具わっていたので、父長時から家の文書・重器をゆずられたが、本国を離れて流浪し、一時徳川家康につかえて姉川合戦で武功があった。天正十年七月、溝口美作ひとりをつれて信州塩尻に潜入し、旧好の輩をあつめて筑摩郡深志城を攻め破り、父没落後三十三年にして旧城を手に入れ、会稽の恥をすすいだ。

【補】小笠原兵部大輔秀政の事績

『積翠雑話』巻一に次ぎの一条がある（要約）。

京都の鵺の小路（この小名は現存しない）の木戸をこわすと、たちまち天子が御病気になられると云われていたが、天正年中、豊臣秀次公が悪行をして、かの木戸をこわしてしまった際も、天皇が病まれた。そこで元暦年代の例にならって（元暦は一一八四—八五の二年であり、仁安三年の源頼政の鵺退治より十六、七年後である。案ずるに、平清盛が毛朱という化鳥を捉えた一件をいうのであろうか。『長門本平家物語』・『源平盛衰記』に見ゆ）。武家に命じて鎮めさせられることになり、当時小笠原兵部大輔秀政が射芸でもっとも有名であったから、その役を仰せ付けられた。同家にはホツの発・ヘツの発という射法の秘事があって、むかし源義家公が、ホツの発によって天子の御病気をしずめられたことがあるという（『源平盛衰記』に見ゆ）。そこで秀政は、近衛信基公と同道して東山に行き、家来の日岐弥一右衛門利高にホツの発を伝授して、弦打ちして（鳴弦の術をいう）御病気をおなおし申し上げたということである。この秀政の功は決して義家・頼政の功におとらないのだけれど、それを表沙汰にしては秀次公が逆意をおこすかもしれぬというので伏せてしまったから、小笠原・日岐両人の妙功は世上に知られないじまいであった。

小笠原宮内大輔氏隆

小笠原宮内大輔源氏隆（あるいは伊予守）は、小笠原大膳大夫頼氏（あるいは武勇入道頼氏）にしたがって家業の弓馬の芸を継いだ。後、軍律（兵法・軍学）を上泉武蔵守藤原信綱（後述）にさずく。信綱は上州の人であるが、その子常陸介秀胤（補記見よ）が父の芸を継ぎ、大戸部民部少輔・滋野直光に伝授した。長野出羽守在原業親が直光の伝をついで氏隆流と称し、また上泉流という。

岩室卜叶泰広が氏隆にしたがって騎法をならい、宗を得、この岩室から中村隼人入道盛世—その子、隼人盛名—根本治左衛門正次と伝統し、小笠原流と称す。長野の伝は一場平左

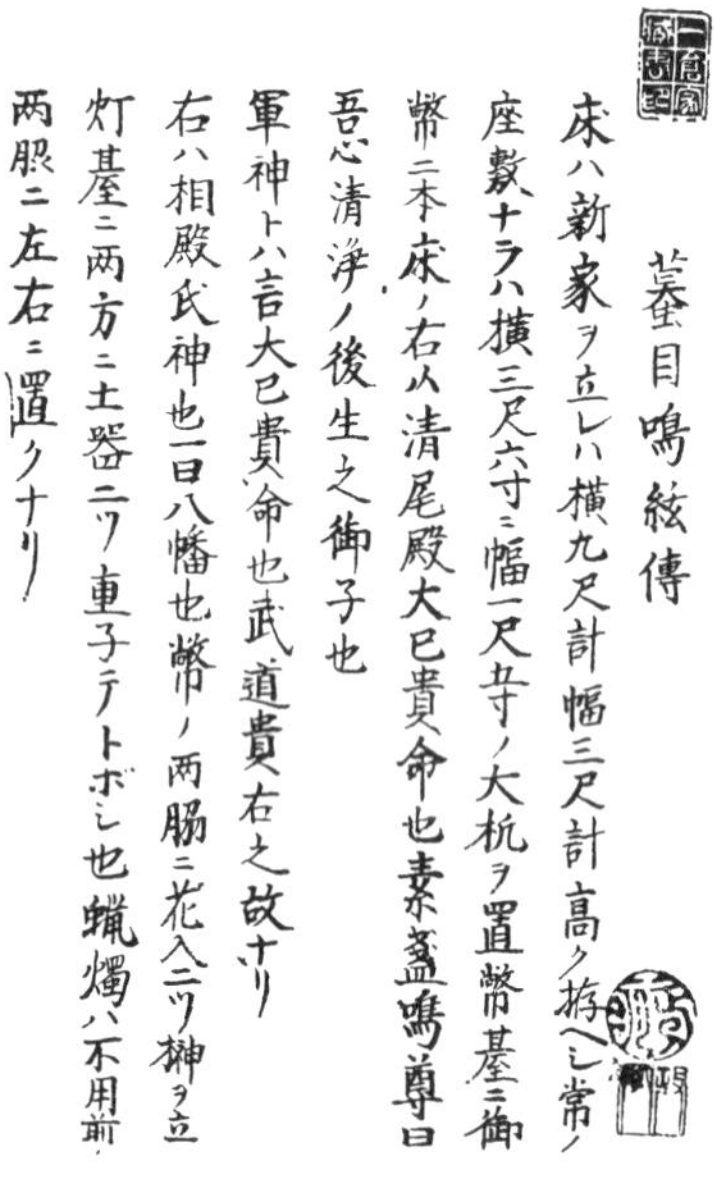
蟇目鳴絃傳
床ハ新家ヲ立レハ横九尺計幅三尺計高ク拵ヘ常ノ
座敷ナラハ横三尺六寸ニ幅一尺五寸ノ大机ヲ置幣臺ニ御
幣ニ本床ノ右ハ清尾殿大巳貴命也素盞嗚尊曰
吾心清浄ノ後生之御子也
軍神トハ言大巳貴命也武道貴右之故ナリ
右ハ相殿氏神也一日八幡也幣ノ両脇ニ花入ニツ榊ヲ立
灯臺ニ両方ニ土器ニツ重テトボレ也蝋燭ハ不用前ノ
両服ニ左右ニ置クナリ

『蟇目鳴弦伝』（冒頭）

衛門藤原正長に伝わり、この人は寛文七年正月十一日、江戸にて死す。

【補】上泉秀胤・義胤・主水

上泉常陸介秀胤はまた大炊守、源一郎。上泉伊勢守信綱（後出）の嫡男として享禄三年に生まれた。父の諸国修行に疋田文五郎（後出）・神後伊豆守（後出）らと同行した。後に北条氏に仕え、永禄七年正月上旬、鴻の台に里見軍と戦って重傷し、その月二十三日死亡、三十五歳。天正四年、父信綱が秀胤の十三回忌をいとなむために、上州桂萱村（いま前橋市上泉町）に西林寺を建立したという（堀正平氏）。寺と墓は現存しているけれど、秀胤が父から上泉流を相伝されたのは、伝書によれば元亀二年正月であるから、永禄七年戦死より後のことになる。実子が死去して後に養子が伝を承けたと仮定すれば、実子・養子ともに秀胤と称したと見るしかない。

上泉流軍学と諸礼は大江流の流れで、小笠原宮内大輔氏隆―上泉信綱―同秀胤―同治部左衛門義胤と相伝したから、上泉流、また氏隆流という。他に大戸部民部と岡本半助宣就らが相伝を受け、世間にひろがった。但し『武術系譜略』には、上泉流兵学と称したのは秀胤の門人滋野直光の、その門人の長野（在原）業親からである、としている。

上泉秀胤の跡をついだのは、秀胤の子の治部左衛門義胤である。義胤は一に義郷という。通称、一に権右衛門秀信、また孫次郎といい晩年、尾州徳川家に仕えてからは民弥宗重、また岡本新之丞と改称したらしい。長野無楽斎槿露に学んで無楽流居合に達し、後に民谷流居合を創始した。

義胤は、世間稼ぎの最初のとっつきは井伊家であった。父秀胤の相伝を得た岡本半助が井伊家の重臣であったから、その推挙によると考えられる。治部左衛門義胤は、大坂両度の陣に井伊家臣として功名を立て、冬の陣に真田出丸の下へ取りついた状は『常山紀談』拾遺巻三に見えている。その後、浪人し、さらに備前池田新太郎光政に召し抱えられた。『積翠雑話』巻二に次ぎの記事がある（要約）。

池田家の上泉治部左衛門は、上泉主水の甥で、大坂両度の役にも武功があった。光政の二男の信濃守政言が、はじめ番頭の列で、組の侍・足軽をあずかっていたころ、ふと上泉に、「具足箱のつくり方に、何か便利なのがあるか」

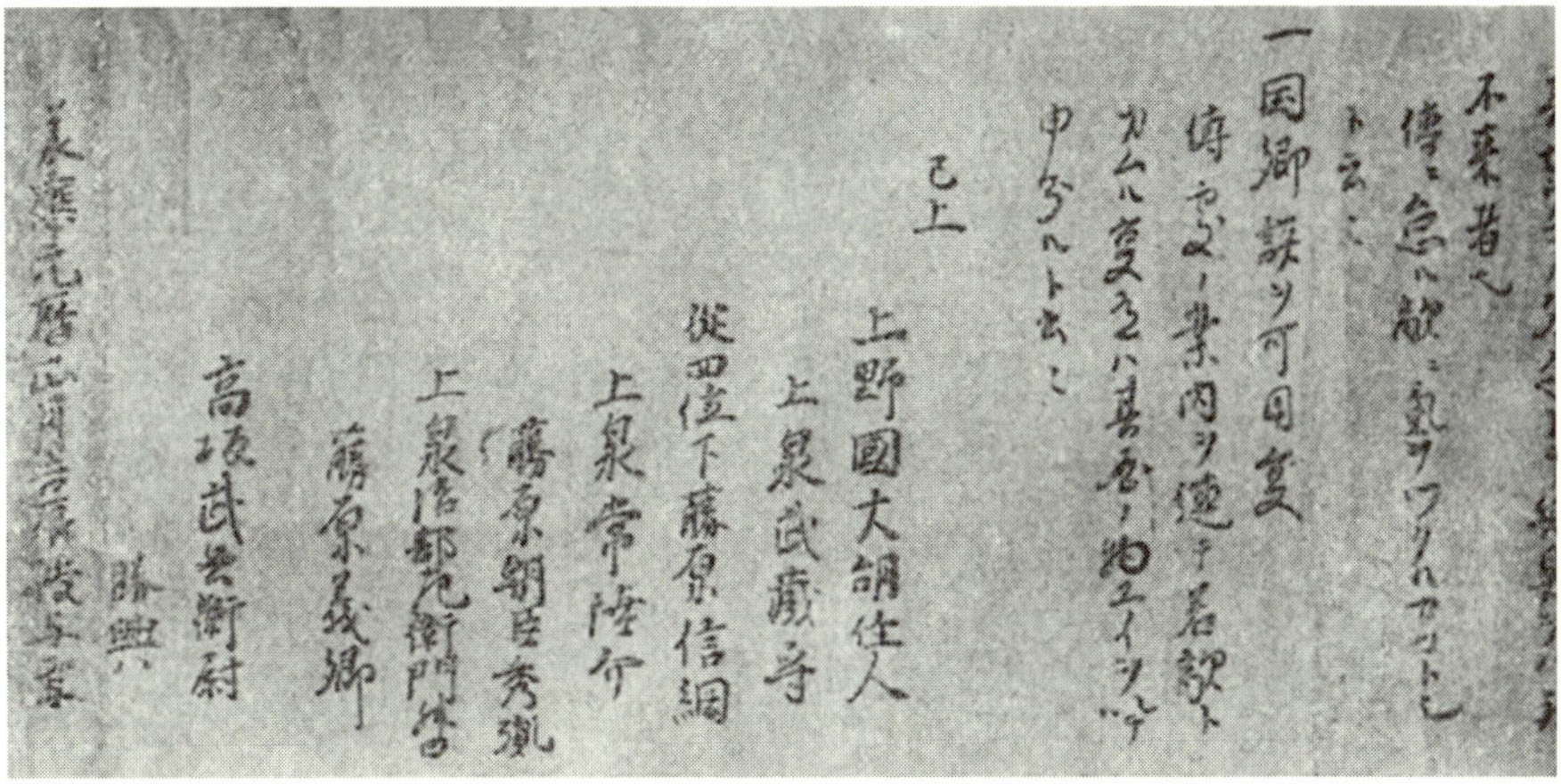

『上泉流軍学伝書』（奥書）

ときくと、上泉こたえて、

「昔から具足箱は、笈（おい）のようにもするし、担（かたげ）のようにも作りますが、どちらでもよろしいでしょう。ともかく軽いのが便利で、おもいのがいけないのは云うまでもありませんが、これも強行軍のときは別段として、あまりひどい強行でないときは、どちらだって大したことはないでしょう。笈型（おいがた）のものは嶮路難路または竹木のしげった中を通るのには便宜ですが、具足箱さえかついで行けないような場所へ、大勢で出かけて行くのは土台無益のことゆえ、まずまず有るにまかせて、特別にそんなことを気にする必要はありません」

と、いった。近ごろは武具でも馬具でも、こういう作りかたが利方（りほう）があろうと、伝授の、口伝のと、やかましく云って、それを知らぬと武辺（ぶへん）も功名もできぬように考えているが、そんなことは畳の上で工夫した空論である。上泉がそんなことを気にするなと云ったのを、よく味わうべきであろう。

以上。

文中に名の出た治部左衛門の叔父の上泉主水というのは、これまた有名な人物で、治部の父秀胤の弟にあたる上泉主水憲元のことである。憲村とも通治とも孝綱ともあって異説がある。この主水は兄秀胤が鴻の台戦争で戦死後、京へ上って相国寺に寄食中に、直江山城守の推挙で上杉家につかえ、三千石を給せられたが、慶長五年羽州長谷堂攻撃のときに三十四歳で戦死した。一説――四十八歳ともある（『古今武家盛衰記』・『続武家閑話』）。彼の剣術流名は会津一刀流といい、その子の令倶のときから清剛玉心流組討伝が創まった。

小笠原若狭守長政

小笠原若狭守源長政は、信州の川中島の人である。祖父の遠江守入道心宗正鉄は天文・弘治の人で、弓馬の達人であり、その子の出雲守頼定入道休庵は右近大夫貞慶にしたがって長時の伝書を得た。その子若狭守長政、箕裘の芸を継ぐ。また折野弥次右衛門頼広という者があって、出雲守頼定（折野の伝書には知清に作る）にしたがって軍律を習った。後、頼広は軍律を加藤主計頭清正に授け、その伝を長田三太夫重則が受けた。以下、木村八太夫—中尾藤兵衛政重と伝統する。

出雲守頼定入道休庵の伝書にいう。酉年三月京都へ、小笠原大膳大夫長時・同右近大夫貞慶、ならびに拙子（休庵のこと）の兄の刑部丞が同道して上京したみぎり、久我殿という公家が大そうな物数奇で、駿河の国から出た笹船といって五畿内・五カ国にあまる荒馬をもっていた。久我殿は何度も刑部丞にこの馬を乗って見よと所望したので、まかり出て乗る気になっていたのを、大膳大夫がしきりに留めたから、刑部丞も乗るのを延引していた。そこで拙子の休庵にお鉢がまわって来て、乗ってほしいということであったから、休庵は御意にまかせて、まかり出た。その評判が京中にひろまり、上京・下京の見物人が五百に余り、御公家方は御座敷を構えてご見物になる。さいわい休庵は思いのままに乗りこなし、天下に名を上げ、当家も弓の家として御所望に応じて面目をほどこした。思うに、習学しても鍛錬が浅くてはその甲斐はない。この条は子孫の心がけのために、このように書きしるすのである（右の逸話は『砕玉話』巻九に詳しい）。

一宮随巴斎宗是

一宮随巴斎源宗是（弓術の竹林如成の門人に、一宮随波という名があり、この随波と随巴は同名異人だろうと、後出の竹林の条にある）は、小笠原の族である。始め将軍義輝公につかえ、後、駿河におもむいて今川氏真に属した。弓馬・軍律に達す（鳴弦の流名を随波斎流という）。後、武田晴信のために害せられた。随巴は弓法を武藤松月斎延子に伝え、武藤は青木五左衛門高頼に伝えた。武藤松月斎延子は武田勝頼につかえ、天正十壬午年十月、遠州秋葉山に於ける列署起請文に名をつらねている。

『甲陽軍鑑』いわく。公方光源院殿御秘蔵の御馬がわずらって、五畿内・四国・中国の伯楽ではなおすことができなかった。そこへ乞食僧がやって来て、その馬を舎人衆が三条河原で水をかけているところへ来あわせ、

「それがしが直して見ましょう」

と云って、くすり一服のませると馬の病気がケロリと直った。公方からその薬方を書き付けて差し出せというところへ、ちょうど一宮随巴という弓の名人が光源院殿の御前へ出頭して来て、随巴がこれを書き付けた。その後、光源院殿が切腹されたので随巴は駿河へ下り、氏真公が薬数奇なので、随巴が

お教えして諸人に下さったから、それから以後、〝氏真公の赤薬〟と云いならわすようになった（このこと『明良洪範』・『渡辺幸庵対話』等に見ゆ。その薬方は『塩尻』に、人参一匁、辰砂一両とあり）。

小幡景憲私書にいう。永禄二年、北条方の下総碓氷の城主（正しくは臼井城。千葉県印旛郡佐倉市臼井台にあった。慶長九年廃す）千葉殿家老原を、上杉謙信が攻めたが、そのとき今川家からの加勢が多く、その中に一宮随巴もいたが、随巴は上杉衆が城を巻くのを見て、それでは総攻撃の日取りが城内にもわかると云っていた。あんのじょう碓氷の空堀で謙信方は八千余の兵が死に、謙信大いにおどろいて敗軍した。

又いわく。武藤与次は武田信虎の甥、信玄の従弟であるが、一宮随巴の継子になって相続した。

【補】武藤与次

前出の松月斎延子である。信虎の甥、信玄の従弟ということは、普通の武田系図では検索できないが、一本に、

信縄─┬─信虎──晴信（信玄）
　　　└─信友──信厚……

とある信厚がそれに当たるとすれば、有名な理慶尼の兄弟であろう。なお断定は避けたい。『野史』真田昌幸の条に、信玄の族武藤与二は早死して嗣がなかったから、信玄、真田昌幸に命じて与二の家を嗣がしめた、とある。

逸見美作守俊直

逸見美作守源俊直は信州の人である。弓馬・軍律を小沢江鷗軒浮従に習う。天文年中である。江鷗軒は応永年中、小笠原播磨入道宗長にしたがって弓馬の芸を伝授されていた。俊直の子の壱岐守信直が父の芸を継ぐ。その子の小左衛門直治が継いで、能く弓馬の故実を知る。直治はそのほかに小笠原若狭守長政にしたがって、その伝を習い、また小池甚之丞貞成（後述）に就いて、つまびらかに長時・貞慶の伝書を学ぶ。初め信州にいたが、のち諸州に遊ぶ。寛文二壬寅年四月十六日、七十三歳、丹州（与謝郡）日置において死す。鶴見善右衛門蕃宥という者が直治にしたがって、その宗を得た（逸見流とも八幡流ともいう）。

小池甚之丞貞成

小池甚之丞貞成は小笠原長時・貞慶につかえ功労があった。ゆえに貞慶が家伝の書を貞成に授けた。のち貞成は右近大夫忠政につかえたが、貞成にしたがって諸礼を習う者ははなはだ多く、いまに至って諸州にその末流が多い。小池流という。子孫相続して豊（豊前）の小倉にいる。

畑五郎左衛門奥実

畑五郎左衛門奥実は、奥州会津の人である。小笠原長時・貞慶が京師を避けて会津におもむいた節、奥実の宅にいたが、

奥実がよく世話したので、長時は家伝の故実を奥実に授与した（源家古伝弓馬故実という）。西田角左衛門正辰が奥実について、伝を受けた。正辰の門に遊ぶ者は多く、宇多勘兵衛正次がその宗を得た。正次は後に、酒井宮内大輔忠勝につかう。これを畑流という。河内茂左衛門慶方という者が正次にしたがって宗を得、元禄年中に江戸で死んだ。

星野味庵

星野味庵（前述、小笠原貞宗の補記参照）は畑奥実とおなじく会津の人、はじめ掃部という。小笠原長時が会津にいたり、天正十一癸未年に星野の宅で卒す。味庵は長時・貞慶に伝書を習わんと請い、長時がこれを詳しく授与した。今にいたって味庵流といい、末流が諸州にある。

小笠原丹斎直経

小笠原丹斎源直経の先祖は、赤沢山城守清経に出ていて、小笠原の一族である。直経は弓馬・諸礼に通達し、大猷大君（家光）・厳有大君（家綱）につかえ、その名は国外にも知られたが、延宝六戊午年十一月二十日に死す。

【補】小笠原清経と小笠原直経

小笠原清経は小笠原遠江守長経の二男。安貞二年六月十四日、伊豆の国の守護となり、赤沢城（今、静岡県伊東市赤沢）に住した。歿年不明、法名玄祐と『寛政重修諸家譜』にある。『古老茶話』に、

「三好左京大夫長慶先方（さきかた）、赤沢山城守入道沢蔵軒、大勇武の人にて、丹後成相（なりあい）合戦のとき打死也」

とあるのは、清経十代の孫なる朝経（将軍より武勇入道と呼ばれた）のことで、なおそれより五代後が丹斎直経である。

直経、初名は貞則、権六郎という。寛永十三年、父祖の家禄五百俵を継ぐ。延宝六年十一月二十一日死す。六十一歳。法名は常信。浅草長徳院に葬る――『寛政重修諸家譜』。『古老茶話』によれば、初め一族の小笠原源四郎の家が京都小笠原の系統なので、幕府の当局から頻々（ひんぴん）と礼節関係の下問があり、それに一々答えるのが面倒臭いので、一族赤沢丹斎を推薦し、丹斎はそのため御医師格として出仕し、その後に小笠原姓に復したという。小笠原丹斎屋敷は寛永図以来、いまの千代田区一橋町二丁目、教育会館北隣の位置に見えている。

榊原忠右衛門忠郷

榊原忠右衛門源忠郷（初名忠直、七十郎、七右門。万治二年大番、寛文二年二百俵。五年父をついで四百石――『寛政重修諸家譜』）は、先祖は勢州の人。榊原経定の子主計利隆のときに参州に来、その子主計元経、後に忠政にあらためた。清廉君・広忠君につかえ奉り、軍功があった。その子の彦内正吉は八兵衛にあらため、東照宮につかえ奉る。永禄六年に本願寺門徒が蜂起し、小豆城に戦った時、八兵衛は首級を得た。その子の八兵衛正成が継ぎ、東照宮につかえ奉る。正成の三男七右衛門政勝は忠郷の父で、刀術を永尾庄右衛門に習

って精妙であった。延宝六戊午年三月二十九日卒す。忠郷が箕裘の芸を継ぎ、厳有大君（四代将軍家綱）につかえ奉る。又、小笠原通経にしたがってその宗を得た。よく弓馬・礼法を知る。その門に入る者が多かった。宝永元甲申年十一月十二日卒す。法名、即一日誠。

【補】永尾庄右衛門

『寛永系図』には、永尾、『寛政重修諸家譜』には長尾とする。庄右衛門景信、旗本、大番四百石。寛永十六年、大坂玉薬奉行として赴任、寛文五年五月二十四日、大坂に死す、五十九歳。天満の西福寺に葬る。剣術の伝統は、塚原卜伝―松岡兵庫助―多田右馬助―間宮新左衛門―永尾の順。

水嶋伝左衛門元也

水嶋伝左衛門元也は諸礼を斎藤三郎左衛門久也に習う。久也は小池貞成の門人である。後又、上原八左衛門にしたがってその宗を得た。のち卜也と号す。江戸にいて大いに有名になり、入門者が多い。堀田対馬守の命によって、徳松君（綱吉の幼名）の髪置きの祝儀に献ずる御白髪をその方式によって作成したので、その名が日本国中に有名になった。

『徳松君御髪置記』いう。家綱公の御髪置の御白髪は東福門院（徳川秀忠の娘。元和六年入内、寛永元年後水尾帝の中宮になる。延宝六年六月死す、七十五歳）より参らせ給う。元来は堂上の有職故実家に作らせるのが例であるが、このたびは小笠原流の故実家を選んで作らせることになり、堀田正英が入選した。水嶋卜也元也という者が久しく東武に住して年齢すでに七十五歳、和国の故実に通達して有名であったから、正英がこの者に命じたのだという。元也はずいぶん老齢であったから、門弟の相木小右衛門政恒を同道して、正英の屋敷の上段の間でこれを調整した、云々。

或人いう。小笠原流・吉良流・伊勢流といって武家の古礼を伝えるものにも数派あるが、故実のなかには僧侶の妄説を尊んで伝授だの習（なら）いだのといい、わが国の故実とちがうことも多い。これは正史や実録をしらべてみないからである。思うに、侍は家業の余暇には必ず我がくにの正史・実録を読む必要がある。僧侶の妄言を尊び、野史小説をほんとうのことと思うのは、文に通じないためである。

水島卜也（『好古類纂』）

【補】水嶋卜也の悪評

水島伝左衛門之成、字は元也。流名は小笠原正流とも、水島流ともいう。久留米十軒屋敷の人という説があるが、信じられない。『名家略伝』に、父は川崎主水といい、はじめ北条氏直に仕えたが、後、大坂城中にあり、落城に際して戦死したとある。『君臣言行録』によれば、大坂落城のとき卜也は六歳で孤児になり、植村土佐守にひろわれた。長じて小笠原流の礼法にはげみ、初めの名を水島伝左衛門といい、剃髪して卜也とあらためた。文盲のため杜撰な点が多く、弓礼・軍礼のことに通ぜず、婚礼以外には通用しなかった。元禄十年八月十四日死去、九十二歳。麻布日ガ窪の長耀寺に墓がある。

『梧窓漫筆』に、「近ごろ水嶋卜也・桂秋斎など、武家故実など唱えて種々書をあらわし、古人に仮托せしこと、伊勢貞丈これを論ぜり」とあって、必ずしも評判はよろしくない。伊勢貞丈は『安斎随筆』において、水嶋卜也の流には私意が多いと悪口をいっている。

【補】小笠原流・伊勢流・吉良流の区別

この設問に対して厳密に答えるのはむずかしいが、かんたんに云えば、こうである。

小笠原流は〝外向き〟といって、武家公式の典礼の中でも主として弓馬芸――大的・小的・草鹿・流鏑馬・笠掛・犬追物、そのほかに関する故実を定めている。それに対して伊勢流は俗に〝内向き〟といい、武家典礼中、主として屋内の立居(たちい)ふるまいや元服・婚礼・礼節・式法などを定めていて、つまり、公式の応用面において内外の差別があったわけであるが、後には小笠原流でも、内向きを兼ねつとめるようになった(『家流問答』に拠る)。

小笠原流が江戸期に入ってから、いちじるしく普遍(ふへん)して、いっぱん屋内礼式の基本になったのは、弓馬典礼の権威を背景に、急激に武家階級のみならず庶民上層部に浸透したからで、元禄時代前後になると、〝諸礼〟といえば小笠原流をさしていうほどにさえなっていた。

右に対し、吉良流は、前記二流の中間を行ったもので、外向きには射芸関係の式典を定めながら、馬芸には見るべき典がなく、そのかわり内向きの方法、特に渉外的(しょうがい)礼法を定めているのが特徴であろう。

徳川家では典礼専門の係として〝高家(こうけ)〟の制を立て、元和元年はじめて石橋・吉良・品川の三家を登用し、その後だんだん増員した。その職務は、朝廷への公式使節・日光代参・朝廷使節下向のときの接待・営中礼式の掌典などに任じ、役料八百俵・職高千五百石にいたる。中で老功者を高家肝煎(きもいり)といい、これは全員の統率にあたった。浅野内匠頭刃傷当時の高家肝煎が吉良上野介であったことは周知の通りである。

この高家ということについては『明良帯録』巻六、世職篇に、こう書いている。

高家。世職にて、いずれも家柄歴々(れきれき)の末流にして、職を世々にして官を継ぐ。このもの職、もっとも雲上(朝廷)

のことに明るく、公方の各記・有職のことに達したる人ならねば功者ならず。昵近（じっきん）の公家衆と親しくなし、伝奏御用をつとむ。肝煎は従四位少将にて雁の間に列し、千石以下、五百石高なり。当直平日一人なり。余は四位の侍従・五位の侍従なり。五位の侍従は高家に限る。

（巻二・終）

武芸小伝・巻之三

射術

そもそも弓は神代の四弓に始まる（座陣弓・発向弓・護持弓・治世弓を神代四弓という。『日本書紀』に、日の神千箭靭五百云々とあるを座陣弓、高皇産霊尊天鹿児弓云々とあるを発向弓、天忍日命天穂大来日をひきて云々天杷弓とあるを護持弓、彦火々出見尊山の幸ましまして弓と箭云々を治世弓という――『壺蘆圃漫筆』）。射術にすぐれた者が相当あったことは歴々としている。鎌倉幕府時代には弓の上手をあつめて歩射・騎射の競技をやらせた。世々弓の上手は少なくないが、中興日置（へき）弾正正次は弓の名人で、弓道を興起した。今も弓術を学ぶ者、一人としてその流れをくまない者がない。ゆえに正次こそ近世射術の始祖である。

【補】日本古来の弓術

近世弓術を中興した日置より以前に、どんな弓術の伝統があったろうか。伝えるところによると日本古来の弓術としては、

尊（みこと）流
神道流
日本（やまと）流
伴（とも）流（大同年代。伴宿禰和式多磨の流）
紀（き）流（弘仁・天長年代。紀朝臣真道の流）
太子流（上宮聖徳太子の流）

等の諸流がだんだんに伝承されて来たが、平安朝末期から鎌倉時代に及んで、さらに分化して、

武田流（武田義清の流）
逸見（へんみ）流（逸見清光の流。一に八幡流）
小笠原流（小笠原長清の流）
秀郷流（藤原秀郷の流）

等になったという。

右のうち武田・逸見・小笠原は同じ根幹から出ている。すなわち源頼義・その子新羅三郎義光と経て、義光の子である武田冠者（刑部三郎）義清が武田流を始めた。その子清光、甲斐の国逸見の郷に住して逸見冠者と称し、父の伝に工夫をくわえて逸見流を始めた。さらにその子の信濃守小笠原左京大夫長清によって工夫がくわえられて、小笠原流が創始されたのである。

『秋斎間語』に、

「弓流之事。日本流・日置流・吉田流のみと心得たり。もとは伴流・紀流の二流、弓の元祖たり。いま絶えてなし。心得あるべきため書きあらわせり」

といい、『塩尻』には古来弓を、源家・藤原家・紀家の三流

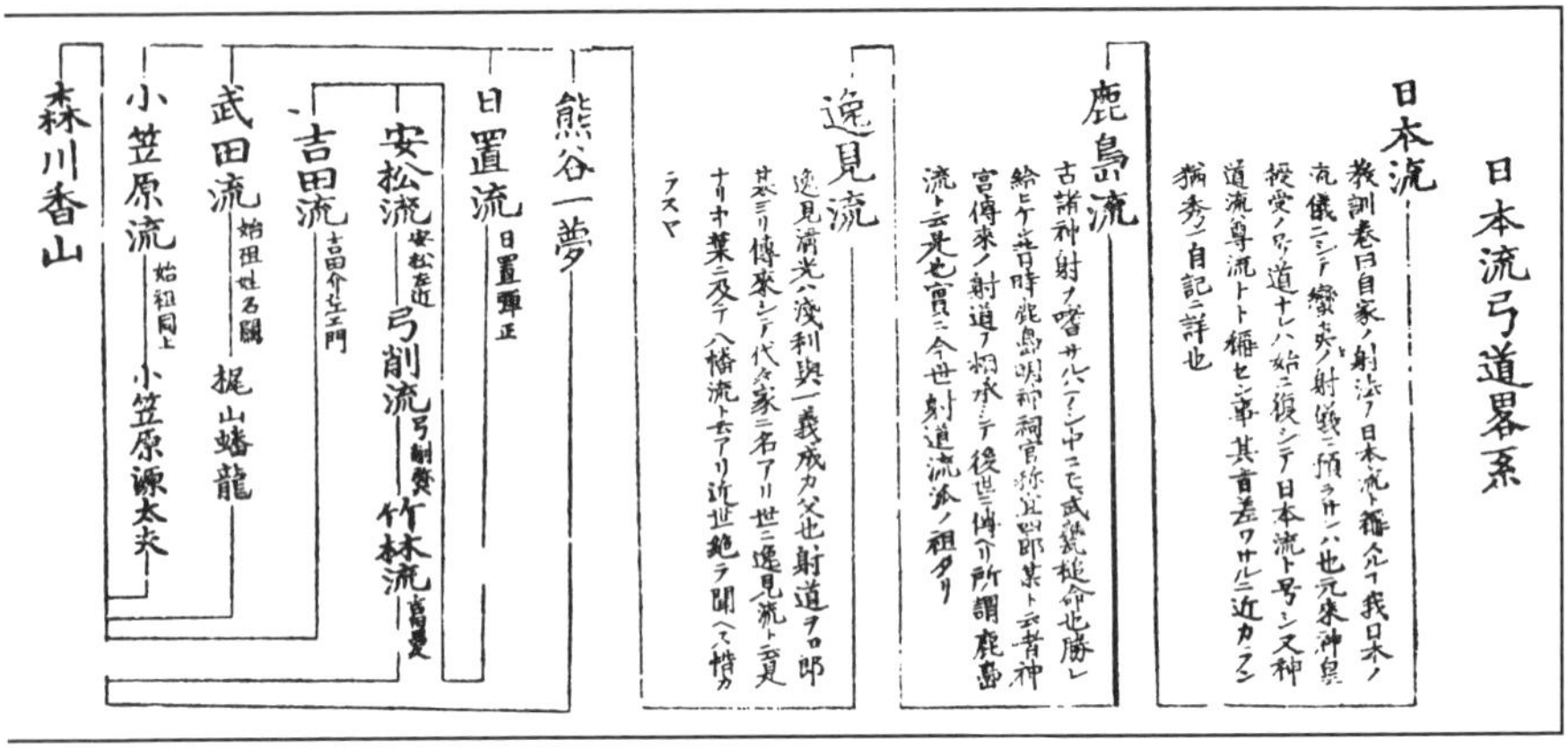

日本流・大和流弓道略系（『武術流祖録』）

を基礎として左のごとく書いている。

源家弓伝は、大江朝臣（匡房）より源義家相伝。頼光以来は頼政一流（土岐氏流なり）。義家より新羅三郎義光へ相伝の流、小笠原一流なり。

藤氏弓伝は大織冠の御伝。嫡流武智麻呂以下、為憲相伝。工藤一流なり。南家は秀郷の伝。小山・結城・佐藤諸家へ伝わり、利仁の伝は斎藤・富樫・加藤等に別る。

紀家の伝は武内宿禰以来なり。大江の伝はもと武内より出るか。

また『弓術要覧』巻一に、

「一、日置・吉田の正流は神代よりも事おこりて、天孫降臨のとき天忍日命（あめのおしひのみこと）、梔弓に羽々箭を取り添えて御先に立ちませしより、神よりぞ神に伝え、神よりぞ皇に伝わり、仲哀天皇を経て応神天皇にいたりまして、武内宿禰を師として、君臣の弓道合一して、天神より武甕槌命（たけみかづちのみこと）へ伝授の弓一に帰して、鹿島四郎禰宜（ねぎ）、弓道をことごとく逸見の家へさずく。逸見の家よりぞ日置の家へは伝えぬ。世々の武将武臣の弓道みなこの内にこもれり。ここにおいて大和・伊賀二つの日置（へき）（弓道史上最大の疑問。日置の補記を見よ）とはなりぬ。大和の日置より吉田の家に伝わりたり。日本流というは天照大神よりぞ人皇に伝わる。これを日本流とも尊流とも神道流ともいうなり。天神よりの弓道を武甕槌命に伝う。これを鹿島流という。（中略）逸見流とは鹿島四郎禰宜より逸見の家へ伝うるなり。日置流は弾正正次逸

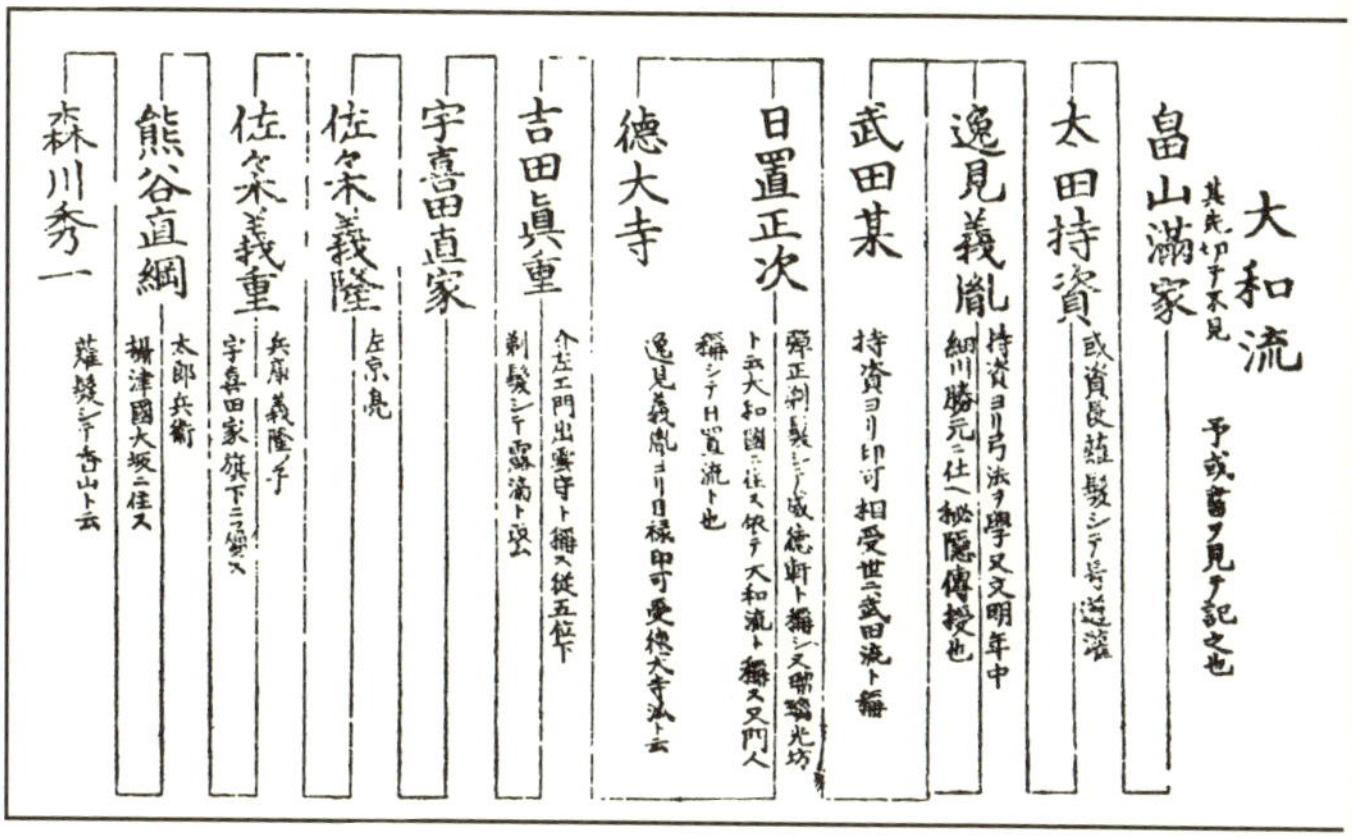

見の家より伝授す。武田流は法を逸見より伝え、術を日置より伝授したり。小笠原流は武田より伝授したり。吉田流といえるは日置正次より吉田上野介重賢に伝り、同出雲守重政にいたれるなり」。

日置弾正正次

日置弾正正次（一に政次、また影光ともあり。『明良洪範』には日置弾正忠入道、意徳斎、幼名を団三郎とする）は大和（案ずるに大和に日置郷あり、いま奈良県南葛城郡葛城大字東持田の内）の人である。弓術を好んで妙を得、我が国弓術中興の始祖となった。往古より弓術で有名な人は多いが、まだその強弱・審固（弓矢を持つこと審固にするのが基本で、命中はそれからのこと——と『礼記』にいう）・持満（引きしぼる——『史記』周亜夫伝にあり。弓術用語としては、的に向かい矢を射出す直前の状態をいう）をさとった人はなかった。正次ひとりその微妙を知っていたから、古今に傑出したといってよい。正次は諸国に修行し、のち紀州高野山に行って剃髪して瑠璃光坊威徳と号した。五十九歳にて死す（文亀二年というが確説ではない）。

西尾重長（後述）の伝書にいう。日置弾正入道道以、云々（尾州藩の日置流系譜には伊賀に住し日置弥左衛門範次入道道以とあり、『足利季世記』には伊賀に日置弾正忠豊秀といい、『鷲峯文集』も豊秀としている。前記の大和説と、この伊賀説の日置が、同一人か否かは補記参照）。

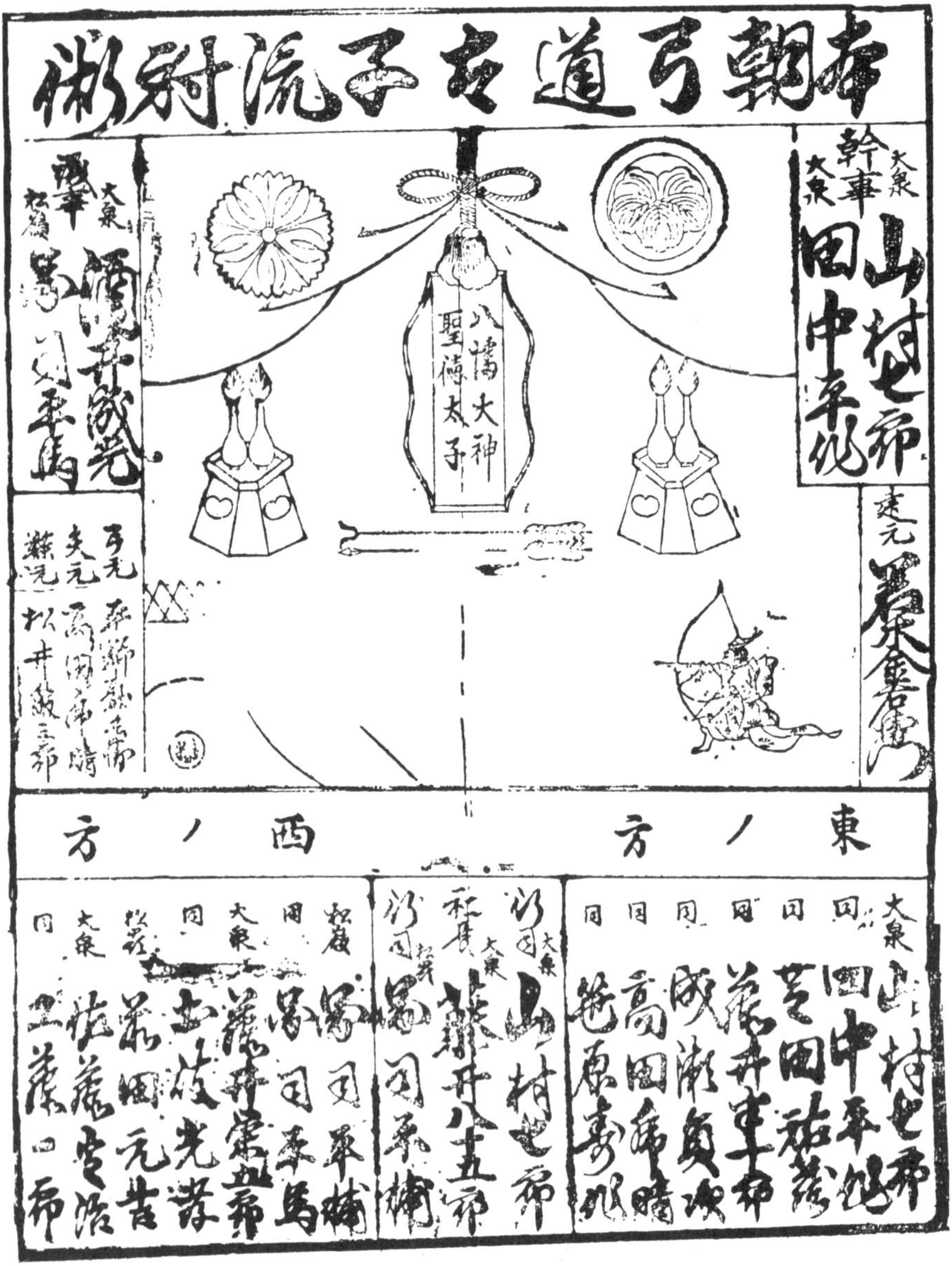

太子流弓道番附（一枚刷）

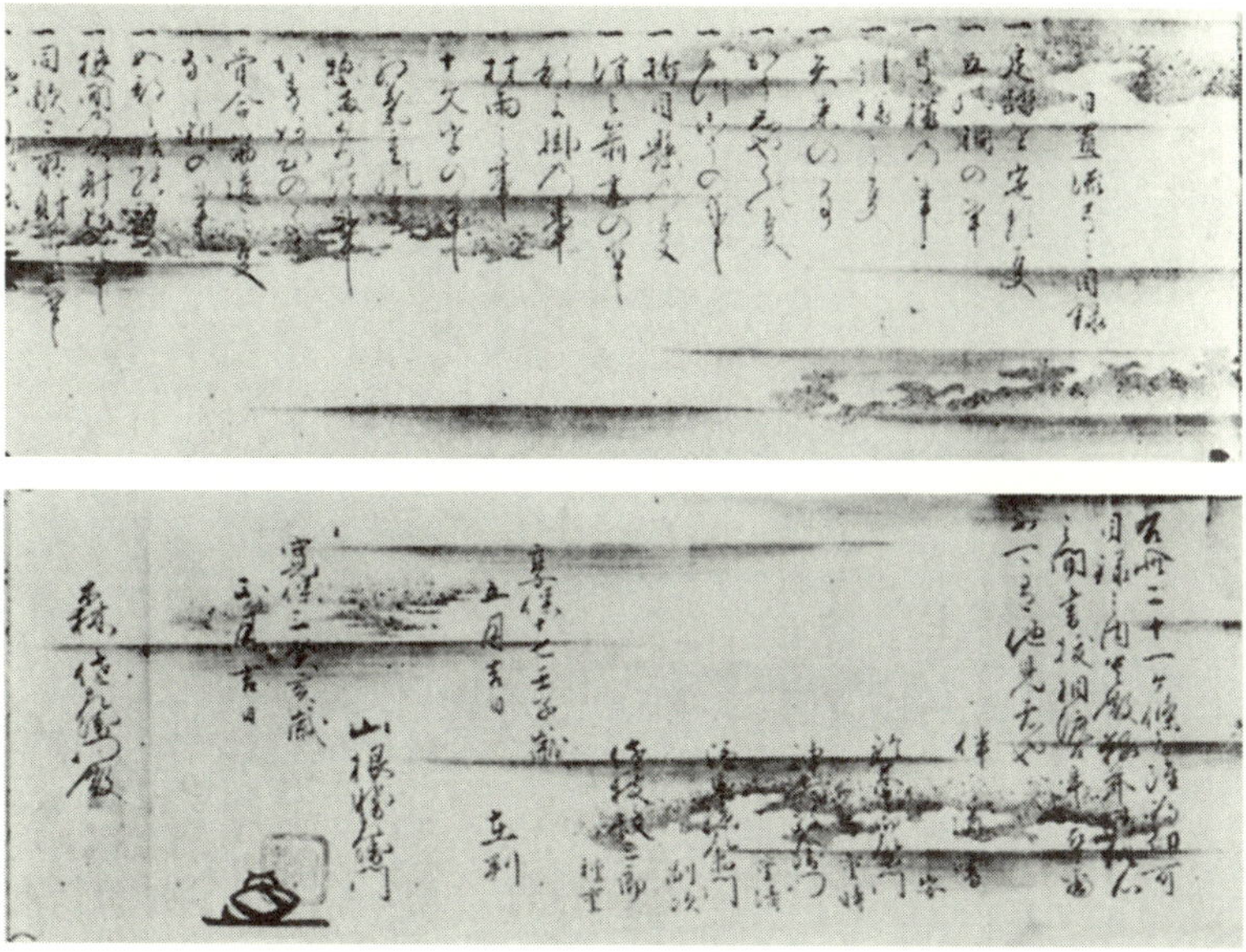

『日置流弓之目録』

田中大心（後述）の『美人草』（弓道指南書、全十六巻。慶長六年。大心流の教則本である）にいう。日置、葛輪（くずのわ）という弓の上手と京都において勝負をあらそい、日置勝ちて名人の名を得たり。

関六蔵（後述）の伝書にいう。内野合戦（天文十六年十月六日、山城国内野で細川国慶の兵が六角衆に挑戦した。内野は旧時の大内裏跡、いま京都市上京区の西南部、だいたい千本通りから西、一条通りと二条通りの中間である。一説――文明年中、六角佐々木氏、近江箕作山西麓の内野に多賀党と交戦すとも）のとき、日置殿の矢先にたまる者がなかった。矢だねが尽きたので土居（どい）のかげにかくれていて敵がおそってくると飛び出して弦を鳴らし、

「えい」

と掛声するだけで、敵は恐れて逃げ散ったということだ。

吉田重信（後述）の系譜にいう。日置弾正は伊賀の国にいた（案ずるに伊賀国柘植（つげ）郷に出た柘植氏の族に日置氏がある。『三国地誌』に「柘植氏の後、近世日置弾正正次という射術者あり」という）。射術に達し、天下その右に出る者がなかった。その門人数人あったといえ、吉田出雲守（後述）ひとり妙を得た、云々。

【補】日置流承伝系譜（『武術系譜略』に拠る）

- ●日置弾正正次
  - 吉田上野介重賢（吉田流）
    - 吉田出雲守重政（出雲流）
      - 佐々木左京大夫義賢
        - 吉田出雲守重高
          - 吉田出雲守重綱
            - 吉田助右衛門豊隆
              - 吉田助右衛門豊綱
              - 吉田助右衛門某
              - 吉田三左衛門豊方
            - 吉田与右衛門
        - 吉田六左衛門重勝（雪荷流）
          - 伴喜左衛門一安（道雪派）
            - 関六蔵正次
            - 白川仁兵衛
            - 青屋権七
          - 森刑部直義 — 森刑部往直 — 森刑部直平
          - 鳥居佐五右衛門勝正
      - 石堂竹林如成
        - 石堂新三郎
        - 石堂弥蔵貞次（竹林流）
          - 長屋六左衛門忠重 — 星野勘左衛門茂則
          - 尾林与次右衛門
            - 吉見台右衛門順正
              - 葛西園右衛門
              - 和佐大八郎
            - 苔口八右衛門重久
        - 一ノ宮随波 — 浅岡平兵衛
    - 吉田若狭守
    - 吉田和泉守
    - 松本民部少輔
  - 針野加賀守
  - 大塚安芸守
  - 日置右馬允 — 淵上河内守 — 井関喜西定吉

- 吉田五兵衛
- 吉田五右衛門
- 吉田源八郎重氏（印西派）
  - 吉田久馬助重信
  - 吉田三右衛門某
  - 吉田平内重好
  - 伊丹半左衛門直政──中川佐平太重長
  - 某──山口軍兵衛
- 木村寿徳（寿徳派）
  - 黒田弥七
  - 本郷佐太夫

- 吉田左近右衛門業茂
  - 吉田左近右衛門茂武──吉田小左近茂成（左近派）
  - 吉田平兵衛方本
    - 吉田平助
    - 吉田雅楽助
  - 吉田大蔵茂氏（大蔵派）
    - 吉田左馬助某
    - 西尾小左衛門重長（大蔵加賀伝）
      - 大庭軍兵衛景重
      - 平沢助左衛門吉重
- 田中大心秀次（大心派）
- 片岡平右衛門家次──片岡平右衛門家延
  - 片岡平右衛門家盛──片岡平右衛門家親
  - 片岡助十郎家清（山科派）──伴治左衛門満定──下河原平太夫一益
  - 高山八右衛門

【補】日置正次と日置道以は同一人か否か

近世弓術中興の祖といわれる日置弾正の伝記については、まだほとんど判明していないといってよいほどである。『本朝武芸小伝』・『武術流祖録』などに大和の人というが、大和とすれば大和の日置郷（奈良県南葛城郡葛城村大字東持田の内）の出身だろう。吉田重信伝書・尾州藩日置流系譜その他に、伊賀に住む日置弾正入道道以とあるは、柘植氏の支族と『三国地誌』にあって、柘植郷（三重県阿山郡柘植町）の出身と見るべきが至当であろう。ところが『明良洪範』巻二十三には、

「大永より天文年中に至りて、一天下に名声ありし弓勢の名人、伊勢北畠の一族に日置弾正忠入道以徳斎、若名国三郎、老後瑠璃光坊という。この人一流を工夫し、古流は下段にて、本天比中の曲尺（弓を引きしぼるのに日置は本・天・比・中の四種の寸法を規定した。吉田流ではこれを十五の大事といい、竹林流では三ツの曲尺という――『竹林流付録自他問答』）を用いたけれども、後世にいたりては人も小兵となり弓勢も劣れるゆえに、一段多く右の肩根まで引き越し、保ちを第一にするを日置流という（日置流を、当時は当流といった――『鷲峯文集』）。そのころ関東にては大田三楽これを伝え、それより越後謙信に伝え、関東みなこの門に入る」。

右の、伊勢北畠の一族という説の正否の決定にはなお傍証を必要とするけれども、それにしても伊勢国安濃郡にも日置郷があり（三重県一志町日置）、近辺の豪族木造氏が伊勢国司北畠氏の支族であることは考慮にあたいする。

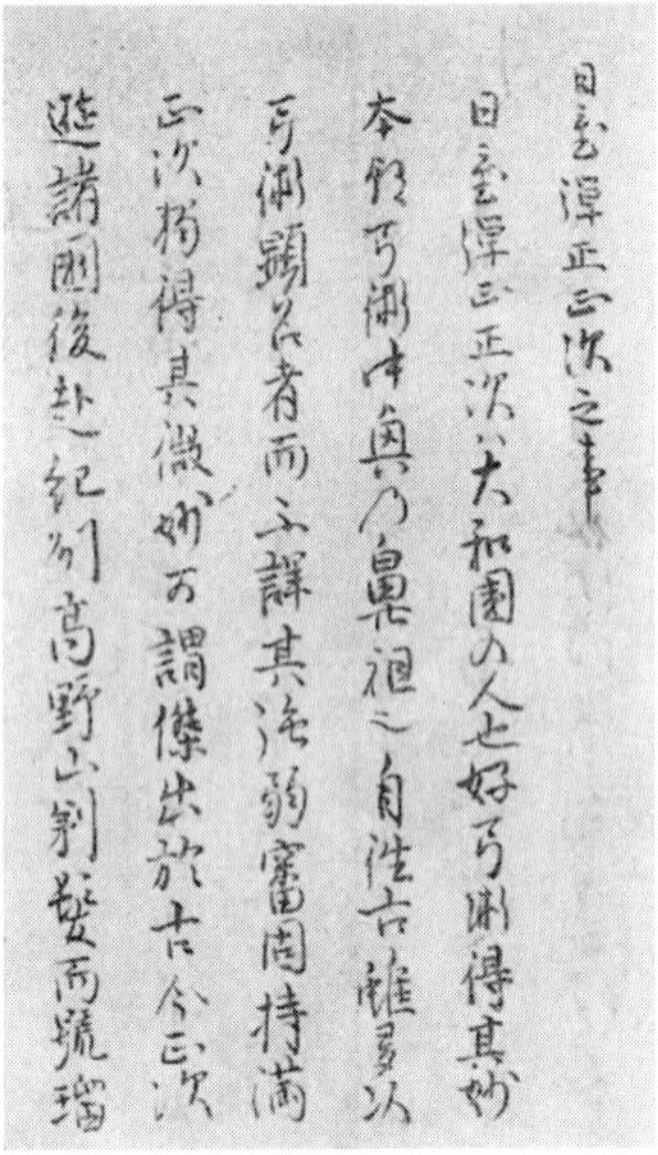

『流儀起源』（冒頭）

だいたい旧時、日置部（朝廷所属の地方官下役で、職掌の内容はよくわからないが、租税徴収のための戸口調査をする部だったとか云われている）をおいた地は十数カ国あり、それぞれ日置を姓とする族が生じた。たとえば弓術の日置弾正より古い時代の例に、丹後国与謝郡の日置氏について見ても、『宮津府志』に〝浜村に日置弾正〟、『三家物語』に〝日置むこ山の城主日置弾正〟などがあるから、おなじ日置弾正の名を諸処に発見しても、ただちに弓術の日置と早合点するわけには参らぬのである。

なお日置流伝書の一本には、長禄年間、近江蒲生郡蝦夷の郷（この郷名はなかった。愛知郡エチノコオリとあるべきを誤ったか）に日置弾正という者あり、当流の元祖で、八幡の

化身であるなどと書いたのもあるし、『足利季世記』には、明応のころ〝四日置〟といって日置姓の弓の名手が四人あり、そのうち伊賀の日置弾正忠豊秀が近江に来て佐々木高頼・定頼（定頼は義賢の父）につかえ、吉田上野介に相伝したといい、又、日置弾正の門人吉田上野介重賢（後述）こそ正に日置弾正その人であるという珍説もある。

『張藩武術師系録』に次ぎの書き入れがあって、政次と道以を異名同人と見ようとしているのは少々コジツケでないだろうか。

　正次。日置弾正。正は一に政に作る。政次はじめ大和に住む。伊賀に住むは日置弥左衛門範次入道道以なり。しかるに大和の日置・伊賀の日置は別人なりとの説多しといえども、諸説詳ならず。いま更らに考うるに、はじめ大和におけるの時は弾正政次にして、而して後、伊賀に住むの時は日置弥左衛門範次なりとの説を是とすべきか。諸説『武芸小伝』（後出、石堂竹林如成の条に引用せる森川香山伝書をいう）に詳し。

いずれにせよ伊賀の範次は応永年代の人であり、大和の正次は、次に吉田露滴―宇喜多直家とつづく年代から考えて、両者吻合せず、別人としか思えないようである。

吉田上野介重賢

吉田上野介源重賢（『足利季世記』・『鷲峯文集』）は豊稔に作り、系譜・『甲申襍書』等には茂長に作る。他に方豊・重長ともあり）は江州の人（補記参照）、佐々木家の族である（系譜に、佐々木三郎秀義の六男で、吉田冠者厳秀とする――『淡海温古録』）。はじめ太郎左衛門という（一に助左衛門。初名は助十郎、また権之助。後に出雲守、上野介）。弓術を好んで神妙を得た。のち日置弾正正次にしたがって、その宗を得、号を道宝（系譜・『甲申襍書』に道宝とし、『足利季世記』には道法とする。弓弦の中仕掛けをつくる時、くすねを付けて固めるのに使う拍子木の如きものを道宝というのも、重賢の号に由来する）とあらためた。これが吉田家弓術の祖である。

森川香山伝書にいう。明応三年三月十九日、日置弾正が修行者（武者修行。弓術武者修行というものは日置以前にないが、いっぱんに武者修行の旅というのは明応年代以前から始まった）として吉田家へ来た。上野介はじめてこれについて学んだが、日置はその後いったん高野山へ去り、明応九年庚申にまた吉田のところへ帰り、唯授一人（奥伝総免許で門人中ただ一人に限るをいう。仏教各宗に唯授一人印可、唯授一人口訣などの語があるから、それを真似た制であって、一子相伝とか一国一人印可なども同類。ト伝流の一の太刀も唯授一人であった）をさずけた、云々。

松下勝興伝書にいう。吉田重賢が始めて日置弾正を師として唯授一人をとった。吉田家射道の祖である。六角道満（観音寺城主佐々木氏を六角屋形というは、京都六角に邸宅があったからだ。道満は佐々木義賢の号）から弓矢の道の宝であると賞められ、道宝の号をつけてもらったという、云々。

片岡家譜にいう。吉田上野は江州蒲生郡河森の里（もと苗村の庄のうち大字川守。いま竜王町字川守）に生まる。その母、夢に三日月が胸に入るを見て懐妊し、上野を生んだ。七歳の春、母は膝下に彼を撫して、

「おまえは生まれつき他と異なっている。一人前に大きくなっても邪路を行くな。もとより天道の加護のある身だ。お前を生む前に私は霊夢に三日月を見たが、それは弓の形をしているから、おまえが弓道で名を上げる祥瑞にちがいない。きっと弓術の勉強をするんじゃぞ」

と云って小弓を与え、日夜これを練習させた。志学（十五歳――『論語』）のころになると益々この道に熱心になり、どこそこに弓の達人がいると聞けばすぐに遠路をたずねていって教えを受け、このように修行すること多年、しかしまだ神秘の妙術の真底に行き当たらなかった。そこで明応八年の秋、吉田八幡（吉田は今、日枝村吉田というが、おそらくその字内ではなく、近隣の真淵八幡社と思われる）に一七日参籠し、精誠をぬきんでて加護を祈った。満願の朝の霊夢に白髪の翁が一本の矢をもってあらわれ、手を上げて、

「是を」

と云って去ると見て、さめた。

上野介は感激して、路上の天文博士（陰陽師）をたずねて行って、うらなってもらうと、博士はこう云う。

「矢を上げる手は、上手の二字をあらわす。是という字は、日・一・ト・人の合字だから、射術において汝は日本一人の上手となるべき瑞夢である」

これを聞いて上野介は大によろこび、故郷に帰り、なお腕をみがいて止まなかったが、翌年正月十九日、五十歳ばかりの人が訪ねて来て上野介に面会し、

「きみは弓術勉強を熱心にやっているそうじゃが、わしはこの道の奥秘をさとったから、ことごとく伝授しよう」

という。上野介よろこんでその人の姓名を問えば、

「日置弾正である」

とのことだ。生まれた場所はいわないが、見たところ辞気泰然として、ふつうの凡人ではない。この人こそ我れに天から授かる師であると思い、ていちょうにもてなした。吉田の嫡子出雲守も当時二十六歳になっていたから、父子ともに昼夜親しく日置に教えられて、当道の妙処をさずけられた。今まで知らなかった卓抜な術や、ふつうの弓のやり方にはないような技術がたくさんあった。習学すること七年、永正四年正月中旬にいたって、ことごとく射の秘術を習得し、印可（口伝を教えるのを伝授といい、技術のすすむ段階にしたがって与える証明書を免許・印可・ゆるし等という。印可はもと仏教語で、印信許可の意、特に密教では一流伝授して秘密の法を許可する義であった）を授与された。日置は同年九月中旬に、いずこへか去った。上野父子は悲しんで、多年その師の行方をさがしたが、ついに生死を知ることができなかった、云々。思うに、霜台射の妙は言語をもって尽すことができな

い。仰げば高く、きれば堅い。その人生また処もなく終りもない。これひとえに八幡大神が仮りに人界に現じ、当道のすたれているのを興起せしめ給うたに違いないと、吉田上野は益々尊信をふかくしたが、行年八十歳にて死去した（津市四天王寺過去帖には、天文十二年四月三日死、八十一歳とある。一説、永禄元年七月二十五日死、八十五歳と『三州遺事』拾補にある）。

愚いう（繁高評言）。日置弾正が吉田家へ来た年月を、森川香山伝書には明応三年三月十九日とし、二度目に来たのを明応九年としているが、片岡伝書に永正七年正月中旬とあって、説が分かれている。

【補】吉田上野介重賢の出身地

今、滋賀県愛知郡日枝村字吉田である。『淡海温古録』にいう。

　吉田は近江名所の一にして、吉田氏は佐々木源三郎秀美の六男、吉田冠者厳秀を祖とす。近世吉田流と称する弓箭家は、この家の伝に出ず。

案ずるに、『近江蒲生郡志』には吉田氏は苗村川守城主とあり、川守は今、竜王町の内で、これは重賢の居住の跡である――『近江輿地志略』。

【補】日置流の唯授一人

『明良洪範』巻二十三より要約する。

日置流の伝の内、〝唯授一人〟と称する秘伝の内容は、こういうことである。むかし源伊予守頼義や義家は、弱い弓で堅強な甲さえ射通すのが普通だった。いずれも羽ぶくらを呑んで（矢羽ぜんぶがガブリと射貫けるのを羽ぶくらを呑むという）射通すのであるが、その射法は、保元・平治以来わからなくなっていたのを、日置入道が、名誉の工夫を以って新しく創案したのである。弱い弓で強く射たり、非力で一寸以上の弓を自由に引くには、修行と伝とがなければダメだ。又、甲をかぶり笠をかぶったままで弓を引くにも、特別の教則によらなければならない。だいたい弓は四、五十歳までのもので、五十歳をすぎてからは勝れた業はできないから、人に教えて上手にするには、五十歳以上の人でもうまく射得るほどの特殊最高の技術を教則にするほかはない。この最高の妙術を唯授一人として伝えているのである、と聞いている、云々。

なお右の唯授一人の厳格な励行をめぐって、後に葛巻源八郎（吉田源八郎重氏）と吉田助右衛門豊隆とのあいだに激しい係争が生じた。その事情に関しては、吉田源八郎重氏の条末に補記を加える。

針野加賀守

大塚安芸守

針野加賀守・大塚安芸守は、ともに吉田上野介と日置弾正にしたがって射妙の一貫を得た（基礎原理を一貫という。『論語』に「吾道ハ一モッテ貫ク」とあるより出た語。タイ捨流伝書のなかに、「一貫。一理貫通をいうなり。これは弓馬剣槍の四段とも、器、そのわざ違うといえども、四段ともに勝負を決するところは皆一貫なり」という)。針野は江州伊吹山のふもとに住む（針野の後を針野流、大塚の後を大塚流と称する)。

吉田印西の伝書に、吉田道宝、中（あて）こぶし（手の内の名目の一）を針野加賀より相伝と書いている。

淵上河内守

淵上河内守は、射を日置右馬丞（『武術系譜略』には右馬允）に学んで妙を得た。右馬丞は日置瑠璃光坊の門人である。井関喜西定吉が淵上の伝を継ぐ（淵上流という)。

井関喜西伝書にいう。日置右馬丞は永主坊に習った。永主坊とは日置瑠璃光坊のことである。日置という名字を右馬丞へさずけた、云々。

吉田出雲守重政

吉田出雲守源重政（系譜は茂賢に作り、『足利季世記』・『鵞峯文集』は豊経に作る。『三州遺事』拾補には経茂と茂賢を同一人と見て、初名助三郎、また権平秀重。天文十年卒、八十五歳とし、別に出雲守重政、初は豊経、実重、永禄元年四月十七日卒、六十七歳、同一人か、と書いている）は、上野介重賢の嫡子である。はじめ助左衛門という。父の芸を継ぎ射撃の妙が国外にも名高かった。佐々木左京大夫義賢（後述）がその射伝を相続したいと願ったが、重政が許可しないので、義賢とうまくゆかず、譜代の知行地を捨てて越前一条谷（正しくは一乗谷。福井県足羽郡一乗谷村、いま足羽村に合併。一乗山に朝倉氏の城があったから、同氏の庇護を受けたのだろう）へ行ったが、居ること六年、また江州へ帰る。義賢はこれに知行地七カ所を加増し、ついに射道の一貫をさずけられた。重政は一鷗と号す（系譜・『甲申襍書』には、茂賢（重政）の子の経茂（重高）が一鷗と号したとあり、一代ずれている)。弟の和泉守・吉田若狭守も、ともに射妙を得、家名を落とさなかった。

森川香山伝書にいう。佐々木左京大夫義賢は、一鷗に唯授一人をねがって許されず、一鷗は譜代の地を捨てて越前一条谷へ引きこもり六年居住した。その後、朝倉殿より承禎（佐々木義賢の号）の言葉添えで重政は国へ帰り、加増七カ所をたまわったが、その後佐々木義賢が一鷗の子となって唯授一人を伝授された（子になりては、単に射術の正式相続者という意だろう。『足利季世記』に「佐々木義賢はそのころ天下無双の名人吉田一鷗が唯授一人の弟子にて、日置弾正が的伝の弓法を伝え、かくれなき弓の上手なり」という)。その後、一鷗の子露滴（出雲守重高）へ承禎は唯授一人を返した。

愚いう（繁高評言)。吉田一鷗が越前一条谷にて上原豊前守にしたがい、相伝の弓書があるが、その書の奥書に、吉田一鷗入道、一条谷において上原豊前守殿より相伝される。永正十三年八月、云々とある。また一書の奥書にいう。吉田一鷗越前一条谷において、上原豊前守へ懇望いたし、江州へ帰国の際に申し請けた、永正十七年二月二日、云々。この両条から考えれば、一鷗が一条谷へ移ったのは永正十二、三年のころで、江州へ帰国したのは永正十七年であろう。しかしこのことは佐々木義賢の年齢から考えると、証とすることができない。

佐々木左京大夫義賢

佐々木左京大夫源義賢（『武術系譜略』に、義賢は後に石堂竹林と号すとあるは誤り）は弾正少弼定頼の子である。射術に精妙で、吉田重政に学んでその伝脈を相続したいと願ったが、重政はうんと云わなかった。しかし義賢がしきりに懇望するので、けっきょく重政は厚志を感じて射芸の奥秘を伝えた。義賢は後に抜関斎承禎と号する。父祖を継いで観音寺城（滋賀県蒲生郡安土町、旧老蘇村、佐々木山の旧城。当国守護佐々木の歴世の居城であったが、永禄十一年織田信長に陥されて廃城になった）にいた。また馬術にもすぐれていた。慶長三年三月十四日卒す。

或る書にいう。六角義賢はそのころ天下無双の射手吉田一鷗入道の唯授一人の門弟で、つねに射芸を好んでいた（馬術の部に重出。参照）。

【補】佐々木義賢と日置流・吉田流弓術

『足利季世記』から要約する。

松永弾正少弼は鬼神のように人から恐れられた。永原城を打ち取り、勝ち誇って、

「よーし。この勢いで神楽岡へ義賢を攻めろ」

といい、新手の軍勢一万余騎を北へ向けて神楽岡へ攻めかかる。

佐々木側では吉田出雲が、数年教えこんだ上手な弟子を三百人えらんで引率し、先手として茂った林のうしろにひかえている佐々木軍二千余騎にまじっていたが、そこへ天へも飛び上がるような勢いで松永の大軍が一挙に攻めかかって来て、旗やのぼりが敵・味方入れ違うほどに見えたとき、吉田のひきいる弓の上手三百人が一面に射立てたので、松永勢はいっぺんに射落とされ、たまりもあえず退却する。松永は軍団をとって高いところへ上がり、

六角佐々木左京大夫義賢（『豊臣英名百雄伝』）

「敵は小勢だぞ。射るとも突くとも何程のことがあろう。かまわずに突撃しろ」

と指揮して、二手に分けて攻めて来た。

　義賢の寵臣三雲三郎左衛門が、

「敵襲に恐れるな。浮矢十射は敵と手を手を取りくむほどに近づいてから射落とせ」

と下知して、敵が突っこんでくれば射立て、そのため敵側の死傷者が無数に出た。さすがの松永もこれにはたまらず、

「あたら兵を多く討たせて詮なし。安芸守を討ち取ったのが大勝だから、もうよい。軍を引こう」

と云って本陣へ引き返した。

　そもそも江州衆が近年、他国にくらべものがないほど弓が上手になったのには理由がある。明応のころ〝四日置〟といって四人の弓の名手が出たが、中のひとりの伊賀の日置弾正忠豊秀が、

「われこそ当流の射はじめだ。古流の射術とは全然ちがう」

といって日本を弓修行して江州へ来、佐々木高頼・定頼二代につかえて弓の師となり、入道して瑠璃光坊、法名を以徳と称した。以徳はあまねく日本をまわって、好い弓の弟子はないかとさがしていたが、近江の河森の住人吉田上野介豊稔にまさる弓術者はないと聞き、すなわちこれを弟子にとって一流の秘術を一々相伝した。豊稔は法名道法といい、その子出雲守豊経に相伝した。これは法名を一鷗という。一鷗から屋形義賢に相伝し、義賢から一鷗の子、後の出雲守、その弟六左衛門以下へことごとく相伝した。今にいたって日置の末流はみな義賢の流の末であるが、一派一派を立てて各自が自流の元祖となった。こんなわけだから、義賢に近く召しつかわれた士は、一人として弓を以って高名しない者はなかったのである。

松本民部少輔

　松本民部少輔は吉田道宝の末子である（前出の日置流承伝系譜を見よ）。大津の松本（大津市の東部。いま数町に分かつ。松本民部少輔の城跡は南方の山間にあったが、今は畑になっている）にいて弓がうまかった（流名は松本流）。のち越前で戦死す。家来の松本次郎左衛門・和田甚左衛門も共に死んだ。

【補】松本民部少輔の事績
近江源氏佐々木氏の支族である松本氏は、滋賀郡松本村（今、大津市内）から起った。南方の山間に民部城、また松本城ともいう遺蹟がある。これは松本民部少輔の居城であったが、いまは畑地・瓦土取場になって痕跡を止めない。民部少輔は弓の名手で、館の土墻に矢竹を植えていたと『柳庵雑筆』に書いている。
『近江輿地志略』にいう。
　むかし松本民部という者、三井寺の僧と戦いて死すという。その城地の跡なりと。今は田の字となれり。いま土人瓦土の採取をする処なり。（中略）三井の僧徒と戦いて死

せしこと見えず。誤り伝うるなるべしと。精射なりしとぞ。

吉田出雲守重高

吉田出雲守源重高（森川香山伝書には吉田真重、また介左衛門出雲守とあり。箕作城にて奮戦した事績が『改正三河後風土記』にある。『三州遺事』拾補には、茂雄、幼名助三郎、平十郎、助右衛門。名は綱茂ともいう。天正四年卒、七十七歳。一本には重高、夢倫にあらたむ。天正十二年十二月五日卒、七十七歳とあり）は一鷗入道の嫡子である。はじめ助左衛門という。父祖の芸を継いで妙を得た。佐々木承禎入道（義賢）がこれに奥秘をさずけた。後、露滴と号す（流名は露滴派）。

吉田六左衛門重勝

吉田六左衛門源重勝は重高の弟である（吉田流二代出雲守重政一鷗の第四子で、通称六左衛門元定。幼名は勘次郎、介次郎。入道後は方睡また豊睡といった）。射術に達し村（むら）を善くした（村――弓を削って作製するのをいう。荒村・中村・小村の別があり、製弓者を村師という。雪荷（せっか）の製弓は特別に著名であった。『武用弁略』に「弓を削ることを俗に村をするといって、削るとは云わず（中略）木を削りなし、曲なく斉しくするの心なり」とある）。今にいたってすぐれた弓術者といわれている。のち雪荷と号した。はじめ丹後の田辺にいた（田辺は今の舞鶴市で、当時は細川幽斎の居城である。後年、京都に移住し、もっぱら弓術修行に精進して生涯仕官することがなかったが、細川幽斎の恩顧をうけ、天正十六年、七十五歳の老齢で丹後田辺城に招かれて滞在すること三年、天正十八年十一月十一日、小田原征伐に細川幽斎が従軍中の留守跡に、七十七歳で死去した。同地の興正寺に葬り、津城下の四天王寺に改葬）。子孫は藤堂家に仕え（雪荷の嫡子六蔵元尚、後に六左衛門は、天正十三年、二十六歳で父から唯授一人を相伝され、一時豊臣秀長に仕えたが、慶長五年から藤堂家師範になった。『自他問答』に、六左衛門は藤堂家の扶持を受け、他国へ出ないから弟子が少ないという）、家の射芸を伝えて家名を落とさず、その名声は日本中に高い。

【補】雪荷という号の由来と彼の製弓

『明良洪範』巻二十三から要約する。

吉田源八郎（後述）は関白秀次につかえていたが、吉田六左衛門のほうが堪能（たんのう）なので、後者を重用して弓を作らせた。弓ができたので冬の雪のふる日に馬に乗り、六左衛門はその弓をかついで蓑笠すがたで登城したが、そのかっこうを秀次が矢倉から見て、

「雪を荷（にな）った形がおもしろいから号を付けてやろう」

といって、雪荷の二字をあたえ、それ以来、雪荷の一流を立てた、云々。

右の文でもわかるように、吉田六左衛門は射芸ばかりでなく、製弓も上手で、『甲子夜話』巻八にも雪荷の製った〝雪荷斎、むらの弓〟というのを著者の松浦静山（肥前平戸藩

主）が珍蔵していると書いて、その弓には金泥・七所藤（ななところとう）で、末弭に〝やましな〟の銘が入っていたとある。

吉田出雲守重綱

吉田出雲守源重綱（『鷲峯文集』には豊縄、『明良洪範』には豊輪に作る。『三州遺事』拾補には光雄。幼名平十郎、助左衛門、早世。一本に重綱、豊雄とあらたむ。天正十三年十一月二十八日卒、四十九歳とある）は、はじめ助左衛門という。出雲守重高の嫡子である。父祖の芸を継いで無双の強弓を引いた。のち花翁と号し、あるいは道春という（流名は花翁流）。四男一女あり、嫡子助右衛門豊隆（後述）・二男与右衛門・三男五兵衛・四男五左衛門、この人は豊前にいって池田家につかえた。一女は葛巻源八郎に嫁す。源八郎は後の吉田一水軒印西（後述）で、名高い弓術家である。

ある書にいう。吉田出雲守重綱は近代ならびなき強弓である。遠矢を射ると和田山（滋賀県神崎郡五箇荘町和田。六角屋形政頼の三男、和泉守高伏の居所で、永禄十一年織田軍に攻略された）から箕作城（神崎郡八日市市建部のうち扇山に城跡がある。佐々木六角氏の別邸で義賢がいた。永禄十一年右に同じ）にとどいた。

吉田助右衛門豊隆

吉田助右衛門源豊隆（『明良洪範』には豊雄とする。仙台藩で客分四千石を給せられたが、辞して江戸に出、阿部備中守客分となり、辞して後に死す。後述の吉田源八郎の補記参照。『三州遺事』拾補には豊隆。幼名は助市、助左衛門、早世。一本に寛永二十一年十一月十八日、大坂で死去、七十五歳とあり）は、重綱の嫡子で父祖の芸を伝え、家名を落とさなかった。寛永年中には大坂に住んでいた。のち同哉軒と号す。嫡子助左衛門豊綱（『明良洪範』には太郎左衛門豊綱とあり、阿部家を辞した。流名は助左衛門派）・二男助右衛門（重張。『明良洪範』には助左衛門とあり、父の辞するとき残って阿部家の臣となる）・三男三左衛門豊方、ともに射術に達す。ああ吉田家数代弓術を伝えて家名を上げた。まことに奇なる哉。

吉田左近右衛門業茂

吉田左近右衛門源業茂（系譜・『甲申襍書』に茂方とする。『三州遺事』拾補に茂方、名は元茂とも業茂とも。慶長三年五月十日、京都に死す。或はいう、文禄四年八月十八日、大坂に卒すというは誤か、とあり）は、出雲守重高の三男で射術の神妙を得、また村（製弓）をよくした。後、中納言菅原利家卿につかえ（加賀侯をいう。『自他問答』に左近右衛門は加賀前田肥前守に扶持され、当代の筑前守に出仕しているから他国に末流が少ないという）、剃髪して木反（木友の誤字）と号した。左近右衛門派という一流は業茂の工夫である。ある人の説に、彼は関白秀次に召されてその術を教授したところ、はなはだ褒賞されたという。嫡子の左近右衛門茂武

（幼名、大刀、権之助。器用にて故実を起し、これより吉田流と号して当流の弓書を作る。前田家に仕え三百石、のち五百石。寛永六年正月十八日金沢にて卒、五十五歳――『三州遺事』拾補）―その子小左近茂成（茂勝。左近、権之助、左衛門。茂成とも映茂とも。三十三間堂の誉で知行六百五十石に上る。寛文四年十一月三日卒、六十歳。弟茂直、三九郎、忠左衛門、実は奥州金沢沢野新左衛門の男が、吉田大蔵の跡目をついだ――『三州遺事』拾補）と伝統。

　大庭景重伝書にいう。関白秀次公は御弓ずきで、三十三間堂の通し矢を度々あそばしたが、一筋も通し矢がなかった。御側の者たちが何とかして一本でも通ってくれないと困ったことになると気をもんでいると、堀久太郎どの（堀秀政。美濃の人で豊臣秀吉の臣。若州佐和山城主、九万石）が、堂見(どうみ)（通し矢の検分補助役で、弓術各流から一名ずつ六名出る）の三河（妙法院の坊官三河。代々世襲して通し矢の検見(けみ)の役をしていた。正しくは堂見と云わない。検見は堂見六人の主審である）を召し出して、

「上様の御矢一筋、通し矢ということにしてくれ。望み通りの金銀をやるから」

と云う。三河は答えて、

「私は一代者(いちだいもの)（他人の意を顧慮せず我意のまま自由に一生を過ごす信条の人をいう。一代男・一代女・一代奴など同類語である）のことですから、上様の御矢を一本通し矢にごまかして、世間態(せけんてい)を作ってすぐバレるようなことは、いくら金銀をたくさん下されても、いやです」

と云った。

　そこで仕方なく、上様の矢を一本通すために、三十三間堂の縁を一寸さげて低くした（それだけ見通しが上下に広くなり、天井に刺さる率が少ない）。こうまで細工したのに、けっきょく御矢は一筋も通らなかった。天正ごろの話である。又、弓のゆがんだのにすくめをかけ直すことも、秀次公から初まっている。

吉田平兵衛方本

　吉田平兵衛源方本（『加賀藩史稿』――加賀藩士、三百石。大坂役に従軍。べつに据物の一伝を開創した。『三州遺事』拾補――幼名は一力、平兵衛と称し、初めは元方とも方元ともいった。京都山科に住したが、慶長十七年、前田利長に召し出されて三百石。据物斬りの名人であったが、元和九年正月二十四日、技が成熟しないで金沢に卒す、四十一歳。号は父を襲って木友といった）は業茂の二男である。小左近茂成（寛永年中、通し矢二千二百七十一にて天下一の掲額――『玉露叢』）・大蔵茂氏とともに心を射術に尽した。その子平助・雅楽助も、父祖の芸に達した（『加賀藩史稿』――兄平助が父に先き立って死んだので雅楽助が相続、加増されて五百石。のち元茂と改め、元禄五年死す。子の重張が継ぎ、子孫世襲。『三州遺事』拾補に、雅楽助は平兵衛重堅。元和二年相続三百石、のち二百石加増。元禄四年死、七十歳。左近

右衛門重張、宝永六年正月十日卒、六十三歳。以下―茂存―茂行―茂英と伝統)。

吉田大蔵茂氏

吉田大蔵源茂氏（補記に詳し）は、業茂の三男である。はじめ富田信濃守信高につかえ（一時、九州に流浪）、のち中納言前田利家卿につかえ、采邑千石を領した（はじめ四百石。大坂役の軍功で千四百石にのぼる。『明良洪範』に、吉田大蔵は三千三百三十三本の矢を通したので、三千三百三十三石で前田家に召し抱えられたとあるのは誇大である。彼の通し矢の初度の天下一は二百三十四本にすぎない）。彼は日夜射術を尽して精妙を得、蓮華王院（京都三十三間堂。後述する）を射ること七度にして六度京一となる（総一、天下一というのと同じ。江戸の三十三間堂レコード保持者を江戸一というに対して京一という。大蔵は天下一の掲額六度――『玉露叢』）。その術は神にして妙（神妙・微妙・精妙、また精・妙・奇・神など賞賛の語もそれぞれニュアンスの相違がある。もっとも高度なのを神という）ゆえに佳名を千載に伝えた。正に射術の鳳といってよかろう。その工夫を学ぶ者が多い。これを大蔵派という。

大庭景重伝書にいう。吉田大蔵と申す仁大兵で、手妻のきいた（技芸のうまい）射手であり、心（技術の上での工夫）も上手であった。そのころの弓打ち（弓を作るのを打つという）の上手に中沢丹後という者があって、この人は射ることもうまかった。矢はぎ（矢をつくること）の上手は京の大仏に住む内匠という者であるが、大蔵は通し矢用の弓矢を、右の中沢と内匠の両人に製作を頼んだ。そこで中沢丹後は弓の長さを六尺七、八寸に作り、はさみを六分七合から七分一合、二合までに打ち出す。矢のほうは、内匠が念入りに作った。こうして、結果は千三百三本（正しくは千三百二十三本で天下一の掲額、これは吉田大蔵五度目の掲額の時で、寛永四年四月七日である――『玉露叢』）の通し矢、内七百五十三本は丹波の打った一張の弓を用いている。諸国の弓術家どもも、彼に見習って大矢数を射るために続々上京し、大蔵は矢数の神と誰もいうようになった。

又いう。寛永六年に、吉田大蔵の子吉田左馬助（字は茂綱、一に茂経。寛永十九年、父に先き立って死す、二十七歳。父大蔵はこれによって継嗣を置かなかった――『諸士言行録』。『異説区』に吉田大蔵の子角之丞は大力にて強弓とあり、角之丞は通称か）が十四歳で初矢数、総矢五百本、内通し矢二百本射通す、云々。

【補】吉田大蔵茂氏の事績

吉田大蔵は、初名は合力。馬・剣・銃砲すべて好くし、また書が上手であった。父兄とともに初め唐津において修行し、後、兄の左近茂武とともに京にのぼり、山科の片岡道怡に寓し、共に古伝を正し、遠矢・差矢の法を制し、弓矢の韘の製なども工夫した。正保元年正月二十一日死、五十七歳。長男茂綱、父に先き立ちて死し、養子せず、一たん絶家。同じ年、吉田忠左衛門茂直が、前田侯の命によって跡目相続した（『三州遺事』拾補）。

吉田大蔵が京へのぼって大矢数に成功する以前の浪人時代は、ほとんど無名の弓術家であったらしい。『竹林流附録自他問答』に、

「小左近の弟大内蔵という者九州にうずもれ居たりしを、筑前守殿（前田家）へ召寄せられ、三十三間堂の初矢より世一（せいち）（京一に同じ）の手柄数度に及びしことに至るも、ひとえに主君の厚恩を以って世上にその名高しといえども、彼、また他国にその弟子なし」

の記事がある。加賀藩につかえてからは、彼の名は真に隆々の感があり、たくさんの逸話が伝えられた。

吉田大蔵茂氏は初め富田信高に仕え、慶長の末に前田利常に仕えて三百石。後、大坂役に功を立てて千四百石に上った。容貌魁偉（かいい）の快男子だった。一日、前田侯の放鷹の供をしていたとき、鷹が緒を付けたまま飛び去って高い樹上に止まったが、緒が枝にまとい付いて離れずバタバタあがいている。

「あれを射て助けろ。けがをさせるな」

と主君の仰せである。むつかしいからと固辞したが、たっての仰せ付けに止むをえず、弓を引きしぼって矢を射た。鷹は羽をバタつかせて落ちて来たが、けがもせず無事だった。鷹のいやがる鷲羽の矢をやめて、柔羽の矢を用いたのである（『武将感状記』）。

主君にしたがって京都からの帰途、近江の駅亭についた。その宿の主人の子に狐が憑いていたが、吉田大蔵のすがたを見る前から何となく大蔵が来るのを怖がっていたので、主人は大蔵にたのんで狐を退散させていただきたいと云った。

「わしが矢を射ると、お前の息子が死ぬかも知れないぜ」

と大蔵がいう。

「かまいません。たのみます」

せがまれた大蔵は、誓紙を書かせてから狐憑きの息子を庭木にしばりつけ、弓を執って矢を擬（ぎ）した。息子はひどく泣きさけんだが、しばらくすると狐が離れて平生に復した（『重輯襍談』）。

同藩の豊島新七郎、鉄砲の名手だった。一銃を製造して〝百発百中〟の銘を入れて主君に献上した。

「きみ、後悔するぜ。物事には謙譲（けんじょう）ということが必要だ。せめて九十九と銘うてばよいのに」

と、大蔵は忠告したが、新七郎は従わなかったから大蔵はついに絶交した。そののち大蔵は一弓を製し、〝十之九〟と銘を入れた。弓はその銘にあたいして命中率がよかったけれど、新七郎の銃は銘にあたいしなかった（『今枝夜話』）。

大蔵がまだ大坂で浪人中、彼の二兄はすでに前田家に仕えていたので、前田侯は使者をつかわして大蔵を召した。赴任前に大蔵は弟子たちと海浜に遊んだが、弟子たちが、

「お別れの記念に、あの水鳥を射て見せて下さい」

と云う。ついて行った使者は、もし今ここで命中しなかったら、大蔵の仕官に傷がつくと思って、しきりに制止したが、

大蔵はきかず、ただちに弓をつがえて水鳥を射、命中させた。

「人のもとめに応じないのは卑怯である。命中するに越したことは無いが、命中しなかったとしても自分の技術にとって損にはならぬ」

と大蔵は云った（『癸巳襍志』）

茂氏は元和・寛永の間、京都三十三間堂に射て技を試むること前後七次。名を海内に揚げた。初め大坂の役で左手を傷つけ、指が三本なくなったが、その技は少しも衰えなかった。思うに茂氏の技術たるや、鍛練・工夫、精妙をきわめ、新たに法門を開いたというべく、時人伝えて中興の名人といい、号して大蔵派という（『加賀藩史稿』）。

吉田源八郎重氏

吉田源八郎源重氏は江州の人（蒲生郡蒲生町葛巻の出身だろう）。はじめ葛巻源八郎という。吉田出雲守重綱が、長女を源八郎の嫁にやった。後、ゆえあって重綱と不仲になり、そこで吉田左近右衛門業茂に射を学ぶようになった。嫁の姓を継いで吉田一水軒印西と改名し、その術精妙にいたる。はじめ関白秀次につかえ、のち結城中納言秀康および宰相忠昌卿につかえ（五百石――『明良洪範』）、ついにその術を以って東照宮・台徳大君（秀忠）・大猷大君（家光）に拝したてまつる。寛永十五年三月四日死去した。七十七歳。その門人が諸国に多く、世にこれを印西派という。その子久馬助重信（印西の二男。補記参照）は寛永四年始めて台徳大君・大猷大君にお目見得した。弓術をよくした（日置流と称す）。重信の弟三右衛門（久馬之助宗重）も父祖の芸を継ぎ、重信の令名を子孫相続して旗本に列した。

吉田（葛巻）源八郎（『武射必用』）

大庭景重伝書にいう。三十三間堂にて縁鼻（縁側の縁ぎり）へ退って堂射しはじめたのは、吉田印西という仁が始めである（それ以前は縁の上を一、二間も乗り出して射た。それだけ距離がみじかくて射通し易かったわけである）。

【補】吉田源八郎と吉田助左衛門の係争

葛巻が吉田姓を名乗った事情、『竹林流附録自他問答』に云う、

「印斎はもと葛巻源八郎と云いて、関白公の御弓之衆二百

人の内なりしが、秀次公御他界の後、世をのがれ、弓師を事として渡世の望み深く、吉田助左衛門に好みあるによって伝授に名字を添えて与う（与えられたの意）。そのころ芸の浅深も知らず、吉田の名にふける（見栄を張る）の田舎人ありて、次第に数千の弟子あり」。

吉田源八郎と本家の吉田家とのあいだに、唯授一人の問題について係争が生じた事情について、『明良洪範』から要約する。

日置入道は、江州佐々木の旗本吉田上野介に伝授して、唯授一人とした（奥伝免許を一人に許して他に伝授しないこと）。上野介から嫡子出雲守に伝え、さらにその子の伊勢守に伝えた。後さらに出雲守から佐々木承禎（義賢）に伝え、承禎からまた出雲守の嫡子助左衛門豊輪（重綱）に伝えたが、これは病身で早世し、その死期にのぞんで、門人のうち、葛巻源八郎に娘をあたえて吉田の姓をゆずり、日置流家伝の書をわたし、子息の助左衛門豊雄（助右衛門豊隆）が成長するまで後見してくれ、と頼んだ。この源八郎は関白秀次につかえたが、吉田六左衛門のほうが弓術に堪能だったから、そのほうが重く用いられた（中略）。

その後、天正年中に徳川家康が上洛したころ、吉田周防守の弟の忠右衛門・おなじく雪荷六左衛門・松本民部などいう吉田の一族はじめ、関東の竹林石堂又左衛門・間宮市左衛門・内藤仁兵衛ら高弟の面々がみな京都へ参会したので、それをさいわいに吉田本家の助左衛門豊雄を立てて宗家を再興しようという話が出た。そこで吉田源八郎を召し寄せて、

「当流の相伝が正しくおこなわれなかった事情については、こういう席上でなければ吟味しがたいから、あなたに来ていただいて、皆の話も聞いていただき、いろいろおたずねしたいのです」

といい、三井寺で参会をもよおした。そのとき本家たる助左衛門豊雄がいうには、

「それがし幼年にて父に死別し、その節、葛巻源八郎に亡父の口伝の書をあずけ、それがしが十八歳になったら、吉田の系図と伝書を残らず私に返すようにと申しふくめ、吉田という苗字をゆずり、私の姉を嫁にやって頼んでおいたところ、近年になって、度々返してくれるようにと云ってやったが、今以って書物も系図も一向に返してくれないのです」

一座の者はこれを聞いて、

「そりゃあ源八郎が不届きだ」

という。

相手の源八郎は、

「それは助左衛門がまだ流儀に通達していないから、それで返却をさしひかえているのです」

と抗弁した。

そばにいた石堂竹林が、

「何にせよ遺言にそむいた源八郎が悪い。吉田家の唯授一人にあたいする器量じゃない。どうだ、皆」

と促したので、いずれもが、

「とかくの論には及びません。故先生の伝書など一切を、すぐに返却しなさい」

といい、指図をしたが、源八郎は何のかのといって承知しない。竹林は是非なく源八郎をその場に引き伏せ、そのふところから無理やりに伝書と系図を抜き出した。

この席へは、助左衛門の老母（重綱未亡人）も来ていて、次ぎのような話をした。

「故助左衛門が臨終のとき、こう云いのこしました。一通りの六十二カ条は聟養子の源八郎に渡すが、姉聟が小舅を殺すような例も昔にはあるから、それでは秘事が本家になくなってしまう。だから一部分は残して私にあずけておくから、豊雄が成人したら一家衆中が列坐の席で、この巻物を証拠として渡してやってくれ。そういいました一巻がこれでございます」

と、始めて母は豊雄の手にそれをゆずった。この以前、雪荷六左衛門・吉田勘左衛門・竹林孫左衛門が故師（こし）からゆずられた伝授は二百余条で、それに各自の工夫を加えて二百八十カ条を門人に教えていたのであるが、吉田豊雄の所伝は三百六十カ条になり、それ以外には流伝の完全なのはない。こうして唯授一人の直受（ちょくじゅ）は、公式に助左衛門豊雄（助右衛門豊隆）ときまったわけである。

【補】印西久馬助と吉田豊隆の子孫

これも『明良洪範』から要約。

印西の嫡子は早世し、二男の久馬助は訳あって他国し、その伝は越前の林六兵衛・その子の大学の両人に伝わった。三代将軍家光の御代始めに、吉田家の嫡流の者をたずねられたことがあり、松平出羽守直政が印西久馬助を推挙した。久馬助は当時備前にいたのを召し出されたが、幼年のころ父に別れたので家伝も多くなかったので、越前の士林六兵衛の次男十兵衛が、一通り伝授したのである。その後、久馬助は二の丸で弓術上覧の際に射損じて不首尾をこうむったが、そのことを奥州で聞いた吉田助左衛門（豊隆、当時仙台藩客分）は、伊達政宗に申し上げて、

「日置の正統といえば今、天下に私よりほかに唯授一人の伝をつかまつる者はございません。しかるに庶流である久馬助が江戸城へ召し出されたということを聞きました。それでは嫡伝の私が御選みに洩れたことが不本意であります。だからこの段を公儀へ御歎願に江戸へ参りとうございます」

と訴え、扶持を辞して仙台を去り、阿部備中守正次を通じて願書を呈上した。

公儀では、もとより吉田の正統として天下にまぎれない者からの願いであるから、願いはきき入れることにしたものの、なにぶん久馬助のほうも、松平直政の仲介で池田家からわざわざ江戸へ召し出したのであるから、すぐというわけに参らない。まずしばらく待て。ついでの時節を見て、というのが老中方の評議であった。そこで助左衛門は当分阿部備中守方の客分として五百石をいただいて江戸にいることになり、同家の一族や吉田の一族・内藤の一家などが弓道のことで不明

なことを彼から教授をうけ、旗本衆の大半がその門弟になった（中略）。

その後、助左衛門は望みを達しないで病死し、嫡子の太郎左衛門豊綱（助左衛門豊網）が継ぎ、あいかわらず公儀の裁許を待つうちに、阿部侯が死去し、代替りになったので、豊綱もそのまま止まることに気がさして、

「亡父も私も、公儀の旗本として御召し抱え下さる日を待っていたわけで、ここで阿部家御代替りに際し、このまま御当家の臣になってしまうのは本意でありませんから」

と五百石を辞して浪人した。阿部家ではしきりに止めたが、意をひるがえさず、それほどの仰せならば、といって弟の助左衛門（重張）を同家に臣として残し、浪人して死去した。この豊綱にも子があって、太郎左衛門といったが、早世したから、今は弟の助左衛門（重張）だけが唯授一人の伝統をもっている。

石堂竹林如成

石堂竹林如成（『張藩武術師系録』の日置流竹林派系譜に、竹林流元祖、如成、北村竹林坊とある）は浮屠（僧侶）である。かつて吉田一鷗入道の射伝を学んで甚だ真にせまる（『自他問答』には、大和の日置より伊賀の安松左近に印可し、安松より同国の弓削氏に伝授し、竹林如成は弓削の門弟とあり）。のち紀州高野山に住み、吉野に移り、また中将忠吉（松平忠吉。徳川家康の第四子で尾張清洲城主）に召されて清洲城下に来、同藩の士の多くに弓術を教えた。のち尾州において死す。二子あり、兄を石堂新三郎、弟を石堂弥蔵貞次（『張藩武術師系録』には為貞、はじめ弥蔵、貞次、政次、為久。文禄二巳六月六日印可。天正二十二年六月吉日とある。父と吉野に在りし時は後竹林と称し、尾州清洲へ来て還俗して北村林左衛門という――『御家中武芸はしり廻り』）という。二男のほうが父祖の芸を相続した。竹林如成の死後、新三郎は、射を野村作左衛門に習って石堂竹林と自称していたが、元和年中、越前高野渡口（福井県吉田郡河井高屋。九頭竜川の渡船場）で船がてんぷくして溺死した。貞次に学ぶ者多く、今に諸州に末流があって竹林派という。

吉田家伝にいう。竹林如成は真言僧で江州にいた。吉田家

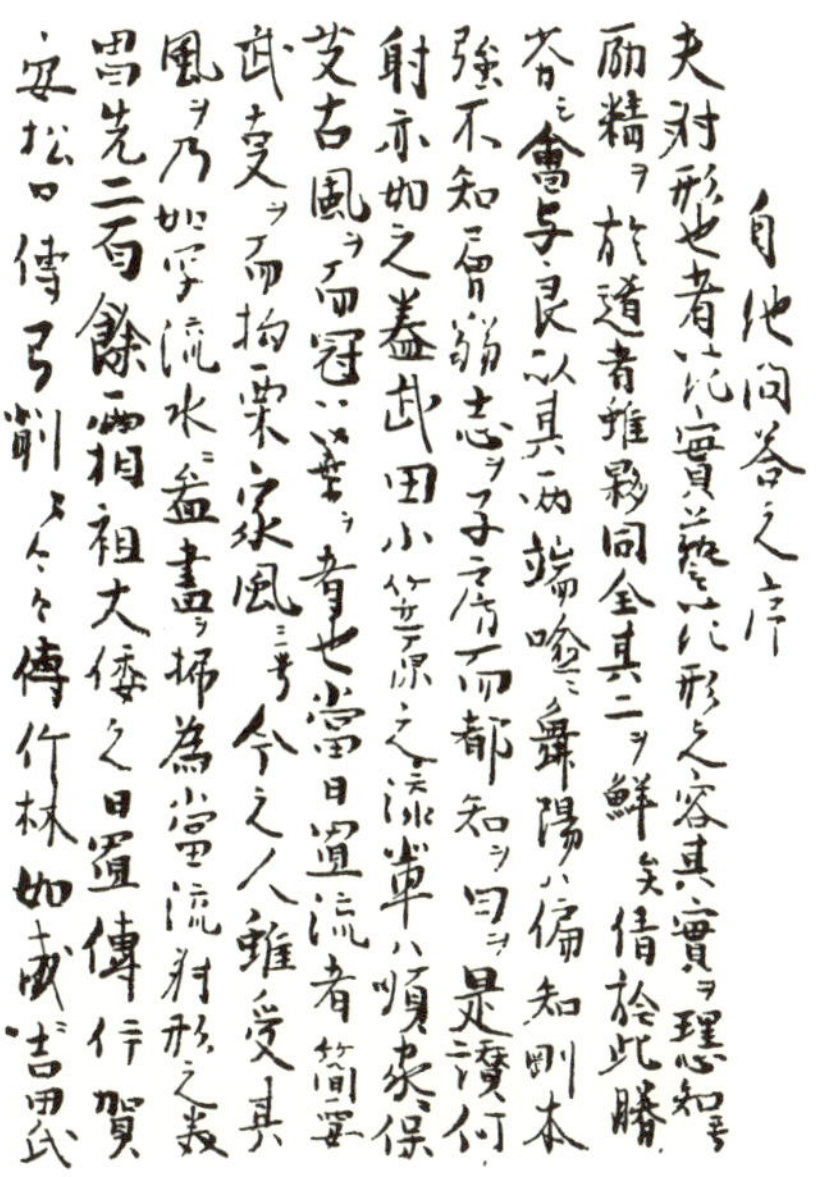

『竹林流自他問答』の序文

の祈願僧である。射術を一鷗入道に習って竹林派と称したのである。

『細川記』にいう。永禄元年六月九日（三好長慶乱。佐々木義賢は長慶討伐の軍を出し、大いに白川口で戦う）、勝軍地蔵山（北白川の背後の山）に陣取った六角義賢の軍に向かって松永弾正久秀は五千人の勢で合戦をしかけた。たがいに新手（あらて）を入れかえ、終日戦い尽したが佐々木側が負けて五十三人討死した。松永は勝ちに乗って追撃し、

「松永弾正久秀なり」

と名乗ったところ、佐々木側に竹林坊という有名な弓の上手がいて、松永をねらって丁（ちょう）と射る。久秀は運がよかったのか、竹林坊、弓の弦が自分の胸板にじゃましたので的をはずし、松永の乗馬に当たった。馬はたおれたが乗っていた松永は、あやうく左方へ飛び下りて命びろいした、云々。

森川伝書にいう（以下に見える承伝の系譜は『張藩武術師系録』にほぼ同じ）。竹林派の伝来は、応永のころ伊賀国に日置弥左衛門範次（前述）という人があって、弓術に達していた。伊賀人安松左近吉次（良次、左近丞、初め新次郎。応永二十五亥三月五日印可――『師系録』）がその伝を継ぐ。以下、その子安松新三郎（この名『師系録』にないが、竹林如成の代々名が新三郎だから、これは如成の父か祖父に当るか）が継ぎ、その門人弓削甚左衛門正次（繁次、初め弥六、永正二丑正月二十日印可――『師系録』）が継ぎ、その子弓削弥六郎（繁次。この名は『師系録』に脱す）が継いだが、そのあと伝授すべき人がなかったので、弓書を三嶋明神の社中にかくして死んだ。石堂竹林如成は三嶋明神の夢想によって（これはありきたりの仮託であろう。『師系録』には如成は天文二十年八月十八日印可とあり、正式伝授である）弓削の伝書を手に入れ、その射伝を中興したが、彼は弓道の名匠であった。ある説に、竹林は吉田家の祈願僧で吉田の射伝を聞いて竹林派と称するというのは、いぶかしい。

愚（ぐ）いう。香山の伝書に、いぶかしいと書いてあるが、竹林は真言僧で江州にいたことは明白だが、吉田家の祈願僧ということはよりどころがない。そのころ吉田一鷗入道が弓術では天下一の名人であったから、国守の佐々木義賢はじめ、国士みな一鷗の門下であり、竹林が従学の機はあったはずである。日置弥左衛門範次と書いたのは日置弾正正次を偽作したのか。香山伝書には、日置といっても、大和の日置と伊賀の日置の違いがあると見えるものの、吉田重信伝には、日置弾正は伊賀国にいて射芸に達し、天下その右に出づる者なしとあるから、正次は大和に生まれ、後に伊賀に住んだのであろう（同一人で、大和では正次、伊賀では範次と名乗ったと解釈するのである）。

尾州星野氏（勘左衛門）門人の物語によると、竹林の弟子に一宮随波という人があった（諸礼の章に前出の一宮随巴宗是とは別人である。『師系録』の竹林如成の子弥蔵貞次の門弟の中に、「若林三郎右衛門勝美。為貞（貞次）の妾腹。本多越中守家臣減少のとき浪人、石堂と攻め遠州一の宮に住

す」とある、その勝美と同一人だろう。『武術系譜略』には一宮随波を如成の門弟としている）。この人は尾州清洲城下に来て弓術を教え、浅岡平兵衛（後述）をはじめ弓術を学ぶ者が多かったが、国守少将忠吉卿がお聞きになって随波を召され、師匠の名をおたずねになったところ、

「私の師匠は竹林坊と申しまして真言坊主でございます。高野にいましたが、近年は吉野のかたわらに住んでおります」とお答えした。そこで忠吉卿は一宮に命じて竹林を召し出されたわけで、清洲へ来た竹林坊には浅岡平兵衛はじめ、御家人がたくさん入門した。一両年して竹林は尾州にて死に、二男の竹林貞次が相続して尾州にいた。長屋六左衛門忠重が貞次の伝を継ぎ、星野勘左衛門が長屋の伝を継いだ。

　愚いう。天正のころ一宮随巴（諸礼の部に前出）といって射芸に達した人がいたが、これは武田信玄のために死んだから、竹林弟子の一宮とは同名異人であろう。少将忠吉卿の清洲入城は慶長六年で、同十二年の御逝去であるから、竹林が清洲に来たのは慶長七、八年ころと思われる（『自他問答』には天正末に死すとあるが、それは誤り）。

　ある人いう。尾林与次右衛門という射手があって、これは竹林弥蔵貞次の弟子である。紀州の吉見台右衛門は尾林の門に出ている、台右衛門は後に順正とあらためた。葛西園右衛門（薗が正しい）が吉見の伝を継いだ。森川香山伝書に苔口八郎右衛門重久という者、尾林の病気をよく介抱したので、弓道のことをことごとく相伝されたという。

【補】石堂竹林如成と石堂竹林貞次

『名古屋市史人物編』その他から要約。

　父如成は、もと叡山の僧で竹林坊といったが、日置流の射術を伝えて還俗し、竹林の姓を名乗る。松平忠吉につかえて弓役、二百五十石を給う、竹林派と称する。

　石堂竹林貞次は、一に為貞、また政次・為久などにも作る。父を相続して弓頭にのぼり弓矢奉行を兼任した。弓術は益々神技に入り、蓮葉にとまるカワセミを射貫いて蓮の葉もゆらがず鳥の骸も落ちず、小アズチに土器をおいて射て、中心を射ぬいて他を傷つけなかった。慶安二年十二月十七日死、七十七歳。名古屋市中区小川町の妙蓮寺に葬る。法号は台宗院蓮栖日暁居士（『士林泝洄』・『竹林画像記』・『昔咄』・『武業雑話』）。

　なお『落合家旧記』に、竹林貞次（為貞）は寛永十七年に紀州藩の吉見台右衛門に印可をあたえ、その後播州で死んだと記しているのは誤りか。前に記したのと年代も合わないし場所も違う。

【補】長屋六左衛門忠重の事績

同じく『名古屋市史人物編』より要約。

　幼名は半三郎、隠居後は無入と号す。忠久（忠左衛門・七平・是心斎）の長子。竹林を師とし寛永十年五月、二十歳で皆伝。二十二歳、始めて蓮華王院大矢数をこころみ、年々これを行なって寛永十四年三月十五日に通矢四千三百十三本で天下一になった。その後、弓役になり五十石五人扶持を給う。

十六年四月、通矢五千九百四十四本で再び天下一になり、三十石加増。翌年四月、通矢六千三百二十三本で三度目の天下一となる。采地四百石を給う。後、星野勘左衛門を教育して寛文二年天下一を得せしめ、百石加増された。貞享二年十二月九日死、七十三歳。名古屋市東区針屋町の乗西寺に葬る。寂証覚住居士（『士林泝洄』・『長屋系図』・『三十三間堂矢数帖』）。

【補】星野勘左衛門茂則の事績

『名古屋市史人物編』より要約。

伝右衛門則等の第三子。後、浄林と号した。祖先は熱田大宮司季範から出た。寛文二年五月、通矢六千六百六十六本で天下一。五百石、弓頭に上る。九年五月、通矢八千。なお余裕があったが、後来の者に挑戦の余地を残す意味で射を終った。三百石に上る。このレコードは後、貞享三年四月に紀州藩の和佐大八に破られるまで続いた。ある日、一士が来ていった。

「わが家では髑髏が空中でおどる怪事があります。蟇目の法を修して鎮めていただきたい」

星野は食事中だったが、笑って云う。

「武士のくせに室内に怪事があるとは、不面目な話だねえ。これでも持って帰って怪を除きなさい」

と食事中の箸を差し出す。その士は箸をもらって帰って髑髏の出るのを待ち、箸で追ったら消えてしまった。それっきり怪事はしずまったという。

星野は元禄九年五月六日死す。五十五歳。名古屋市東区高岳町の高岳院に葬る。大忠院英誉射講浄林居士（『士林泝洄』・『昔咄』・『翁草』・『天保会記』）。

紀州側の記録『祖公外記附録』には、星野勘左衛門はもと紀州藩の妻木助九郎組の足軽であったが、射芸を云い立てにして一人前の士に取り立ててもらう望みが駄目になったので退身して江戸へ出、尾州藩の御弓組に召し抱えられた。紀州藩家老安藤帯刀から脱藩の不届者であると奉公構えの申入れがあったりしたが、けっきょく、

「あれぐらいの弓の射手なら、私の方の足軽連中のなかにもザラにいる」

と厭味たらたらで結着した、云々と書いている。

しかし星野が前に紀州藩の足軽であったことは、右以外に何一つ傍証がないので、おそらくそれは尾州藩の杉山三右衛門の事績を混同したのでないだろうか。杉山も星野も両人共に、紀州脱藩足軽であったということは、信じられないことだ。

杉山は紀州脱藩後、尾州藩弓組に入り、寛永八年三月二十九日と、同十二年四月一日と、同十四年三月十八日と、以上三度、通矢で天下一を獲得している。三右衛門、名は吉次、後に吉庸。三の丸番頭、三百石。延宝二年七月二十九日死、七十三歳。名古屋市中区矢場町勝鬘寺に葬る（『名古屋市史』）。

以下、星野の逸話の若干。汲古会編『逸事旧聞』より三条。

同士（星野）旅に宿りしに、あるじ出て、此家にて風吹く夜は高き方にて小児の啼声止まず。矢一筋射て物怪をしずめ給わんと乞いしかば、彼の声を目当てに射たりしに、手応えして啼きやみぬ。夜明けて後に見れば、枝と枝とのあわいに矢を射こみたり。風吹く時は枝の摺れ合いて声を出すにてぞありける。

盗に名を得し日本左衛門、星野の家に忍び入らんとて、芋植えし畑にしばらく身をかくし居たり。しばらくして主と覚しくて戸を明くる音しけり。やがて頭の上をひびきて、矢一筋通してあるじは内へ入りぬ。日本左衛門五体すくみて働き得ず、夜明くる頃、辛じて逃れ出けるとぞ。日本左衛門捕われし後、かく恐しきことなかりしと、人に語りけるとなん。

同士の家は、名を世々にして射術も世々師範たり。世に射術を知られたる者、多くは此の門に出たり。此の家の矢場にては、夜中時として、弓射る掛声きこゆること、今もありとぞ。勘左衛門精神ののこれる、生存の日の心をこらせし推し測られて、感ずるも尚あまりあり。

二十四、五歳のころ、まだ矢数に天下一の誉をとる以前に、三十三間堂の下検分に上京した際、星野は偶然、同藩の親友櫛田治左衛門が、加賀藩士の吉田五左衛門と喧嘩している場所に行き合った。

「しっかりやれ」

と声をかけたが、櫛田はすでに数カ所の手疵をうけ、

「親友のよしみだ。助けてくれ」

という。相手の吉田は加賀一番の大力といわれる六尺二寸の大男だ。しかし勘左衛門は、平然と刀を抜いた。

「今、櫛田を討ちし者、拙者と勝負せよ」

いうなり斬りこんで戦うこと数合、たちまち相手の肩先三、四寸斬りこみ、よろめくところへ踏みこんで、斬り倒した。

この話は『尾陽武芸師家旧話』に出ているが、星野の硬骨振りを語る逸話には、もっと適当なものがある。以下、『明良洪範』からの要約。

尾州家の附家老成瀬隼人正の犬山城へ、上方の力士がやって来たことがある。名は忘れたが何でも非常な怪力で、五百石積みの船のイカリを片手で軽々とふりまわすというわさだった。

「おい誰か、相手になって角力をとってみないか。ああそうだ。ちょうど星野がいいだろう。おぬし出て見ろ」

と、隼人正が云った。

勘左衛門は弓の稽古をつけるために、犬山城へ来あわせていたのだ。何度もことわったけれど、いたずら好きの隼人正は、ゆるそうとは云わない。しかたなく星野は庭へ下りた。が、はだかにもならないし、両刀も腰におびたままだった。

「おいおい。刀をとらぬか。はだかになれ」

「まあ、よろしいでしょう」

「よくないよ。角力がきものを着て、刀までさしていてはおかしい」

「拙者は武士です。角力じゃありません」

隼人正は苦笑した。

「しょうがないなあ。そう云われればその通りだ。ともかくやって見ろ」

相手の力士も、これにはおどろいたが、座興だからどうでもよいと思ったのだろう。ドスン、ドスンと四股をふんで両手を下げたものの、勘左衛門がだまって突っ立ったままだから、勝手がわるいけれども突っかけるより方法がない。

「よいしょ」

掛声をかけて立ち上がりざま、遠慮なく組んで来ようとする出鼻を、

「えーい」

抜く手も見せずに勘左衛門、スッパリと相手の肩口から斬って落とす。力士は即死だった。

「ややっ。余りと云えば」

隼人正はカッとなって思わず立ち上がったが、刀にぬぐいをかけてパチンと鞘におさめた勘左衛門、

「武士の勝負はこのほかにございません」

といい捨てて、さっさと下城してしまった。

「理不尽だ」

と隼人正も怒ったし、見ていた人たちも勘左衛門の余りな仕打ちに憤慨の情をあらわした人もあったが、中には、

「星野氏の仕方、武士としてもっともである」

という人がないでもなかった。

【補】吉見台右衛門経武の事績

『吉見実記』から要約。

初め喜太郎。剃髪後は順正と号した。父を喜左衛門経孝という（経孝は紀州藩馬廻役、五百石。脱藩者を郡山に上意討ちして名を高め、後、弓の功によって千石にのぼる――『校合雑記』四）。経武うまれて三歳、好く射る。下村吉種（一に吉尚ともあるが家諸には三太夫吉次とある。生国は三河。紀州藩につかえて三百石。寛永七年病死）がこれを見て奇とし、教えて弓術が大いに進んだ。寛永二十年に朝鮮使節が来朝したが（誤り。同十三年十二月が正しい）、中に李万古という弓の名手がまじっていた。ちょうど江戸に来ていた吉見経武は、いい機会と思って面会をもとめた。李も吉見の名をきいていたので、すぐに強弓をひっさげて出て来て、

「君が八歳のとき、京の三十三間堂の通し矢に成功した（台右衛門の掲額は三十七歳のときだから、これはひどい文飾だ）ことを私もきいていますよ。どうですか。私のこの強弓があなたにも引けますか」

といい、まず自分で射てから経武に手渡した。吉見は内心、危惧して、もししくじったら自分ばかりでなく主君の不名誉になるから、何とか固辞して挑戦に応じまいと思ったけれど、今となってはそうもできず、

「ままよ。しくじったら李万古を斬って、おれも死のう」

と覚悟して、ついにその強弓を引いた。ずいぶん強い弓ではあったが、彼は易々とこれを引き、息切れさえせず余裕綽々

たる自分を見て、むしろ不思議に思った、云々。

右の話はフィクションに違いない。李万古の名はその時の使節のなかにない。だいたい朝鮮では鯨のひげで作った半弓を〝李満弓〟といい、時代はよくわからぬが李満子という者が発明したということになっているから、李万古という人名は作りものだろう。この弓くらべの話は、『南陽語叢』には台右衛門でなく葛西薗右衛門の逸話ということにしている。私が思うのに、真相は、吉見台右衛門が朝鮮使節に面会して弓のことをきいたというだけが実話であったろう。このとき彼は、朝鮮には李満弓という鯨のひげで作る半弓があると教えられ、それを真似て自分でも鯨弓を作って〝籠半弓〟といった（理万弓は、駕籠に入て持べき事にて、粧用の具也――『御家中武芸はしり廻り』）、爾来、自分の号を李満と称するに至ったのである。

『落合家旧記』によれば、吉見経武は初め下村吉尚、ついで佐武源太夫吉全（伊賀守義昌の二男。父は紀州土着の郷士。源太夫は寛永四年徳川頼宣につかえて合力米十五石。のち二百五十石に至る。寛文十年五月二日病死――家譜）の弟子になったが、技倆が両師を凌いだため、石堂竹林為貞から印可状をもらったという。いかにも天才児のように書いてあるが、しかし若年に通し矢を二度までしくじり、ずいぶん体裁のわるい思いに沈潜した時代もあったことは、『祖公外記附録』の左の一節で明白である（要約）。

吉見台右衛門の父喜左衛門は、徒士として召し出されて百石、後五百石に上った。安達四郎兵衛を上意討ちにしたり、その他探索御用など仰せつけられた。総領喜太郎、これが後の台右衛門であるが、妾腹なので二男定平が相続者になる。

台右衛門は京都へ出て三十三間堂の大矢数を試み、二度までやり損った。明暦三年（万治三年が正しい）に、三度目の上京をもくろんでいた矢先、山口御殿（和歌山県海草郡山口村にあった紀州藩主の別荘。山口は泉州海道の一駅で、岸和田・泉大津を経て大坂へ出るが、その道をとらずに高野口・五条・奈良・山科を経て京都へ行ける）へ藩主がきゅうに台右衛門を召し出して、叱って仰せられるには、

「二度もしくじったのだから、こんど三度目をしくじると、おまえは切腹しないと済まなくなるだろう。そんなにまでして弓をやるにも及ぶまい。父喜左衛門のせがれのこと故、取り立ててやる。あきらめろ」

そう云って何やら投げ与えて、奥にお入りになった。しばらくして頭を上げ、投げ与えられた物を開いて見ると、金子三百両が入っていた。彼はそれをふところへねじこむと、ただちに山科海道（山科から渋谷によって東山を越え清水寺の南へ出る道。三条の蹴上げへ迂回するより近い）によって京都へ入り、とうとう通矢天下惣一の名誉を獲得した。帰藩して五百石を給せられ、それ以来、紀州藩の竹林流の弓術者は山科海道を通って上京するのが嘉例になった。

台右衛門の成功のかげには、母の助力があった。剛毅な気性の女で、父が上意討ちの旅に出るときにも伴いて行ったし、

台右衛門の堂射の時も傍にいた。台右衛門の通し矢が、とちゅうでだんだん減って来たのを気付いて、台右衛門の膝下に、畳紙を二、三帳敷かせた。これは矢先の揚げようについての秘伝だということだ。

家譜によれば正保二年、新規召し出されて四十石。明暦元年、知行百石。万治三年、大矢数惣一になり、知行五百石。元禄元年、三百石加増。宝永三年二月朔日死。八十三歳。

【補】葛西薗右衛門弘武の事績

家譜によれば、薗右衛門弘武は喜兵衛友秀の次男。寛文四年、十人組に召し出され、切米二十石。時に十四歳。同八年五月三日、京都矢数にて惣一になり、二百石に上る。同九年、江戸射芸上覧のため出府。延宝三年九月十九日、二十五歳にて病死し、子なきため絶家となった。

以下、『南陽語叢』から要約。

葛西薗右衛門の芳名は天下に鳴りひびいていた。将軍がそのことを聞かれて、江戸へ召し出した。ちょうど朝鮮人使節が来朝していて、その中に李万古という強弓無双の者がいて射術を台覧に備えたが、その弓は一寸余の角(つの)弓であった。上覧後、御前へ伺公していた面々へもその弓をお見せになり、

「誰れにても力を試みよ」

と仰せられたが、だれもやって見ようとしなかった。そこで薗右衛門と李万古と対射(たいしゃ)させ、おのおの弓を取り替えて試させられたが、薗右衛門の弓を万古は引くことができなかったのに、万古の弓を薗右衛門は射折ってしまった。朝鮮人はじめ御前の一同、おもわずどっと称嘆して、しばらく鳴りも止まなかった。このとき御感賞のあまり、将軍は着ておられる衣服をぬいで薗右衛門に下賜されたが、それは紅裏(もみうら)であった。上意により紅裏を表にして肩に打ちかけ、そのままにて道を歩けという仰せをこうむった。まことに絶代の名誉というべきである。

右の記事、まことにべらぼうな曲筆である。江戸射芸上覧の寛文九年には、じつは朝鮮使節来朝の事実はない。そのうえ、将軍が褒美をやるのに着ている袷を脱いで、自分が裸になるようなことまでするだろうか。しかも、やった袷の紅裏を表にしてそれを肩にかけて歩けというが如きは、遊里で大臣が太鼓持ちにさせるような下劣な行為である。〝絶代の名誉〟などとはとんでもないことだ。

【補】和佐大八範遠の事績

家譜によれば、和佐大八範遠は和佐森右衛門実延の総領で、初名は才右衛門といった。これは通し矢の選手として紀州藩侯の命令で、吉見台右衛門がもっぱら仕込んだ青年であるが、父森右衛門が貞享二年十一月に借金の不始末からお叱りを受け、扶持米をとり上げられて逼塞(ひっそく)したから、ここで家名を再興するためには、どうしても大八が通し矢で、天下一の名誉をとるしか道のない羽目に来ていた。大矢数に出場して成功したのは、その翌年の四月二十七日で、このとき大八はまだ半元服の二十二歳の若さであった。十六歳で堂前をおこなって以来三度目の出場で、星野の記録を破って、千百三十三本

を通して日本一になったのである。

彼はこの成功のために同年六月、三百石を給せられ、後に五百石までのぼった。競技者としては幾分フェア・プレイの精神に欠けていたらしく、通し矢の新記録を作った時も、大八は射るたびに少しずつ前へ進み出た。だから通し矢の間数もいくらか短くなっていたと『異説区』にいう。しかし何にしても空前の大記録なので、その後は通し矢をきそうことが、京都ではバッタリ止んでしまった（京都三十三間堂の通し矢の概観については後に解説する）。和佐大八はその後、元禄二年に吉見順正から印可をうけたが、宝永六年、弟の和佐半六が同藩士鳥居幸次郎の妻女へ艶書を送った不義のスキャンダルを下手にもみ消そうとしてしくじり、田辺城へお預けになり、正徳三年三月二十四日、五十一歳で死去した。

　和佐大八矢数のとき、暁より射はじめて数かさなりければ、何とやら疲れ見えけるとて、名師吉見順正、湯に酒を和してこれにて大八が肩を蒸させ、湯漬け喰わせて寝させたりければ、快く寝入りしかば、人々しばらく猶予せし時は矢数ゆくまじと案じしとかや。しばらくして最早やよし、起して射つかわせぬ。されば射よくなりしとか。このとき星野勘左衛門も来たり見てありしが、雄手のうら悪しとて、押手掛（左手にかける皮手袋）取りて見るに指にあたりありければ、指添の小刀抜き、これをたち割り血を取りて、何にかありけん薬取り出して附け、さて紙に押し巻いて射させたりしが、始めよりは矢束ものび、矢つぎまでも早くなり、朝よりは夕のほう矢数多かりしとぞ。惣矢一万三千三十三筋、通り矢八千百五十三筋なり。その実は通り矢も惣数も多かりしが、もし後人、矢数多きに恐れ心屈して此の上に立たんと進む者なきときは、この道のため悪しとて、順正思慮してかく減じたる由なり。また星野は京童も養由（支那の弓聖）と謳い、唐土までも矢八千と呼ばれし抜群の弓の天下を、今日の矢数にて落さるることなれば、余人の愚たるにあらばこれを嫉み、射損ぜよかしとか思わんを、かえって順正とともにさまざま資力して、大八に天下一の名を揚げさせしや、大丈夫の俊士なり（『大人雑話』）。

『武林隠見録』にいう。

　和佐大八京の三十三間堂にて通し矢の節、星野勘左衛門も見分に出たり。大八そのころ十八九才の角前髪（半元服）なりしが、その生まれつき大兵にして力は人に越えたり。やがて通しかかりけるに、その強勢なる様子とは違い十分の一も通らず。かくのごとくして時刻うつるに矢数いかほども通らず。自分も気の毒にて一家相弟子みなかたずを呑みいたり。勘左衛門おもうよう、かかる勇々しき若者に何とぞ首尾よく射越させて一度堂主をゆずり、その後また取り返さんことは我が掌の中にありと工夫し、大八を呼んで左の手をひらかせ、五つの指の内方を小刀にてことごとくかき破り、しばらく血を出し、血を留めさせて後、さて射させけるに、これよりして仇矢なく通りけるほどに、八千余の通し矢となり、ついに弓の天下一に成りたり。勘左衛門は不幸にして程なく病死したれば、継ぐ者なしとぞ。

田中大心秀次

田中大心秀次は吉田出雲守重高の弟子で、射術に達し、京都に住んでいて名が高かった。世にこれを大心派という。

木村寿徳

木村寿徳は江州堅田の人、猪飼氏である。射術を吉田出雲守重綱に学んで精妙であり、末流が多い。世人これを寿徳派という。

【補】木村寿徳伝の補足

寿徳はもと西近江の住人なり、佐々木左衛門殿（六角）御没落のとき、吉田一族も流浪となりて方々沈淪（ちんりん）の時節、寿徳若年のころ□□して左近右衛門をはじめ露滴・雪荷に近づいて、その修行をとげ、助左衛門がもとに起請（きしょう）以っての印可なり。然りといえども修行三人の内に、かの仁（じん）弟子も少なし。その誉薄きに有り（『竹林流附録自他問答』）。

伴喜左衛門一安

伴喜左衛門一安（近江、佐々木氏の出――『伴道雪略譜』）は吉田雪荷入道にしたがって射術が上手だった。のち道雪と号し、その芸を以って名高い。雪荷の門弟中では道雪ひとりその宗を得た（天正十六年七月印可、その後に唯授一人の伝を得た――同上略譜）。はじめ丹後田辺（今の舞鶴市）に住み、細川玄旨（藤孝、幽斎。元亀八年以来田辺城主。同十年織田信長本能寺に死すと聞いて即日剃髪して法号を玄旨とした）につかえた。天正年中、根矢（ねや）（征矢・鏑矢。雁股などの総称とも、征矢に対して鏑矢などをいうとも二説あるが、ここは後者）を以って蓮華王院の通し矢をした。これが根矢数の始めである（京の三十三間堂の通し矢は普通、差矢を用い、根矢を用いるのは特殊の場合である。これに対し江戸の通し

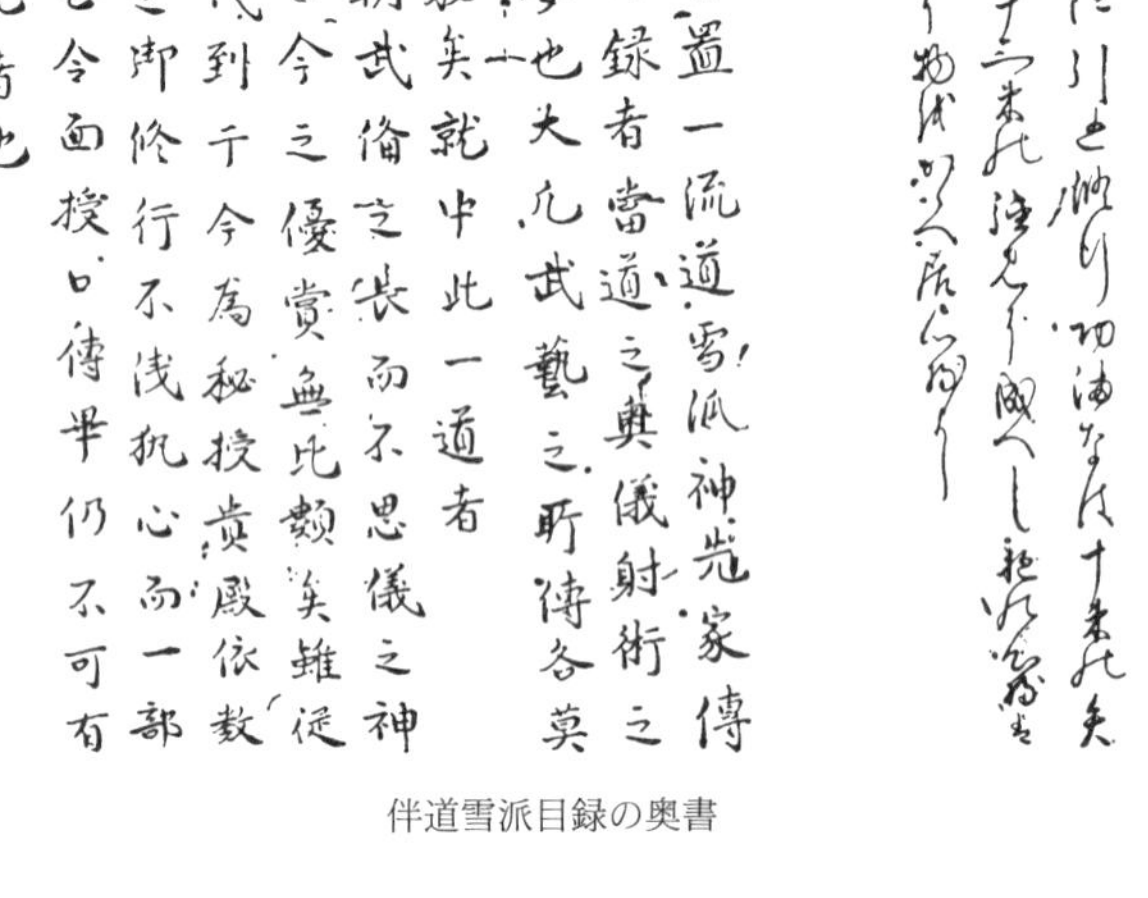

伴道雪派目録の奥書

矢は根矢がたて前になった。『玉露叢』正保三年四月十四日の条に、浅草三十三間堂で海野二左衛門が根矢を通した、これが江戸通し矢の元祖か、という記事につづいて、通し矢の記録はすべて〝根矢の徹矢〟と書いている）。諸州に末流が多い、これを道雪派といい、誉を千載に伝えている（後、尾張徳川忠吉に仕え、また元和の初めごろ大和郡山松平忠明に仕えたが、元和七年病死した。嫡子一秀は寛永十四年に病死して伴家断絶したため、道雪の二男喜三郎が相続して喜左衛門一正と号し、郡山藩に仕えた）。

【補】伴喜左衛門悪評

喜左衛門は雪荷が弟子なり。細川玄旨どのに召しつかわれしものなり。建仁寺の寺小法師の子なり。かれ名字を伴というは、幽斎どの興ある御方にて伴と呼び給うなり。寺の小者を小ばんというによって、小の字を略してかくごとく付け給うと也。その後、幽斎どの雪荷を召して射学をなされ、御家中の侍ともども雪荷指南のところに、かの者も雪荷弟子数の内にて幅きき、身のたけをも延び、器量の数に入りしなるに、雪荷逗留のあいだ宿所として雪荷も彼にこまかに伝えられしと也。さて玄旨どのの御家中を逃げ、修行にもとづく折からは、他人の弟子を調儀（たくらみ）を以って抱き入ることを裏にして、他をそしり身を褒むる業あげて斗うべからず。四条に番屋又四郎という者ありし。彼は雪荷の弟子なり（伝書によれば田中大心の門らしくもある）。そのころ京中の弟子持ちなりし。その弟子をうばう。東福寺の玄心らこれなり。また中村新九郎とてこれも又四郎が弟子、かの者の弟子に九条宿の弦つくる子に器量の者ありし。調儀を以って奪う。さて木村寿徳が弟子に串田という者あり、これを奪う。そのほか其の身の直弟子の取り立てたる射人を奪うこと多し。その例、木下右馬太夫どの御扶持人の一柳半左衛門これ也。かの半左衛門、後に伴を名乗ると也。そのほか数多くあれども永きことなれば註せず。かくのごときの才覚を以って数多の弟子を持つなり（『竹林流附録自他問答』）。

関六蔵一安

関六蔵藤原一安は、先祖は山州の山科の出である。父を四手野井下野守という。一安は初め須佐美山城守の家を継いで須佐美氏を名乗ったが、のち故あって関と改称した。須佐美氏は江州佐々木家に属して国分（石山村国分。いま大津市の内。芭蕉幻住庵のありし辺）の城主であった。一安は幼より伴道雪にしたがって弓道を習い、道雪は、これを養子にして射妙の一貫をさずけた。のち一安、あらためて正次と号す。元和年中、蓮華王院を射て継縁九間を通した（三十三間堂の南の縁側を九間継ぎのばして遠射の距離を長くして通した。継縁のことは木村伊兵衛の条の補記参照）。又、白川仁兵衛・青屋権七とともに青塚（『京羽二重織留』に「青塚。東山七観音院と苦集滅池の間にあり」とある。なお浅岡平兵衛の補記参照）を射て、射名をあらわした。承応二年五月二十日死す。八十三歳。法名は能誉浄仁。

　大庭景重伝書にいう。都まわりの遠矢場（的矢だけでなく遠矢を射る場所を遠矢場という）は、祇園の南八坂道（東山区祇園町の八坂神社へ通ずる道）が京間で合計百八十間、同所の青塚が二百五間、これは天下の矢場（日本一の競射場）である。同じく清水（東山区五条坂上、音羽山清水寺の近辺）が二百四十二間である。右のうち青塚で射はじめたのは天正年代の中ごろのことで、京の人又四郎（番屋又四郎。伴喜左衛門の補記見よ）と、祇園に住む矢師（矢はぎ）の子と二人が射て以来、天下一の遠矢場になった。元和年代の終りごろまで四十年間あまり、国々から青塚へ競射に上り、矢先一寸一尺を争ったものである。しかし、京六条の弥右衛門という者が、青塚から射た矢が清水道までとどいたといううわさは誤りであるし、又、越前衆に同じようなうわさがあるのもまちがいで、前記四十年間に、清水道まで射出した人はないというのが正しかろう。もっとも青塚の遠矢場から、場外まで射た大射手はある。伴喜右衛門の弟子の関六蔵・同じく白川仁兵衛・同じく青屋権七らは、場外へ二十間三十間も射越している。

片岡平右衛門家次

　片岡平石衛門家次は城州山科の里、安祥寺（いま京都市東山区山科安朱）の人である。幼より弓術を好み、吉田出雲守入道露滴にしたがって長く学習し、ついに精妙を得た。関白秀次公が山科から射術の者六人を召されたとき、家次はその長であった（『古老茶話』に「羽柴秀次射御を好む云々。射術は洛陽山科住、片岡平右衛門家次・吉田源八重氏をはじめ六人を試る。家次は吉田出雲守重高が随一の高弟なり」という）。秀次公、家次の射芸をほめて俸禄をたまわったが、家次は受けないで山科へ帰った。元和元年四月十七日、五十八歳で死す。法名は道怡。その子の平右衛門家延（『三州遺事』拾補に、長子を助十郎清正とする）が継いで精妙を得、遠矢四町五反に達した。門弟五百人。門人数がこんなに多い例はまだなかった。高山八右衛門は、門弟中抜群で蓮華王院を射て大いに有名になった（流名は高山派という。補記見よ）。寛永十四年五月二十二日に、家延は四十八歳で死す。法名は道慶。その子平右衛門家盛、父祖の芸を継いで妙手であった。承応元年に蓮華王院が大破したので、京の尹（わが国では弾正台の長官を尹という。ここでは京都所司代のこと）少将板倉重宗（元和六年父に代って京都所司代になる、二万七千石。寛永十年に十万石。正保二年に右近衛権少将に叙任された）が鈞命によって葺き替え、同年十二月七日、重宗は家盛に命じて射初めをなさしめた。家盛は斎戒して家族や門弟をひきいて堂にのぼり、白羽を二矢射たが、その行粧厳然として見物は堵のようにならんで見入った。こんなことで家盛の名は日本国中に知れわたった。家盛の門人も多くて栄えた。寛文十年七月十三日、五十三歳、安祥寺で死す。法名は道盛。その子の平右衛門家親もまた父祖の芸に精通していた。ああ数代父祖の志を継いで家名を落とさない、奇なる哉。

『片岡家譜』にいう。片岡平石衛門家次は、累代安祥寺に住居し、多年射芸を研究していた。そのころ江州に吉田出雲守入道露滴がいて、射術の名誉を世人こぞって称していた。家次はそれを聞いて出雲守を山科へ招待し、家のそばに小屋をつくって住まわせ、これを尊信して指導を受け、学習星霜をかさねて会得し、一流の目録（免許状は芸道の名目を目録のように条書きにし、後に伝授の旨を書きしるすから、いっぱんに目録という）・口伝（奥儀秘伝の伝授。もとは口移しに教えたが、後には奥儀も書き物にして、口伝というようになった）をゆるされた。修練の功いよいよ積んでから、三十三間堂通し矢に成功し、また遠矢も四町に達した。ここにおいて出雲守は、家次の手並みに感心して印可を授与し、秘伝・奥儀を教えたという。後に江州で出雲守死去の際、家次を呼んで遺言し、

「私の子はまだ幼稚で、射術の妙を伝えるわけにいかぬ。さいわい汝にこの道を伝えて置いたのは、天いまだ我が弓をおとし給わぬのであろう。我が子が成長したら、汝より伝えて射術の道流を継がしてやってくれ。そうしたら又、汝が子孫が我が子を師とし、ともに琢磨して弓術を天下にかがやかしてほしい」

と言った。

　家次は謹んで諾し、師命をおろそかにせず、長子左近右衛門をたすけて当流弓道の妙術を教えこんだ。左近右衛門も家次を慕って山科へ来、夙夜この道を習熟した、云々（中略）。

平石衛門家次の長子家延は、父の遺言をまもって跡を嗣いで安祥寺に住し、出雲守の遺戒をまもって、左近大蔵を師として射術に年月をかさねたが、熱心で暑さ寒さをいとわず、弓矢を手にしない日はなかった。そして心のうちで、

「たまたま武士の家に生まれてこの業に打ちこむのは、こんなにたのしいことはない」

と考えて怠らなかった。生まれつき英俊であって、強弓をひくことが普通に越えていた。あるとき遠矢を射ること四町五反に達したが、そのころ左近が山科へ来て、はなはだ感心して褒美に印可をさずけたという。この家延は、幼年より弓に専心して文才の拙いことを悲しみ、およそ芸術は事理兼備せずしては妙処に至りがたいということを悟って、壮年のころ手跡を習い、読書を勤め、あるときは五山の碩学に参禅して奥旨をさぐり、あるいは諸宗の知識に謁し顕密（真言宗の所判。顕教と密教）の法を勉強し、あるいは京尹（京都所司代）の記録処に往って、裁判の情況などを、ひそかに聞いたりして、射法の一助にしようと思った。しかし、なおあきたらず思い、そのころ京で大儒といわれた人見卜幽（名は壱、字は道生、号は卜幽軒。丹波の人。林羅山門。京にて貴顕の師となる。寛永五年江戸に下り水戸侯の侍儒になった。寛文十年死。七十二歳）を我が亭に招いて聖経・賢伝を講習せしめ、『中庸』にある未発・已発の理（喜怒哀楽ノ未ダ発セザル、コレヲ中ト謂ウ）を聞いて射の微妙を開悟したという。

これより先、父家次が存生の時分、大蔵は菅黄門（加賀藩主前田利家。菅原姓の出である。黄門は中納言の唐名。利家は文禄三年に権中納言に任じた）につかえて加州におった。京に来るごとに山科に寄り、共に当道の奥儀や、古来の伝書のよい点わるい点を研究して改正し、目録や印可を吟味して射法の強弱を正しくし、遠矢専用の弓矢を作成し、力を労しないで矢数を多く射るようにするなど、その功が昔に倍した。そこで当流となづけて家延に伝えた。このように今の射を学ぶ者は、大蔵と家延の指揮に依らないものはないのである。門弟数百人の内、高山八右衛門がその器に当たっていたが、まだ蓮華王院の堂を通すの名誉を得ていなかった。で、家延は弓矢強弱の理を考え、力の少ない者が遠矢を射るときの弓を製して高山にさずけた。高山はその弓で蓮華王院の堂を通し、無双の名を得たのは全く師大蔵に恥じない。思うに、弦打ち（矢をつがえずに弦を鳴らす）だけで矢のとびぐあいがわかるのは自然の妙であって、言語を以っては説明しにくい。門人たちが昼夜師について学んでも、ついに伝授するほどの者はなかった。一生、人につかえず弓一筋の研究に終始した。

平右衛門家盛は、父家延の家督を継いで山科に居住し、幼時から当道に精熟し、夜以って日に継いだ。不幸にして十九歳のときに父が死んだが、父の存命のあいだに事理一致の奥旨をきわめ、天性の弓術家であったし、弓矢を作っても父祖と優劣がなかった。不言の妙を黙識し、家事にわずらわせられず、四方に逍遥して日新の功を励んだ。弟子およそ百十人、その中には蓮華王院の通し矢を修練する者もあり、百発百中の妙を得る者もあった。弓矢を製し、強弓を引き、長矢束（束の長い矢）を調練する者など、かぞえれば切りがない。印可の授与は十人、許可した者は百人におよぶ（ここでは初許しと中許しを許可といい、奥許しを印可といって区別している）。当時蓮華王院の堂は、檐が腐って大破していた。京尹板倉防州大守が鈞命を奉じて改葺し、承応元年、営功すみやかに成る。このとき射術に長じた者、大大名・小大名の家臣たちが京に参会して、射初めを望む者が百人ばかりいたが、所司代はまだ許可しなかった。そこへ家盛が京尹の亭（京都の所司代屋敷。場所は二条城の門前）に伺候して訴えていう、

「私は父祖の志を継いで、弓術を長くやっています。願わくば射初めをお許し下さい」

京尹はこれを許して、

「父祖射術の功は人みな知るところである。射初めを勤むべし」

と下命したので、家盛つつしんでお受けし、承応元年臘月七日、斎戒して家族・門弟をひきいて堂にのぼり、白羽の矢を二筋はなつ。これ以後、射を望む者が多くなった。

矢数を射る者は、前日から夜を徹して翌朝におよぶのがそのころのやり方で、夜中はかがりをたいて射先を照らす。家盛の工夫で、かがりが少ないと矢先が高くてかがやかないし、かがりが大きすぎると檐に近くて火災のおそれがあることを思い、門人の水野与左衛門が矢数をしたときに、地を離れる

こと五、六尺ばかりに松炬を燃した。これより後、みなこの方法を用うることになった。左右の韘（皮手袋）・射法のこと、そのほか後世の一助となるような工夫を家盛がたくさんしたことは、家伝に詳細に書かれている。

【補】高山八右衛門

高山八右衛門は荘内藩酒井宮内少輔の臣、九百石（一説——千石）。山科派を片岡平右衛門家延に学び、門弟数百人中の筆頭といわれた。三十三間堂で物一（日本一）の掲額、前後三回。寛永十一年四月二十四日、三千五十一本を通して天下一になった時には、師の家延が特製の弓を作って与えたことが前文中にある。剣術にも達し、筆道・歌道もすぐれていた。致仕後、京に上り、洛外に住したが、晩年に失明した。高山派は福井藩に伝承した。

『柳塘絹譚』に、紀州藩の吉見台右衛門が三度大矢数にしくじった末、洛外に閑居中の高山八右衛門を訪ねて教えを得、ついに惣一に成功したとある。

片岡助十郎家清

片岡助十郎家清は、平右衛門家延の二男である。兄家盛とともに心を射術につくした。後、吉田左近茂武の婿となり、また吉田大蔵茂氏にしたがって精励し、ついに絶妙に達した。蓮華王院を射ること二度、射名を高めた。その系統に学ぶ者を山科派という。また下河原平太夫一益という者があって、家清の伝を伴満定に学び、その妙旨をさとる。貫革（的皮のこと）・的中ともに名手であり、ほかの諸派の奥旨もきわめざるものがなかった。至微にして至精にいたる者か。

弓は武器の長であるから、往古より士たる者は弓術を学ばざるはないが、その妙旨をきわめ貫革・的中ともに達した者は少ない。下河原一益は人となり貞固で、幼稚よりよくその職をこのみ、刀槍の術を練ったと云え、そのもっとも熱心だったのは弓道であって、山科派を伴治左衛門満定に習って精妙を得、諸派の弓術も奥旨をきわめ尽さないものはない。貫革・的中ともに神妙を得、これこそ彀に志（『孟子』に「羿ノ人ニ射ヲ教ウルヤ必ズ彀ニ志ス」とある。彀は矢ごろ・ねらいの意）の精通せる者といってよろしかろう。ひまな日には奥村右京仲之をまねいて国学を学び、和歌も上手であった。まさに人傑である。元禄六年十二月二十七日、五十九歳で丹州日置（京都府与謝郡宮津市日置）の里にて死去した。

中川将監重清

中川将監源重清は、はじめ織田信長公につかえて勇才あり、射を善くした。のち東照宮・台徳大君（秀忠）につかえたが、台徳大君つねに重清を営中に召して射術をこころみられた。その子の左平太重良が父祖の芸を継いだが、また吉田大蔵茂氏・吉田六左衛門重勝・伊丹半左衛門直政にしたがって各その宗を得た。伊丹は吉田印西の門人である。のち大猷大君（家光）の命によって弓術をお教え申上げた。

【補】中川重清・重良・重興

『寛政重修諸家譜』によると、中川重清は初名は七右衛門、のち将監。家康にしたがって天正十二年の長久手の役、同十八年の小田原陣、慶長五年の関ガ原陣に従軍した。弓術が上手だったから秀忠に付属され、大坂両度の役に出陣。采地は九百石余。寛永八年五月十三日死。七十九歳。上総の知行所、望陀郡下泉村の竜善院に葬る。

その子の左平太重良は御書院番をつとめ、弓術について家光に講習している。千二百石に上る。承応二年三月十六日死。赤坂種徳寺に葬る。

重良の子、七之助重竜は子なくして夭折したが、その養子となった左平太重興は、弓術のみならず刀術で名を高めたことは、後出、刀術の部にある。

中川左平太の屋敷は寛永九年図によれば、今の千代田区三年町三番地、ベルギー大使館の敷地の内、東角の部分である。

西尾小左衛門重長

西尾小左衛門源重長（初名は七兵衛。鈴木三郎太夫吉長の子で西尾吉定の養子。九百石、御膳奉行。延宝六年十二月五日死、七十五歳。谷中安立寺に葬る）は、台徳大君・大猷大君につかえ江戸にいた。吉田大蔵茂氏にしたがって微妙をさとる。これを〝大蔵の加賀伝〟という。のち重長はその術を大庭軍太夫景重・平沢助左衛門吉重に授与した。大庭は松浦家につかえて西州にあり、後に致仕（ちし）して京に住んだ。平沢は関宿侍従久世広之につかえ、元禄五年十二月二十六日死す。

森刑部直義

森刑部直義（正しくは刑部少輔）は父を小太夫という。田中兵部大輔吉政につかえて、筑州の久留米にいた。禄は千石。のち致仕（ちし）して江州に住む。直義は京都へ移って、吉田六左衛門入道雪荷に射を学び、その妙をさとった。はじめ酒井宮内大輔忠勝につかえ、後に松平備前守隆綱につかえた。その子の刑部往直、さらにその子の刑部直平、父祖の芸を継ぐ。また鳥居佐吾右衛門勝正という者が、直義とともに射を雪荷入道に学び、精妙であった。内藤豊前守信照につかえ、後に剃髪して一泡と号した。

【補】江戸三十三間堂通矢の起源

京都三十三間堂の通矢については、後に補記する。江戸でも京にまねて、寛永年間に浅草に三十三間堂を建てて、大矢数が始まった。これを建立したのが本条にいう森刑部少輔直義で、江戸の射術の名人数名と協力して造ったという説があるが（『望海毎談』。『江戸名所図会』）、これは恐らく賛助寄附者であったと思われる。この堂は、もっぱら武家なかまの弓の競射場としての目的で創建され、したがって、檀家もなければ葬式もあつかわなかった。

寛永年中、新両替町の弓師備後という者が、京の三十三間堂に模して江戸に建立することを発企し、慈眼大師（天海僧正）の執奏で寛永十九年十一月二十三日、当時まだ沼と原野だったその地（浅草）に六千二百四十七坪余を幕府からもらい、諸家の寄進によって翌二十年四月二十二日に竣成して、吉田出雲守重政の孫重信（一説——吉田源八郎一水の子）が、台命によって始射の式を執行した。

　堂は東西およそ四十八間余、南北百三十間余で、地内の東のほうにあり、西方を矢場とし、その北方に的場（まとば）をもうけた。しかし、京間（きょうま）・田舎間の規格の相違から、じっさいの間尺は京の三十三間堂より短かかった。

　建築いっさいの工を千五百両の契約で請け負ったのは、当時本材木町五丁目に住んでいた堺屋（一書に、大坂屋）久右衛門であるが、堂の竣成後、発企者の弓師備後が工費を支払わないため訴訟をおこし、寛永二十一年十一月二日、評定所の決裁によって堂地ぜんたいを久右衛門が拝領し、永代堂守を申しわたされたのである（『御府内備考』・『堂守久右衛門書上』・『府内誌残篇』・『江戸砂子補正』）。その場所は寛文江戸図に記載がある。現在の台東区浅草松葉町一—一七・二〇—四三・五〇—五二番地にわたる区画に、ほぼ該当する。今も〝堂前〟という俚称がのこっている。

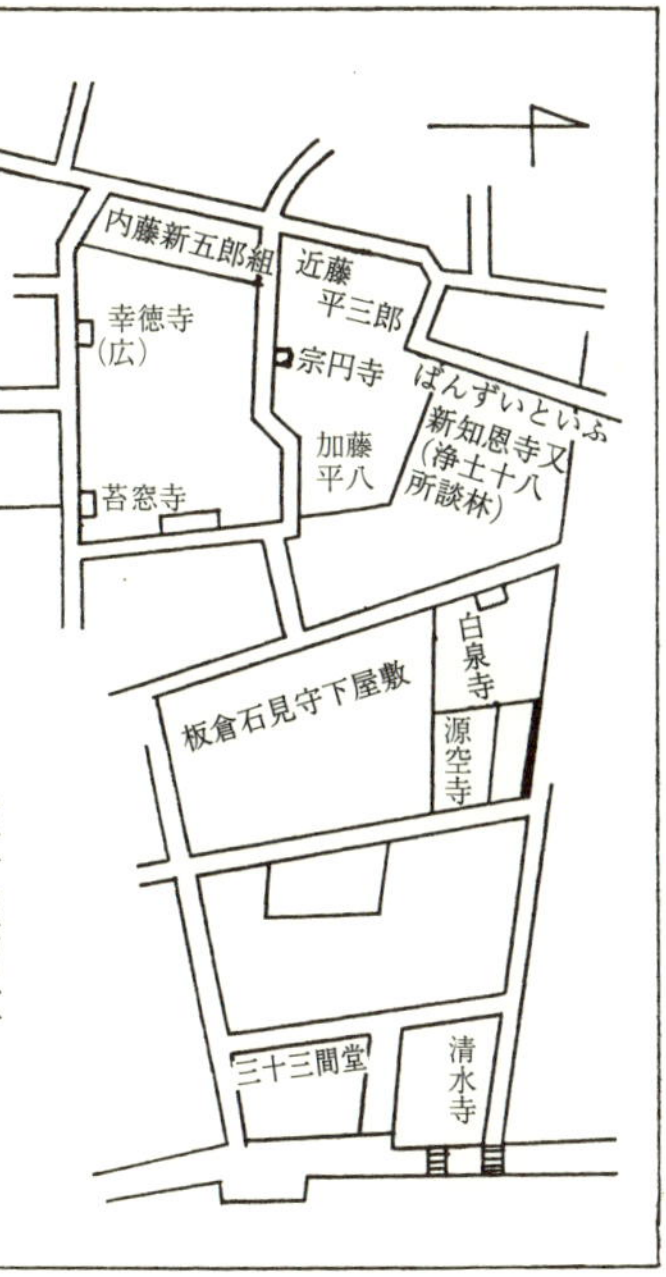

三十三間堂
延宝七年版江戸方角安見図より

　寛文十年の三十三間堂の出銭規定によると、数矢のばあいには白銀五枚（堂銀）、同六枚（矢検見（やけみ））、鳥目（ちょうもく）一貫文（灯明銭）、同一貫文（垜銭（あずち））を支払うことになっていたから、稽古矢はともかく、大矢数の競射をするには大した料金をとられたわけである。

　ここで正式に矢数のはじまった年代は未詳だが、『江戸砂子補正』に、寛永十九年十一月に浅草立射始、森刑部宣義とあるのは、直義の誤記とおもわれ、年月から考えて、これは大矢数でなく開場記念の式射であったろう。『玉露叢』に、正保三年四月十四日に阿部豊後守忠秋の家来、海野二左衛門が根矢（かぶら矢）を通したのが元祖か、とあることを備考に止めよう。

　この浅草三十三間堂は元禄十一年九月六日、京橋南鍋町へんからの出火に類焼したので、焼跡は幕府用地として上地を命ぜられ、翌十二年五月、深川へ代地を指定されて移り、元地には矢先稲荷社ばかりが残った。

　深川の新三十三間堂は、元禄十四年九月十九日に完成した。棟札の日づけである。現在の江東区富岡町二丁目——明治時

広重『絵本江戸土産』より深川三十三間堂

代には深川区数矢町といっていた地域の一部である。『五元集』に、

新三十三間堂にて
若草や昨日の箭見も木綿売　其角

の句が出ている。

『江戸三十三間堂矢数帖』を見ると、正保二年四月から天保十年四月までのあいだに、通し矢一万本以上の者が六人あり、中で、天保十年の太田信吾の惣矢一万七百六十本が最高で、この太田は紀州藩太田市郎左衛門の次男、年齢わずかに十一歳であった。

京の大矢数が、和佐大八以後おこなわれなかったのに、江戸深川の大矢数が天保ごろまで続いておこなわれたことは、前記の矢数帖の明記するところであるが、レコードを一挙に大きく更新する者が出ては続行者が僅少になるのを恐れ、新レコードは従前記録を越すこと十五本を限ることになった。十五本以上なお余力があって続行しても、その分は稽古矢として記録には入れなかったのである。この後期の深川大矢数の景況については、左記『しぐれ草紙』（会津藩士、小川渉の遺稿）に詳しい。

古昔のことを聞くに至って手軽かりしに、後世競争者多くなりては、射手の競争よりは大名の競争となりて、藩費をなげうち稽古させ当日を取らせしなり。当日の前は数十日堂上にて稽古し、弓師・矢師・牒師等やとい切りて、弓も三十張内外張り立て、その内の尤を撰び、矢も一万本余を製し、射試みてそのよきをえらび、当日には幕府にも届けて桟敷を設け、縦覧人を延き、縦覧人は見舞として金壱朱（六百二十五文）或は金二朱を投せば食券を与えり。時刻にいたりて縦覧人その食券をもちて、設けある所の茶店に行けば、金の多寡によりてそれぞれ酒食を饗し、藩侯よりは使番来たり居て、千矢ごとに馬を馳せ、通り矢を藩侯に報じ、夜に入れば数所に篝火を点ずる等、初め稽古のときよりは巨多の費用にて、悉皆藩侯の用度より支弁することなれば、小諸侯のなし得べきにあらず。射手は椽側に踞して両袒し、その妻手うしろには大勢居りて、矢師が監したる矢を射手の右膝に出しおくを、射手は取って注ぎ射る。そのとき付添うもの一斉に声を掛け、矢視役は矢元の高きところに居て矢の来るを待ち、通りしものには「ヨイキタ」と高声に呼ばわり采配を振り、一人は一矢ごとに帖簿に記しいて算えしなり。これらは太平世界の武興ともいうべけれど、費用は当時にありて七八百両を費すとのことなれば、容易ならぬなり。

この深川三十三間堂は、明治五年に毀却された。

山口軍兵衛

山口軍兵衛は吉田印西にしたがって授受を得、まことに精射であった。ある人いう。彼の遠矢は四町走って柳のこずえを貫いた。印西はなはだこれを賞美し、その矢を抜かずに柳を伐って、天晴の二字を書して山口に授けた、云々。後に宰

相忠直卿（越前宰相松平忠直。徳川秀康の長子。越前藩主）につかえた。蓮華王院で継縁十間を射通して有名になった。

【補】山口軍兵衛の逸話

結城黄門の臣山口軍兵衛は、まことに疋夫の勇者であった。大刀をこのみ三尺余の腰刀を帯びていた。伏見の黄門邸のお長屋にいる時分、二階造りの長屋で三間梁に四寸ほどの出窓になっていたが、この出窓の小柱の間を通して六十間先に的を立て、かならず命中させるほど名手であった。

弓のうまいことについては、友人たちは充分これを認めていたが、しかし山口の腰刀の余りに長大なのに対しては、人々はなお少々実力以上で業々し過ぎると思っていたので、これに対して厭味を言う者もあった。すると山口は答えて云った。

「拙者は自分に相当した刀のつもりで、この長大なやつを差しているのだ。まあ見ていたまえ」

と大刀を抜き、ツカの先端を三本の指先でつまんで、びゅーん、びゅーんと自由自在に振りまわして見せたので、友人たちも納得した。（『山鹿語類』）

小川甚平

小川甚平は、どこの人ともわからないが、蓮台野（『山城名勝志』に「蓮台寺の北、千本通の西、総土手の内、今蓮台野という」）を射て名を高めた。関白秀次公これを賞して黄金を賜う、云々。

景重伝書にいう。関白秀次公のなされた遠矢場は、京吉田の西、三六の地蔵と、うしの宮との間二百間、三条通と聖護院の森（加茂川の東、三条の北）との間四方くりのところ（四方土手で区切った内部）が蓮花座（蓮台）である。右近の馬場は二百二十間、蓮台野は二百四十間。関白秀次公は蓮台野四町めの道に判金を十枚ならべて置いて、四町めの道へ矢を射付けた者に一枚ずつ下された。この判金を一枚とったのは、小川甚平という仁ばかりであった。又、大和郡山の奈良海道（山城の大津より奈良の北郊に入り、郡山に通ずる歌姫越を旧時、奈良坂といった。いま奈良市佐紀にあたる。奈良市内の春日道にも奈良坂町があるが、ここも古くから奈良坂といって以上二個所、場所はちがう。歌姫越の佐紀奈良坂は、一に般若越えともいう）と申すところ二百五十三間、ここは西から東へ矢落ちに射るところ、少し矢先さがりになるのだが、この矢所を関野藤兵衛という仁が射つけたようなうわさがあるのは誤っている。

木村伊兵衛

木村伊兵衛は精射である。天正年中、蓮華王院で始めて継縁三間を射通す。後、白川仁兵衛・関六蔵・黒田弥七・吉田五左衛門・山口軍兵衛・浅岡平兵衛等が継縁を射た。星野小左衛門（『塩尻』には尾州藩士上野小左衛門とある）・堀助右衛門は、継縁三十間を射通して射名を揚げた。

景重伝書にいう。継縁を射通しはじめたのは天正の末に、木村伊兵衛という人が、上りはしごを後さがりに三間継いで射通したのが始めであるという。遠矢（的矢の軽いもの。的矢は現在道場などで用いる普通の矢をいう。一文字・杉なり・麦粒などと形の上から呼ばれるが、五十間以内まではこの的矢で射るが、五十間以上の遠距離は、的矢より軽い遠矢というものを用いる。特に三十三間堂の通矢には、堂射専門のさし矢というのを使った）の筈（矢竹の末端をくり削ったのと、継ぎ筈したのとある。筈の弦持ちのくり方を浅くして矢ばなれをよくする。現在では、多く木筈・竹筈・角筈を用うる）を浅くし、遠矢の弓をみじかく切りつめることも木村伊兵衛が初めたのである。後には継縁をしに各国から上京するようになり、五間・六間と継いで射通すことになり、そのころ十間継いで射る衆は、浅野紀伊守殿の家来吉田五左衛門、越前衆で吉田印西の弟子山口軍兵衛、尾州衆で竹林の弟子浅岡平兵衛、これらの人は十間継いで射通した。そのほかにも京の人で伴喜左衛門の弟子関六蔵は九間継いで射通し、同じ弟子白川仁兵衛は七間継いで射通し、寿徳の弟子で京の人黒田弥七も七間継いで射通した。ほかにも七間継いで射通した衆は多い。このようにして四、五年たってからのことだが寿徳の弟子で本郷佐太夫という人、そのころ大射手で、からだの大きいこと昔の為朝もこの人のようであったと思われ、だれも誉める弓の上手であった。この本郷が云うには、

「継縁を後さがりに継ぐのはいけない」

といって南のついじの柱に大釘を打ち、堂の縁より水をもり（水平に量り）、縁陸（縁と同じ高さに）に十一間継ぎ、日数四日かけて射たが、通し矢は一筋もなかった。本郷は面目なくて継縁を中止したが、そのとき京童が落首した。

　本郷の力は知らず弓はまだ、堂は抜けいで恥は左太夫

又、一首。

　寿徳めがまつもをしゑたまへ（脱字ありて読めない）当り、千に一つは先へやれかし

これは慶長九年のことであった。本郷が平坦に継縁したことを、諸国の弓術家が聞きおよんで射に上った。浅野紀伊守殿衆が十二間継いで射通せば、越前衆は十四間継いで射通す。後には南のついじまで十九間半あるのを、ぜんぶ退って射通したりしているうちに、こんどは星野小左衛門・堀助右衛門の両人は、南のついじまで十九間半と、堂から北へ十間、以上三十間を継いで射通した。そこで弓術家たちが会合して、

「継経と申すことは、矢数千本射る内の一本だけで結構だ。何本も何本も継縁にして射るのは無用である」

と決定して、以後はまた普通の矢数を射る方法にもどった。

【補】京都三十三間堂の継縁という競射

三十三間堂の矢数については、後に浅岡平兵衛の条で概括的な補足をする。で、ここでは矢数以前におこなわれた継縁という競射につき、本文を補っておきたい。三十三間堂の通し矢は、堂の縁側を端から端まで射通す遠矢の競射であるが、その競技が、できるだけ多くの矢数を通すという形をとる前に、縁側の全長よりもっと長い距離を射通すために、縁側に

何間かを継ぎ足して、それだけ射程を伸ばすという形でおこなわれた。これは一にタンヒヤウと云って、軽い矢を上昇気流に乗せて遠くへ流すような方法でもおこなわれたらしいが、タンヒヤウの意味は不明である。

『長沢聞書』にいう。

　そのころ（元和年中）三十三間堂、つぎえんということいたし、堂十間・十五間退き候て、通し申候事はやり申候。これも後はすたり申候。

『塩尻』三十にいう。

　洛東蓮華王院（三十三間堂也）の数矢は、始め東山清閑寺の僧某、射を好んで時々射ける。これに習いて射芸の士、遠矢を射ける。一線ずつ南へ継ぎ出して、添えて一間も遠矢を勝とせしを、尾州の士、上野氏小左衛門三十間延ばして射しより、遠矢を止めて数矢とせり。

『玉露叢』にいう。

　京都三十三間堂に於て矢数のこと（中略）、往昔はタンヒヤウと云いて、いかにも軽き矢にて次縁をこしらえ、風にまかせて遠矢を射たると也。しかれども風次第にして、此方の弓勢の外のようなりとて、相続もなきか。但し、タンヒヤウの起りは、松平下野守忠吉の家臣川瀬権内といいし人、遠矢の無双と云えり。また同じき家臣村田与助とも言う。

今熊野猪之助

今熊野猪之助は平安城の人である。天正年中（『京羽二重大全』には永禄八年四月十九日としている）はじめて蓮華王院を射たが、これが堂前草射（矢数）の起りである。

『京童』にいう。堂を射通し初めたのは天正の中ごろ、今熊野猪之助という者である。

『矢数帖』にいう。三十三間堂を射はじめた起りは、東山今熊野観音堂（今熊野町、泉涌寺の北にあり、真言宗泉涌寺末。西国巡礼第十五番札所）の別当なにがしの坊とやらが弓ずきで、八坂の青塚（前述）で遠矢を射た帰途、三十三間堂に休み、ふと思い付いて始めて繰矢（遠矢用の特に軽い矢で、羽小さく鴨の第一の羽を用い、木鋒である）で射たのが起原である（この説、『武用弁略』も同じ）。

　愚いう。今熊野猪之助を今熊野別当と混視したのか。

浅岡平兵衛

浅岡平兵衛（名は重政。父と共に関ガ原に軍功があり、矢を入れる金弩瓢に天下一人と書くことを家康にゆるされた。寛文三年十二月十八日死、八十三歳。性高院に葬る）は尾州清須の人（『慶長日記』には島津の臣と誤記している）で、射を竹林如成に習った。慶長十一年正月十九日、蓮華王院において五十一本を射通す。およそ堂射で一、二をあらそうことは浅岡に濫觴し、後、上田角兵衛・筒井伝兵衛・塩屋覚左衛門・吉田五左衛門・櫛田次左衛門・日置清順・伴半右衛門・堀江助右衛門・糟谷左近・吉田大蔵・矢島平左衛門・斎藤勘兵衛・落合孫九郎・下村忠右衛門・山田半内・杉山三右衛門・吉田小左近・大橋長蔵・高山八右衛門・吉井助之丞・長屋六左衛門・吉見喜太郎・星野勘左衛門・葛西薗右衛門・和佐大八、すべて二十六人、これを堂前の大射手という。あるいは京一とも称した。

或る書にいう。京都三十三間堂にて矢数を用うることは、べつだん弓道の助けにはならない。なぜかと言えば、上古は弓の勉強は手前（技倆）が第一目標で矢数を目標とはしなかった。そのゆえは、中りというものは手前が正しくなければあたらないものであるから、あたりを得ようと欲するには弓を研究し練習しなければならない。故に、あたりを目的とする時は弓道はおのずから廃らない。それに対して矢数というのは弓と人との力にある。矢数を目的とするときは、力ばかりを心がけて手前を研究しないから、弓道は自然と廃るようになる。手前を正しくして中るようになれば、矢数の力も自然と分に応じて具わってくるはずである。されば『論語』にも、弓射ること皮をしも主とせず、力の品おなじうせざるがためなり、と云っている。皮（矢場の的皮をいう。わが国の習俗では皮に二別あり、マトカワと清音にいうときは的のうしろに張る木綿幕をいい、マトガワと濁音にいうときは小的の輪のことである――『貞丈雑記』というのは、的皮に矢を貫く深浅を言うのである。しかるに今の人、矢数を多く射るのを弓の道だとおもっているのは、これは力を勤める道であるから、大きな誤りであると云わねばならぬ。そのうえ、むかしこの堂に矢を通した真意は、今の人が矢数をするのと同じ意味ではなく、矢十筋の内にて皆通るか通らないかをためして、自分の技倆の善悪を知るためであった。それだのに、末世の人は矢数を多く射て多く通そうとする。こういう目的では自然と手前の道が廃るにきまっている。要するに手前が正しくないから、矢数が通らないのである。だからこの上とも、なお手前を正しゅうしなければならぬ。孔子のたまわく、

「弓射ること君子に似たり。的をはずしたる時は却ってその身に求むる」（『礼記』射義篇）

と。弓を学ぶ者の目標を、三十三間堂に求めるのは筋ちがいである。末世の弓術者は、他人の耳目をたぶらかそうとすることばかり上手であるから、こういう事にさまざまな変ったやり方を考え出すので、真に弓道正直の自由を得た人というのは少ないのである。この故に末世の有様、弓の達人といえば、この堂の矢数を多く通した者を天下一人の達人とするが故に、末世に至るほど人々はこのことばかりに気をとられて、弓道の誠をうしなうのだ。

愚いわく。近世の堂前草射の術は遊興の賭的にすぎないから、弓道の誠をうしなっている。中ごろ日置・吉田の射法は持満・審固（前述）の教えがくわしく、古今に秀でていたのに、近代は堂前をのみ好んで、日置・吉田の射法もようやくすたれようとしている。古代より伝来の弓法は、なおさらわ

きまえた人がない。どんな人が始めたのか知らないが近来は十二、三歳の少年に半堂（三十三間堂の縁上を半分射通す競技）を射させて自慢している。これなどは利のためにすることで、弓道の祖日置に対し罪人だと言わねばならない。

香山の書にいう。弓道というものは観徳・軍用を本とするものだのに、近世のやり方は武射でもなく礼射でもなく、ただ遊興の賭的を好んでいる（武射と礼射は、実戦弓術と儀礼射術をばくぜんと対比した語であるが、古くからあった区別ではない。尾州藩の西沢郷右衛門永清は、印西流四代五味与市貞之の古流故実伝を潤色して武射と称し、日置・竹林の射法を文射と称して区別した――『御家中武芸はしり廻り』。武射の語は斎藤青人の『武射必用』という刊行書以来、世に俗用されるようになった）。願わくば賭弓の古風を残している御所的（室町時代、新年に将軍家の御所で行なわれた弓術競技）こそ見たいものである。

愚いう。中興戦国となって、諸家に伝わった弓礼の多くはその伝を失った。ことに犬追物（騎射の一。騎馬にて犬を追い射つ競技で鎌倉時代に盛行（せいこう））・笠掛（かさかけ）（騎射の一。笠をかけて的にする）。流鏑馬（やぶさめ）（騎射の一。馳ける馬上から三つの的を射る。今も鶴岡八幡行事に残る）は馬上の三物（みつもの）といって（後には流鏑馬は廃れて犬・笠・歩立（かちだ）ちをいうようになった――『高忠聞書』）、その方式が繁多だから作法を知っている人がなくなった。たまたま残っている書も異説が多くて、正偽を決定しにくい。古伝に精通している人が、残れる方式を補って誤りを正せば、弓道の興起これに過ぐるものはないであろう。

【補】京都三十三間堂大矢数の概観

京都の三十三間堂は京都博物館の東南にある。正しくは蓮華王院といい、妙法院の所轄（しょかつ）に属する。この地はもと後白河法皇の御所のうちであった。法皇ふかく仏法に帰依してこの堂を建て、千手千眼観音菩薩サッタの像一千一体および二十八部衆を安置し、蓮華王院と名づけられた。

本堂は東西南北の長棟（ながむね）づくりで、長さは南北に三百九十尺（六十五間）側面五十四尺余（九間）、まわりに約八尺の縁をめぐらし、べつに東側正面に、江戸初期の手法による向拝を付けている。屋根は入母屋造。本瓦ぶき。正面はぜんぶに扉を釣りこみ、背面は大部分が連子窓（れんじまど）、ところどころに出入りの扉を開く。正面の円い柱と柱のあいだが三十五あり、中に入れば内陣と外陣に分かれ、内陣の柱間が三十三あるのは二間おきに一柱を建てたからで、三十三間堂の俗称はこれから生じた。この本堂は建長三年の再営で、今におよぶこと既に七百年、特別保護建造物に指定されている。

三十三間堂の通し矢というのは、この本堂の軒下と高縁とのあいだ二間半余の幅の縁上の空間を、軒にも縁にもさわらぬように矢を射通すのをいう。今は縁上の通し矢は許されない。やる時は縁の外側の、地面でやっている。

本堂の西側に立ってみると、東側正面のように向拝が付いていないだけに、総長六十五間の板縁が、大都会の舗道みた

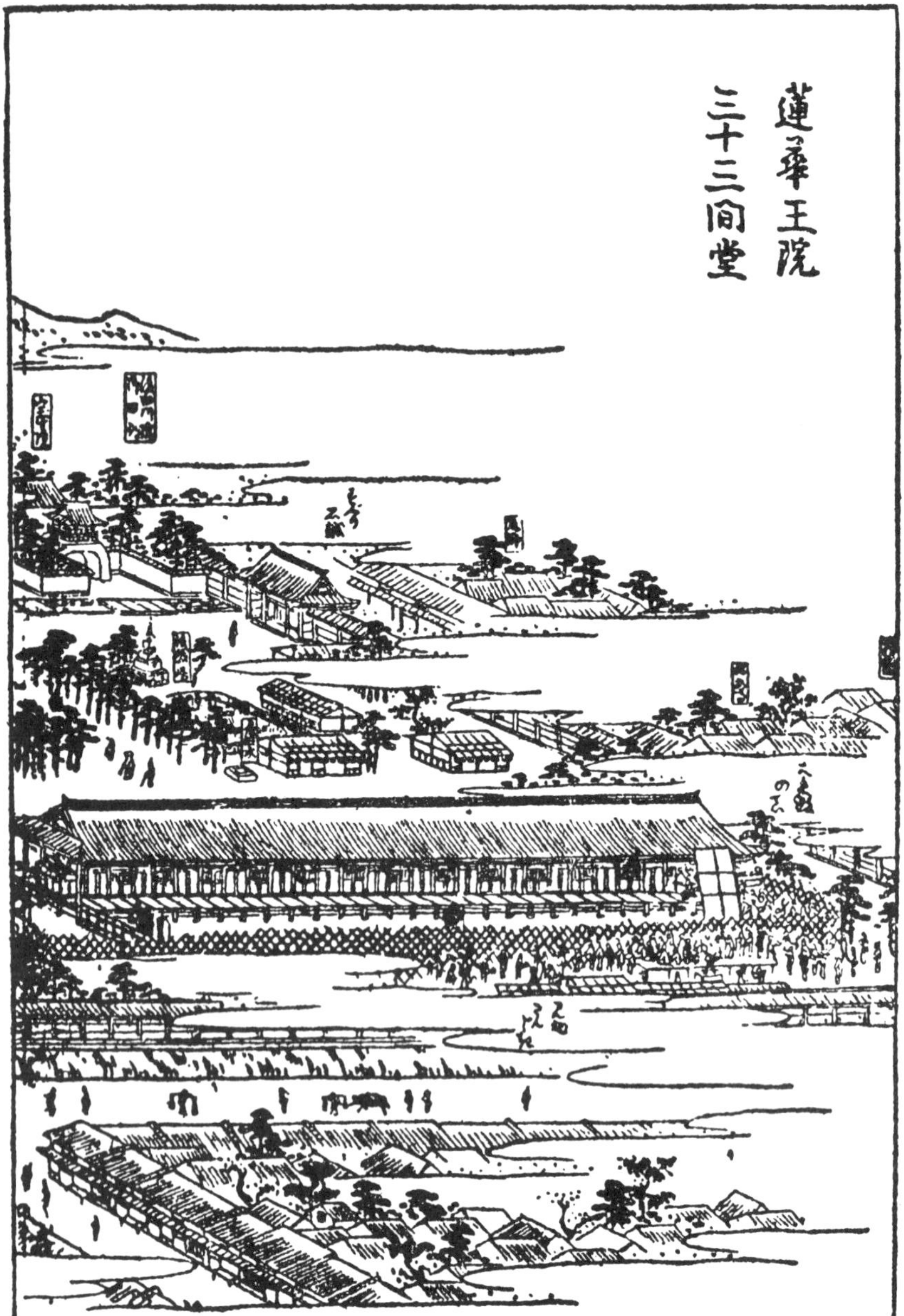

京都三十三間堂通矢の図（『都名所図会』）

いに一直線に目に沁む。この縁上で南から北へ矢を射通すのが通し矢だ。軒裏を見上げると、昔しくじった矢尻が、まだ所々の肱木に突き刺さったままになっているし、きずつけられて木口がささくれ立っている所もあるし、肱木の損傷を金属をかぶせてつくろってあるのも見える。これらの痕跡は、それでもほんの一部分で、近年修理される以前までは、もっとひどかったそうである。

当初の通し矢は通すのが主眼で、その数の多少は問題でなかったが、慶長十一年に浅岡平兵衛が始めて五十一本通して天下一の掲額をしてから、だんだん数を競うようになった。

やり方については『武用弁略』四に、こう書いている（要約）。

およそ矢数を射るには、日の暮より射初めて、明日の暮に終る。夜中は矢先にかがりをたき、総矢数なにほどの内、通し矢何筋ということを数え、これを〝大矢数〟という。日の内ばかり射るのは〝小矢数〟と呼ぶ。矢先の芝にたくさんの人がいて、再拝（采配）を振って矢の飛ぶごとに声を立てる。これを芝ザイという。射前にも七、八人いて、矢をはなつたびごとにザイを挙げて声を掛ける。これを送り声とも送りザイとも云う。堂見というのが六人いて、弓の流義六派の各派から一人ずつ出るが、これはみな矢細工・弦細工等の職人である。その日の射手の流義によって、同派の堂見が一人と他の派から一人、この二人がならんでザイを振る。これを一のザイ・二のザイという。同派の者は一のザイを振らない。射手にひいきするといけないからであるが、これはその日の司となって通り矢をたしかめる役をする。このほかに検見といって、松井三河という者がいて、前の六人の堂見が、通し矢何本と書いた帖面に判形をおして証人となる役人である。右にいう六派とは、吉田印西（俗名助左衛門）、同雪荷（六左衛門）、同大蔵、木村寿徳、伴通雪（喜左衛門）、石堂竹林の六流であるが、みな共に日置の一流から分れたものである。

又、張前ということがある（帖前が正しい。通し矢の数と、射手の名を堂上にかかげること）。たとえば一、二本の通し矢でも、札に記して射手の名を書き、堂上に懸ける。これも松井三河が検見しなければ証とはならない。百射・千射もまた同じ。〝百射〟と云うのは総矢数一百筋ときめて、そのうちの通し矢何本という競技で、これも札に記して堂上に掛ける。〝千射〟は総千筋ときめて通矢何本かを見る。これは近来始まったもので、しかもそのやり方は天下に流布し、諸国から上京して弓勢をあらそうようになった。これは寛文七年の春、紀州の太守が百射にならって、家士五人に千射させたのが始めであった（要約おわり）。

京都三十三間堂通し矢のレコードが、例年どんな風に更新されて来たかを、一目でわかるように年表をかかげておく。これは『王露叢』に拠ったから、最高・最終の和佐大八のレコードは未記入である。

一徹矢五十一　　天下一
松平下野守家臣、伴喜左衛門弟子　　浅岡　平兵衛

一同百二十六　　天下一
同人弟子　上田角右衛門
一同百五十九　　天下一
同人弟子　筒井　伝兵衛
一同百七十　　天下一
松平下野守家臣、同人弟子　塩屋角左衛門
一同百七十一　　天下一
松平下野守家臣、同人弟子　櫛田次左衛門
一同百八十八　　天下一
浅野紀伊守家臣、吉田雪斎弟子　吉田五左衛門
一徹矢二百五　　天下一
浅野紀伊守家臣　日置　清　順
一同二百十一　　天下一
木下右衛門大夫家臣、伴喜左衛門弟子　伴　半右衛門
一同二百二十　　天下一
松平肥前守家臣、伴喜左衛門弟子　堀江助右衛門
一同二百三十四　　天下一
松平肥前守家臣　吉田　大内蔵
一同三百八十四　　天下一　吉田　大内蔵
元和六年三月二十一日
一同五百三十四　　天下一
紀伊の臣　糟　屋　左　近
同年四月十七日
一同五百八十四　　天下一　吉田　大内蔵

元和七年四月二十四日
一徹矢七百五十六　　天下一　吉田　大内蔵
同年五月二十一日
一同九百　　天下一
松平加賀守家臣　矢島平左衛門
元和九年五月二日
一同千三百二十三　　天下一　吉田　大内蔵
総数二千八十七筋
寛永四年四月七日
一同千四百四十四　　天下一
吉田六左衛門弟子　斎藤　勘兵衛
総数二千二百五十六
一同千五百八十三　　天下一　糟　屋　左　近
総数二千五百九
同年同月二十四日
一同千七百三十　　天下一　落合　孫九郎
右総数二千五百三十
一徹矢千七百四十二　　天下一　吉田　大内蔵
総数二千七百七十五
同六年四月七日
一同千七百四十六　　天下一　下村忠右衛門
総数三千百十二
同年同月十日
一同千八百五十二　　天下一　藩合　孫九郎

総数三千三百十七
同年同月二十七日
一同千九百二十　天下一　山内半介
総数四千六十
同七年四月六日
一同二千五十二　天下一　糟屋左近
右の総数三千五百六十八
同八年三月二十八日
一徹矢二千二百七十一　天下一　吉田小左近
総数三千七百
寛永
一同二千八百三十五　天下一　大橋長蔵
総数五千三百二十
同十一年四月二十四日
一同三千百五十一　天下一　高山八右衛門
総数五千三百二十
同十二年四月一日
一同三千四百七十五　天下一　杉山三右衛門
総数六千八十二
同十四年三月十三日
一同三千八百八十三　天下一　吉井助之丞
右の総数六千二百八十五
同年三月十五日
一徹矢四千三百十三　天下一　長屋六左衛門
総数七千百八十
同年同月十八日
一同五千四十四　天下一　杉山三右衛門
総数七千六百十一
明暦二年閏四月二十一日
一同六千三百四十三　天下一　吉見台右衛門
寛文八年五月三日
一同七千七十七　天下一　葛西薗右衛門
同九年五月二日
一同八千　天下一　星野勘左衛門
総数一万五百四十二

右の年表を見るとおもしろい現象に気がつく。初期は別として、二百代から二千代の前半ぐらいまでは新しい記録・新しい記録と、それこそ矢つぎ早やに更新しているが、これは主として個人競技みたいなもので、追い抜かれるとすぐに二、三日後には、相手を抜き返すような状態だった。ところが、寛永十四年、長屋六左衛門の四千三百十三のレコードを、わずか三日後に杉山三右衛門が破って一躍五千四十四まで跳ね上がると、それから後の記録の更新は、ちょっとやそっとの仕事でない。そんなわけで吉見台右衛門が明暦二年六千三百四十三でレコード破りをするまでには、十九年もの間隔が開いてしまった。その次ぎに葛西薗右衛門が七千七十七と飛躍するまでには、十二年ひらいている。そしてその翌寛文九年に登場した星野勘左衛門が、八千の大記録をうち立てたのである。爾来、貞享三年に和佐大八が、八千百三十三と追い越して星野をレコード・ホルダーの位置からたたき落とすまでには、じつに十七年の長年月を要したのであった。

附記。星野勘左衛門の通し矢八千、なお余力あれど中止したというのが定説になっているけれど、『白峯亭日記』を見ると八千八筋とあるから、八千は概数(がいすう)らしい。

（巻三・終）

武芸小伝・巻之四

馬術

馭法（ぎょほう）は本邦往古より武事の事始めとしている。だから、諸家にその法の伝授が伝統していたが、京都将軍家（足利氏）の末期に天下が大いに乱れ、諸家の家伝もそれぞれ失われるに至った。たまたま小笠原家の馬術（前出の諸礼の条に併せて説いた）が辛うじて残っただけである。ゆえに馬術といえば、誰も小笠原流に準拠（じゅんきょ）した。大坪慶秀は、中でもぬきんでて精妙であり、八条近江守もまた微妙を悟った。両人とも後に一流を創始したが、爾来、世の馬芸というものは大坪・八条の両流でないものはない。ゆえに大坪・八条を騎法中興の祖とする。

【補】戦国以前の日本馬術の概観

　足利義満は後亀山天皇に京都へ還御されるよう奏請して、征夷大将軍となり、いわゆる室町幕府をひらいた。この時代に支那の明（みん）国との交通がひらけ、馬匹の輸出入もされるようになった。

　幕府は厩奉行・厩方奉行というものを設置し、また弓馬の方式・故実なども一切（いっさい）この時代に入って出来た。それ以前は馬の名人と称する武将は多かったものの、まだ特別に馬術の流儀というものはなかった。しかるに足利三代将軍義満のときに至って、大坪式部大輔（道禅）が出て（この年代にはまだ疑問があるが）馬術の奥儀をきわめ、いわゆる〝大坪流〟なる一流を立てた。馬術に流派が生じたのは後世になってからであるから、そういった後世から大坪道禅時代の初期の馬術を、〝大坪古流〟などと呼ぶようにもなった。

　してみれば日本の馬術は、はっきりした流派的教則ができたのは大坪道禅が最初であるけれども、乗馬の技術についての特殊的な関心は、もっと古い時代からあったはずで、いわばそれは馬術という形にまでなっていない実際的な技術であるが、それを漠然と〝高麗（こうらい）流〟と呼んでいた。『安多武久路』にいうところを要約すれば、こうである。

　高麗流・高麗目録はどんなものかという質問に、寿俊はこたえていう。高麗流はよくわからないが、あれこれ合わせ考えるのに、『日本紀』の応神天皇紀に百済王から阿直岐という者に添えて、良馬二疋をたてまつった時、軽（かる）の坂上に御厩をたてて、阿直岐を役人にして飼育せしめられた。阿直岐は百済王の貢（みつぎ）であるが、じつは高麗人だったかも知れない。彼は乗馬が上手だったから、大臣・公卿らが就いて教えを乞い、その方式を書いた伝を高麗の阿直岐の伝、高麗流といい、後人がさらにこれに補訂して馬書ができたと思われる。文徳天皇の皇子能有親王が弓馬芸に長じ、伝えられていた阿直岐の伝をも合わせて、これを聟君の貞純親王へ授けられたから、さてこそ源氏の嫡流へその弓馬の芸が伝統したのである。中にも八幡太郎と新羅三郎は特にすぐれていたから、その末裔の武田・小笠原の家に受けつがれたわけであろうし、信濃は牧場の多い馬どころだから、ますます馬芸が上達したものでもあろう。しかるに、中ごろの小笠原家から八条家・鹿島家・内藤家などの有名な家へ対して、高麗流の伝承の一部を目録書きの簡略なものにして伝授したらしく、これが高麗目録というのだと思われる。こういうわけだから、小笠原浄元から上原石鹿へ伝えられた系伝も、又は鹿島家（後の大坪氏）に伝わっていた系伝も、その内容はたいがい似たようなものであった。思うに現代の馬芸ももとは高麗流から出たものだが、代の末になって高麗流も目録も、さまざまに変ったものになったのである。寿俊の所持する高麗流の馬書は、文明年代前後の小笠原どのの筆跡で非常に詳細に書いてあり、これには高麗流とあって、高麗目録とは記してない、云々。

『大坪本流馬道秘書』に、

流外というのは、大坪・八条・小笠原・内藤の流以外をいう。流外の諸流は、だいたい正保年中以来にできたのである。中古に大和流・高麗流があるが、これは古くに前記四流の内から出たものである（要約）。

といい、また『大坪本流要馬秘極之巻』には、

当流宗師、日本武尊
迎来（こうらい）流、貞純親王
鹿島流、八幡太郎義家、六条判官為義、湯山入道中原玄性
大坪流、大坪式部大輔広秀（下略）
大坪本流、斎藤主税定易（下略）

ともあり、『類聚名物考』は右の説をひやかして、貞純親王を迎来流として八幡太郎を鹿島流というなどはこじつけだと云っているけれど、俗説としては、右は広くその道の人たち

鹿島明神、源義家に弓術を授く（『本朝弓馬要覧』）

の間に流布していたのである。

大坪式部大輔慶秀

大坪式部大輔慶秀（あるいは広秀・一に式部少輔）は上総の人（異説が多い。補記参照）である。初名は孫三郎または左京亮という。将軍足利義満・義持公につかえ、馬術にすぐれていた。のち薙髪して道禅と号す。また鞍鐙の製作も名手である。これは、かつて常陸におもむいて鹿島明神に祈り（京都の清水寺とも加賀白山とも異説がある）、夢想によって鞍鐙の曲尺（製作の寸法の秘伝）を得た。これを〝夢想の鞍〟といい（『鹿嶋史』に、道禅の作った鞍鐙を神作と称し、遠方まで乗っても鞍が裂けず馬も痛まない、という）、人に秘して軽々しく伝授しなかった。道禅は鹿島大社の直接の門人であるという意味から、後には直弟入道と称した。鞍鐙の

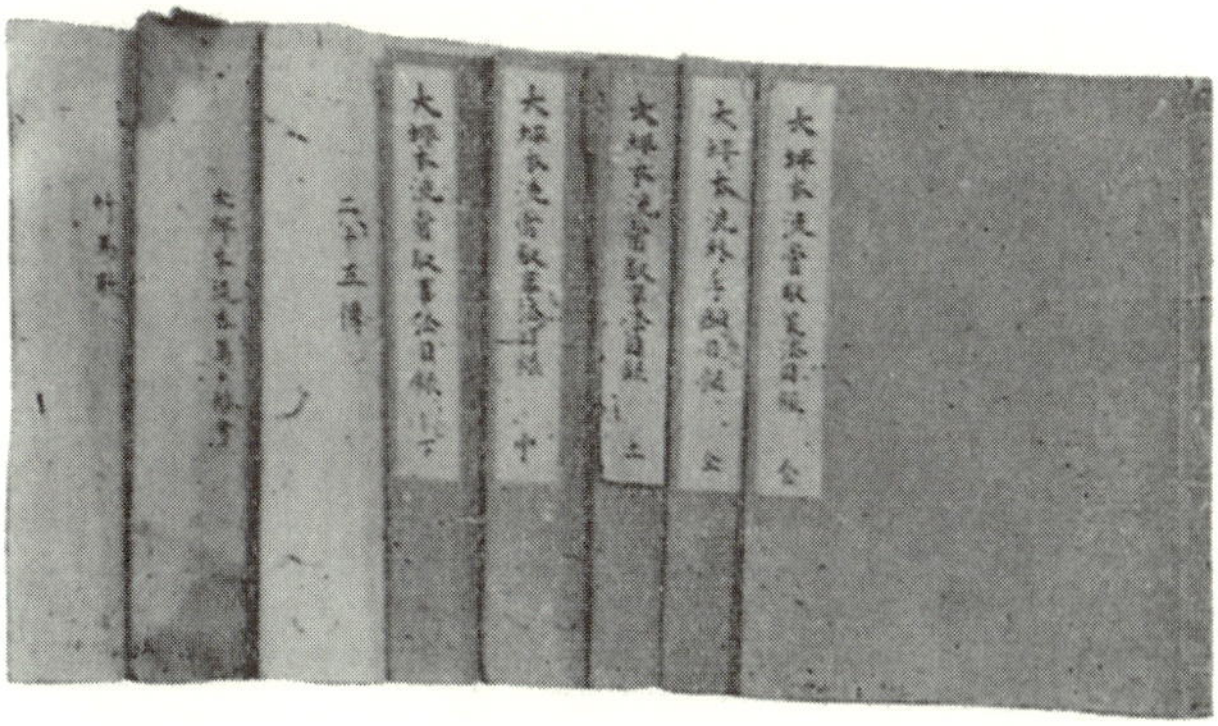

大坪本流の伝書いろいろ

大坪道禅（『玉石雑志』）

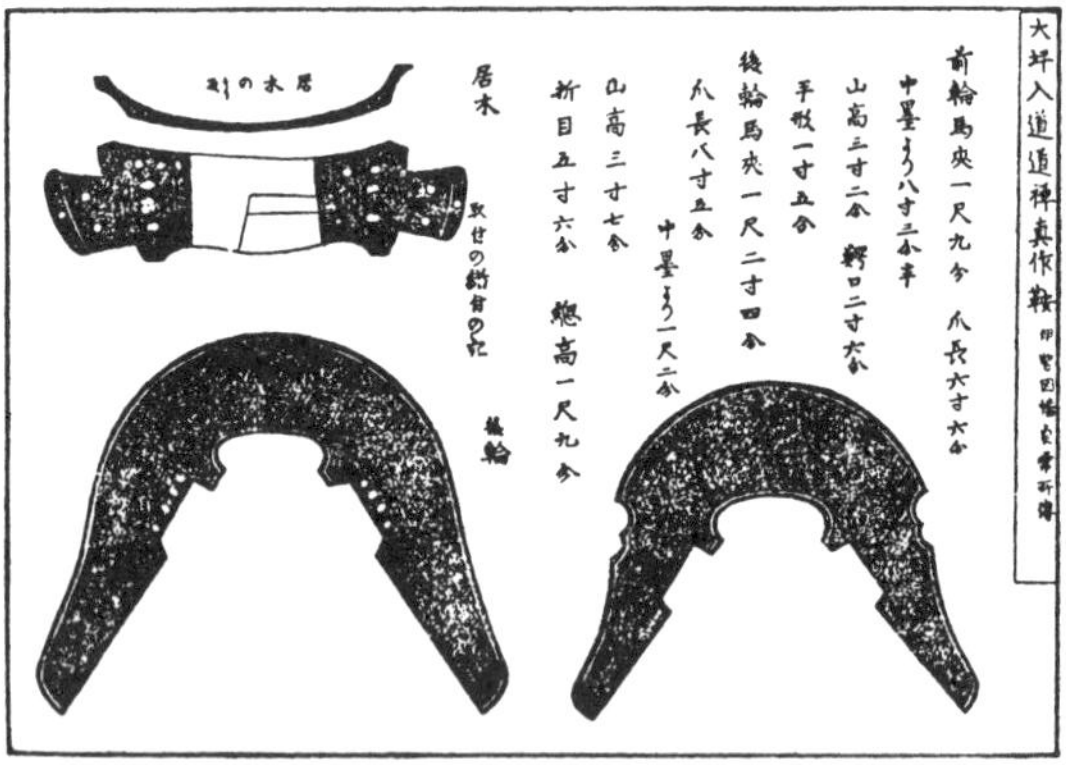

道禅作の鞍鐙（『玉石雑志』）

曲尺を畠山中務入道にさずけ、畠山から伊勢氏に伝授し、伊勢家数代伝えて製作したものを〝作の鞍鐙〟といい（補記参照）、最高級品である。

　昔から馬術に達した者は少なくないが、道禅ほどの名人は未曾有である。いわゆる古今独歩である。その門に学ぶ者は多かった。傑出したのは村上加賀守永幸・三条殿・浦松殿・畠山宮内大輔・同じく中務少輔・同じく掃部助・細川右京太夫・朝日三郎左衛門・長次郎左衛門・熊谷近江入道・同じく左京亮・円明坊兼宗・斎藤備前守・同じく備後守・同じく八郎左衛門・須田新左衛門・井口次郎左衛門・土肥能登守・増位掃部助らである。

　伝書にいう。大坪式部大輔庵主慶秀、五月十八日死す。八十四歳（月日のみで年についてはたしかな資料がない。『玉石雑志』には応永十二年十月十七日とするが、原拠不明）。

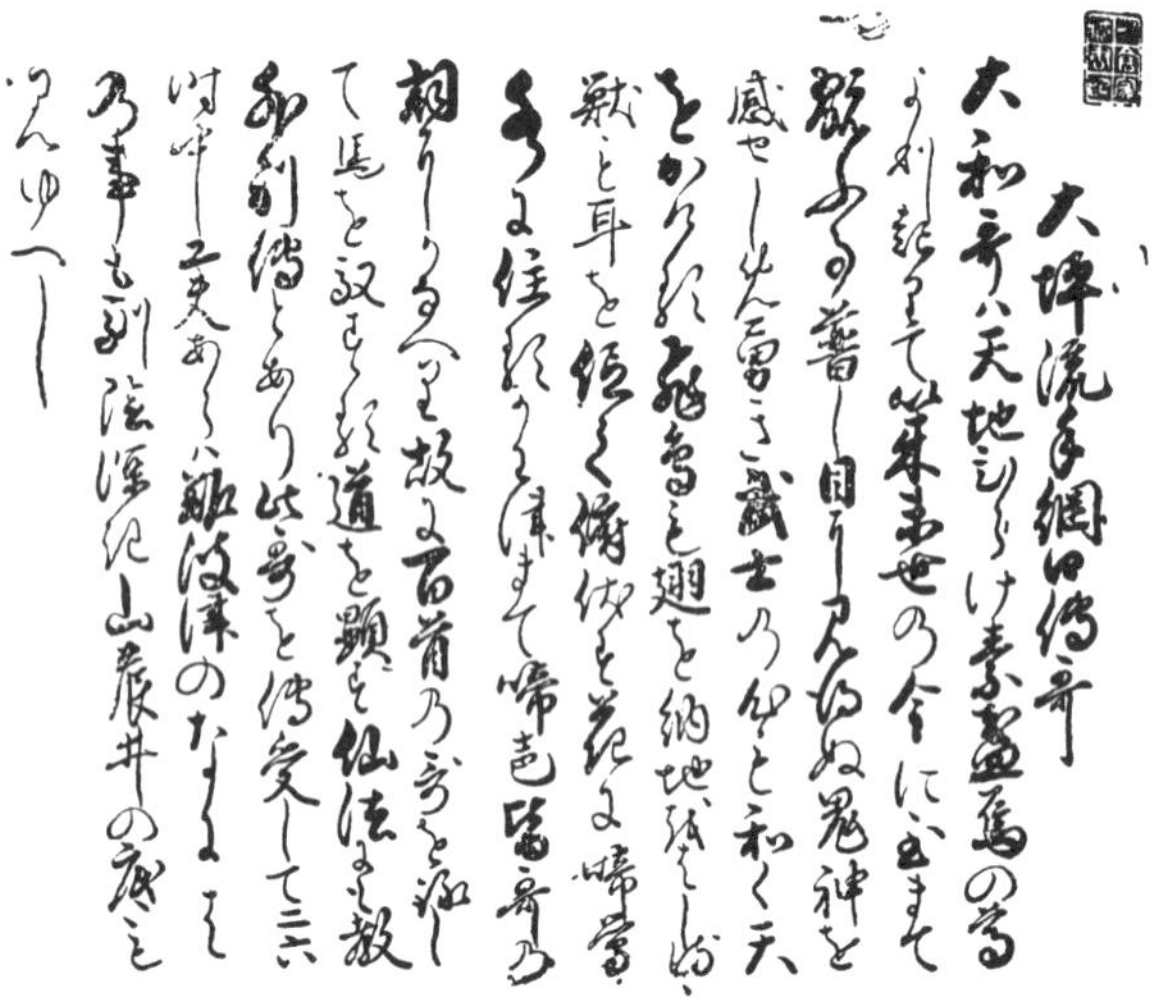
大坪流手綱口伝哥

『大坪流手綱口伝哥』（冒頭の一部）

【補】大坪道禅の伝記は数人の混同か

大坪道禅の伝記にはいろいろ異説があって、姓名・出身地・夢想を得た神社・死歿年月日まで一定していない。

出身地は上総が通説らしいが、ほかに武蔵国秩父郡黒谷村(『玉石雑志』)、信州から常陸、さらに参州岡崎(『安斎随筆』)、下総(『鞍鐙目利書』)、相州鎌倉(『諸家系譜続編』)などともいう。しかし私は、『伊勢鞍由来記』に、上総国海保郡大坪の里(いま千葉県市原郡三和町字大坪)とあるのが正しいだろうと思う。ここは近辺に真野(馬野)・姉崎(鶴牧)・大野(大野牧)などがあって、古来馬の産地として知られていた。

道禅の伝記は、どうやら三人か四人ほどの事績がごちゃまぜになっているらしく思われるが、それを解きほごすためには、未だ信憑性に富む資料が揃わない。ともかく代表的な異説をここに並列して、読者の判定に待とう。要約して出そうかとも思ったが、それでは資料価値が減ずるから、ちとわずらわしいけれど原文読み下しにしておく。

まず栗原信充の『先進繍像玉石雑志』(天保十四年刊行)の説。

大坪左京亮有成入道道禅は、桓武天皇九代野与六郎基永五世、渋河左太郎有家の男なり。武蔵国秩父郡黒谷村(いま秩父市黒谷)に住す。いま黒谷村に鋳銭坊・鋳銭沢などいう処ありと『武蔵野話』に見ゆ。道禅坊・道禅沢と云いしを唱え誤りしなり。鎌倉将軍家につかえて弓馬の故実・殿中の礼儀にくわしかりしかば、元弘三年鎌倉の滅びし後、足利殿の御内なりける伊勢伊勢守貞継入道照禅、まず我家に請じ入れて、ねんごろに弓馬・鞍鐙・殿中故実を尋問したりしにより、道禅入道もその志の深切なるをよろこび底を払って相伝す。『鞍鐙規矩相承記』・『伊勢系図』・『武蔵七党系図』など併せ考うべし。伊勢照禅の子、伊勢守貞信の長男貞行は殿中礼儀を奉行し、次男貞長は鞍鐙規矩を相承し、各その子孫代々相伝すること世のあまねく知るところなり、ただし道禅入道の鞍鐙を作る規矩は、鹿島明神に祈りて自得せしところと云う。応安年中より在京して大樹(義満公)に師範し、応永十二年十二月、鞍鐙制作の規矩を伊勢七郎勘解由左衛門尉貞長に相伝し、同十四年十月十七日卒す(これは大坪道禅死去年月)。

一書に、道禅入道と、大坪式部大輔慶秀、および大坪彦三郎吉利入道直弟三人を混雑して一人とするものあり。いま案ずるに、式部大輔慶秀は明応元年五月十四日、八十四才にて卒す。しかれば応永十六年己丑歳に生まれし人なり。道禅入道歿後第三年に当れり。大坪彦三郎吉利入道直弟は、永享九年に『夢想之巻』を書きたれば、道禅の歿後三十一年に当る。これらを以って一人ならざることを知るべし。

つぎに『安斎随筆』の説。

馬方百首歌作者の事。

この百首は大坪式部大輔慶秀教詠なり。慶秀はじめの名は村上某(信濃国在名なり)。故あって常陸国鹿島に住す(いま茨城県鹿島郡鹿島町)。男子を生ず。すなはち在名を呼んで鹿島孫三郎慶秀という。慶秀、本国信濃へ帰って、小笠原殿を師として高麗目録馬芸を伝授、馬乗りはなはだ堪能なり。鹿島孫三郎と云いしとき相伝の者は、鹿島流と称す。壮年の後、村上左京亮とあらたむ。永禄のころ、三河国岡崎のうち大坪（この小名は現存しない）というところに住す。大坪式部大輔慶秀と改名す。入道して道禅という。

『駁馬調息伝統系譜』（『古今要覧稿』引用）の説。

　小笠原左京大夫長清より正嫡七代これを伝う。いわゆる弾正少弼長経・兵庫助長忠・大膳大夫長政・治部大輔長氏・右馬頭宗長・信濃守貞宗・信濃守政長に至れり。ここに康安年間、上総の州に岡崎孫三郎直道という人あり。その祖某、上総の国に配流せられしよりここに住居す。直道、駁馬の術に志深きゆえに、常州鹿島の神に三七日参籠して神助を祈るといえども、いまだ心のごとくならざれば、ふたたび三七日こもりて霊夢を得たり。神の告げにまかせて加州白山の神に七日参籠し、満願の日に至って一人の老僧に逢う。僧の曰く、

「汝何のゆえに参籠するや」

　直道旨趣を語れば、僧その志の切なるを感じて云う、

「信州に小笠原信濃守政長という人あり。この人にしたがいてその道を学ぶべし」

と。直道その教えにまかせ信州におもむきけれども、所縁なきゆえに馬飼いとなり、力をつくして仕うること年あり。一日、政長厩に来たりて直道が挙動の人に異なるをあやしみ、その由縁を問い、その志を感じ馭人に取りたて、駁馬の秘術ことごとく伝えてその妙を得たり。まことにこの道堪能の人なり。応永のはじめ、政長の嫡兵庫頭長基、京師にいたる時、直秀（直道、このとき直秀と改む）を相具して鹿苑院義満公に謁したてまつり、直秀がことを上聞に達しければ、義満公大いに感じ給い、直秀を召して大坪左京亮に任じ、すなはち御師範となれり。のち式部大輔に任ず。

『安多武久路』の説。

　或る人のいう。今代に開板せしものに、大坪慶秀という者は、将軍義満公へ馬芸を相伝申せしということを記す。また斎藤定易という者の語りしは、光源院義輝公へ馬芸御相伝せし由をいう。いずれを実とせんと問う。寿俊答えていう。大坪入道がこと正記・実録に見えず。その説なおいぶかしきことなり。すでに大坪が馬芸の弟子に斎藤国忠という者、大坪死去のころ受け伝えし事どもを書きあつめたるという物を、上田重秀という者が自筆に写せしものに、大坪死去の日、五月十八日とありて、年号はなし。その書の末に文明十年とあり、これにて考うれば義満公征夷大将軍にならせ給うころまで、文明十年まで百十一、二年にもなりぬべし。また定易が云う。大坪は義輝公へ馬芸相伝の事いよいよこころえぬことなり。すでに義輝公は天文四、五年のころ誕生にて永禄八年に薨去し給う也。かの国忠が記せし文明十年より考うれば、五十八、九年すぎて天文と

いう年号はありし也。かれこれ以って時代ことのほか相違せり。そのうえ国忠がしるせしに、大坪が馬芸相伝の人数もあり、将軍家へ御相伝のことは見えず。さてまた朝倉政元伝来の鞍作りの書付けに、大坪入道は文安五年上洛して、公方義政公十四才の御時御目見え、入道時に八十三才と記してあるを考うれば、かの国忠の書付けと、年ごろも馬芸ならいし人々の姓名・時代も合いぬるよう也。但しこれにも将軍家へ御師範のことは所見なし。

右のほかになお異説があることは、次項（作の鞍鐙）に引用する文献を参照乞う。

【補】作の鞍鐙と伊勢氏

『鞍鐙目利書』（元禄四年稿）にいう。

それ作の鞍の初めは、関東下総の国に大坪彦三郎吉俊という馬乗り、形の如きの誉人これあり。馬をさまざま乗り候えども、心のままにおさまらず。かるが故に鞍を能くこしらえて乗らんと思いて、種々こころを尽すといえども、その理にかなわず。そのとき山城国清水寺観音へ三七参籠してこの一事を祈る。満（まん）ずる暁に八十余の老翁枕辺について曰く、

「鶏啼（とりなき）にいたって滝に下りて、葦毛なる馬に向かってこれを習え」

という夢をこうむり、夢さめて滝に下りて見るに馬あり。馬に向かいて問う。馬おのが背にあたるところを舌を以ってこれを教え、それより工夫し、これを作るに妙なり。そのころの公方を東山殿と号す。この義をきこしめし及び、都へぞ召しのぼされける。鞍をなす□（一字不明）は仏の御弟子なれば入道にし候い、法名を直弟という。その折ぶし、畠山中務と申すは近習の人にて殊に御寵愛浅からず。しかる故に中務に鞍の大事を伝えよとの帝意をこうむり、これを伝授して、その後畠山、伊勢守に伝授して今にいたって執行すること甚し。また鐙は直弟工夫を以って明珍（みょうちん）（有名な甲工。足利義満のころは十世の明宗安で、一条堀川に住んでいた）という鍛治と相談して、両作を以ってこれを作る。今にその家ならでは金（全の誤字）を伝えざる也。

また同じ書の他の個所には、

「文安五年のころ、大坪孫三郎参内、将軍義政公御意にて、伊勢伊勢守貞宗・畠山中務重直長殿大阿弥（脱字があるらしい）この四人へ相伝す。それより相文（合文とも書く。アイジルシ。作者の銘を鞍の居木の切掛けに入れること。書入れ・彫入れの二種類あった）の作者初まる」

とあり、作の鞍鐙の相伝を受けた伊勢氏の名が、前記には貞宗とあるが、これも諸書により異なっている。『塩尻』巻四五には「大坪道禅は鞍鐙を作ること巧みなり。伊勢伊勢守平盛継この工を伝う。鞍作の元祖なり。元弘年中の人也」とあり、また伊勢系図を見るのに、『諸家系図纂』のほうには、

盛継――貞継――貞信
├貞長（大坪道禅ヨリ乗馬之秘訣・鞍鐙之寸法相伝）
└貞行

大坪孫三郎

伊勢伊勢守
貞宗

畠山中務
重真

伊勢因幡守
貞泰

『諸家系譜続編』のほうには、

　頼継――貞継――貞信――貞行――貞長

とあって、貞継の条には「伊勢伊勢守。大坪道禅ハ鎌倉ノ人ナリ。能ク馬鞍ヲ作リ、人良工ト呼ブ。コノ時貞継、道禅ヨリ妙工ヲ伝エ、マタ能ク鞍ヲ作ル」と註し、さらに貞長の条には「因幡守。御供衆ノ列タリ。仰セヲコウムリ作ノ鞍ヲ祖父貞信ヨリ伝エ、コレヨリ貞長、作ノ鞍工の正流トナル」と註してある。

『安斎随筆』巻十三にいう。

　作の鞍鐙。作と云うは、伊勢因幡が家にてその正統の者の打ちたるをば〝作〟という。因幡が弟子の打ちたるをば〝家の弟子打ち〟と云う。作と云わず。辻・井関などが打ちたるは作と云わず。因幡は職人にはあらず、浪人なり。辻・井関などは職人なり。また辻は、むかし伊勢家の伝を得たりという。さにはあらず。享保中、将軍家の仰せありて、伊勢仙斎にたずねさせ給いしに、同前（前記のごとく）に言上しき。古代の弟子の姓名記したる書に、辻氏なるもの見えず。また辻が打ちたる鞍鐙は、作の家の寸法・定矩に合わず。形も作りようも作とは違いあり。これ伊勢の伝を受けざるの証拠なり。また因幡が家にては町人をば弟子にとらず、武士ばかり弟子にとるなり。また因幡家には鞍鐙を売物にはせず、人所望すれば打って贈るなり。その謝礼は人々まかせなり。金銀等の員数を定めて代物をとることなし。然るゆえ甚だ貧窮なり。また上の御用にて鞍鐙を献上するあり。金一枚下さるばかりなり。知行所も御扶持米も町屋敷も、何も下さらずして御用を勤むるなり。朝鮮人来朝のとき朝鮮へ下さるる御鞍鐙も、因幡が新たに打ちて献上するなり。又もとは御用仰せ付けらることなし。代替りの御目見えに自作の鞍を献上するまでなり。享保年中初めて御用を仰せ付けらる。岩本内膳正の御取次ぎなり。延享のころより、御細工所の職人と同様の御取りあつかいになり下れり。享保のころまでは上に家筋を知らしめされしゆえ、職人の御取りあつかいにてはなかりしなり。辻が家は紀州鞍打ちにて、享保年中江戸へ召し出されたり。

村上加賀守永章

村上加賀守永章（大坪式部大輔慶秀の嫡子と『古老茶話』にいう。一に永幸に作る）は、はじめ孫三郎という（孫三郎

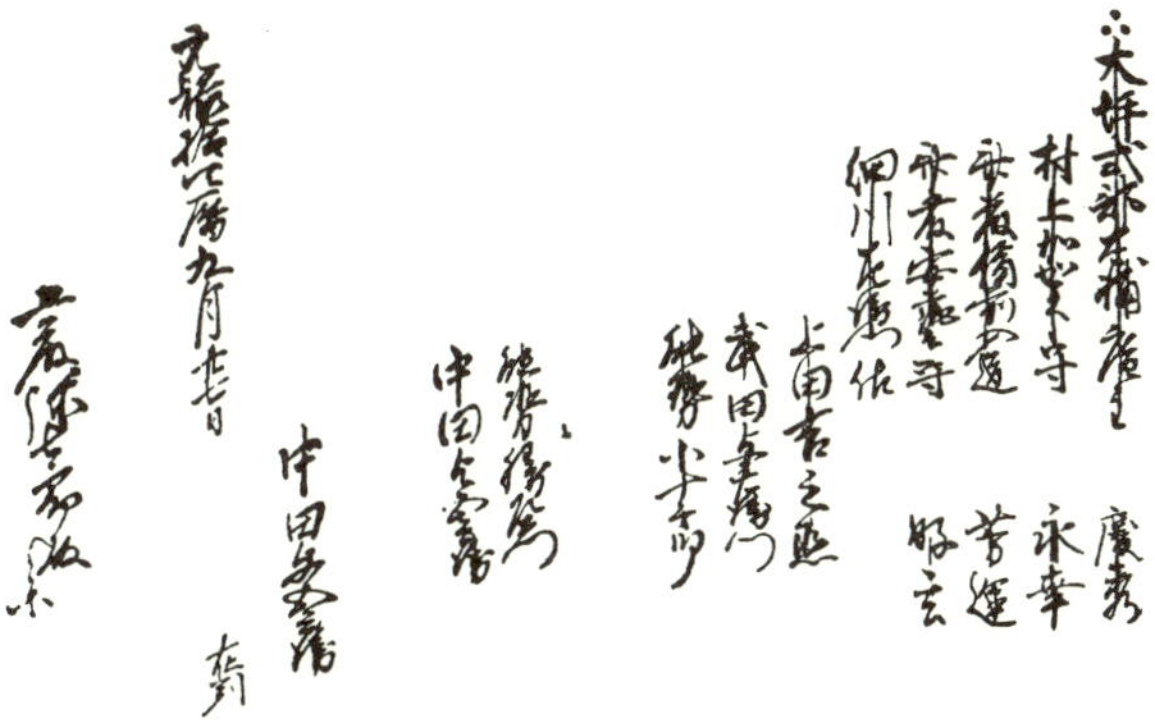

『大坪流手綱秘伝書』（承伝奥書）

を大坪氏の代々初名と見れば、大坪慶秀の前名を村上孫三郎とする『安斎随筆』の記事に適合する）。大坪道禅にしたがって多年練習し、ついにその宗を得た。のち薙髪して徳全と号す。

この永章について馬術を学ぶ者が多く、遊佐河内入道（畠山氏被官、河内守護代）・同じく孫左衛門・斎藤因幡守（満時の子の朝日帯刀であろう）・同じく次郎左衛門・同じく式部丞・同じく備前守・同じく備後守・忍定寺七郎左衛門・用瀬四郎左衛門・荒木三郎左衛門らが傑出した。

伝書にいう。村上加賀守、二月晦日死す（年は不明）、五十二歳。法名徳全。

斎藤安芸守好玄

斎藤安芸守好玄は、斎藤備前守芳連に従って馬芸の伝脈を継ぐ（天文十二年二月十日許――『師系録』）。芳連入道は村上加賀守永章から伝を得た（文明九年十月九日許――同右書）。大坪の支流は多いが、みな好玄を以って中興の祖としている。ある人いう。好玄は能州熊本（熊木の誤り。石川県鹿島郡中島町の内）の城主である。隣国と闘って禦ぎえず、逃れて漂泊し、のちに荒木元清（後述）の宅にて死去した。

大坪道禅より安芸守にいたって、以降の伝承は伝書によって違う。大塩不存忠直という人が、大西木工助吉久（後述）の門人の守能図書長成にしたがって宗を得た。この人の伝書には、大坪慶秀・村上加賀守永章・斎藤兵庫允国忠・小笠原

備前守種盛・斎藤伊豆守法運・佐々木左京大夫茂賢・中村孫兵衛善佐・大西木工助吉久とあり、上田伝書・荒木伝書には斎藤兵庫允国忠・小笠原備前守種盛は見えない。斎藤伊豆守法運を備前入道芳運と上田伝書にはある。また一書に芳連を法運と書いている。佐々木義賢は斎藤安芸守好玄の伝を相続したとあるから、大塩の伝書には好玄をおとしたのか。

【補】斎藤安芸守好玄の伝系

斎藤安芸守好玄を斎藤兵庫頭国忠より上におくか、下におくかで二説に分かれている。『古老茶話』に、

「斎藤好玄は国忠より三代ほど後なり。好玄の子斎藤求女、岐阜中納言家へ馬術にて出る。その子孫斎藤弥次兵衛、甲府中納言綱豊卿へ出る。これは馬術の沙汰は無之候」

という一条のほかに、

「大坪式部慶秀、村上加賀守永章（慶秀嫡）、斎藤兵庫頭国忠（慶秀・永章父子之指南、同時直伝）。斎藤好玄は国忠の父か。大坪流の馬書の奥書に斎藤好玄より申し伝えるところとして、国忠記すとも有る也。しかるに木村氏は、好玄は国忠より二、三代も立ちたる子孫と申され候。その意を得ず候」

という一条を別記している。

しかし、後の説——好玄を国忠の父と見ては、年代的に好玄は直接に、大坪・村上に従学できる年齢となり、芳連—好玄の系譜に吻合しなくなる。

佐々木左京大夫義賢

佐々木左京大夫義賢（射術の条に既出）は、近江守氏継の弟の弾正少弼（しょうひつ）定頼の子で、代々相続して江州観音寺の城におり、江南の数郡を領した。義賢は馬芸を好んで上手であったが、後に斎藤安芸守好玄にしたがって、その宗を得た。近世馬術を以って世に鳴る者の多くは、義賢を以って宗師（そうし）としている。中村孫兵衛善佐という者が、義賢の伝を継いで精妙であった。中村の門人中では大西木工助吉久が抜群であった。吉久はのち川斎（せんさい）と号し、あるいは仙（せん）にも作り吉久の名も義続、あるいは義次にしたものもある。今にいたって吉久の末流は諸州にあり、これを佐々木流という（射術の部参照）。

上田但馬守重秀

上田但馬守重秀は細川左衛門佐康政にしたがって、大坪の伝を得た（慶長十二年十二月二十五日許——『師系録』）。康政は騎法を斎藤好玄に習って宗を得たのである（天正六年八月二十六日許——同右書）。重秀はのちに富田信濃守信高（初め知勝、知治、平九郎。関ガ原役当時は伊勢安濃津城主、五万石）につかえた。その子丹後守重国、さらにその子吉之丞重時（慶長・元和ごろ上方で馬の名手は上田吉之丞と『長沢聞書』にある）が、代々父祖の芸を伝えて大いに家名を高めた。慶長年中、富田信高は津の城（三重県津市の中央に遺構がある）にこもって戦った際、重時は抜群の軍功をたてた

（毛利方の豪傑中川清左衛門の首をとった――『関原軍記大成』）。今でも世人がこれを称している。のち阿波侍従（阿代藩主、蜂須賀小六から四代目の忠英。寛永三年に侍従に任じた）につかえた。その子の半平安重（判官の鞍を見つけた逸話が『常山紀談』に出ている）、さらにその子の吉之丞重昌が相続して阿波におり、これを上田流といって、日本中に知られている。半平安重の弟の上田丹右衛門重順は、甲州少将柳沢吉保の臣になった。

『関原記』にいう。富田信濃守信高、勢州津城にこもる。大坂からも毛利甲斐守秀元・長束大輔正家・宍戸安芸守隆家・鍋島信濃守勝茂・吉川蔵人広家・長曾我部宮内少輔盛親・中江式部少輔直澄・蒔田権之助・山崎右京亮定勝・松浦安太夫宗清以下を差し向けて、きびしく城を攻めた。すでに毛利秀元の軍兵が城中へ攻め入っていたが、信高の家人吉田吉之丞という者が、無双の馬上の達者として有名であって、これが敵の大勢を門から外へ追い出して、城の木戸を閉めてしまった。

加藤勘助重正

加藤勘助藤原重益（重正が正しい）は参州の出身である。采邑は九百八十石。台徳大君（二代秀忠）・大猷大君（三代家光）につかえた。騎法は上田但馬守重秀の門人で、その宗を得た。勘助の門人も多い。大猷大君の命によって馬術のことを言上し、その名を高めた。

【補】加藤勘助重正の事績

天正五年徳川家康につかえ、元和三年より秀忠につかえて四百石。寛永十一年五百石加増。正保二年六月二十二日死す、七十一歳（一書には寛文元年十一月十八日死、九十八歳）。法名、宗見。小日向清巌寺に葬る（『寛政重修諸家譜』）。この寺は長仙山と号し曹洞宗。元和九年創建で、開基は加藤勘助重正である。小日向台町にあったが、大正七年に巣鴨に移った。

加藤勘助の屋敷は寛永九年図に出ている。今の千代田区三年町三番地の内である。ベルギー大使館用地を東西に三分して、西が加藤勘助、東が弓術・刀術の中川左平太の屋敷であった。

荒木志摩守元清

荒木志摩守藤原元清は、摂州の人荒木摂津守村重の一族である。攻城・野戦の功が多い。のち安志と改む。かつて馬芸を斎藤好玄に習い、ひじょうに上達した。その子十左衛門元満、父祖の芸を継いで大いに有名であった。台徳大君（秀忠）の師として名誉を四海にあらわした。その子十左衛門元政、その芸を継いで精妙をうたわれた。荒木流という。

【補】荒木元清・元満・元政の事績

『寛政重修諸家譜』から三人の事績を、かいつまんでおく。

荒木元清（志摩、入道号安志）、父は藤内左衛門、のち美作守氏元といった。元清は同族の荒木摂津守村重にぞくして、花隈城（神戸市生田区花隈町。甲賀流忍術の祖戸沢白雲斎が花隈城主であったというのは、ちょうどこの時代だが、戸沢は架空人物で、事実は荒木元清が城主だった）に住し、一万八千石を領した。天正八年三月、花隈落城後、豊臣太閤につかえ、関白秀次のことに座して遠流に処せられた。太閤の死後京都に住み、その地に死んだのは慶長十五年五月二十三日である。享年七十五。

荒木十左衛門元満は元清の四男で、花隈落城後、父とともに太閤につかえ、秀次に連坐して父といっしょに遠流された。太閤歿後、元満は黒田長政のもとに寄寓していたが、馬術のたくみなことを将軍秀忠が聞いて、元和元年大坂陣のときに召し出して采地千五百石を下賜した（このこと『黒田家譜』には付記のごとくある）。寛永三年、駿河大納言に附属され、九年五月二十六日駿河において死す、年六十八。法名、行安。西久保天徳寺の浄品院に葬り、のち代々葬地となる。

【付記】『黒田家譜』巻十四「荒木十左衛門元満は（中略）長政の家につかえしなり。その後、長政より駿馬を公方へ献上し給い、この馬は私家人荒木十左衛門と申す者仕立て候。十左衛門は志摩守が子にて候が、久しく私の家に養いおき候。沈淪の身となり不びんの者にて御座候。殊に馬芸の達者にて候間召出され下され候えかしと申上げられければ、御許容ありて召出され直参の士となる」。

荒木十左衛門元政は初名四兵衛。元満の嫡子で、元和二年、将軍秀忠につかえ、父とともに駿河大納言に附属、同大納言切腹後は、松平出羽守直政におあずけになっていたが、寛永十三年十二月ゆるされて家光将軍につかえ、十四年御書院番、のち御馬をあずかる。十五年十二月、上総国武射郡において采地千五百石をたまわった。寛文十一年十月十六日死す。年七十三。法名源栄。

荒木十左衛門屋敷は、元禄以前では寛永九年図だけにしか見当らぬようである。その場所は記載がはなはだ不明確であるが、附近の居住者名をたよりにして寛永以降の諸図に対校（たいこう）すれば、大体いまの港区西久保巴町三〇番地、東京区裁判所のへんと思われる。

原田権左衛門種明

原田権左衛門源種明は参州松本家の族である。父を久太郎種勝という。養祖父右衛門種信は参州浮谷に采地六百石を領し、織田信長公につかえていたが、のち東照宮につかえた。種明にいたって旗本であったが、台命によって駿河大納言忠長卿につかえた。種明は少年のころから馬芸を好み、荒木元満の門にあって多年練習し、ついにその宗を得た。その子七兵衛種茂も父の芸を継いで精妙であり、門人が多かった。およそ近世馬芸を以って鳴る者は多いが、種茂のごとき盛んなものはない。まことに近古の達人である。元禄十六年五月三日死す、六十八歳。法名は養運。小日向の智願寺に葬る。

八条近江守房繁

八条近江守源房繁（一書に修理亮房重とする）は東国（上杉系図に武蔵国八条とあり、埼玉県南埼玉郡八潮村八条）の人である。馬芸の神妙を得た。中興以来、馬芸に達する者は多いが、いまだ精妙房繁のごとき者を聞かない。ゆえに今これを宗師とする。八条六郎朝繁がその芸を継ぐ。氏家参河守高継、朝繁の門に遊んでその統を継ぎ、さらに君袋監物高胤がその伝を受け、さらに君袋出雲守隆胤が、その芸を相続して奥州におもむく。隆胤の門に遊ぶ者は多い。篠原織部正清は傑出し、馬芸を以ってその名がいちじるしい。

出羽の人山上主水の伝書にいう。八条房繁は小笠原家の馬術を習う（小笠原民部少輔植盛の門人）、これ貞純親王（いわゆる高麗流）より代々相続の馬芸である、云々。

【補】八条近江守房繁の系譜

『明良帯録』、

「八条流は八条近江守一流を建つ」

『塩尻』四七、

「馬芸に八条流というは、修理亮房重より始まれり。天正年中の人なり」

『諸家系譜纂』、上杉の部に、

重顕――朝定（弾正少弼）――朝顕
――満朝――房藤――房繁（修理亮。馬一流開基也）

『柳庵随筆』に、

「八条殿。武蔵大河戸領志。八条村に八条殿の基というあり。古碑の表に梵字あり。下に弘安七年の年号あり。傍に又□□十万衆生の字も見ゆ。上杉系図。上杉修理亮重顕の男を弾正少弼朝定という。その子中務少輔朝顕、武蔵国八条に住す。依って八条中務少輔と称す。朝顕の長子満朝（修理亮）次男房藤（中務少輔）、房藤の子を房繁（近江守）と云う。八条流馬芸の祖なり」

右のごとく、八条流馬術の祖を八条近江守房繁とするは通説だが、べつに房繁の祖父満朝を元祖という説もある。

『安斎随筆』、

「八条流馬芸。上杉弾正少弼藤原朝臣四代の後胤、八条修理亮満朝は、左右なき馬の上手なり。この流を八条流と云う。世に公家の八条殿に馬の上手おわしまして、この流れをくむのを八条流というはあやまりなり」

『諸家系譜後編』上杉の部に、

重顕（上杉修理大夫）――朝定（上杉弾正忠）――朝顕（八条中務少輔、俗称丹波上杉）――満朝（八条修理亮。馬術八条流祖）

八条兵部大輔房隆

八条兵部大輔源房隆は近江守房繁の弟である。馬術の精妙を得た。その門に遊ぶ者が多い。天文年中の人である。

長尾丹後守景家

長尾丹後守平景家は、八条房繁について八条流の奥義をさとる。屋代玄蕃入道重高が景家の伝を継いだ。さらにその子の左近将監重俊が継いで、その名が高い。荒川長兵衛重世は重俊に入門して精妙を得た。

羽州大山の大井采女の伝書にいう。永正五年八月八条近江守房繁―享禄二年十一月六日長尾丹後守景家―天文九年十月屋代玄蕃入道重高―永禄二年三月屋代左近将監重俊―元和四年三月荒川長兵衛重世―寛永六年極月大井采女。

（巻四・終）

武芸小伝・巻之五

刀術

それ刀術は、武甕槌の命（鹿島明神）と経津主の命（香取明神）が十握の剣をぬいて地にさかしまに突き立て、いままで帰服しなかった大己貴の神が地に避け逃れた（このこと『神代紀』に見ゆ）というその時の神術に発している。景行帝の皇子日本武尊はその神術を伝えて三段の位をつくり、陸奥守源義家はこれを学んで五段の位を編成した（この二条は文飾である）。鎮西八郎為朝は刀術を肥後の人尾伊手次郎太夫則高に習って、その技が則高に超えた。伊予守義経は刀術を鞍馬の僧に習って名誉をあらわした。常陸鹿島の神人（神官）の長たる者七人も、刀術を以って業となし、今にいたって関東の七流（鹿島七流ともいう。良移流・鹿島流・香取流・本心流・卜伝流・神刀流・日本流——以上の七流と伝えている）という。中興飯篠は天真正の術を得て、大いに刀槍の術を興起した。

飯篠山城守家直

飯篠山城守（墓碑には伊賀守とあり、初め山城守、のち伊賀守と改称した）家直（一に尊胤に作る）は、下総国香取郡飯篠村（今、千葉県香取郡多古町飯笹）の人である。のち、同州山崎村（今、佐原市丁字字山崎。香取神宮の北東隣）に移った。幼弱のころから刀槍の術を好んで精妙を得、つねに鹿島・香取神宮を祈る（鹿島は茨城県鹿島町宮内に鎮座。香取は佐原市香取宮中に鎮座。ともに官幣大社。距たること三里）。その技芸を天下に公表するに際して、はじめて天真正伝神道流と名付けた。のちに号を長威斎（また長威入道。無双直伝和儀伝系には直伝の号あり）と称した。中興刀槍の始祖である。

『早雲記』（『慶長見聞集』に同じ。三浦浄心著）にいう。鹿

飯篠長威斎（『肖像集』）

香取神宮（『下総名勝図会』）

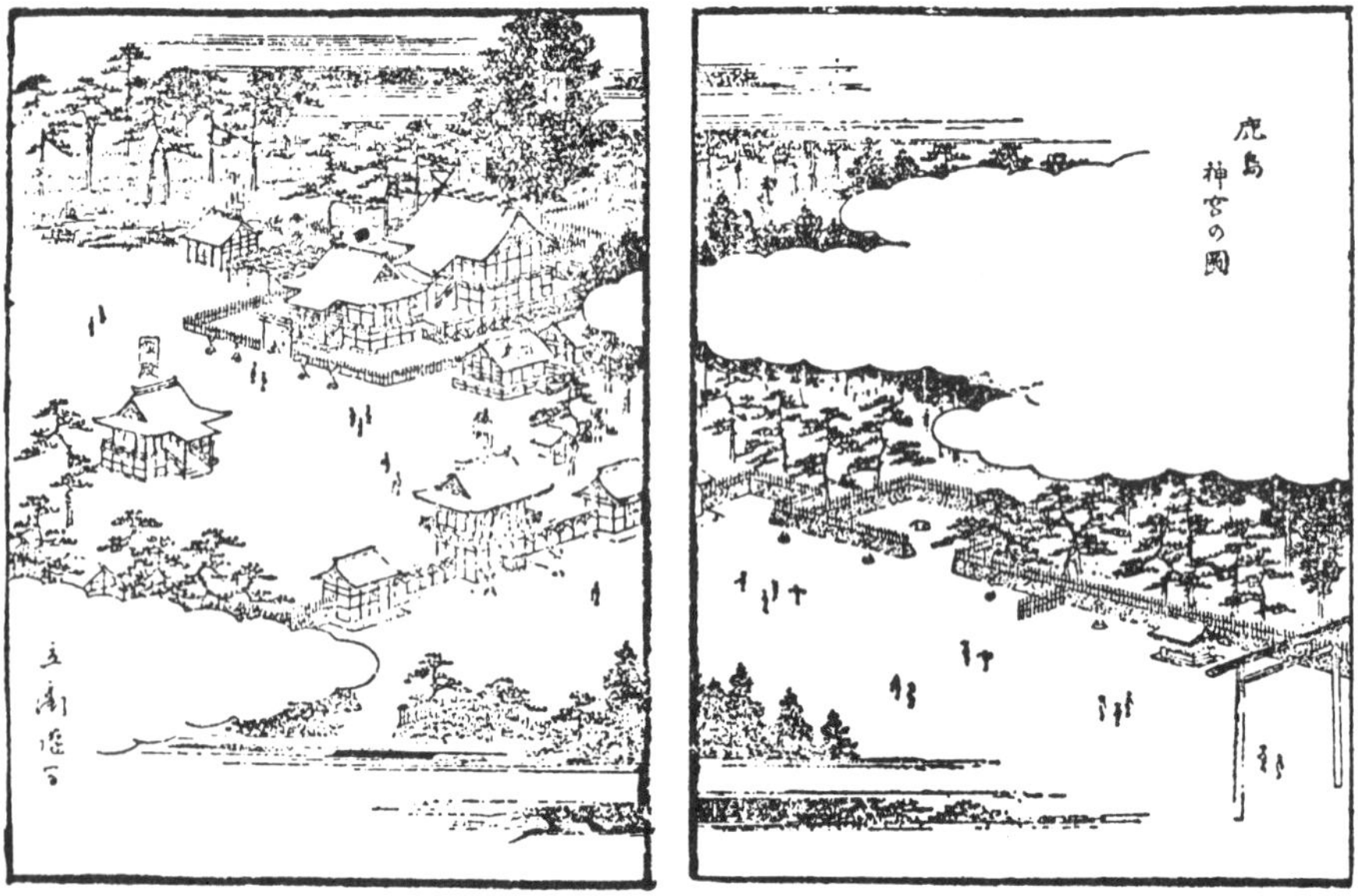

鹿島神宮（『利根川図志』）

島は勇士を守り給う神であるから、末代とても誰か尊ばない者があろう。しかし鹿島の住人飯篠山城守家直が兵法に出精して以来、その尊信はあまねく世上に広まるにいたった。この人こそ中古の開山である。鹿島・香取の両神から長威斎へさずけ給う刀術だから、伝書には天真正伝とあり、天真正とは両神のことであると、神道流の刀術者は言っている。

【補】飯篠長威斎の補足

『関八州古戦録』に拠れば、飯篠長威斎には鹿伏兎(かぶと)刑部少輔(この人の流儀を一説に直清流とある)という剣術の師匠があったが、この人は〝天真正〟という名の河童(かっぱ)から剣術の伝授を受けたといい、

「刑部少輔が先師は、天真正とて海中に住する河童という獣なり。然れども流儀に於いてはその名実をあらわさず、香取大明神の応身(おうしん)より伝統せりととなえ来たると云えり」

と書いている。もとより荒誕(こうたん)説をまぬがれない。後に述べる塚原卜伝の条に、卜伝の弟子松岡兵庫助の又弟子に、甲頭(かぶと)刑部少輔という名が出ていて、これは鹿島郡大野光崎の村郷士で、松岡兵庫助の門人であり、年齢的に見て長威斎の師と見るのは穏当でない。一説に、甲頭は伊勢亀山の関氏の支族で、長威斎の師であると、亀山の郷土史家は主張しているけれど、さて、どんなものか。鈴鹿流薙刀の伝統では鈴鹿長威斎家直を流祖とし、家直は鈴鹿が本姓で、後に鹿島の飯篠に移り住んでから、飯篠にあらためたと伝えているが、傍証を得ない。無双直伝流和儀(やわらぎ)の伝系では、天真正を祖とし、飯篠家直を八

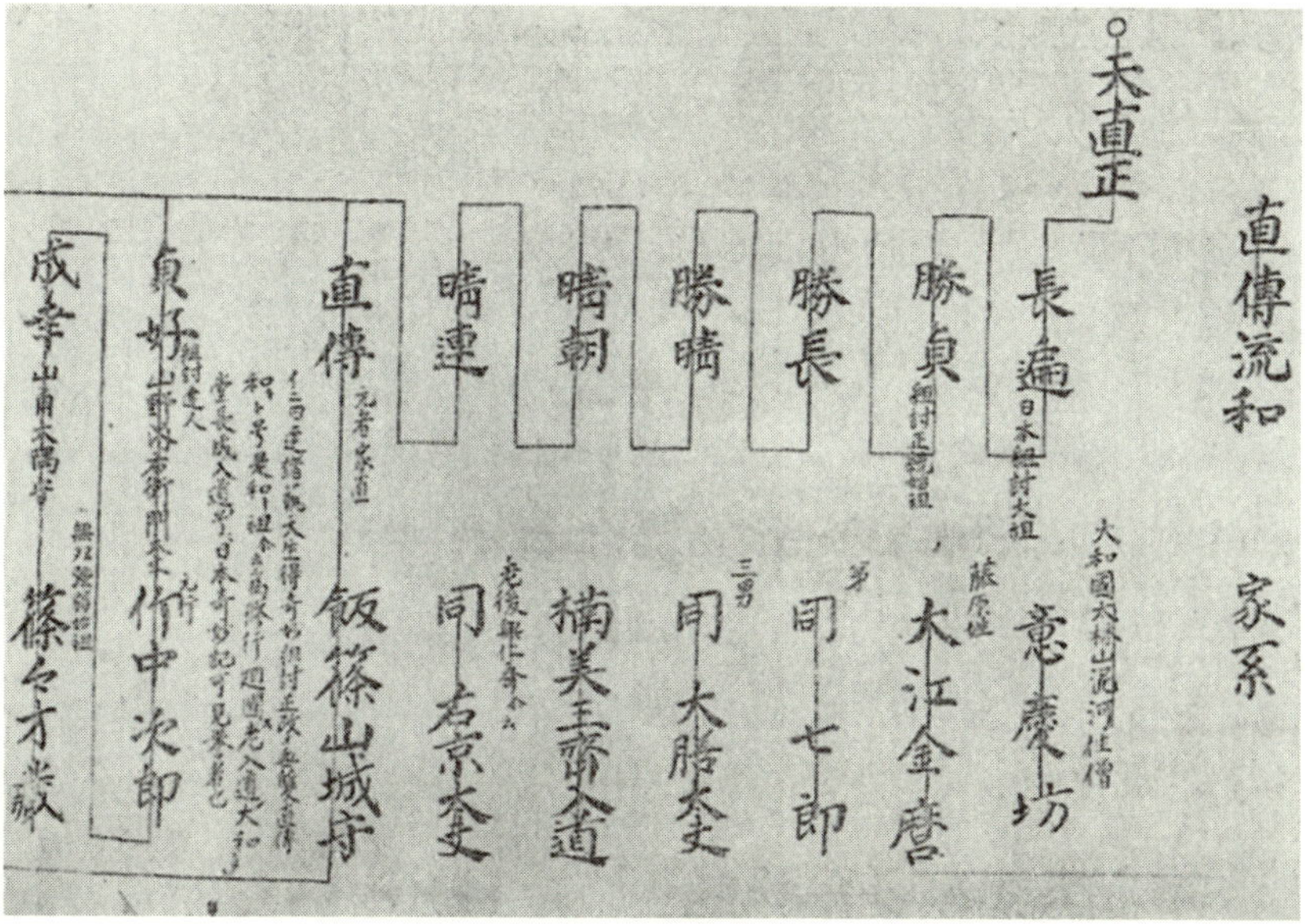

『直伝流和　家系』

代目に据えていて、これによれば天真正ははるかに遠い昔の神格者であると見られたことが、明白である。

長威斎の生年は通説では応永年間とばかりで、よくわからない。若いころ出京して将軍足利義政に仕え、まもなく帰郷したという。仮りに応永二十八年に出生したと見れば、義政に仕えたのが二十三歳以後にあたり（まず常識的に、それより後に出生したとは考えられない）、『飯篠家譜』に六十歳のとき入道して長威斎と号した、というのが文明十二年、そして死去した長享二年には六十八歳になる勘定である。飯篠家では、家直は元中四年に出生して、長享二年に百二歳で死去したといい伝えているが、これでは将軍義政の治世期（嘉吉三年―文明五年）は家直五十七歳以降であり、六十歳で入道したのは三年あとの文安五年ということになる。それだと京上りが若年のころでなく、老年のはじめごろに当たる。

長威斎の神道流は、軍法・薙刀・長巻・槍法・居合・棒の総合武術で、ほかに楠美右京大夫から無双直伝和儀を伝えていた。伴信友の書いた『卜伝百首』奥書には、長威斎は槍・薙刀の術を塚原卜伝にさずけ、刀法は卜伝から習ったとしているが、信じがたい。卜伝は、長威斎の死んだ翌年の延徳元年に生まれている。これでは面会不可能である。長威斎の神道流が卜伝に伝わったのは養父土佐守安幹（長威の門人）を通じてであって、卜伝の組太刀と槍法は、ほぼ長威斎の伝統をそのまま受けついでいる。

【補】飯篠長威斎の遺跡

飯篠長威斎の墓（香取神宮新坂）

香取神宮の第二の鳥居の左側の小高いところ、地籍（ちせき）は新坂というが、旧時、長威斎が梅の木を対手に剣術を自得した梅木山というのがここであるという。今はここに墓碑があり、碑面には〝長威大覚位飯篠伊賀守。長享二年四月十五日〟と彫ってあるが、これは多分後年に建てられたものらしく、正しい戒名の泰巌院殿平朝臣伊賀守来翁道本大居士というのと違っている。じつは、この墓域そのものも旧時の場所ではない。安永年中に今の新坂が開かれた後に移ったので、もとは現在の少し西方へ寄った場所にあったという。文政十一年に刊行された『香取参詣記』（久保木清洲の著。久保木は伊能忠敬の測図を清書した人）に、左の記事がある。

○氷室坂を下り右の方一町ばかり谷間に新福寺というあり。曹洞宗。観音を安置す。○この側に飯篠長威斎入道の子孫今に居住す。神道流天真正の兵術の家なり（中略）。○宮中町を帰り諸神塚の左の方、人家の裏に飯篠長威斎入道の碑あり。小碑なり。長享二年戊申四月十五日とあり。このところは梅木山不断所という寺ありし所なり。長威入道兵術練行の趾という。○側の坂を下根坂といい、八坂の一なり。坂の傍に長威入道子孫の碑あり。

諸岡一羽

諸岡一羽（正しくは師岡一波斎。本名は常成。通称は平五郎。別号を遁羽と『刀術流祖名誉小伝』にあるのは、『稲敷郡郷土史』に逸羽とあるのが正しく、遁羽は誤記であろう。間喜兵衛光延の『剣術系図』には一巴に作り、秋田藩伝一波流伝書には定岡一波伝斎とする）は、飯篠家直の刀術を伝えて（新当流伝書に、飯篠盛近―師岡左京進勝須、一に勝持―師岡一波斎とする。『剣術系図』・『鹿嶋史』等に一羽を塚原卜伝の弟子としているのは疑問。流名は一羽流また一波流、系統によっては新当流としている）、江戸崎（今、茨城県稲敷郡江戸崎町）に住んでいた（もと美濃の土岐四天王の一であった師岡氏の末で、父を師岡筑前守常良といった。一羽は土岐家軍師として江戸崎城にいたが、天正十八年四月、蘆名盛重に攻められて土岐家没落後、同地にかくれ住んだ）。根岸兎角・岩間小熊・土子土呂助が一羽にしたがって学び、おのおの精妙を得た。一羽は癩風を病んで起居が不自由になったのを、岩間と土子は懸命に看病したが、ひとり根岸兎角は脱走して小田原へ奔り、のち江戸へ移り、師の神道流の名を廃して微塵流（補記見よ）を唱えた。やがて一羽は江戸崎で歿したが、小熊と土子はこれを葬ってのちに相談して、「兎角ほど無道な忘恩漢はない。あんなやつは生かしておけないから、江戸へ行って殺してしまおうじゃないか」と一決し、二人で鹿島神宮に詣でて祈願をこめてから、小熊は江戸へ出発し、土子の方は常州にとどまって、願書を鹿島神宮に奉納して小熊の成功を祈ることになった。

江戸についた小熊は、兎角に挑戦した。このことが東照宮の台聴に達したので（『撃剣叢談』に北条氏が試合を検視したとあるのは、いけない。土子の願文に文禄二年とあるから、すでに北条氏滅亡後数年である）、山田豊前守をして奉行（試合の公式検分者の意）たらしめた。根岸・岩間は常盤橋に出て勝負した（常盤橋は浅草口橋ともいう。今の日本銀行前である。『早雲記』には大手大橋にし、『撃剣叢談』には両国橋にしてあるが、両国橋創架は万治二年でこの決闘より七十年も後だ）。小熊は根岸の片足をつかんで橋下につき落とし、木刀を捨て短刀を抜いて、気合いもろとも欄干を斬って勇武を衆人に示し、大いにその名声を高めた。これ以来、根岸の門人多くは小熊の方に入門して刀術を習うようになったが、一部の門人は兎角の讐を討とうとひそかにたくらんで、

諸岡一羽（『武稽百人一首』）

根岸兎角（『武稽百人一首』）

岩間小熊（『武稽百人一首』）

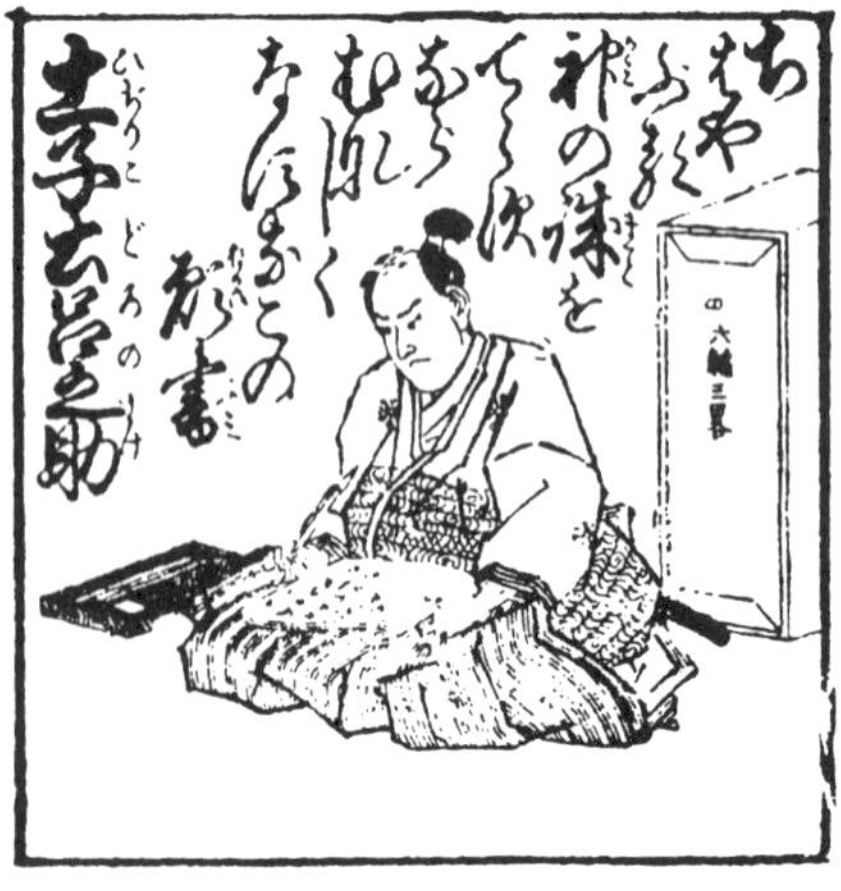

土子土呂之助（『武稽百人一首』）

小熊を浴室へ案内し、ひどく熱い湯にして正気を失わせたから、小熊は浴室から出るなり倒れ、そこを見こんで斬り殺してしまった。それ以来また根岸の刀術が世に売れ、微塵流というものが今も往々存続しているわけである。

　土子土呂助の方は江戸崎にとどまっていたが、水谷八弥（八弥資吉とも、八左衛門助次とも、伝書によって区々である）という者がその伝を継いだ。八弥は東照宮につかえようと思って駿州へおもむいたが、事が遅滞なくはこばないので気をくさらせ、去って遠州へ行って、大須賀五郎左衛門康高（遠州横須賀城主で徳川家康の臣。天正十七年六月死す、六十三歳）につかえた。彼は駿州浅間で某という刀術者と試合をして勝ち、大いに名を高めた。その門から出たのが家所伊右衛門で、彼は豊臣秀頼につかえ、元和元年、大坂城で勇戦して戦死している。

『早雲記』にいう。見しは昔、天正のころおい常陸の江戸崎に、諸岡一羽という兵法の名人がいた。いにしえの飯篠長威入道にも劣るまいと言われていた。土子どろの助・岩間小熊・根岸兎角という名高い弟子が三人あって、兵法に身をなげうち、昼夜つきそい稽古するうちに、諸岡は重病にかかり、もはやいつ死ぬとも知れぬ命となる。ところが三人のうち、根岸が病人を見捨てて逐電してしまったから、のこる二人の弟子は、

「さても憎いやつだ。兎角めを追いかけて討とうにも行衛がわからない。師の深恩を忘るること仁義の道にそむき、神明の冥感にもはずれている。師の罰は逃れることはあるまい、それにしても、こうとわかっていたらあいつを斬り捨てていたものを」

と、矢尻を噛んでくやしがった。両人は貧乏なので刀や脇差まで売り払い、さては着ているものまで金にかえて医術を尽し、三年も看病したけれど諸岡は死去した（文禄二年九月八日、六十一歳）。兎角は小田原へやって来て、天下無双の名人であると宣伝する。この男は丈高く山伏のような惣髪で、目がとがって物すごく、常に魔法（当時魔法というのは、天狗を使うダキ尼天の法か、狐を使う飯綱の法かの、いずれかであった）をおこない、天狗の化身であると言いふらし、夜ねているところを人に見せなかった。愛宕山の太郎坊（愛宕山は京都市右京区と丹波の国境にある山。ここに住む天狗の長を太郎坊という。太郎坊は柿木の僧正ともいって、正六位紀朝臣御国の子の高雄の真済が、染殿の后の色にまよって天狗になったという――『消閑雑記』）が毎夜やって来て、兵法の秘術を伝えると誇称して、微塵流と名づけて人に教え、門人の数も多かった。その後、江戸へ来て大名・小名もたくさん弟子入りし、上見ぬ鷲のごとく傲然と威張っていた。

　このうわさを聞いた常陸の相弟子ふたりは、じっと隠忍していることができない。

「ぜひ江戸へ行って兎角を討ち果そう。それに師伝の流儀をかくして、自分の独創らしく微塵流と名づけて門人に教えているとは、師も草葉のかげでさぞ憎いやつと思召しておられ

るだろう。天罰は逃れることができない。木刀で打ち殺し、兎角の死体を路頭にさらして恥辱を与えてやらねばならない。と言って、あいつ一人を二人で討つのでは、我々としても嬉しくないし、世の聞えもよくない。我々の手並みは兎角もよく知っているわけだから、ここは我々がクジを引いて、江戸へ行って討つ者をきめようじゃないか」

と相談一決して、クジ引きで小熊が江戸行きと決まり、どろの助は国にとどまり（土子のあとは子孫代々茨城県太田村字矢幡に住んで、現在に及んでいる）、時日をうつさず鹿島明神に詣でて、願書をささげて祈誓し、

　敬白願書奉納鹿島大明神御宝前

右心ざしの趣きは、それがし土子泥之助の兵法の師匠諸岡一羽亡霊に敵対の弟子あり。根岸兎角と名付く。この者師の恩を讐を以って報ぜんとす。いま武州江戸にあって私曲をおこない、逆威をふるい畢ぬ。これによって彼を討たんため、それがしの相弟子岩間小熊、江戸へ馳せ参じたり。そもそも願わくば神力を守り奉るところなり。この望み足んぬにおいては、二人兵法の威力をもって日本国中を勧進し、当社破損を建立し奉るべし、もし小熊、利をうしなうにおいては、それがし又かれと雌雄を決すべし。千に一つそれがし負くるに至っては、生きて当社へ帰参し、神前にて腹十文字に切り、はらわたをくり出し、悪血をもって神柱をことごとくあけに染め、悪霊となって未来永劫、当社の庭を草野となし、野干（支那では狐に似た他の獣だが、我国では狐の異名）のすみかとなすべし。すべてこの願望、毛頭私欲にあらず、師の恩を謝せんためなり。いかでか神明あわれみ御たすけなからん、仍如件。

　文禄二年癸巳九月吉日　　土子泥之助

と書いて御宝殿におさめ、本宅に帰った。

　さて小熊の方は江戸へ夜を日についで急ぐ。やがて江戸についた。彼は小男で色くろく、髪は禿（もと蠅払いの道具で、三、四寸の長さの毛束を竹先に付けたもの。ここでは四方に乱れ垂れた蓬髪）のようで、頬ひげ厚く生えた中から目がギョロつき、まことに名前通りの小熊といったかっこうであった。目あてはもとより根岸兎角だが、わざとそれには触れないで、御城の大手大橋（江戸城本丸大手門外の橋で、内堀に架して今の大手町一丁目に渡す）に次ぎの高札を立てた。

兵法望みの人これあるにおいては、その仁と勝負を決し、師弟の約を定むべし。

　文禄二年癸巳九月十五日

　　日本無双　　岩間　小熊

根岸兎角には数百人の弟子があったが、この札を見て、

「にくきやつめが札の立てようだなあ。天下にかくれない根岸先生が江戸におられるのを、知って立てたのか、知らずに立てたのか。何にせよ札を打ち割り、小熊とやらを、皆して棒で打ち殺してやろうじゃないか」

と、ののしり合うところに、兎角がこのさわぎを聞きつけて、

「まあまあ待て。こんな札を立てた小熊めは、バカと言おう

か飛んで火に入る夏の虫と言おうか。なーに拙者が一打ちに打ち殺して、諸人に見せてやるよ」

と放言し、奉行所（当時の町奉行は、板倉勝重と彦坂小刑部）へ申し上げ、こうして両人は大橋で試合することになった。御奉行衆は橋の両方に弓・槍をもって警固し、両人の刀・脇差をあずかった。

両人は、いよいよ橋の東西に登場した。兎角の方は、大筋（太い縞）の小袖に繻子の目打ち（刺繍）のくくり袴をはき、白布を縒ったたすき、黒脚絆にわらじばき。六角の太く長い木刀に鉄の筋金を通し、ところどころにイボをつけたのを引っさげ、なんとなく、いやーな感じの作りである。これに対する小熊は、鼠いろの木綿袷に浅黄の木綿袴。足半（貧者のはくカカトの無い短草履）をはき、みすぼらしいかっこうで、ありきたりの木刀をもっていた。

両方から進み掛かって試合が始まった。

木刀と木刀が打ち合い、たがいに押すかと見えたが、やがて小熊は兎角を橋げたへ押しつけ、片足をつかんでまっさかさまに、河の中へザバッと投げ落とした。小熊は相撲も上手ということであったが、この試合を見た人たちが皆、そうだったと沙汰している。

兎角は濡れねずみになったまま逃げ出して、そのまま行衛をくらましたが、さあこれで岩間小熊の名声は天下に鳴りひびいた。

この試合は私も見物に行ったのだが、何しろ見物が大勢だったのでハッキリとは見えず、あとで侍衆の沙汰しているのを聞くと、

「両人の試合というのは、ちょっと変っていたな。木刀を脇にぶらさげて、両方から走りかかって、ハタと一合したばかりで片付いてしまったんだ。そりゃ二人とも、いろいろと太刀打ちの法は心得ていたに違いないが、しかし何といっても極位（極意）は一つ。ただ五尺のからだを目標にして、切るよりほかに、べつのやり方はない。むかし下総国香取に塚原ト伝（後述）という兵法者がいたが、これが大した名人で、末代においてト伝一ツの太刀（後述）といいならわしている。してみると太刀のあつかいようは色々あっても、きわまるところはただ一刀ということがわかるものの、さてそれを会得するには充分の稽古が必要だ。兎角も小熊も共に名人同志だから、目標の寸尺が少しもはずれず、両方の太刀が宙でハタと当たって、それがすぐにほぐれなかったのも見事だったよ。もちろん勝負だから一方が勝ち一方が負けるのは当然だが、これは運がよいか悪いかで決まる。兎角が橋げたへ押しつけられて川へ落とされたのは、まあ小熊にくらべて勇力が劣っていたからだろう」

と一人が言う。すると、その場にいた岩沢右兵衛助という人が口出しして、

「あのとき拙者は奉行衆の内に加わっていたから、橋詰めのところから勝負をハッキリ見ていた。小熊は早い目に来て西から出、兎角は東から出たが、そのとき拙者の近くで見てい

た高山豊前守という老士が、まだ勝負前なのに、『おや、兎角が負けだ、兎角が負けだ』と二言いったのを不審におもい、後でそのことをたずねたところ、豊前守は答えて、こう言った。小熊が右手に木刀をもち、左手で頭を撫でながら『いかに兎角』と言葉をかけると、兎角が『されば』と答えて頬ひげを撫でたが、あれで高下のしるしが表われている。そのうえ兎角が、東から御城の方へ向いて剣を振っては、どうして勝てるものか。これが運の尽きる前表（前兆）だ。果たしてそうなった。兎角は大男の大刀だから、小熊をあなどって上段に構えたが、小熊は小男で無力だが功者だから、打合いをしてはかなわぬと知って、即妙に機転をきかして下段に持った。案のごとく兎角が打ってかかるところを、小熊はハタと受け止めて、対手を橋げたへ押しつける。橋げたが腰より低いから、兎角は川へさかさまに落ちたのだ。要するに、兎角は強力を頼みにして是非の進退をわきまえず、威あって猛々しいが、これは血気の勇というもので本位ではない。小熊は項王（楚の人、項羽）の勇を心とし、張良（漢の高祖に従って天下統一に功あり）のはかりごとを旨としている。敵が強く出ても強くは受けず、柳の枝に雪折れなしと言うやつで、つねに変動する体勢だった。〝敵によって転化す〟という三略のことばを、小熊の兵法を見て思い出したよ」
と言った。

日夏能忠（後述。本書の著者繁高の父）いう。根岸・岩間のことを昔、ある老翁がこう語った。

「小熊は小男で兎角は大男であったが、根岸は圧倒するような態度で、小熊を橋げたへ押しつけて身動きできぬようにした。ここで小熊は危く見えたが、どういう手を使ったのか、きゅうに小熊が兎角の片足を取って橋下へ投げ落とし、脇差をぬいて、八幡これ見よ、と高声にさけんで欄干を切った。その痕が明暦三年正月の大火までは、たしかに残っていたのを見た」

又、この勝負を東照宮が、城のやぐらから上覧されたということである。

愚いう（繁高評言）。『北条五代記』には、小熊、兎角を橋げたへ押し付けて働かせずとあって、右の老人のことばと違っている。どちらが是か非かわからないが、私は老人の説がよいと思う。

【補】微塵流のこと

根岸兎角の後身については山田次朗吉氏の記述がはなはだ精要であるから、簡約する。

微塵流伝書をみると、初祖を信太大和守朝勝とし、承伝は朝勝―曾我又八郎祐章―井上頼母勝成―松井兎角之丞重勝とあって、初祖の朝勝は前に常陸の江戸崎にいたと伝えている。

松井兎角は榊一雲と名乗り、遊行四十九世一法上人が筑前博多へ掛錫のとき面接し、はからず流祖の伝書を手に入れたといい、貞享五年の印可書があるから、逆算すれば信太朝勝は根岸兎角の更名であろう。なお一書には、信太大和守朝勝は諸岡一羽門で、微塵流の祖、慶長中、黒田長政につかえ、後、辞して上京したが、黒田家からの合力金はその後も続いていた。中国地方にいたって病死した、云々。

山田氏説は以上であるが、『撃剣叢談』には、微塵流は辺鄙な地方には近代まで残っているかも知れないが、江戸では聞くところがないと書いてある。

『張藩武術師系録』を見るのに、尾州徳川家にも微塵流が伝統していたのを知るが、これは刀術でなく、長谷川玄吉（喜ト）を初祖とする棒術で、他に三州浪人、丹羽権太夫高吉の微塵流薙刀の伝統もあった。

【補】鹿島・香取の棒と棒術の概観

棒術、また棒の手という。筑前藩の神道夢想流その他の〝杖術〟なども、棒の変化といってよろしい。『万歳諸用日記』（寛延年代か）に、

「棒の手。四方八角に作り、八尺にいたし、筋金入り、鉄のイボを末四尺のあいだに打ち、これを金さい棒と名付け、剛力の所作につかまつり候。その後、山科流と申すは、樫の木にて六尺につくり用い候えども、利方よろしからず候ゆえ、近代すたりて、今は辺土の順礼の所持にまかりなり候」

とある。

金さい棒は『太平記』に、八尺あまりの金撮棒と書き、篠塚伊賀守がこれをふるって敵をさんざんに追い散らしたと記述している。なお『北条五代記』には三浦道寸の子荒次郎は七尺五寸の大男で、八十五人力の怪力、白樫一丈二尺の八角削りの筋金入りの棒をふるって敵を五百人殺したと、御大層なシネマスコープ式大殺陣をえがいている。

後世の棒は六尺が規格となって〝六尺棒〟といい、また〝半棒〟という三尺の棒もあった。武蔵流では六尺棒から二寸詰めた五尺八寸が定尺であった。他に四尺五寸・七尺五寸、また〝鼻ねじり〟（もとは厩舎用具）という短棒もあった。神道夢想流の杖は四尺二寸一分に作る。

六尺棒は捕方・辻番らが実際的に使用した以外にも、刀法の初歩として、また一般武技としておこなわれた一面、江戸市民や地方農民のあいだにも、半スポーツ的武技として流行したことがある。

鼻ねじりは徳川時代の中頃までは、武家の鉄扇がわりとして日常の護身用に携行され、何かといえばそれで諸民を打擲するといって『民間省要』に大いに憤慨しているが、後期になるとすっかり忘れられて使用する武士はほとんどなくなり、ただ捕物三ツ道具の一つとして、特に京坂の長吏の捕方（非人から出る捕方）の専用物として残った。江戸の庶民間に一時流行した棒術は、俗に〝香取の棒〟といっていた。

農民間で特に棒の盛んだったのは尾州で、東春日井郡岩崎村を中心にして、近村に十数流の棒の流派がおこなわれ、現在も祭事に附随して伝承されている。

福山藩の江戸丸山の中屋敷にあった藩専用の道場では、まず初めに一伝流の棒を教えて、その伝授がすむと一段という等級をうけることになっていた。この一例から見ても、棒は

必ずしも独立の流派ばかりでなく、剣・槍・柔・組打ちなどに附随して教える場合も多かったのである。

塚原卜伝

塚原卜伝（新右衛門高幹、幼名朝孝、のち土佐守また土佐入道という。延徳元年十二月生まれ。講談で小太郎勝義というのはデタラメ）は常州塚原（いま茨城県鹿島郡鹿島町須賀の内）の人である。父塚原土佐守（字は高安。卜部呼常に太刀を、飯篠長威斎に槍を習った――伴信友『塚原卜伝の伝』）が飯篠長威斎にしたがって天真正伝を得、その子の新左衛門（誤。新右衛門が正しい。新右衛門は塚原氏代々通称である。この新右衛門は卜伝の兄で、名は安義――伴信友説。『鹿嶋史』には義安としている）がそれを継いだが、不幸にして早世したので、弟の卜伝が伝脈を継いで諸州に修行し、大いに名を高めた。このとき野州に上泉伊勢守（後述）という者があって、陰流の祖であり、刀槍の達人であったから、卜伝はたずねて上泉に習い、その心要（奥旨）をきわめた（卜伝を上泉伊勢守門とするは通説で、本書のみならず『明良洪範』・『武術流祖録』・『常山紀談』等みなその説である。しかし、上泉は永正年代の中ごろの出生とおもわれるから、卜伝より二十歳ほども若年であって、卜伝の新当流開眼の大永二年ごろには、まだ十四、五歳でしかなかったであろう。卜伝が上泉の門人であるはずはない。『北条五代記』などは、逆に、上泉を卜伝の門人と書いている）。のち、京都へ行って将軍義輝公および義昭公に謁し、刀槍の術を教授し奉った。列侯・諸士で卜伝門に学ぶ者も多かったが、中でもっとも傑出していたのは伊勢国司具教卿（北畠具教）であったから、これに〝一の太刀〟（後出）を伝授した。

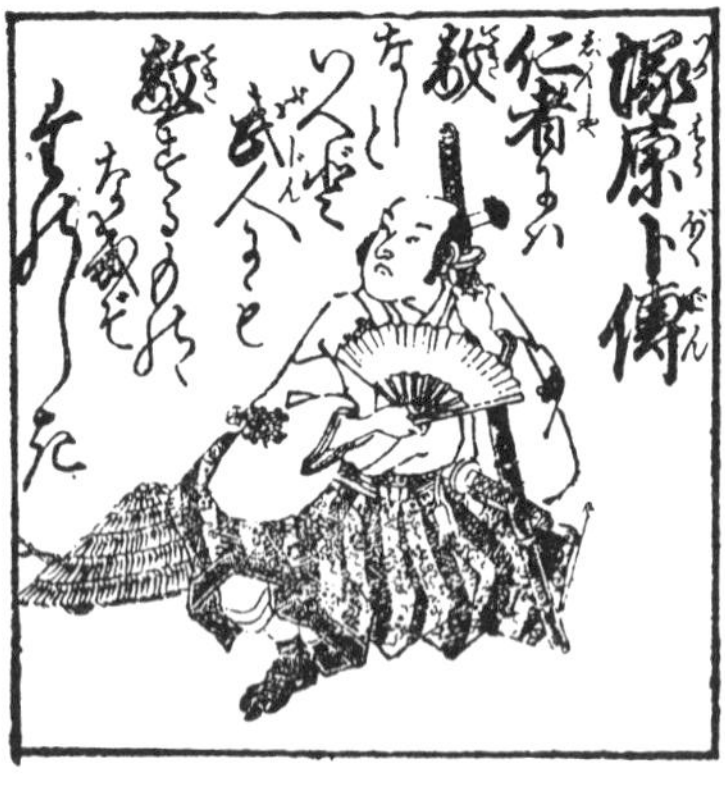

塚原卜伝（『武稽百人一首』）

松岡兵庫助（補記参照）という者も、よく卜伝の刀槍の本旨を会得し、のちに東照宮に師範して〝一の小太刀〟（特に小太刀とあるが、一の太刀と同じ。家康の誓文にも一の太刀とあって小太刀とはない）を伝授し奉ったので、はなはだ褒賞された。甲頭刑部少輔（前出。鹿島郡大野村光崎の郷士）・多田右馬助（三八郎正長。家康の旗本で大番の士。寛永十年上総国市原・長柄・香取三郡の内にて五百石。寛文二年十月十七日死す、七十五歳。牛込恵光寺に葬る）らが松岡の伝を継ぎ、木滝治部少輔（鹿島町木滝の人）が甲頭の術を相続した。木滝の伝は野口織部が継ぎ、多田の伝は間宮所左衛門（所は新の誤字。新左衛門正次、初名は熊之助、徳川旗本。享保五年十一月死す、七十八歳。牛込松源寺に葬る）が継ぐ。間宮から永尾庄右衛門（前出、諸礼の榊原忠郷の条）へ、永尾から榊原七右衛門へ伝統。この間宮・永尾・榊原は共に大猷大君（徳川家光）の幕下であった。

『甲陽軍鑑』にいう。塚原卜伝は兵法修行に廻国する際、大鷹三羽を据えさせ、乗替馬を三匹もひかせ、上下八十人ばかりの門弟をつれて歩き、こうして行くさきざきの武家に尊敬されるように仕向けた。いかにも兵法の名人らしいやりかたである（このことは『山鹿語類』・『卜伝百首』・『鹿嶋史』等にも書いている）。

同（『甲陽軍鑑』）結要本にいう。塚原卜伝という兵術の上手、すぐれた名人である。子細は、この卜伝の太刀の極意を〝一ツの太刀〟と名付けるが、これを創案したのは松本備前守であるが（松本は後述。秘刀一の太刀は松本備前守尚勝の発明で、これを塚原新右衛門に伝え、新右衛門から卜伝に伝えた――『関八州古戦録』）、彼は鹿島・香取の取り合いに、槍を合わすこと二十三度、晴れなる高名の首数（以下、高名の種類については補記参照）二十五、並の追い首七十六。二度の首供養（補記参照）に結局首が一つ余分になる勘定である。卜伝も九度の槍合わせで高名の首二十一、そのうち槍下の首あるいは崩れぎわ、場中の首が七度あって、武遍（単騎弧身にて剣をにぎり槍をふり、武勇を働いた者を武辺者という――『塩尻』十四）誉れの者である。卜伝は右の〝一ツの太刀〟を使い、納得して工夫し、卜伝の一の太刀といって日本国中の大名たちへ相伝したが、中でも公方の万松院殿（万松院殿曄山道照。足利義晴）・御子光源院殿（光源院殿融山道円。足利義輝）・霊陽院殿（霊陽院殿昌山道休。足利義昭）御三代へ伝授申し上げた。右の太刀に、一ツの位・一ツの太刀・一ツ太刀、かくのごとく太刀一ツを三段に見分ける。第一は天の時、第二は地の利、天地を合わせる太刀である。第三の奥秘は一ツ太刀で、これは人の和と工夫ということを説いている（一の太刀に三段云々は『関八州古戦録』に記事あり）。理屈だけでは解しにくいから、卜伝の実話について語ろう。

卜伝が、ある上手な兵法づかいから試合を申込まれた時のことであるが、

「よろしい。試合しましょう」

と返事をしておいて、まず自分に肩をもってくれる人たちに聞き合わせて、相手の剣士が木刀で何度か試合をして勝った例をしらべ、どういうやり方、どういう風に勝ったかを総合してみると、構えは左太刀であるが、勝つときは右か左か、とにかく片手できまるということがわかった。そこで卜伝は試合前に相手方へ対して、

「左太刀の片手勝負は、たとえ勝つためとはいえ卑怯なやり方であるから、拙者との試合では、やらぬようにしてもらいたい」

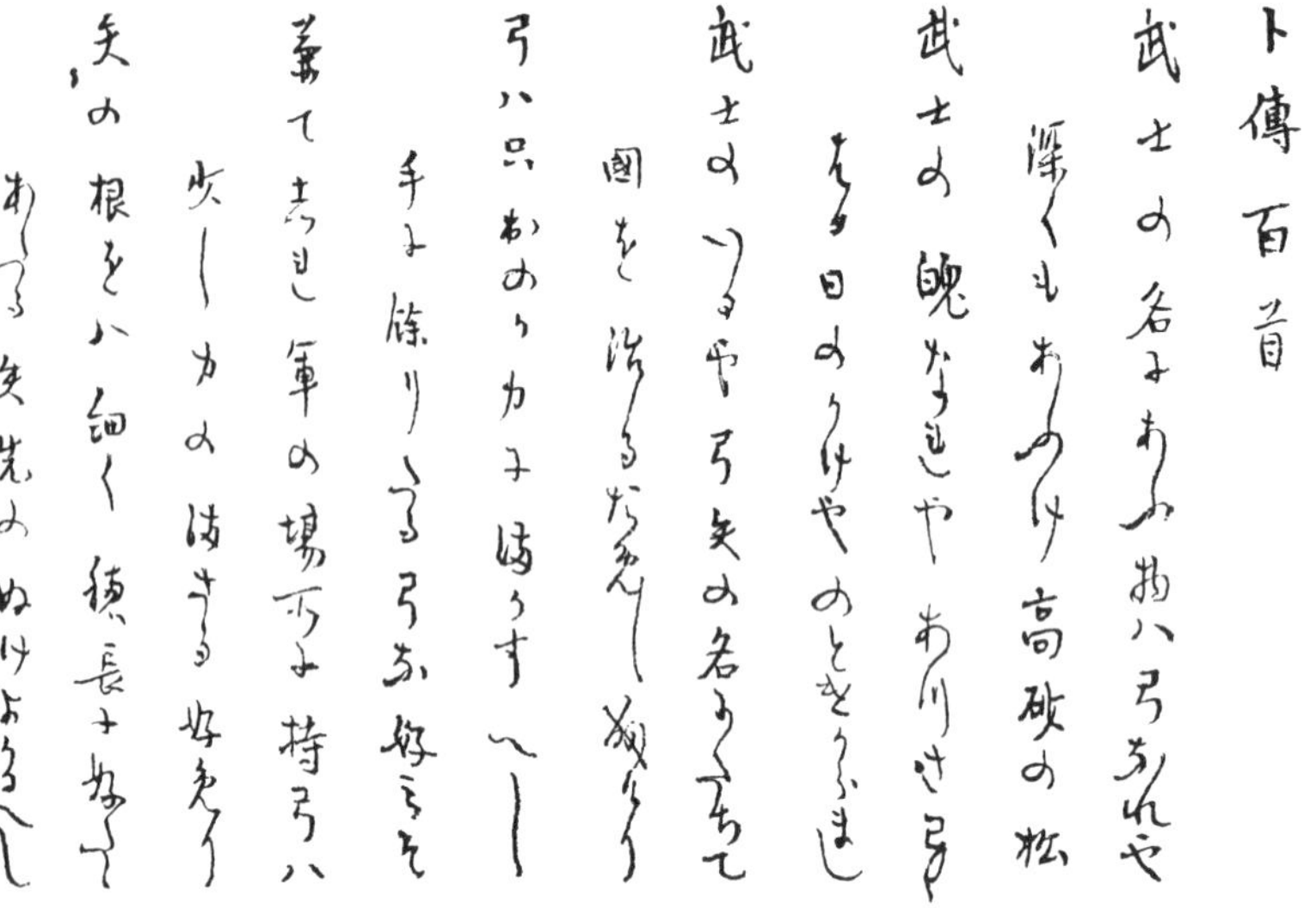

『卜伝百首』写本

と、十回も使者を立てて言わせた。

相手からは十回とも、

「左太刀で片手で打つのがいけないというのなら、勝負しないで卜伝どのの負けにしたがいいでしょう」

と返事をする。

そして試合当日がやって来た。むろん卜伝がそんな使いを出したのは計略にすぎないのだから、試合はあっけなく卜伝が勝って、相手の額から鼻・唇へかけて打ちくだいてしまった。勝負の秘訣は口伝が多いから、ここでは明確にしがたい。いずれにせよ卜伝は、一ツ太刀の要諦を心得て心静かに勝負のできる名人だが、相手の剣士は上手は上手でもまだ名人とはいえず、意地ばかりで勝負をするから負けたのである、云々。

『勢州軍記』にいう。それ兵法・剣術というものは、近来常陸の国の住人飯篠入道長威斎が、天真正の伝を受けて一流を創始したのである。卜伝は長威の四代目の伝統をついで、もっとも秘術に精通していて、新しく流派を開創して世間に名声を高めた。しかるに卜伝、諸国修行して帰国し、晩年に及んで自分の家督を、三人の子の内の誰にゆずるかを選定することになった。ここで三子を試験するために、木枕を自分の部屋の暖簾の上において、暖簾をはねると頭の上へ落ちるようにしておいてから、まず嫡子（塚原彦四郎幹秀。卜伝の養子で、実父は塚原五左衛門。歿年不詳だが天正末年ごろ）を呼び入れる。すると嫡子は〝見越しの術〟（一種の透視術）

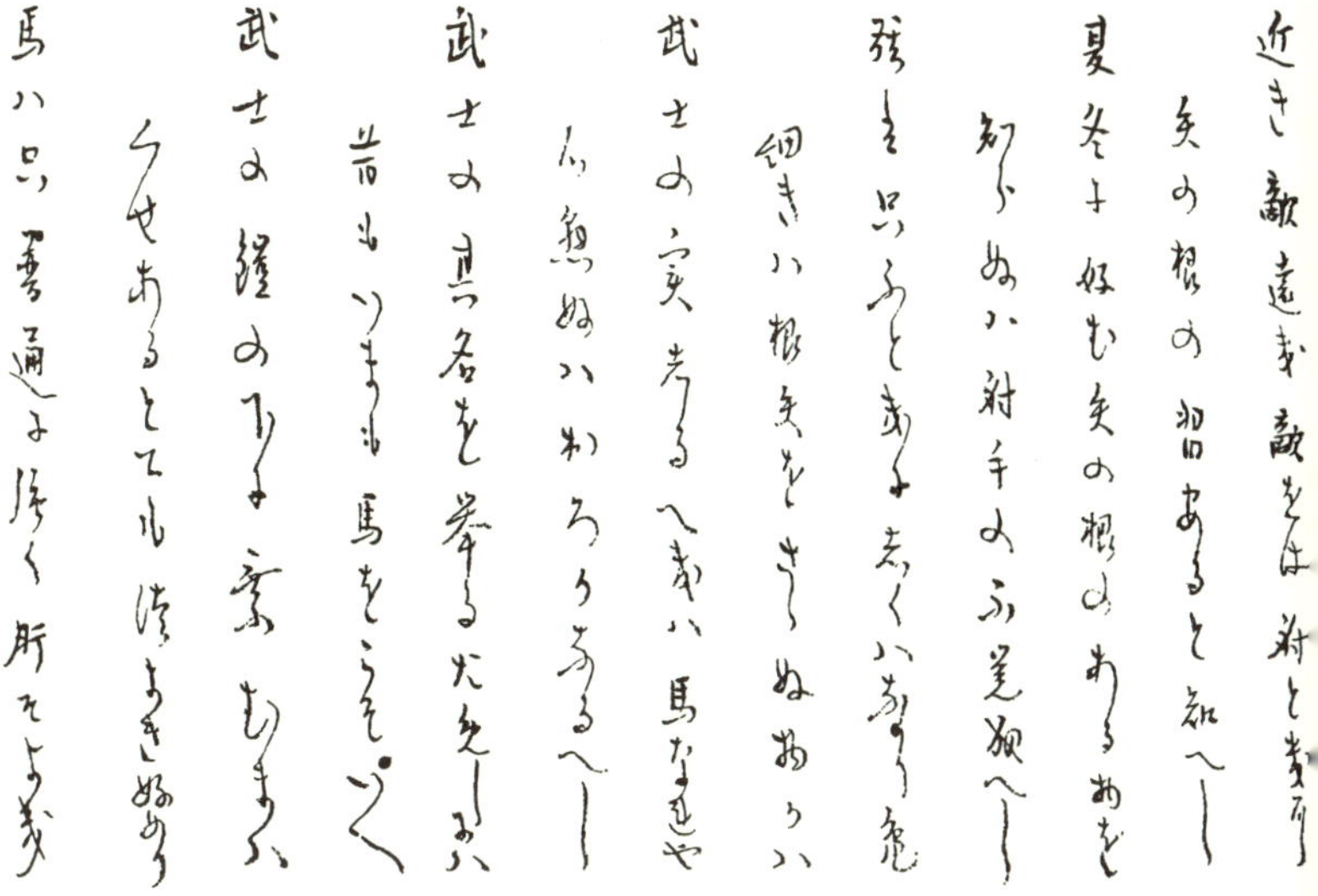

でこれを見つけ、枕を取り除いてから座に入った。もういちど同じようにして、二男（名は不明）を呼び入れる。彼が暖簾を開くと上から枕が落ちたが、すばやく身をかわし、刀に手をかけながら、つつしんで座に入った。また前と同じようにして三男（塚原小才治と一説にいう。彼は加藤清正の臣だが、『清正記』には卜伝の縁戚とはあるが三男とはしていない）を呼ぶ。暖簾を開くときに枕は落ちたが、彼は、とっさに抜刀して、枕を宙で切って座に入った。卜伝は声を荒くして、

「お前ら、枕を見ておどろくとは呆れたやつだ」

と一喝し、枕に気付いてそれを取り除いてから入室した嫡子に、家督をゆずり（弘治二年三月と伝書にあり）、その時こう言った。

「すべての伝授はお前にゆずる。しかし〝一の太刀〟だけは唯授一人（ゆいじゅいちにん）（前述）で、すでに伊勢の国司（北畠具教）にゆずってしまったから、あらためて私からお前に伝授するわけにはいかない。お前は伊勢へ行って、国司から伝授されるがよいだろう」

　卜伝の死後、彦四郎は伊勢へ上って国司に面会したが、自分が一の太刀を知らないから教えてくれ、とは言いかねて、

「我が父から相伝された一の太刀は、あなたにも伝授されているということですが、私のとあなたのと、どんなところが違うかを知りたいので、お見せ下さい」

といって、だました。具教は、だまされるとは知らず、その

伝を見せた。

ある書にこんな話がある（ある書とは神沢貞幹の『翁草』である。その巻六十が話の出典だが、『校合雑記』巻二十二・『撃剣叢談』にも引用され、現在もそのまま落語になって行なわれている）。昔、智ある人から聞いた話であるが、土佐の卜伝という人があった（『武術系譜略』には塚原卜伝を土佐の人と註して同一人視しているが、じつは架空人物だろう。卜伝が土佐守また土佐入道と称したところから、こんな人物が考え出されたのだ。『卜伝百首』序文に、卜伝は四国讃岐の人で、細川管領の臣三好長慶に仕えていたが、三好が陰謀家なので仕を去ったというのも、細川が讃岐国守であったから生じた思いちがいらしい）。兵法の一派を立てて無手勝流といった（無手勝流という流派は卜伝に関係なく実在した。流祖を無手勝安太夫という）。あるとき東国へ下る折、江州矢走の渡について船に乗ったが（大津から湖上一里、矢橋舟と山田舟の二種あった）、乗合い六、七人あるうちの一人、三十七、八歳で丈高く、髯の濃い武張った言葉つきの武士が、人もなげに遠慮えしゃくなく自慢たらたら、我れこそ天下無敵の兵法者であると大威張り。卜伝は初めは聞かぬふりをして目をつむっていたが、これも兵法では負けん気の男であるから、やがて口を開いて、

「さても様々のお物語をお話しなされたが、中で兵法の高慢咄は拙者にはチトそのまま受けとられない。拙者も若年の時から、型のごとく精を出して稽古してみたが、なかなかむつ

矢橋の渡船（東海道分間絵図）

かしいもので、人に勝つなんてことを思ってもダメだとわかった。ただもう人に負けぬようにと心がけるのが精いっぱいでなあ」

という。男はそれを聞いて、

「御坊はなかなか味なことを言う。兵法は何流かい」

「いや、大したものじゃない。ただ、人に負けない無手勝流というやつで」

「ふーん。無手勝というなら、手に何も持たないで勝つという意味かい。それなら腰に両刀をさしているのは何のためじゃ」

「これは以心伝心の二刀と言うて、自慢を切り悪念を断つためだよ」

男はそれを聞くと、カチッと来たらしい。

「よーし。そんなら御坊と試合をしよう。武器をもたずに、勝てるか、どうか、やってみるんだな」

ト伝、うなずいて鹿爪らしくいう。

「されば我が心の剣は活人剣であるが、対手が悪人ならばそのまま殺人刀ともなる」（活人剣殺人刀は『碧巌録』から出た禅家の語）

男は腹にすえかねて、船頭にむかい、

「この船をいそいで岸につけろ。陸に上がって勝負をする」

と怒声を張り上げた。

ト伝は、ひそかに目で合図して、船頭に言った。

「陸は往還の大道だから見物が集まるとうるさい（湖岸南方に東海道がある）。向うの辛崎の前にあたる離れ島にて、人に負けない無手勝流を御目にかけよう（辛崎は湖の西岸である上に、北に偏しているから、矢橋舟がそんな処まで行くのは無茶である。フィクションの一証）。乗合いの衆は急ぎの旅行で御めいわくであろうが、まあ勘弁して見物していただくことにしよう。船頭早く漕げ」

と、せき立てた。

やがてその島へつくが否や、相手の男は三尺八寸の太刀（江戸中期になると刀は二尺三寸五分、脇差一尺三寸五分から一尺八寸ぐらいが適当とされた――『子孫鑑』。しかし戦国に近い江戸初期には三尺以上の太刀をさす人はザラにあった）をスラリと抜いて、勇躍して岸へ飛び移り、

「さあ、御坊の真甲二つにしてやろう。いそいで上がれ」

とさけぶ。

ト伝さわがず、

「そう急くなよ。無手勝流は心を静かにせねばならぬのじゃ」

と、裾を高々とからげて腰に挟み、

「腰の両刀は抜いて船頭にあずけておこう。その水棹を拙者に貸せ」

といって棹を手にもち船べりに立ち、棹を岸へ立ててヒラリと飛び上がるかと思えば、さにあらず、ぐいっと突っぱって船を沖へ突き出した。

男はこれを見て、

「おいおい、どうするんだ。上がって来ないのか」

「何んで上がるものか。くやしかったら泳いで来たまえ。一則さずけて引導を渡してくれるぞ。無手勝流というのがこれさ」

と高声に笑った。

男は無念の歯ぎしりをし、

「憎いやつだ。卑怯だぞ。返せ。もどせ」

とさけぶが、卜伝は聞こうともせず、湖上一町ほども隔たってから、扇をひらいて手招きし、

「どうだ。この兵法の秘訣、なんとうまい手だと思わないか。もっと習いたければ、いつでも教えてやるよ。さらば、さらば」

と言い捨てて、山田村へ着いた。

【補】塚原卜伝事績の補足

鹿島の吉川家（卜伝の実家）に伝わる新当流系図に拠ると、卜伝は初代と二代とあることになっていて（塚原土佐守安幹―養子、卜伝高幹―卜伝幹重）、この二代目卜伝幹重は、同家伝の塚原系図には、「卜伝四男、一度長威門人」と註してある。しかし飯篠長威斎は、卜伝高幹の生まれた延徳元年の、その前年、長享二年に百二歳で死去したと飯篠家伝のいうところであるから（前述した）、それが正しいとすれば、卜伝が長威の門人であるはずもなければ、二代卜伝はますます入門不可能といわねばならない。吉川家伝が誤りか、飯篠家伝が誤りか、軽々しく決定できない以上は、別の傍証が出るまでこの問題は判断の外におかねばなるまい。

『鹿嶋史』にいう。

大神は皇国武術の祖神なれば、上古より伝わりきたれる兵法あり。ふるくは鹿嶋の太刀とのみいい習えるを、後に新当流と名づけたり。中古、塚原卜伝神託をこうむりし時、神託のうちに新当の字義ありしをもて名付けしなりと。世にあらゆる諸流はみなこれより起れり。天児屋根命の孫、国摩大鹿嶋命の後、国摩真人、高間原の神壇（一名を鬼ガ城といい、平井の西、宮中に至る一里の間、赤色の砂山である）を築きて拝禱し、大神の教をこうむりて神妙なる一太刀の術を発揮し、また師霊の法則をつくり後世に伝えられしおもむき、当流起源伝にくわし。真人の苗裔、座主吉川氏あり。剣法六十八カ条いまに存す。塚原卜伝といえるは世にきこえたる達人にて、名を高幹といえり。座主吉川左京卜部覚賢の門にして、鹿嶋塚原の里人塚原新左衛門尉義安の養子となれり。高幹、千日のあいだ神宮に参拝して祈りしに、満参の朝、夢中に神託を得て、伝え来たれる一太刀の妙理をさとられたり。（中略）卜伝は諸国を修業し、まず京都にて足利義輝・義昭将軍に一太刀を伝え、伊勢に遊びては北畠具教、甲斐に至りて武田信玄等に遇いて我が術を説き、武田家の諸士あまた信服す。山本勘介晴幸は殊にすぐれたり。（中略）およそ真剣の試合は十九度、戦場に出づること三十七度、一度も不覚を取らず、疵一所もこうむらず、ただ矢疵を受くること六カ所のみにて、立ち逢

う敵を討ち取ること二百十二人なりと云えり。国々を武者修業とて巡見し、その後郷里塚原に帰着し、古城址（天正十九年に滅亡して廃毀された鹿島城址で、字宮中の西の高原。鹿島とも吉岡ともいう）に草庵を結び、門人ますます進む（古城址に住んだとするのは、まずい。鹿島城が廃毀されたのは、卜伝死後二十年ほどの天正十九年である）。遂に元亀二年三月十一日卒す（八十三歳。『天真正伝新当流兵法伝脈』には、鹿島沼尾郷日野磯旭なる門人、松岡兵庫助則方の家で死去したとある）。鹿島郡須賀村（いま鹿島町沼尾村の内）梅光寺に墓あり。今に存在す。法号を宝剣高珍居士といい、仁甫妙宥大姉というはその後室の法号なり。今に来たりて木剣を納むるもの多し。

塚原卜伝の墓（鹿島町沼尾、梅光寺）

右の文、卜伝を鹿嶋明神祝部の主座吉川左京（卜部覚賢）の門と書きながら実子とは書いていないが、ともかく上泉伊勢守を師としたという通説を採用しなかったのは的確な見解だ。卜伝という名も、卜部の剣を伝えるという意味から来ているのだろう。卜伝の実家吉川氏（卜部家）は鹿島神宮の祝部であると同時に、地元の豪族鹿島城主の鹿島氏の四家老の一でもあった。四家老とは卜部吉川氏・松本氏・小賀野氏・額野氏をいう。そのうち松本氏もまた鹿島神宮の祝部で、松本備前守（後出）はこの家の出である。

　卜伝は、鹿島神宮に千日参籠して神感を得、「一つ太刀」の妙術を考案し（松本備前守創案説に反する）、流名を新当流と称した。新当の文字は、古伝の鹿島の太刀の上古流・中古流に新意を加えた意味とも、神託の中に新当の義があったともいうが（『卜伝百首』奥書）、じっさいは飯篠長威の神道流の替字であろう。

　鹿島町字須賀の梅光寺墓地にある卜伝の墓は、苔むした高さ六十センチぐらいの自然石で〝仁〟の一字以外は風雨にそこなわれて消失している。仁字は卜伝の妻、仁甫妙宥大姉の一字である。梅光寺はかなり前に焼失して再建されず、卜伝の位牌は墓地から三百メートル東の、真言宗長古寺に保存されている。

　卜伝の試合話は必ずしも少なくないけれど、本文に引用されている左太刀片手勝負を十ぺんも不都合だと申し入れて、わざと対手に軽侮心をおこさせ、その油断につけこんで惨殺するなどは、いくら名人芸にしても余り後味のよい話じゃない。

近江日野城主、蒲生下野入道定秀（氏郷の祖父）に招かれて客となっていた時、ある日卜伝が屛風のそばを通ると、とつぜんおどり出て斬りかかった者があった。この者は同家の家臣落合虎左衛門といって、京にいたころ卜伝と試合をして負け、それを怨んで卑怯な暗殺をしかけたわけだが、卜伝は一歩とびのきざまに、脇差を抜いて一刀で斬りすてた。

両刀を帯びていた卜伝が、わざと短い脇差を用いたことを人々は不思議に思ったが、それはとっさに切りつけられて間合いが詰まっていたから、太刀では迅速に斬れないと思って脇差を使ったとわかった。不意に背後から斬りつけられた瞬間に、太刀か脇差かを反射的に選ぶ判断と動作、そこに天才と修練の結実が見られる。

彼の技のすぐれていた例として、あるとき卜伝がたわむれに、一尺四、五寸の脇差を片手にして、人に大太刀で力かぎり打たせてみたところ、何十回打っても脇差はびくとも動かなかったという。

卜伝は、本来は余り長い太刀は好まなかったらしく、『武具要説』に山本勘介の談話として、塚原卜伝は常に二尺四寸の刀をさしていたが、仕合などの時や放し打ちの者、そのほか覚悟した時には、いつも三尺ほどの刀を用いたと聞いている、と書いている。なお卜伝の試合話でもっとも著名な、下総住人梶原長門との試合の情況も、右と同じ『武具要説』に出ていて、やはり山本勘介の談である。

塚原卜伝と下総より出たる梶原長門と申す長刀の名人、武州川越にて仕合いしたるに、かの長門は常に一尺四、五寸の長刀を以ってつばめなどを切り落とし、雉子・鴨などの地に居たるを切って取るほど名人にて、槍・太刀など度々仕合いいたし、切り落とし者・放し打ちの者をも数度仕り、後には手かれて（技術が向上して妙境に至る）、「このたびは左の手、先に。右の手を後に切り、その後首を切らん」などと詞をかけて、少しもたがえずしすますほどの手だれ（熟練者）なれば、卜伝が弟子ども、かの長門と仕合うことは如何あらんとあやしむは道理なり。卜伝申すは、「みな道理を知らで、奇特なることを貴び候。長門が長門ほどの名人には出合わぬに依って名誉なることを致し候。モズという鳥は、ぬしが身四ツ五ツ合わせたるほどの鳩を追いまわす機逸物なれども、エッサイ（雀鷹、ツミともいう）とて鳩半分となき小鷹に逢いては、その機逸物も出合わず、木の葉・竹の葉の下にかくれまわるものなり。総じて我れより初心の者にあいては、奇特・不思議もあるものなり。長刀というは太刀打ちの場間より二尺・三尺遠き物を切ってとる道理の物なり。しかるに一尺四、五寸の長刀にて、相手の両の腕を二度に切るなどと云うは、相手がよくよく拙ければこそ左様には致すなれ。それがし長刀は常につかわねども、兵術一致とて皆おなじ道理のもの也。三尺の刀にてさえ思う図に人は切られず、まして一尺四寸の小長刀にて六尺外に切りはずさぬ如く切るというは、鳥けだものか、心を取り失いたる相手ならばさもあるべし。物なれたる者が聞きては至らぬこと也。二尺より内の長刀は、柄の短き槍と同前たるべし。九尺一丈の槍にて突き抜かれても、当の大刀はうたるる物なり。いわんや長刀にて突かれたりとても、当の大刀をうたで死ぬることは、よもあるまじ」

と申して、二尺九寸の大刀さして仕合場にまかり出で候。長門は例の一尺五、六寸の長刀にて仕候。たがいに床机を立ちて、すらすらとかかると見るうちに、長門が長刀、鍔もとより一尺ばかりおいて二ツ切り落され、ただ一太刀に切られ候。卜伝は兵法の家なれども、所により長刀をも槍をも持ちて勝負を仕候。長刀持つときは二尺五寸ほどの長刀を持ち申候。されば長刀も長きに利有るべしと存ぜられ候。以上。

『卜伝百首』の奥書によると、

「十七才にして、洛陽清水寺に於いて真刀仕合いをして利を得しより、五畿・七道に遊び真剣の仕合い十九カ度、軍の場を踏むこと三十七カ度、一度も不覚を取らず。疵一カ所も被らず、矢疵を被ること六カ所のほか、一度も敵の兵具にあたることなし。およそ仕合い、軍の場とも、出逢うところの敵を討ち取ること、一分の手にかけて二百十二人」

とあるが、いくら剣術の名人でも、こんなべらぼうな鼓張は信じないでほしい。卜伝が馬の尻を避けて通るほど慎重だった、という逸話が、『常山紀談』・『積翠雑話』に出ている。

卜伝の門弟中に、なかなか出来のよい弟子があって、卜伝もこれに一の太刀の秘伝をゆずるつもりでいた。

ところがある日、この弟子が道を歩いていると、ふいにつないであった馬が跳ねたので、彼はすばやく身をかわしてとび退いた。見ていた人々が、

「さすがは卜伝先生の高弟だ」

といって褒めたが、卜伝は気に入らない。

「これでは、とても一の太刀はゆずれぬ」

と云う。

あれでいけなければ、卜伝先生ならどうするだろうかと、人々は思い、無類の跳馬を道につないでおいて、そこへ卜伝をさそい出して来た。が、卜伝は遠く避けて通ったので、人々はすっかり当てがはずれてしまった。卜伝曰く、

「馬が跳ねた時にとびのくのは技がすぐれているように見える。しかし、馬が跳ねるものだという事実をわすれて、うかつにその傍を通るのこそ不覚である」

さいごに珍説を一つ付け加えておく。柳生但馬守宗矩が将軍家師範になっているのを、塚原卜伝はたいへん嫉ましく思い、柳生の屋敷へ押しかけて来て、試合で優劣をきめようと申しこんだ。宗矩は侍士に命じて卜伝を一室に招じ入れ、料理など出したが、いつまでたっても面会に出て来ない。卜伝はたまりかねて、どうしてやろうと気を焦立（いらだ）たせていると、

宗矩は急に唐紙を明けて出て来て、木刀でパッと打つ。

卜伝、とび退って脇差の鍔で受けとめ、

「柳生殿にも似合わぬ。尋常に立ち合え」

という。宗矩は木刀を投げすて、にっこと笑って云った。

「その方は芸は知れてある。立ち合う必要はあるまい。その方、芸は上手でも心は下手だ。わしは一万石余の大名で天下の師範だぞ。もしわしがここで負けては、家来どもがその方を生きては帰すまい。してみれば仮りにわしが勝つとても無益の勝負だ。そんな無益の勝負をのぞむその方、心が下手だと申したのはその点である」

この話は『撃剣叢談』に出ていて、著者も虚妄の説なりと云っている通り、完全にフィクションである。卜伝は柳生宗矩の生まれたちょうどその年に死んでいるから、何としても面会不可能である。

珍説ついでにもう一つ云えば、松村操の『実事譚』に、実録本の『二島英雄記』に宮本武蔵の剣術の師を笠原随応軒としてあるが、この随応軒とは塚原卜伝のことであり、武蔵の剣術は卜伝より出ている、と云う。勝手な想像説にすぎない。

【補】松岡兵庫助の事績

松岡兵庫助のこと、堀正平氏の調べがよく行きとどいているようだから、その説を要約する。

松岡兵庫助則方。初め彦十郎という。父祖は代々鹿島神宮の末社、沼尾社の神宮大祝で、兵庫助は鹿島郡豊郷村字田野辺（沼尾も田野辺も今は鹿島町の内である）に住んでいた。徳川家康に一の太刀を伝えた事実を証する誓文が、いまなお鹿島の松岡家に保存されている（下記）。

知行は田野辺で四十石。のち百二十石にふえた。松岡家はその後、松岡兵庫助時脩―松岡剣西時以―松岡左太夫則次と経由し、なお代々相継して幕末に及んだ。

【補】松本備前守政信

飯篠長威斎の門人。鹿島神宮に祈願して源義経が奉納した秘書を手に入れ、鹿島神陰流また鹿島新流と称した。一般には鹿島流で通る。

松本政信は、幼名守勝。塚原卜伝の実家吉川とともに鹿島神宮の神官で、また吉川・小神野・額賀三氏とならんで常陸大掾鹿島家の四宿老の一であった。政信は長享二年上京して将軍足利義尚に謁し、諱の一字をもらって尚勝と名を替えた。鹿島家は永正年中以来、一族中の内訌が表面化し、しまいには城主廃止の問題で一族陰謀のうずに巻きこまれ、ついに大永四年の高天原血戦をよびおこした。松本政信は、この戦いに於て華々しく討死した（『常陸国志』）。享年は五十七歳。逆算すれば長享二年、上京は三十一歳――この年、師の飯篠長威斎死去し、翌延徳元年に塚原卜伝が生まれている。『甲陽軍鑑』によれば、松本政信は鹿島・香取の取合いに際し、槍を合わすこと二十三度、高名の首二十五、並の首七十六を取った。同じ戦いに塚原卜伝は槍合わせ九度、高名の首二十一のほかに、槍下・崩れぎわ・場中の首など第二級功の首を七つ取ったという。卜伝このとき三十六歳である。卜伝の極意の「一つ太刀」と称するものは、じつは松本備前守政信の創案であるが、これを塚原新右衛門安幹に伝え、新右衛門から養子卜伝に伝えた（『関八州古戦録』・『卜伝流伝書』）。『天真正伝新当流兵法伝脈』に、当流の兵法は飯篠長威斎が基本をつくり出したが、剣法の格式は多くは松本政信が案出し、陣鎌・長刀・十文字・片鎌・万字鎌・突棒・草刈鎌・兵杖当の術技は政信が完成したという。

【補】功名の種類と首供養について

敵の首をとったり生け捕ったりするのを功名（高名）というが、敵の格式によって段階があるのはもちろん、討ち取ったときの武器によって段階が違う。『武門要秘録』によれば、組打ちを第一とし、太刀打ちを第二、槍を第三、弓を第四、鉄砲を第五とするというが、戦陣での独力による功名は、何といっても槍が一番多い。これを〝槍下功名〟といって、一番槍・入込みの槍・助槍の上下三段の別があり、伊勢貞丈の『安斎随筆』ではなお細分して、

功名八条――一番槍・二番槍・小返槍・大返槍・付入りの槍・城攻めの槍・籠城の槍・諸留の槍。

右に次いでの功名四条として――一番乗・乗込槍・槍脇太刀・槍脇弓。

その他の功名七条――槍下功名・揚場功名・似て功名・捉討功名・崖涯の功名・場中功名（もう一条脱落）。

としていて、これらは地方により、武家の家風によってもいろいろ条件や呼名が違う。関東の武家故実は一般に甲州のさだめに従うものが多いが、甲州方式の功名の呼称は『高名鑿穿帖』に、

一番槍・二番槍・槍脇・槍下・崩際（くずれぎわ）・場中勝負・組打・験（くび）・将（しょうそう）・将付・抜出・鼻・身衆こぼれもの・不覚働（ふかくのはたらき）・病頸・女頸等々としている。

大豪傑は、首をとって首供養した者が相当ある。本文に備前守が高名の首二十五・並首七十六、合計百一個の首をとって、「二度の首供養に結句、首一ツ余る」と書いたのは、首五十個について一回首供養した計算になるが、この計算法は違っているようだ。普通には前後合計三十三個の首をとった時に記念として八宗の僧を招いて供養するので、松本備前の場合は首供養三回して、まだ二個余る勘定になる。

山中鹿之助は二回首供養したと伝えるが、これは六十六個以上とったことを意味する。摂津の人山脇源太夫重信は、荒木村重に仕えて首数九十八とり、首供養三度したのは正式勘定としては一つ足りない。貝原益軒の書いた『黒田家臣伝』吉田壱岐の条に、つぎのような記事がある。

播州三木の城主別所家の老臣に、武功をかさねて首三十三とった武士があった。上方・中国へんでは首三十三とると首供養するのが風習で、この首供養のことは当時やかましいうわさになっていたが、天正八年の三木戦争で秀吉側として出陣した黒田如水の家来にも、ずいぶん目ざましい首の蒐集家がいた。

まず秦桐若である。この人は天正十年の山崎合戦で重傷を

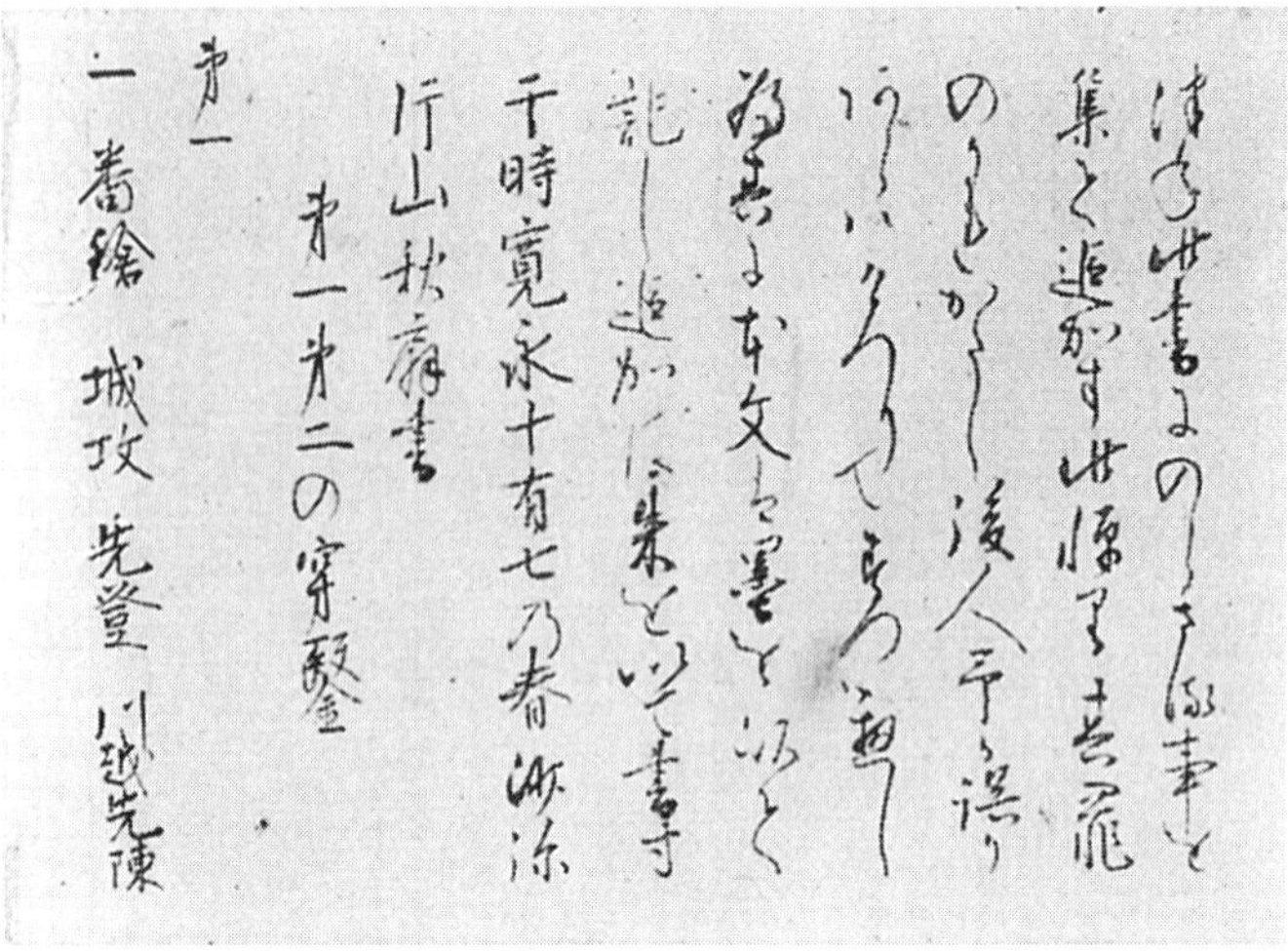
行山秋扇書

第一第二の穿鑿

第一

一　番鑓　城攻　先登　川越先陳

『高名穿鑿帖』

負い、翌年治療のために有馬温泉に入湯中、温泉が傷療治に効のあるのを喜んで、これに入るだけでなく飲めばもっとききくだろうと思い、しこたま飲んだために傷口が破れ、ついに死去した。生涯に取った首は三十一個で、わずかにレコードに達していなかったが、

「あいつは生きておれば、もっと首をとったに違いない。だから、首供養をしろ」

と如水の命令で、三十三個並みにみとめられた。

桐若に次いでの成績は、吉田六之助（旧姓は八代、晩年壱岐と称す）で、同じころまでの累計二十七個。

「おまえは今年三十一、二歳だろう。まだ若いから三十三の首は近い将来に実現するに違いない。早いめに首供養するがよい」

と、これまた如水にすすめられて公認の首供養をすませたが、後に朝鮮陣まで入れて取った首数を合わせると五十個に達したという。

中川左兵太重興

中川左平太源重興（前名、弥三右衛門。寛文四年十二月相続、五年書院番、延宝三年辞任、天和元年九月ふたたび書院番、元禄十一年辞任。享保九年六月三十一日死す。八十歳。法名随流。宇津木流試剣術の伝書に左平太秀垣と記しているのは、誤伝か）の先祖は、信州の豪傑村上中務大輔源種清入道覚玄（修理。号は覚玄斎。先祖より代々信濃半国を領し、

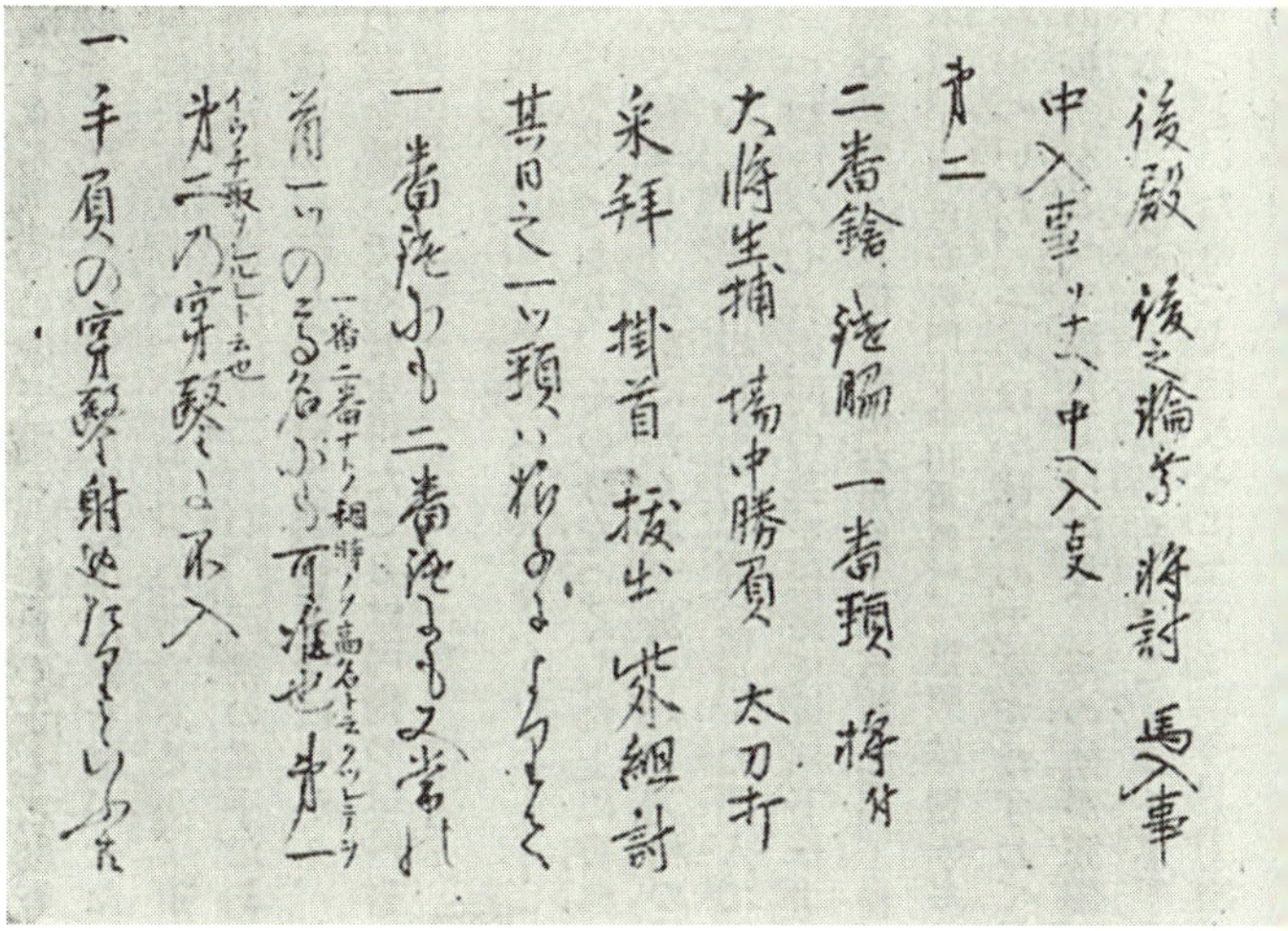

村上城に住して足利義教に仕えていた――『寛政重修諸家譜』の曾孫、左衛門尉信清の子左衛門尉清政の二男で、母は中川左平太源重良（弓術の部に前出）の娘である。重良の子七之助重竜に嗣子がなかったので重興に中川家を継がせた。重良は将監重清（これも前出）の子であるが、重清は東照宮につかえて千二百石、弓術の名手であった。重良が相続して大猷大君（家光）につかえ、父祖の芸を継いで名誉を得たことは弓術の伝に書いた。

重興は性温和で秀発（しゅうはつ）（風采がすぐれている――『晋書』にあり）であり、その職をつくした上に書典（しょてん）を読んで勤学し、和歌にたくみであった。刀槍の技術に専心し、榊原忠右衛門忠郷（前出）の門人である。忠郷は父七右衛門の芸を伝えて塚原卜伝より七代である（卜伝―多田右馬助―間宮新左衛門―榊原七右衛門―同忠右衛門―中川重興）。重興は習学多年道統をついだ。そのほか諸家の刀術をたずねてその長所をとって潤色したから、その術が完備しているし、教え方も詳細であり、これほど名手で行きとどいた術の人はざらにない（特に根津流試剣を谷出羽守衛友に学び、これを完成して中川流、一に古流据物斬と称した。『校合雑記』巻三十二に、石谷将監がもっとも目ざましいものと驚嘆した三事の中に、中川重興の据物斬を数えている）。現今、刀槍の術で名をなす者は多いが、それらは渡世のためか売名のためにやっているから、丁寧・親切というわけにはゆかない。また相手えらばず出かけて行って手軽に教えるから、習う人も低劣であり、教える術も浅薄である。重興のごときはそうではない。たとえ大名でも向こうから習いに来るのでなければ教えない。毎日同志をあつめて撃剣をし、たのしんで倦まないのは希世の士というべきである。

有馬大和守乾信

有馬大和守乾信は松本備前守政信にしたがって刀槍の術に達した。松本政信は飯篠長威門に出て精妙、かつて武名があり、格闘二十有三度にして首七十三級を得る。まことに人傑というべきである。乾信はその伝を継いで剣の妙手であった。この伝を有馬流（有馬神道流また神道有馬流）という。乾信の門で傑出したのは柏原篠兵衛盛重だが、この盛重の伝をうけた者が多い。天正年中のことである（柏原盛重は玉心琢磨流の祖。その門人に樋口新左衛門高重がある）。

有馬豊前守

有馬豊前守は有馬流の刀槍の達人である。東照宮につかえてその技芸を言上し、後に、紀州の頼宣卿（紀州徳川家初代）に附せられた。その子彦八郎がその芸を継いで、紀州にいる。

【補】有馬流から竹森流へ

『撃剣叢談』の有馬流の条に、この流紀州に多しとある。その承伝は、

松本備前守—有馬大和守乾信—有馬大膳時貞—有馬豊前守秋重

で、右の豊前守は前名彦九郎。大膳時貞の庶孫で、紀州頼宣につかえて有馬流と称すという。

しかし紀州藩に伝わる『有馬系譜』や、有馬家の家譜を見ると、小異がある。要約すれば左のごとし。

有馬豊前守満秋は、有馬清七郎勝繁の養子であるが、清七郎の父を有馬大炊頭満盛（幼名時貞、大膳。徳川家康に有馬流を印可した）といって、これは常陸国鹿島郡津賀城主（いま大野村津賀）の津賀大膳政勝の弟で有馬家へ養子に入ったのである。大炊は徳川家康につかえて知行五百石。その子清七郎を経て、養子、豊前守満秋（一に秋重。彼は血統のみで有馬流の皆伝に達していなかったから、当時唯一の皆伝をとっていた徳川家康の教えを受けて皆伝を得たという）のとき、紀州徳川家に附せられて新知五百石になる。有馬流と改称した（一に有馬神道流ともいう）。寛文十二年十二月四日病死。年齢不明。

二男彦八英正が父の遺跡と刀術を継ぎ、宝永六年十二月、八十三歳で病死した。

その養子彦八勝英—さらにその養子の甚右衛門—門弟の竹森源七（三百石。安永九年死去、八十五歳）と承伝して、爾後は竹森流と称するにいたった。以上。

斎藤判官伝鬼坊

斎藤判官伝鬼坊は相州の人である（事実は常陸の国、真壁

郡新井出村――いま茨城県真壁郡明野町新井新田の出身であるが、北条家臣であったため、相模出身に誤られた。なお一説、『日本武術諸流集』に山城の産とするは誤）。北条氏康につかえて斎藤金平といっていた。のちに伝鬼坊と号す。父の斎藤某は氏康につかえて小番衆（近習というに同じ、『甲陽軍鑑』に「氏康にて小番衆、信玄家にて近習のことなり」という）であった。金平は幼時から刀槍の術を好み鶴岡の八幡宮に参籠した（鎌倉。武術者の参籠した例が多い）。このとき修験者（山伏）が一人同じく参籠していて、金平はその人と刀槍の術を語り合うこと終夜、談話だけでなく肝心なところは試合をして、その術の可否を吟味しているうちに、伝鬼は自然にその妙旨を悟った。早や夜がはっきりと明けはなれようとしていたので、修験者は別れて去ろうとした。伝鬼はそのとき、

「君の術は何流というのですか」

とたずねたが、修験者は答えず、だまって曜麗（太陽）を指して去り、どこかへ行ってしまった。前に霊夢の瑞祥があったので、伝鬼は「さてこそ」と思い、今得た秘剣に天流、また天道流と名づけ、諸州で修行しながら京へ上った（時に天正九年十一月二十一日、三十一歳――『剣術系図』。但し『日本武術諸流集』は、永禄九年十月十九日とする）。刀術の巧者ということが知られたので、朝廷から参内を命じられ（紫宸殿で三礼の太刀を献覧した――『剣術系図』）、判官に叙任して判官伝鬼（井手判官）と号する（普通に伝鬼房、一に伝輝坊、また伝記入道）。羽毛で織った衣服を着、まるで天狗といった行装をしていた。のちに常陸に向かい真壁（茨城県真壁郡真壁町）にいたり、下妻（結城郡下妻市下妻）の城主多賀谷修理大夫重経（下妻城主多賀谷政経の子。天正十八年小田原役に豊臣氏に帰伏して下妻六万石を安堵されたが、征韓役に赴かず慶長五年上杉の叛に与したため翌六年改易された――『武徳編年集成』に謁した。重経は伝鬼について刀槍を習い、また大名や諸士で伝鬼の門に入る者が多く、なかなか大した羽振りになった。

　ちょうどその当時、霞という者があって（桜井霞之助。桜井大隅守の子と『常陸国志』にある。桜井は今、真壁町の内）これも神道流の達人（一に霞流という。松本備前守―松本右馬允―小神野越前守―真壁久幹―桜井大隅守―桜井霞之

斎藤伝鬼坊（『武稽百人一首』）

助。なお補記参照)、その党の者がひじょうにたくさんいた。霞は伝鬼に試合をいどみ、伝鬼は承諾して一戦したが、伝鬼はたちまち霞を打ち殺してしまったので霞の党の者たちは怒って伝鬼を殺して仇をとろうと目論だ。伝鬼はそんなこととは知らず、ある日、鎌槍をもち、弟子ひとり連れて道を行くと、霞の党が数十人待ち伏せていて、不意にあらわれて伝鬼を取り囲む。もはや逃れぬところと観念した伝鬼は、弟子に、

「お前は逃げてくれ」

と言ったが、弟子は師を見捨てて逃げるわけにゆかぬと頑張る。それを無理に逃してから伝鬼は路傍の不動堂にすばやく退避した。

霞の党は堂を囲んで矢を射かけたので、伝鬼はとび出して来て鎌槍で矢を切り落とすこと数十本。しかし霞の党は一挙に攻め進み、伝鬼は大いに勇戦して死んだ(天正十五年。三十八歳――『常陸国志』)。まことに筆舌に尽せない勇敢さである。後日その怒気が土地に残り、奇怪なことがあったので、土地の人たちはここに伝鬼を祭って判官の社と称した(真壁町字白井。現存しない。『天真正伝新当流兵法伝脈』には、伝鬼は塚原土佐守安軒の実子新右衛門安義の門人であったが、破門されたので天流を創め、三十八歳のとき、真壁不動堂で病死した、とある)。

斎藤の実子法玄が伝鬼の術を継ぐ。身体軽捷で意気ある人であった。また小松一卜斎(一書、小杉に作る)が伝鬼に従って刀槍の技に達し、月岡一露斎がその伝を継いだ(小松一卜斎―月岡一露斎正光―月岡一羽斎正秀―月岡一得斎正矩…)。法玄門からは斎藤牛之助・人見熊之助が出た。牛之助は江戸にいてその術を天下にかがやかそうと欲したが、のち他州におもむいてその死処が不明である。

日夏喜左衛門重能(近江日夏村の郷士。日夏村は今、犬上郡豊郷村字日夏)がその伝を継ぎ、精妙を悟る。重能は江州京極の庶流、父を高賢(喜右衛門)という。江北荒神山(犬上郡日夏の南接なる湖岸愛知郡境の平流山を一に荒神山という。『遊方名所略』には感神山とある)の城主である。重能は幼時から刀槍の術を学び、また書をよくした。のちに豊臣秀頼につかえ、慶長・元和の両軍に戦功があった。後また江戸に帰る。寛文三年九月十八日死す。七十二歳。その子弥之助能忠(その子の日夏弥助繁高が本書の著者である)がその伝をうけた。能忠は父の伝を継いだほかに、加古利兵衛正真の伝を継いで、両方とも宗を得た。貞享三年六月二十九日、丹州黒岡(兵庫県多紀郡篠山町黒岡)で死す、六十二歳。吹村逞能山(多紀郡丹南町の内)に葬る。逞能山は笹山の城(多紀郡篠山町。旧城は黒岡にあったが、慶長十三年松平周防守が入部して、同十五年に春日山に新城を築き、城下町を開いた)の西にあり、碑銘に、「江源承票格凛然、白猿剣ヲ塹ツ、紫気夭ニ徹ス、一片英魂長虹ナラビ懸カル」とある。

人見熊之助(補記参照)の伝は斎藤右兵衛が継ぎ、なお他の工夫を加えて潤色した。その門人のうち、加古利兵衛正真ひとり傑出した。彼は刀術の達人と勝負すること数度、相手

日夏弥之助能忠の墓
（兵庫県丹南町、西蓮寺）

の剣先が彼の袖を掠ったこともないのを見ても、その精妙なのが知れる。寛文六年正月二十三日死す。その末流が処々にあり、細野六左衛門吉次は正真にしたがって精妙であった。延宝三年十月四日死す。

『北条記』にいう。北条氏康の小番衆の子、斎藤金平は諸流をきわめたのち、鎌倉八幡宮にて霊夢をこうむり、天流と号し、奥州常陸へ修行して真壁・鹿島・多賀谷大夫を弟子にとり、今は斎藤判官伝鬼坊という。

【補】霞流と真壁暗夜軒・桜井大隅守の伝系

真壁暗夜軒氏幹を霞流の祖とする。父を安芸守久幹という。久幹は真壁城（茨城県真壁郡真壁町字古城）の第十七代城主で、道与また樗蒲軒と号した。氏幹・義幹の二子があり、長男の氏幹が相続して第十八代城主になる。氏幹は幼名小二郎、後、安芸守、薙髪して道無と号し、暗夜軒闇礫斎の別号がある（『真壁系図』・『芹沢文書』・『常陸国志』）。俗書に暗犯軒・暗礫軒などあるのは誤り）。

暗夜軒は大豪傑で、戦場では櫟木杖の長さ一丈余、まわり八寸の六角けずりで鉄鋲を打ったのを用い、鬼真壁と怖れられた。彼の武技を霞流という。小田天庵（小田流剣術第八代目）と戦い、太田三楽とともに北条氏政にあたったが、天正十七年三月晦日戦死し、城の西方なる参翁寺に葬られた（『関八州古戦録』・『常陸国志』）、暗夜軒氏幹は、通説では、塚原卜伝の門弟と見られているが、彰考館本『剣術系図』に、松本備前守―松本右馬允―小神野越前守―真壁久幹と順次させているのみならず、久幹の同門の生井雅楽助（常陸中郡の郷士）を「真壁道無の打太刀」と註しているから、氏幹はおそらく父の神道流を受けついだのだろう。

なお霞流の称は暗夜軒からでなく、父久幹の門人桜井大隅守の、又その門人の桜井霞之助が、〝霞付伝〟の秘法を師の伝に附け加えてからのことでないだろうか。一に霞神道流ともいう。

桜井大隅守は名を吉勝といい、真壁家の臣で、樗蒲軒久幹から神道流の伝をうけ、久幹と同門の小倉上総介吉次から鹿島神流を伝えた。後に夢想流杖術を開創した夢想権之助勝吉（本姓は平野、通称は権兵衛。木曾義仲の臣木曾冠者大夫房覚明の後裔。宮本武蔵に敗れて発奮し、筑前の宝満山に登って神託を得、四尺二寸一分・径八分の杖の用法を発明した。黒田家に仕えた）は、この大隅守の門から出ている。

桜井霞之助は大隅守の子。斎藤伝鬼坊に試合を挑んで殺された。霞之助の子に桜井大炊守があり、地元で人を殺したため出奔して、戸田氏鉄に仕えた。大炊守の孫、桜井半兵衛は、伊賀越の仇討ちで荒木又右衛門に斬られて死んだ。

なお真壁暗夜軒の子の房幹は、柿岡城へ移り、佐竹氏にしたがって後に退転した（『関八州古戦録』・『常陸国志』）。

【補】人見熊助宗次

常陸国太田の人、人見熊助宗次、通称は一に清左衛門、号を卞斎、また弁斎という。一説に伏見の人とも丹波の人ともあるが誤。伝書には〝常州住人〟と明記している。キリシタン宗門で、洗礼名をスチアゴといった。洗礼後、准教師ペドロ人見千斎（卞斎の誤記か）と称して仙北に潜行し、佐竹家臣を教化したという。天流剣術で有名なほかに人見流棒術を創め、又、高麗流・大和流・鹿島流・小笠原流・八条流・大坪流を学んで、人見流馬術という。上杉景勝に仕え、慶長十八年、その命によって総監として馬場を築いた。

中条兵庫助

中将兵庫助（正しくは兵庫頭、一に左衛門尉、後に出羽守。『中条流系図』に、「長秀。兵庫頭と称し、足利義満につかえ武技の師となる」。『本朝略名伝記』に「長秀は藤原氏。中条景長の子。従五位下、出羽守たり」とあり、父景長は関東評定衆）は相州鎌倉の人で（むしろ三州の人とあるべし）、地福寺（鎌倉に地福寺はない。これは臨済宗寿福寺の誤りだろう。補記参照）の檀越（檀家）である。このとき地福寺に僧慈恩（疑問が多い。補記参照）という者がいて、中条に刀槍の術を教え、中条はよろこんで習うこと多年、ついにその奥旨を得、のちにこれを甲斐豊前守（名は貞則、一に一俊とも広景ともあり、越前の斯波家の重職）に伝えた。大橋勘解由左衛門（名は高能、一に惟房。越前の人。仙台藩伝の一心無刀流は、この大橋を祖とする）が甲斐の伝脈を継いで大いに有名になった。

あるいは慈恩は九州鵜戸の岩屋（宮崎県南那珂郡の東部。

中条兵庫助（『武稽百人一首』）

日向灘にのぞむ官幣大社鵜戸神宮を古くより鵜戸岩屋という。ウガヤフキアエズの命の降臨地という）にて、夢のなかで刀術の妙を得た、ともいう。富田伝書には、神僧（社僧に同じ。神社附属寺院の僧）慈音とある。

　宗砌いう。日向国に鵜戸の磐屋がある。まつった神は鵜戸権現と『八幡本記』にある。

【補】念阿弥慈恩の疑問

　樋口念流の『樋口文書』に拠れば、慈恩は奥州相馬の人、相馬四郎左衛門尉忠重の子、俗名は義元といった。父が殺害されたため、乳母に抱かれて武蔵国今宿（横浜市保土谷区今宿町）にかくれた。七歳のとき、相州藤沢の遊行上人の弟子になって、念阿弥という。父の仇を報じようと剣法を習い、十歳、京の鞍馬山で異人に会って妙術をさずかった。十六歳、鎌倉において神僧（若狭小浜藩伝中条流伝書に、相州寿福寺神僧栄祐―奥山慈恩としている）から秘伝をうけ、十八歳、筑紫の安楽寺で剣の奥儀を感得した。時に応安元年五月（この年齢は少なくとも二十年ほど繰り上げないと、他の資料と吻合しない）。その後帰郷し、還俗して相馬四郎義元と名乗る。父の仇をうって後また禅門に入り、名を慈恩とあらためた。諸国を修行して教え、晩年、信濃波合（なみあい）（長野県下伊那郡浪合村）に長福寺を建立して、みずから念大和尚という。時に応永十五年五月中旬であった。歿年月は不明。寛政八年五月十五日に樋口十六世の樋口定雄の建てた念和尚の供養碑が、今も波合村小学校裏の摩利支天山の中腹にのこっている。

　彼が鞍馬山で学んだ刀術を奥山念流（また判官流）、鎌倉で学んだのを鎌倉念流といい、香取の飯篠長威斎はこの二流を折衷して神道流をつくった、という。思うに、念流もまた、京八流の系統に出ていると見て差支えないであろう。『武芸記録』には慈恩流ともある。『明良帯録』・『武芸小伝』その他に、慈恩は日向鵜戸岩屋で夢想を得て刀術を開悟したという伝説を説いているけれど、これは愛州移香の伝説と混同している。

　五ノ坪流槍術では遠祖を奥山念阿弥秀純とし、槍術をひらいたのは貞治六年三月（波合引退より四十一年前である）としている。『剣術系図』にも奥山念阿上人、また「相馬之末葉、法名奥山慈恩」と書いているから、奥山姓も用いたのだろう。門人は同書に、東国に八人の上手、京都に六人の名人として十四人の名を挙げ、『樋口家文書』も同数であるが、人名に小異がある。いま両者によって、特に後世の伝統に関係ある者を抜き出すと、左の通り。

二階堂右馬助（剣・樋）……………………二階堂流
赤松三首座（剣・樋）………念首座流・正法念流
堤法参（剣）法讃（樋）…………一心流・宝山流
中条判官（剣・樋）……………………………中条流
甲斐筑前守（剣）豊前守（樋）…中条流・富田流
猿御前（樋）…………………………………陰の流
沼田法印（樋）………………………………丹石流
樋口太郎兼重（樋）………………………樋口念流

念流伝書類

『念流正法兵法未来記』獅子巻の、小笠原東泉坊甲明の序によれば、慈恩が鎌倉寿福寺の神僧から習った過去・現在の二術は魔法（遁甲術・呪術の類）であったが、信州波合で開悟したのは剣に対抗する手搏（柔術系闘技）で、心・身・眼・斬・足の五則を説き、また虎之巻において、小剣三略（有剣・無剣・仏手剣）の用を示している。

　本書に鎌倉の地福寺とあるのは誤記であろうが、堀公平氏の『大日本剣道史』は、わざわざ地福寺に註して「寿福寺ではない」と明確に云い切ってあるけれども、だいたい鎌倉には地福寺という真言宗の寺が、いや他の宗をさがしても地福寺なんて寺が現存しないばかりでなく、過去の正しい文献の上にも見つからない。念阿弥が藤沢遊行寺の僧門ならば、真言宗の寺僧として住みこんでいたなんて言語道断である上に、中条氏が、その本貫地の三河の挙母に開堂・建立した長興寺・弘済寺が共に臨済宗であるのを知れば、鎌倉で真言宗の寺の檀家であったはずもあるまい。思うに、鎌倉にあまり遠くない大磯に、真言宗の地福寺という寺がある。関東五箇法談所の一で、船着山円如院という。この地福寺の名を混同したものでないだろうか。

　鎌倉五山の第三といわれる〝寿福寺〟なら、臨済宗であるから、中条氏がこの寺の檀家であっても当然のことであるが、しかし、慈恩が寿福寺の僧であったか、どうかは、まだ早急には決められない。慈恩その人は寿福寺の神僧でなくて、彼が神僧某から習ったのであって、その名は前記の『小浜藩伝書』に「寿福寺神僧栄祐」としている。しかも、なお考えるべきことは、神僧とは、神社の附属寺院の、いわゆる社僧である。ところが寿福寺は、いずれの神社にも附属せず、且つ、寿福寺内に附属した小社もなかったことは、文献に照らして明白であるから、いったい、寿福寺の神僧ということ自体が成り立たないのである。

　ここで非常に大胆な推測を一つ、呈出しておく。鎌倉八幡宮には、所属の僧房が二十八院あった。場所は巨袋坂の上り

鎌倉寿福寺（『鎌倉攬勝考』より）

口右側で、その内に〝慈恩院〟と称する真言宗の僧房があった。今は廃絶している。もし慈恩の僧歴が藤沢の清浄光寺に無関係であり、慈恩が後はともかく、最初に真言宗であったとすれば、このへんに解明の鍵があるかも知れない――ないかも知れないが。

もう一つ注意しておきたい。『樋口文書』によれば、慈恩が鎌倉にいたのは十六歳からほんの一、二年にすぎないから、いくら剣技にすぐれていても、十六、七歳の小坊主が鎌倉大名の中条長秀に教授するのは、年齢的に考えにくい。いわんや、後にも書くように、慈恩は中条長秀の孫ぐらいの年齢でしかなかったはずである。又、中条長秀は寿福寺の神僧に習ったと伝えられているのだから、この神僧は慈恩というよりは、むしろ慈音の師だった神僧栄祐の方だと解するのが、より適当でないだろうか。

【補】中条流の補足

中条氏を相州鎌倉の人というのは必ずしも的確ではない。『保元物語』源氏揃の兵のなかに三州に中条氏があるから、おそらくその流裔と思われ、中条頼平（長秀の祖父）が、鎌倉の執権北条貞時につかえて、建長四年に尾張守護職に任ぜられるより以前から、すでに根川村金谷（いま豊田市金谷）に城館を築いて根拠にしていたのである。

中条氏代々の寄進状が金谷に近い猿投宮（猿投町の式内官社）に残っている中に、中条景長（頼平の子。長秀の父）の名は延慶三年の古証文にあるが、この同じ年に景長は初めて三河代官として祖先の故地へ入部し、初代の挙母城主となったのだ。そして建武二年十一月には矢作川で、官軍側に抗戦して負傷している。

中条氏の系略譜は、

- 中条出羽守判官頼平
  - 出羽守景長
    - 兵庫頭長秀
      - 出羽判官秀孝（下略）
  - 兵庫頭秀長

右のごとくで、頼平の次男が〝秀長〟で常陸守・備前守・兵庫頭・左衛門であり、頼平の孫が〝長秀〟で兵庫助・兵庫頭・左衛門というから、ちょっとまぎらわしい。秀長の方は貞和四年に臨済宗東福寺派の長興寺を創建し、至徳元年三月

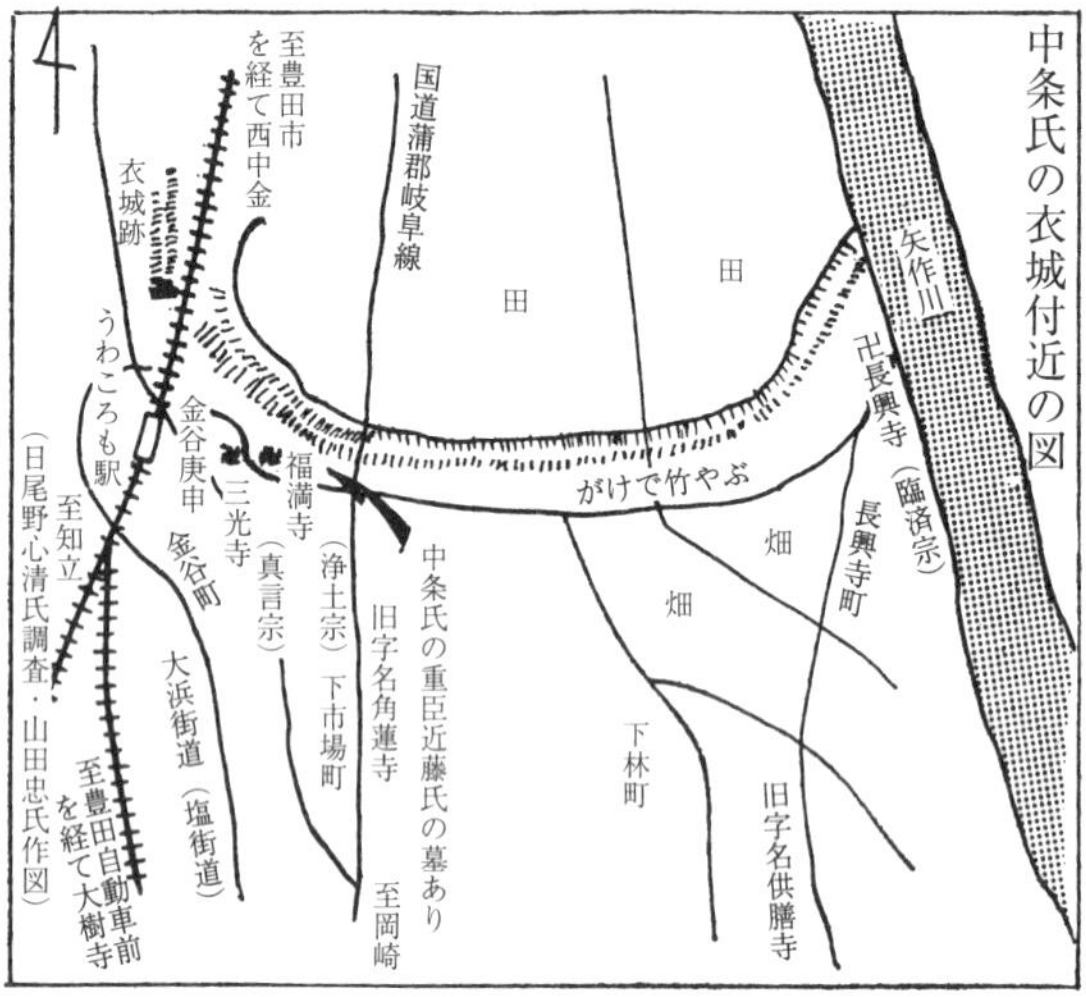

中条氏の衣城付近の図

三日死。法号、長興寺殿秋岸威光大居士。長秀の方は文和三年（正平九年に同じ）父景長の跡を相続して挙母城主になり、晩年剃髪して法印海尋といい、弘済寺を建立して、そこに葬る（死去年月不明。およそ至徳年代ごろ）。右の二寺ともに現存しない。挿入した挙母付近図は豊田市の日尾野心清氏の実地調査によって稲沢市の山田忠史氏に作成していただいたものであるが、図中、真言宗三光寺とあるへんに、昔、弘済寺はあったらしいという。

中条氏は源頼朝の八男八田知家から起こり、後、北条氏の御家人として代表的な存在になった。父祖以来、宿老・評定衆をつとめ、頼平の代には三河国高橋庄の地頭となる。中条出羽守判官頼平は、はじめ弥藤次左衛門尉として宝治元年、京都大番役にその名が見える。いつごろからか代々刺撃の法を伝えて、平法、または中条家流という。正平五年ごろ死す、八十余歳。その子の出羽守景長の代には、高橋庄挙母に築城した。以降、永禄四年、織田氏に討たれて退転するまで勢威を持続した。家系は、八田筑後守知家—中条出羽守家長—（越後守時泰）—出羽守家平—（左衛門尉時家）—出羽守判官頼平—出羽守景長—左衛門尉長秀—出羽守秀孝—伊豆守詮秀…。

中条兵庫頭長秀は、一に左衛門尉。後、出羽守に叙す。景長の二男で、兄の出羽守時長が建武元年奥州に所領を得たので、二男長秀が三河の所領三万七千貫を相続した。延文より康暦へかけて歌人としてあらわれ、守護・恩賞方・寺社造営奉行・評定衆と歴任した。没年は明確でない。家伝の剣術のほかに、慈恩から念流刀槍を学んで一流を創始したといわれているが、相馬慈音（奥山念阿弥）の門弟なら年代的に見て、長秀の孫の詮秀のころでないと、吻合しない。

【補】小田讃岐守孝朝

中条頼平の門人、小田孝朝は、小田流剣術を開創した。小田讃岐守孝朝、常陸国小田城主で南朝につかえ、北朝に降参。応永二十二年に八十歳で死んだという。小田流は子孫に伝わったが、四代目朝久小田城を失い、八代目氏治天庵、天正三年二月土浦城に亡んだ。その遺児は家老に護られ、後の江戸の伊勢町米河岸に住んで米問屋になる。

富田九郎右衛門

富田九郎右衛門（『中条流系図』に九郎左衛門長家とあるのが正しい。しかし伝書その他、往々に九郎右衛門、また景恒としている）は、越前の朝倉家（一乗谷。いま福井県足羽郡足羽村の内）につかえていた。刀術を大橋勘解由左衛門に学んで、その宗を得た。その子の治部左衛門（与五郎景家）が父祖の芸を継いで軽捷（けいしょう）の術を得た。二子あり、兄を五郎左衛門（勢源。後述する）、弟を治部左衛門（与六郎景政。前田利家につかえて四千石。老後は能登七尾城代として六百石。文禄元年死。七十歳――『富田家由縁』。一説、文禄二年八月八日死とも）という。兄五郎左衛門は眼病のため剃髪して勢源といい、弟の治部左衛門が父の家を相続し、かつ父祖の芸にも上達した。前田利家につかえたが、当時関白秀次がたいへん刀槍の術を好んだので、治部左衛門を召し出して技術を学び、いたくこれを褒賞した。治部左衛門の名は今以って著名であり、その流を富田流という。

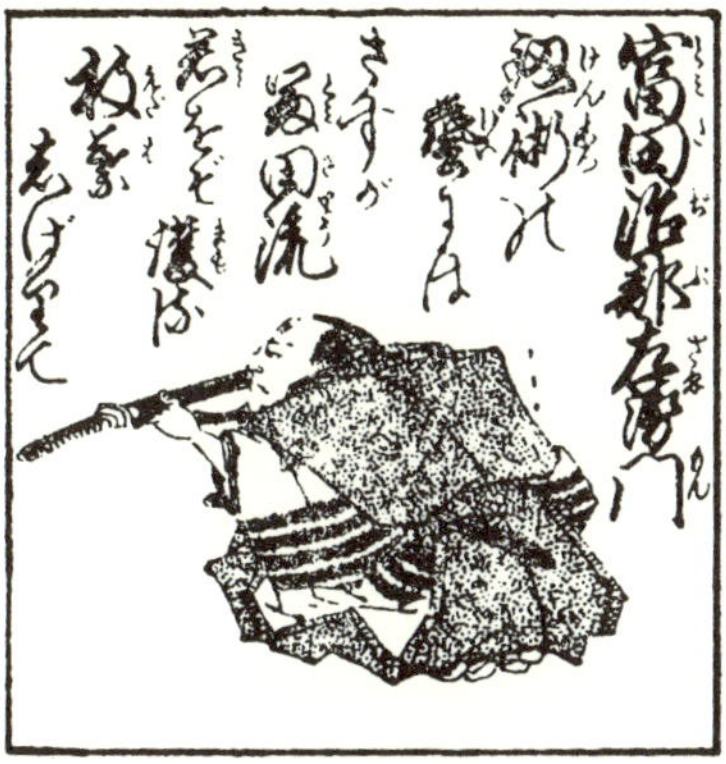

富田治部左衛門（『武稽百人一首』）

富田越後守

富田越後守（重政。初名、与六郎、のち六左衛門また大炊と称した。実父は山崎三兵衛景邦。景邦の父河内守景隆が富田長家の門弟であった――『中条流系図』）は、初め山崎六左衛門といっていた。富田治部左衛門（景政）にしたがって、中条流の伝脈を得た。山崎氏の祖は江州佐々木の族であったが、移って越前に住み、数代のあいだ朝倉家につかえた。天正十二年、佐々内蔵助成正が越中の国の末森城（石川県羽咋郡末森村。天文年中の構築。のち前田家の領となり、いくばくもなく廃毀）を攻めた時、六左衛門も戦線に出て、軍功をはげんだ（『山鹿語類』に、太刀にて一番に堀を飛び越えたといい、『末森記』には甲首（かぶとくび）を一つ獲たという）。のち、富田越後守と改名し（慶長元年九月従五位下、下野守に任じ、のち越後守に改めた――『加賀藩史稿』）、前田利家につかえ、采邑（さいゆう）一万三千五百石（『加賀藩史稿』には一万三千六百七十石）を領す。富田姓になったのは、富田治部左衛門が一女を六左衛門にめあわせ、姓をゆずったからであった。かくて彼は富田流の道統を継いだ。のちに台徳大君（将軍秀忠）の台命によって剣術のことを言上し、名を四海に高めた。

【補】富田越後守重政の事績

富田重政については『加賀藩史稿』に詳しい記事がある。前文と重複しない程度に要約する。

秀吉醍醐の花見。富田重政は主君加賀侯のお供で、宴にのぞんだ。他の諸侯たちも、佩刀を家来にもたせて殿上に坐していたが、やがてこの座席へ秀吉が出御するというので、座配をとりしまる役目の者たちがドヤドヤとやって来て、刀持ちの家来たちに、殿上から下りるように触れた。

富田重政は、あまり長く正座していたので脚がしびれ、立ち上がれないでいると、座監は声を高めて、

「早くさっしゃい。早くせぬと打つぞ」

といった。重政、むっとして、

「打つなら打ってみろ。誰が下へおりるものか」

と、刀をひねくり目をいからして、どなり返す。加賀侯がびっくりして、

「これこれ、重政。そう云わずと、すぐ下りろ」

と、たしなめて無理に座を立たせたが、そのいきさつを知った秀吉は、

「壮士なり」

と賞めて、あえて罰せしめなかった（『武将感状記』）。

大坂役に従軍して、加賀軍第三隊の将であった重政は、弾丸雨下に諸陣営騒然たる時、右手に燭、左手に鞭をもって馬上で走りまわり、軍兵をしずめる姿が、老いてなお摩利支天のごとくであった。大坂落城におよんで彼の獲た甲首は十九。

微妙公（前田利常）が重政に向かって、

「富田流には無刀取りという術があると聞くが、わしの刀を取ることができるか」

と云って、佩刀を抜いて重政の鼻先へ突きつけた。

「謹んでお受けいたしますが、秘伝でありますから他見をはばかります。殿のうしろの襖のかげから、誰やらのぞいておる者があります故、その者をおしりぞけ下さい」

利常おもわず振り向くすきに、難なく刀をうばい取って、

「無刀取りとは、こういうものでござる」

と云った（『耳底記』・『閑窓夜話』・『混見摘写』）。

五、六人の同僚と、某楼に小集し、重政が何気なく欄干に立って外景を見ていると才道一というもの、矢庭に重政の両足をつかんで、楼下に投げ落とそうとした。瞬間、重政一躍して軒場に足をかけ、片足で道一の顎を蹴上げて昏倒させてしまった（『高卑雑談』）。

他流試合を申しこんだ剣客があった。重政は自分で応待に出て、

「不在です。明日おいでなさい」

と云ったが、そのとき彼が柱を背に坐り、脇差のツカの内側に左手をぴたりと付けているのを見て、客は不思議におもい、

「そんな坐り方で自在に動けますか」

ときく。

「動けますとも。貴公が抜刀の術で私を倒そうとしても駄目だねえ。どうだ、君、私のこの刀を奪えるかい」

と云って、刀の鞘をにぎり、ツカの方を客に向けて差し出した。

「明日まいりましょう」

客は、そわそわして辞去したが、それっきり二度とやって来なかった。

「どうしてでしょう」

と門人が、いぶかしがったが、重政は笑って云った。

「なーに、あれは刀術ではないよ。あれは、先んずれば人を制すという術さ」(『残嚢拾玉集』・『政隣記』・『混見摘写参取』)。

召使いの少年が重政のひげを剃っていて、剃刀が重政の咽(のど)へ来たときに少年は、ふと思った。

「今なら、この剃刀で主人を殺せるぞ」

すると瞬間に重政が云った。

「こら、ひどいことを考えるやつだ。考えるだけで、できもせんくせに」(『閑窓夜話』・『耳底記』・『混見摘写』)。

重政だって人間だから、不覚をとることはある。長年奉公している下男の庭掃除が気にくわぬと云って、ある日散々に叱りつけたら、下男は急に腹を立て、脇差を抜いて斬りかかって来たので、重政も止むをえず抜刀して応じる仕儀になった。下男は不用の障子が庭に積んであるのを見て、脇差を捨てて古障子をつかみ、これで雞を追うような具合に、重政を庭の一隅に追いつめ、大きな石で障子を動かぬようにして、重政を雪隠詰(せっちんづ)めにして逃げてしまった。

「重政が余り強いので、天狗がいたずらしたのだろう」

という噂が立った(『残嚢拾玉集』)。

家光将軍が富田重政を江戸に召して、柳生但馬守宗矩と技を戦わせようとした。重政お受けして、江戸行きの用意をしていると、ふたたび使者が来て、将軍のことばを伝えた。

「試合は中止する。両人共に名人であるから、試合させてはいずれか一人に汚名がつく」(『混見摘写』・『享保紀聞』)

重政、寛永二年四月(十九日――『富田家由緒書』)に卒す。年六十二。日恵と法謚す。重政は中条長秀の剣法を、父景政に学んで道統を伝え、蘊奥をきわめ、ついに名を四方にあらわした。時人号して〝名人越後〟という。

富田越後守重政には三子あり、重家・重康・宗高である。

重家は主計、また大炊と称し、下野とあらため、父の遺蹟を継いで本禄一万六百余石。人持組頭になる。妻は浮田秀家の娘。大坂両役に従軍して功あり、元和四年八月死、年二十四。

重康、兄のあとを継ぐ。右京亮、甲斐、また越後守と称す。晩年中風にかかる。時人号して〝中風越後〟といい、『高卑雑談』に逸話が若干ある。寛永二十年八月卒す。年四十二。

末弟宗高は主計という。父の死後、三千石、寛永十三年二月死す。子無く絶縁。

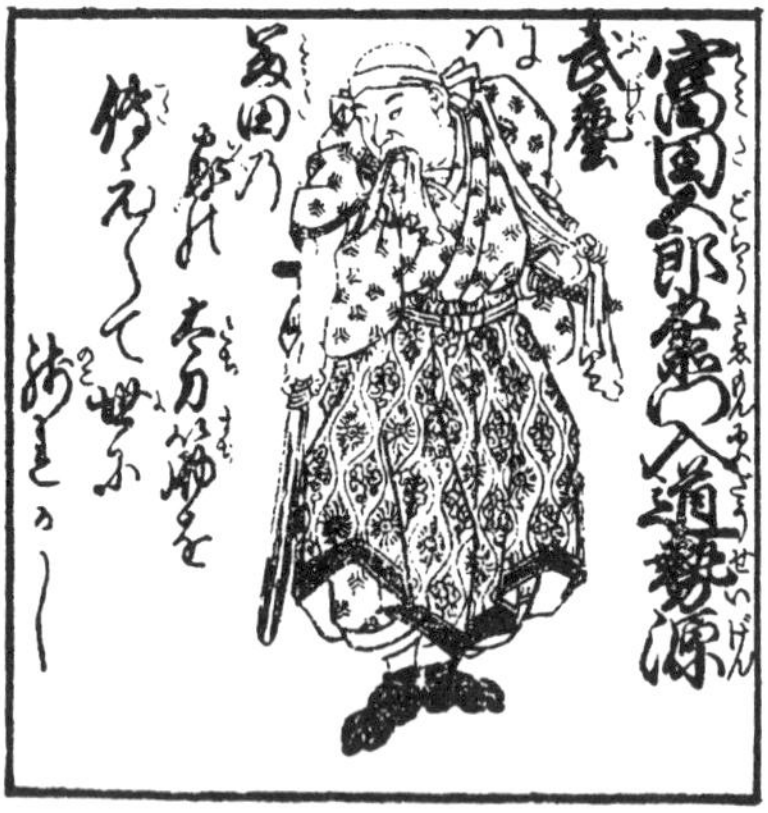

富田勢源（『武稽百人一首』）

富田五郎左衛門入道勢源

富田五郎左衛門入道勢源は、治部左衛門（景政）の子である。越前のくに宇坂の荘、一乗浄教寺村（いま福井県足羽郡足羽町一乗谷の内、渓の奥のほうに浄教寺の小字がある。一に小白山とも滝山ともいう）に生まれた。父祖の芸を継いで刀槍の術にすぐれていたが、眼病のために父の遺跡を弟治部左衛門（重政）にゆずり、剃髪して勢源と号した。永禄三年五月美濃に行ったが、そのころ常州鹿島の人で梅津某（その技関東一と『富田伝書』・『可観小説』・『耳底記』等にあるが、経歴は不明）という刀術の達人が濃州にいて、国守の斎藤山城守義竜の命で、七月二十三日、富田勢源と術をくらべ、勢源が圧倒的な勝を制して美名を天下に高めた。その事績は『富田伝書』にある。

『富田伝書』勢源仕合巻略にいう。勢源は永禄三年中夏のなかば美濃に遊んだ。時の国守は斎藤山城守義竜で、国中に兵法がさかんであった。この兵法を『富田伝書』には〝平法〟と書いてある（古伝の刀術に、平法また平法学と書いたものがあった。中条流の系統である富田流・二階堂流・丹石流がその例である）。義竜の師は鹿島の住人梅津某で、彼は関東において隠れのない神道流名人であった。ちょうどその折に、富田勢源が美濃へ来たことを聞いた梅津は、弟子どもに向かって、

「勢源に出あって中条流の小太刀が見たい。彼の旅宿へ行って、拙者との試合を申し込んで参れ」

といった。

門弟がさっそく訪れて申し込むと、勢源は、

「愚僧は兵法が未熟であるから、御希望に応じられ申さんが、よくよくのお望みなら、越前へ御行きなさるがいいでしょう。だいたい中条流では、他流試合は致さぬことになっている」

と、すげなくことわる。

梅津は弟子からその返答をきくと、

「ふーん。そうもあろうよ。何にせよ拙者の兵法は関東に隠れもない。同じ師のもとに拙者の相弟子が三十六人もいたが、一人として拙者の太刀先には歯が立たず、けっきょく皆わが門弟になってしまったほどだ。先年、拙者が当国へやって来

た時にも、吹原大書記・三橋貴伝など、ずいぶん上手な刀術者がいたけれど、拙者の太刀にはかなわなんだ。勢源なども故郷では広言を吐いても、しょせん、この梅津にはかなわないのを知っているからさ。拙者は相手がたとえ当国の国王であっても、仕合となれば用捨しないからな」

と自慢たらだら。

この広言を、国守の斎藤義竜がほのかに聞いて、

「あわれ勢源。そうまで言われては、引っこんでおるわけにもゆくまい。試合をせよ」

と、武藤淡路守・吉原伊豆守の両人を使者として、勢源の泊っている朝倉成就坊の宅へ行かせた。愚（繁高）いう。朝倉成就坊というのは、越前朝倉殿の叔父坊主である。そのころ斎藤の武威が盛んなので、朝倉殿から、成就坊を美濃へ差し出しておかれたのである。

勢源は両使へ向かい、

「中条流には他流試合はございません。そのうえ無益の勝負はいやでござるから」

といって承知する気色がなかった。そのことを両使が帰って義竜に復命すると、義竜いわく、

「勢源の所在はもっともであるが、梅津の過言をそのまま見のがしておくと、他国のあざけりを受けるだろう。だから、たって頼みたいと言って、もういちど口説いてみろ」

そこで両人は、また勢源を訪れて、義竜の所在を演説した。

勢源聞いて、

「この上は辞するところではござらぬ。こういう勝負は人の怨みを受けるから、今までやったことはござらんが、国主の命ゆえ背くわけにも参りますまい」

と答えた。

両使いそぎ帰って復命すれば、義竜大いによろこび、

「試合は武藤淡路守の宅にて致せ」

とて、七月二十三日辰の刻と期日が定められた。勢源が検使の出張を望んだから、武藤と吉原を検使に申し付けられた。

梅津は、国主の一家である大原家に宿泊していたが、試合の前夜から湯がかり（湯がけというが正しい。湯浴）して神に祈る。それを勢源がきいて、

「心が直なら、祈らずとも利があるのに」

といい、成就坊の宅から供を四、五人つれて淡路の宅に行き、ありあわせに黒木の薪のなかから、いかにも短い一尺二、三寸の割木をとり出して、もとのほうを皮で巻いて、試合の武器にする。

梅津は大原が同道して、ついて来た弟子も数十人、木刀の長さ三尺四、五寸ほどの長大なやつを八角にけずり、錦の袋に入れて持たせていた。器量・骨柄が人にすぐれて見えるから、必定梅津が勝つだろうとの取沙汰であった。

梅津は検使に向かい、

「願わくば白刃にて試合いとうござるが」

という。検使がそのことを勢源に告げると、

「かの仁は白刃にてせらるるがよろしいでしょう。私はこの

木刀を使います」
と答えたから、梅津もよんどころなく、用意してきた大木刀を使うことにした。

梅津は空色の小袖、木綿袴で、大木刀を右脇にかまえる。その気色は、竜が雲を呼び虎が風に向かうがようで、眼は雷光に似ていた。それに対する勢源は、柳色の小袖・半袴である。やがて立って共に板縁から下りたが、割木の木刀をさげて悠然と立つ勢源の風情は、牡丹の花の下にまどろむ猫とも言えよう。

勢源は梅津に、
「いざ」
とことばをかけ、積極的に勝負をいどんだ。梅津はどうしたことか、たちまち小鬢から二の腕まで打たれ、あたまに負傷して、一瞬にして全身が朱に染まった。

しかし梅津も只者でない。死力を尽して木刀を取りなおし、振り上げて打ち返す。勢源さわがず、こんどは相手の右腕を打つ。梅津は前のめりに倒れたが、倒れながら、やにわに大木刀で勢源の足を払った。

と、勢源、片足で地を蹴って宙に飛ぶ。梅津、起き上がりざま懐中の脇差を抜いて突こうとしたが、勢源かまわず割木をふり上げて打ちたおしてしまった。

その時に検視があいだに入って引き分け、梅津をすぐに武藤の家の内へつれて行って手当てをしてから、止宿している大原家へかえした。

武藤・吉原の両人は、勢源を淡路守邸に留め、勢源の木刀と梅津の折れた木刀を義竜へ御覧に入れ、仕合の様子を委細に申し上げたところ、義竜はなはだ賞美して、末代の物語りにとて割木の木刀を手許に保存したうえ、鵞眼（『宋書』顔竣伝にある鵞眼銭の略。銭の異名。鳥目というに同じ）、万疋（江戸時代には銭二十五文を一疋というが、古くは十文を一疋といった。これは犬追物のとき、河原者に支払う犬代に発したことばである――『奇異雑談集』）と、小袖一かさねを勢源に贈った。

勢源は、
「中条流では、かようの勝負は禁制ですが、国主の命背き難くてしたことでござるから、ご褒美として下さる物は受納できません」
といって返納した。使者が再三おしつけようとしたが、ついに受け取らなかった。

義竜は勢源のこころざしを感じ、対面したいと申し送ったが、これも辞退して参上しなかった。当国にとどまっていては、梅津の弟子どもが恨んで騒ぎを起こすかもわからぬと懸念して、翌朝越前へ帰った、云々。

愚いう。勢源と梅津との試合は、世人、伝うるところでは、勢源が兵法修行のため京都へ上り、黒谷に住んでいた時のことだといっている。そのとき梅津が黒谷に来て、勢源に会い、
「富田流の小太刀は用に立つまい」
と悪口したところ、勢源は言った。

「兵法は武器の長短にはよらない。小太刀とくらべて大太刀がきっと勝つと思うのは、そりゃまちがいだ」

するとと梅津は怒って、

「しからば仕合で勝負をきめよう」

という。

勢源はことわることができず、検使を乞うて日限りを定め、黒木の一尺四、五寸ぐらいなのをさがし出して、革で巻いてたずさえた。

すでにその当日になった。梅津は弟子どもをたくさん引きつれ、三尺四、五寸の大木刀をたずさえて、勢源より先にやって来て、見物どもに自分の強さを見せようとして、かの木刀を振っていた。勢源のほうは弟子もつれず、すごすご黒木の木刀を持ってやって来て、検使へ、

「すぐ勝負を始めます」

という。

検使がその旨を梅津へ告げると、梅津は大木刀をうちかたげて出てきて、ただ一打ちと勢源を打った。勢源受け流して、逆に梅津の真甲(まっこう)をしたたかに打ったから、梅津はひたいから血が走った。

検使は、

「勢源の勝ち」

と判定をさけんだが、梅津は、

「おれの太刀のほうが先に当ったぞ」

と言い返す。

勢源は、

「いや。すこしも掠(かす)りはせん。拙者が十分の勝ちだ」

といって、さっさと旅宿へもどり湯あみをしていた。すると、さっきの検使がやって来た。

「梅津のほうじゃ、先に打ったといってきかないのです。打ったから疵あとがついているにちがいないと言い張ります。それで調べに来ました」

「やあ、それなら好都合。今ちょうど湯あみのために拙者は裸になっている。入って来て調べなさい」

検使は入って来て調べたが、疵が見つからないので、勢源の勝と決定を下した。しかし、じつは梅津の木刀は彼の左の手の甲にしたたか当り、黒い痕がついていたのである。勢源が右手でそれを押さえていたから、見付からないですんだのだった。

俗説では、道具は黒木だったとも、鉄扇だったともいって正偽が決しがたいけれども、伝書の説が正しいであろう。また一説に、勢源は富田越後の二男で、富田流の奥秘を望んだが許されなかったので怒って出奔し、諸国を修行したのであるともいうが、この説は非である。伝書にいう説が可である。

【補】疑問の戸田清玄

『撃剣叢談』の説を、まず要約する。

戸田流は、鐘捲自斎の弟に戸田清玄という者があった。自斎は外田流（外他流）と称し、清玄が戸田流と称するのは、富田の末流ゆえ字を替えて、唱呼(しょうこ)を同じくする目的のためで

戸田清元（『武者修行双六』）

あろう。また勢源と清玄は、よみ方が同じだから同一人だとする人が多いが、勢源は京都将軍（足利氏）の末、清玄は豊臣太閤のころで、時代がちがう。清玄は諸国を巡遊して門人が多いが、国々によって幾らか教え方が違うらしい（諸国の流末の剣法内容に差異がある）。現在、備前・備中・備後におこなわれる戸田流もその一つで、清玄門人の杉原無外という者が〝居合棒〟というものを工夫して、弘く伝えたのであるが、一説にはこの流の居合も棒も、もとは清玄が始めたものだともいう。勢源と清玄を混同して、前記の梅津との勝負も勢源は半棒（三尺の棒）であったと書いた書もあるそうである。そんなわけで近国で戸田の兵法といっているのは、この居合から出た太刀をいっているから、本来の清玄流とは相違しているわけである。

以上。

とにかく戸田清玄は疑問の多い人物で、堀正平氏が清玄は俗名平五郎で富田勢源の門弟、としておられるのに対して、山田次朗吉氏はぜんぜん別説で、初代戸田清玄が富田勢源その人であり、家を弟景政にゆずって以後、戸田清玄と書き替え、流名も富田流から戸田流に改めたといい、さらに戸田新八郎（越後守、綱義、一利とも）が二代目戸田清玄であって、この人は越後国頸城郡戸田の産とも、芸州の人弥左衛門星眼の子ともいわれ、文禄のころ疋田栖雲斎（文五郎。後述）に新陰流を学び、慶長五年、加賀前田家につかえて五百石、寛永十五年金沢に死す、七十五歳。『翁物語』に、上泉門の四天王という疋田・柳生・戸田・小笠原の内の戸田清玄は、二代目清玄の新八郎にちがいない、云々。

『剣法夕雲先生相伝書』にも、上泉門の戸田の名は出ているが、確実な推測はできそうにない。いずれにせよ、堀氏・山田氏両説とも、多々疑問である。別事ながら、前田利家の臣で土屋宗俊という人、戸田清玄の門人であったが、戦傷のため太刀打ちならず、禄を受けるのが心苦しいと言って浪人した、という話が『点茶活法』や『武事談奇』等に出ているのから考えて、戸田清玄が加賀に何か関係があったかも知れないとは思うけれど、さりとて何の確証もないのである。

また『柳生心眼流系図』の一本に、柳生五郎右衛門―荒河治五郎―江州帯刀―荒河治五右衛門（郷右衛門）―戸田清源

入道としてあるが、この荒河―戸田清源は柳生流の系である。

なお又一説――『続肥後先哲偉蹟』に引用された『諸家先祖附』によれば、四天流祖の成田清兵衛（肥後藩師範）の祖父、下時掃部（当時、肥前唐津の住、浪人）が剣術修行廻国中、戸田清元を名乗っていたとある。荒河、下時、ともに同名異人か、僭称としか考えられない。

『砕玉話』巻十、及び『校合雑記』巻三十四に、こういう記事がある（要約）。

戸田清玄は剣術で有名である。一代に試合をすること二度。その行装は長袴をつけ、一尺九寸五分の枇杷の木刀を武器にして、相手が三尺の白刃でかかって来ても恐れず、かんたんに勝って以来その流を学ぶ者が多かった。彼は云う、

「礼儀の場でも斬合いにならないとは云えない。そんな場合には長袴をつけているし、刀だって小刀しか帯びていないのだ。袴のすそを挟み上げたり、太刀を持ち出すひまもないわけだから、わざとこういった姿をして仕合をするのが、真の剣術者というべきでないか」

と。

右の話で戸田清玄が小太刀の名人ということが、よくわかる。しかし富田勢源だって小太刀の名人で通っているのだから、これだけで同一人説をとるのは早計である。

案ずるに『武芸伝系』所収の『一刀流系図』に、伊藤一刀斎の師を鐘捲自斎とせずに戸田清元にしてあり、間喜兵衛光延の『剣術系図』（水戸彰考館本）も同じく、一刀斎の師を戸田清元とし、清元の左注に「相州小田原北条氏に仕え、武州八王子に住す。天流祖斎藤判官と試合の話あり」と、書かれているのみならず、松原唯心の『武芸談』（寛永）にも、

「一刀流の元祖戸田清元というものは、武州八王子の者にて、北条氏政につかえし者なり」

という一条がある。薙刀の『武甲流伝書』に流祖を戸田清玄とし、清玄―北条氏邦―強矢弾正―大福御前の承伝が残されているのを併せ考えるのに、戸田清玄が北条氏の遺臣だったことは正当と思われ、富田勢源とは全く別人と見るべきであろう。

山崎左近将監

山崎左近将監（景成）は山崎六左衛門の弟である。富田流の刀術に達し、精妙を得た（父弥三兵衛景邦に中条流を、さらに富田治郎左衛門景政に学んで、富田流三家の一と称された。彼の流を中条山崎流、また山崎流という）。越前朝倉家の臣であるが、後に菅原利家卿（加賀藩主前田家は菅原氏の出）につかえ、五郎右衛門にあらたむ。三子あり。長男は内匠、次男は小右衛門（堀正平氏は、小右衛門は福井藩主結城秀康につかえたとするが、それは後述の、山崎兵左衛門の子、小右衛門との混同だろう。年齢が合わない）、三男は二郎兵衛という。共に中条流に達していた。慶長五年、利家卿が大聖寺の城を攻めた際、二郎兵衛は戦功をはげんで負傷した（二郎兵衛は後に大坂陣にも戦功があった）。

富田一放

富田一放（『撃剣叢談』に富田越後の子とするが、確証がない）は、富田越後にしたがって、その刀法の宗を得た。入江一無がその伝を継ぐ（一無流の祖である）。一放の流を一放流という（一放斎流ともあって、後は主として棒術だけになった――『撃剣叢談』）。

長谷川宗喜

長谷川宗喜は、山崎と併称される富田流の名手である。のちにその芸を以って関白秀次公に拝謁した。あるとき秀次の命で疋田文五郎（後述）と試合させようとしたが、宗喜はお受けしたのに、疋田は固辞して受けなかった。宗喜の末流を長谷川流（一に富田流長谷川派）という。

鐘捲自斎

鐘捲自斎は富田流の秘極をさとって、神妙を得た。山崎・長谷川と並び称される名手で、世人はこの三人を〝富田の三家〟といっている。自斎の末流は諸州にあり、鐘捲流（一に外他流）という。

【補】鐘捲自斎の補足

鐘捲自斎は、自在ともあり、捲の字を巻・牧などに作った例もある。通称は太郎。名は通家とも、通宗ともあり、また外他姓も用いた。遠州秋葉の産で、越前に住した。富田治部

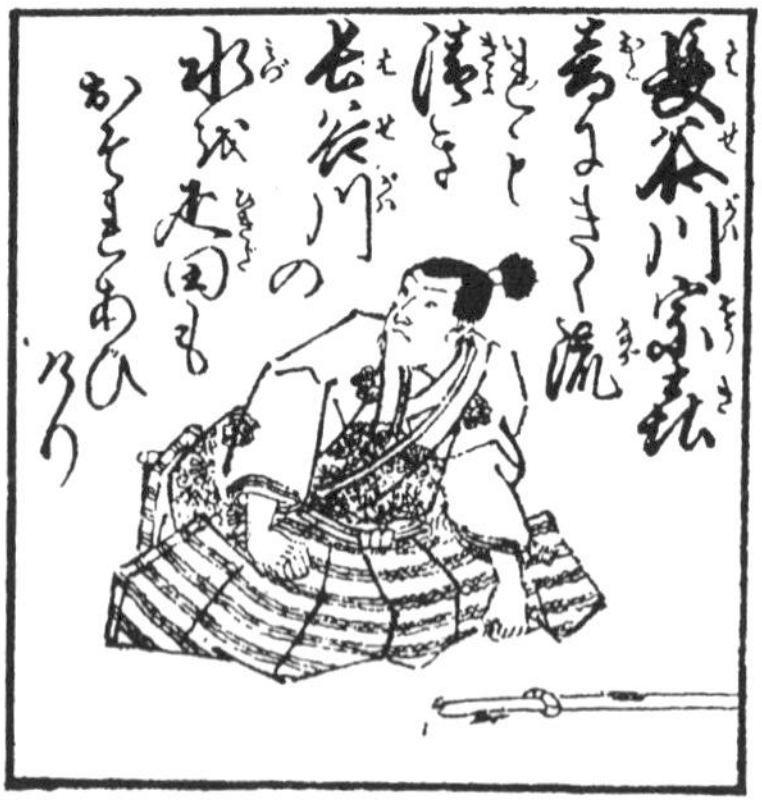

長谷川宗喜（『武稽百人一首』）

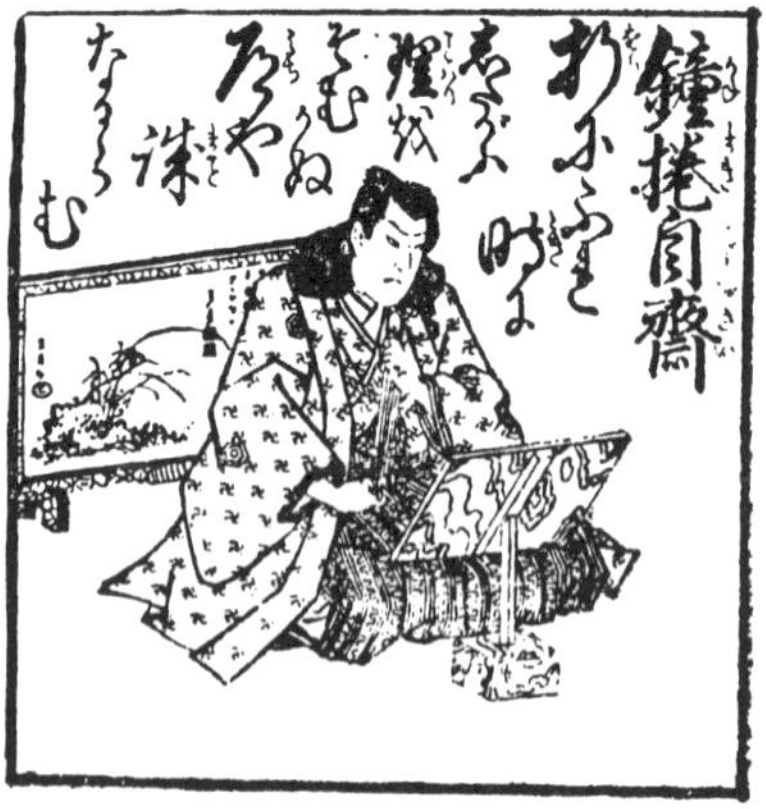

鐘捲自斎（『武稽百人一首』）

左衛門景政に学び、山崎左近将監・長谷川宗喜とあわせて〝富田の三家〟と謳われた。小太刀より入って、中太刀に有利な一流を創めたのが鐘捲流である。

慶長年中の人というが、生歿年月ともに不明。ただし秋田藩伝の戸田一刀流では、戸田一刀斎通家、一に重家、もと外(と)他(だ)と書き、文禄四年七月二十二日、愛宕山の勝軍地蔵に祈って秘伝をえたという。晩年は播州船坂山に隠棲したと伝えるが、遺跡も墓所も発見されていない。

なお、鐘捲自斎を富田景政の門人とする通説は、疑わしい。『剣術系図』や『武芸伝系』等には、自斎を戸田清元の門人としているけれど、清元の実体が前述したように不明なので治定(ちてい)できない。

自斎が佐々木小次郎に出した免許状に、「富田入道勢源門流、後学鐘捲自斎」とあるのを正しいとすれば、自斎は富田勢源の門人、佐々木小次郎は自斎の門人ということになるが、この免許状には承伝年月の書入れがないので、未だ確証とはしがたいようである。

又、中条流の名家に印牧家と称する系統があり（富田九郎左衛門長家―印牧助右衛門吉広―印牧十郎左衛門序印…）、もし、この印牧が鐘捲と同家とすれば、自斎はその家系の出身とも考えられる。印の字はカネとよむ場合があり、焼印をヤキガネ、牛馬の烙印を〝正(かね)〟という。

なお、三心流鎖鎌の祖も鐘捲自斎に擬せられている。

山崎兵左衛門

山崎兵左衛門は越前忠直卿の臣である。父祖の芸を伝えて中条流の奥秘に達した。そのころ、高縄という刀術者が諸州を修行して越前に来ていたが、忠直卿の家来でその門に入る者が多かった。忠直がそのことを聞いて、

「高縄の刀術のことは前々からきいているが、いま城下に来てその術をひけらかしているとは、心外だ」

といって、家来のなかから腕の立つ者を六人呼び出して、

「お前たち高縄と勝負してみてはどうだ」

という。六士は、やりましょうといった。その六人のなかに山崎もまじっていた。

山崎兵左衛門（『武稽百人一首』）

そこで忠直卿から使者を高縄に送って、

「明日登城いたせ。我れその術を見よう」

と言わせ、諸士に対しても、

「明日は老弱とも全部登城して試合を見よ」

と命じた。

翌日になって六士が登城し、諸士も群集したが、高縄は来ない。人をやってみると、すでに前夜城下から逃亡していた。それを聞いた忠直卿は、

「予は大太刀と小太刀の勝負を見ようと思ったのだが、高縄が来ないので当てがはずれた。このままでは気がすまない。何某(なにがし)出て、山崎兵左衛門と試合して見よ」

といった。すると山崎は、

「私はすでに老いて術が充分でありませぬ。願わくば、我が嫡子小右衛門に代理を仰せ付け下さるよう」

と申し上げる。忠直卿のゆるしが出た。このとき小右衛門は十六歳（後の山崎左近将監で、その二男をまた小右衛門という）。小右衛門は小太刀で戦って勝った。忠直卿も諸士もこれを賞讃した。

後日のことであるが、忠直卿は山崎兵左衛門を、自分の手で殺そうとしたことがある。急に召し出して、

「我れと試合をせよ」

と命じる。兵左衛門はつつしんで命にしたがった。忠直は脇差を抜いて斬りかかったが、兵左衛門は小太刀で受ける。忠直はどうしても山崎を斬ることができない。とうとう脇差を投げ出して、

「まいった。技(ぎ)が神(しん)に入るとは汝のことであろう。この脇差をとらそう」

といった。

その後、忠直卿が豊後守に移られる時（忠直暴逆のため元和九年五月、ついに豊後荻原に流され、五千石を給せられ、剃髪して一伯と号し、慶安三年九月配所に死す、五十六歳）、台徳大君（将軍秀忠）の命によって、山崎は侍従永井尚政（信濃守。古河城主、二万四千石余）に御預けになった。

小右衛門は後に将監とあらため、刀術はますます上達した（前出）。大猷大君（家光）その芸の精妙を聞かれて、将監を江戸に召し出した。その子の兵左衛門とともに父子そろって登城し、その術を上覧に入れた。子の兵左衛門は、のちに侍従松平信庸（丹波篠山城主、五万石）につかえた。

また山崎与衛門という者があり（丹波亀山藩伝の『中条流伝書』に、山崎左近将監―山崎将監―山崎与左衛門…とあり）、父祖の芸に達し、はじめ越前、のち越後に移って中将光長卿（越前忠直の長子。越後高田城主、二十四万石）につかえた。

伊藤一刀斎

伊藤一刀斎景久（また友景に作る。幼名は前原弥五郎、また孫六ともある。笹森順造氏説に、永禄三年八月五日生まれとも、天文十九年出生ともいう説があるそうだが、根拠不

明）は、伊豆の人である（異説が多い。補記参照）。鐘捲自斎にしたがって中条流の刀槍に達し、精妙を得た。古藤田の伝書にいう、景久は鐘捲自斎外他通家にしたがって、剣術に達す、云々。諸国に修行して（天正ごろ織田信長につかえたという説あり）刀術者と勝負すること前後三十三回。その技術は神にして妙である。口訣（クケツともいう。口伝秘伝）などだけで、こうまで名手になれるものではない。その死処はよくわからない（通説は下総小金原に卒すというが、晩年丹波篠山の禅寺で僧になったという説もあり、一説に承応二年六月二十日死、九十四歳という。南品川の妙国寺にある三世伊藤一刀斎墓というのは、じつは伊藤典膳忠也の墓である）。あるいは歿日は七日であるともいう（年月もわからない）。

伊藤一刀斎

【補】伊藤一刀斎伝の補足

中条流系統の刀術のなかで、後世、もっとも広くおこなわれたのは一刀流であった。この流は柳生新陰流とともに永く徳川将軍家に採用され、刀術諸流中でも最も権威あり格式高いものと評価され、時代とともに、多くの支流を生んだ。

一刀斎の出身地は至ってあやふやである。通説によると伊豆伊東の人、ゆえにその地名を姓にしたという。山に入って独学刺撃の術をきわめ、のち鐘捲自斎にしたがって中条流の剣法を学び、ついに一刀流を創案した。『張藩武術師系録』には新外他流と書いている。

一説。一刀斎は伊豆の大島の生まれで、十四歳のとき板子にすがって三島に泳ぎつき、富田一放（前述）と試合して勝った、という俗説もよく知られている。山田次朗吉氏によると、『一刀流伝書』には一刀斎は西国の産とあり、『古藤田伝書』には近江の堅田の出身としてあるという。

しかるに『一刀流歴代略』という写本を見るのに、

「元祖、井藤一刀斎ハ鐘捲自斎ノ門人也。鐘捲ハ中条流也。景久師、回国他流戦三十三度也ト。歿日ハ七日也ト。年号不審。小野忠明ハ寛永頃ノ人也。忠明ヲ以テ元祖ノ頃ヲ知ルベシ」

とあって、この回国を笹川博士は四国と読んでおられるが、文意からみて回国であらねばなるまい。

『絵本英雄美談』には漠然と、一刀斎を加賀金沢の人らしく書き、また別に一説、一刀斎は越前敦賀の産ともいう。彼は浪人の群れに入り西国で名を売ったが、東遊して相州矢倉沢をすぎ、浪士某の家に泊った。そのころ小田原城下をさまよって、たまたま山本無辺流の剣術の師、古藤田勘解由左衛門を破って矢倉沢へ帰った。勘解由左衛門は復讐のため門人とともに夜襲したが、一刀斎は単身これを迎えて奮戦し、四十八人ことごとく一刀両断して身に寸傷もうけなかった。これによって一刀流を開悟し、敦賀に帰って道場を開いた。城主大谷吉隆に招かれて城内の教授に任じたが、関ガ原の役に大谷氏のほろぶや、一刀斎は下総国小金ケ原にかくれ、その地に歿したという。この説、四十八人斬り大殺陣はフィクションの古藤田は斬り殺されないで、一刀斎門下として一流になった。敦賀生まれという一点は、中条流・富田流の分布地域から考えて、あるいはという感じがないでもない。

一刀斎の逸話として、天正六年七月に三浦三崎へやって来た唐船の客、十官という支那刀術の大家と試合をして勝った話が、元禄九年刊の林九兵衛の著作『玉箒木』に出ている（伊藤一刀斎といわずに戸田一刀斎としている）。一刀斎は師伝によって富田姓をゆるされたが、遠慮して戸田の字を用い、自分からは伊藤と名乗らなかった（山田次朗吉氏）。

以下『玉箒木』の記事の要約。

天正年中、相州の三浦三崎に北条美濃守氏親が在城の時であるが、戸田一刀斎が諸国武者修行して、三崎へやって来、関東無双の使い手というので、侍がたくさん入門した。

そのころ北条家のゆるしを受けて、三官という唐人が貿易に来たが（『北条五代記』にいう「天正四年のころおい三官という唐人、氏政の虎の印版をいただき、もろこしに渡り三年目の戊寅七月二日に黒舟三崎の湊に着岸す」）、その船が天正六年七月二日に、三浦三崎へ着岸した時の話である。その舟に十官という唐人が乗っていて、これが支那刀術の大名人という評判があったから、城の侍たちはその刀法を見たいと望んだけれど、さりとて相手にまわって、試合しようという自信のある者がない。そこで十官は、

「それどうも仕方ない。おもしろくもあるまいが、私一人でやって見るあるか」

というわけで、長い白刃をさげて広い庭へ出た。長い衣裳をぬぎすてて、くくり袴を着けた。ずいぶんと大男で大力、筋骨たくましく、そのうえ身が軽い。

「そら。始めるぞ」

長刀をぬいたと見るや、丁々（ちょうちょう）はっし、丁はっし。宙に振ることあたかも敵中奮戦の状（じょう）さながら、目をいからし大声を上げ、自由自在に右を斬り、左を薙ぎ、ヒョイヒョイと二間三間も跳躍して動くこと約一時間。汗みどろの奮闘をして、八方をさしからみ、大勢の敵を一カ所に追い詰める状をして、やがて終った。

いやもうその激しいこと、あきれるばかりで、見物していた侍たちも、ただ茫然とするばかりで、これでは一刀斎でもとても相手になれまいと、うわさをした。

これをきいて一刀斎は、云った。

「ふーん、そんなに強いか。しかしわしはそうは思わないなあ。わしなら十官に長い真剣を持たせ、こちらは扇ひとつであしらって見せる」

そこで試合ということになった。まさか真剣というわけにもいかないので、十官は長い木刀をもって出た。一刀斎は広言通りに扇いっぽん。

「いざ参られよ」

自信満々でかまえた扇、それを見て十官がおどろいた。自分ができるから相手の強いのがわかる。

「ううむ。手ごわいあるな」

しかし闘志は旺盛。いざ張良が秘術をつくさんとばかり、すさまじい馬力で打ちかかったが、一刀斎の扇の動きには、とうていかなわない。一進一退のうごきのうちに、とかく十官は押されぎみとなり、一刀斎が扇をすてて素手で立ちふさがるのを見ると、ぎょっとした様子だ。

が、すぐ勇気をふるい起して、

「やあっ」

と一声、とびこみざまに木刀をふりおろしたが、瞬間、一刀斎は足を上げてパッと木刀を蹴とばした。木刀は相手の手をはなれて地に落ち、十官は目を白黒させてへたばった（要約おわり）。

伊藤一刀斎が伊豆の出生であるという説は、まだそう早まって決定できないが、矢倉沢四十八人斬りといい、北条家臣古藤田勘解由左衛門の入門といい、三島神社の甕割り伝説といい、三島三崎の唐人試合といい、又、一刀斎が、鎌倉鶴岡八幡宮であやまって人を斬り、それによって〝夢想剣〟を開悟したという俗説といい、案外、伊豆・相模に話が多いのは、いくらか伊豆出生説にとっては、考えあわすべき資料という

『無想剣心法書』

べきかも知れない。

右にいう〝夢想剣〟の話はどうもフィクション臭くて、古藤田勘解由左衛門の書いた『一刀斎先生剣法書』や、小野派系の一刀流口伝書にも、その名目が見えないけれども、『夢想剣心法書』（文禄四年七月、外田一刀斎他二名在判）というものは、たしかに存在していた。

死去年月は確実でないが、承応二年六月二十九日、九十四歳という説があり、もしこれが正しいとすれば、永禄三年出生説に吻合する。

伊藤一刀斎の終焉の地については、下総小金ケ原説と、丹波篠山説とあるが、両説ともまだ納得できる程度の傍証が出ていない。ただ元禄十年刊の『拾遺御伽婢子』に、伊藤一刀斎の門弟原幸右衛門が、下総藤枝に隠棲して、大滝の剣士瀬崎勘内と二人で、一刀斎の剣理について語る一条が小説化されてあるのを見れば、何となく一刀斎の晩年が、下総界隈にあったような感じはする。

なお『撃剣叢談』に、一刀斎が京都で自分の妾にだまされて、悪門弟らに闇討ちされ、あやうく逃れたという一条と、東国へ来てから、地摺り青眼という妙手で試合を申し込んだ剣士を一刀で倒したという逸話を書いている。

古藤田勘解由左衛門俊直

古藤田勘解由左衛門俊直（号は唯心。流名を唯心一刀流というと『武芸伝系』にあるが、正しくは唯心流である。唯心一刀流の称は、門人松浦正景からである）は相州北条家の人で、弱冠より刀槍の術を好んだ。時に伊藤一刀斎が相州に来（天正十二年）刀槍の術で名が高かった。俊直これについて学び、ついに宗を得た（古藤田一刀流という）。俊直の子の仁右衛門俊重（一に勘兵衛。号は卜斎。戸田家に仕え、二百石）、さらにその子の弥兵衛俊定が父祖の芸を継いで、家名を揚げた。美濃の大垣城主戸田氏信につかえた。末流が処々にある（俊定が十九歳の時、諸国修行中、一刀の号を秘して唯心流と改め、唯心と号し、後また一刀流に復した。後に俊定の門人、杉浦平右衛門正景が、唯心一刀流の流名を立てた——『唯心一刀流太刀之巻』）。

神子上典膳忠明

神子上典膳の先は勢州の出である（誤説である。『増補英雄美談』に信州人とあるのも誤説である。正しくは上総の夷隅郡丸山町神子上の郷士で、遠祖は大和の十市氏から出ている）。万喜少弼につかえて上総に居った（神子上典膳の曾祖父大蔵は里見家十人衆頭で六百石。祖父庄蔵以来万喜氏に属して天文三年犬掛合戦で戦死——『房総里見軍記』・『里見九代記』分限の巻）。典膳は幼時から刀槍の術を好んだが、たまたま伊藤一刀斎が上総へやって来たので、典膳は一刀斎の旅宿をたずね勝負したいと申し込んだ。一刀斎が承知して試合をしたところ、典膳はひとたまりもなく負けた。そこで典膳は乞うて伊藤の門下に列したが、一刀斎は技術を教えてか

神子上典膳（『武稽百人一首』）

ら、いったん他国へ行き、翌年また典膳の宅をおとずれて、

「わしはこれから天下に名をかがやかしたいと思う。お前もわしについて諸国を歩いたがいい」

といった。

　典膳は承諾して、一刀斎にしたがって諸国修行の旅に出る。ところで一刀斎のお供は典膳だけでなく、永年、善鬼（補記参照）という者が付き添っておった。一刀斎は、この善鬼を殺してしまいたいと思っていたので、あるとき典膳に、

「お前、善鬼を殺害しろ。しかしお前の技術はまだ彼に及ばないから、特別の秘術を教えるから、それで斬れ」

といって、〝夢想剣〟（前述）の極意を伝授した。やがて一行は、総州の相馬郡小金原（いまの千葉県松戸市小金を中心にして、もとの葛飾・相馬・印旛・千葉の四郡にわたる荒野をいう。もと葛飾野といった）の近辺へ来た。一刀斎は典膳と善鬼を近くに呼んで、

「わしは少年時代から刀術を好み、諸国をへんれきしたが、我れに及ぶ者はほとんどなかった。もはや一期の念願は果したわけであるから、あとは技術を後継者にわたせばそれでよい。後継者には、この瓶割刀をさずけよう。しかし刀は一本だ、両人に与えることはできない。だから二人は、この広野で優劣をあらそうがよかろう。刀は、もちろん勝者に与えるのである」

といった。

　典膳と善鬼はよろこんで、刀を抜いて勝負を決し、けっきょく典膳は善鬼を斬り殺し、景久これを賞して瓶割刀をさずけ（『一刀流口伝書』および『撃剣叢談』には、典膳と善鬼と血闘のとき、瓶のうしろにかくれた善鬼を典膳が瓶と共に斬り下げたから瓶割刀と名付けたとしているが、これは小野家の宝刀というところから因縁話に別な尾ヒレを付けたのだろう）、

「これでさっぱりした。わしはもうこれぎりで刀術を止めて仏道の修行をしよう。お前は国へ帰ってこの術を世にあらわせ」

といって別れたが、その後の消息は不明である。相馬郡（手賀沼の南北の地の旧称。明治十九年に東葛飾郡に合併した）に善鬼の塚がのこり、世人これを〝善鬼の松〟という（現地

の伝承がない)。

典膳は故郷に帰って、ますますその術が上達し、門人になる者が多かった。のち、江戸へ出て駿河台、あるいは本郷に住した(当初の住居地は不明であるが、のち幕臣になってからは九段下に屋敷をもらって住んでいた)。

たまたま江戸の近郊の膝折村(いま北足立郡朝霞町膝折)で、刀術者が人を殺して民家に取り籠った。郷民らの手で取りおさえることができないので、村長が江戸へやって来て、決断所(ここでは関東代官屋敷か町奉行所の意味で書いているが、決断所の名目は徳川の幕制にはない。これは正しくは雑訴決断所といって建武中興当時の古称である)に訴えた。

「剣術使いが人を殺して、民家に取り籠りました。江戸には、神子上典膳さまとやらいう強い剣術使いがあると聞きましたが、その神子上さまでなくては斬ることができないでしょう。どうかその方に命令して、取りしずめに来ていただきとうございます」

その訴えが東照宮のお耳に入ったので、小幡勘兵衛尉景憲(兵法の部に前出。当時の大目付であった)を検使にして、典膳に出役を命じた。

典膳は膝折村へ来て、その民家の戸口に立ち、

「神子上典膳、降命によって江戸より来たる。汝、戸外に出て勝負を決するか。それとも我れより戸内に入って勝負しようか」

と、さけぶ。

刀術者はそれを聞くと、

「おう、我れ典膳の名をきくこと久しい。いま会えるとは生前の大幸だ。出て行って勝負する」

言うや馳け出して来て大太刀を抜く。典膳も抜刀したが、これは二尺ばかりの刀だ。たちまち相手の両腕を斬りおとし、検使の景憲に向かって、

「首をはねますか。どうします」

と、きく。

景憲がうなずくと、典膳は次ぎの一刀で相手の首を斬り落とした。すばやいこと、冷徹なこと、見ていた見物衆がおぞけをふるうほどであった。

景憲は江戸へ帰って、その状を東照宮に逐一報告した。東照宮はたいへん褒賞して、典膳を旗本に取り立て(文禄二年である――『寛政重修諸家譜』)、采邑三百石をたまわった(二百石が正しい。のち四百石になり、さらに六百石に上る――同右書)。外祖父の氏を継いで、小野二郎右衛門(次郎右衛門が正しい)と改名した。慶長五年、真田衣においていちじるしい軍功があり、七本槍の一人に入っている(このこと後に引用の『慶長記』にあるが、なお『関原軍記大成』や『翁草』などに詳しい)。のちに台徳大君(秀忠)の命によって刀術をお教えし、将軍は彼の精妙を賞して諱の字を賜い、忠明といった。その名誉は日本中に知れわたった。寛永五年十一月七日死す。

『慶長記』上田御発向の条にいう。九月六日辰の刻に、真田

家臣根津長右衛門の持口から、依田兵部と山本清右衛門が物見に出た。虎口（こぐち）（軍陣用語。城や陣営のもっとも要所にある出入口を猛虎の歯牙にたとえていう――『武家名目抄』。支那の兵書には軍陣の門戸を車で囲って虎門といった、それから来た語）から二町ばかり向こうに堤があって、その堤にかくれて物見していると、あとから歩行（かち）武者の斎藤左助が山伏すがたでやって来て、物見のいる堤よりもっと前へ出て、槍玉を取って（軍陣用語。槍を手玉にとる、ひねくる）敵へ名乗りを上げた。すると徳川勢の牧野右馬允の備えから、神子上典膳と辻太郎助が一文字に馳けてくるのが見えたので、斎藤は逃げてしまった。辻と神子上は追いかけるのをやめて、依田・山本のいるほうへ走ってくる。そこで依田と山本は立ち上って堤の上と下から槍を組んだが、やがて神子上らは堤の内へ飛びこんで来て、戦闘になった。そこへ又、徳川勢から朝倉藤十郎・戸田半平・中山勘解由・鎮目市左衛門・太田善太夫の五人が馳けてくる。太田は槍脇の弓（軍陣用語。一番槍・二番槍の脇にいて弓で戦う士。槍脇を詰めるともいう）である。真田側では、山本は長柄の槍が折れるほど戦って四カ所の疵をこうむり、かなわぬと見て、引く。依田も重傷をおうて虎口ぎわで倒れるところを、神子上が刀を抜いて依田の面上を一太刀斬り、つづいて辻も一太刀斬った。山本走り寄って両人を斬り払い、依田の死体を虎口へ引き入れた。

これを見た牧野右馬允が、

「それ、辻・神子上を討たすなっ。続けや者ども」

と下知したから、

「うけたまわり候」

とて追々に百騎ばかりも突撃しはじめた。

これでは城方の兵が門内へ引き取れぬと見た根津長右衛門が、城兵にときの声を上げさせて鉄砲の一斉射撃を命じたから、それをきいた徳川勢は敵が城から突いて出るものと思って、虎口のところから少し後退した。その間に城方の兵は、ぜんぶ城へ逃げ込んで門を閉めてしまった。

このときの辻・神子上ら七人を〝真田の七本槍〟という。依田の面を斬った初太刀が神子上か、辻か、判定がつかなかった。神子上は、

「依田は朱冑（しゅかぶと）を着て、頬当て（鉄面、カナメンに同じ。カブトを冠り目の下につける防具）はしていなかった。それがしが初太刀である」

と主張する。

辻は、

「依田は朱頬（しゅほほ）を掛けていた。我れこそ初太刀である」

と言い張る。右馬允がそれを聞いて、どちらとも決める証拠がないため、家人二、三人を馬買い（伯楽（ばくろう）。たいてい非人姿をしている）に変装させ、

「あの戦闘の情況をよく調べて来い」

といって、信州へつかわしたところ、彼等はどうやら才覚して山本清右衛門に出会い、あの時の様子をたずねると、山本は、

「依田は頰当てはしていなかった。朱頰を掛けていたと申される仁は、さだめて二の太刀であるだろう。初太刀で血走りしていたはずだから、いそがしい際でもあり、朱頰に見誤ったのも無理はない」

と語った。

この儀を右馬允に復命したから、

「なるほどその通りであろう」

と批判したという、云々。

【補】善鬼という人物

善鬼の経歴に関しては、いっさい不明である。俗に小野姓であったというのは作り話で確証はない。一説には善鬼が姓で、大峰山中にある前鬼という村の出身だろうという人もあり、古戦記類にも善鬼姓の人物を散見する。また日光コブが原の山伏宿は、代々名を前鬼隼人という。善鬼も前身は山伏であったのでなかろうか。

善鬼が伊藤一刀斎に入門する話は、直木三十五その他たいていは山田次朗吉氏の『日本剣道史』に拠っているが、それはどうもいけないように私は思う。その原話は根岸肥前守の『耳袋』にあるので、この本には小野とも善鬼とも書いていない。その要約。

一刀斎が諸国修行のとちゅう、淀の夜船に乗って大坂へ下ったが、そのときの船頭は力量のすぐれた男で、一刀斎に試合を申し込み、負けて門人になった。その後一刀斎に随伴していたが、江戸で将軍家が一刀斎を召し抱えようとしたとき、一刀斎は自分のかわりに弟弟子の神子上をすいせんしたので、船頭上りの兄弟子は神子上に真剣試合を申しこみ、敗れて死んだ、云々。

右の話には船頭とばかりあって、じつは善鬼の名は出ていない（柳田国男氏校訂の『岩波文庫本』を見よ）。しかし、流布の写本には若干の書替えがあって、淀の船頭を桑名の船頭としたり、また船頭の名を高津市左衛門としたものがあるのを見ると、この船頭を小野善鬼と決めてしまうのは少々気が早い。

善鬼でなくて高津市左衛門とすれば、この人物は前名を間宮五郎兵衛久也（後出）といって、広島藩浅野家の臣であった。小野忠明の弟の忠也（後出）の門人として剣名が高い。この忠也は武者修行時代には、兄の旧名神子上典膳を名乗っていたと彰考館本『剣術系図』に注しているから、『耳袋』の話は元来は、小野忠也対高津市左衛門の試合と見るほうが穏当でないだろうか。

なお善鬼と神子上の決闘の場所は下総の小金原が通説になっているけれども、写本『雑話筆記』には濃州桔梗ケ原とあり、つまり乗鞍岳の北側の高原としているのは、後に考うべき一資料でないだろうか。

【補】小野次郎右衛門伝の補足

『寛政重修諸家譜』から、まず要約する。

小野次郎右衛門は、大和国の住人十市兵部大輔遠忠の後裔である。忠明の父、神子上（『寛永系図』には御子神、『寛政呈譜』には神子上）重（土佐）は、里見安房守の臣であった。忠明はもと典門という。次郎右衛門。母は小野姓。はじめ里見安房守にぞくし、のち一刀斎に学んで奥旨をきわめ、文禄二年、召されて徳川家康につかえて二百石。二代秀忠の剣術の師となる。小野姓に改めた。慶長五年の信濃上田城攻めに功あり、上田の七本槍と称されたが軍律を犯したので真田信幸にあずけられ、同六年、召し還えされて四百石、のち旧知をあらため、上総のくに山辺・武射両郡の内で六百石を知行

小野忠明（右）と小野忠常（左）の墓（成田公園、永興寺）

した。大坂役に従軍し、夏の陣のことで旗本たちとのあいだに係争が生じて閉門されたが、後ゆるされた。寛永五年十一月七日死す。法名は妙達。下総国埴生郡寺台村の永興寺に葬る。

　忠明の子は忠常、助九郎、のち次郎右衛門。寛永十年二月、加増され八百石になる。寛文五年十二月六日死す。法名は日岸。父と同じ寺に葬る（忠常のことは別に後述する）。

　その子忠於（助四郎、のち次郎右衛門）は正徳二年十二月二十九日死す。七十三歳。法名は日顕。浅草の慶印寺に葬る。のち此の寺は小野家の代々葬地になる。

　その子忠一（内記、助九郎、次郎右衛門）は元文十三年死す、七十九歳（以下略す）。

　右のうち忠明・忠常父子の墓のある永興寺は、もと小野忠明の知行地内の寺台（いま成田市寺台という。成田公園の内）というところにあり、忠明は晩年この地に隠居していたのである。

　安川柳渓の『千葉県古事志』に拠ると、御子神典膳は世々里見家につかえたが、里見忠義のとき、姦臣印東玄蕃のことを諫言して、いれられなかったので浪人して江戸に出、将軍秀忠に仕えたというが、里見忠義が里見家を嗣いだのは慶長八年であるから、この説は事実に合わない。

　以下、小野次郎右衛門の逸話に触れておく。

『絵本英雄美談』に、慶長十三年春、駿河清水港へ漂着した唐船に乗っていた明人の、白盃という武芸者と典膳が、徳川

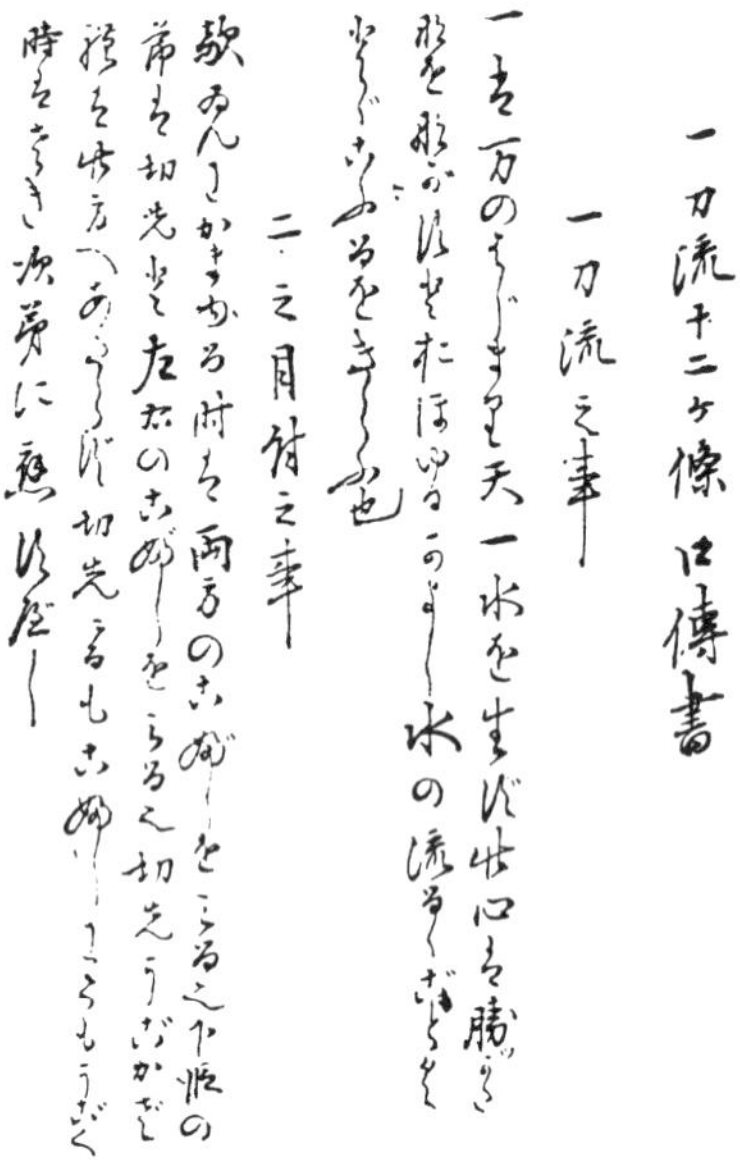

『一刀流十二カ条口伝書』（一部）

家康の命で御前試合をしたとあるのは、前に書いた伊藤一刀斎と十官の試合を書きなおしたフィクションだろうと思う。

　膝折村の取り籠り者を成敗した話は、『老士語録』には幾らか変った形で語られている。

　典膳が諸国を遍歴して江戸へ来たとき、徳川家康はこれを江戸城に召してその技を見たが、どうしたのか余り気に入らず、召し抱える気にならなかった。そのころ城下で修験者が人を殺して、おのが家へ取り籠った。町奉行は神子上の名をきいて討ち取るように依頼したが、神子上はあいにく病中だったので、固辞した。しかし重ねての依頼で、止むをえず出向いて、その修験者と戦った。

　形勢はどちらかといえば神子上に非で、彼はたじたじと斬り立てられてうしろへ退がるひょうしに、おもわず小溝に踏みこんでたおれた。

「えたり」

と打ちこむ修験者の太刀の下を、かろうじて避けた典膳、払い斬りに相手の腕を斬りおとして、起ち上がりざまに遂に仕止めた。

　その戦いぶりを聞いた家康は、

「前に彼の技を見たときは、余り奇異で、天剣の魔法かも知れぬと思った。しかし彼が溝におちたと聞いて、はじめて正法の剣法であると安心した」

と云って神子上を召し抱え、秀忠に附属させて剣術の相手をつとめさせた、云々。

『絵本英雄美談』は右の件を改作して、駿河田中の城下で念行院重玄坊という修験者が狂刃をふるって取り籠ったのを、苦戦して斬った、としている。

『一刀流三祖伝』に次ぎの挿話がある。

　柳生但馬守宗矩が小野忠明の剣術を一見したいと所望していると聞いて、忠明は柳生屋敷を訪問した。但馬守が相手をしてくれるのかと思うと、但馬守は辞して、長男の十兵衛三厳に相手せよと云いつけた。十兵衛かしこまって木刀をもって立ち上がったが、試合にいたらず木刀を捨てて、云う。

「忠明どのの術は水月のごとくでございます。とうてい私の歯の立つ相手ではありませぬ」

「では私が」

と柳生兵庫が立ち上がると、忠明は、さえぎるように云った。

「御一同の方々。御門人衆の技術の深浅を、私の剣術で試みようとされるなら、ひとり試みるも多勢試みるも同じことであります。いかがでござるか。三人でも五人でも、束になって一度にかかっておいでになっては」

　そこで兵庫と、門下の木村助九郎（後述）・村田与三（三左衛門、のち源左衛門。五代将軍の相手を勤めた。紀州藩の臣になる。なお後述の木村助九郎の条参照）・出淵平八（後述の出淵平兵衛であろう）の四人が出て、いざとなれば四方から掛かって、忠明を打ち殺そうという気構えを見せたが、それと見た宗矩と三厳が異口同音に云った。

「門人どもは格別だが、兵庫はひかえたがよい」

　こうして門弟三人だけで、忠明の前と左右から打ちかかったが、助九郎は木刀をうばわれ、その木刀で村田は両手をおさえられて動きがとれず、うしろから上段に打ちおろした出淵の木刀は、まんまと忠明にはずされたばかりでなく、その勢いで村田の頭をしたたかに打った。

　見ていた十兵衛は忠明の妙術に感心して、村田といっしょに後日ひそかに忠明をたずねて、その教示を受けた、云々。

　小野次郎右衛門が大坂夏の陣で、同僚の旗本某々が卑怯なふるまいをしたと中傷して、関係者に訴願され、大騒ぎになった一条は『武功雑記』に詳しいが、この一件などから見ても、忠明には人間的に円満さ・寛容心の欠けた一面があったように思われる。


『撃剣叢談』にも次ぎの一話がある。

　ある日、他流の道場を見物していた小野忠明が、余りひどく脇から悪罵するので、指南の者が出て、聞きずてにできないから一勝負せよと云った。忠明、すぐに板敷きへ飛び上がり、腰にさしていた鼻ねじ（前述）をぬいて、相手の眉間を丁と打つと、相手は鼻血を出して尻餅をついた。

　もう一人の指南役が出てきて、

「今日はこの者を介抱するから、明日もういちど来て下さい」

という。

「心得た」

といって明日行くと、道場の小潜ひとつ明けて待っている様子であったから、何ほどのことがあろうとばかり、電のごとく飛び入ると、これはしたり板敷きに油が塗ってあって足がすべり、ずでんどうと引っくり返える。

「えたりや」

と、道場の者どもが拝み打ちに来るのを、忠明たおれながら〝鍋弦〟と号する刀を抜いて払い上げ、そのまま起き上がって苦もなく相手を切り殺して去った、云々。

　この件、根岸肥前守の『耳袋』の記事が原話らしく、それによれば次郎右衛門は、両国橋へんの道場破りをして（両国橋と書いたのは失当。この橋は万治二年創架。次郎右衛門の死後である）道場主を鉄扇で打ち殺したため、将軍師範の行状でないという理由で遠島刑になったが、島で西瓜荒しの曲

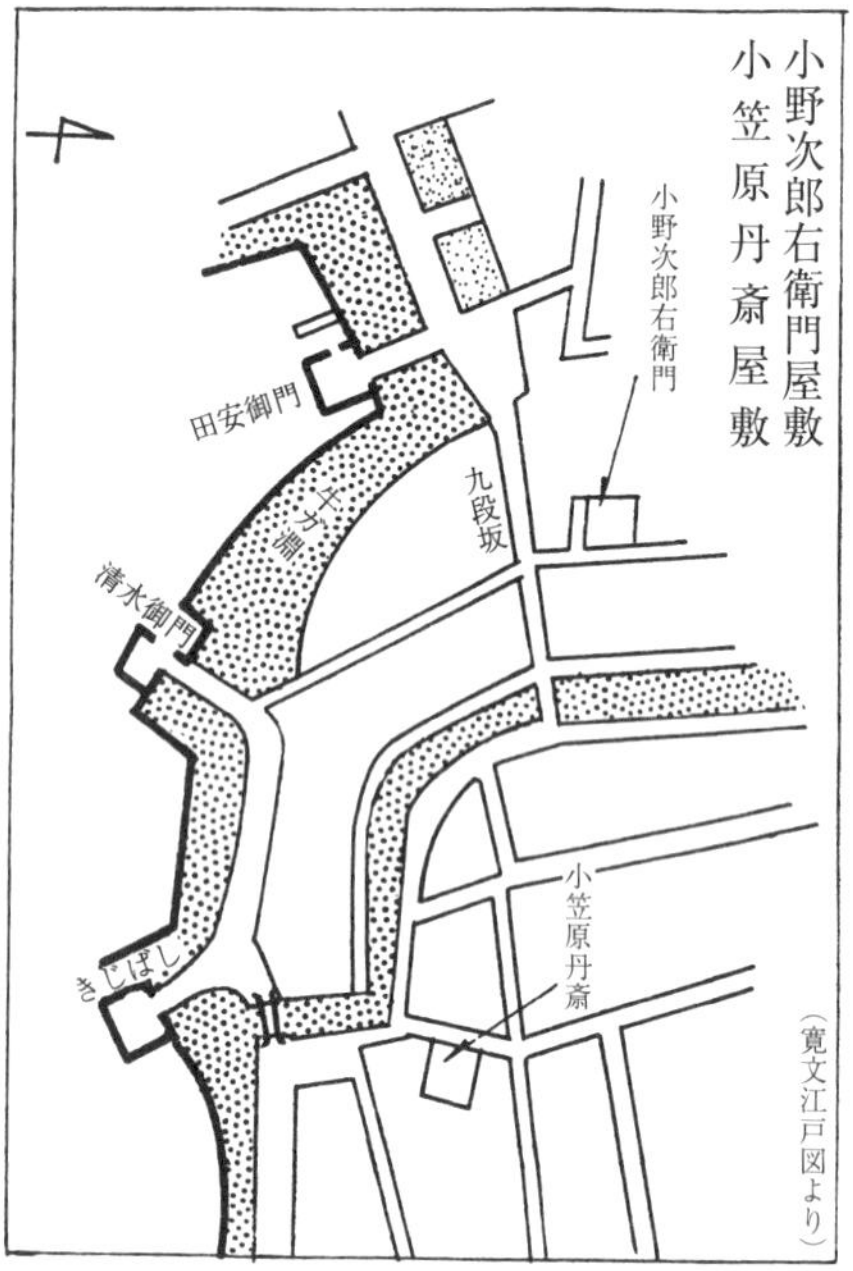

者と格闘して、西瓜の皮にすべりながら召捕ったので特赦された。将軍が久々で立ち合おう、といって抜打ちに切りつけたところ、次郎右衛門は平伏したまま敷いてある毛氈を、いきなり引っぱったので、将軍はひっくり返り、爾来、大いに信任を厚くした、とある。なお道場破りの話は『絵本英雄美談』には小野忠常の逸話としてある（その条参照）。

小野忠明の江戸屋敷は麹町の九段坂下である。旧都電の分岐点から、国鉄飯田橋のほうへ曲がる左側で、昔は九段坂が今ほど広くなく、坂沿いに飯田町の町家が一側あったから、その町家の裏屋敷になっていたが（『御府内往還其外沿革図書』延宝の形）、現在は道が広がり町家の部分は道式に入ってしまったから、もとの小野邸は九段坂下の角によほど近い地面になっている。戦前の飯田橋二丁目五四番地へんで、今は九段一丁目の内。小野氏はここに元禄十年まで住み同十年の火災に類焼後上げ地になって京橋へ移った。

伊藤典膳忠也の墓（南品川、妙国寺）

伊藤典膳忠也

伊藤典膳忠明の子である（誤り。忠明の弟である。『寛政重修諸家譜』に「兄と共に一刀斎にしたがい剣術を学びて奥儀をきわむ。後この流を忠也流という」とある。南品川の妙国寺にある三世伊藤一刀斎の墓と称するものは、じつはこの忠也の墓である）。箕裘の芸を伝えて家名を上げた。父忠明その精妙を賞して、伊藤の姓と〝瓶割の刀〟をさずけた。この刀は伊藤一刀斎が二十三度の勝負に用いたもので、一文字（備前の刀工一文字則宗・助宗らの一派）の刀である。のちに忠也を転じて忠也と音で称するようになった。

多くの門人中、ずば抜けていたのは亀井平右衛門忠雄（後に引用する墓碑銘にくわしいが、『紀伊国人物史』には初め伊藤一刀斎および小野忠明に学び、忠明の死後、忠也に学んだとある）であったから、忠也は伊藤の姓と一文字の刀をゆずって、一刀流の第四世とした（亀井忠雄は師への遠慮から、伊藤を井藤に替えて姓としたが、伝書には伊藤を用いている）。忠雄は後に清楊大君（甲府侯徳川綱重）・文昭大君（六代将軍家宣）につかえ、元禄四年五月二十二日、九十一歳にて死んだ。嫡子の井藤平助が箕裘の芸を継いだが、不幸にして早世したので、弟平四郎忠貫（一に忠実に作る）が父の遺跡を相続して、父祖の芸に上達した。これが一刀流の第五世である。文昭大君につかえ、宝永四年八月十四日、六十八歳にて死去す。

また根来八九郎という者があり、これは忠雄の弟で兄と同じく忠也に学んで宗を得た。はじめ二本松の侍従丹羽長次（陸奥二本松藩主十万七百石。延宝七年相続。元禄五年十二月侍従。十一年六月二十六日死、五十六歳）につかえ、後、浪人して名を独身とあらためて、ひじょうに著名だった。天和二年八月十八日死、七十八歳、江戸の長福寺（麻布六本木町）に葬る。院号は感光、一点照哲と号する。

井藤平右衛門忠雄の墓誌銘に曰く、君、本姓は亀井、諱は忠雄。平右衛門と号す。世々紀州藤代郷の重根邑（いま海南市藤白および重根。鈴木・亀井等の郷士の裔がこの地にある）に居れり。父は右京吉重、母は北条氏直の臣依田大膳が女。吉重生まれて九歳、某氏の子十四歳なる者と遊ぶ。隙起きて（喧嘩になる）ついに刃を手にしてこれを殺す。而して寇を同州根来寺（那賀郡根来村の山上にある大伝法院根来寺。真言宗新義派総本山）に避くる。氏を変じて根来と称す。東武に遊び依田氏をめとる。慶長六年辛丑四月晦日、君を生む。君幼にして孝順・厚重、また兼ねて父の風あり。はじめ八歳、家に奸奴十九歳なる者あり。褻狎・軽侮、忍ぶべからざるに至る。君、匕首をひっさげて立ちどころにこれを斃す。十四歳、剣を伊藤一刀斎景久の藍出（師よりすぐれた弟子。『荀子』から出た語）小野二郎右衛門忠明に学ぶ。忠明歿して、その子井藤典膳忠也にしたがう。真積り力久しゅうして終に奥秘をいたす。同遊の多士あえてその右に出る者なし。ゆえに忠也属する父師真伝の印、ならびに一文字の刀を以てして、これが信を牢む。而して推して一刀の第四世となし、附するに藤原の姓・井藤の氏を以ってす。それ一刀の正脈、先師の姓氏を冒す、忠也より始む。然れども伊を転じて井となすること、ただ国音の近きのみにあらず、けだし微意を立つると言う。後を嗣いで君が業、一日は一日よりもくわしく、繁を芟り闕けたるをおぎない、変を尽して神に入る。且つ天理の説を唱えて大いに世に鳴る。履を取ってしたがう者、門墻に相踵ぐ。およその壮強に及ぶころおい、四方技を挟み胆を負う者、来たり試むること百ばかり、あるいは暗室に出で、あるいは白刃を接す。いまだ嘗つて毫毛も触犯せず。また射を学んで称精妙たり。この歳、元禄四年辛未五月二十二日卒す。享年九十有一。三男一女あり。伯は忠景、先だって卒す。仲忠貫、禄をつぎ業を承く。伯仲ともに井藤氏となす。季清昌は本姓本氏に依る。女は荻原氏にゆく。ああ君の稟するところ（生れつき）剛敢にして婉愉（したしみ楽しむ）の行あり、したがうところ険危にして、介寿（長寿に同じ。『詩経』の語）をたもつ。また数百歳の希出（何百年にただ一人）たる者なる哉。その銘に曰く、為子孝謹、為父義方、拍撃之妙、周身之防、四伝原流、孤剣清霜、世々相承、於戯不忘。

【補】根来八九郎重明

二本松藩の家臣、大鐘義鳴の書いた『相生集』から、根来重明の伝を要約しておく。

根来八九郎、また小左衛門という。累代の先祖は紀伊国の住人、父を右京重賢といい、兄を平右衛門忠雄といい、弟を与右衛門某という。兄弟伊藤忠也に就いて学ぶこと年をかさね、先師の印可をことごとく授けられた。三代将軍家光より、忠雄・重明の兵法上覧の命が下ったが、ほどなく家光が死去したので中止された。重明は寛文三年ごろ二本松藩を致仕し、江戸へ出て居住したが、以前と同じく藩の師範として月俸を給された。名をあらためて独身といい、晩年一家の刀法草創して天心独明流と名づけた。俗に新流という。

小野次郎右衛門忠常

小野次郎右衛門忠常、あるいは忠勝。小野忠明の子である。刀術を父に習って精妙であった。忠明の遺跡を継いで大猷大君（家光）につかえた。世人これを小野流（小野一刀流とも）いう。寛文五年十二月七日死す。その子の次郎右衛門忠於が父祖の芸を継ぎ、厳有大君（家綱）・常憲大君（綱吉）・文昭大君（家宣）につかえた。正徳二年十二月晦日七十三歳にて死す。その子の助九郎忠一が父祖の芸を継ぎ、有名である。忠一は、じつは岡部忠豊の子（忠常・忠於・忠一については、前出の神子上典膳の補記参照）。

【補】小野次郎右衛門忠常の事績

二代目次郎右衛門忠常も、剣術にはなかなか見識のあった人物らしい。『八水随筆』に、彼は将軍家が上覧試合を仰せ出されると、その日から試合当日までの、毎日の稽古をやめてしまう。その理由は、平常稽古をつんでいるから特別に工夫することもないし、もし稽古で不測の怪我でもしたら、上覧当日のさまたげになるからというにあった、と書いている。

なお『撃剣叢談』に次ぎの記事がある（要約）。

二代目の小野次郎右衛門忠常も父におとらぬ上手で、世に名高い。猷廟（三代将軍家光）は、剣術好きで柳生・小野両流を習ったが、但馬守宗矩は御意にかなうよう手柔かにあしらったが、忠常のほうは天性気がさ（自負がつよい）であったから、

「私に剣術をお習いになる以上は、なんで遠慮がいるものか」

というわけで、思う存分に打つ。

そんなわけだから、小野家は将軍の待遇が柳生に及ばなかったし、一生とくべつな御加恩（知行増加）もなかったという。

この忠常が、あるとき桜田御門橋を通りかかると、御城普請の大石を橋の上を引きずって行こうとして、動かず、道がふさがって、通行人が石の通りすぎるのを待っていたが、忠常は身の軽いことで人にすぐれていたから、いらいらして待っておられず、その大石を一飛びにして、ヒラリと御門前に降り立った。しかし連れていた供の者が飛び越えることができないので、けっきょく石の通ってしまうのを待たなければならなかった。その日以来、忠常のふるまいが尋常でなくなり、狂人みたいであったという。

小野の初代・二代以下代々刀術にすぐれ、柳生家につづいて天下兵法の大家である。

以上。

『絵本英雄美談』に、他流の道場破りをした話を次郎右衛門忠明としないで、この忠常としており、なおそれにつづけて、忠常はその一件のために下総へ流罪になり、三年後、上総の悪徒、甲斐宝三吉を生け捕って功を立てたので、ゆるされて江戸へ帰ったとあるが、下総は流刑地でなく、知行所である。

間宮五郎兵衛久也

間宮五郎兵衛久也は、伊藤忠也にしたがって宗を得た。のちに芸州侍従（広島城主浅野光晟、寛永十一年侍従）につかえ、剣名が高い。のちに高津市左衛門と改名した。その子の五郎兵衛が久也の芸を相続し、芸州にいたが、これは異姓（養子）であった。久也の実子は高津五平といい、のち五郎兵衛という。養子五郎兵衛がこの五平を養子にして家を継がせた。

また溝口新左衛門（正しくは新右衛門）正勝（溝口流を開創した）という者、これも伊藤忠也の門人で刀術で名高い。

【補】溝口新右衛門正勝

新五左衛門、また新右衛門、正則ともある。伊藤典膳忠也の門人というのが通説であるが（『武芸小伝』・『会津藩教育考』・『一刀流目録』）、この人のことは余りよくわからない。『寛政重修諸家譜』には溝口半左衛門重長、『武徳編年集成』には溝口半左衛門常恒とあり、文禄二年、徳川家光に仕え、大坂陣に戦功があったが、父溝口外記常吉（三千石）が証人になっていた南部久左衛門が大坂方に付いたため、元和元年、父とともに改易された。しかし重長は、小野忠明父子（伊藤典膳忠也は本当は小野忠明の弟であるが、通説では父子ということになっている）に学んで一刀流の達人であったから、寛永十八年、召し返されて六百石を給され、翌年、御船奉行になった。正保五年死す、六十六歳。長男半左衛門（三左衛門）重恒が相続し、万治三年八月九日死す。なお、重長の二男新右衛門重直（もと新蔵）も剣術に達し、兄といっしょに将軍の台覧を得た。

梶新右衛門正直

梶新右衛門正直（太郎右衛門ともいった。梶次郎兵衛正道の養子。実父は本多美作家の臣渡辺善兵衛勝綱――『寛政重修諸家譜』）は小野忠勝（忠常のこと）の門人で、同門だれ一人正直に及ぶ者がなかった。のちますます精妙に達す。厳有大君（家綱）・常憲大君（綱吉）につかえ、大番の列である（初め小十人、百俵。のち二百俵。新番に転じ、さらに神田御殿目付役六百俵に上る――同右書）。天和元年十二月十八日に死す（法名は一法）。原田市左衛門利重がその宗を得た。これを梶派の一刀（梶派一刀流）という。

（巻五・終）

武芸小伝・巻之六

上泉伊勢守（『武稽百人一首』）

上泉伊勢守

上泉伊勢守（『関八州古戦録』に金刺秀綱とあるのは、信濃国造金刺舎人の後裔の意味か）は上州の人である（前橋市上泉町）。長野信濃守（旧時の群馬県長野郷を中心に、本郷・神戸へんまで勢力を張った土豪）につかえて箕輪の城におり、武功がもっとも盛んであった。かつて愛洲陰流（補記参照）の刀槍の術を習って、精妙を得た。後これに新しい工夫をこらして付け加え、〝神陰流〟と号する。

永禄六年（二月二十日）、長野信濃守が武田晴信にほろぼされた際、晴信は上泉を召して自分の旗本にしようとしたが、上泉は辞してつかえず、武者修行の旅に出た。神後伊豆守（後述）・疋田文五郎（後述）らが、師について歩いた（右両人のほかに上泉の息子秀胤がついて歩いたというのが通説だが、『尾州柳生家文書』では、疋田と鈴木意伯の二人としてあるそうである）。こうして神陰流は、日本国中に有名になっただけでなく、中華（ちゅうか）にも伝わった（明の天啓元年、日本の元和七年に刊行された『武備志』に、陰の流の形を記載している）。奇なりというべきである。

『甲陽軍鑑』いう。永禄六年に箕輪城が落城した際、城主信濃守の家来二百騎余りを、そのまま武田側の軍隊にくり入れたが、その中で武変（ぶへん）（武辺。前に注した）の誉れの多い上泉伊勢守という者が、信玄へ御暇（おいとま）を乞うた。

「そのわけは、私儀、あいすかげの流と申す兵法を習い、その中から私流に仕出して（新案開創するを仕出すという）神陰流と名付け、今からその刀術で諸国修行したく存じます。奉公いたすつもりになれば信玄公へ申し上げますが、まずさし当っては修行者になりたいのでございます」

右の理由で、おいとまが出た。

ある人の説に、愛洲惟孝（あいすいこう）という者が九州鵜戸の岩屋に参籠し、霊感によって兵法を自得し、これを愛洲陰流といったのを、上泉がその伝を得て、のち神陰流とあらためた、という(この説は上泉秀綱が漢文で書き、慶長十五年に門下の西・山北両人が和訳した実物写真が、堀正平氏『大日本剣道史』に出ている)。

愚いう(繁高評言)。或る説に、神陰流はむかし慈恩(前述)という僧が九州の鵜戸の岩屋で霊夢をこうむり、陰流というのを開悟し、上泉がその伝を得たというが、この説は非である。慈恩は富田流の祖で、神陰流の祖ではない。しかし九州鵜戸の岩屋という伝説が似ているから、混誤したのであろう。また別に一説があって、神陰宗雲入道勘鑑(伝不明)という者が、神陰流の祖だともいう。

【補】愛洲移香斎は伊勢飯南郡の出身

樋口念流の『樋口家文書』によれば、相馬四郎義元(念阿弥慈恩)には坂東に八人、京に六人、合わせて十四名の秀れた門人があり、その中の一人である猿の御前の末孫が、愛洲日向守移香であるという。この猿の御前という人物については未詳である。

移香、一に惟孝に作る。奥州の人というのが通説であるが(『師系集伝』)、これは完全に誤りである。しかし誤られた筋道はないわけでない。

愛洲という姓は奇妙で珍しいから、そうザラにあるとは考えられない。私は、伊勢国飯南郡を根拠にした土豪、愛洲氏の出であろうと想像する。『太平記』に、伊勢の愛洲伊勢守という名が見える。この土豪の故拠は、飯南郡の射和村大字阿曾波(いま松阪市内)であったと『勢陽五鈴遺響』にあり、後、同氏は勢力を隣接した度会郡に伸長して、田丸城(いま玉城町田丸字佐田と下辺の中間)および五カ所浦(いま南勢町の内)その他、下村等にも城館を造っていたが、天正年中に、国司北畠具教の軍に攻略されて滅亡したと『伊勢名勝志』に記している。

伊勢愛洲氏の後裔である秋田の『平沢氏家伝文書』には愛洲移香斎とあり、太郎左衛門久忠といい、享徳元年(一四五二)伊勢国志摩のあたりで生まれ、若くから九州・関東・明国へんまで渡航したことがあり、三十六歳のとき、日向鵜戸の岩屋に参籠して陰流を開き、晩年は日向に住んで日向守と称した。その子小七郎宗通が、二十歳のとき父のあとを継ぎ、四十六歳の永禄七年(一五六四)、常陸国太田城主佐竹義重に仕え、後、平沢姓にあらため元香斎と称し、天正十八年に七十二歳で死去した。佐竹氏は関ガ原役後秋田に移されたから、愛洲小七郎の子孫(平沢氏)も、佐竹に従って出羽に移居した、云々という。移香が晩年日向に住んだとあるは、彼が晩年、鵜戸明神の神職になった(『新陰流外の物謀略巻略解』)のを意味するのだろう。

右のごとく愛洲氏は元来伊勢出身だが、子孫が奥州に居着いたために、移香斎も奥州人だったように誤伝されたのであろう。

なお前記の愛洲移香・小七郎宗通の年齢から考えると、どうも上泉が学んだのは父の移香からではなくて、子の小七郎宗通からであったらしく、『張藩武術師系録』には小七郎惟脩の門に上泉を置いているのみならず、世にのこる新陰流伝書の承伝は、みなそうなっている。上泉が永禄六年に箕輪落城後、武田家への臣属をことわる理由に、すでに陰流を習ったと云っており、小七郎が常陸の佐竹氏に仕えたのはその翌年の永禄七年であるけれども、思うに小七郎は佐竹氏に仕える数年も前から、常陸・上野方面へ来ていたと考えても、そう無理な推察ではなかろう。

【補】上泉伊勢守事績の補足

上泉の訓み方は、秀綱の長男秀胤の裔孫（名古屋）はコウズミ、二男憲元（泰綱）の後裔（米沢）はカミイズミと訓んでいる。上泉秀綱は松本備前守政信に学び、鹿島神流二代を継いで神陰流と改称したとも、愛洲移香斎の陰の流を学んで新陰流とあらためたともいうが、術名から見ても、陰の流を踏襲していることは明白であり、新陰流の伝書では、愛洲移香―愛洲小七郎―上泉秀綱と順次させている。愛洲移香が、九州日向で死去したのが天文七年で、その子の小七郎元香斎が、常陸国太田城主の佐竹氏につかえたのは四十六歳の永禄七年からであるが、その前後は上泉秀綱にとっては戦争・敗走・流浪の繁忙時代であるから、この間に小七郎について、ゆっくり修行する心身のゆとりは、ほとんどなかったと思う。おそらく、永禄七年よりも余程以前に、就学の機会があったにちがいない（なお信抜流の承伝書に、流祖の奥山左衛門大夫忠信の門に上泉秀綱の名を書き入れているが、これは年代的にも考えられない。奥山は上泉の門人の丸目蔵人佐の、又その門人である）。

秀綱は上州（前橋市上泉町）の生まれで、幼名は秀長、後、秀綱になり、永禄八、九年ごろから信綱とあらためたことは、彼の伝書に証拠がある。武田信玄から信の字をもらって改名した、という説は年代的に一考の余地があろう。通称は伊勢守、上京後は、武蔵守と改称した。

父は大胡城主（勢多郡大胡町）の上泉武蔵守秀継（一に憲綱・憲縄・義秀）。上杉管領にぞくし、秀綱の代になってから、天文二十四年に北条勢に攻略され、降参して開城した。しかし、その後も上杉側の、箕輪城主（群馬県箕輪字西明屋の椿山。大永六年に長野伊予守信業が創築した）の長野信濃守業正に所属して、しばしば戦功があった（秀綱は長野家十六人の槍と称せられ、又、同国安中城主との合戦の槍合せで、上野一本槍という感状を長野からもらった――『撃剣叢談』）。永禄六年正月、長野業正の子の業盛が城主のとき、武田信玄の軍勢に攻められて落城した。

上泉秀綱は桐生に潜み、また甲州に流泊した。その後ふたたび箕輪（当時は武田信玄の臣、内藤修理之助が城代）にもどったが、武田信玄が上泉を自分の旗本に召し抱えようとしたので、武者修行を申し立て、辞して出郷した（以上は、『箕輪軍記』『関八州古戦録』・『甲陽軍鑑』等に拠る）。

この武者修行中、彼は〝兵法新陰流軍法軍配天下第一〟の高札を、諸国に打ちおさめたと『撃剣叢談』にいう。

秀綱の出郷年代には異説がある。一般には、箕輪落城後の流泊生活を否定し、落城直後に出郷した、とする（『武芸小伝』他、下川潮氏、下島氏）。私は箕輪落城後の出郷は、二度目の上京で、それ以前の天文二十四年に大胡開城の直後に出郷して、武者修行に流泊し、その間、愛洲小七郎（当時四十二、三歳）について陰の流を学び、弘治年代のおわりごろから永禄の初めごろまで、京都に来ていたらしい、と考える。丸目蔵人佐（後出）が試合をいどみ、負けて秀綱に入門したのが永禄元年（丸目、十九歳）である（『相良文書』）。

秀綱が、足利将軍義輝に召されて演武した事実は、打太刀をつとめた丸目蔵人佐にあたえた義輝の感状によって実証されるが、年月の書入れがないので、これだけでは第一回目上京のときか第二回目上京のときか、わからないけれど、将軍義輝の治世は天文十五年―永禄七年のあいだであるから、少なくとも永禄七年以降ではあり得ないことは明白であり、秀綱第二回目の上京は後に記すように永禄十二年であるのから考えても、丸目の入門が第一回目上京の際であったことは明らかである。

箕輪落城後の上京には、息子の上泉常陸介秀胤・甥の疋田豊五郎（後出）・門人の神後伊豆守らをともなって出発し、伊勢の国司北畠具教の紹介で、大和の柳生宗厳（石舟斎。後出）と初めて会った。ここで、柳生宗厳・宝蔵院胤栄（後出）・松田織部助（後出）らが上泉に入門した。上泉が初めて柳生宗厳と試合した時の状況は、『武功雑記』に書いてあるが、これは講談式の記述で信用できない。

その後、京都にのぼった上泉については、山科言継の『言継卿記』に、永禄十二年正月十五日から元亀二年七月二十一日までの約二年七カ月のあいだに、三十二カ所の記録がある。まず秀綱の名を大胡武蔵守信綱、また上泉武蔵守信綱と書いている。四位に叙せられたことは元亀元年六月二十八日の条に見えるが、その以前から武蔵守と称しているのは父の通称を襲名したので、もとより正式の受領ではなかったのである。公家たちに軍法を相伝し、剣術の演武をした記事もあるが、俗説にいうような天覧に入った事実はないと見えて、書いていない。息子の秀胤の名は一カ所も出てこない。永禄十二年五月中旬以後、翌十三年（改元、元亀元年）正月まで、秀綱関係の記事がなく、又、元亀二年三月から六月いっぱい秀綱が大和にいたらしく書いてあるのは、彼が柳生谷に滞在して柳生宗厳に一国唯一人の印可をあたえるためであった、と思われる。そして最終記事、七月二十一日に秀綱が本国（上州）へ下向したという一条をもって、彼は、言継卿の日記から姿を消すのである。

『武功雑記』に、上泉が京からの帰途、三州牛久保で山本勘介と疋田豊五郎が試合をし、勘介が負けて甲州へ逃げたという記事は、正しければ右につづく事歴であるが、フィクション臭いように思う。

上泉秀綱の晩年、これも確説がない。通説は、天正五年に大和の柳生谷で死んで、そこに墓があるという（『関八州古戦録』・『上野国志』）。しかし現在、柳生の芳徳寺にある古碑は、上泉の墓ではなく供養碑である。『気楽流伝書』には、天正五年四月十八日死去としているが、何か根拠があるのかも知れない。

それにしても天正十五年正月二十二日に上泉が、上州桂萱郷（前橋市上泉町）に西林寺を開基し、息子秀胤の十三回忌法要をしたと伝え、その供養碑が現在しているのを正しいとすれば、いちどは大和から帰郷したと見なければなるまい。『平法玉心流組打伝書』には、上泉秀綱は晩年、播州姫路の清剛寺に住し、承応二年六月七日、九十六歳で死去したとあるけれど、この説は採用できない。逆算すると箕輪落城のときわずか六歳という勘定になる。——この平法玉心流というのは、上泉秀綱の二男、上泉主水正憲元（この人の流名は会津一刀流）の、その子の上泉内膳尉令俱の創始である。

神後伊豆守

神後伊豆守（名は宗治、一に元治。武州八王子の出身、上州箕輪城主長野氏の臣。晩年尾州に仕うとも、また奥州秋田におもむいたともいうが不明）は、上泉伊勢守にしたがって諸州を修行し、微妙を得た。ゆえに将軍義輝公が、神後を召してその伝を得んことを請う。後に関白秀次公も、また神後を師とした。神後の門に遊ぶ者の中では、服部藤次兵衛（名は宗正）が傑出していた。はじめ平安城に居（きょ）し、後、江都に来た。柳生但馬守が、服部のことを大猷大君（家光）の台聴（ちょう）に達したから、大猷大君から褒詞があり、また上使を以って真明剣を服部に尋問されたのに、服部つつしんでこれを言上したてまつった。また和田兵斎（名は隆正）・土屋将監（又、柳生五郎右衛門宗俊の門人）という者があって、服部と同じく神後に学んでその術神（しん）の如きであった。神後は兵斎が豪気で精妙を得たのを賞して、上泉より相伝するところの化羅（から）（掛絡の俗字。袈裟をいう。上泉の掛絡の因縁については後文に詳し）を兵斎にさずけた。将監は、後、奥州におもむく。死処は不明だが、佐竹家臣渡辺七郎右衛門という者がその伝を継ぐ（友綱、一に綱正。万治三年から師範。秋田藩では柳生流、津藩では渡辺流として伝統した。渡辺の門人関新五左衛門弘重以降は、心陰流と字を替えた）。

神後伊豆守の伝書に説いていう。そのかみ平清盛公が剣術をこのんで妙を得たが、鞍馬の僧がその技を習う。のち判官義経が鞍馬にいたとき、くだんの僧にしたがってその技術を学び、伝書を得たが、後に義経は伝書を下鴨の社（京都市左京区鎮座の加茂御祖神社をいう。北方上流に鎮座の加茂別雷神社を上加茂社というに対する）に奉納した。中興上泉伊勢守、諸国を修行して京師にいたり、下鴨社に参籠して霊夢をこうむり、義経奉納の伝書を得、ここにおいて上泉、その神慮を仰いで神陰流と号すという。

愚（ぐ）いう。鞍馬の僧が堀川の鬼一にしたがって刀術を学び、判官義経が鞍馬寺にあった時、その術を習うということは古伝に見える。上泉が諸州を修行したのは長野信濃守滅亡の後であるが、『甲陽軍鑑』の説を以って考えるのに、信玄が上泉を輩下に加えようとした時、上泉は、

「我れ、あいすかげ流という兵法を学び、工夫を加えて新陰流と致し候。これに因って諸州を修行いたしたし」

と申して、仕を辞して諸国を修行すとあるから、すでに修行に出る前から新陰の名があるわけだから、下加茂の霊夢によって新陰とするというのはチト怪しい。想うに下加茂の霊夢によって新陰の字を神陰に改めたという意味か。


三谷正直いわく。上泉伊勢守が諸国修行のとき（永禄六年上洛の途次、尾州妙興寺の出来事と『明話之目録』に記入されていると――柳生厳長氏説）、村民たちが民家を囲んでわいわいやっているところへ行きかかり、どうしたのだと聞くと、咎人が小児を人質にして取り籠ってしまったので、こうして村民たちが取り囲んでいるものの、どうしたらよいかわからず、小児の両親が悲しんでいるのだという。

「その小児は私が取り返してやろう」

と上泉はいい、おりよく通りかかった僧を呼びとめて、

「人質になった小児をとりもどすために、謀計がある。私の頭髪を剃って、法衣を借してほしい」

といった。僧は承知して、上泉をすぐ坊主頭にして法衣をぬいで渡した。上泉は法衣を着、にぎり飯をふところに入れて、咎人の取り籠っている民家に向かった。

「おれに近づいちゃならないぞ」

というのに構わず、中へ入った上泉は、

「人質にされた子供が腹をへらしてると思ってなあ、にぎりめしを持って来たのだ。どうかこの坊主にめんじて、その子の手をしばらくゆるめてやってくれぬか。坊主というものは慈悲をもって行としているのであるから、こんな時に知らぬ顔ができないものでなあ」

といいながら、ふところからにぎりめしを一つ出して小児に投げあたえ、さらに別の一個をとり出して、

「どうですか。あなただって腹がへったでしょう。これを食べて一休みしなさるがいい。私は何もしませんからなあ。安心してござるがよい」

といって、ひょいと投げる。おもわず相手が手をのばすのへ、飛びかかって、手をつかんで引きたおし、小児をむしり取るようにして戸外へ出た。そのあとは村民らが寄ってたかって、咎人を殺してしまった。


法衣をぬいで上泉が僧に返すと、僧はたいへん上泉を褒め、

「あなたはまことに豪傑でありますなあ。坊主の私ではありますが、あなたが勇剛の人で、ほんとうに真剣の術の上で何か立派な悟りをお開きになった方だ、ということはわかりますよ」

といって、化羅を上泉にさずけて去った。上泉は、その後も常にこの化羅を秘蔵して身をはなさなかったが、神後が彼の第一の弟子であるから、これをさずけた。神後は、さらに門弟兵斎が豪気で精妙であったのを賞して、これを与えた。

右の化羅に関する逸話の出所である三谷正直というのは、芸州侍従浅野綱長の家来で、のち致仕（ちし）して宮川印斎と改名した。刀術の達人である（流名を一旦流という）。

疋田文五郎

疋田文五郎は、上泉伊勢守について諸国を修行し、神妙を得た。関白秀次公が疋田を宮中に召して（天正十七年二月）刀槍の術を習い、これを褒賞した。疋田の門に入った者は多い。中で特に傑出したのは山田浮月斎（名は勝興。別号、宗興斎）と、中井新八（正しくは中江である。補記参照）である。

中井新八は寺沢兵庫頭賢高につかえて肥前唐津におり、刀術で有名である。或る人いう。疋田は上泉の甥であると。はじめ疋田小伯と号していた。その流を疋田陰流といい、末流が諸処にある（『柳生流秘書』（史籍集覧本）には疋田流といい、また一説に疋田陰流とは山田浮月斎より言いはじめたともある）。

【補】疋田文五郎伝の補足

疋田は引田ともあり、通称は豊五郎。文五郎・分五郎と書いた例もある。字は景兼・景忠・正定・興信など。

元亀三年の織田信忠入門誓紙には、侏田（ひき）豊五郎、天正十七年の豊臣秀次入門誓紙には匹田分五郎、柳生十兵衛の『月之抄』には分五郎流の流名がある。

加賀国石川郡の人、疋田主膳景範入道道伯の二男で、幼名は小伯、また虎伯という。母は上泉秀綱の姉というから、秀綱の甥にあたる。晩年、栖雲斎と号した。一説——『柳生流秘書』には、疋田豊五郎を柳生石舟斎宗厳の腹替りの弟とし、彰考館本の『剣術系図』には豊五郎を上泉の門人としないで、柳生石舟斎の門人としている。誤りかもしれないけれど、後考に備えたい。

疋田は天正ごろ一時、田辺（丹後宮津）城主の細川幽斎に仕え、天正十七年二月から短期間、豊臣関白秀次に刀槍の術を教えた。その後、また武者修行に出、やがて、豊前中津に移封された細川家に、慶長六年二月からふたたび出仕した。このとき武者修行のあらましを筆録した回国記を、細川侯に上呈している。後、細川家を辞して大坂城に入り、慶長十年九月三十日城中で死去したとも、あるいは同年九月二十一日、中国地方で死んだともいう。享年六十九、また七十歳ともあり、正確を期しがたい。熊本の泰巌寺に豊五郎の墓と称するものがあって、文禄二年六月二十八日死去とあるそうだが、慶長六年の回国記執筆以前に死んだというのでは、不合理である。

疋田は剣術のほかに、槍術に達して一流をひらき、疋田流、また疋田陰流という。槍は直槍・鍵槍・十文字槍を用い、薙刀も付属していた。一説——疋田陰流の称は、三代目の山田浮月斎からいい始めたともいう。

この流系では、かならず愛洲移香を元祖として冒頭に数えることになっている。

『三河物語』に、徳川家康が疋田文五郎を評して、次ぎのように云ったとある（要約）。

「疋田は、剣はたしかに名手だが、残念ながら、人によって剣術の習得法に差違あるべきだということを知らない。たとえば、天下のあるじたる者や、大名などは、みずから手を下して人を斬るようなことはほとんど無いもので、戦場などで敵に出会って危急が迫ったような場合でも、そこさえうまく避ければ、後は家来たちが馳け集まって来て、よろしくやってくれる。だから、貴人は相手がけの剣術（一騎打ち）は不要であるわけだのに、疋田にはその理屈がわかっていないのだ」

【補】中江新八二義

俗には中井新八郎とある。疋田豊五郎景兼に新陰流を学び、そのほか戸田流等数流を学んで一流を創めた。後、さらに香取流・五ノ坪流槍術を学んで槍術にも一流を号した。又、吉田源八郎印西の門人で、印西派弓術師範であり、穴沢流薙刀にも達した。初め関白に仕え、慶長の初めごろ、柳川の立花宗茂に仕えたが、また去って、肥前唐津の寺沢志摩守堅高に召し抱えられた。

柳生但馬守宗厳

柳生但馬守宗厳（補記参照。厳の字は、厳が正しい。以下本文すべて厳に誤記しているから、正字に訂正しておく）は大和の柳生（奈良県添上郡柳生村）の人である。先祖数代、相ついで柳生にいた。菅原道真の末裔で、父を因幡守重永といい、兄を美作守家厳という（『寛政重修諸家譜』には重永を宗厳の祖父、家厳を宗厳の父としている）。少年より刀槍の術を好む。ここへ上泉伊勢守が、神後伊豆守・疋田文五郎らをしたがえて柳生へやって来た。宗厳はさっそく面会して入門を乞い、上泉は承知して技を教えた。そのうち上泉は疋田を残しておいて、神後とともに他国へ修行に出たが、ふたたび柳生へもどって来て、極意を宗厳にさずけていった。

「宗厳の刀術、極秘にいたる。これこそ新陰流の真髄というべきだ。もはや我が技もそれには及ばない」

こうして上泉は、柳生宗厳に誓書をさずけて去った。その後、柳生は将軍義昭や織田信長から、親書をもらって招聘を受けたので、けっきょく信長につかえた。列侯・諸士で彼に入門する者が多かった。後、薙髪して柳生の庄に隠退した。慶長五年の関ガ原合戦以後、東照宮の命によって刀術のことを言上し（文禄三年――同前書）、はなはだ賞美にあずかり、名声が内外に高まった。同十七年（慶長十一年四月十九日が正しい）八十歳で死去した（法名は宗厳。柳生の中宮寺に葬る）。

その嗣子又右衛門尉宗矩（補記参照）は、文禄三年に初めて東照宮に謁した（宗矩二十四歳。そのころは宗頼と称していた）。慶長五年、上杉景勝謀叛のとき、宗矩は東照宮にしたがって野州小山まで来たが、そのとき石田三成が乱を起こした。ここで宗矩は家康の命によって急に大和へ帰り、家康から我が父宗厳宛ての書をもたらして、上方において徳川側に立って戦った。その結果、徳川が天下一統に際し、柳生宗矩は父祖時代の旧領であった柳生の庄を、自分の采地にもらった。彼は父の刀術を継いで精妙であり、従五位下但馬守に叙任し、台徳・大猷（秀忠・家光）の両将軍も入門の誓書を宗矩に賜わったので、これを教授し、大猷大君に印可書を献じた際には脇差を下賜された。又、将軍は時どき宗矩の屋敷へ渡御して、恩幸が多かった（柳生屋敷将軍来臨のことは補記見よ）。正保三年三月二十六日死す。七十五歳（『寛政重修諸家譜』には七十六とする。法号は大道宗活西江院）。これを朝廷に奏して従四位下を贈られ、美を子孫にのこした。門生が多く、有名な者も相当いて、たいてい諸大名につかえている。まことに盛んなりと言うべきで、柳生宗矩こそ刀術の鳳（ナンバー・ワン）であろう。

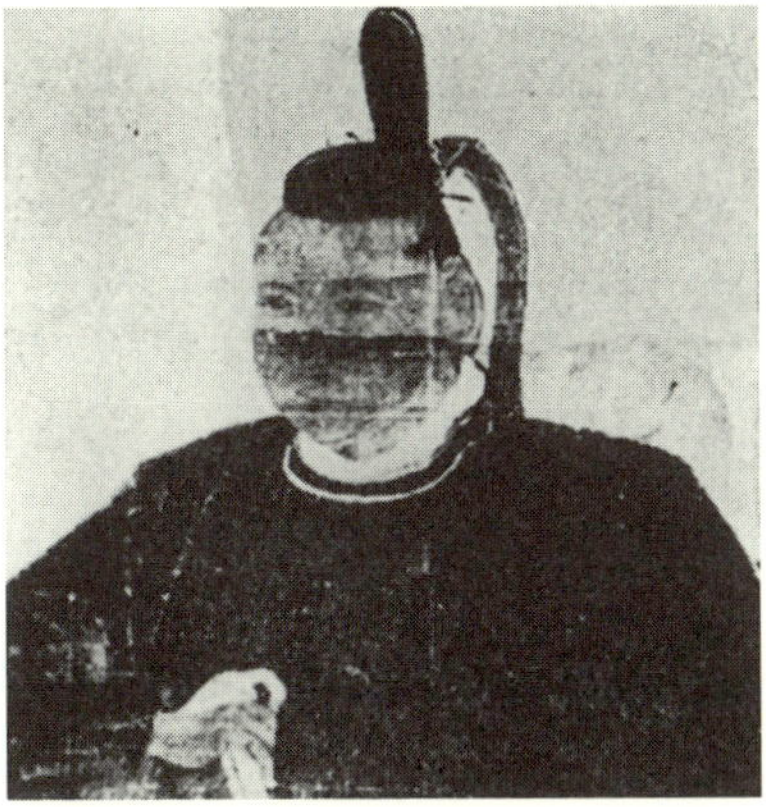

柳生但馬守宗矩像

その子の飛驒守宗冬（初め俊矩。通称は主膳、内膳正から飛驒守になる。通称又十郎とするは俗説）が、父の業を相続し（これは誤説。先に十兵衛三厳が相続した。後出参照）、主膳俊矩といった。この俊矩は、父の生存中だった寛永七年に、始めて大猷大君（家光将軍）にお目見得し（『寛政重修諸家譜』には寛永十年二月十九日としている。のちに書院番、三百石。正保三年、父の遺領の内四千石を分知されて、前の三百石を返納し、慶安三年四月、兄の遺領八千三百石を相続して、前の四千石を返納した）、明暦二年十二月二十七日、従五位下。寛文八年十二月二十六日、二千石加増された（計一万三百石になる）。彼は父祖の芸を継ぎ、技術を厳有大君・清揚大君・常憲大君（前に註した）にさずけ、また村田三左衛門（後に源左衛門とあらたむ）を清揚大君の御相手にすいせんした。延宝三年九月二十九日、六十三歳で死す。法号は決厳勝公（誤り。厳勝召大常林院が正しい。葬地は父に同じ）。

そのあとを対馬守宗有が継いだ（宗在が正しい。初名又右衛門。延宝三年四月相続）。彼はそれ以前から大猷大君につかえ、中奥の御扈従であった。寛文十年十二月二十八日、食禄四百俵を賜わっていたが、兄大膳宗春（初め五郎兵衛。内膳、大膳。延宝三年二月四日死す、三十七歳）が多病なため、宗有が嫡子になって相続した。延宝三年十二月二十八日、従五位下に叙す。父祖の芸を伝えて文昭大君（六代将軍）に教え、また、柳生藤右衛門を専任のお相手にすいせんした。藤右衛門が柳生へ帰った後は、村田十郎右衛門久辰を替りに推し、村田に柳生の姓をゆるした（村田久辰は、もと柳生宗在の臣であったが推挙されて幕臣になり、宝永二年、西丸小納戸に出仕して三百俵。正徳二年ゆるされて柳生姓を名乗り、別家となる。享保九年九月二十六日死す、六十八歳。法名紹転。葬地は本家柳生氏に同じ）。柳生宗有は元禄二年四月十三日に死んだ。法名は霊峰宗剣（正しくは霊峰宗剣寂光院。享年三十六）。そのあとを備前守宗永が継いだ（備前守俊方が正しい。宗永は俗伝である。初名は帯刀。じつは柳生宗在の兄宗春の長子で、元禄二年六月、宗在の養嗣子になった。享保十五年四月四日死す、五十八歳。機雲紹鑑翠峯院）。ああ代々その技術を伝えて、家声をあぐること奇なる哉。

【補】柳生宗厳・宗矩伝の補足

柳生流は俗称。正しくは新陰流。軽い意味では新影とも書く。柳生流は、柳生石舟斎宗厳に始まった。宗厳は初名は新介、後に新左衛門・但馬守といい石舟斎と号した。大柳生村小柳生城（現在、柳生芳徳寺のある辺）に生まれた。八十歳死去説（『寛政重修諸家譜』）によって逆算すれば、大永七年である。祖父は重久、父を家厳という。父とともに三好長慶および松永久秀に属して、しばしば戦功があった。一時、織田信長に招かれてつかえ、後、病気と称して辞し剃髪して柳生の庄に閑居した。

はじめ、神取（かとり）新十郎に新当流を習ったとも、戸田一刀斎について一刀流の奥儀、獅子の洞入（ほらいり）（剣術奥儀に獅子のほら入と云事、云々、此儀は敵の虚を見て、臥して付込早業也――『尾陽武芸師家旧話』）まで鍛練したともいう。上泉伊勢守に入門して新陰流を学んだのは、上泉が永禄六年、箕輪落城後に上京した際で、宗厳が印可状を始めてもらったのが永禄八年、一国唯授一人の奥伝を得たのは元亀二年であった。

二十三年後の文禄三年五月、石舟斎は徳川家康にまねかれて、京都鷹ケ峰の御小屋に伺候した。家康みずから木刀をかまえたのを、無刀取りの術で破った。家康はその場で二百石をあたえて、師範役に命じ、誓紙を宗厳に入れた。石舟斎このとき六十八歳。老年の故をもって辞し、つれていっていた五男の又右衛門宗矩を、自分のかわりに御側にすすめた。宗矩このとき二十四歳。

宗矩（一に宗頼）は、初名を新左衛門、後に又右衛門・但馬守という。元亀二年生まれ。文禄三年以来、徳川家康の側近に仕えていたが、慶長五年、関ガ原合戦の起こる直前、会津征伐の途中から、家康は宗矩に親書をもたせて柳生へ帰郷せしめ、上方勢の後方に作動させた。功によって二千石を賜い、父祖時代の旧領、柳生の庄を采地にもらった。翌六年、千石加増。家康の嗣子秀忠の師範になる。慶長十一年四月十九日、石舟斎は八十歳（一説――七十八歳）で死去し、柳生の中宮寺に葬る。後に芳徳寺ができたので、墓碑は後者にある。

翌十二年、七郎（十兵衛三厳）が生まれ、同十八年、左門（妾腹である。刑部少輔友矩）と主膳（飛騨守宗冬）が生まれた。又右衛門宗矩は二代将軍秀忠・三代将軍家光の師範役になり、その間の二十年あまり、知行の加増はなかった。寛永六年、従五位下但馬守に叙任。同九年三月、一躍三千石を増して六千石となり、同年十二月、惣（そう）目付（後の大目付）の役を仰せ付けられた。高等警察事務の手腕を買われたのである。十三年、さらに四千石を加えて一万石の大名に取り立てられ、惣目付の任を離れた。その後、一万二千五百石までのぼる。

宗矩は、若いころから参禅して心法を練る工夫をしていたから、将軍家光が沢庵禅師のために品川東海寺を建てた前後からの影響は、殊に大きいものがあったようである。東海寺創建と同じ寛永十五年に、大和柳生に芳徳寺を建立し、柳生一族の葬地とした。開基は沢庵和尚だった。正保三年三月二十六日、宗矩は麻布の下屋敷で死去した。七十八歳。下谷の広徳寺に葬る（以上、『寛政重修諸家譜』・『徳川実紀』・『藩翰譜』等に拠る）。今は練馬の広徳寺別院に改葬されている。

以下、柳生但馬守宗矩の逸話の若干を摘記する。

城中で能楽の御催しがあったとき、将軍家光は陪観している宗矩を振り返って、

「いま演能（えんのう）している観世左近の身に隙（すき）があるか。斬り込める隙があれば申してみよ」

と云った。やがて能がおわると宗矩は、こう申し上げた。

「はじめから注意していましたが、寸分の隙とてありません。ただ大臣柱（能舞台正面右手の柱）のほうに隅をとった時、いささか討てそうな隙がありました。斬るならその時でありましたろう」

一方、観世太夫は楽屋に入ってから、

「今日上様のおそばに居て、私の所作に見入っていたのは誰か」

と、たずねる。傍の者が、

「あれは柳生さまでございますよ」

と云うと観世は嘆賞して、

「道理で……。さっき所作の中で、隅をとったところで少し気を抜くと、あの人がニッコリ笑ったよ。達人だねえ」

この話を後で家光に申し上げたが、すこぶる感悦なされたということである。

品川御殿（東京都品川区北品川宿の北側山稜。御殿山の場所は長禄頃太田道灌の品川館の地であったが、江戸開府後徳川家の別荘地となり品川御殿といった。元禄十五年に焼失し、その後桜木をうえて江戸名所の一になる）で、近侍たちに剣術させて興がっていた家光将軍は、御馬方の諏訪部文九郎が、

「馬上での試合なら負けませぬがなあ」

というのを聞いて、馬上試合をさせたところ、文九郎がことごとく勝った。家光は、

「この上は柳生但馬、出て試合って見よ」

と命じる。

『柳生流三学伝書』の図巻

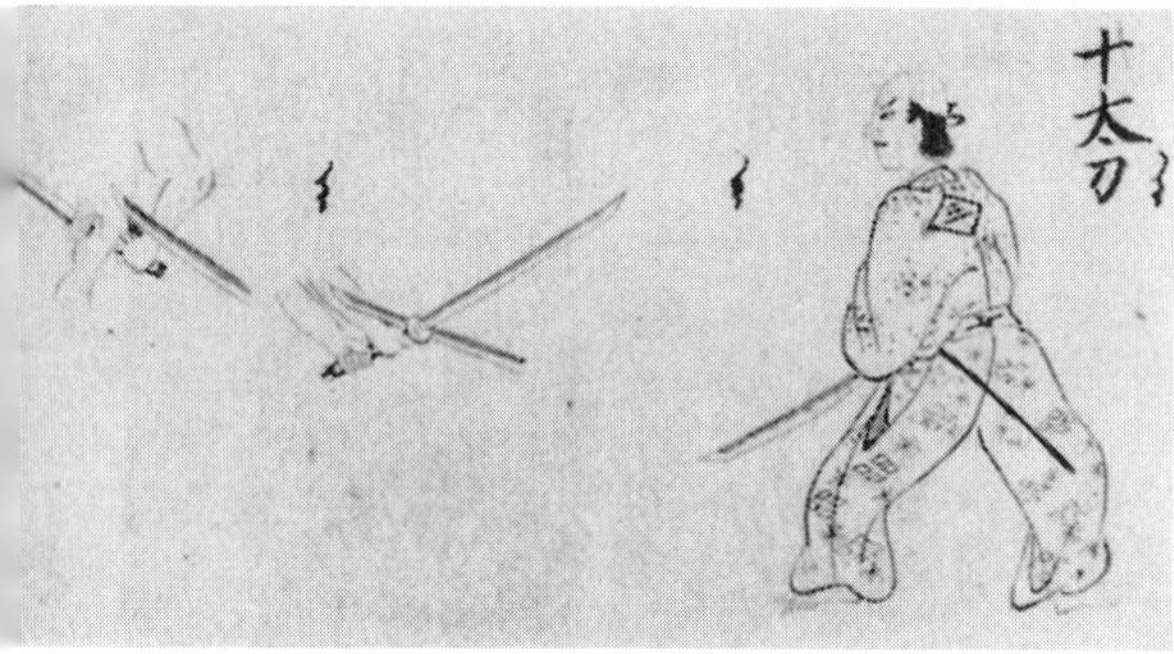

逆風

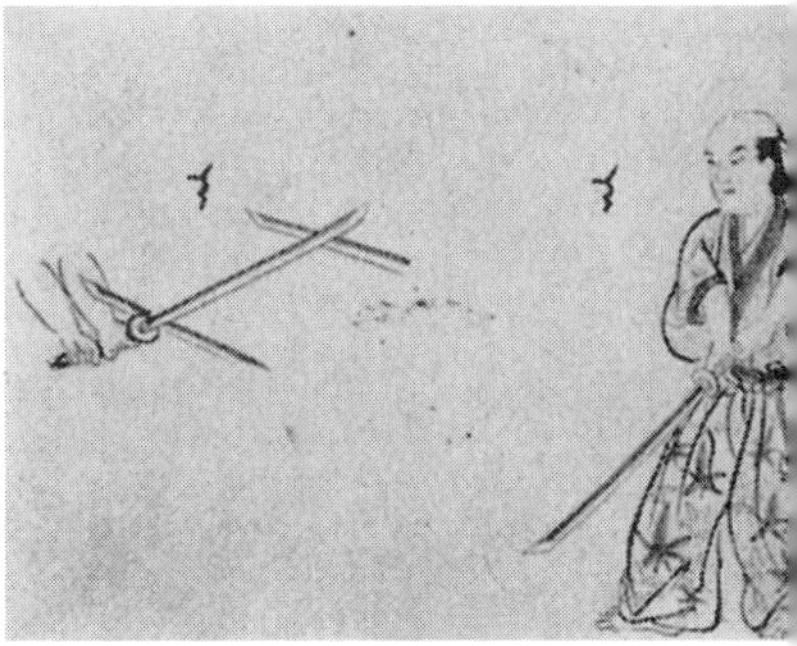

小詰

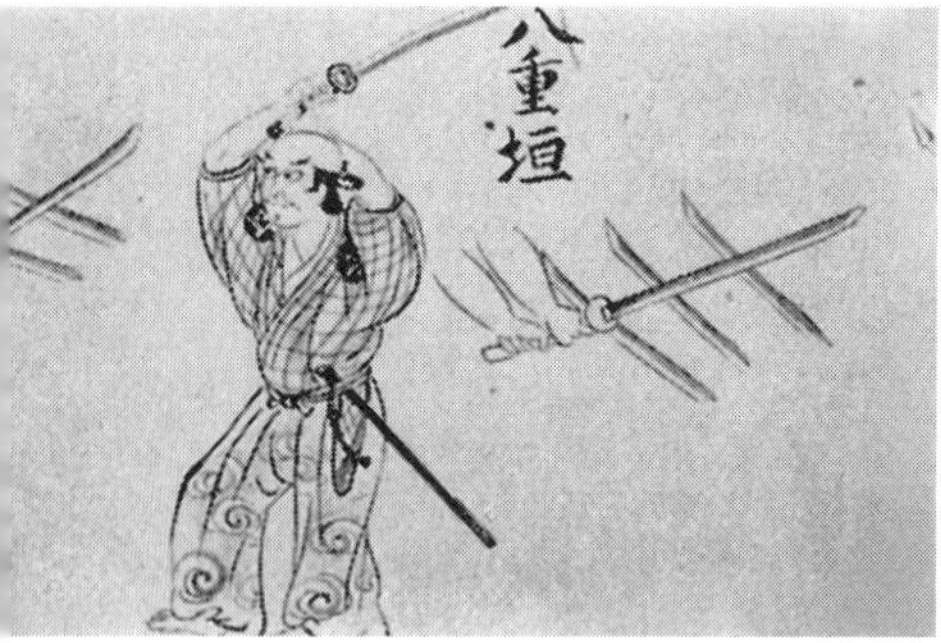
八重垣

一刀両段
口傳

半開半合
口傳

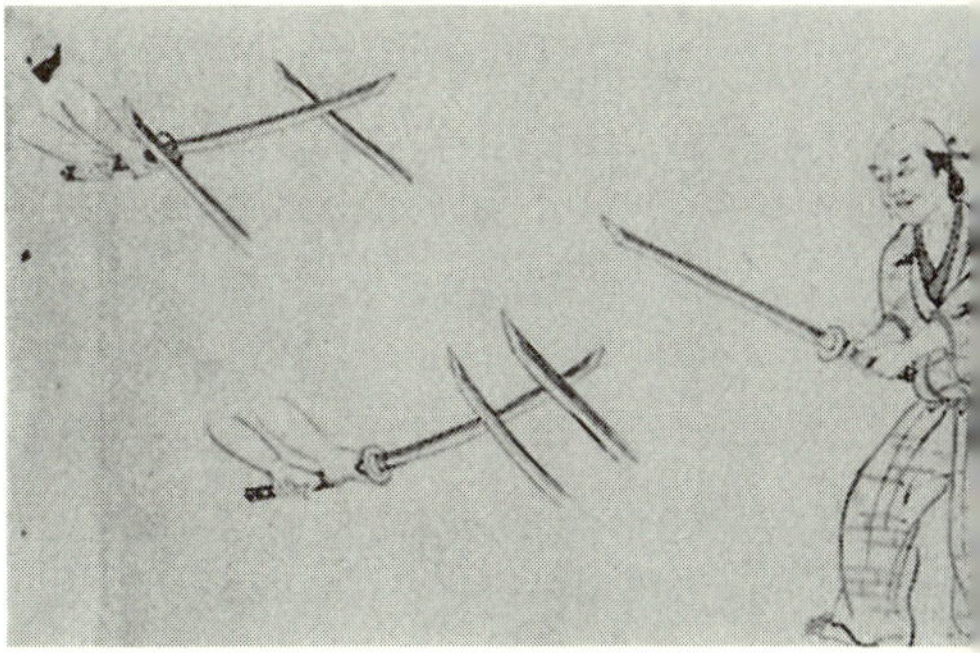

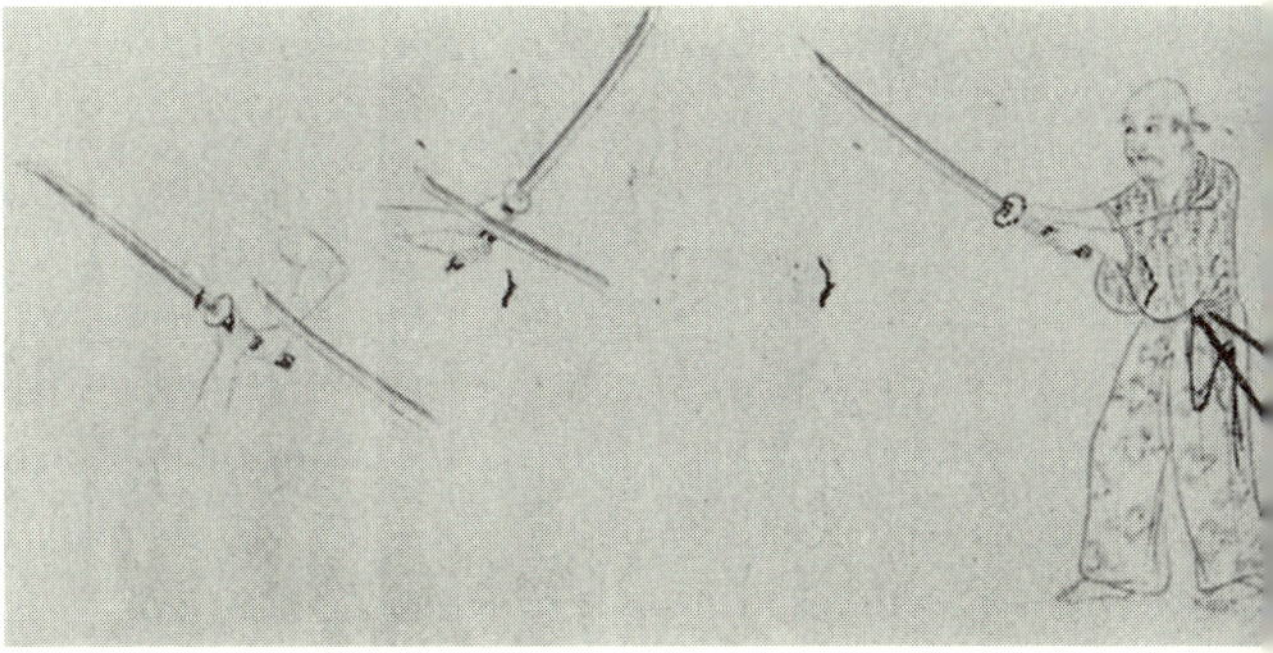

菅原宗嚴

柳生松右衛門
菅原宗信

有地常掌
[illegible]
藤原元勝

有地五右衛門
藤原就勝

有地十左衛門
藤原勝春

田中五助
藤原一之

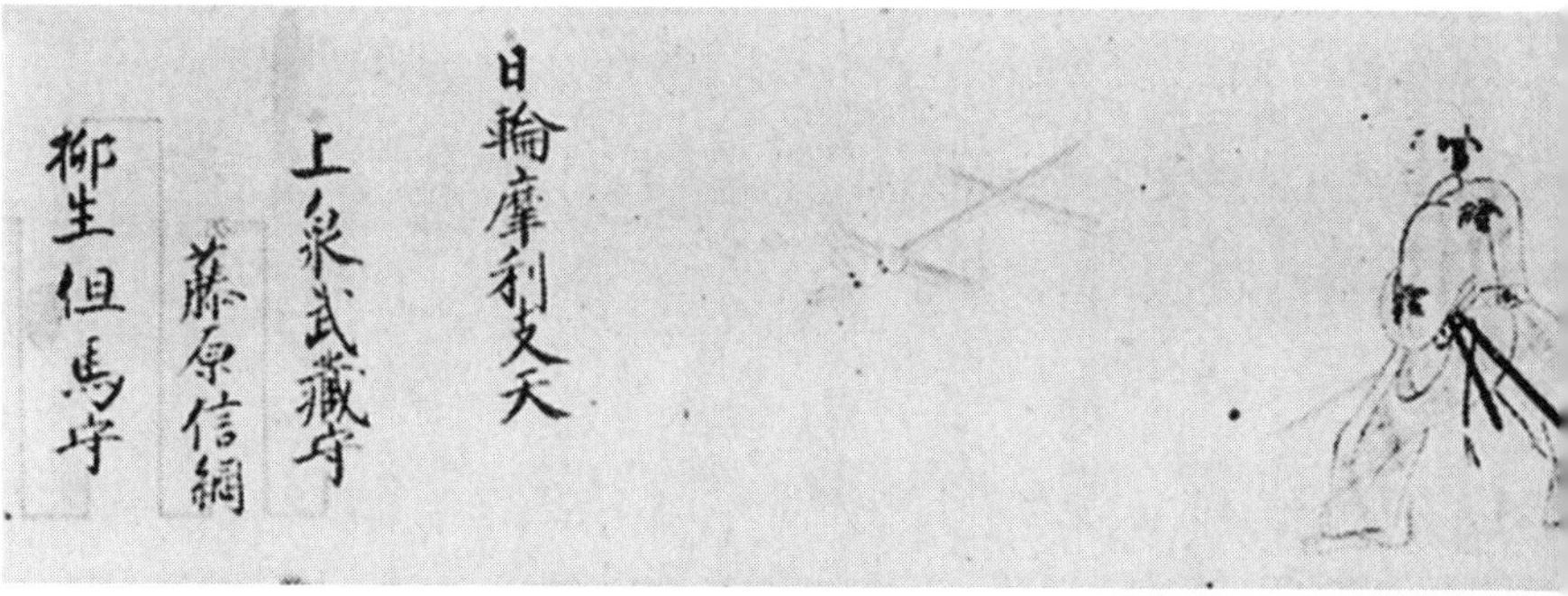
日輪摩利支天
上泉武蔵守
藤原信綱
柳生但馬守

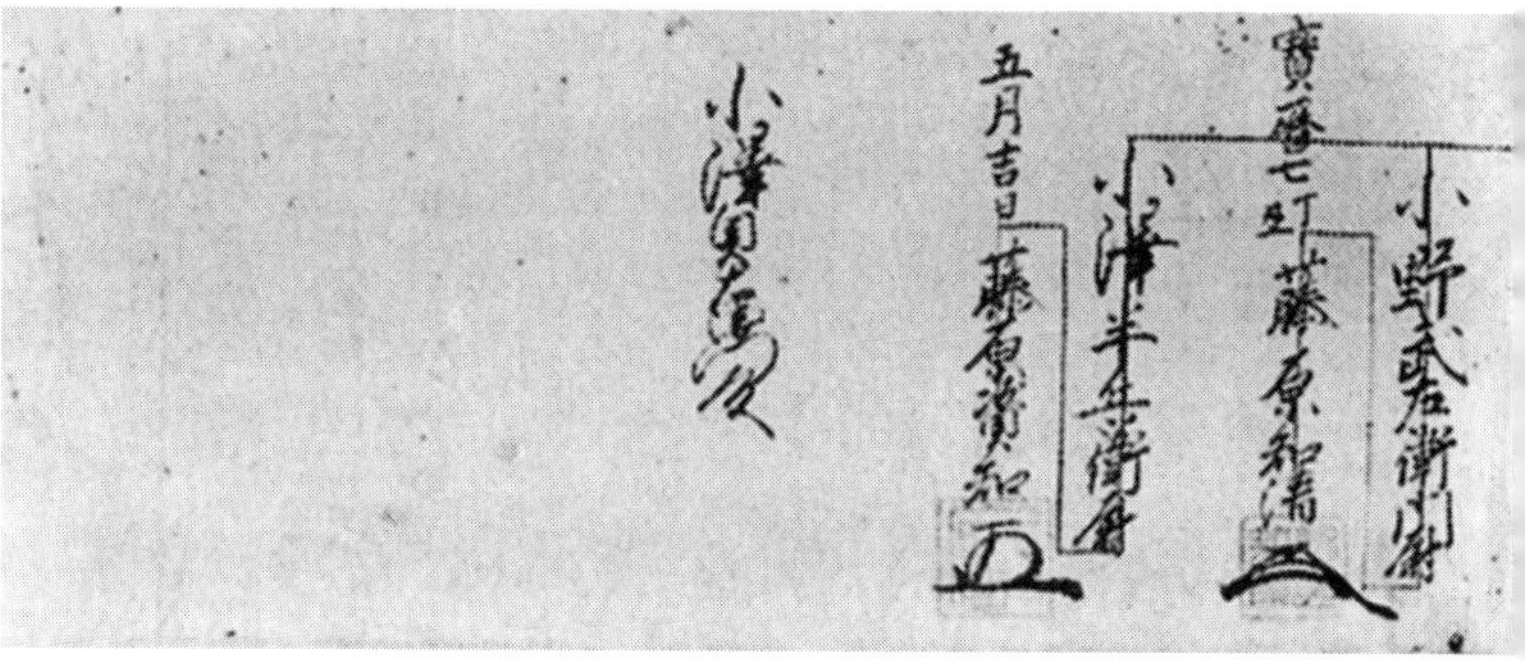
小野武左衛門
寶暦七丁丑
藤原和清
小澤半兵衛
五月吉日
藤原清知

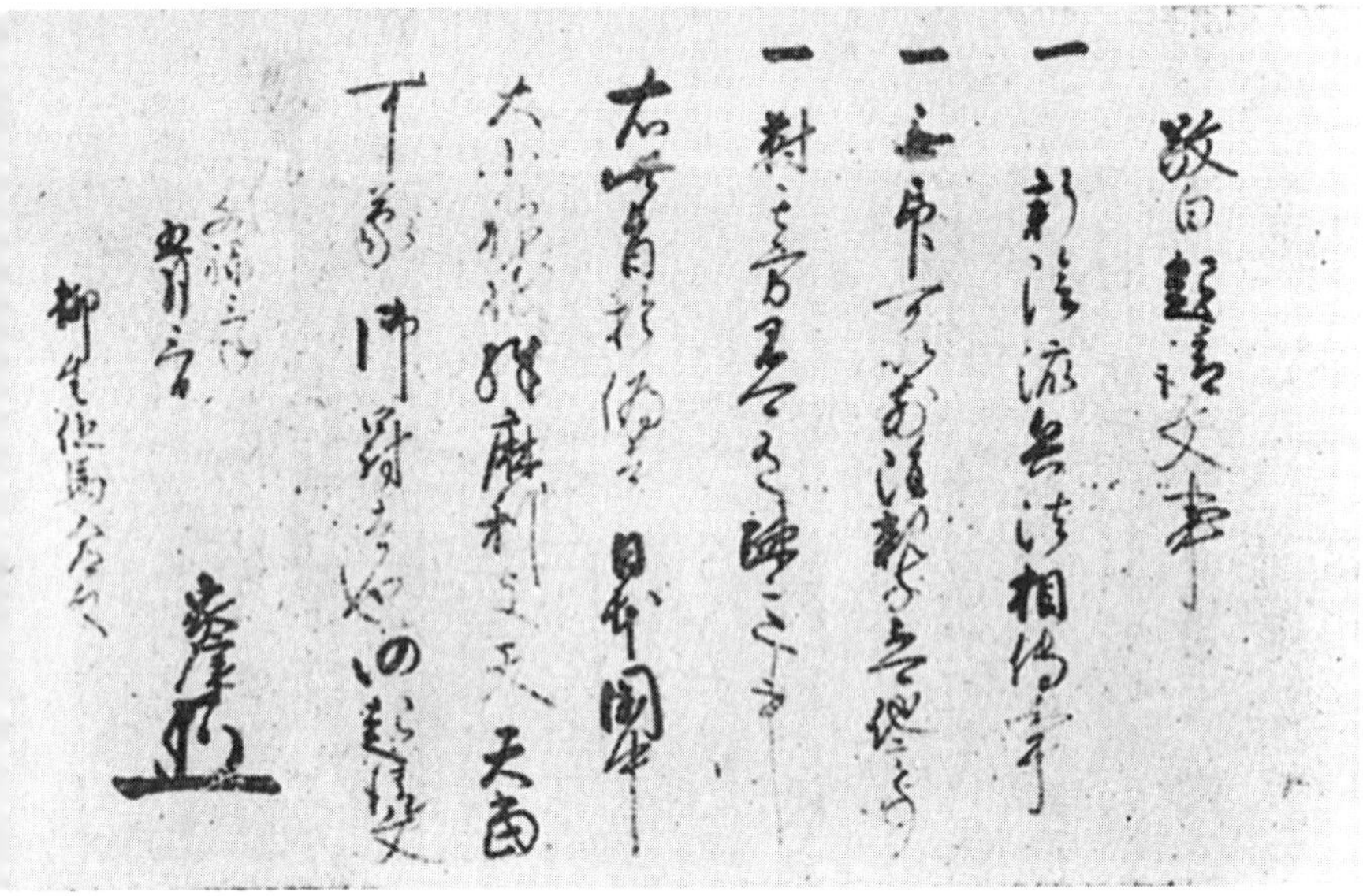

徳川家康起請文

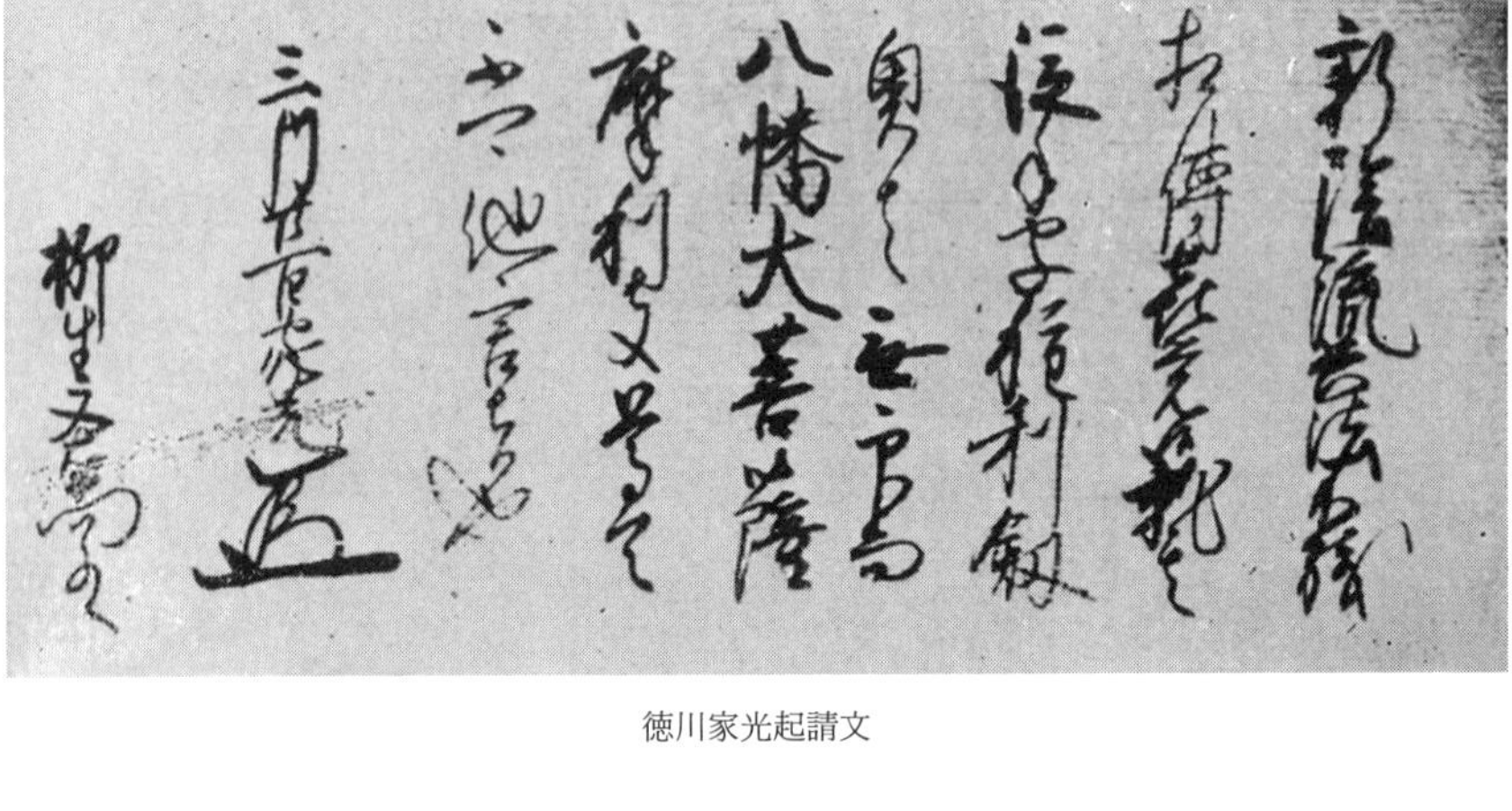

徳川家光起請文

「かしこまり候」

と柳生は馬上にて立ち合ったが、相手の馬との間合いが三間ほどにちぢまった時、乗馬をとめ、文九郎の乗り来る馬の面を一打ち打ち、馬のおどろいているところを乗り寄せて、文九郎を打った。

「まことに名人の所作。時にのぞんでの働き奇妙である」

と将軍は感心した（『明良洪範』・『校合雑記』巻十二）。

右とおなじ時に家光が、柳生宗冬にむかって、父と試合して見よと云いつけた。二人は立ち合ったが、何度かかって行っても、宗冬は父を打つことができない。くやしがって、

「寸が延びた太刀なら勝てるのに」

と、つぶやくと、将軍はそれを聞いて、

「さらば大太刀にて試合つかまつれ」

といった。宗冬が寸延びの大太刀を構えると、宗矩は、

「せがれ、推参なり」

と云いながら、こっぴどく打ったので、宗冬その場に気絶してしまう。

「寸延びの太刀なら勝てるなどと、不覚のことばは、柳生家に生れた者の口にすべきでない」

という戒めであった（『明良洪範』）。

宗矩は猿を二疋飼っていた。門人の試合を見馴れて、猿も剣さばきが仲々うまい。あるとき槍術をもって仕官をのぞむ者があって、宗矩に願って、槍と剣と立ち合って見たいと申し出た。宗矩は、

「先ず猿と立ち合ってみよ。猿が負けたら、わしが代ろう」

と云った。

槍術者は内心、侮蔑をうけたと憤り、一撃で猿を打ち殺してやろうと、槍をとって庭へ下りた。猿は竹刀をもって出て来たが、けっきょく、槍術者は敗れて恥じて去った。

時久しく経過して後に、かの槍術者はふたたび宗矩を訪れて、猿と試合したいと求めた。宗矩は、

「もう貴方の腕ができた。猿と試合するには及ばぬ」

と応じようとしなかったが、懇請して止まぬので、猿を出すと、猿は一見するや叫びながら逃げた。宗矩はその槍術者の仕官を援助してやったという（『翁草』・『撃剣叢談』）。

柳生宗矩は門弟などから懇願されたり、賄賂を持って来る人に頼まれると、気軽に諸家へ推薦したり紹介したりするばかりでなく、ひどく能楽自慢で、大名たちに無理強いして自分で演能して見せたりして道楽気が強く、また欲のふかい一面があったらしく、品川東海寺の沢庵和尚が、柳生宗矩に手きびしく戒告している。曰く、

「貴殿こと、兵法において今古無双の達人ゆえ、当時官位・俸禄・世の聞えも美々しく候。この大厚恩を寝ても覚めても忘るることなく、旦夕恩を報じ忠を尽さんことをのみ思い玉うべし。（中略）いかさま心に好きところの働きある故に、善人なりとも我が気に合わざれば善事を用いず、無智なれども一たん我が気に合えば登し用い好むゆえに、善人はありても用いざれば無きが如し。（中略）貴殿の弟

子を御取立てなさるにも、かようのことこれ有る由、にがにがしく存じ候。（中略）よくよく御体認なされ人の知るところに於いて不義を去り、小人を遠ざけ賢を好むことを急になされ候わば、いよいよ国の改正しく御忠臣第一たるべく候。なかんずく御賢息御行状の事（長男十兵衛三厳の身持ちが悪かった）、親の身正しからずして、子の悪しきを責むること逆なり。先ず貴殿の御身を正しくなされ、その上に御異見もなされ候わば、自ら正しく、御舎弟内膳殿も（三厳の弟宗冬も不行跡）、兄の行跡にならい正しかるべければ、父子ともに善人となり目出たかるべし。取ると捨てるとは義を以ってすると云えり。唯今寵臣たるにより諸大名より賄を厚くし、慾に義を忘れ候事ゆめゆめ有るべからず候。貴殿乱舞を好み自身の能に奢り、諸大名衆へ押して参られ能を勧められ候事ひとえに病と存じ候なり。上の唱えは猿楽の様に申し候由。また挨拶のよき大名衆をば、御前においても強く御取りなしなさるる由、重ねてよくよく御思案然るべきか。歌に、

心こそ心迷わす心なれ心に心心ゆるすな」

【補】江戸の柳生宗矩屋敷

A　道三河岸上屋敷――慶長図にある。但馬守叙任以前だから〝柳生又左衛門〟としてあるが、もとより又右衛門が正しい。慶長六、七年ごろの賜邸だろう。現在の丸ノ内一丁目の内で、住友銀行と三和銀行との中間の露路を入ったところに入口があり、今の住友信託銀行がほぼ柳生邸の跡である。

柳生但馬守宗矩上屋敷

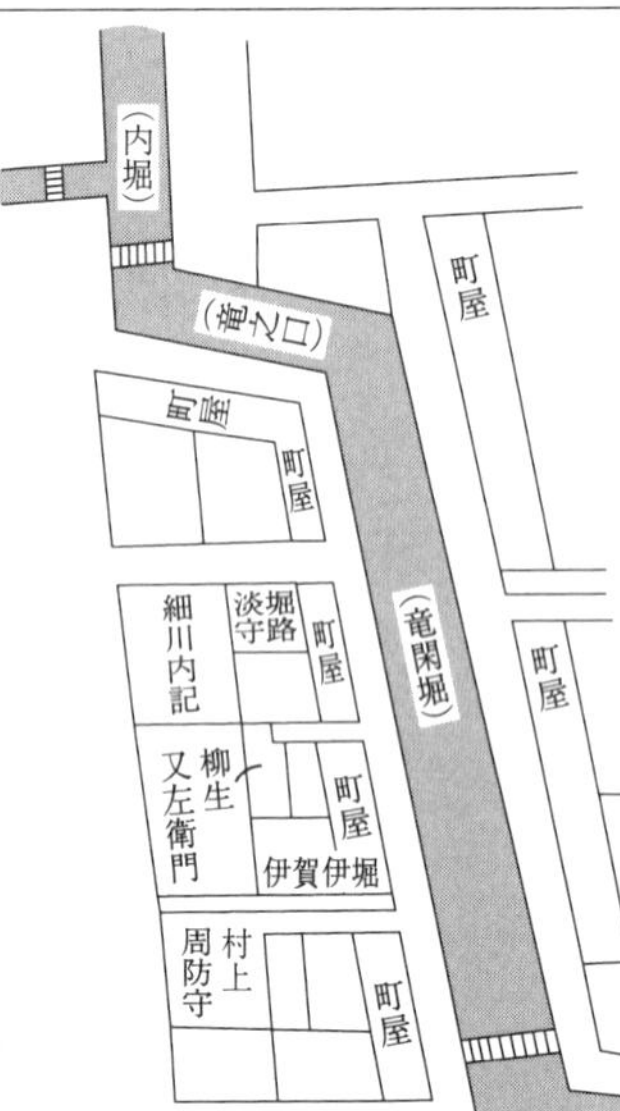

（慶長図より）

B　霞ガ関上屋敷――寛永九年図にある。但馬守叙任前後の寛永六年に、前記の道三河岸から移転したらしい。現在の霞ガ関三丁目一番地、防衛庁の内、東南角一部。

C　麻布下屋敷――現在の下目黒の内であるが、古い時代の江戸図には、このへんの郊村をえがいたものがない。しかし、延宝七年図以降は、ひきつづいて幕末切図まで記載があり、現在の〝雅叙園〟の南半部分が、それである。

家光将軍が思いついて来臨したというのは、いつも狩場の帰途であるから下目黒の下屋敷のほうで、お城に近い狭苦しい上屋敷ではない。さいごの臨幸は、正保三年三月三日、これは宗矩の病気見舞のためであったが、やはりこの下屋敷であった（『大猷院殿御実紀』・『正保録』）。下目黒にあるのに麻布下屋敷というのは、おかしいという人があるかも知れな

い。しかし、ちっともおかしくないのである。江戸幕府草創期以前に〝麻布領〟といわれた地籍は、現在の麻布より、ずっと広かった。渋谷・目黒・白金・赤坂・青山に犬牙(けんが)し、そのため麻布以西の白金・目黒から渋谷方面へかけての一部までが、広く麻布と俗称されていたのであった。

柳生厳長氏の『正伝新陰流』に、柳生宗矩の麻布下屋敷は麻布日ガ窪にあった、と書いている。これは江戸柳生家記『玉栄拾遺』に拠ったので、同書には、麻布日ガ窪、即今、内田氏邸也、と注しているけれど、どうも信じ難い。内田屋敷は現在の鳥居坂町三番地、岩崎邸のある地域の南半部、すなわち鳥居坂下西側地域の一部であるが、柳生宗矩晩年の正保年代には、鳥居坂はまだ坂上一部分しか道がなく、西側北部（一番地）戸川土佐守抱屋敷までで行きどまりであった。延宝年代、南接（二番地）が大島屋敷（元禄十年、京極家に替る）になって、下り坂がそこまで延びたが、元禄年中に始めて坂の下まで開鑿され、同十年に坂下西側が桑山屋敷になった。これが後の内田屋敷である（幕府道路方公簿『御府内往還其外沿革図書』）。つまり、元禄以前は未だ傾斜のひどい荒蕪(こうぶ)の百姓地で、下りる道さえなかった。その証拠は『正保江戸図』（正保元年から二年へかけて測量・作図）を見れば一目判然する。むろん、この地点が柳生屋敷になったことは、どの古図上にも証拠がない。柳生家記としての『玉栄拾遺』の資料的価値を疑うわけでないけれど、何度も火事で資料の焼失した後の宝暦年中に編集されたという事情を考慮すれば、古いころの記事が必ずしも信用すべからざることは、いうまでもないことであろう。

なお、俗説では柳生宗矩の上屋敷は木挽町ということになっている。それは、ずーっと後の、柳生備前守俊方の時代になって以後の、一時期のことである。その位置は今の築地四丁目の内、ほぼ東京劇場辺にあたっている。『京橋区史』などが俗説によって、柳生宗矩屋敷を木挽町と書いているのも、べらぼうの見本である。

丸女蔵人太夫

丸女蔵人太夫（正しくは丸目蔵人佐長恵(くらんどのすけながよし)。補記参照）は平安城の人で（誤り）、朝廷の北面の士である（院の御所を守る武士を北面の武士という。詰所が院の北面にあったから）。上泉伊勢守にしたがって、刀槍の術に達した。後に西国に移る（流名はタイ捨(しゃ)流）。弟子がひじょうに多く、中でもっとも傑出したのは奥山左衛門大夫（補記参照）であった。後、流名をあらためて心貫(しんぬき)流（一に心抜流）といい、末法が今ものこっている。

【補】丸目蔵人佐の補足

丸目蔵人佐長恵の流儀は、タイ捨流（タイ捨新陰流）という。大捨・太捨・体捨・体棄・待捨などともあるが、ふつうには、タイと片仮名を用いる。

丸目蔵人佐長恵は、一伝流の丸目主水正則吉と混同視されることが多いが、別人である。蔵人佐は、相良家十三代遠江守定頼の第三子相良兵庫允頼春の後裔、丸目与三右衛門尉の長男として、天文九年に肥後国八代郡人吉に生まれた。通称は蔵人佐（蔵人頭・蔵人大夫などあるは誤り）、のち石見守を称し、鉄斎・徹斎・石見入道・雲山春竜居士などと号した。

弟の寿斎（後に安芸）・喜右衛門頼蔵・吉兵衛らとともに、幼時から剣を修行した。十六歳のとき大畑合戦に初陣。翌十七歳で出郷し、天草の豪族本渡城主天草伊豆守に寄寓して、二年あまり修行した。十九歳で上京。ちょうど滞京中の上泉伊勢守に入門した。時に永禄元年である。

永禄年中、上泉が将軍足利義輝の御前で演武した際、丸目は打太刀をつとめて感状を下賜された。年月の記入はないが、義輝将軍の治世は永禄七年までであるから、永禄元―七年の期間中に限られる。

永禄八年、門人の丸目寿斎・丸目吉兵衛（共に蔵人佐の弟）・木野九郎右衛門をともなって武者修行し、京の愛宕山・誓願寺・清水の三カ所に、四人連名で〝天下一〟の立札をし、世人に真剣勝負をいどんだが、相手にあらわれる者は一人もなかった。

この立札は世人の不審をまねき、丸目がそれほどの剣士か、どうか、が世評にのぼったらしく、上泉は保証の意味もふくめて翌永禄十年二月に、極意〝殺人刀太刀・活人剣太刀〟の免許状を丸目に下付した。同年五月、あらためて丸目に誓文を入れさせた上で、殺人刀長短打留までの教授は許可するが、活人剣のほうは秘事にわたるから、むやみに教えてはならぬ、という制限づきの特殊な免許状をあたえている。

同年、丸目は帰郷して相良家に出仕したが、永禄十二年三月、大口城敗退の責（せめ）を負い、ながらく出仕をとどめられた。天正十三年以降の相良家・島津家の角逐（かくちく）にも、丸目は二度も功を立てたが、やはり出仕はゆるされなかった。

この間、丸目の門人有瀬外記が関東に下って、上泉秀綱の直門に入り、修行を終えて帰国するに際し、上泉は、丸目にわかれた後で案出した新しい剣技を有瀬に教え、帰って丸目に口授せよと伝えた。しかし丸目は、自分の門人から教えてもらうのを嫌い、みずから上泉について学ぼうと関東へ下ったが、すでに上泉は死去した後であった。これに失望して、従来は新陰流と称えていたのを、大捨流にあらためたという。

帰郷後、主家へ帰参して百十七石を得、三人の弟も各五十石をあたえられた。彼は槍・剣・薙刀・居合・手裏剣など、二十一流の奥儀をきわめ、書道も青蓮院の宮の免許を得ている。晩年、一武村の切原野に隠居し、徹斎と号した。寛永六年五月七日、九十歳で死去した（『相良文書』・『球磨』丸目徹斎伝）。

【補】奥山左衛門大夫忠信

奥山左衛門大夫の伝記不明。上泉伊豆守秀綱の門人とも、丸目蔵人佐の門人ともいう。又、奥山は一説には浅山一伝斎重辰の師ともいうが、信じられない。『信抜流伝書』の一本に上泉を奥山の門下としているのは、文飾であろう。奥山から三代目の永山大学から、心貫流を信抜流にあらためた。この流は備後三原藩・伊予今治藩に伝承した。
『日本武術諸流集』には奥山文左衛門を、仙台藩士で戸田流剣術を伝えるといい、同藩に伝統する前鬼流柔術・菊丸〆(しめ)流柔術の両流も、この奥山から伝わったとしている。

那河弥左衛門

那河弥左衛門は刀槍の術を上泉伊勢守からならい、妙を悟った。畿内・中国を修行して名剣士として知られた(那河流という)。

柳生五郎右衛門

柳生五郎右衛門(字は宗俊。初め小早川秀秋の臣。主家断絶後浪人し、慶長八年十二月十五日、一説、同九年十二月二十日の米子騒動で戦死した。この一件に関しては『中村一氏記』・『伯耆志』・『積翠雑話』・『藩翰譜』等に詳しい)は但馬守の子である(この但馬守は宗矩の父石舟斎宗厳であるが、兄弟の順序が柳生系図によって違い、或いは五郎右衛門を宗矩の兄とし、或いは弟としてある)。刀槍の達人であった(流名を神眼流という。門系から柳生心眼流・渡辺流が出た)。後に、伯州におもむき、松平伯耆守忠一(本姓中村。米子藩主十八万七千石、中村一学忠一。慶長五年十月、十一歳で相続)につかえようと思って、横田内膳村詮(むらのり)(もと松永氏の臣。浪人して潜斎と号し、松平忠一の伽(とぎ)の者から出世して家老になり、三千石を領した)の館(やかた)に寄寓していた。たまたま忠一が故あって村詮を誅したので、村詮の子主馬助は、兵を擁(よう)して飯山の城に籠った。柳生五郎右衛門は行きがかり上、主馬助のために中村の兵と戦い、数人を殺して戦死した。忠一の家来藤井助兵衛がその首を獲た(一説に矢野・宝田の両人ともある)。

柳生兵庫

柳生兵庫は但馬守宗厳の子である(誤り。宗厳の嫡子の新次郎厳勝の二男が兵庫である)。父の芸を伝えて刀槍の技術に達した。後、尾州義直卿につかえ、子孫相続して同藩にある。采邑五百石を領した。

【補】柳生兵庫助利厳・茂左衛門利方・浦連也
利厳(としよし)は、柳生石舟斎宗厳の長子新次郎厳勝(よしかつ)の二男として、天正七年、柳生の庄にうまれた。初名は忠次郎、中ごろ兵助・茂左衛門・伊予守、のち兵庫助と称し、老後は如雲斎と号した。

父厳勝が若年に戦傷したため、利厳は祖父石舟斎の直接の薫育をうけ、殊に、その風貌が石舟斎によく似ていたところから、祖父の剣法あますところなく伝えられたのは、この利厳だけであった(『兵法由来書』)。すなわち慶長十一年二月、石舟斎の歿する二カ月前に、石舟斎の研究した刀術書全部と、印可状、出雲永則作の古刀とともに、叔父柳生宗矩をさしおいて、利厳にさずけられたのである。ほかに、文禄五年、疋田豊五郎から小笠原流軍法を学び、慶長十四年には、阿多棒庵に穴沢流棒術を学んでその統を継ぎ、また新当流槍術の妙をきわめた。

それより前、二十五歳の慶長八年に、利厳は、いったん加藤清正につかえて五百石を得たが、やがて同僚を斬って浪人した。福島正則が二千石で招いたが応ぜず、元和元年、犬山城主成瀬隼人正のすいせんで尾州徳川義直につかえ、五百石を給せられた。以来、尾州の新陰流系譜は藩主をまじえて承伝し、称して〝御流義〟という。晩年、京都妙心寺内の麟祥院に草庵をむすんで禅に徹し、柳庵と号したが、慶安三年正月十六日死去した。七十二歳。

柳生兵庫助利厳には、三子があった。長子の新左衛門清厳は寛永十五年正月、島原の陣に従軍して戦死し、二男の茂左衛門利方が柳生家を相続した。寛永十七年、尾州二代目藩主徳川光友の師範になり、慶安四年四月、弟の連也斎といっしょに、将軍家光の上覧に召された。如流と号し、貞享二年、六十六歳で死す。

次男茂左衛門利方、三男兵庫厳（連也）、是中興の名人也。兄茂左衛門は段々御役義等も勤め、父の家督も請継て今に相続せり。連也は御役義なしに、例外ものの御奉公人也。但、如雲兵法の道統は連也相続の由（『尾陽武芸師家旧話』）。

連也は、初め厳知、後に厳包。寛永二年うまれで、通称は兵助、後に七郎兵衛・兵庫とあらためた。幼時は島新六と称して、三州御油の林五郎大夫方に成長し、九歳ぐらいの時に名古屋へ来て剣術を修行し、十六歳から柳生姓になった。利厳の庶子であるため母姓を名乗ったとの説もあるが、兄の茂左衛門利方が晩年に島如流と称したのと考えあわせれば、同腹の兄弟であったかも知れない。母は島左近（石田三成の軍師として、関ガ原役に戦死した）の娘であるという。

連也は寛永十九年、十八歳で召し出されて、江戸詰め御通(おかよい)番(ばん)、四十石。同二十年、七十石にのぼる。慶安三年父の死後、父の隠居料三百石と居屋敷をもらい、前の七十石を返上した。その後、二度加増されて六百石になる。寛文八年、四十四歳のとき、六百石を返上して御蔵米二百石をもらったが、六十一歳の貞享二年に隠居して、浦連也と改名した。元禄七年十

柳生連也像

月十一日、七十歳で死去した（『連也翁一代記』）。隠居所は前津在小林村（名古屋市中区南大津通四ノ二二）、世に〝小林和尚〟と称された。死後、その隠居所跡に清浄寺（浄土宗）が建立されている。隠居所の庭は、尾張侯も連也の物数奇にはかなわぬと舌をまくほどの見事な造園であった。連也は牡丹を愛し、茶入を好んで瀬戸にて焼かせた。刀の鍔も物数奇にて仕込み、これを〝小林鍔〟とも〝連也仕込〟ともいう。若年の時代以降は女子に淫せず、子がなかった（『尾陽武芸師家旧話』）。

連也はその性格、やや狷介だったようである。そのため彼の門人であった福富三郎右衛門（尾州藩士、二百石。号、天然子）は、師の門をはなれ、彦坂八兵衛忠重（号、愚入。宮本武蔵玄信の門人）に学んで円明流に転じた。猪谷忠蔵和時も、連也の門を脱して福富天然子に学び、同じく円明流に転じた。

柳生十兵衛

柳生十兵衛三厳（一に重兵衛に作る。厳字は厳の誤り）は宗矩の子である。刀術の至妙を悟る。そのことは世人の口碑にある（世間に俗説として伝わっている、の意味）。十兵衛には二女あり、一女は跡部宮内に嫁し、一女は渡辺久蔵保に嫁した。

【補】柳生十兵衛伝の補足

十兵衛三厳の事積は従来、俗説にわずらわされて歪曲された点が多い。ここでは『寛政重修諸家譜』の一条を、まず引用しておく。

三厳、七郎、十兵衛。母は、之綱が女（之綱は松下石見守之綱。遠州頭陀城主。この之綱の父が松下加兵衛で、『太閤記』で日吉丸が針売りの浮浪児だったのを連れて帰って家来にした人物である）。元和二年はじめて台徳院（二代将軍秀忠）に仕え奉る。後、ゆえありて御勘気をこうぶり、寛永十五年九月十七日ゆるさる。そののち御書院番に列し、正保三年父の遺領、大和山辺・添上・山城国相楽三郡のうちにおいて八千三百石を給い、四千石を弟主膳宗冬にわかち給う。その余二百石は義詮（十兵衛の末弟、六郎。僧になって義仙といい、別堂と号し、柳生の庄に芳徳寺を開基した）に給わるのあいだ、柳生芳徳寺の寺領とすべきむね恩命をこうぶる。

柳生三厳肖像

慶安三年三月二十一日、柳生において死す（これは表向きで、他所で変死した事実を匿している）。年四十四。法名は宗剛。葬地宗厳に同じ（柳生の庄、中宮寺）。妻は秋篠和泉守某が女、云々。

十兵衛は慶長十二年の生まれで、父宗矩は当時まだ三千石、大名にはほど遠かった。

元和二年（大坂落城の翌年）、十歳で将軍秀忠の小姓として出仕したが、数年にして将軍の意に違い、その出仕を停止せしめられた。それがどういう事情であったかを知る資料がないのだが、いずれにせよ彼が剣術修行のために、あるいは俗説にいう諸国隠密の旅に出たという期間が、その後の十二年間に相当する。

柳生十兵衛が若いころ不行跡だったことは、父宗矩にあたえた沢庵和尚の書翰にもいうところであるが、鍋島家に伝わる『御流兵法之由緒』にも、但馬守嫡子十兵衛不行跡にて勘当になり、一子相伝の秘事は鍋島直能（紀伊守元茂の子）に相伝、これより同家の御流兵法になった、という。鍋島家では、直能の祖父信濃守勝茂以来、柳生但馬守宗矩を剣術の師と仰いでおり（鍋島家記『竜山私記』）、同家に伝わる新陰流伝書『進履橋』の奥書承伝には、上泉秀綱―柳生宗厳―柳生宗矩―柳生三厳―鍋島信濃守―柳生宗冬―柳生内膳宗春―鍋島和泉守直朝…とあるから、秘事相伝を鍋島家であずかったのは、三厳の弟、飛騨守宗冬の場合であったのかも知れない。宗冬も兄同様に身持ちが放埒で父の勘気をうけたことは、やはり沢庵の書翰中に見えている。

十兵衛が御書院番に列した寛永十六年には、将軍の面前で三厳・宗冬兄弟、および木村助九郎（宗矩の門人）の三人が、剣法を上覧に入れているから（『徳川実紀』）、そのころには彼の剣技も、よほど上達していたと思われる。

三厳は寛永十五年に久しぶりに出府して、前年五月四日以来『月之抄』の修正にかかり、十九年二月にいたって稿を完了した。五年がかりの成稿で、内容は、父の言を引いて流儀目録に解説を加え、時に沢庵和尚の語を参照して、仏教語による注解を付加している。

この稿がおわると、ひきつづいて『新陰流月見の秘伝』に着手した。これは祖父宗厳と、父宗矩の目録を比較して祖述したもので、着稿は寛永十九年、成稿は翌二十年である。この二書は、共に若年中に書いた『月見集』と題する旧稿を修正したのである。

父の但馬守が正保三年三月に死去したので、十兵衛は父の遺領を相続し、また父と同じく但馬守に叙任し、将軍の剣術指南に任じることになった。

紀州藩に伝わる新陰流系統の『西脇相伝書』の由緒前文のなかに、つぎのような記事がある（ここでは要約して出すが、全文は『南紀徳川史』に収載されている）。

柳生新陰流は元来〝先を取って勝つ〟というのが技術の眼目であるが、柳生十兵衛はこれをさらに工夫して、敵の動くのを待ち、その動きによって生ずる弱身へつけこんで勝つことを習練した。しかし世はすでに平和の時代であるから、真剣によってそれを練磨する機会がない。十兵衛は考えた。

「わが柳生家は代々剣術の司であるのに、真剣勝負のはたらき無くして天下の師範となるのは、どうもおぼつかない。どうでも真剣を使って鍛錬しなければならぬ」

そこで、

「辻斬りをしたいから許可していただきたい」

と、ひそかに将軍に願い出た。奇妙な願いだが、若いころ辻斬りを道楽にした家光のことであるから、

「辻斬りなら三谷（新吉原の地称）でやれ。遊女ぐるいの武士を斬るなら構わぬ」

と許可が出た。

十兵衛はよろこんで三谷へゆき、通りかかった大男七人づれの武士にいどみかかって、ふたりの腕を斬りおとし、一人の膝を割って即死させ、残り四人は逃げた。この件を十兵衛から届け出たので、検使が行って調査すると、それらはみな藤堂家の家来であることがわかった、云々。

右の逸話、辻斬り願いもヘンなものだが、将軍がそれを許可したというのも無茶である。何よりも辻斬り場所を三谷とした点で大きくボロを出している。三谷に新吉原が開廓したのは十兵衛の死後七年、明暦三年大火後の移転で、十兵衛当時はまだ日本橋の元吉原時代であった。したがって、これは後人の仮作談にちがいないものの、ただ一つ、十兵衛が将軍の師範になる当時まで、じつはまだ人を斬った経験がなかったという一条だけは、何だか実話らしい匂いがする。

『西脇相伝書』が、はじめ柳生十兵衛三厳から、門人の狭川新左衛門にあたえられたものであることは疑いのないところだけれど、〝由緒前文〟という添書が加えられたのは、ずっと後年であったと思われる。

狭川新左衛門は大和の柳生村の隣村、狭川の庄、坂原村の郷士で、柳生谷正木坂の道場で取り立てられた十兵衛の門弟中、もっとも俊豪の者であった。この人が独立して称した流名を〝古陰流〟という。その子、改姓して小夫浅右衛門という者が、元禄三年に紀州藩へ四百石で召し抱えられた（家譜による）。その召抱えの時に田宮抜刀流居合元祖田宮長勝の玄孫、孫次郎左衛門成道が、試合の相手をし、優劣がなかったと『乞言私記』にある。

『柳生流秘書』（史籍集覧本）に、つぎの一条が見える。

入道（但馬守）につかえ譜代の臣なり。十兵衛委伝得、上手の由。数百人の請太刀、幼児より致し、いよいよ以って名人と也。その後不足これあり暇をとり、ただちに紀州へ抱えられ、千石（誤り。四百石が正しい）に相済み、柳生より構われ候につき小部流と号す。浅右衛門弟なり（二代目浅右衛門は初代の弟の意か）。もっとも同人の伝なり。

小部浅右衛門

右に、小部、小部流などあるは、小夫、小夫流とするのが正しい。而して浅右衛門の孫なる小夫幡左衛門のとき、不行跡のため改易されたので、流儀の相伝は浅右衛門の門弟だっ

た、西脇勘左衛門（十五石から三十五石に上る。享保三年死、七十六歳。その子の角之助に相伝）の子孫が引きついだ。西脇家は、はじめ新陰流を称え、後に西脇流と改称して、代々相伝して幕末に至った。

柳生家の当主になり、将軍お手直し役にそなわった十兵衛三厳は、しかしその後わずか四年間しか生きていなかった。しかも、江戸にいたのはごく短期間で、やがて知行地の大和柳生谷に引っこみ、慶安三年三月二十一日、柳生の庄に遠くない山城国大河原村弓ケ淵の上畠で、鷹狩り中に急死した（『徳川実紀』）。

大河原村というのは木津川の上流、笠置山のふもとに当る地域であるが、この村は南北二村に分かつ。北大河原村は元、三厳の異母弟柳生刑部少輔友矩（二千石）の采地であり（友矩は既に死去）、南大河原村は柳生家の知行地であった。鷹狩り中に急死というのも、ひょっとしたら鷹狩りでなくて川猟だったかも知れない。十兵衛はこの河原で川猟をすることがしばしばであり、村の者が彼の網を踏んだことから口論が起こり、柳生谷の十兵衛屋敷へ村民たちが押しかけて来て騒いだ、などという話が『積翠雑話』巻七に出ている。

十兵衛の逸話としてもっともよく知られているのは、『撃剣叢談』に出ている次ぎの二条であろう。

十兵衛が或る夜、京の粟田口を一人で通っていると、強盗が数十人、抜刀して取りかこんだ。

「命が惜しくば衣服・大小わたして通れ」

と威嚇する。

十兵衛は云われるままに静かに羽織を脱ぎ始めたが、一人がそれを受け取るつもりで近よるところを、やにわに抜打ちにサッと斬って捨てた。

「すわや手向かうぞっ。討ち取ってしまえ」

賊はいっせいに斬りかかって来たが、十兵衛はたちまち十二人を斬り伏せたので、のこりの者はびっくりして逃げてしまった。

十兵衛はあるとき某大名の屋敷で、剣術をもって世渡りする浪人から仕合をのぞまれ、二度立ち合ったが、たがいに勝負がなかった。十兵衛は浪人に向かい、

「どうだ、勝負が見えたか」

と問うと、

「二度とも勝負なしです」

という。十兵衛は、こんどは主人のほうにむかって、

「いかに御覧になりましたか」

と、たずねた。すると主人も、

「いかにも浪人の申す通り、相打ちとお見受け申した」

という答えだった。

十兵衛は不満である。

「この勝負が見分けられないようでは、どうもいたし方がありませぬなあ」

と苦笑して、座にもどる。これを聞くと浪人は、いきり立って、

「さらば真剣にて立ち合おう」

と云い出した。

「二つなき命、無益なことは止められたがよい」

十兵衛はことわったが、浪人はきかない。

「さらば来たられよ」

十兵衛は冷然と、そう云い、刀を下げて、もういちど庭へ下りた。


真剣勝負は前二回の木刀のときと同じ形に斬りむすんだが、刃を接するや、浪人は肩先六寸ばかり斬られて二言もなく即死した。十兵衛のほうも斬られてはいたが、それは着用している黒羽二重の小袖と下着の綿までで、わずかにその裏布には刃が及んでいなかった。彼はそれを主人に示していった。

「御覧ください。およそ剣術の達すると否とは、五分か一寸のわずかなところにあるものでござる。ただ勝負に勝つというだけのことなら、いかようにしても勝つことはできましょうが、さきほどの立合いに勝負なしとの御判定でありましたので、かくは無益の殺生をいたしたのです」


関宿藩士和田庄太夫が、鳥江正路という変名で書きのこした随筆書『異説区』の中に、次ぎのようなみじかい三条の話が出ている。


十兵衛が化物寺の庫裡に泊った。夜中に化物が出て来たが、彼が、

「いま何刻か」

と時刻をたずねたので、化物のほうで呆れて消えてしまった。


十兵衛は無頼漢に喧嘩を吹きかけられたが、なぐりかかる拳の下へ平気でとびこんで、相手の左右のひげをつかみ、顔面めがけてペッと唾を吐きかけた。


彼は、いつも刀には赤銅の鍔を用いていた。赤銅は時として斬りおとされる危険があるというので、心ある武術家はつかわないのだが、十兵衛は、

「なあに拙者においては、鍔などを頼みにしていないさ」

と云っていた。それほど腕に自信をもっていたのである。以上。


さいごに書いておく。十兵衛が目っかちであったという説は、講談以外に出拠がない。尾州柳生家には、十兵衛は少年のころ〝燕飛〟の稽古中、父の〝月影〟の打太刀を受ける時に、太刀先が右眼に入って眼をつぶしたという口伝があるということだが、どうも作意が感じられる。何より一眼では視角が狭くて、上手な剣術は使えないと私は思う。

【補】柳生十兵衛と荒木又右衛門

荒木又右衛門の父は服部平右衛門という。平右衛門は藤堂家を浪人して岡山藩池田忠雄に仕え、三百石。又右衛門はその二男で、児小姓として出仕していたが、十二歳のとき、本多甲斐守政朝の家来服部平兵衛の養子になり、養父から中条流、叔父山田幸兵衛から神道流を教えられた。二十四歳、離縁後、故郷に帰り、一時、菊山姓、後に荒木姓を名乗って、郡山藩松平下総守に仕えたのである。

実録本『柳荒美談』より古く、比較的正確な記事に富んだ

荒木又右衛門の墓（鳥取、玄忠寺）

『校合雑記』には、やはり、荒木又右衛門を十兵衛三厳の門人と書いている。しかし又右衛門が十五歳のとき、十兵衛の門人になったという俗説は正しくない。十兵衛まだ六歳である。柳生十兵衛は、勘当されて小田原に閑居させられた。二十一歳の寛永三年から以降、十二年間の大半を、柳生谷を中心に暮らしていたから、又右衛門が入門したとすれば、この期間であったに違いないし、その年ごろなれば、弟子のほうが師より六歳年長でも、そう不釣合いではあるまい。

又右衛門は、大和郡山藩の松平下総守につかえ、剣術師範として二百五十石を得た。妻みねは、岡山藩渡辺数馬の長女であった。この数馬は初代の数馬である。旧名は内蔵助といって、もと藤堂家に仕えて服部平右衛門（又右衛門の実父）と同僚であっただけでなく、共に浪人し、共に淡路で戦い、共に岡山藩に新規召抱えられ、知行も共に三百石であった。この渡辺数馬の長男源太郎は早世、次男作十郎が相続して二代数馬になった。妻の末弟渡辺源太夫（備前藩士）が、同藩の河合又五郎に殺されたため、源太夫の兄渡辺数馬の助人（すけびと）として仇討の旅に出、寛永十一年十一月五日、伊賀上野において本懐を達した。荒木らは、伊賀藤堂家に保護され、おあずけ中、同藩士戸波又兵衛鳥石に荒木は入門して、戸波流を学んだ。この流は、富田流または新陰流の系統ともいうが、陰（おん）剣（けん）と称する伊賀者特有の短剣の技（わざ）が、基本になっていたそうである。

荒木、渡辺の両人は、鳥取藩池田光仲の請いによって、寛永十五年八月、鳥取藩へ引きとられた。居ることわずか十数日、又右衛門は同月二十八日、四十一歳で急死した。新鋳物町の玄忠寺に葬る。河合の党の手で暗殺されたとも、魔手を避けるため表向き病死をよそおい、じっさいは寛永二十年九月二十四日、四十六歳で死去した、という俚説もある。渡辺数馬は寛永十九年十二月二日、三十五歳で死去し、同地栗谷町の興禅寺に葬った。

木村助九郎

木村助九郎（名は友重。大和邑地村出身。はじめ駿河大納言忠長につかえ、のち紀州頼宣につかえて六百石。承応三年四月八日病死、七十歳――『木村系譜』・『家譜』）は但馬守宗矩にしたがって、新陰流の達人である（はじめ師に遠慮して運籌流を称し、寛永十一年、柳生流の称を公許された）。後、紀州頼宣卿につかえて采邑五百石を領す（『南陽語叢』も五百石とするが、六百石が正しい）。はじめ宗矩が刀術を大猷大君に教えた際、助九郎は毎度お相手をつとめた（家光がまだ竹千代時代にたびたび御前稽古の相手をしたと『家譜』にいう）。後、将軍が諸国の武芸者を召して試合を上覧した際にも、助九郎は紀州から来て、技を台覧にそなえた（寛永十六年、家光大病中に諸藩の武芸者を召し出して試合させた時、助九郎は大久保式部少輔と三試合、鵜殿惣十郎と四試合して勝った――『家譜』）。また村田与三（前出した）という者も木村と同様に刀術に達し、紀州頼宣卿につかえた（『南陽語叢』いう「村田与惣という者木村にひとしき名人也。ともに紀州に召出されて奉仕す」）。

出淵平兵衛

出淵平兵衛（名は盛次）は柳生宗矩の伝を得て（正保二年四月二十七日）、刀術の妙旨をさとる。後、越前宰相忠昌卿につかえ（五百石、後、七百石に上る）、その名を刀槍にあらわした（平兵衛は、初め木村助九郎に学んだ。助九郎は師の流名をはばかって運籌流を称していたが、寛永十一年柳生流の称をゆるされたので、運籌流二代を出淵にゆずった。出淵も後に柳生流を許された）。

庄田喜左衛門

庄田喜左衛門（正しくは荘田嘉左衛門教高。『流祖録』には喜兵衛としている）は柳生家の臣で、新陰の奥秘に達した。後、江戸に来て名声を得たのはその刀術のためだが、世人これを庄田流という。後、侍従榊原忠次（越後高田城主）につかえた。

【補】荘田嘉左衛門と市浦三夢の槍術

荘田嘉左衛門教高、諸書に庄田喜左衛門とあるが、荘・嘉の字が正しい。荘田喜兵衛信之の子で、永禄九年に父の死亡後、柳生宗厳に養われた。大和に住んで柳生家譜代の臣、大物頭をつとめた。寛永年間、主家をうらぎった松田（補記参照）織部助清栄を斬って、江戸に出、一流を立てて有名になり、高田藩榊原氏の師範となる。流名は真流とも（『積翠雑話』）、庄田心流ともある（『撃剣叢談』）。

庄田の逸話、『積翠雑話』巻七に左の一条がある（要約）。

庄田喜左衛門、江戸で弟子が多かったが、中に市浦某という者が慢心して、師に試合をいどんだが負け、武士が立たぬといって僧になり、三夢と号した。三、四年すぎてからであるが、三夢は何ということなく槍で人を突く妙理を悟り、それ以後すぐれた槍術家といろいろ試合してみたが、かなう者がなかった。それを知って大勢の門人ができたけれど、三夢の槍は玄妙な道理ばかりで、具体的な教則が立たず、けっきょく門人だれ一人として、その伝を得ることができなかった。

【補】松田派新陰流と幕屋新陰流

松田織部之助清栄を祖として、松田派新陰流という。松田は大和の人。大和式上郡戒重村城主の戒重肥後守に仕え、次いで同国粟殿城主の幕屋玄蕃頭につかえた。上泉伊勢守の大和における直門人の一人である。戒重家没落後、一時、柳生家に身を寄せたが、後、筒井順慶につかえ、順慶の死後、大和の領主になった羽柴秀長に柳生を讒したため、後に柳生家臣の荘田嘉左衛門に斬り殺された。

孫、宗八郎清房の長男、幕屋弥次右衛門大休が、松田派新陰流を中興した。大休は元禄二年十一月二十六日、今庄で死去、八十一歳。幕屋大休の後は、幕屋清勝―幕屋弥次右衛門貞清―幕屋十左衛門と伝えた後、同家は離散したので、大休の門人、横山藤八郎記章（父の十郎兵衛記慶も大休の門人である）が師家にかわって伝統を継いだ。記章は宝永八年二月七日死去。以下、横山氏代々が福井藩の師範として、この流の伝統を世襲した。

幕屋宗八郎の二男で、幕屋大休の弟である幕屋与右衛門は、父から松田派新陰流を学んで奥旨をきわめ、江戸に出て道場を開いた。この流を幕屋新陰流という。寛文ごろ、狩野探入斎の絵画と、外郎の蹴鞠とともに三名物と評判された。四十歳余で江戸で死去したという。

上坂半左衛門安久

上坂半左衛門安久（慈恩和尚の四代目、還俗して上坂安久という、という説あり。異説は此の文末に付す）は、もと臨済宗の禅僧であるが、刀術を好んで精妙を悟り、ひそかに念流と号した。中山角兵衛家吉が、安久にしたがって宗を得、その門人中の飯野加右衛門宗正が傑出した。修験者光明院行海が飯野にしたがって伝を継ぐ。これが、いわゆる奥山念流である（異説――『日本武術諸流集』に、上坂安久は柳生家の人とあり、又、仙台藩伝の正天狗流、一に小天狗流兵術手拍の祖を上坂安久としている。又一説――未来記念流柄太刀の祖を、樋口念流の樋口定次とも、あるいは上坂安久ともいう）。

【補】馬庭念流

上州の樋口家の流儀である。樋口家の遠祖は、木曾義仲四天王のひとり樋口次郎兼光の後裔で、十一代目の樋口太郎兼重が念和尚十四人の直門人の一人であった。この人の流を兼重念流という。

念和尚から数えて念流四代目の樋口高重のとき上野国吾妻郡小宿村に移り、延徳元年からは、平井城主上杉民部大輔顕定に仕えた。明応九年、さらに、上州多胡郡馬庭村に移る。永正七年、主家の上杉顕定が戦死したので、仕官の念を断って郷士になった。樋口高重は、これより先、神道流の柏原肥前守盛重（有馬大和守乾信の門人）について学び、念流から神道流に転じた。永正十年、八十九歳で死去した。樋口高重の長男左伝次兼次が早世したので、三男定兼が相続し、その子飛騨重定、孫の又七郎定次とつづいて神道流を教えたが、この又七郎が神道流にあきたらず、あらためて友松清三入道の正法念流の伝を得て、父祖の念流に復した。

友松は初名を六左衛門尉氏宗、一に氏明、後に清三入道偽庵という。赤松三首座慈三（念阿弥慈恩の舎弟。念首座流、また首座流として伝統をのこす）から数えて六代目。天正年間、諸国を遊歴し、たまたま上州馬庭の樋口家を訪い、定次これについて学ぶこと十七年、天正十九年二月印可皆伝をうけ、さらに教外別伝の奥秘を慶長三年にゆずられた。これを樋口念流・馬庭念流という。一説――樋口家記『当家先祖覚書』中に、友松は目医者を兼ねて剣術修行に来て西平井村に居着いていたが、小串村の小串清兵衛という者が目の療治に通って来て、偽庵と試合して負けた。清兵衛と樋口定次は親類筋で、共に心信流の剣術に達していたが、これより友松について念流を修行したという。

樋口定次は、村上天流（加古利兵衛の門人、村上権左衛門）と烏川（からす）（上州碓氷郡坂本）で試合して勝ち、武名を高めた。試合前に隣村落合村の住吉神社に祈願し、枇杷の木の木剣にて神前の大石を割ったと伝え、太刀割石と称して今も残っている。

以下代々、通称を十郎左衛門、隠居名を十郎兵衛と称し、流裔世襲して現在の樋口定広に及ぶ。十一世定勝は寛永十一年の御前試合に出たというが、この御前試合はフィクションである。十四世英翁の時に江戸に進出し、京橋太田屋敷・神田お玉ケ池・小石川の三カ所に出張道場を設けた。十八世定伊は矢留術を開創、また神田明神下、後、下谷和泉橋通りに道場をひらいた。

川崎鑰之助

川崎鑰（かぎ）之助はどこの人か不明である。或る人の説では越前人だとのことだが、出自（しゅつじ）についてはまだわかっていない。はなはだ刀術を好み上州白雲山（妙義山の古名。群馬県碓氷郡堺にあり、北峰に妙義神祠をまつる）の神を祈ってその妙旨を悟る。これを東軍流と号した。秘して他に教えず、子孫へだけ授受していたけれども、その妙に達する人が出ないで数世を経、鑰之助から五世の孫である川崎二郎に至って奥秘に到達した。

川崎鑰之助（『武稽百人一首』）

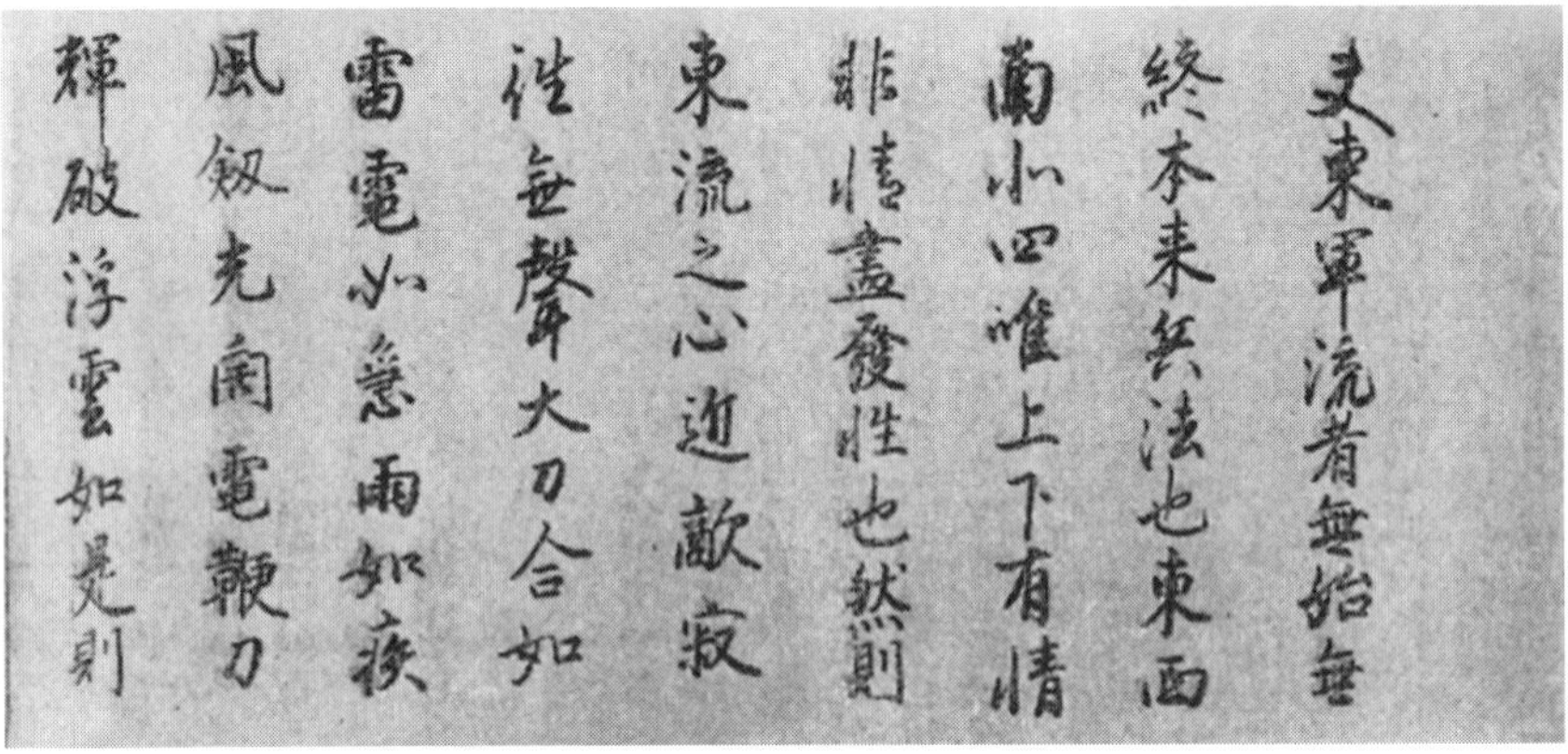
夫東軍流着無始無
終本来無法也東西
南北四維上下有情
非情盡發性也然則
東流之心道歡寂
從無聲大刀合如
雷電如急雨如疾
風斂光閑電鞭刀
輝破浮雲如是則

『東軍流免許状』

一説には、東軍坊という刀術の達人があって、鑰之助がそれに従って宗を得たから東軍流といい、その流祖を天台山東軍僧正と称する（鑰之助、異人の伝をうけしゆえ東軍流と号せる由、中古以来その誤りを伝えて、いつわって東軍僧正という名を設け、これを相伝の巻端に書いて伝系の開祖とす。それひとえに此の術を神にするの謀に出ず——『剣学必要』）、云々。

或る人いう。白雲山の神を波己曾（はこそ）神という（いま妙義山の下、諸戸にある。俗に妙義権現祠の地主神であるという）。今に小祠がある。妙義坊（妙義法師ともいう。叡山の法性房尊意のことをいうと『不問談』にいい、花山院内大臣光秀公のことであると『山吹日記』にいい、また足利尊氏の法号妙魏を誤ったものと『雨窓随筆』にいう。もっともありふれた俗説では、妙義山の天狗を妙義坊という）をまつるのは、後世の僧侶のしわざである。私（著者）は、『三代実録』に、上野国従六位下波己曾神に従五位下を授けるとある、それが白雲山の神だろうと思う。

【補】川崎鑰之助の補足

川崎鑰之助は、名は時盛、一に幸盛・清貞ともある。父は越前朝倉家の側用人で、名を川崎新九郎時定といい、鞍馬八流の達人であった。鑰之助は十二歳のころから父について学び、また槍を富田牛生（後出）に、剣を富田勢源（前出）に学んだ。十七歳にして出藍の誉れがあり、同藩士真柄十郎左衛門の子、十郎三郎直基、および村上庄左衛門の子、庄蔵長

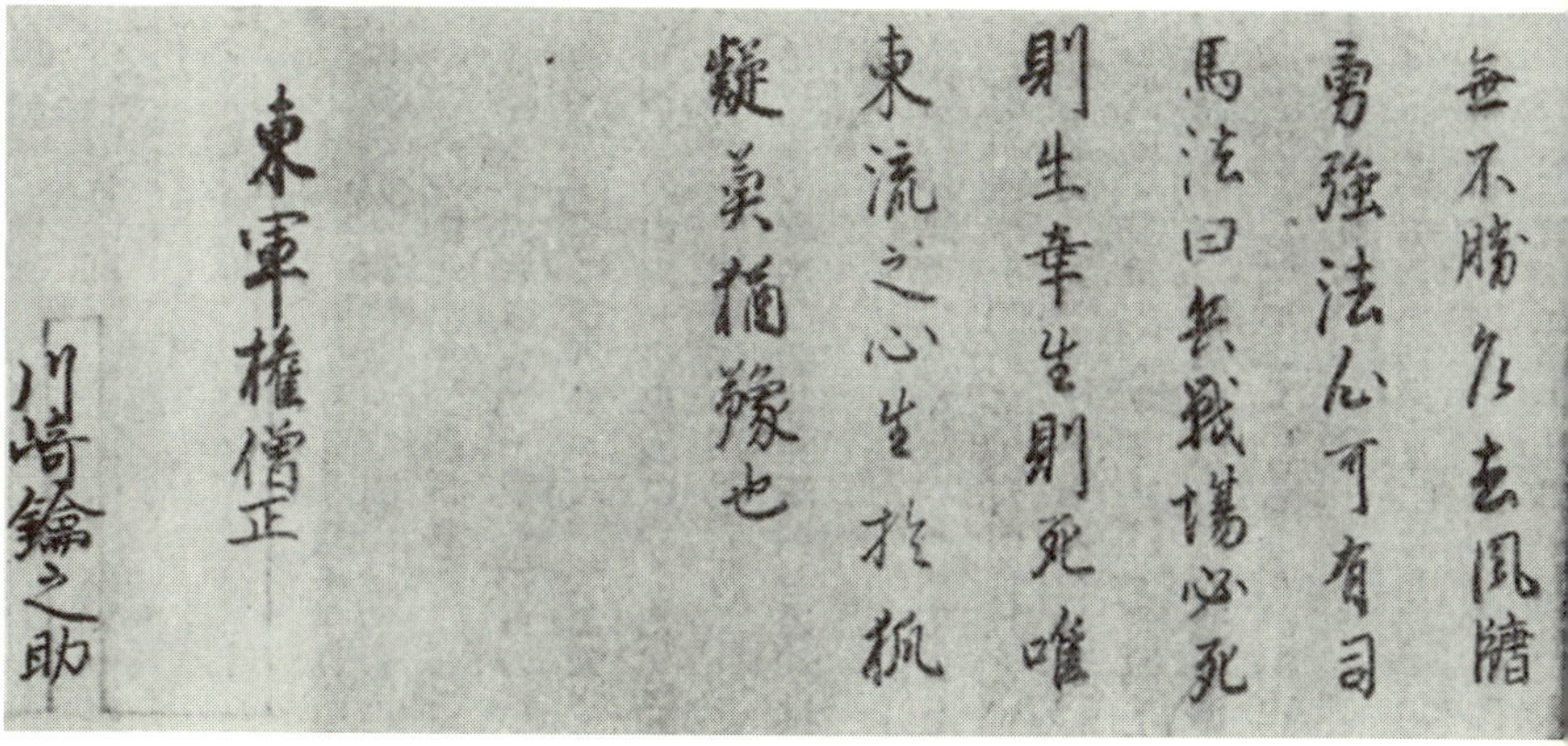

孝とともに、朝倉の鬼若三勇士と称せられた。父が浪人したので、鑰之助は比叡山の東軍僧正にあずけられて刀術の秘を学び、みずから東軍権僧正となり、東軍流を創始したという。幾度六右衛門成規（対馬東軍流）の『剣学必要』には、鑰之助は、みずからは流名を称しなかったが、世人は彼を東軍者と呼んだ、とある。

川崎二郎太夫

川崎二郎太夫は川崎次郎（鑰之助とあるべし）の後裔である。或る人の説によれば、二郎太夫は奥州の人で、父祖の術を伝えて諸国に修行し、名高くなった。あるとき上野（武蔵の誤り）の熊谷（いま埼玉県熊谷市）で剣士と勝負して、その人を殺した。その門人や同派の者どもが、讐をむくいようとするのを見て、二郎太夫はひそかに熊谷を出て他郷に奔った。追跡する者数十人が、武州忍（おし）の原（埼玉県行田市大字忍のへんに沼の多い湿原地がある）に至って、やっと二郎太夫に追いついた。二郎太夫は奮撃してよく戦ったが、敵が多すぎるので逃げることができず、そのうえ三カ所も疵をうけた。村民までが敵側についたため、二郎太夫はとうとう捕えられて、江戸の決断所（関東代官所の意味に用いてある）に突き出された。しかし吟味の結果無罪とわかり、あまつさえ剣術の上手なことを賞せられて、忍城主阿部正秋に召し抱えられた。やがて辞して江戸の本郷に居をかまえ、同志をあつめて剣術を研修して孜々（しし）として倦まず、長寿を保って後に死んだ

川崎二郎太夫（『武稽百人一首』）

（彼は松代藩士高山氏の女を娶り、同藩に仕えた。寛文十一年十一月二十四日死去。豊栄村平林に葬る。その子、佐左衛門が慶安元年、小諸において青山家に召し抱えられ、以降、同家が丹波篠山へ移封されたのに伴い、子孫同地において幕末に及んだ）。

門人は多かったが、高木甚左衛門入道虚斎、はじめ九助といった者が、その伝脈を得た。高木は大猷大君・厳有大君につかえた（高木甚左衛門、名は正則。祖父広正以来徳川につかえ、忍城城番三千石であった。寛永十年相続、のち四千七百石に上る。元禄五年九月二十二日死す、八十七歳。法名は玄太。武州比企郡広野村広正寺に葬る）。彼は三州の豪士、九助広正の後裔である（広正は前記の正則の祖父。広正寺を開基。慶長十一年忍にて死す、七十一歳）。

衣斐丹石入道

衣斐（いび）丹石入道は美濃の武夫（もののふ）である。刀術の妙を得て、流名を丹石流と号した。或る人の説に、丹石入道は東軍坊を師としてその宗を得、伝書には天台山東軍流としているという。飯沼牛斎（飯沼美濃守。夢牛斎が正しい）が丹石入道にしたがって、その宗を得た。その子の飯沼太郎（一書に多左衛門尉とある）を経て、その門人の堀隠岐守に伝え、以下その末流が諸州にある。

一本にいう、丹石入道宗誉居士と、云々。

【補】衣斐丹石入道の補足

丹石流、一に天台東軍流平法という。永禄年中、衣斐丹石入道宗誉が祖。一に丹石軒と号した。美濃の斎藤家に属し、西美濃十八将の一に数えられる家柄である。通称は市右衛門。遠祖の沼田法印は、念流祖の慈恩の高弟であったというから、念流を家伝していたと思われる。

丹石宗誉は東軍大僧正に学んで一流をひらいた。東軍とは頭軍、摩利支天の別称とする点で、川崎鑰之助の東軍流とは解釈がちがうが、神秘的文飾には変わりない。丹石流では、摩利支天の口伝であるから、はじめは支口伝（しくでん）流と号したと『剣術系図』に注している。術は東軍流・新陰流・富田流を合したもので、具足剣法の荒っぽいものであったという。丹石宗誉は、この流をもって加藤清正・織田三吉郎・小出右京大夫・堀藍物らの諸大名に指南し、流裔は山陰・山陽・筑前等にひろまった。天台宗誉の子の衣斐市左衛門光栄は、高知藩主の山内一豊忠義につかえ、子孫をのこした。

【補】雖井蛙流平法の深尾角馬

鳥取藩で有名な雖井蛙流（雖の字は訓まない）は、丹石流平法から出た。

流祖の深尾角馬重義は、井蛙と号した。鳥取藩士、馬廻役三百石。河田理右衛門の子で河田喜六といっていたが、家督相続後、深尾姓を名乗った。父に丹石流を学び、後、去水流・東軍流・卜伝流・神道流・新陰流・タイ捨流・岩流・戸田流・門井流・松本流・念阿弥流を学び、戦場剣術の丹石流を素肌剣術にあらため、日常稽古すべき法として平法と称したが、平法の語は、実は丹石流から移したと考えられる。

角馬は趣味の牡丹作りに妙を得て、世人これを深尾牡丹という。初め鳥取寺町に住み、八頭郡隼郡家に移る。娘のことから百姓を三人殺害し、天和二年十月二十七日、大目付の神戸縫殿の役宅で切腹した。五十二歳。

この流は鳥取藩剣術の主流であるが、角馬は別に、化顕流・安心流の居合二流を発明し、また出雲流骨法の祖であった。化顕流は石河正次に、安心流は白井正林に、雖井蛙流免許とともに与えた。

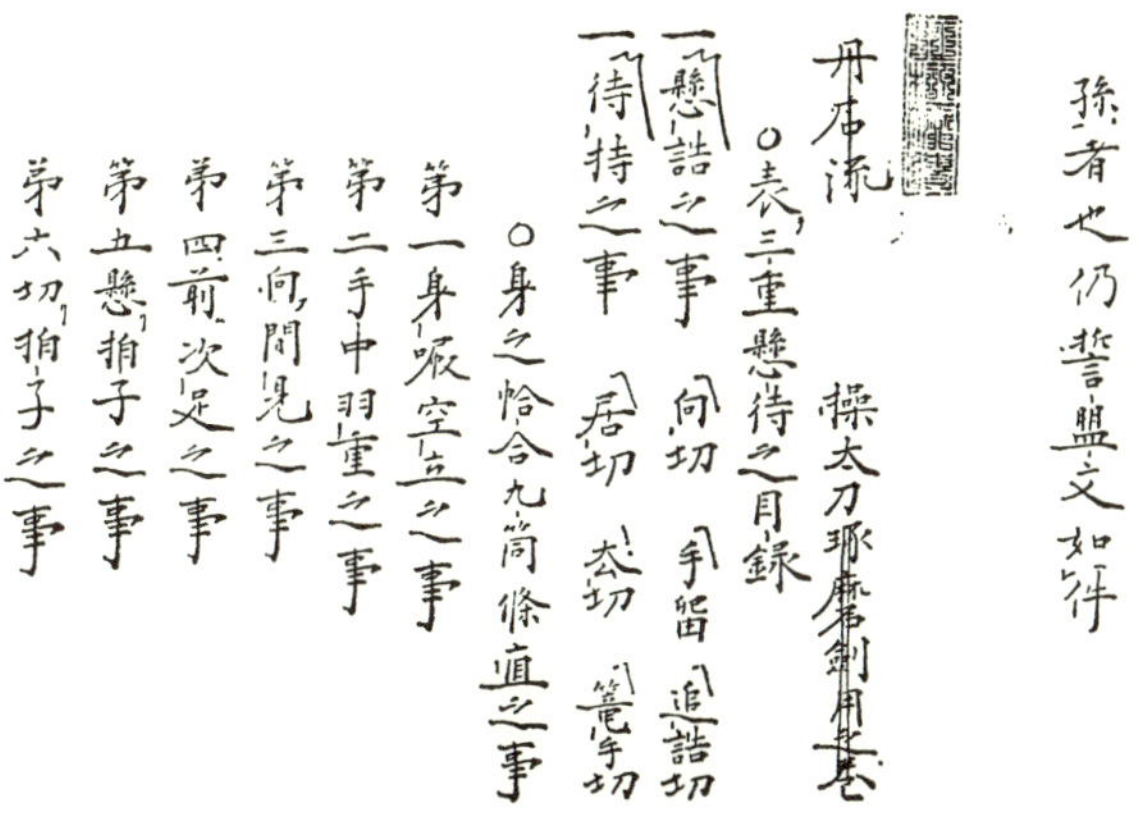
孫者也仍誓盟文如件

丹石流　操太刀那剣用巻

○表三重懸待之目録

一懸詰之事　向切　手留　追詰切

一待持之事　居切　太切　籠手切

○身之恰合九箇條直之事

第一身厳空立之事

第二手中羽重之事

第三向間見之事

第四前次足之事

第五懸拍子之事

第六切拍子之事

『丹石流伝書』の内容

瀬戸口備前守

瀬戸口備前守（補記参照）は薩摩の人、島津家の臣である。壮年から刀術を好んで精妙を得た。後、薩州の伊王滝におもむき、自源坊に会って妙旨を悟る。故に流名を自源流といい、諸国に末流がある。

自源流の刀術者は、こう云っている。瀬戸口備前が刀術の妙を悟ろうと伊王滝に参籠すること三日三夜。時に自源坊という天狗が来て妙旨をさずけた、と。しかし、愚いう。自源坊というのは慈恩（前述）や胤栄（宝蔵院胤栄、後出）の類

瀬戸口備前守（『武稽百人一首』）

で、天狗というのは附会の説である。

【補】疑問の瀬戸口備前守

瀬戸口氏は大隅国始羅郡蒲生郷の、正八幡若宮社の社家という。薩摩附近に瀬戸口氏があったことは事実であるが、示現流の祖になった東郷肥前守重位が、もと瀬戸口氏であったという説は、確証を欠いている。大隅氏にも大中臣姓の東郷氏があり、このため瀬戸口氏から改姓したという説が出たものか。

薩摩の東郷氏は桓武平氏秩父氏族の、渋谷光重の二男早川次郎実重が薩摩国高城郡東郷に住し、家号を東郷と改めたという。だから示現流の東郷重位は本姓早川氏、父は早川重尚といい、又、三代肥前重利などは、技が父祖に劣るのを恥じて、他国を旅する時は早川氏を名乗ったともいう。いずれにせよ、自源流・示現流・慈眼流ともに呼称まぎらわしく、何かの関連はあったかもしれないにしても、すべて自源坊に発する同流であるとする山田次朗吉氏の説は、少々大雑把に過ぎないだろうか。

【補】天真正自顕流

永禄ごろ、十瀬与三左衛門長宗から、この流名を称した。十瀬は常陸国笠間の郷士で、下総香取の飯篠若狭守盛信に師事し、五年にして印可を得た。後、常陸に帰り、鹿島神宮に参籠し、感応によって四段の目録を与えられた。拝謝して神殿を下りた時、飛燕を斬ろうとして失敗し、ふたたび社殿に祈願をかさね、工夫を積んで飛燕を斬る術を得た。『尊形』・『聞書』・『察見』の三書をあらわし、天真正自顕流と称した。みだりに人に教えなかったが、後に薩摩に伝わって示現流となったことは、次条の補記を見よ。伝系は、飯篠長威斎家直―飯篠若狭守盛近―飯篠若狭守盛信―十瀬与三左衛門長宗―金子新九郎盛貞―赤阪弥九郎政雅―東郷肥前守重位、となる。

【補】東郷肥前守の示現流

赤阪弥九郎政雅、又の名は貞俊、幼名を雅楽之助といった。父の仇をうつため、十三歳で金子新九郎（十瀬与三左衛門の門人）に入門し、師から九郎の名をゆずられ、十七歳で免許皆伝、十九歳で仇を復した。そのため出奔して陸奥へ逃げたが、開悟して僧となり、会津の天寧寺、曇吉和尚に弟子入りして、名を善吉と号した。

師の曇吉和尚は天寧寺の十世で、法号を祥山といった。天正十七年、伊達氏が若松の蘆名家を攻撃した際、天寧寺が戦火にかかったため、祥山曇吉和尚は京に移って、寺町鞍馬口に万松山天寧寺を建立した。会津天寧寺の末寺である（『新編会津風土記』）。善吉は師の曇吉にしたがって上京した（東郷重位と善吉の出会いを天正十五年とする薩摩側記録と、二年ちがう）。

東郷重位（しげかた）（流儀では重んじて重位（じゅうい）と訓む）は幼名弥十郎。後、藤兵衛、さらに肥前守。薩摩藩島津家の臣。東郷藤兵衛重為の二男で、永禄四年に生まれた。藩の師範、東小太郎（権右衛門）正直と、丸目蔵人佐の高弟藤井六弥太続長からタイ捨流を習ったが、天正十五年、島津侯にしたがって上洛中、天寧寺に参禅し（前記の建立年代に吻合しない）、天正十六年六月十五日、剣僧善吉の秘伝を相伝された。善吉二十二歳、重位は二十八歳であった。善吉はその後、京都天寧寺二世を継いで閑翁と号し、文禄三年九月五日、三十七歳で遷化した。

東郷重位は薩摩に帰国後、試合に勝つこと四十六度、慶長二年（あるいは九年）、東新之丞（小太郎の子）を破ってから藩の師範役になった。後、藩の儒臣釈文之が書を送って、法華経の示現神通力の語を書き添えたのを藩主島津家久がきき、東郷の流名を示現流とあらためさせた。寛永二十年六月二十七日死去、八十三歳。南林寺に葬る（『薩藩旧伝集』・『盛香集』）。俗に東郷示現流ともいった。一説――『示現流聞書喫緊録』には、大竜寺の文至和尚に流号の改称の文字を相談したところ、和尚が観音経の中の示現神通力の語を選んだので、重位は島津家久に相談の上、示現の二字にきまったという。

その子、東郷肥前守重方のとき、士分以外の農工商の人たちに教えるため、三尺棒・六尺棒・鎌・尺八による棒踊りを考案した。重方は万治二年八月十日死去、五十六歳（『称名墓志』）。

薩摩藩士の大半は、この示現流を学んだため、他の流儀の入りこむ余地がほとんどなかった。幕末の嘉永元年七月からは、藩主島津斉興の命によって、〝御流儀示現流〟と呼ぶようになった。

宮本武蔵政名

宮本武蔵政名（政名と武蔵玄信が同一人か否か、問題である）は播州の人、赤松の庶流、新免（にいみ）（シンメンと訓むべし）氏である。父を新免無二斎と号する。十手の刀術に達した。政名思うのに、十手は常用の器でない。二刀はこれ常佩（じょうはい）（いつも腰に帯びている）の具であるから、二刀を十手に変えた方が有利である。こうしてその術ようやく熟した。十三歳のとき、播州において有馬喜兵衛と勝負した。十六歳にして、但馬において秋山と勝負をし、これを撃殺した。後、平安城（京都）において吉岡と勝負を決し、ついに勝つ。後、船島において巌流を撃殺した。およそ十三歳より勝負をなすこと

宮本武蔵（『耽奇漫録』）

六十余度。みずから日下開山神明宮本武蔵政名流と号する（『武術流祖録』・『甲子夜話』・『睡余小録』・『実事譚』等に、同じ流名、又は神明流の称を書いているけれど、宮本武蔵玄信の用いた流名であると確然といい切るには、大いに躊躇せざるを得ない。或いは神明の明の字は、免の字の崩し字の相似から来た誤記であるまいか）。威名四夷にあまねく、その誉れは口碑にある（色々の武勇談が伝わっている、との意）。今にいたって末流が諸州にある。慶長年中、関ガ原の役、および浪速の役（大坂陣）に出て勇名があった。寛永年中の肥前島原一揆には、細川家に属してこれにおもむく（誤り。小倉藩小笠原氏の帷幕に参じた）。正保二乙酉四年五月十九日、肥後の熊本城下において死去した。法名、玄信二天。宮本武蔵の墓志にいう（墓でなく、養子宮本伊織が承応三年、春山和尚に撰文をたのんで建てた頌徳碑である。初め熊本城下の田向山に建て、俗に武蔵山といっていたが、明治後、小笠原家の祈禱所延明寺に移した。以下、その銘文、原漢文を訓み下しにして引用する）、

兵法天下無双播州赤松末流新免武蔵玄信二天居士の碑。正保二乙酉年五月十九日、肥後国熊本に於いて卒す。時に承応三甲子年四月十九日孝子（宮本伊織）つつしんで建つ。臨機応変は良将の達道なり。武を講じ兵を習うは軍旅の用事なり。心を文武の門に遊び、手を兵術の場に舞して名誉をたくましうする人は、それ誰れぞや。播州の英産赤松の末葉、新免の後裔武蔵玄信は二天と号す。おもうにそれ天資曠達にして細行にかかわらざるは、けだしその人か。二刀兵法の元祖たり。父新免は無二と号す。十手家たり。武蔵家業を受け（養父無二斎の刀術を習ったとの意だが、武蔵玄信を作州宮本の平田武仁とする説を採用すれば、玄信が平田から直接学ぶことは年齢的に不合理である）、朝鑚・暮研・思惟素を考うること灼に、十手の利、一刀の倍すること甚だ以っておびただしきことを知る。然りといえども、十手は常用の器にあらず。二刀はこれ腰間の具、すなわち二刀を以って十手の理となさば、その徳違う無し。ゆえに十手をあらためて二刀の家となる。まことに舞剣の精選なり。あるいは真剣を飛し、あるいは木戟を投じ、北ぐる者・走る者、逃避するあたわず。その勢あたかも強弩を発するがごとく、百発百中、養由（養由基。楚の人で弓の名手）もこれに踰ゆる無きなり。それただ兵術を手に得、

勇功を身にあらわす。まさに年十三、はじめて播州にいたり、新当流有馬喜兵衛という者とすすんで雌雄を決し、たちまち勝利を得。十六歳の春但馬の国にいたる。大力量の兵術人、秋山と名づくる者あり。また勝負を決して反掌の間（手をひるがえすと見るまに）その人を打ち殺し、芳名街に満つ。後、京師にいたる。扶桑第一の兵術吉岡という者あり。雌雄を決せんと請う。彼の家嗣清十郎、洛外蓮台野（遠矢場のあった原野。前出）に於いて竜虎の威を争い、勝負を決するといえども、木刃の一撃に触れて吉岡たおれ、眼前に臥して息絶ゆ。あらかじめ一撃の諾あるに依って、命根を輔弼す（止めを刺さなかった）。彼の門生等、板上に助け乗せ去る。薬治・温治してようやく復す。ついに兵術を棄てて薙髪しおわんぬ。しかる後に、吉岡伝七郎また洛外に出て雌雄を決す。伝七、五尺余の木刃を袖にし来たる。武蔵その機に臨んで彼の木刃をうばい、これを撃つ。地に伏し、たちどころに死す。吉岡が門生、冤をふくみ、ひそかに語って曰く、

「兵術好きを以って敵対すべきところにあらず。はかりごとを帷幄にめぐらさん」

と。而して吉岡又七郎、事を兵術に寄せて、洛外下り松（サガリマツと訓むのが正しい。洛外、愛宕郡修学院村一条寺の別名で、いま京都市左京区に入る）の辺に会し、彼の門生数百人、兵杖・弓矢を以って忽ちこれを害せんと欲す。武蔵、平日、機を知るの才あり。非義の働きを察して、ひそかに吾が門生に謂って言う。

「なんじ等は傍人なり。すみやかに退け。たとい怨敵群をなし隊をなすとも、吾れに於いてこれを視ること浮雲のごとし。何ぞこれを恐れん」

衆敵を散じ、走狗の猛獣を追うに似たることあり。威をふるって皈る。洛陽の人これを感嘆す。勇勢・知謀、一人を以って万人に敵する者、実に兵家の妙法なり。これより先、吉岡代々公方の師範たり。扶桑第一兵法術者の号あり。霊陽院義昭公（足利義昭）のときに当って、新免無二を召して、吉岡と兵術の勝負（山田次朗吉氏は新免無二斎は三木別所氏の臣で、三木落城後浪人して諸国武者修行し、京都で吉岡憲法と試合して勝ったと書かれたが、将軍義昭の死は天正元年で三木落城が天正八年だから、誤説たること明白）を決せしめ、限るに三度を以てす。吉岡一度利を双、新免両度勝ちを決す。ここに於いて新免無二をして、日下無双兵術者の号を賜う。ゆえに武蔵洛陽にいたり、吉岡と数度勝負を決す。ついに吉岡兵法の家泯絶す。ここに兵術の達人あり。巌流と名づく（佐々木小次郎。巌流。俗書には岸柳。越前中条流宗家富田勢源の家人というのが通説だが、確証がない。前に書いた鐘捲自斎の門人というのが正しければ、まず四十歳前後と見ても妥当する。後年、細川三斎忠興に仕えた。船島で宮本玄信に殺されたのは慶長十七年四月十三日で、彼が勢源の家人というのがもし正しければ、殺された時少なくとも七十歳近くの老武者でなけれ

巌流島の血闘（葛飾北斎画『和漢の誉』）

佐々木巖柳

ばならない。『二天記』および『肥後異人伝』にこの時巌流十八歳とあるのは、でたらめ以外の何物でもない）。彼と雌雄を求む。巌流がいわく。

「真剣を以って雌雄を決せん」

と請う。武蔵こたえて曰く。

「なんじ白刃をふるうてその妙を尽せ。吾れは木戟をさげて、この秘をあらわさん」

と堅く漆約を結ぶ。長門と豊前と、際海中に嶋あり、船嶋という。両雄同時相会す。巌流は三尺余の白刃を手にし来たり、命をかえりみずして術を尽す。武蔵は木刃の一撃を以ってこれを殺す。電光なお遅し。ゆえに俗、船嶋をあらためて巌流嶋という。およそ十三より壮年まで、兵術の勝負六十余場、一として勝たざるなし。且つ、定まって言う。

「敵の眉、八字の間を打たずしては勝を取らず」

と。つねにその約に違わず、古より兵術の雌雄を決する人、その算数幾千万を知らず。然りといえども夷洛（京と地方と両地）に於いて、英雄豪傑の前に向かって人を打ち殺す。今古その名を知らず。武蔵一人に属するのみ。兵術の威名四夷にあまねく、その誉れ絶えず。古老の口に銘ずるところ、人をして肝誠せしむ。奇なる哉、妙なる哉。力量・雄玄、他に異る。武蔵常にいう。

「兵術手熟。心に得、一毫の私なければ、すなわち恐らくは戦場に於いて大軍を領し、また国を治むること豈に難からん」

と。豊臣の嬖臣石田治部少輔謀叛のとき、あるいは摂州大坂秀頼公兵乱のとき、武蔵の勇功・佳名、たとい海の口・渓の舌ありとも、寧ぞ説き尽さん。簡略してこれを記るさず。しかのみならず礼・楽・射・御・書・数・文に通ぜざる無し。いわんや、小芸（趣味とした茶・造園・絵画・彫刻）の功業、ほとんど為す無くして為らざるもの無き歟。けだし大丈夫の一体なり。肥の後州に於いて卒する時、みずから「天仰　実相円満之兵法逝去不絶」の字を書し、言を以って遺像となす。ゆえに孝子碑を立て、以って不朽に伝う。後人をして見せしむ。嗚呼、偉いなる哉。

宮本伊織　立石

右の石碑は、今に豊前城下にあるという。中村守和（後出）いわく。巌流、宮本武蔵と仕相のこと、昔日老翁の物語を聞いたところによると、すでにその期日に及んで、貴賤見物のため舟嶋に渡海する者がおびただしかった。巌流も船場にいって乗船したが、彼は渡守にむかって、きいた。

「今日は渡海する者が大変多いな。何かあるのか」

すると渡守は答えて、

「あんた知んなさらんのか。今日は巌流とやらいう兵法づかいが、宮本武蔵と舟嶋で試合するちゅうこんでなあ。それで見物衆が朝早くから詰めかけるんじゃ」

という。巌流が曰く、

「私がその巌流だよ」

渡守おどろき、声を小さくして云った。

「へえ、あんたが巌流はんでっか。そんならこの船、よそへ着けた方がええ。早く他国へ行きなさい。あんさん、なんぼ強いお方じゃとて、宮本の仲間が非常に多いということじゃから、命がいくつあっても足りはせんですわい」

巌流いわく、

「なるほど、いう通りかも知れないなあ。しかし私も死ぬ覚悟だ。約束した以上、いまさら約束を逃げるわけにいかぬ。私は船嶋で死ぬかも知れんが、死んだら私の魂を祭って、供養の水でもそそいでくれ」

と、懐中から鼻紙袋をとり出して、渡守に与えた。渡守は涙を流してその豪勇を感じた。すでにして船島につく。巌流は舟から飛び下り、武蔵を待った。武蔵もまたここに来て、ついに刺撃におよんだ。巌流は刀を励し、電光のごとく稲妻のごとく術をふるったが、不幸にして命を舟島におとしたという。

佐々木巌流（『貞房画錦絵』）

愚いう（著者いわく）。中村守和は十郎右衛門と号して、侍従松平忠栄（藤井松平という。信州上田、五万八千石の松平忠周のこと。初名忠易、忠徳、後に忠栄。与十郎、阿波守、伊賀守。宝永二年侍従に任じらる。さらに一万石加増され、同十三年死、六十八歳）につかえていた。刀術および柔術の達人である。或る人の説に、武蔵が巌流と仕相を約束して舟嶋におもむくとき、武蔵は棹の折れを船人にもらいうけて、脇指をぬいて握りの部分を細くけずり、船から上がってこれで勝負をした。巌流は、物干ざおと名付けた三尺余の太刀で勝負をしたという。今日船嶋に巌流の墓がある（旧時の墓石は所在不明）。また武蔵と吉岡の仕合で、武蔵は柿手拭で鉢巻をし、吉岡は白手拭で鉢巻をしていたが、吉岡の太刀が武蔵のひたいに当たり、武蔵の太刀も吉岡のひたいにあたった。吉岡は白手拭だから血が早く見え、武蔵は柿手拭だから、しばらくしてから血が出たという。また一説がある。このとき吉岡は、まだ前髪立ちで二十歳になっていなかった。武蔵より先に、弟子を一人つれて、仕合場に来、大きな木刀を杖について武蔵を待っていた。ところへ武蔵が竹輿に乗って来て、少し手前のところで下り、袋に入れて来た二刀を出して袋でぬぐい、左右の手にたずさえて前へ出た。吉岡は大木刀で武蔵を打ち、武蔵はこれを受け止めたが、鉢巻が切られて落ちた。武蔵は身を沈めて払い、吉岡のはいていた皮袴を切った。鉢巻を切り、皮袴を切る、どちらも優劣のない達人であると、見物の耳目をおどろかしたとのことである。また或る説には、武蔵はふつうは二刀を使うのだけれど、仕合の時は、いつも一刀を用い二刀を用いず、吉岡と仕合のときも一刀であったという。想うに、嘘か本当か、よくわからない。語り伝えはまちがいが多いというが、ともかく今は、聞いたままを書きつけておく。

或る人いう。宮本武蔵が播州にあったとき、夢想権之助（補記参照）という兵法遣いがたずねて来て、仕相をのぞんだ。宮本は、ちょうど楊弓細工をしていた。権之助は〝兵法天下一夢想権之助〟と、せなかに書きつけた羽織を着、大木刀をたずさえていた。武蔵は楊弓の折れをもって立ち合って、権之助を働かせなかったとのことである。

【補】夢想権之助

夢想権之助勝吉。本姓は平野、通称は権兵衛。木曾義仲の臣木曾冠者大夫房覚明の後裔。神道流を桜井大隅守直勝に学んだ。宮本武蔵玄信に敗れて発奮、筑前の宝満山に登って神託を得て、四尺二寸一分・径八分の杖の用法を発明した。筑前の黒田家に仕え、同藩に伝統した。伝承は飯篠長威斎家直―松本備前守政信―松本右馬允幹康―小神野播磨守定勝―上倉上総介吉次―桜井大隅守吉勝―夢想権之助―小首孫左衛門吉重―松崎金右衛門重勝、となる。

夢想権之助と宮本武蔵との試合は、『二天記』には江戸での話となっているけれども、この書は後世の編書で、でたらめが相当あり、必ずしも信用できない。武蔵玄信の死後二十六年目の寛文六年に出版された『海上物語』には、場所は明石となっている（以下要約）。

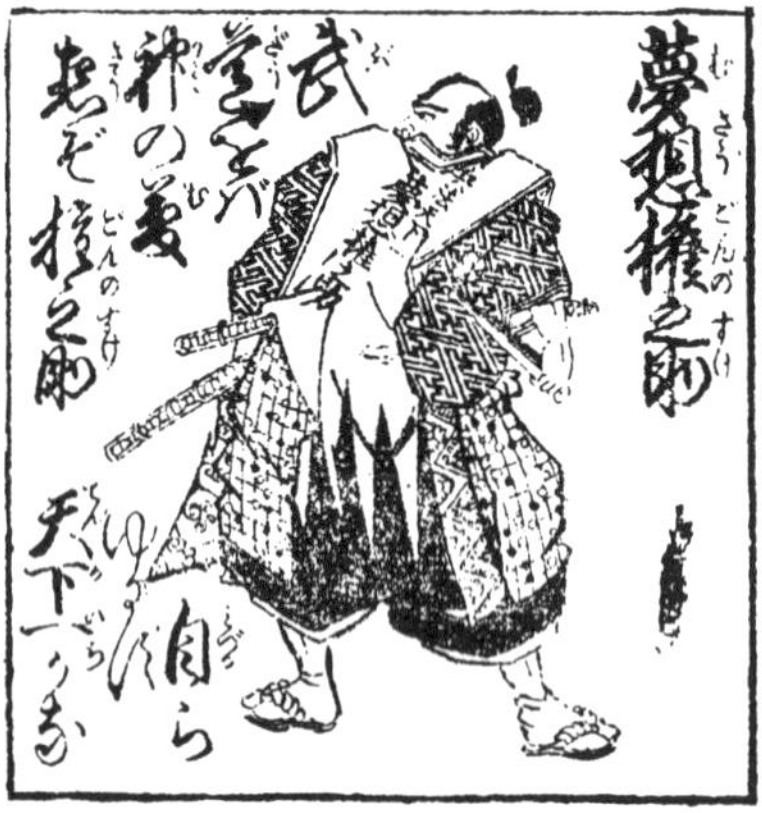

夢想権之助（『武稽百人一首』）

宮本武蔵が明石に住んでいるころ。夏のある日。太刀をたばさんだ六尺ゆたかの大男が、弟子を八人もつれてやってきた。八人ながら、いずれおとらぬ屈強の若者ばかりだった。

「身共は無双権之助と申す者でござる。武蔵どのの武名を聞きおよんで、参上いたした。お取りつぎ下さい」

と申し入れた。

彼の形装はひどく変っていた。炎暑のさなかだというのに、大きな朱の丸の紋をつけた羽二重のひとえ羽織をきていて、肩さきから金色の大文字で〝兵法天下一日本開山無双権之助〟と書きつけてある。何とも仰々しいいでたちだから、これは多少慢心の気味があったのだろう。

取次ぎの者は何となく威圧(いあつ)されて、あわてて奥へ馳けこんだ。

「先生。来ました、来ました」

「何が来たのだ」

「武者修行らしゅうございます」

かくかくと告げると、武蔵はそのとき慰みに楊弓（二尺八寸ほどの遊戯用の弓で、坐して射る。距離は七間半が定法）をけずっていたが、少しもさわがず、

「これへ入らせられいと申せ」

と命じた。

権之助は例の仰々しい羽織をひけらかしながら、八人の門弟をずらりと連れて入ってくる。武蔵は平気で楊弓に磨きをかけながら、

「おう。権之助どのとはお手前か。うけたまわり及びながら御意を得るは初めて」

と、あいさつする。

「御同様でござる。拙者このたび九州筋へ志しましたが、これにお住みの由を知りおたずね申した。御親父無二斎どのの太刀筋は見申したが、またお手前になって使い直して、あたらしい工夫をなされたとのおもむき、さっそくながら、ちと様子をお見せ願いたい」

と権之助は、いよいよ試合を申し入れてきた。武蔵はあまり気乗りのしない表情で、

「父無二斎の太刀を御覧ぜられた上は、拙者の刀法、あまり変りばえもござらぬ」

と辞退するが、権之助は、

「ぜひとも一太刀」

といって、引かない。

そこで武蔵はやむをえず、

「さようか。そのように仰せならば、いかにも立ち合い申そう。だいたい拙者の兵法は、打ち太刀の工夫というよりも、むしろ、打ちこまれるのを受けとめる工夫でござる。さらばお手前、打ち太刀をして御覧(ごろう)じろ」

といって、庭へ下りる。

権之助は錦地の袋から、四尺あまりの木刀をとり出した。木刀とはいいながら、柄頭(つか)から尖端までずっと筋金が入れてあるから、これでたたかれると生命にかかわるだろう。

武蔵のえものは、いま造っている楊弓の割り残しの木片いっぽん。

「いざ。参られよ」

「おう」

権之助は、えたりとばかり打ってかかった。武蔵は木片で、ちょいちょいとあしらって、なかなか打ちこませない。

権之助、気をいらって、木刀を返しざまに横に払ったやつが、武蔵の袖の下、ぴらぴらしていた羽織の襟末(えりずえ)にチョイと

さわったから、

「そーれ、当たり申したぞ」

と大声でどなったが、武蔵はせせら笑って、

「何の。さような当たりが何の役に立ち申そう。当たるというのは、さようの手ぬるいものではない」

「何だと」

「さらば拙者のほうから、当ててごらんに入れようか」

こういうと武蔵は、きゅうに打ち太刀にかわって積極的にかかってきた。

「おう、これは」

権之助はみるみる打ちこまれ、今はただ防禦のみに気をとられて手も足も出ない。そのうち追いつめられて、じりじりと引きさがるのを、武蔵のもっていた木片がハッシと権之助の眉間へ当たった。

「うーむ」

と一声。権之助はその場にたおれた。見るまに面色が変じ、ひたいが腫れ上がった。

【補】宮本武蔵玄信伝のアウトライン

宮本武蔵玄信の若い時代の流名を円明流といい、晩年の流名を二天一流という。宮本武蔵の伝記に関しては、いまだ決定的な結論は出し得ない。原拠になる資料は必ずしも少なくないけれど、その大部分は作為された変造資料であり、後人の我田引水的な臆測が多すぎて、まるっきり収拾のつかないありさまであるから、そのことは後まわしにして、まず彼自身の筆によって語られた事実だけを、摘記しておこう。

『五輪書』地の巻の、序によって知られる彼の経歴は、ごく稀少である。

執筆年月から逆算して、天正十二年に播州で生まれたこと。十三歳で新当流の有馬喜兵衛に勝ち、十六歳で但馬の秋山某を討ち、二十一歳で京にのぼって数度の他流試合に勝を制した。（吉岡一門の名を出していない）。二十八、九歳までのあいだに六十六度の試合、いちども負けなかった（巌流島の決闘に触れていない）。三十歳を越してからは、剣法の理論に打ちこんで他流試合をやめたが、五十歳ごろ、自然と剣の奥義に目をひらき、以後、諸芸・諸能は剣理（けんり）によって自得した。その兵法を二天一流と称し（円明流の流名を出していない）、寛永二十年十月上旬、肥後岩戸山において『五輪書』の執筆をはじめる。時に六十歳。――以上が要約である。

宮本武蔵玄信は、三十代の中ごろから四十代ごろまでかけて、明石藩小笠原家の客臣として、明石に住んでいた。もとの人丸社を現地に移し、その跡に明石城が新築されたのはその時で、現在の明石市街の町割りを創始したのは、実に彼、宮本武蔵であった――この事実は明石藩で出版した『金波斜陽』にも銘記されている。

そのころの彼の武術を、円明流という。後に、肥前平戸藩主松浦静山が、その著作した『常静子剣談』のなかで、円明の語は仏典からの引用であるといっているけれども、それは無用の詮索であろう。なるほど円明の語は『成唯論（じょうゆいろん）』から出

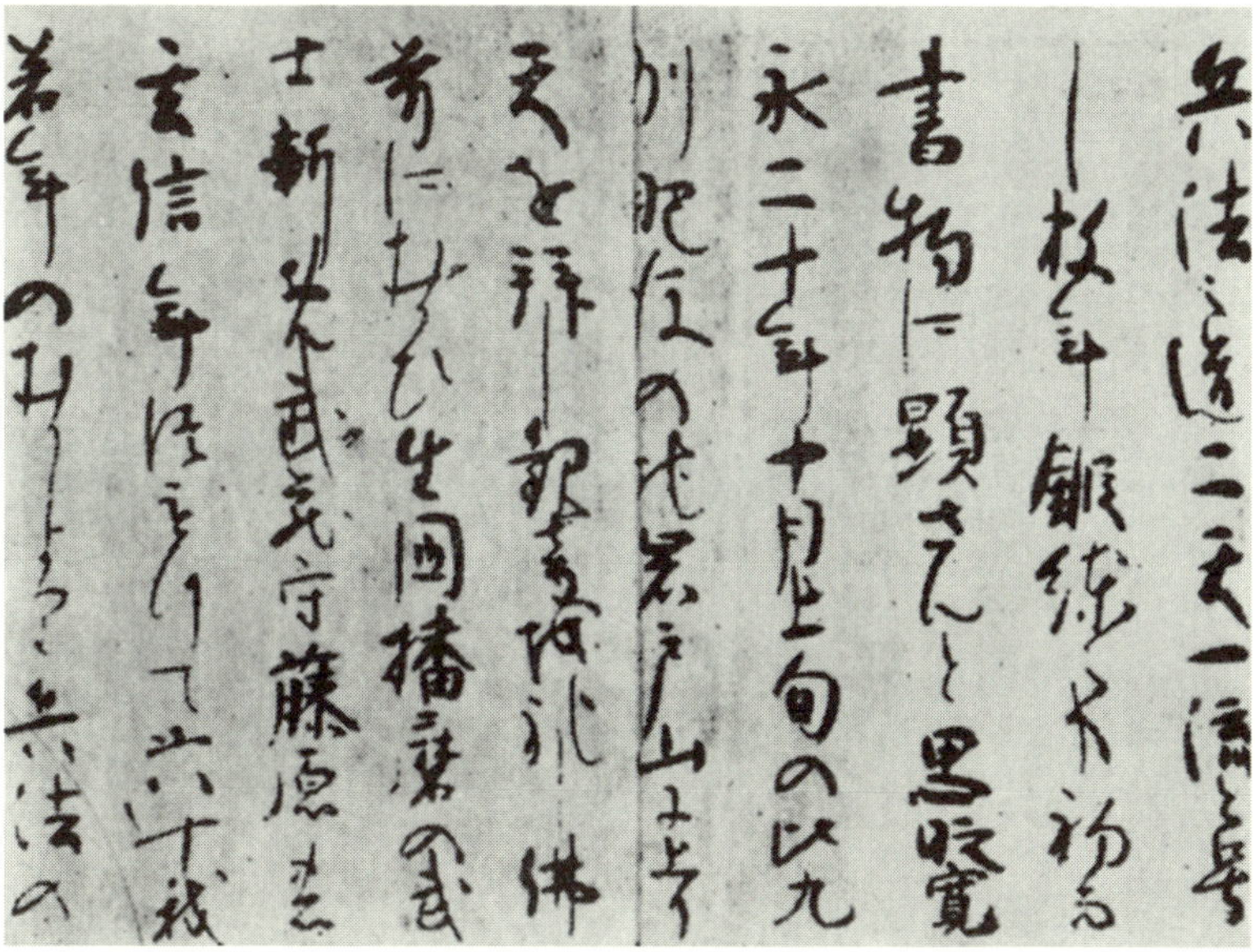
兵法之道二天一流と号し
数年鍛錬之事初而
書物に顕さんと思時寛
永二十年十月上旬の比九
州肥後の地岩戸山に上り
天を拝し観音を礼し仏
前にむかひ生国播磨の武
士新免武蔵守藤原
玄信年つもりて六十
若年の昔より兵法の

『五輪書』(宮本武蔵玄信筆)

ているとは云え、武蔵は仏教理念によって流名にしたわけではなかった。謡曲の『源氏供養』その他、琴曲の詞章などにも「四智円明の明石の海」という耳馴れた成句があるところから、地名としての明石を表現したまでのことで、要するに、明石で編み出した武術の流儀、というほどの意味による命名であった。

武蔵は明石藩主小笠原家が寛永九年に、明石から豊前の小倉へ移封される少し以前ごろから、仕を辞して浪人生活にもどっていたらしく思われる。

大坂や、摂津の高槻で道場をひらいていたという期間が、明石を去って後につづき、さらに名古屋の柳生家に来てしばらく寄食したりしたが、やがて江戸へ下って貧楽の生活に沈湎する。

附記。宮本武蔵の尾州滞在期については、なお明瞭でない点がある。『昔咄』に、武蔵が柳生家に留泊中、柳生家門人長野五郎右衛門が、武蔵の『円明流兵法三十五カ条』の著作を、書損いと悪評した件を書いている。右の著作は寛永二十年に細川侯へ上呈したものであるから、九州下り後の著作であり、その後に九州より東へ上ったとは考えられない。

この間の江戸生活は、黒田家江戸詰めの名臣、小河久太夫(武蔵の門人。号、露心)が一切めんどうを見た。自分の若党、島角右衛門を武蔵の浪宅に貸しあたえただけでなく、しまいには自分も、結構な霞が関黒田家上屋敷内の御長屋を出て、武蔵と共同生活したと立花峯均の『兵法先師伝記』に書いてある。

　武蔵は江戸流泊中は、竹村武蔵という変名を用いていたようである。天正十年に生まれて宝永八年に百二十八歳で死んだ渡辺幸庵（もと久三郎といい、後、山城守・下総守と改名。徳川家の旗本で家康・秀忠二代につかえ、一万石まで上った）の思出咄のなかに、つぎのような一節がある。

「自分は柳生但馬守宗矩の弟子で、印可も受けているが、そのころ竹村武蔵という者があり、自己流の工夫を練磨して剣術の達人であった。竹村武蔵の剣術は柳生但馬守にくらべては、碁でいう井目ほども強かった」

「武蔵は、武芸はもちろん詩歌、茶の湯、碁、将棋、なんでも巧者であったが、一つ欠点がある。それは身体を洗うことが至って嫌いなことであった。だから一生沐浴せず、外出のときは裸足で出、よごれた足は拭くだけである。そんなわけで衣類がよごれるから、よごれの目立たぬようにビロードの両面仕立ての着物を着ていた。こういうきたない男だったから、身分のある武家は、きたながって余り彼とは交際しなかったものである」、云々。

　宮本武蔵の沐浴ぎらいは有名な話で、つねづね「手桶一つの湯にて身の垢は洗うべし。心の裏の垢をすすぐ暇なし」と云っていたと『丹治峯均筆記』にも出ているが、それにしてもビロードの両面仕立ての衣服とは、変った好みと言わねばなるまい。

　ある日、古い門人の石川主税清宣（もと姫路藩士で明石時代の武蔵に学んだ。その系統を武蔵流という。由比正雪がこの石川の門弟である）が、武蔵の浪宅を訪ねて来て、画工に武蔵の肖像をえがかせ、幕府の儒官だった林羅山に請うて賛をつくってもらった。その文は羅山文集におさめられているが、武蔵の流名を二刀一流と書いている。思うに明石藩を辞した前後から、従前の円明流の別称として用いはじめたものだろう。

　宮本武蔵が小倉へ下ったのは寛永十一年であったと『二天記』にあるが、『異本洞房語園』に拠れば、寛永十四年の島原一揆のぼっぱつを聞いて、吉原遊廓から九州に向かったという。

　それによると――吉原の楼主、新町の野村玄意は、そのころ隠れのない柔術一流の名人だった市橋如見斎の門弟で、剣豪宮本武蔵とも懇意であったが、おなじ吉原江戸町二丁目の山田屋三之丞、および角町並木屋源右衛門の両名が、宮本武蔵の剣術の弟子であり、武蔵は廓内の河合権右衛門という楼のツボネ女郎だった雲井という源氏名の妓に馴染んでいて、そこから島原従軍のため出征したのであると、その事情を、かなり詳細に書いている。

　右に柔術名人の市橋如見斎というのは、美濃市橋村の郷士の出で、本名は軍兵衛、後に団野万右衛門定吉と改称した。幕屋与右衛門について新陰流（幕屋新陰流）剣術を学び、極意をうけた。元和七年、十七歳で京都因幡薬師堂に参籠して六十六手の柔術（ヤワラゲという）を工夫し、流名を柔気流、一に六字流という。俗には市橋流とも団野流ともいった。寛永元年九月、山城国鳥羽縄手で大鳥組のギャング退治をして後水尾帝に参内を仰せ付けられ、天下無双の号をたまわった。それ以後、一時紀州に住し、さらに福井藩松平忠昌に召し抱えられて柔術師範となる。慶安四年五月二十八日死去、四十九歳。子孫代々福井藩師範として幕末に及んでいる。

そのころ吉原はまだ日本橋にあった元吉原の時分で、遊女の階級は太夫、格子、ツボネ、端の四段階に分かれ、上級女郎の太夫と格子は揚屋へ出かけていって客に会うが、下級女郎のツボネと端は、揚屋入りを禁じられ、自店に張見世をして直接に客を引いた。女郎と一口に云っても、ピンとキリでは鯛と鰯ほども違う。武蔵は浪人者のかなしさで、鰯より少々ましな鯵ほどのツボネ女郎を買っていたのである。

彼は醜怪異相で眼がするどく、こどものころに胎毒が内攻したため前額から頭頂へかけて表面がでこぼこで月代が剃れず、常住に惣髪にゆっていた上に、例の物臭で風呂に入らないから、いやな体臭をもっていた。だから女にもてる筈はないのだが、雲井という源氏名の安女郎は案外に実意者だったらしい。女郎屋から出征する武蔵のために、黒繻子の陣羽織の裏に自分の紅鹿子の小袖を縫い付け、竹ベラを二本うちがえしにした指物に、ちりめんの袋を縫って、はめてくれたりした。

かどでを花々しく祝ってくれたのは、武蔵の門弟だった山田屋三之丞と並木屋源左衛門、それに市橋如見斎の弟子の新町の野村玄意の三人である。

太夫や格子の上等遊女たちも、武蔵の名を聞きちがえて、

「武蔵坊とやら弁慶さんとやらいうお人がいくさに出陣するそうでありんす。見に行きんしょう」

と云い連れて、中の町は押すな押すなのごった返し。

宮本武蔵は照れもせず、あいさつを返し返し、大門の外に用意させておいた迎えの馬にまたがり、手を高く振り上げたかと思うと、馬首をひるがえして一散に大門通りを馳り出して行った。

このとき武蔵、五十四歳。関ガ原合戦に十七歳で初陣して以来、大坂冬夏の陣での陣場稼ぎなどは若年中のことだから、何といっても出世望みの野心があってのことに違いあるまいが、島原陣への出征は、思うに死前の花とでもいった心境でなかっただろうか。

宮本武蔵は島原陣では、旧恩によって小倉藩小笠原侯の帷幕に参じ、直接戦場には出なかった。養子の宮本伊織は、すでに明石時代から君寵を得て執政の地位にあり、小倉移封後は、侍大将という輝かしい地位を得ていたのである。

寛永十七年、熊本藩主細川忠利に招かれ、武蔵は小倉を去って熊本に移った。翌十八年に細川侯へ上呈した『円明流兵法三十五カ条』には、文中に二刀の一流と書いているけれども、まだ流義の公称は円明流といっていたのであろう。しかしこの地へ来てから、始めて泰勝寺の春山和尚に親炙し、春山から二天道楽という法号を、つけてもらった。それ以後、

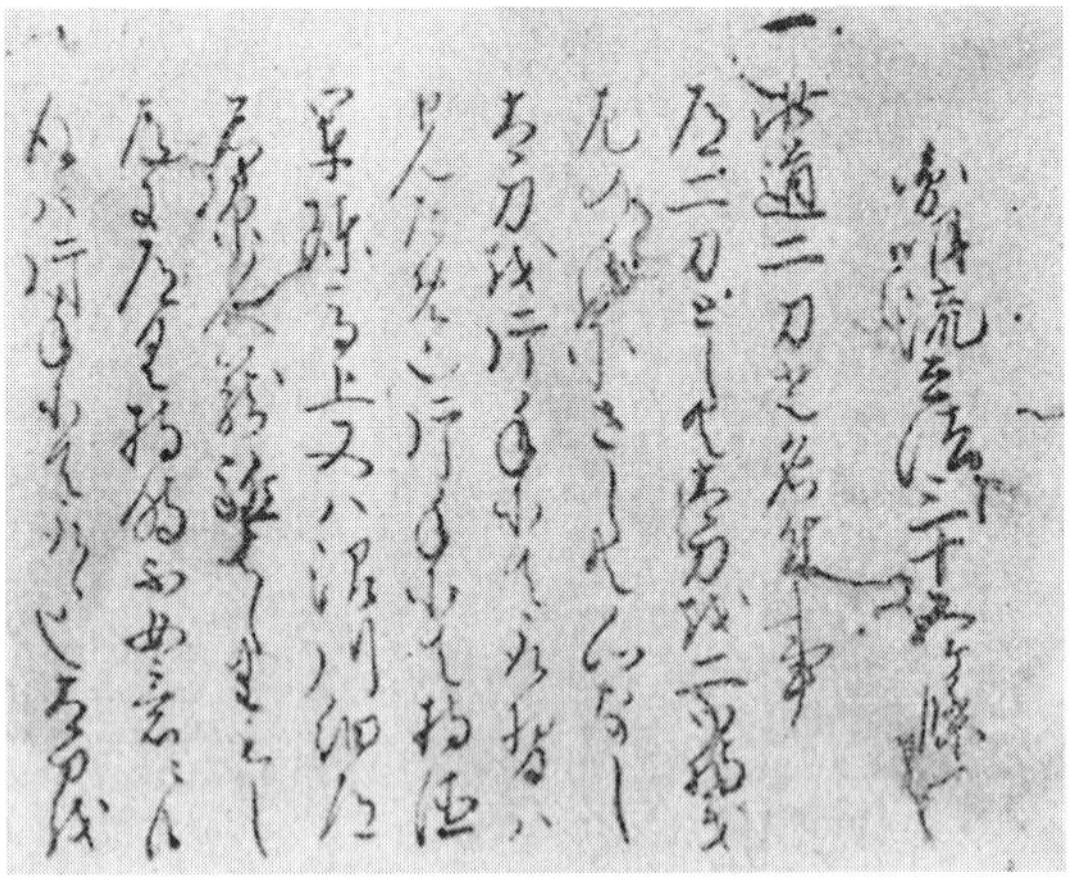

『円明流兵法三十五カ条』（写本）

従来の円明流（又は二刀一流）の称を、二天一流といい替えたのである。

寛永二十年『五輪書』に着稿。正保二年五月十九日、六十二歳で死去し、弓削村（今、熊本市竜田町弓削）に葬る。世人、武蔵塚という。『関八州名墓誌』には、宮本武蔵は正徳二年七月二十四日に死去し、行徳（千葉県東葛飾郡南行徳町）の徳願寺に葬るとしているが、それでは武蔵は百二十四、五歳になっていよう。千葉県東葛飾郡南行徳町の、徳願寺の武蔵墓と称されているのは、単誉（せんよ）直心和尚の建てた地蔵で、武蔵供養の意すら彫銘されていない。『名人忌辰録』にも、これを武蔵の墓としているのは杜撰（ずさん）と云わざるを得ない。近所の船橋市藤原（旧、妙典町）に宮本武蔵居住跡と伝える祠堂があり、このへんに住んだかも知れないにしても、墓まであるとは頼朝八歳のシャレコウベの類といってよろしい。

肥後における〝二天一流〟の正式相伝者は、肥後藩の寺尾孫之丞（二百石）・同弟求馬助（五百石）・古橋惣左衛門（二百石）の三人だけであった。古橋相伝の『五輪書』の末書に、「若き時分は短気にて、一円弟子を取立てめされ候事まかりならず候が」、老後におよんで剣法が成熟したから、はじめて正式の門弟を取立てた云々とあり、晩年の宮本武蔵は、青年客気時代の自分の剣理や行状に、何程かの嫌悪を感じていたらしく、従来の円明流に関してはオクビにさえ出さぬようにしている。

右の内、古橋惣左衛門だけには、剣術以外に二天一流の柔術（ヤワラゲという）をも相伝し、さらに武蔵の絶筆とおもわれる『十知（じっち）の伝』を与えている。

その伝は武蔵から読後火中せよと命じられながら、廃毀できずに秘蔵して人に見せず、晩年、門人の松井市正宗卿に伝えた（『昔咄』）。松井はそれによって十智流の流名を創始した。松井は一に市之丞慈雲という。尾州藩主徳川義直の小姓から成り上がって貞享六年に致仕（ちし）した時は三千石もらっていた。貫流槍術・神道流剣術・竹林派弓術・孔明流軍学にも達していたが、晩年、江戸牛込の行願寺の住職になって死去した。

宮本武蔵玄信の死後は、前記相伝者のうち、寺尾求馬助信行が師系を継いだ。信行は俗称藤兵衛、元禄元年六十八歳で死去。求馬助の四男弁助が、先師玄信の遺跡を襲って新免弁助信盛と改称し、宗家二代目になる。元禄十四年、四十五歳で死去した後は、弁助の兄、寺尾藤次玄高（求馬助の三男）が教授した。玄高は享保十六年、八十二歳で死去した。以上の伝統を俗に〝寺尾派二天一流〟という。

弁助の門に出た村上平内正雄が、寺尾派に対して別に〝村上派二天一流〟を称した。この村上平内は〝二階堂平法〟（源頼朝が幕府を鎌倉にひらいた節、政所の執事二階堂山城守行政という者があり、その二子、兄行光は父の職をつぎ、弟行村は評定衆をつとめて出羽守に任じられた。出羽守の子行義、孫義賢と継続して念阿弥慈恩に学び、開創したのが二階堂平法である）の、松山主水大吉（西美濃十八将の一、松山刑部の族で、竹中半兵衛重治の従弟松山主水の、その孫である。補記参照）の最高門弟だった村上吉之丞正之（同藩士、百五十石）の長男で、初名は正武、直之丞、のち正雄。知行は二百石であったが、手荒な所業があったので、元禄八年に召し上げられた。元文四年十一月晦日死す。

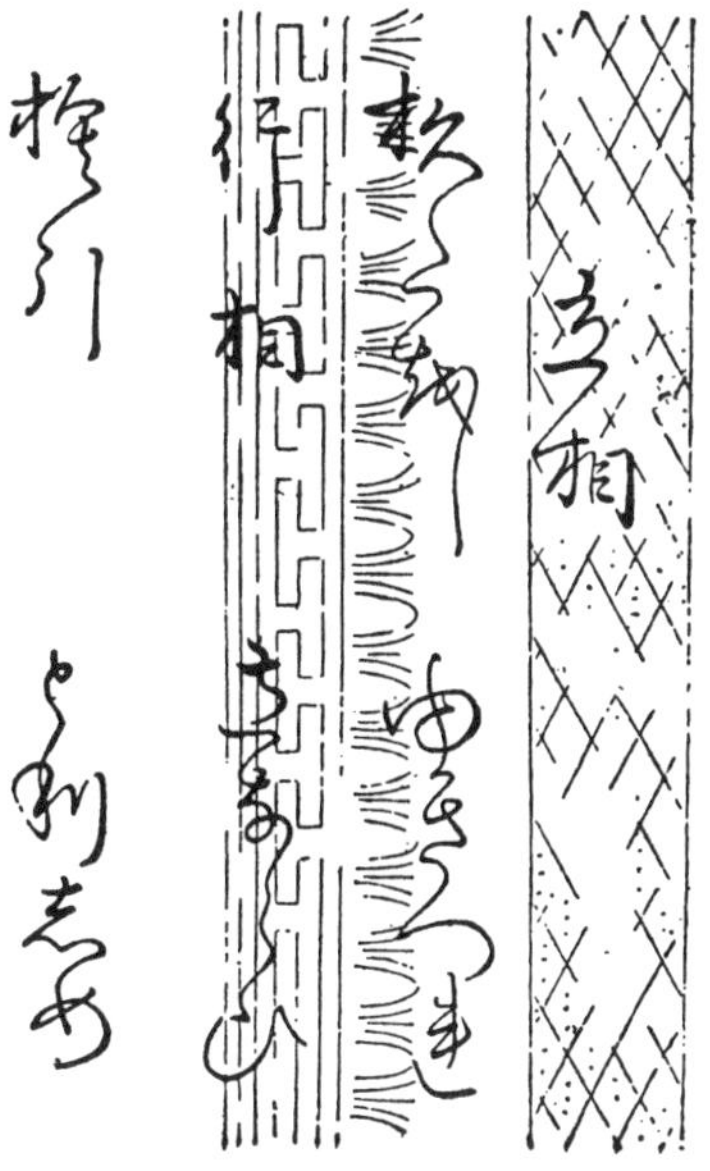
宮本武蔵筆の柔術目録（断簡）

宮本武蔵が熊本城下へ初めて来たとき、右の村上吉之丞（平内の父）が試合をいどみ、武蔵が恐れて逃げ出したという話がある。『積翠雑話』によって要約すれば、こうである。

宮本武蔵が細川家へ奉公をのぞんで、熊本へやって来た。城下にちかい住吉明神は、古木うっそうとして風景もよいから、夏になると城下の諸士が三々五々、納涼にやってくる。宮本武蔵も毎夜そこへやって来て、さかんに自己宣伝めいたことをする。

彼は身のたけ六尺有余。衣裳・刀・脇差までが甚だしく異様で人目立つ上に、あたまは大がっそうといって、今の芝居でする石川五右衛門ほどではないにしても、大型立髪（たてがみ）の総髪だった。まなじりが裂けていて、世にいう天狗山伏といった有様である。

そういった異様な男が、社前にあるまわり二間ばかりの池の上を、身軽にからだをひねって、ひょい、ひょいと、あちらへ飛び越し、こちらへ飛び越して見せる。

生衣（すずし）のひとえ羽織、その当時はひどく裾の長い羽織の流行した時代だから、たけはキビスにとどくほどもある。その長い裾が、池の上を飛び越すたびにパーッと広がるが、何とも勇壮でもあり、また異妖（いよう）でもあったから、

「あの天狗浪人は大した剣術使いらしいなあ」

という評判が立ち、それをきいた城主の細川忠利が、

「皆がそれほど言うなら、召し招えようじゃないか。さしあたり客分として二十人扶持の合力金（ごうりき）を出そう」

と、仰せある。

ところが、それを知った村上吉之丞がおさまらない。

「当藩には拙者という者がいる。よろしい。それじゃ拙者の道場へ呼んで、腕前をためしてやろう」

と、使者をたててその旨を武蔵に通達する。

宮本武蔵は外見とちがって内心はひどく柔和な男で、試合を避けようと、酢のコンニャクのと云い抜けして、応じない。何度使者をやってもそんな調子だから、村上吉之丞も業（ごう）を煮やして、

「しかたがない。拙者のほうから押しかけて行って、試合をする」

と云い出した。

と知って宮本武蔵、こいつはかなわぬと夜抜けして、熊本を立ち去ってしまった。

以上。この話は『撃剣叢談』にも出ているが、どうやら、どこかまちがいが有りそうだ。

宮本武蔵玄信ならば、寛永十七年に正式に細川家の客分になっている。村上にいどまれて武蔵が逃げたというのは、松山主水大吉の暗殺された寛永十二年十月以降のことでなければならないから、こんな不細工な事件のあったわずか四、五年後に、礼を厚くして武蔵玄信を細川家が招聘（しょうへい）するのもおかしいし、第一それでは武蔵自身が照れくさくてやりきれないはずである。この話は全くのフィクションか、それとも別人の宮本武蔵の醜聞（スキャンダル）であったかも知れない、と私は思う。

【補】宮本武蔵玄信の養子

一、宮本造酒之助貞為

『丹治峯均筆記』によれば、造酒之助は、摂州西の宮の街道で馬の口取りをしていた貧農のせがれだが、武蔵がしこんで養子にし、姫路藩主本多侯の小姓に上げた。故あって浪人し、江戸に出ていたが、本多侯の訃をきいて姫路へもどる途中、大坂に寓居していた武蔵玄信をたずねた。武蔵はそのとき、造酒之助が旧主に殉死するために姫路へゆくのだろうと見ぬいた、という。殉死は事実だけれど、身の上話は小説的な歪曲にすぎない。

『新免家系図』によると、関ガ原役後、筑前へ西奔して黒田家に頼った新免伊賀守宗貫の孫に、三喜之助貞為とあって、その付文に、こうある。

三喜之助は当世の美少年である。宮本武蔵政名の外孫であるから（というのは、同系図では、武蔵の母が新免宗貫の父の宗貞の娘となっている）、二刀の剣術をよくした。それで、

姫路城主本多美濃守の嫡、中務大輔忠刻に小姓としてつかえて小姓頭になり、七百石もらった。寛永三年五月七日に主君の忠刻が死去したので、三喜之助は即日殉死した。二十三歳。辞世は、

竜田山、みねの嵐にさそわれて、谷の紅葉も今や散りける

三喜之助の家来の宮田覚兵衛が介錯して、その場でこれも殉死した。その辞世の歌は、

死にともな、あら死にともな死にともな、思えば深き君のおなさけ

墓は播州書写山、忠刻の霊屋中にある、云々。

ところが書写山の彼の墓銘を見ると、伊勢生まれとなっている。墓銘を信ずるとすれば、新免の家系の者が伊勢の出生とは、当時の事情からは考えにくいことである。

『積翠雑話』巻三には、宮本造酒之助は、備後福山城主水野勝成（水野十郎左衛門の祖父である）の武者奉行、中川志摩之助の孫とある。志摩之助に二男あり、兄の刑部は大坂陣で薄田隼人を討ちとった。弟の主馬（後に父の名を継いで志摩之助という）の子が造酒之助で、宮本武蔵の養子になり、姫路藩本多家につかえて殉死。いっしょに殉死した若党の宮田覚兵衛は、以前、人を斬って造酒之助の家へ馳けこみ、助けてもらった義理があった、云々とある。水野勝成は備後福山へ移封されるまでは伊勢を領知していたのだから、造酒之助の伊勢生まれは理の当然というべきだろう。

なお、覚兵衛の奇抜な辞世は、辞句に少異があるが忠刻の父の本多平八郎忠勝の辞世として名高いが（『近古史談』）、根岸肥前の『耳袋』には、徳川家康の旗本で本多忠勝に付けられた梶金平の辞世としているから、ネタはそれらにあり、どうやら『新免家系図』の三喜之助の一条は、その系図にふさわしくない小説的記述と考え合わせて、後人の追加した文飾にちがいあるまい。

本多忠刻は、例の徳川千姫が、我から望んで嫁入った恋婿であった。俗説を信じたくないが、千姫の淫乱のため忠刻は日夜精励これ努め、おかげですっかり吸いとられて腎虚で死んだ、ということになっている。主人の腎虚の御相伴で腹を切るなんて、忠義勤めもなまやさしいものでなかったらしい。

二、宮本伊織貞次

造酒之助が二十三歳で死んだ同じ年の寛永三年に武蔵の二番養子の伊織貞次が、十五歳で始めて明石城主小笠原忠真の小姓に上がった。

伊織は武蔵玄信の実兄田原甚兵衛久光の次男で、播州米田（いま高砂市で、加古川市に接している）の出生であるが、『二天記』や『丹治峯均筆記』に、武蔵が武者修行の旅中で出羽国正法寺ケ原で奇童に会い、その童子が病死した父の死骸の始末にこまり両断して葬ろうとするのに同情して、引きとって養子にしたと書いている。完全に作りごとである。

父の久光は寛永十六年に死去した。島原の役の翌年、伊織が四千石の大身に出世した直後まで生きていたわけである。

宮本武蔵が遠い奥州地方まで武者修行した確証を、私は知らないが、口碑にはあった。『二天記』より幾らか早い年代の寛延三年に出版された『万世百物語』には、武蔵が北陸から奥州へ武者修行のとき、出羽の羽黒山で、少女をたすけて賊を谷間へ突きおとした、という話が出ている。

宮本伊織に、いくらか奇怪談のつきまとっていたことは、『播磨鑑』にもうかがわれる。子供のころ伊織には不思議なことがあった。十三歳のときであるが魚釣りに出て天狗につままれ、加古川へんまで連れてゆかれたが、白衣の怪人があらわれ、伊織の袖をとって米田村へ連れもどしてくれた、という。

『播磨鑑』の記事、なお続けていう。伊織は十六歳（十五歳が正しい）で明石城主小笠原右近（忠真のこと）の小姓に上がる。当時、宮本武蔵が客分で明石にいたから、伊織を見込んで養子にした。小笠原家が豊前小倉へ移封後、島原の功で三千石（四千石が正しい）に栄進し、老職に上げられた。

その後、伊織は自分の氏神であった泊大明神（加古川市加古川町木村字宮本鎮座）の拝殿・舞殿・舞台・門守などを新築奉献し、堂上家の歌仙三十六枚その他を宝物として寄進し、小倉から江戸へ出府する際には、かならず同社に参詣した。また泊の古宮を、米田村へ移築したのも伊織である。そのほか伊織の母の実家のあった加東郡垂井庄宮脇（いま小野市垂井町宮脇）の氏神（住吉神社）にも、伊織は帝の宸筆を一枚寄進している。又、弟の小原玄昌と二人で、三木（今、三木市）の本要寺に父母の墓碑を建てた（ここまで要約）。

右の記事、天狗咄は別にして、事歴はほぼ『宮本家正統記』・『宮本歴代年譜』等に合致する。伊織は慶長十七年出生、寛永三年明石藩出仕、寛永八年執政、同十五年島原従軍後、四千石。死んだのは延宝五年三月二十八日で、享年は六十七歳であった。

泊神社の三十六歌仙は承応二年（小倉建碑の前年）の寄進で、戦前まで同社に保存されていたが、戦後訪れた節には、破砕して一枚ものこっていないということであった（まだ残っているという話も聞いたが）。また同社の境内には、伊織の寄進した石灯籠一基と、伊織の母妙感寄進石灯籠一基が、今ものこっている。伊織のうまれた米田村の薬師堂には、これまた伊織の寄進した一尺三寸径の青銅の鰐口があり、正保三年の銘がある――養父玄信の死去した翌年に奉納されたわけである。

伊織の弟の小原玄昌は母の姓をついだ人で、医学を学んで典薬寮の法眼に出世した。その子孫は三木に移り、酒造家一文字屋となる。伊織ら四兄弟の連名で建立した両親の墓は、一文字屋の旦那寺、日蓮宗本要寺にあったが、今は箕谷墓地の入口に移してある。京都の深草山宝塔寺にも、伊織と同刻の墓がある。

宮本伊織は二十歳で小笠原家の執政になった。出世の早いのは小笠原侯の男色であったからだろう。

小倉藩の士風に関する見聞をあつめた『鵜の真似』に、寛永御前試合に出た宮本八五郎というのが宮本伊織である、と書いてある。しかし御前試合は仮作の咄で、八五郎なんていう銭形平次の子分みたいな剣士は、他に確証がない。いわんや伊織は武蔵の剣業を継いだプロ武芸者ではなかった。

　島原陣当時のこと、ある日、宮本伊織は小倉の城下で、ふと旅商人の歩足を見て不審をいだいた。その商人は伴れている小者に差し担いの金糸織の袋をかつがせ、

「ええ、万病円でござい」

と触れ声を立てながらゆっくり、ゆっくり歩いてゆく。伊織はそれを見ると、何と思ったか自分の若党をふり向いて、いった。

「あの薬売りのあとをつけろ。どこから来たかをしらべ、泊り宿がわかったら厳重にねじこんで、すぐに城下を出てゆくように申し付けろ」

「はい」

　若党は、すぐにつけて行って伊織の命令を実行し、その旨を復命した。

「あれは大坂者であるそうでございます。ただちに御城下から退散いたさせました」

「左様か」

　それっきりで何のことかわからずに年が過ぎ、やがて慶安四年に、例の由比正雪のクーデターが露顕した。伊織が先年、小倉城下で見とがめた薬売りこそ、ほかならぬ正雪の変装だった。もとより伊織は、由比と知って疑しんだのでない。薬売りの一歩ごとに歩足を計算するような歩きっぷりから、スパイと見抜いたのである。

　この話は『二天記別本』に拠る。作り咄らしいが、伊織がぼんくら人間でなかったことは判る。彼は職務上たびたび長崎の小笠原家蔵屋敷に出張している。だから町見と称する外来の測量術など、学ぶ機会があったのであろう。

三、竹村与右衛門

　竹村武蔵時代の宮本武蔵の養子になった竹村与右衛門の、実父は中村三郎右衛門といい、能の上手であると『渡辺幸庵対話』に出ている。字は頼角とも（『尾州円明流系図』）、玄刻ともある（『張藩武術師系録』）。二刀ばかりでなく、特に手裏剣がうまかった。川に桃の実を流して、一尺三寸の剣を打って命中するほどの腕前だった。これも『渡辺幸庵対話』の記事である。一尺三寸――手裏剣でこんな長大なのを投げる流儀はない。だから寸法の誤記と考えられなくもないが、むしろ特殊にこんな長いのを打ったと見るべきであろう。竹村流の手裏剣は、他流の針型・釘型でなく、柄の長い短刀の長さ八寸、先幅八分五厘、棟の厚み五分を常式としており、手裏剣としては特大の部類であった。

　竹村与右衛門は讃岐高松藩につかえ、延宝六年八月十日、七十六歳で死去した。逆算すれば慶長八年の出生で、養父の武蔵より十九歳若く、宮本伊織より九つ年長であった。一つ問題がある。尾州藩の円明流系譜は、竹村の師を宮本武蔵政名とし、その流系である円明新流でも同様であって、昭和区

新免政名碑（名古屋、新福寺）

松風園新福寺に寛政五年に建てた〝新免政名碑〟（碑文内容は玄信の事績を書いている）など、玄信・政名同一人説には有力な材料と云い得るものの、この問題だけは後にも書くように、決定を急がないで欲しいと私は思う。

『尾陽武芸師家旧話』（一名、武業雑話）に、竹村の逸話が出ている。

与右衛門は讃岐高松藩士であったが、あるとき尾州に用事があるといって出発した。宿場に泊らないで馬に乗って夜行していたが、興にのって、朗々と八島の謡をうたいながら、ぽくぽくやって来た松並木。

突然、木かげからとび出して来た一団の人たちがあった。野盗の群である。

「ここは地獄の一丁目だ。身ぐるみ脱いで行け」

ふところに相当の金をもっていると思ったらしい。抜身をつきつけながら、おきまり文句の脅迫である。与右衛門は馬上から、すばやく相手の人数を胸のうちで数えた。

「九人か……」

馬のあぶみに力を入れて一蹴りすれば、虎口を脱するのはたやすいことだが、それでは逃げることになる。追剝ぎを見すてて行くのも世人の難儀。決心は早い。

「身ぐるみ脱げというのだな。それなら脱がしてみるがよい」

「ごたくを並べずと馬から下りろ」

「左様か。馬から下りるのだな」

ひょいと腰をうかせて誘いの隙（すき）を見せると、たちまちサッと斬りこんで来た一人。

「おう」

与右衛門のからだは斜め左方へとび下りざま、宙で抜刀した刃が、そいつの肩口を、ざっくりと割っていた。

「や、手ごわいぞ」

残る八名。てんでに四方から斬りこむ。

乱刃の下をかいくぐり、かいくぐり、右に左に斬っておとした目ざましい動きを、空の月よりほかに見ていたものはない。即死者が六名。あとの三人は傷を負うて逃げて行った。

さて、後日談がある。

清洲の町に〝手んぽが煙草〟という名物煙草屋があった。手んぽとは手首の動かない不具のことである。その店の主人

には手首がなかった。客が、どうして手首をなくしたのかと尋ねると、亭主は照れくさそうに、

「いや、それは、自分の恥を申すことになりますが、懺悔のために話しましょう。じつは私、血気のあやまちで若いころ浮浪の仲間に入って、野盗稼ぎをしたことがありましてなあ」

と、月の松並木へ九人組で追剝ぎにゆき、さんざんやられた昔咄をし、

「いや、もう、いちどで懲りましたよ」

と、いった。

【補】宮本武蔵の色々な疑問

宮本武蔵玄信には、えたいの知れない同名異人や、まぎらわしい詐称者が、ひじょうに多い。実際にそのような者が存在したのか、あるいは某々の流の後継者が、伝書・伝系の作成に際して誤記・誤伝・錯誤を書き、または文飾・作為等を加えたために、そのような混乱・紛議のたねをのこすことになったのか、そのへんのところは今となっては全く筋道がわからず、それら一々の本体を解明することは、ほとんど不可能の状態である。寡聞の範囲で、それら類似人名を、まず書き並べてみる。

イ、宮本武蔵守吉元――青木鉄人金家自筆の『円明実手流嗣系幷家譜』。

ロ、宮本武蔵守正勝。吉元の孫――同右書。

ハ、宮本武蔵角平――慶長十二年伝書。『撃剣叢談』に見ゆ。

ニ、宮本武蔵守政名――慶長十五年伝書。

ホ、宮本武蔵義恒――『撃剣叢談』および立花峯均の『兵法先師伝記』に、この名の伝書ありという。

ヘ、宮本武蔵永禎――元和二年伝書。大田南畝の『一話一語』巻三十四に翻刻。

ト、宮本武蔵守義軽――慶長九年の『円明流伝書』。並びに広島藩伝の『多田円明流伝書』。

チ、宮本武蔵守義貞――鳥取藩伝の『武蔵円明流伝書』には前名、岡本小四郎政名とあり、出雲藩伝の『武蔵円明流伝書』には、前名、岡本小四郎改名、とある。

リ、宮本武蔵守義□（一字不明）――年代不明の『円明流兵法三十五カ条』の写本の署名。一字不明で義恒か義軽か義貞か判らないが、内容は玄信が細川侯に上呈した同名書の省略本である。『剣術叢書』に翻刻されている。

ヌ、宮本武蔵忠躬。甲州出身。宮本源内忠秀の子――『甲斐国志』。その事績は宮本武蔵玄信と全く同じ。

ル、宮本武蔵守家次――宮本流と称する青木城右衛門休心の系統の、文化十九年伝書。

ヲ、宮本武蔵範高――『本朝画纂』。

右の内、（イ）吉元、（ロ）正勝のことは、『円明実手流嗣系幷家譜』に、こうある。

円明流の祖は宮本武蔵守吉元で、字は熊五郎、中ごろ右馬

允。初め家信といったが、天正十六年八月、武蔵守吉元とあらため、慶長三年九月、入道して心蓮居士と号した。父は宮本大蔵大輔家元といって河内国宮本の神職であり、吉元は河内国錦郡の生まれ。死去したのは慶長五年二月十八日、七十四歳。

その子が宮本無二之助一真で、字は虎千代、流名を実手当理流と称した。元和八年十二月二十日、播州揖東郡栗原にて五十三歳で死去した。一真の子、宮本武蔵守正勝、在名によって栗原氏ともいい、同郡鶴瀬庄に出生し、延宝三年に八十歳で死去した。

右の記述によって吉元・正勝ともに、武蔵玄信とは全く別人であることが明白である。なお、宮本無二之助一真が、慶長二年十一月に奥田藤左衛門にあたえた真言呪詞の切紙が、生駒の宝山寺に残っているほかに、慶長十二年九月五日に友岡助十郎にあたえた伝書が、富永堅吾氏の著書に出ている。この無二之助一真は、天正八年（或いは十八年）に死去したという作州の平田武仁（宮本無二斎）と同一人物ではありえない。富永氏は、無二斎は墓などに関係なく生きのびたので、無二之助一真と平田武仁は同一人物だと説かれるが、それが不合理なことは後にいう。

さりながら、武蔵玄信の養子伊織の末裔に伝わる『小倉本宮本系図』や『宮本家歴代年譜』、および立花峯均の『兵法先師伝記』などに、武蔵が、宮本無二之助一真（一に新免無二之助一真）の養子になったと書いているのは、注目に値する。これによれば、武蔵玄信は、作州平田武仁の実子でも養子でもないことになる。

大体、作州宮本村の宮本無二斎その人についても、『平田家系図』にいう菅原系（家紋は梅鉢）の平田武仁の宮本無二斎のほかに『元禄二年宮本村庄屋甚右衛門書付』、『平尾家相伝古書類』、『美作古城記』等には赤松系（家紋は巴）に出た平尾家四代目の平尾太郎右衛門を宮本無二斎としていて、『平田家系図』と『平尾家系図』を比較して見ても吻合しない点が多い。無論、平田の宮本無二斎と平尾の宮本無二斎が元来別個の人物なら、吻合しない点があってもあたりまえであるけれど、例えば両方の無二斎の妻が、死去年月日も法号も全く同じである点など、どう解釈すればよいのか。両無二斎が、一人の女を同時に妻として共有したとは、ちょっと考えられない。とすれば、平尾か、平田か、どちらが正しいのかが、まず問題になるべきで、家紋まで違っている両家が、どうせ親戚同士のことだから、どちらだって同じだといって済まされることではあるまい。

地元の郷土史家は、無二斎の歿年月についても、同地にある墓碑銘の天正八年四月二十八日は彫り違いで、十八年が正しいという。ついでにいえば、宮本家菩提寺の過去帖に、天正十二年十二月四日とあるのも誤記ということになる。墓や過去帖が、それほども重大なミスを、たやすくするものだろうか。そのうえに、別人と思われる播州揖保郡の宮本無二之助一真までを平田武仁と同一人視する必要から、飴細工式に

作州宮本屋敷の現状

無二斎の生存を慶長以後まで引きのばそうとしている。不可解な便利主義と云わねばならない。

いわんや『平田家系図』は、平田武仁を平田将監の子とする点で、まず第一の粗洩を見せている。平田将監は同系図に文亀三年十月二十一日死去とあるが（菩提寺過去帖これに同じ）、その子の平田武仁の生年月日は不明である。仮りに将監の死去した年に生まれたとしても、墓碑にある天正八年には七十七歳で、天正十二年八十一歳のときに武蔵が生まれたわけであろう。富永説にいう慶長十二年には百四歳になる勘定であるが、富永説は慶長十二年に七十七歳前後であったと推測している――ということは、父の死後二十五年後に子の平田武仁が生まれたことになる。まあ大賀博士の蓮の例もあるけれど、生まれた子も子、生んだ母親の顔が見たくなるというものだ。私は武蔵作州出生説には反対側に立つ者だが、それはそれとして一言さしはさんでおきたい。平田武仁は将監の子でなくて、孫でなかろうか。

（二）の宮本武蔵守政名が武蔵玄信と同一人物であるか、否か、なお確信をもっていい切れない。堀公平氏は、無批判に、武蔵の父は岡本新右衛門と断定された――おのずから政名・玄信同一人説である。『武芸小伝』や『甲子夜話』は別人の有無に関知せずして、武蔵の流名を〝日下開山神明宮本政名流〟と書き、前者（小伝）を祖述した『武術流祖録』・『睡余小録』・『実事譚』などは、無批判のまま神明流とし、武蔵玄信といわずに政名としている。

作州に現存する『平田家系図』は、原本が宝暦年代に焼失した後に改めて書き替えられたもので、享保元年に出刊された『武芸小伝』の記事の影響が目立つ上に、政名の称や、後世の浄瑠璃や実録本で用いられた無三四の異名まで書き加えられているから、そのまま正直に受けとるわけにいかないように私は思う。延享三年の浄瑠璃『花筏巌流島』（浅田一鳥作）より以前の資料・古文書類に、はたして無三四の異名が出てくるだろうか。

松村操の『実事譚』に、

「宮本無三四、名は正仲、一に政名ともあり、幼名を七之助という。無三四はその通称なり。天正の初年、播磨国にて生まれしが、故ありて武蔵国にて人と成りしかば、始め武蔵と書けり。しかるに徳川家康公、天正十八年武蔵江戸へ入城以来、武蔵の字をはばかりて無三四とは書きかえたり」

といい、彼の父、吉岡無二斎は塚原卜伝の門弟であったが、同門の佐々木巌流に殺され、無三四はその仇を討ったと書いたのは、一つとして信用できる点がない。武蔵の名を無三四とし、父を吉岡無二斎とし、無三四が父の仇を討ったというプロットにしたものは、すべて芝居の巌流島、つまり延享三年に出刊された浅田一鳥作の浄瑠璃『花筏巌流島』を根幹にして、その後五十数年を経て、享和三年に版行された平賀梅雪の読本『絵本二島英雄記』と、さらに年代不明にでた実録本『英雄美談』において、いろいろと鹿爪らしく脚色された作為を受けているのである。しかも前にいった『名人忌辰録』までが、その影響をこうむっている。

なるほど徳川家康関東入国以降、武蔵守の叙任が正式にされた例はないようである。備前の名君池田新太郎光政が、わが家は父祖代々武蔵守であるから、私だけはとくべつに、武蔵守の称をゆるしていただきたいと願ったが、ついに許可されなかったと『古老茶話』に書いているほどではあるが、さりとて私称として武蔵、又は武蔵守を用いた例は、さがせば幾らもあるケースであった。宮本武蔵玄信の場合に見ても、無三四などと遠慮して書いた実例は一つもなく、『兵法三十五箇条』の署名には武蔵、『五輪書』各巻末には武蔵守と明記している。

（チ）の宮本武蔵守義貞の前名が、鳥取藩伝武蔵円明流で岡本小四郎政名、同流出雲藩伝では改名となっているため、武蔵政名は実は岡本小四郎の更名であると早まった断定はできないけれど、これは傍系資料が他に出て来れば、おのずから解明される時があるだろう。そして政名の疑問は疑問として、

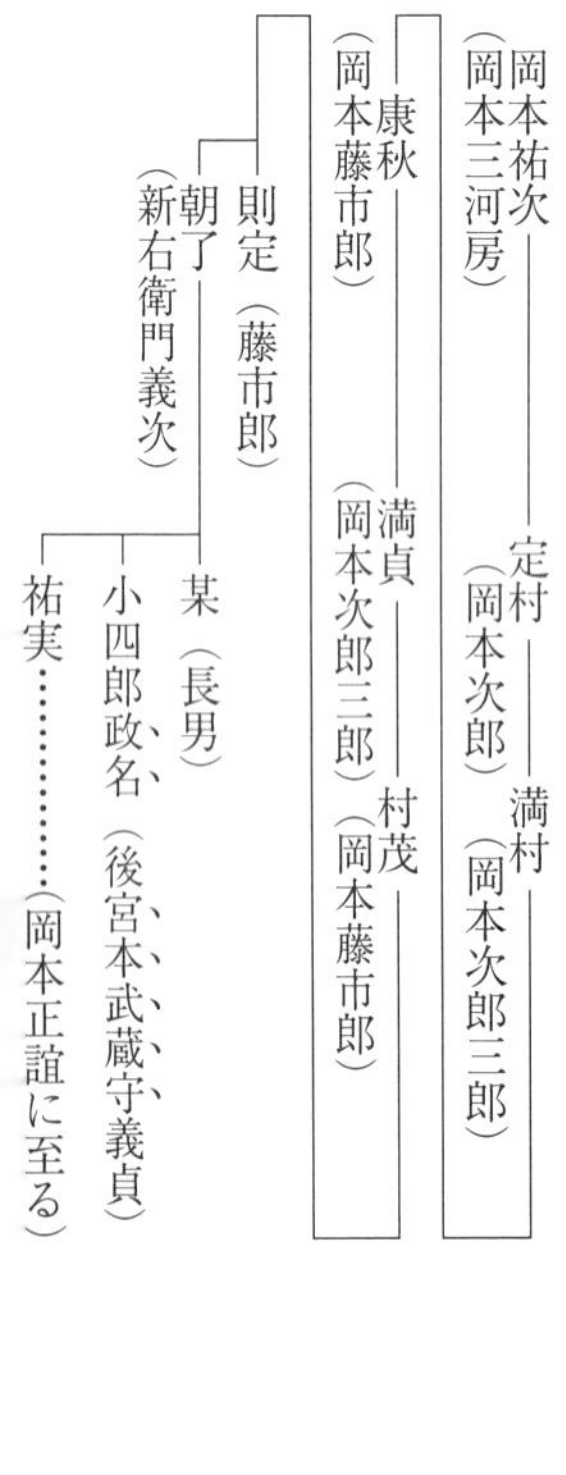

ともかく岡本小四郎の宮本武蔵義貞は、たしかに武蔵玄信とは別人として存在していたのである。岡本小四郎の家系は、前図の如し。

（ハ）角平、（ヘ）永禎、（ヌ）忠躬については他に所見がなく、とかくの論は立てられない。（ホ）義恒、（ト）義軽、（リ）義□は、おそらく岡本小四郎の武蔵義貞に関連があるかも知れない。（ル）家次は、宮本武蔵正勝の一名かと思われる。（ヲ）範高は宮本二天（画号）の字（あざ）であると、『本朝画纂』にいう。画業に限って、字を玄信でも政名でもない範高というのは、私には意味がわからない。

ともかく宮本武蔵の出生地の問題は、今以って最も難関である。作州出生説は吉川英治氏の小説に使用されて以来、通説のようになってしまい、新しいところでは司馬遼太郎氏もこれにしたがっているけれど、いろいろ不合理の点の多いことは上述の如くである。なかんずく、武蔵玄信が『五輪書』に、「生国播磨の武士」と書いているのを、作州出生説では、生国播磨の武士である赤松家の系統、という意味であると主張するのは、玄信はなるほど赤松家の系統を引いているにしても、やはり作州生まれの人のことばとして解するには、ずいぶん強引なコジツケの感がある。

この作州出生説が、讃母（さのも）庄宮本（岡山県英田（あいだ）郡大原町宮本）の平田武仁の実子と焦点をしぼっているのに対して、播州出生説は、玄信の養子伊織の家系に伝わる『小倉本宮本系図』や、伊織の実家田原家に伝わる『田原系図』を基礎にして、播州印南郡雁南庄米田村（高砂市米田町米田）に住した田原甚右衛門家貞の三男に生まれて、新免無二之助一真の養子に行った、と説く（山崎有信氏の『豊前人物志』はこの説にしたがっているが、甚右衛門を甚兵衛に誤る）。その家系は、

宮本家貞（田原甚右衛門）
- 某（長男）
- 久光（甚兵衛）
  - 吉光（田原氏）
  - 貞次伊織（武蔵玄信の養子になる）
  - 玄昌（小原氏）
  - 久次（田原氏）
- 武蔵玄信

である。而して武蔵の実際に出生した地は、宝暦十二年序の『播磨鑑』、刊年未詳の『播陽万宝智恵袋』等に、揖保郡宮本村（後、石海（いそみ）村、現在は太子町の内）とし、実録本『英雄美談』には播州新見（にいみ）村（前記の石海村の誤記と思われる）としているけれど、現地には何の伝承ものこらず、ただ旧版の『石海村史』に一行の記事が載っているだけである。

宮本伊織が、養父顕彰の小倉碑（前出）を建てた前年の承応二年五月に、自分の生まれ故郷の氏神だった泊大明神（加古川市加古川木村字宮本鎮座）に新築奉献したときの棟札には、作州の新免氏が天正年間に九州の秋月に来て死去するに際し、家名の滅ぶのを憂えて武蔵を養子にした。それで新免武蔵掾玄信とあらためた、と書いてある。天正六年の播州三木戦争に破れて、九州秋月へ奔った新免家の係累が若干あった確証はあるが、この時は武蔵はまだ生まれていない。伊織

は何か思い違いをしたのでないだろうか。それにしても玄信の父の田原（宮本）右衛門家貞が米田村に住んでいて、氏神が、すぐその隣接の加古川木村字宮本の泊大明神であったという事実は、甚左衛門家貞が名乗った宮本姓の出所を、揖保郡の宮本に求めるよりは、むしろ泊大明神のある加古川の宮本に求める方が自然だと、私は思うのである。玄信の出生地は加古川の宮本らしいという臆測を、私はここに書き入れて後考に備えたい。

【補】二階堂平法の松山主水大吉

細川三斎忠興とその子の忠利、この二代のあいだに召し抱えられた有名な剣士が、前後三人ある。

第一が鐘捲自斎の門人佐々木小次郎で、これは慶長十七年四月十三日、船島（巖流島）で宮本武蔵玄信と試合して、殺された。これは細川三斎の時代で、そのころは細川は豊前藩小倉城主であった。

元和七年、細川忠興は隠居し、子の忠利があとを継ぎ、寛永九年、肥後・豊後で五十四万石に封じられ、取りつぶされた直後の加藤家の旧城、熊本に移った。このとき父の三斎忠興はまだ存命で、肥後の八代城に入る。

旧加藤家の扶持をはなれた浪人たちが、そのまま細川家に召し出されたケースが多く、豪傑ときこえた荘林十兵衛（加藤清正の難を救って名を上げた荘林隼人佐の弟）は、このとき八代城細川三斎の臣となり、又、清正時代に召し抱えられて後に浪人した二階堂流松山主水の孫、司名松山主水大吉が、同じ因縁で熊本城主細川忠利の近習に召し出された。近習といっても、じっさいは忠利の剣術師範で、扶持は二百石であった。

この松山主水大吉が二番目で、三番目が宮本武蔵玄信である。これは客分あつかい。年代は寛永十七年のことだから、細川忠利の死去するわずか五年前にあたる。

源頼朝が鎌倉に幕府をひらいた節、政所の執事になった二階堂山城守行政に二子あり、兄行光は父の職を継ぎ、弟の行村は評定衆をつとめて出羽守に任じられた。この行村の子の行義、孫義賢と継続して、念阿弥慈恩に剣法を学んだ。中条兵庫頭も同じ時の門人で、これより二階堂流・中条流が始められた、というのが通説であるが、それが年代的に不合理であることは前述した。二階堂行村以来、四代のあいだは岐阜の稲葉城主であったから、その地方に流儀のひろがった理由はある。

西美濃十八将のひとりだった松山刑部正定の一族、松山主水がこの流の伝を得た。この主水は竹中半兵衛の母方の従弟で、竹中の旗本として数度の軍功があり、播州三木の戦争で竹中が戦死して後は、一時、木村常陸介につかえ、主従不和で浪人後、奉公構えにあって永らく漂泊し、後に加藤清正につかえ、加藤忠広退転後、鎌倉に隠棲した。孫の松山主水大吉がその技をみがいて大成した。

二階堂流の教則は、一文字（初伝）・八文字（中伝）・十文字（奥伝）の三段からなっていた。それで一八十の字画によって、平の字を用いて平法、また平兵法といい、奥伝以外になお、〝心の一方〟と称する高上の秘儀が付せられていた。これは、すくみを掛けるといって、相手を瞬間的に動けない状態にする瞬間催眠術である。細川忠利侯が江戸城へ登城するときの、行列の供先に松山主水が立つと、混雑する諸大名の行列のまん中を、まるで水を分けるようなあんばいで、ずんずん行進してしまう。整理係の黒鍬組の者たちが、魔法にかかったみたいになって大名たちの格式や順番にかかわらず、邪魔も制止もしないで通行させてしまうからである。だから、「細川殿は、とんだ調法な家来を召し抱えられた」と、諸家とりどりの話題になるほどであった（『積翠雑話』）。

寛永十二年、細川三斎江戸参覲の節、忠利は船取締のため松山主水を付けておいたが、三斎の船手頭荘林十兵衛を主水が眼中におかず、ひやかしたり嘲笑したりすることが度々であった。たまたま航海中風浪がはげしく、人びと生きた心がなかったが、主水だけは人もなげに打ち興じ、木の葉のように動揺する船中を馳けまわり、しまいには三斎の御座所のうえを飛び越えたりしたので、荘林も見かねて大いにこれをなじった。主水は歯牙にもかけない。

三斎が八代へ帰城後、熊本城の忠利は松山主水を八代城へ謝罪にやらせたけれど、三斎は怒って拝謁をゆるさない。そして荘林十兵衛に命じて、松江村（今は熊本市内）の光円寺に滞在中の主水を暗殺させた。十兵衛は使命を果したが、自分も寺の小姓に斬られて即死した。主水の墓は光円寺にあったが、明治二十九年鉄道用地になってから行方不明に帰した。荘林の墓は八代細工町の盛光寺に現存し、寺の過去帖に寛永十二年未十月とある。〝心の一方〟の魔術は、彼一代で終ったが、二階堂平法の刀術は、同藩士、村上吉之丞正之が継いだ。

村上吉之丞は、主君忠利と二人同時に松山主水から、八文字（中伝）をさずけられた（『肥後物語』）。根が豪毅・粗暴の熱血漢で、扶持は一生を通じて百五十石以上にのぼらなかった。加増したらもっと嵩にかかって手に負えなくなるだろうと、わざと忠利が手加減したのである（『積翠雑話』）。元禄四年隠居。没年は不祥。流儀も吉之丞一代で絶えた。その子の村上平内正雄は父の流儀を受けず、新免弁助の門に学んで村上派二天一流という（前述）。

青木城右衛門

青木城右衛門（正しくは常右衛門）は刀術を宮本武蔵に学んで、二刀に達し、名を華夷にあらわした。後、鉄人と号す。

【補】青木鉄人金家と青木休心

青木鉄人金家を祖として、円明実手流とも鉄人実手流ともいう。俗称は青木流・鉄人流であるが、後世のものには鉄刃流ともしている。青木家伝書『円明実手流家譜幷嗣系』に拠れば、青木常右衛門吉家（元真入道）は円明流を宮本武蔵守正勝（玄信にあらず）に学んだ。吉家の子、青木鉄人金定は元和七年三月二十九日、五十三歳で死去。その子の青木鉄人金家は字を申法師といい、文禄三年、山城国伏見に生まる。

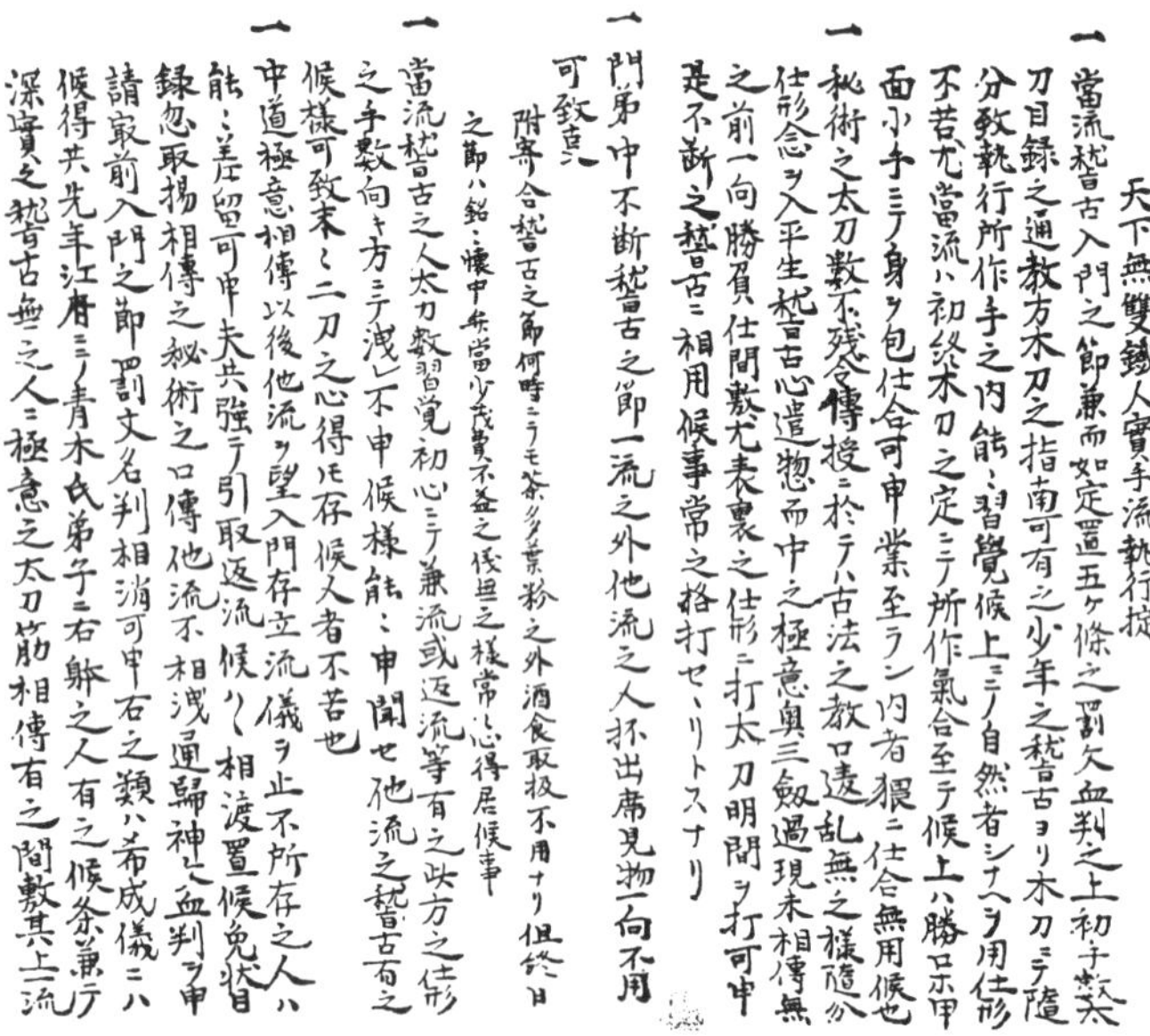
天下無雙鐵人實手流執行掟
一 當流稽古入門之節兼而如定置五ケ條之罰文血判之上初手数太刀目録之通教方木刀之指南可有之少年之稽古ヨリ木刀ニテ隨分數執行所作手之内能〻習覺候上ニテ自然者シナヘヲ用仕形不苦尤當流ハ初終木刀之定ニテ所作氣合至テ候上ハ勝口不申面小手ニテ身ヲ包仕合可申業至ラン内者猥ニ仕合無用候也
一 秘術之太刀數不殘令傳授ニ於テハ古法之教口遠乱無之樣隨分仕形念ヲ入平生稽古心遣惣而中之極意與三劔過現未相傳無之前一向勝負仕間敷尤表裏之仕形ニ打太刀明間ヲ打可申是不斷之稽古ニ相用候事常之格打セヽリトスナリ
一 門弟中不斷稽古之節一流之外他流之人抔出席見物一向不甬可致事
附寄合稽古之節何時ニテモ茶多葉粉之外酒食取扱不用ナリ但終日之節ハ銘〻懐中弁當少茂費不益之俵無之樣常〻心得居候事
一 當流稽古之人太刀數習覚初心ニテ兼流或返流等有之此方之仕形之手數向キ方ニテ洩レ不申候樣能〻申聞セ他流之稽古有之候樣可致末〻二刀之心得ニ存候人者不苦也
一 中道極意相傳以後他流ヲ望入門存立流儀ヲ止不所存之人ハ能〻差留可申夫共強テ引取返流候ハヽ相渡置候免状皆錄忽取揚相傳之秘術之口傳他流不相洩違歸神之血判ヲ申請寂前入門之節罰文名判相消可申右之類ハ希成儀ニハ候得共先年江府ニテ青木氏弟子ニ右躰之人有之候条兼テ深實之稽古無之人ニ極意之太刀筋相傳有之間敷其上一流

『鉄人実手流執行掟』

後、江戸に住して豊原金家と改姓した。延宝三年十二月二日死去、八十歳。その子をまた鉄人金家（二代目金家）という。『内田春潮聞書』にある新右衛門、後に常右衛門金家、一に義英とあるのが、この二代目金家に当たるらしいが、これによれば父（初代金家）は大和郡山の出身、後に江戸へ来て神田明神前で道場をひらき、寛文元年八月二十四日死去、七十五歳（青木家伝書と合致しない）。その子の青木与四郎家久は、内田正右衛門良昌（号、春潮。肥後の人。タイ捨流、丸目蔵人佐—木嶋弥助（木嶋流）—内田良棟—内田春潮である）が薫陶（くんとう）して一人前にした、云々とある。一書には鉄人金家（初代）を、宮本無二斎の門弟としているが、もしそうならこの無二斎は、作州生まれの平田武仁でなく、播州栗原の宮本無二之助一真（武蔵正勝の父）であろう。

『武術流祖録』に、青木城（常）右衛門を青木休心秀直（正しくは家直）としているのは、右の常右衛門鉄人金家とは別人で、初代鉄人金家の叔父にあたる。この休心も兄と同じく宮本武蔵正勝の門人で、二刀鉄人流を称し、その伝書に、青木城右衛門尉休心居士家直と署名している。伝系をわかり易く書くと、

宮本武蔵守正勝
- 青木常右衛門吉家—鉄人金定—鉄人金家
  - 二代目鉄人金家—青木与四郎家久
- 青木常右衛門休心家直—大井田織部義惟（両剣時中流）

となる。

吉岡拳法

吉岡（憲法・拳法・建法・剣峰などに作る。俗説に、ヘラを使うことから工夫して小太刀一流を開創したという。俗に吉岡流）は京の人である。刀術に達し、室町家（足利将軍家）の師範で、兵法所といった（将軍家剣術指南の意）。ある人の説では、祇園藤次という者が刀術の妙を得ていたのを、吉岡がこれに学んでその技術を相続したといい、また一説では、吉岡は鬼一法眼流で、京八流の末であり、鬼一が八人の鞍馬の僧の門人におしえたのが、京八流であるともいう（彰考館本『剣術系図』には、祇園藤次は吉岡憲法直光から京流を教えられ、鬼一流を称するとある）。吉岡は宮本と勝負をしたが、共に達人であるから勝負がつかなかった（宮本武蔵側の雑記類は、すべて宮本の勝とし、吉岡側では吉岡の勝としている。補記を見よ）。

その子吉岡又三郎、箕裘の芸を伝えて大いに有名であった。たまたま慶長十九年六月二十二日に、朝廷において猿楽の興行があって（『武徳編年記』も同じ。『撃剣叢談』には同十七年、後水尾帝御即位の日とし、『吉岡伝』には同十八年、吉岡清次郎重堅とし、『古老茶話』には同十六年六月二日としている）、京の市民に許してその興行を見物させた。吉岡もまたその席にいたが、雑色の者（雑役・駆使をつとめる無位の下役人）が、あやまって持っていた杖が吉岡にあたった。

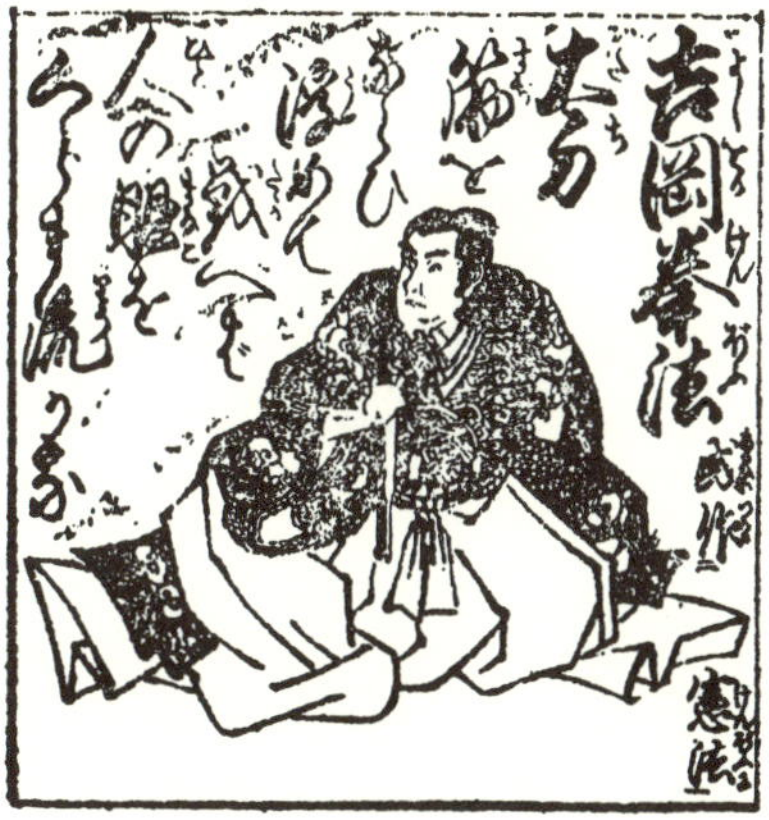

吉岡拳法（『武稽百人一首』）

吉岡又三郎（『武稽百人一首』）

吉岡は怒って、こっそり禁門（禁裏の門）から出て、刀を衣服の下へかくしてもどって来、雑色を斬り殺したので、大騒動がもち上がった。大勢の雑色どもが吉岡を殺そうとして取り囲んだが、吉岡は平然たる態度で能舞台へ馳けのぼり、呼吸をととのえ気をしずめ、やがて群れ進んで来た雑色どもの中へ飛び下り、バッタ、バッタと斬り落として、機を見てまた舞台へとび上がる。このようにすること数度、雑色はたくさん即死者を出したが、吉岡のほうも袴のひもが解け、つまずいて倒れた。そこを大勢がドッと寄り集まって斬り殺した（『積翠雑話』・『常山紀談』・『撃剣叢談』等には、このとき吉岡憲法を斬殺したのは板倉勝重の家人、太田忠兵衛であったとしている）。この時、吉岡一族の者も多くその場に居あわせたのであるが、だれも騒ぎに巻きこまれず、手をつかねて静観していたのを、京都所司代板倉勝重が大変感心して、一族を罰しなかった。又三郎の勇威は、まことに誉れを一時にほどこし、勇名を千載に流すというべきである。

『駿河政事録』にいう。慶長十九年六月二十九日、今日京都より伊賀守注進して申して曰く、

「今月二十二日、禁裏御能。しかるところに狼藉者、立ちながら見物す。警固の者これを制して門外に追い出す。くだんの者、羽織の下にひそかに刀を抜き、脇にかくし、また御門に入り、警固の者をきり殺す。すなわちその者は当座に殺され、御庭に血を流すゆえに晴天にわかに曇り、雷雨、云々。右の狼藉者は建法という剣術者、京の町人なり」云々。

『雍州府志』にいう。西の洞院四条の吉岡氏、はじめて黒茶色を染む。ゆえに吉岡染という（一に兼房染ともいう）。布に型紙をあてて防染糊をぬりかわかしてから、豆汁に染料を入れて刷毛で引き、かわかして糊を洗い去ると、黒茶地に小紋模様があらわれる方法で、これを兼房小紋という）。倭俗（わぞく）、毎事如法（まいじにょほう）にこれをおこなうを〝憲法〟という（あらゆることを法律のさだめ通りに、きっちり実行するのをいう。如法はもと仏法語で、仏および祖師の定めた規律にしたがうこと）、この染家（せんけ）吉岡の祖、毎事かくのごとし。ゆえに憲法染と称す。この人剣術を得たり。これを吉岡流（一に憲法流）と称し、今におこなわる。

【補】吉岡憲法一家の事績

史籍集覧におさめられた『吉岡伝』は、内容ははなはだ杜撰（ずさん）で、試合相手の朝山三徳（天流）・鹿島林斎（新当流）の名や事歴も何となくよい加減であり、宮本武蔵を無敵流といい、越前忠直の臣などと書いているのも、デタラメ以外の何物でもない。しかし吉岡側の記録としては、他にまとまったものが無い上に、吉岡兄弟の名や事績については、さすがに詳しく書いてあり、貞享年代に書かれた相当古い文献である点にも、幾分の価値がみとめられる。以下その一部を引用しておく（原漢文）。

ここに洛陽に吉岡兄弟あり、兵法者流の名を得。古今未曾有の妙術なり。兄源左衛門直綱（本文を読むと、この直

綱を、吉岡憲法に当てて書いているのがわかる。この人、前名清十郎であろう）、弟又市直重なり。いわゆる憲法兄弟、元方・季方の流、西しては佐藤・鈴木・曾我の遺風なり。その家もと古をこのみ、義を守り、法律正直なり。ゆえに世人これを称して憲法という。曾祖父直元（天文年中ごろの人）、万松公（万松院曄山道照。足利十二代将軍義晴の法号）につかえて軍労あり。祖父直光（足利将軍につかえ兵法師範だった憲法はこの人だろう。道場を兵法所といい、場所は今出川、今の同志社大学の辺であった）、父直賢（この人の名も憲法。足利十五代将軍義昭の師範。前出宮本武蔵の条、新免無二斎と試合をしたというのがこの人である）。またその術をよくす。然りといえども、兄弟にいたってその術日々新に、月に盛に前代を超過す。

けだし聞く、応仁騒擾已降、四海おだやかならず、盗賊滋熾し、民、手足をおくところなし。公卿大夫より工商農人におよんで、専ら剣術を学び、防禦をもって事となす。これ故に剣客はなはだ多く、師となり弟子を教うる者、あげてかぞうべからず。本邦諸人の之を推して妙術となす者は、ただ四五人を可とす。いわゆる朝山三徳（それとなく朝山一伝斎の名を匂わせた作為であろう。事績は天流の斎藤伝鬼坊から写して作っている）は、天流と号して西筑九国に鳴り、鹿島林斎（塚原卜伝を漠然とモデルに使っている）は、新当流を称して関東八州に鳴り、宮本武蔵は無敵流と号して、北越奥羽に鳴る者なり。そのほか太田河内守・土佐金乗坊等、弟子数百人を有して四海に弥綸（綸の字が正しい。『易経』の用字）す。その術をなすや、手に寸鉄を持たずして天下の士に敵し、而して以ってその勝伏を期せんと欲するなり。

一日、三徳、弟子を集め、大言を発して曰く、今世兵法者流数百家ありといえども、その微妙にいれたる者はただ数人のみ。われ今諸州を経廻し、群党を帰服し、すみやかに天下大一の名誉を揚げんと欲す。おのおの請う、これを計れ。弟子みな言う、平生希望する所以なりと。ここに於いて三徳、その弟子と俶装して博多を出でて、あまねく群国を歴し、ことごとく勝利を得て、ついに京師に来る。まず使を以って吉岡氏に告げて曰く、うけたまわり聞けば、吾子兄弟の兵法、世を挙げて妙手と称す。これをもって尋ね訪い、見を請うと。兄弟報じて曰く、兵法鍛錬諸国遍歴の志、神妙なり。勝劣は相看るときに期すべしと。時に兄直綱、病みて床褥にあり。弟直重、日を定め限をなす。すでにして即日にいたり、両方の弟子雲屯星臻す（雲や星が集まるように人間が寄ってくる）。三徳、身長六尺余、手に七尺ばかりの大棒（八角にて条金を入る）をひっさげ、軽易（かるがると）これを揺らぎて出づ。その状あたかも夜叉神のごとし。すなはち相支えしめ、互いに手段を尽せども、未だ雌雄を決せず。直重たちまち陽に開いて身をひるがえし、後へまわって一足飛躍し、はたして三徳の頂上を撃つ。妙手の一撃、三徳の頭たちまち砕けて、即ち倒れ死す。実に慶長九年甲辰八月十五日、東山八坂の仕合これなり。ときに直重二十四歳。事四方に達し、名一天にひろがる。

　東関の林斎、ほのかにこれを聞き、憤を発して、諸徒に謂って曰く、京都の小者、みだりに瓦釜を以って雷鳴をなす（瓦釜雷鳴という語がある。凡庸の人物のくせに評判の高いのをいう）。しかず、我れ往きて一刀に打破せんと。すなわち鹿島を出でて、遥かに洛陽に入る。又々使を通じて云う、我はこれ東関の林斎なり。去年三徳吾子に相逢い、即時命をおとす。希世の勇武なり。吾れ久しく敵手を求め、未だ英髦に逢わず。これ生涯の恨みなり。這回ここに来たり、吾子に先んぜんと欲すと。兄弟これを聞いて言って曰く、これより報ずべしと、兄弟相互いに先を争い是れを争う。翌暁、直重ひとり忍びて林斎の邸に投じ、名字を通ぜずして面を請う。すなはち相見の次につぶさに兵法を問う。林斎、弟子をして五法八箇の剣を撃たしむ。直重顧視して曰く、これ初心なり、すべからく実あらしめて之を見るを得んと。ここに於いて林斎はじめて覚り得て曰く、吾子はこれ憲法ならんと。又市、乎として否と云う。林斎笑って曰く、身椰子のごとくして、名あまねく天下に布く哉、吾子と不肖と輸贏を決すべきかと。直重いさぎよからずして早く是非を決す。林斎大いに悦び、たがいに支証を通じ（誓文をかわし）、その座を出でて去らんとす。

　時に直綱、これを聞き、数百の弟子をひきいて、跡を追い来たる。林斎身長六尺五寸、膂力人に鞅たり。頭の禿髪逆し、そのひげ胸に垂れ、ひとみ円く内に徹し、口大にして耳にいたり、面色赧々然としてほとんど二王に類す。その携うるところは大棒なり。七尺有余、棒頭に一尺五寸の真剣を容れ、棒梢は二尺の外鉄の大イボを納れ、軽易これを提げ、十字街頭、車輪をまわし来たる。直重、膚撓まず、目逃げず、声を挙げて云う。林斎々、兵法の術たるや、力を以って争うべからず、汝の一命は即今に限る。今すべからく心をやすくし、仏を念ずべしと。林斎これを聞いて曰く、嗚呼広言憎むべし、未だ了せず、即時進み来たれと。直重相支え、互いに秘術を尽す。直重おもえらく、もし木頭相懸かること六七寸に及ばば、一挑擲却、これを飛ぶ六七間にて可ならんと。林斎もまた妙手にして、心に合う有り、心に離れる有り。直重やがて手をかえ、これをあざむきて、身をちぢめて林斎を撃つの勢を作って戯むる。哀れなる哉、林斎の運命すでに竭く。たちまち棒を反さんと欲するや、直重気を得、一途に飛翔しつつ林斎の頭を撃つ。頭くだけて血のほとばしること瀑のごとく、目くるめき、棒をひっさげて吽々漫廻（グロッキーになる）数遍、奄々として気絶す。弟子相あつまり薬をすすむ。真気□、然りといえども瘡痏はなはだいたみ、二三日を経て遂に去るなり。これまた同十年乙巳六月二十六日、今宮下松の攻撃なり（下松の決闘は、宮本武蔵と吉岡又七郎との試合というのが通説）。

亦復、宮本武蔵は越前少将忠直君の家士にして、二刀を弄するの良手なり。忠直これを師として、日々翌塾し、左右を離さず。忠直君、聚楽第に在るの日、武蔵に問うて曰く、吉岡数回の名誉、兵法の骨髄を得たりと謂いつべき者なり。もし汝に対すれば如何と。武蔵つつしんで言って曰く、直饒（直綱の誤記）、彼の兄弟、一時に競い来たるとも、また不肖の一刀に較ぶべからずと。忠直君大いに悦んで、これを板倉伊賀守勝重に報ず。勝重すなわち兄弟を召していう。宮本氏と汝と勝負を決せんとの望みあらば、速に是非を分たん、よろしく高覧に備うべしと。兄弟敬いてその命を受く。ここにおいて直綱まず出（この試合『古老茶話』には北野七本松とあり、武蔵はわざと遅参して相手をおとし入れようとしたが相打ちになったと記す）、両方相互いに心力を竭し、暫く時刻を移す。武蔵ついに眉間を撃たれ、出血はなはだ多し。直綱しりぞいて後、皆いう、直綱の勝なりと。他のひと相撃ちなりと言う。直綱怒っていう、しからば明白に一決せんと。武蔵いう。直綱とすでに決了せり。願うところは直重とよろしく相撃つべしと。ここにおいて日を定めて重ねてこれを相待つ。武蔵たちまち迹をくらまし、去ってゆく所を知らず。これを以って世を挙げて皆いう。直重座して勝を得たりと（宮本武蔵側の記録では吉岡兄弟に完勝したことになっている。どちらが正しいか、決定はむずかしい。彰考館本『剣術系図』には、武蔵に勝ったのは吉岡憲法の甥、吉岡七左衛門尉で、この七左衛門尉は後に九州の立花飛騨守につかえた、とある）。

これに加えて、世に兵術を以って世に鳴る者、ことごとく下風に立たざる者なし。なかんずく、従弟吉岡清次郎重堅、また剣術をよくし、胆大に心猛く、江都の軽捷を得たり。慶長十八年癸丑、右僕射（右大臣の唐名）秀頼公、ふたたび東山大仏殿を興す。すでにその功をおわり、六月二十二日、禁裡において御祝の能あり。勅許によって、貴となく賤となく緇となく素となく（僧俗ともに）、来たり視るもの堵のごとし。重堅、時に病いまだ全くいえず。まず往きてこれを見る。かくの如きのときに臨み、平素所司代役人ありて預って非常を識る。たまたま只見弥五左衛門という者あり、これまた一流の兵法者なり。かつて重堅と隙あり、その便をうかがう。たまたま幸いに奉行たり。諸人を指揮す。これ次座列の高低を制し、つえを以って重堅を撃つこと三度、重堅これを瞪す。只見善記、只見聞かざる如くにして去る。重堅ひそかに門を出、興中蔵するところの刀をとり、蔵して、はた又ひそかに門に入る。けだし金闕、佩刀を禁ずるなり。重堅即日未尅たちまち身を只見の辺に寄せ、みずから怨を報ずと称して即時に裁断す。只見の頭上より腰下にいたる、一刀両段なり。重堅従来妙手、これをふせぐ者なし。ここに於いて奉行役人相あつまり、おのおの槍ぶすまを作って突き出す。重堅、槍上飛躍奔転して、一時に槍の柄三十本を斬りおとす。疵をこうむる者十四五人なるべく、死者六七人、その翔ぶやあたかも竜虎の如く、風雲を鼓舞し、防ぐ者四迸す。重堅刀を地上に抛げ、合掌念仏して云う。我れもし心にまかせて殺害すれば、あに相残る者の有らんや。唯々禁裡を怖れたてまつる。言いおわり、遂に突き伏せられて命をおとす。世を挙げて皆これを感惜す（吉岡家の剣名が京の人士に永く記憶されたのは、宮本武蔵との決闘よりも、むしろ、この禁庭での乱闘のためであったようである。記録のうえでは、この清次郎もまた吉岡憲法ということになっているけれど、それは憲法の一族というほどの概念で、噂のままに書かれたものと思われる）。事江府に聞こえ、相決して吉岡の一族を滅せんと欲する也。東照神君仁慈の余、芸術を嘆称し、令を下して曰く、這回吉岡不礼を禁内に作すといえども、当人すでに死するの間、刑罰は一族に及ぶべからざる者なりと。ここに於いて一族宥恕をこうむり、死罪に及ばずといえども、なお且つ跡をくらますこと一年余。大神君命じて曰く、今より後、すべからく兵法の指南を停むべしと。

越えて明る年、冬、大神君秀頼を討たんとし、諸軍を相ひきいて大坂城を攻む。神君すなわち所司代に命じて曰く、吉岡一類および弟子をたずね、堅く這回大坂城に入るを得べからずと制す云々。ここに於いて兄弟を召し、従来出陣の志はなはだ切なる余りといえども、鈞命に依ってこれを誓う。状を以って翌年丁卯四月、兄弟、三宿越前守の招きに応じて籠城一月余、軍労多しといえども大坂城陥り、功を論じて益無し。京に帰って西洞院に居住す。ここに明人李三官、黒色を染める方を伝え、以って家業として眷属を扶助し、永く富家たり。世人これを憲法染と称し、また吉岡染と号す。

嗚呼、人世およそ智ある者は、名清く身貧し。智無き者は、心濁り家富む。智福相兼ねる者幾希ぞや。晩、それ吉岡の祖直光、称著妖宗、はじめ天性慈愛人に超え正直聞也。憲法の職これに依る。平生倭歌をこのみ数奇にふけりて、造顚（造次顚沛。短い時間）にも忘れず。実に風流の人豪なり。直綱・直重老いて後みな仏乗に帰す。直綱は透関不住と称し、直重は学室宗才と号す。相共に大徳円鑑国師（宗弼の勅諡号。天竜寺に住す。応永中に寂す。甲州出身）の室に入り、禅に参じ道を学び、直ちに仏祖の命脈をうかがう。家富み名香り、寿を以って終る。今や吉岡直令は直綱の弟栄位の子にして、宗才の養子なり。一人両家督を続いで先業をおとさず。祖考を忝なくして慈愛温和醞藉（度量ひろく挙動おだやかなのをいう）愛すべし、この故に予、方外まじわりを編み、以って益友となす。今や禅余の次語往事に及ぶ。聞くところの曼乙（曼は、みめよく美しいこと。乙は普通と異なった趣きのあること。ここでは美談逸話というほどの意）を奉じ、以って伝をなし、不忘に備うと云うこと爾り。貞享元年竜集甲子五月上旬、梅林老夫、福住祐源（喜）義天和尚に代って作る（以上）。

附記。吉岡流は全く廃絶したわけでなく、「其末今は吉岡加兵衛という者伝来の由」と『昔咄』に書いている。

大野将監

大野将監は天正年中の人である。刀術の妙旨を悟る。鞍馬流という。いま将監鞍馬流という者がそれである。或る人いう。小天狗鞍馬流ともいい、判官義経の伝である。

『神社考』に曰く。世伝う、源の牛弱、はじめの名は舎那王丸。平治の乱をのがれ鞍馬寺に入る。一日僧正谷にいたって異人に逢い、その異人が牛弱に剣術を教え、かつ盟って、

「我れは舎那王の護神である」

と言った。その後も牛弱は時々僧正谷へ行って、その異人から刺撃の法を習った。牛弱は生まれつき軽捷を好んでいたから益々術に達した。十五歳におよんで奥州に往く。寿永・元暦の際、平氏と合戦してその功が多かったが、文治のはじめ再び鞍馬山に遊んだ際には、もう異人に会うことができなかった。この牛弱とは、すなわち源の廷尉義経のことである。

『兵術文稿』に曰く、源義経鞍馬寺に住するの日、鬼一が門人、鞍馬寺の僧にしたがって剣術を僧正谷に習う。これは人に知られずに学んで、神技に達したいためであった。世人はこれを知らず、牛若が天狗を師としたと謂っている。

愚いう。小天狗鞍馬流は、義経が僧正谷で僧正という天狗に学んだ剣術だというのは、術を神秘化せんための偽計である。『俗説弁』（『広益俗説弁』。五十巻。正徳五年刊。熊本の学者井沢十郎左衛門長秀蟠竜子の著）にも、義経が天狗に剣術を学んだことは『東鑑』・『盛衰記』・『義経記』にも見えないから、疑うらくは義経が世をはばかり、ひそかに師を求めて夜々剣術を学んだことを、そのように言うのだろうと云っている。また怪を好む人は、遠州秋葉山三尺坊という天狗（静岡県周智郡秋葉山にあった秋葉寺。大登山可睡斎という。別称は秋葉山三尺坊といい、俗に三尺坊は天狗の名であるという）より伝えた剣術だといい、あるいは上野国白雲山妙義法印（前出の妙義坊に同じ）という天狗流だとも言う。『北条五代記』根岸・岩間（共に前出）仕相の条下に、「根岸は常に魔法をおこない、天狗の変化といい、夜の臥所を見たる者なし、愛宕山太郎坊夜々来たって兵法の秘術を伝うる」と書いてあり、また瀬戸口備前（前出）の師匠は自源坊という天狗だったという。中興芸州完戸司箭（正しくは宍戸。補記参照）という人は、常に魔法をおこない、愛宕山太郎坊の眷族となる。愚想うに、当世の武術、怪をこのみ、異なるを尊む。古流はあしきとて自流を建て、その師をかくしてその法をぬすんで妄偽をなし、愚なる人をあざむき、我が自得は飯篠・富田もおよぶべからずとののしり、邪智・高慢が胸中いっぱいになっている奴こそ、実に天狗流というべきである。

【補】宍戸司箭

宍戸司箭家俊。貫心流の祖。宍戸家は宍戸朝家を始祖として、安芸国高田郡甲立なる五竜山城主であった。六代宍戸元家（悪四郎、左衛門尉）に三子あり、長男は元源、二男弾正忠隆兼、三男又四郎家俊で、この家俊が貫心流をひらいた。甲立山上に宍戸司箭神社がある。

『本朝名伝記』には、司箭家俊は同国菊山城主深瀬弾正少輔につかえたとあり、司箭の一名は下総守。始め由利刑部正俊から源義経伝来の剣法を学び、後、厳島に参籠して神託をうけ、天正元年、京の鞍馬山・愛宕山で修行した。司箭と称して愛宕太郎坊に居り、ある日、自像を柳の木に刻んで行衛をくらました。天狗になったのだという。貫心流の武技の中心は薙刀であるが、だんだんに剣術、居合、柔、杖、懐剣術などを付加した。刀術は現在も倉敷・福岡等に伝挙されている。

松林左馬助

松林左馬助は常州鹿島の人である（『撃剣叢談』にも、鹿島の人で鹿島流を唱えたとあるが、べつに信州の人という説もある。補記参照）。十有四歳から剣術を好み、長ずるに及んで、益々練習上達し、ついにその妙を得た。後、伊奈半十郎忠治（元和四年関東郡代および駿遠三の代官を命じられ、赤芝領七千石をたまわり、赤山に陣屋を設けた）につかえ、武州赤山（いま埼玉県北足立郡安行村の内）に住んでいた。その流儀を願立（がんりゅう）、また願流という（一に無雲流という。願立・無雲ともに左馬助の別号）。時に仙台少将伊達忠宗（仙台藩主。政宗の二男。万治元年七月十二日死す、七十歳）が、松林のことをきいて甚だ賞め、伊奈氏に告げて、松林を自分の旗本としてゆずってほしいと言った。伊奈は承知し、松林に三百石やってもらうことにし、さて松林を呼んでこのことを告げると、松林は承知しない。

松林左馬助（『武稽百人一首』）

「仙台侯が拙者に千石お出しになるというなら、行ってつかえましょう。でなければ拙者はこのまま、君が館下（かんか）につかえているほうがよろしい」

伊奈は、強（し）いるわけにもゆかぬので、ありのままを仙台侯に告げると、公は笑って言った。

「我れ始めより、三百石ではウンと言うまいと知っていた。よろしい、言う通り千石にいたそう」

と。ここにおいて松林は奥州におもむき、忠宗につかえた。後、松林の刀術は大猷大君の台聴（たいちょう）に達し、忠宗に命じて江戸に召され、刀術を以って台覧にそなえた（この試合でその身軽なことがコウモリの如くであるのを将軍に賞され、爾来蝙（へん）也（や）と号するにいたった――『揚美録』）。阿部道世入道（正しくは道是。仙台藩士で松林左馬助の門人）が相手をつとめた。後、剃髪して蝙也と号す。奥州において死す。その子忠左衛門（実俊）が遺領を継いで奥州に居す。

【補】松林蝙也斎の事績

信州埴科郡東条村長礼の人、名は永吉、別名、西村四左衛門とも。文禄二年、信州松代に生まれたとも、飯田藩士の次男ともいい、夢想権之助の門人という説もある。寛文七年二月一日死去、七十五歳。荘厳寺に葬る。

『伊達家世臣伝記』にいう。

　松林左馬之助永吉は信州の産なり。幼より剣術を学び修行せんことを欲し、成童のころより諸国を経歴し、あるいは深山幽谷に籠居して修練ここに年あり。故にその技の蘊奥は誰人の伝を受くるということなく、あるいは瑞夢に得ることあり。飛跳の神速、挑撃の変化、けだし人力の能くするところにあらず。みずから願立と号し、ついに一流の師たり。後、入道して蝙也斎と号す。かつて伊奈家に寄寓し、武州赤山邑に住し、門人数多にして、その名遠近に発す。十八世忠宗君これを聞きたまい、寛永二十年癸未にこれを徴して采地三十貫文を賜う。永吉時に五十一歳なり。大猷公の世、慶安四年辛卯三月、永吉が技芸の妙あること台聴に達し、城上に召して剣術を上覧にそなう。門人阿部道是をともないて組太刀二十箇条の術をいたし、つぎに仕合の秘術、足譚（これ剣術の名なり。敵の附入る太刀を足を以って踏落し、その余足を以って働くの術なり）等の働きを尽す。因って賞として時服三領を賜うと、云々

昔、源義経は柳の枝を空中で切るのに、八断してもまだ水に落ちなかったという。蝙也が真似てやってみると、水におちるまでに十三に断った。彼は日課として刀を抜くこと千遍、死ぬ時までその日課をやめなかった（『東藩史稿』）。

　門弟をつれて蛍の名所へ遊びに行った。飛び交う蛍に見とれている蝙也の背後から、やにわに門弟の一人が、肩を突いて突き倒そうとする。いつでもよいから、おれを驚かしてみろと、かねがね言っていたからである。が、蝙也は瞬間、さっと向う岸へ跳んだ。その翌日、その門弟に向って蝙也が、

「昨日何かなくさなかったか」

と聞く。

「はい。大切な物を失いましたが、どこでどうしてなくしたのか、さっぱりわかりません」

「これじゃろう」

と笑って、褥の下から弟子の腰刀の中身をさし出したので、弟子は唖然としてしまった。

　あるとき南部藩の某剣士が、藩の身分ある家の娘をそのかして仙台に逃れて来た。南部侯から仙台侯宛てに捕縛方の依頼があり、蝙也がその命をうけた。蝙也は一塊の鉛丸をふところにして、馳落者の旅宿に行った。相手は威嚇するつもりか、時々二階から白刃をのぞかせる。蝙也は白刃目当てに鉛丸を投げ付け、剣士が反射的に斬りつけたその足をさらって、階下へ引っぱり下ろし、待ち受けていた捕吏どもにしば

らせてしまった（『揚美録』）。

願流の内、手裏剣技は特に蟹眼流という。技の中に蟹眼の大事というものがあるからである。

方波見備前守

方波見備前守（波合と書いた例があるから、ナミアイと訓むのが正しいか）は北条氏康の臣で、諏訪流の刀術に達していた。また荒井治部（号、釣月斎）という者も同じ北条家の人で、京流の達人であった。

『北条記』にいう。近江六角殿浪人荒井治部少輔が、甘縄左衛門大夫（甘縄城主北条左衛門大夫。享禄年中の左衛門大夫綱成は前に書いた地黄八幡の旗で有名な北条上総介であるが、それ以来代々左衛門大夫と称した。天正年中の城主は綱成の孫の氏勝である。なお甘縄は玉縄というに同じ）の家中にあったが、この人は京流兵法の名人。また方波見備前は諏訪流（『撃剣叢談』に、一に北条流とあり）の名人である。また荒井治部少輔の猶子横江弥八は、雲州へ兵法修行に行って会津殿（蘆名盛氏）を弟子にとり、諸流と仕合して大いに名を上げた。

前原筑前守

前原筑前守（『武術流祖録』には備前守）は、上州小幡家の人である（北条家の波合備前守の門人で、後に上州に来て小幡家に仕えた）。刀術の微妙を得、また軍配にくわしい。

また山本勘助晴幸入道道鬼（前出）は京流の刀術の達人。京流は堀川の鬼一法眼（前出）の流である。晴幸の事跡は『甲陽軍鑑』にある。

『甲陽軍鑑』にいう。前原筑前を座敷の角におき、五、六人扇をなげつけると、二、三間へだたりて、前原が木刀か何ぞ手に持っていたら、右の扇が我が身にあたらぬようにきり落し候。そのうえ、かうより（紙縷）を投げると、つばきでくっ付けてさがっているのを、前原は、しないでいくつも切り落とす。ことに六十二間のかぶと（筋かぶとの、鉢の筋の間が六十二あるもの。六十二の数は仏教語の六十二見に拠る）を、同じしないで打ちくだきなど仕る。

木曾庄九郎

木曾庄九郎は房州里見家の人なり。源流（『撃剣叢談』にいう「もっとも古流なる由、人の口碑にあり」）の刀術に達す。精妙を得たり。

【補】木曾庄九郎の事績

里見家の臣で、長狭村（いま夷隅大原町の内）浜荻城の城代角田丹後一明に属していた。姉が一明の弟丹波一元の妻で、彼は浜荻城で刀術師範に任じていた。祖父（同名の庄九郎）も豪勇を以って知られ、天文三年の犬掛合戦で、神子上典膳の祖父庄蔵と一騎打ちに戦い、相討ちになって戦死している（『房総里見軍記』別本）。

林崎甚助重信

林崎甚助重信（補記参照）は奥州（一説には相模）の人である。林崎の明神（いま山形県北村山郡東根町にある。一名、居合神社。甚助この神に祈って夢想を得、神明夢想流をひらく。『流祖録』には、この流名の祖を東下野守元治としている。後出）に祈って刀術の精妙をさとる。この人、中興抜刀（いあい）の始祖である。

『北条五代記』にいう。長柄刀（ながつかとう）（戦国時代の長巻の制による柄のとくべつ長い刀の方が、戦に利であるとして、徳川期に入ってから居合・抜刀術に用うるに至った。柄の長さは八寸から一尺五寸に及ぶ）のはじまる子細（しさい）は、明神が老翁に現じ、長つかの益あるを林崎勘助勝吉という人に伝えたまう。

林崎甚助（林崎居合神社神像）

愚いう。勘助は騰写の誤りか。『五代記』には勝吉とあり、伝書には重信とある。また明神が老翁に現じたというのは、鹿島の神を言うのか。伝書には、奥州楯岡（いま山形県村山市）の近辺に林崎明神という神社があり、甚助がこの神に祈って妙旨を悟ったとある。

【補】居合抜刀術の概括

『御家中武芸はしり廻り』にいう。

それ居合は、居ながらにして長剣を抜合わするを居合と云う。この術は、奥州の住人林崎甚助重信という者、同州、林の明神に参籠してこの術を祈て、急に夢に居合の術を授く故に夢想流と云う。これ本朝居合の始まりなり。それ兵法は世々数流有りといえども、抜く事を主とせず。遠く太刀をぬき構えて、而して後に業（わざ）す。居合は敵を鞘の中より引受けて、早く抜き合わせて勝つところの術なれば、平日のたしなみ、武士として此の術を知らずしては叶い難しといえり。故に此の術大いに流行し、林崎にしたがい此の道学ぶ者多しといえども、片山伯耆守久安・関口八郎右衛門氏心・田宮平兵衛正成（成正）を以って出傑とす。各一流を立つる。

【補】林崎甚助の事績

林崎甚助重信、この流では北条甚助林崎平重信というが、一に甚介重明、また勝吉に作る。執権北条泰時の第二子。壮にして父の命によって奥羽両国の守護に任じ、奥州伊達郡に居住して専ら刺撃の術を工夫した。楯岡林崎明神（山形県村山市東根崎字楯岡。後に居合神社と俗称する）に祈願すること一百日、万字剣を夢想して根元居合剣法を発明したというが、北条泰時の第二子というのは粉飾であろう。泰時執権時代には奥羽両国守護はなかったし、門人田宮平兵衛の年代と余りにもかけ離れすぎる。『日本武術諸流集』には、林崎重信は戸沢上総之助の臣とあり、又『鞍馬流居合伝書』には重信を大野将監（前出）の門人としている。一説に甚助は、最上家の一族楯岡氏の臣で二百石取りの浅野重治の子で、父を坂上主膳という者に殺され、林崎明神で修行して仇を討ったというが、これは講談に作られた俗説らしい。

山田次朗吉氏が、『武術太白成伝』によって甚助の事績を述べられたのが要を得ているから、つぎに摘要する。

甚助、名は氏賢。生国は相模。文禄四年五月十日（四十八歳）より、慶長三年九月十五日にいたる七年間、武州一の宮（いま大宮市）の社地に住し、陰陽開合の理にもとづいて工夫をこらし、純白伝と号して諸国遍歴に上った。元和二年二月二十八日、武州川越の甥高松勘兵衛（名は信勝。始め武州一の宮に住して一宮流を開き、後、川越で教えた。承応元年その子平八郎信重皆伝、さらに孫信之が継ぐ。信重は宝永三年十一月六日信州に死す、八十九歳。信之はその翌四年五月十八日死す、四十八歳）をおとずれ、明年七月まで滞在、奥州旅行へ出たのが七十三歳。後、一宮流奥幸四郎（前名は茨木政教という。高松信之の門人）が施主となって、享保元年七月二十日、川越の蓮馨寺に墓碑を建、良仙院一誉昌道寂心大信士の法号を彫り、生国鎌倉天照山光明寺の過去帖にもその名を留めた、云々。

この過去帖のことは、同寺で尋ねて見たが実証を得ない。林崎の抜刀術は、流名を神夢想林崎流という。前記の『武術太白成伝』では、奥州楯岡の林崎明神との因縁を説かず、長束刀（長巻）の用法にも触れていない。加賀藩伝の眼志流（剣・居合）では、林崎が長柄抜刀を発案して眼志流と名づけ、戸田某（眼志斎）がこれを習ったといい（『三州遺事』）、江戸の真木久平の眼志流（剣・居合。一に山口流とも）も、その流系かとおもわれる。会津藩士の相田橘右衛門が、林崎明神に林崎甚助の古法をたずねたとき、近在の郷士某から習ったのは中巻野太刀の技法で、これは長い刃の中ほどに麻苧（あさお）を巻き、その巻いたところと柄（つか）と二カ所を両手ににぎって、漢土（かんど）の斬馬刀（青竜刀）のように使用した（『海録』）。

居合・抜刀は全国的に広くおこなわれたのに、長巻の技法は、あまり流布しなかった。近世まで長巻を武技として採用していたのは、伊賀藤堂家と尾州藩と福井藩と松代藩ぐらいだ。尾州藩には専門の師範家もあり、肥前藩でも、その用法を習わせている。これらは、いずれも田宮流居合の傍系であった。

田宮平兵衛重正

田宮平兵衛重正（初名は業正また重正。のち成正と『張藩武術師系録』にある。一書には成政・茂正・重政などともあり、後に対馬守と改めた）は関東の人である。林崎重信にしたがって抜刀の妙を得、実に変を尽し神に入る。後対馬と改称した。その子対馬守長勝が父祖の芸を継ぎ、はじめ池田三左衛門輝政に仕え、辞して後、常円と号し、紀州に行って大納言頼宣卿につかえ采邑八百石を領す（『家譜』によれば徳川頼宣がまだ浜松城主だった時に八百石で召し出され、元和五年紀州入国にお供して来た。正保二年正月十日死）。

その子の掃部長家（父とともに浜松で召し出されて二百五十石。正保二年に相続して八百石。寛文八年隠居――『家譜』）は後、平兵衛と改称した。大猷大君（家光）が田宮の芸を見たいと欲して頼宣卿に命じて江戸へ召し、城内でその術を台覧にそなえ（慶安四年三月六日）、日本中に有名になった（家光上覧は慶安四年三月六日で、これは長家でなく、父常円である。その時の状は『校合雑記』巻二十八に詳記されている）。

田宮平兵衛重正（『武稽百人一首』）

その子の三之助朝成、後、常快と号す（万治二年部屋住みにて召し出され、切米二十五石。寛文八年相続して六百石。元禄十五年四月二十九日病死――『家譜』）。その子次郎右衛門成常（成道の誤り。はじめ三平。貞享二年二十五石、のち三百石余になる。せがれ郷右衛門病弱のため、流儀は門人の津田紋七と中村是右衛門にゆずり、中村に田宮姓をゆるす。これが後の田宮千右衛門である。紋七は通称は一に善右衛門。享保十九年、田宮流相続。宝暦十一年以来江戸詰め。同十三年死去、六十六歳。その子善次郎忠易、三十石。享和三年死去、八十七歳と『家譜』にあり、居合で有名だった逸話が『乞言私記』等に見えている。田宮千右衛門は享保十九年八月二十二日死――『家譜』・『ますほのすすき』）が父祖の芸をついで、中納言吉宗卿につかえた。その末流が諸国にある。

斎木三右衛門清勝という者があり、紀州の人で、幼弱より田宮長家にしたがって多年練習し、後、朝成にしたがってその宗を得た。延宝年中、江戸へ来て有名になった（不伝流居合と号す）。

『北条早雲記』にいう。勝吉長柄刀をさしはじめ、田宮平兵衛成政という者、これを伝うる。成政、長柄刀をさし諸国兵法修行し、柄に八寸の徳、みこし（原文は身腰とあるが、見越しとするが正しい）に三重の利（源清音の『剣法神秘奥儀』にいう、「神妙霊夢当流の長柄は普通のものより二寸長きを法とす。柄長きときは同寸の刀も柄の長きにより、先き二寸の益あり。その柄長きによりては場合に二寸の益あり。又二寸長きがためにこれよりは達し易く、かれよりは達し難し。あわせて四ケの利あり、故に八寸の得という。（中略）又長柄に三重の神妙あり。一は長柄をもって上太刀にかまえ、掛け合わせて敵を眼下に見るの利あり。上より見る時は近く、下より見上ぐる時は遠し。又柄の長きにより、かれよりは場合遠くして、進み寄らざれば活きするも達せず、又一利なり。又それに代えおのれよりは場間近ければ進まずして達すべし。勝負の未だ分かれざる前に此の三つの利あり。これを見越し三重の神妙長柄伝授という」）、そのほか神妙神秘術を伝えしより以後、長柄刀をみな人さし給えり。しかるに、成政が兵法第一の神妙・異義というは、「手にかないなば、いかほども長きを用うべし。勝つこと一寸まし」と伝えたり。

【補】田宮流抜刀術の分派

田宮流、一に抜刀田宮流は、これを概括して三流とする。

古田宮流――流祖平兵衛重正以降五代目次郎右衛門成道にいたる代々。

紀州田宮流――成道から流伝が門人田宮（旧姓、中村）に移ってから以降。

新田宮流――水戸藩、和田平助正勝より以降。

なお、田宮流からの分派を簡単に系譜化し、主要人物に略解説を付けておく。

- 田宮平兵衛重正
  - 田宮対馬守長勝常円―鈴木兵左衛門吉定（以心流）
  - 長野無楽斎（無楽流）
    - 一宮左大夫照信（一宮流）
    - 上泉秀信（上泉流）
    - 沼沢甚五左衛門長政（神流）
  - 三輪源兵衛（田宮古流）―山本亦兵衛生夢―朝比奈夢道―水野新五左衛門重治（水野流居合）
    - 和田平助正勝（新田宮流）―河合瓢阿弥勝之―別所範治（無形流）
    - 大矢木又右衛門正次―木戸重右衛門正時（木戸流）
    - 奥田新助正武―加藤権兵衛且氏（水流居合）

鈴木兵左衛門吉定――一に兵太夫。田宮流居合のほか剣術三十七流に達して、以心流という。小倉藩小笠原忠真に召し抱えられた。流末は無天流と改称した。

長野無楽斎――後出。

一宮左大夫照信――後出。

上泉秀信―後に補記あり。

沼沢甚五左衛門長政――会津の人、最上に住した。承応四年（明暦元年）一月二十一日死す。流名を神流と称するが、流裔かならずしも神流を称せず、分派によって神夢想流、あるいは田宮流を称した系もある。

水野新五左衛門重治――水野流という。一に重正また景勝とあり。柳滴斎・柳敵斎と号した。祖先は上杉氏の臣という。安芸広島の浪人で、江戸に住した。一には三河の人ともいう。一伝流を学んで一流をなしたとも、小栗仁右衛門正信（柳生宗矩の門人）について、小栗流和術を習ったともいうが、水野が柳生但馬守宗矩の推挙で、堀田正盛につかえたことを考えれば、小栗流の系統だったのであろう。寛永年中、将軍家光の台覧をうけた。後、薩摩藩に浪人格として六百石でつかえたが、万治二年七月十八日、伏見で死去した、と『武芸伝統録』にあるけれど、浪人格六百石は信じがたい。薩藩士清水盛香の書いた『盛香集』には、水野は鹿児島へ武者修行に来て、南林寺門前で指南していた節、藩士の平田大監物がこれを習得した。これが水野流が同藩へ入った始めである、としている。薩摩藩・水戸藩・鳥取藩等に伝承した。

和田平助正勝――新田宮流という。正勝は一に政勝ともあり。水戸威公の咄衆和田平助道也の子で、三百石。大番組に列す。朝比奈夢道貫泰に田宮流居合を、水野流居合を水野柳滴斎に学び、新田宮流を開創した。後、罪をえて脱藩し、召還される駕籠のなかで屠腹した。時に天和三年九月十一日。水戸市の神応寺境内に墓がある。その子の金五郎は早世し、流儀は門人に引きつがれたが、和田家は断絶した。晩年に無形流という居合を創始している。田宮坊太郎と同一人というのは、こじつけである。

別所範治――後出。

大矢木又右衛門正次――武州川越の人。鳥取藩士。後、浪人して江戸に住し、貞享元年五月三日死す。水野流居合のほか、大矢木流槍術を教えた。

木戸重右衛門正時――一に正時。流名を木戸流居合という。享保十一年十二月二日死、八十二歳。

奥田新助正武――鳥取藩士。居合は水野流奥田派という。東軍流刀術とあわせ教えた。

加藤権兵衛且氏――本姓は加賀。宝永五年、加賀姫入輿にしたがって因州鳥取藩士となる。流名を水流居合弥和羅と改めた。享保八年一月十一日死去、六十五歳。

長野無楽斎槿露

長野無楽斎槿露（一書に喜楽斎・無爾斎などとあるのは誤記か。補記参照）は刀術を田宮重正に学び、精妙を得た。後、井伊侍従につかえた。九十有余歳で死す。

【補】長野無楽斎の補足

名は一に正次、通称は十郎左衛門。上州箕輪城主長野信濃守の一族で、武田氏に滅ぼされて出羽に漂浪し、林崎甚助および田宮平兵衛に学び、工夫して一家をなした。後、江州彦根の井伊直政につかえて五百石、九十余歳で死去した（『会津藩教育考』）。流裔は分派によっては神夢想林崎流、または田宮流を称した系統もある。

一宮左大夫照信

一宮左大夫照信は、甲州武田家の士家惣蔵麾下の士で武功が多かった。天正八年九月、武田勝頼が上州の膳城を攻めた時、一宮は脇又市といっしょに城戸に入って槍を合わせ奮戦した。一宮は長野無楽斎に学んで妙を得、一宮流といった

（これは武州川越の高松勘兵衛の一宮流とは別である）末流が諸国にある。また上泉孫次郎義胤が、一宮と共に無楽斎に従って神妙を得た（補記参照）。

【補】上泉権右衛門秀信

上泉流居合は、正称は無楽流上泉派という。祖は上泉権右衛門秀信。上泉常陸介秀胤の子で、初め孫次郎義胤、一に義郷。井伊直政につかえ、後に尾州藩に仕えて二百石を得た。父秀胤は伊勢守秀綱より受けた新陰流を義胤に授けず、長野無楽斎に居合を学ばせた。尾州藩に来てから岡村新之丞と改名した。尾州伝の『柳生新陰流縁起』に、上泉伊勢守孫、孫四郎とあり、柳生如雲の門人高田三之丞と試合して負けたのを残念におもい、紀州へ行って田宮むらく（田宮流長野夢楽）に学び、上泉流居合を大成した。柳生家において居合を教え、寛永ごろ七十歳近くで隠居して是入と号し、日常は無刀で暮らした、という。『士林泝洄』には弥五兵衛秀守とあり、一時、岡村七兵衛と改名したが、後、旧姓に復したという。軍法の部の補記に前出した。晩年は民弥権右衛門と再度改名し、流名も民弥流とあらためた。正保四年十二月十一日死去、享年不明。

丸目主水正

丸目主水正（前出の丸目蔵人佐とは別人）は、いずれのところの人か不明である（上州碓氷の郷士で幼名三之助、諱は則吉）。壮年より刀術を好み、抜刀の妙旨に達した。臨機応変その右に出づる者がない。流名を一伝流という。国家弥右衛門がその伝を得、朝山内蔵助（浅山が正しいか。補記参照）に伝えた。朝山から海野一郎右衛門尚久に、尚久から金田源兵衛正利に伝えた（金田一伝流という）。正利の門人中、日夏弥助能忠（前出）が宗を得て精妙である。

【補】浅山内蔵助一伝

丸目主水正則吉—国家弥右衛門—浅山一伝斎と伝え、一伝のとき剣・柔を中心に、小太刀・槍・鎌・忍術・毒害・捕手・棒・手裏剣などを総合して、浅山一伝流体術といい、一伝斎を中興祖として諸国にひろまった。

一伝斎は幼名三五郎、後、内蔵助。諱は重晟、一に重晨。号は一伝斎一存といった。上州碓氷の郷士で、経歴は不明。一説に、上泉秀綱に学んだとも、奥山左衛門大夫重信（タイ捨流丸目蔵人佐の門人）に学んだとも、中村泉十郎（上泉秀綱の門人）に学んだとも、あるいは又、近江の浪人で京の吉岡家に学んで一派をたて、江戸に門戸を構えたなどともいうが、口伝書を見れば、田宮流に関連があるように思われる。貞享四年正月五日、七十八歳で死去し、松江藩一伝流（後に不伝流）の門人が安永二年に建てた浅山一伝の巨大な変形五輪塔が、天倫山の中腹にのこっている。

片山伯耆守久安

片山伯耆守藤原久安（通称は藤次郎、後に勝次郎。伯父松庵から居合十八刀、一子相伝の秘太刀を受く。『尾陽武芸師家旧話』に、竹内流腰廻の祖、竹内久盛の弟としている）は、刀術を好んで抜刀の妙術を悟る。或るとき（慶長元年正月）阿太古社（京の愛宕山）に詣でて、精妙を得ることを祈った。その夜、貫の字を夢みる。覚めて後に惺然として明悟した（貫の字を夢みたから一貫流という。ふつうには片山伯耆流・抜刀伯耆流といい、神流・真流ともある）。関白秀次公、その術の精妙を聞いて営中に召し、その芸に学んだ。慶長十五庚戌年仲呂八日、その芸を以って参内し、従五位下伯耆守に叙せられ、芳名を四海にあらわす。後、周防におもむき（大内家につかえ）、また芸州に移る。後、周防に於いて死す（玖珂郡祖生村に住し、吉川広正より十人扶持十俵を給されて、客分を以って遇された。慶安三年三月七日、一説、寛永十四年、死す）。

浅山一伝（『武稽百人一首』）

その子伯耆久勝（安勝とも）、箕裘の芸を継いで吉川（毛利家の族）の家にいたが、後に江戸へ来て刀術で大いに有名になり（心働流という。天和元年死去した）、後また周防に帰った（久勝の弟の片山伯耆守久隆と混視している。久隆は家芸を継ぎ吉川家に居たが、いちど江戸に出て名を上げ、晩年、周防に帰った）。諸州にその末流が多い。

三谷正直いう。伯耆守久安が周防から芸州に来たとき、浅野家の士が多く久安にしたがって、その術をならい、大桑清右衛門という人がその一貫を得た。

浅山一伝斎の霊塔（松江市）

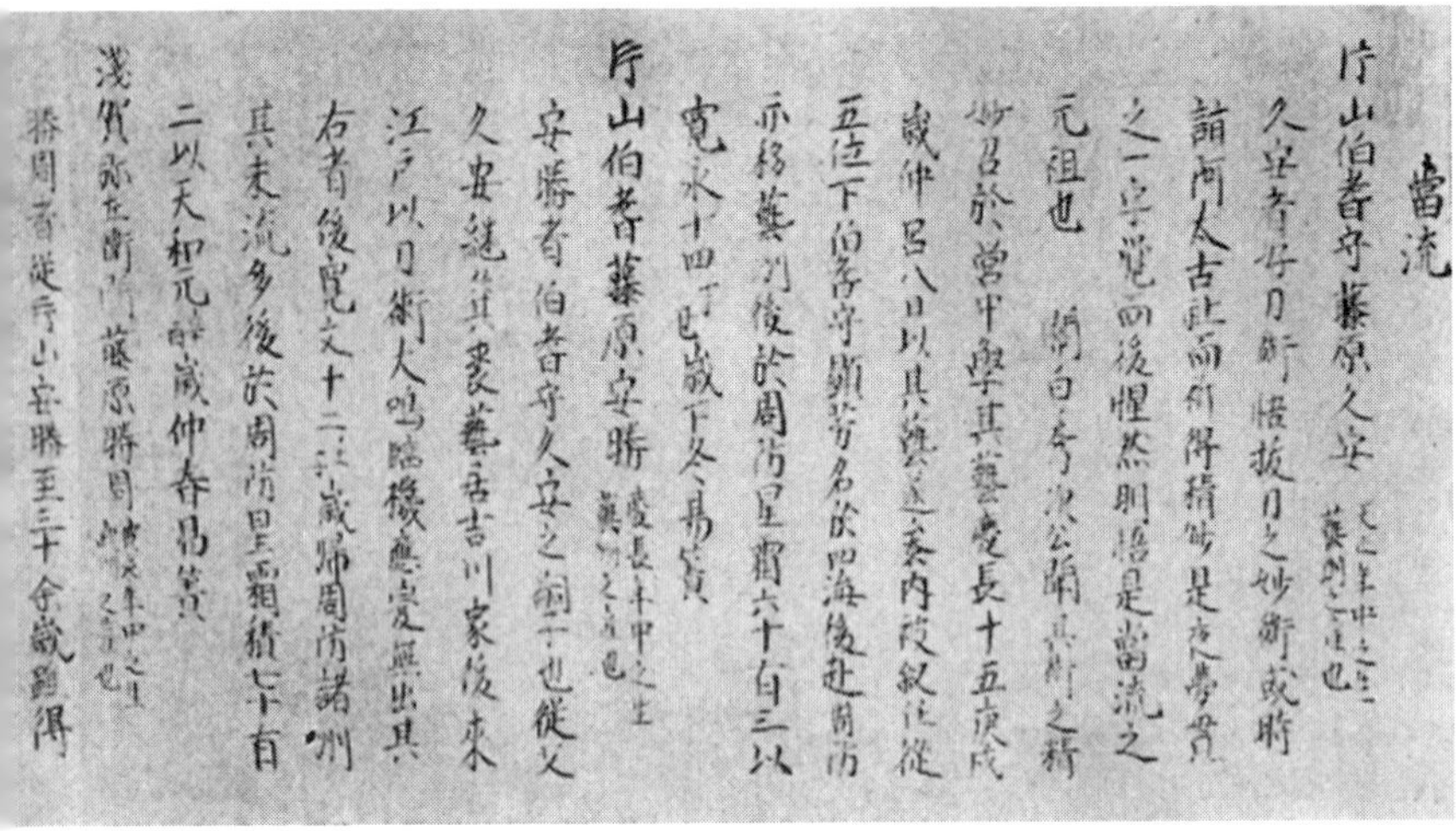

『片山伯耆流浅賀磯山伝書』（冒頭）

成田又左衛門重成

成田又左衛門重成は江戸に住み、片山久勝にしたがってその宗を得た。石尾伊兵衛季重がその伝を受け、相原郷左衛門是平がその伝を継いだ。是平の門人が多い。藍原源太左衛門宗正がその宗を得た。

土屋市兵衛

土屋市兵衛は刀術を好んで抜刀の妙を得た（上泉秀綱の門人で、剣術居合は一流を立て、土屋流という）。はじめ越前にいて、のち越後に移る。中将光長卿（越前忠直の子。越後高田城主）につかえた。天野一学が土屋にしたがって宗を得た（一学流という）。共に光長卿につかえ奉る。天野の芸、よい哉、神のごとし。

（巻六・終）

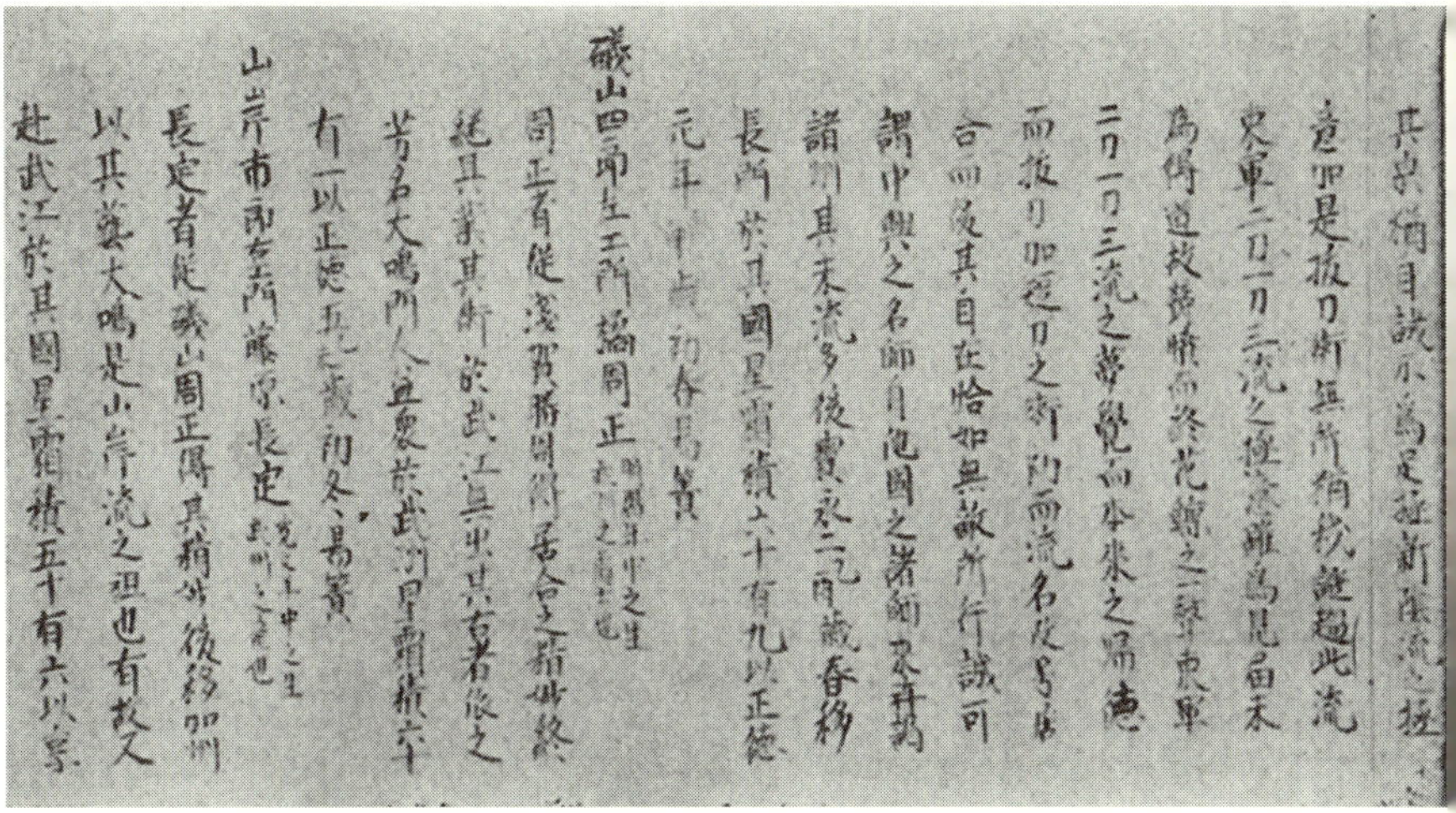

其宗旨目読不為是称新陰流之極
意也是抜刀術與所伝抄、雖超此流
之東軍二刀一刀三流之極意雖為見留末
為偶道抜蓉帷而終花鏡之一字東軍
二刀一刀三流之夢覚而本来之帰徳
而抜刀加速刀之術、而流名居合与
合而後其自在恰如無敵所行誠可
謂中興之名師自他国之諸術家来莽
諸州其末流多矣寛永二乙丑歳春移
長州於其国星霜積六十有九以正徳
元年辛卯初春易簀

磯山四郎左衛門藤周正　明暦年中之生　武州之人也

周正有従浅賀播磨得居合之術焉終
継其業其術於武江與世其古者依之
芳名大鳴門人亦衆於武州星霜積六十
有一以正徳五乙未歳初冬上旬易簀

山岸市郎右衛門藤原長定　寛文年中之生　武州之人也

長定者従磯山周正得其術後移加州
以其藝大鳴是山岸流之祖也有故又
赴武江於其国星霜積五十有六以寧

武芸小伝・巻之七

槍術

槍術は大己貴の命の広矛、中大兄の皇子の長槍の類である。上古の槍、これを後世では槍という。中興戦国以来その術に達する者が多く、流派もますます繁多である。

【補】槍術の概括

『御家中武芸はしり廻り』から引用。

槍の事。槍は神代の広矛・長矛の類にして、太古より此の器ありといえども、そのたしかなる事も又その術ある事もしらず。鎗の盛になりしは足利家の初の頃より、粗あるまじといえども、是又たしかなる働をしらず。鎗の盛になりしは足利家の末より織田家の頃に至りて専ら盛となりて、一手槍備えとする事は織田家に始り、この徳甚だ多かりし故、又、足卒に長柄槍というを持たする事を仕出して、備えの活垣とす。上杉謙信は旗本に大身槍の柄短きを集め、手鉾と名付けて側廻りを守らしむ。謙信流にみえたり。誠に槍の戦用なる事、其の徳たとえ難し。されば『武備志』にも槍は芸中の王也といえり。両陣相対し、勇士たがいに下り立ち槍ぶすまを作りし中へは、たとえ摩利支天尊の再来にても、容易に飛入る事なりがたし。故に此所を一足進んで、槍を合わするをもって武功の最上とす。今時思うには、武人皆一番槍を入べしと思えども、喧嘩刃傷にて全躰武士の本心を取り失い、狂気同様まっ黒になりての戦とは違い、いささか我に瞋恚の怒りなく、君のために突く槍故、もとより心命を捨るといえども、心おちつきて却て突くべき塩合いに遅くして突きがたきよし。もし塩合い悪しく、一番槍を入れて過ぎて突倒さるる時は、我死するばかりにあらず、味方惣役軍を引出す事になる故、命を捨てて突くばかり切にもならず。それ故、本多平八郎忠勝などは、この場へ出ると敵壱人も出て槍を合わするものなく見崩れして、その場を明けて引退くゆえ一番槍とはいわざれども、軍の勝負は勝になる者は古今無双の勇者にて、かたじけなくも天竜御合戦の時、神君一番槍・二番槍も入れがたかるべし。されば謙信流に三つの槍合わせと秘決するは、この場の心得なり。たとい敵を突きたりとも、その仕儀によっては信玄流にもいう犬槍とて取り用いざるよし。槍術は心がくべし。実に敵陣をたしかに打破り、破竹の勢いをもって味方に得るの最上は槍の徳にて、やりは備立の角牙とする故、諸国の武士槍を尊む事は太古の弓のごとし。古は弓を武家の〝調度〟と呼び、今又槍を武家の〝道具〟という事、その意おなじかるべし。

大内無辺

大内無辺は羽州の人である（出羽国横手郡大内庄の人。戸倉川辺で生長し、鮭を突捕るのが業で、それより槍術を悟った――『続武将感状記』。大内庄は今、秋田県平鹿郡横手市の近辺か）。壮年より槍術を好み、刺穿（しせん）の妙を得た（百二十三回の試合、敗れたのは三回だけと言い伝える）。流名を無辺流（一に大内無辺流）と号す。伝書にいう、無辺、羽州横手郡仙北真弓山（正しくは平鹿の真人山）の神を祈って霊夢によって神妙を悟った、と。

大内上右衛門（無辺の子――同右書）その伝を継ぎ、大内清右衛門（上右衛門の子――同右書）が父祖の芸を継いで精妙であった。清右衛門の門弟はたくさんあったが、椎名靭負（ゆきえ）（同右書には靭負佐（のすけ）とあり、『流祖録』には靭之助としている。大内流四世。会津の人。故あって越後魚沼郡に移され、配所に死す。会津郡青木村善竜寺に葬る）がその宗を得て、神（しん）の如くであった。小泉七左衛門吉久入道休入が、椎名の門人で、その一貫を得た。寛文三年十月晦日、浪速（なにわ）に死す。

山本無辺宗久

山本無辺宗久（大内無辺の門弟で、近くの山本郡の人と『続武将感状記』にあり。山本郡は仙北郡の古名）は大内無辺の甥である（通称、甚兵衛、号は無辺斎。武州浪人にて、羽州に住した――『仙台人物史』）。槍法を好んで神のごとくであった。（柔術にも達し、和術防木の伝という）。その子佐久内（一に作之助ともいう）その宗を得た。山本無辺流と称する（その子、山本加兵衛は、寛永十四年に将軍家光の台覧に供し、その後も十数度台覧があった。寛文七年九月、四代将軍家綱の台覧を得、同年十二月御家人に列し、禄二百俵を受けた。寛文十一年九月十八日死す。柳原（後、本所）報恩寺に葬る。享保ごろ、仙台越路町に住んで教授した山本夢遊は、佐久内の子と『仙台人物史』にある）。

富田牛生

富田牛生（ごせい）は越前朝倉家の人である。槍法の微妙を悟って刺穿神のごとくであった（流名を富田流という。『岡本道可伝』に、牛生は勢源の誤りという説あり）。中根一雲・打身左内（『岡本道可伝』に、打身左内は内海左門の転写の誤りであって、その師を富田牛生とするのも、戸田清玄とあるべきを誤ったという）・佐分利猪之助ら、富田についておのおのその宗を得た。今に中根流・打身流（正しくは内海流――『岡本道可伝』）・佐分利流と称して諸国にある。

佐分利猪之助重隆

佐分利猪之助平（たいらの）（或いは藤原）重隆は、富田牛生にしたがって富田流の妙旨を悟る。なお工夫を加えて、ひそかに佐分利流と称した。慶長五年、石田三成謀叛のとき、富田信濃守信高は志を関東に通じ、勢州津の城に籠った。時に凶徒が攻

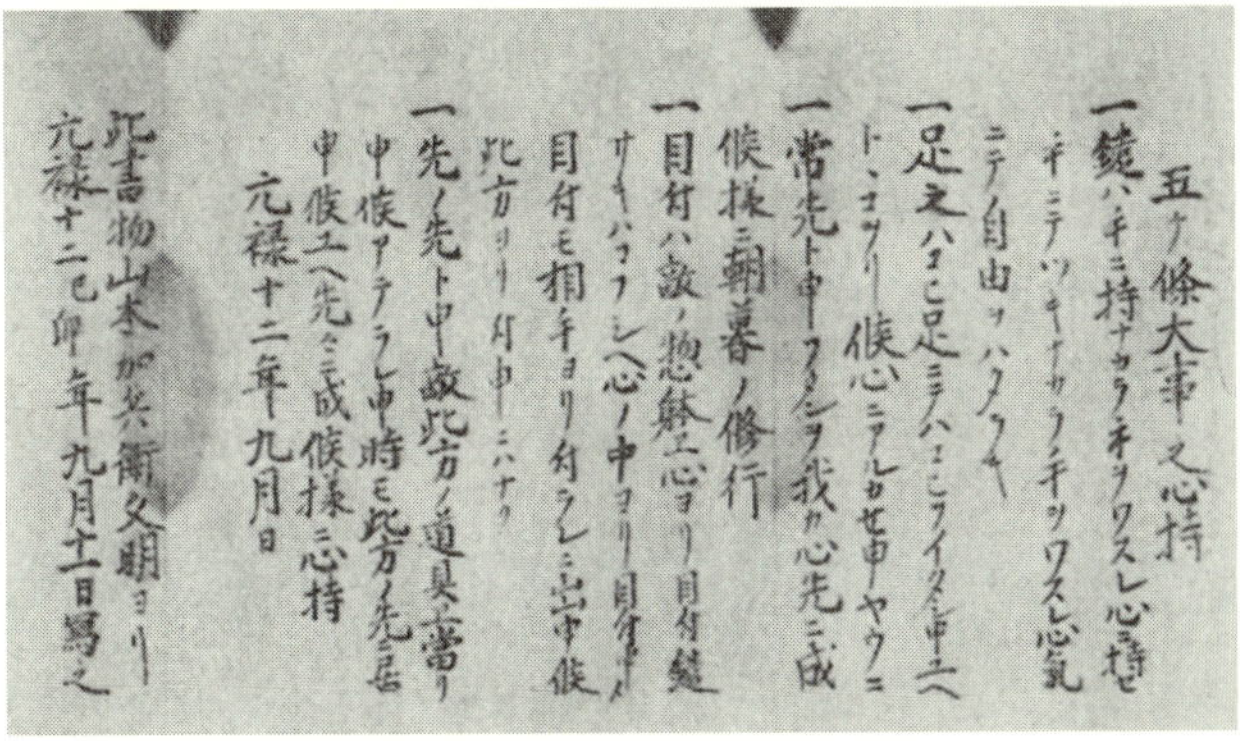

五ヶ條大事之心持
一鎗ハ手ニ持ナカラ手ヲワスレ心持モ手ニテツキナカラ手ヲワスレ心気ニテ自由ヲハタラク事
一足之ハコヒ足ヲハコヒテイクト申ニハトヽコヲリ候心ニアルカセ申ヤウニ
一常先ト申ハ人ニシテ我カ心先ニ成候様ニ朝暮ノ修行
一目付ハ敵ノ惣躰ニ心ヲリ目付鎚サキハカラレ心ノ中ヨリ目付目付モ相手ヨリ付ラレニ出申候此方ヨリ付申ニハナク
一先ノ先ト申ハ敵此方ノ道具ニ當リ申候アテラレ申時モ此方ノ先ニ居申候ニハ先ニ成候様ニ心持
元禄十二年九月日
此書物山本加兵衛久朋ヨリ元禄十二己卯年九月十一日写之

『山本無辺流槍修行之次第』（巻末）

めて来て囲み、相攻むること急であったが、重隆が城中にあって槍で奮戦して、大いに勇功をあらわす。のち池田三左衛門尉輝政につかえ、大いに鳴る。従遊する者多く、佐分利源五左衛門重賢（重聖とも。本姓は岡田氏）・佐分利左内重可（入道士成。前姓は佐々木氏）が、おのおのその宗を得た。佐分利平蔵重種が重賢の伝を継ぐ。その末流が諸州にある。

大庭勘助景包という者が、佐分利重賢にしたがってその宗を得、後、円智にあらため、江戸に住んでその術で有名になった（円智流と称す）。

『関原記』にいう。富田信濃守、関東より勢州津の城に帰り籠城す。このとき上野城主分部佐京亮政寿、松坂の城主古田兵部少輔信勝も、富田と同じく勢州に帰りけるが、要害あしきとて富田と一所に津城に籠る。ときに古田兵部少輔に相従う士には、人見伊右衛門・林宗右衛門・加藤五平次・児玉仁兵衛・津田佐兵衛・生駒左内・建部清大夫・小瀬四郎右衛門・片桐平兵衛・森次郎兵衛・飯沼助太郎・斎藤弥右衛門・佐分利九之丞・舎弟猪之助。この猪之助は浪人たりしが、兄にしたがって籠城すと、云々。

佐分利猪之助重隆（『武稽百人一首』）

本間勘解由左衛門

本間勘解由左衛門（昌能）は塚原卜伝にしたがって神道流槍術を学び、その宗を得た。後、越前に住む。その子次郎兵衛（字は重成）が外記と改称して箕裘の芸を継いだ。穴沢次郎八（後出）という薙刀の達人が越前に来たとき、次郎兵衛はこれと技をたたかわして勝ち、芳誉を得た（越前藩では、穴沢を殺すつもりであったので、穴沢は、わざと負けて逃れたのである――『校合雑記』巻五）。その門人中、荒川彦太夫がその宗を得た。また久野勘右衛門という者があり、荒川と同じく本間にしたがって精妙であった。末流が諸州にある。推して本間流という（本間流槍術という）。久能の門人、木幡忠兵衛清忠が、ふたたび神道流を取り入れて刀術にもどし、一派を唱えたのが本間派新当流である）。

飯篠若狭守盛近

飯篠若狭守盛近（長威斎の子。兄が修理亮直秀、明応三年七月十四日死、弟が盛近で浄広と号す。永正八年死）は、神道流の槍法を長威斎より伝えて妙を得た。その子若狭守盛信（一に修理亮。永正十六年四月十二日死）、その子山城守盛綱（永禄ごろ死す）、ならびに箕裘の芸を継ぐ。穴沢雲斎（雲斎とも）という者が、山城守盛綱にしたがってその宗を得て、神の如くであった。樫原五郎左衛門俊重（紀州藩大番の士で二百石、寛永二十年に文五右衛門と改名。明暦元年三月病死。流名は神道流、一に樫原流――『南紀徳川史』）が穴沢雲斎の門に遊んで傑出した。後、俊重は阿州に行って大いに有名になり、入門の士が多かった。時に阿州に槍術の達人があって、その門人と俊重の門人とが争論し、俊重はやむを得ず検使を請うて、槍術者と真槍を以って勝負をしたが、俊重は鍵槍で相手を突き殺し、自分も疵をこうむった。療養を加えてついに紀州に奔り、高野山に蟄居した後、紀州頼宣卿がこれを和歌山に召し、俊重も命に応じて頼宣卿につかえ奉った。従遊の士が多く、中にも倫を超える者は小谷角左衛門・同作左衛門らである。俊重の英名は海内に行きわたり、世人はこれを樫原流という。

梅田木工丞治忠

梅田木工丞藤原治忠は、江州甲賀の人で（家康三河路の難を助けて旧知行地を安堵された甲賀与力十人の一人が、彼の先祖である。槍に新流をひらいて、後に島津家に五百石で召し抱えられたと『古老茶話』にいうが、島津家に仕えたのは治忠の子の梅田九左衛門治繁で、元禄九年からである。二百石が正しい。元文元年十二月五日死去した）、常に江戸にいた。壮年より槍術をこのんで、鍵槍を木川友之助正信に習う。正信は樫原俊重の門に遊んでその宗を得た人で、後に木川市郎左衛門と改称した。治忠は修練日々新たにして、ついにその妙を得た。ここに於いて、梅田にしたがってその技術を習う者が多くなった。およそ近世槍術を以って世に鳴る者は多

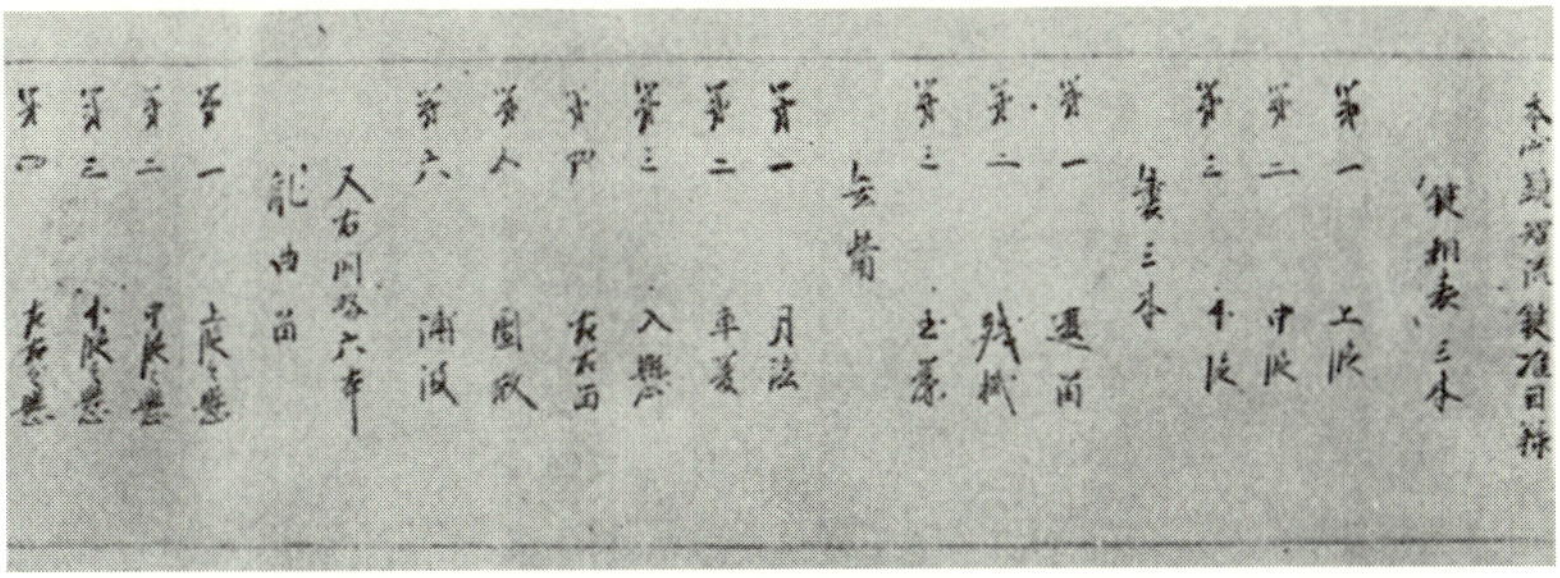

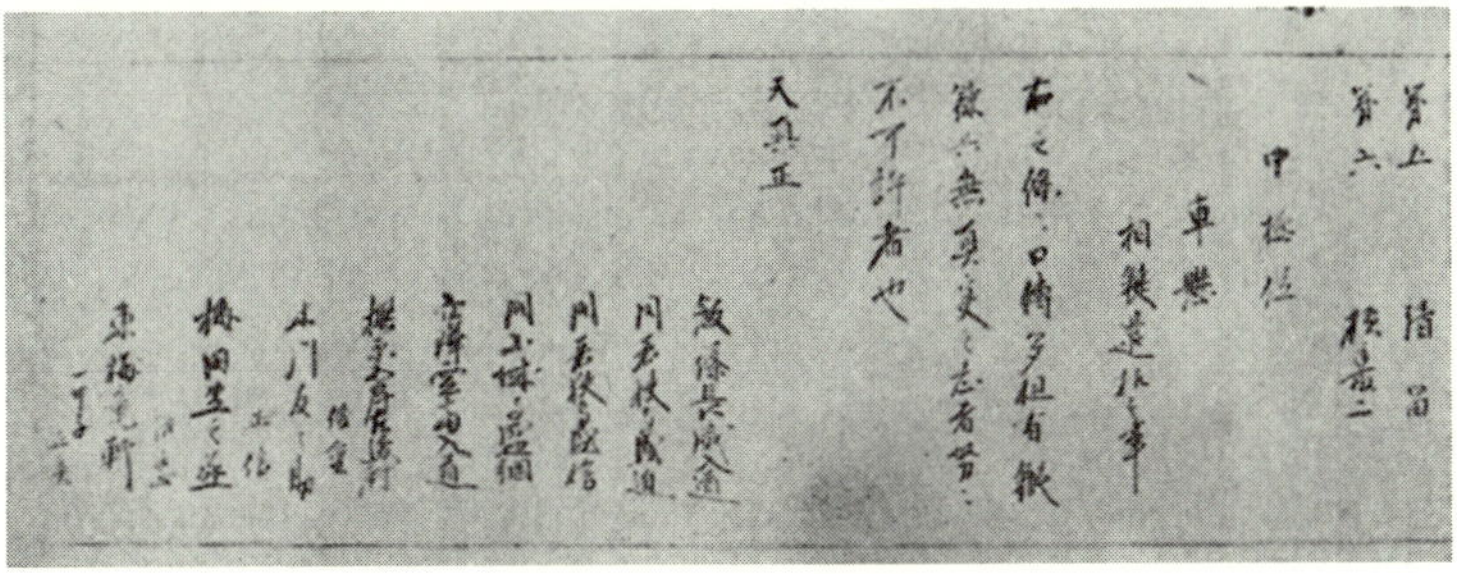

『本心鏡智流鍵准目録』

いが、治忠のごとく盛んなる者はない（鍵槍の諸流中、梅田の流が最も広く流布したという）。後、ひそかに本心鏡智流と称した（『古老茶話』には鏡智流とあり、『異説区』には梅田流としている）。その末流が諸州にすこぶる多い。元禄七年八月二十三日死す。法名は勇山精功という。神波理助政利が治忠にしたがってその宗を得た。治忠の門人は多いが政利が傑出している。後、次大夫と改称し、また惣大夫と呼ぶ。内藤駿河守清信に仕えて信州高遠城代になった。元禄十四年正月十五日、享年六十有九にて死す。法名道看。

宝蔵院胤栄

宝蔵院（奈良興福寺は朱印二万五千石、坊数四十余もあり、いずれも清僧といって肉食妻帯せず、春日明神の社務を担当している。宝蔵院もその一で、位置は興福寺の域外に離れている。寺領三十三石余）覚禅房法印胤栄は、中御門氏（祖父は中御門薩摩胤定。父は但馬胤永。共に興福寺の衆徒であったが、胤栄に至って興福寺塔中宝蔵院の院主になった――『中御門系図』胤栄の俗名は伊賀伊賀守という――『国朝大業広記』）。僧徒で釈門ではあるが、刀槍の術を好み、柳生但馬守宗厳（厳）とともに刀術を上泉伊勢守に学ぶ（一説、『武芸記録』と題する旧記には、富田与左衛門源朝から慈恩流を伝授されて後に十文字槍を工夫したとあるが、この与左衛門が与八郎つまり富田越後六左衛門をさすとしたら、越後のほうが弱年だからツジツマが合わなくなる）。また大膳大

宝蔵院胤栄（『復讐銘々伝』より）

宝蔵院流初代胤栄（『武稽百人一首』）

夫盛忠という槍法の達人があった（姓は成田ということになっているが、確証がない。疑問の伝説的人物で、奈良奉行だった川路聖謨が六代目胤懐から聞いた話でも、大膳大夫は門前百歩のところで急に消えてしまったことになっている）。諸州を修行して南部に来たので、胤栄はこれを宝蔵院に留め、槍法を学んで熟達した。多くの門人中、中村市右衛門（後出）ひとりが宗を得た。胤栄は、あるとき、

「拙僧は仏門にあって武事を業とするのは、まことに本意でない。拙僧のあとを継いで宝蔵院主になる者は、かならず武事を学んではならない。もはや武器を手もとに置かぬようにしよう」

といって、兵器若干みなこれを中村市右衛門にさずけた（彼は二代目胤舜に武技を習うを禁じ、自分は隠居して観音院と号した）。後つぎの権律師禅栄房胤舜（山城加茂の郷士で、俗姓は満田氏）が十九歳のとき（川路聖謨の日記には、十五歳のときとある）胤栄は死去した。時に慶長十二年正月二日、享年八十七歳（この死去年月は誤っている。補記参照）。

二代目の胤舜おもえらく、

「わが此の寺の有名なのは釈氏遺経の故ではなく、ただ先代胤栄の槍術のおかげである。だから私もその槍術を継がないでおるわけには参らない」

と。宝蔵院の近辺に、奥蔵院という日蓮宗の僧がいた（『武術系譜略』には興蔵院とあり、また宮本武蔵玄信が武者修行の途次、奈良で興蔵院が試合をいどんだが武蔵は苦もなく勝

ったと『二天記』にある）。この僧が初代胤栄にしたがって精妙であったから、二代胤舜はこの人について日夜勉習し、ついにその極に到達した。まことに槍法の神に入る者というべきである（川路聖謨の調査によれば、二代胤舜を指導したのは、宝蔵院の中間で猪兵衛という男であったという）。慶安元年正月十二日死、六十歳。覚舜房法印胤清継ぎ、元禄十二年四月四日死す。六十五歳。あるいは言う、胤舜十六歳のとき胤栄逝くと。按ずるに胤舜は天正十七年出生だから、慶長十二年胤栄逝くときは十九歳だったか。

　山上秀澄いわく。宝蔵院胤栄は釈氏であるが、刀槍の術に達した。高観流の直槍を修行者に習って後に、工夫をくわえて鎌槍にした。宝蔵院流という。

宝蔵院胤舜（『武稽百人一首』）

愚いう（繁高評言）。山上の説を以って考えるのに、大膳大夫盛忠は高観流の達人であったのだろうか（『日本武術諸流集』には、高観流としないで、高流としている）。山上氏は阿部正邦につかえて、刀槍の達人である。

　森義豊いう。穴沢という長刀達人が、宝蔵院胤栄と仕合を望んで南都に来て、宝蔵院の下僕として住みこんだ。その人品の尋常でないのを見て、胤栄が、ひそかに呼んで事情をきくと、穴沢はかくさずに真実を語ったから、胤栄はおどろいて、正座につかせ、望みに応じて試合したが、その試合を、奥蔵院という僧が側にいて見たということである（初代胤栄が宝蔵院流の表九本・真位六本あわせて十五本の式目を制定したのは、この穴沢と、五ノ坪流の五ノ坪兵庫と柳生宗厳の協力によるという。裏の型五本・六本あわせて十一本は二代胤舜が制定した）。

　愚いう。「鎌槍は昔はなかったのを、胤栄が工夫して創製した」というのは誤説である。上代鎌槍というものがあった。それが後世の鎌槍と呼ぶものである（胤栄は鎌槍の用法について考案した第一人者であるが、俗説では胤栄が鎌槍を発明したように言う。講談のネタになった『柳荒美談』や『増補英雄美談』などは、発明の因由を色々に作為して書き、『鵜の真似』には胤栄が、頭のむしれた箒木の柄の十字釘の残ったのを見て発明したなどと、噴飯的な考証がしてある）。

【補】宝蔵院流の補足

『国朝大業広記』にいう。

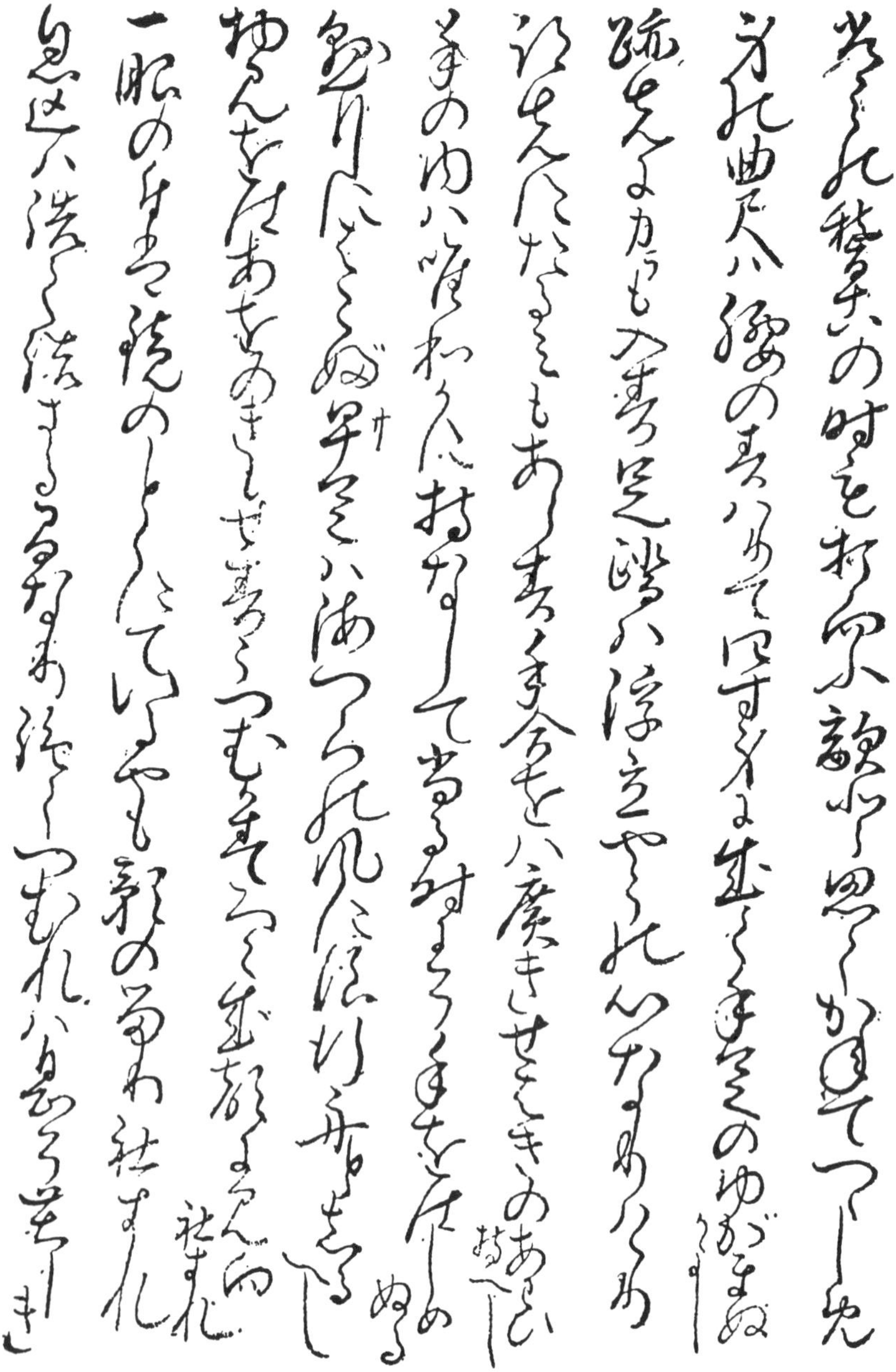

『宝蔵院流百首』の巻頭

いはく従へ当れまてあまかきしやなきれはゆへまはれよ
中に随分かくいはすむかしれるるは只髪れもいらきるれ
一子出生の父母かく随分れ信をたちて枕かくをえ当し
東草定心れ本をとりもし切さるれはきいくろまれ
かくいふを探まて探れまた子れ曲れ遠いふれは当るに仏為
為へくより地をいをえて仏の世大小れ極すい随の志をとろ当す
随分をえんくしの不往愚なれ有ふへ中すいふあれは人念
不孝の子くと当る中れ極まふへし罪子なな人のかくすまめ
子も掛りて手を見て掛り入ぬれはも穢土の地をはなれ当り往すれ

慶長十二丁未年八月二十六日、南都興福寺の鎌宝蔵院法印胤栄覚禅坊（俗名、伊賀伊賀守これなり）卒す。年八十七。天正のころの人にて（『綾瀬先生遺文』新当斎試技之碑、の文中に、天正中、南都宝蔵院僧覚瞬坊胤景、槍術集古今之大成とあるが、法号がデタラメであるし、天正ごろといえば初代胤栄はすでに四十五、六歳になっていた）、加藤清正・武田勝頼らの槍術の神文、いまに至って存せり。二世を権律師胤舜禅栄坊と号し、正保五年正月十二日、六十歳にして卒す。三代を法印胤清覚舜房（後見の中御門半入清原胤張に学ぶ）といい、元禄十四年四月四日、六十五歳にして卒す。四世を大法印胤風覚山房（満田権右衛門清原胤成の子）と号す。当代の宝蔵院なり。（中略）しかるに胤栄より以来代々槍術を以って家とし、出家たりといえども往来に槍を持たしむ。しかのみならず、槍術に長ずる者無き時は、五年も七年も無住にして。兎角その術に長ずる者門下にある時、これを住持職とす。されども陪臣・地下の者を禁ず。三衣（仏教語で、僧の着用する三種の袈裟をいう）を着すといえども、はなはだ不浄を忌み、不幸の家にいたるといえども地幅（土地の区切り）を越えず。これ春日の社に奉仕するの故なりと。

四代目より以降を『宝蔵院流歴代略記』その他の文献によって補うと、次の通り。

四代目覚山房胤風、享保十一年九月上覧試合。同十六年十二月六日卒。四十六歳。五代目乗織房胤憲（満田権右衛門清原胤勝の二男で、四代胤風の甥である）、天明元年と文化二年に上覧。同五年七月十七日卒。六十三歳。六代目覚定房胤懐、この人が川路聖謨が奈良奉行時代の当主で、彼は胤懐との交際を通じていろいろなことを聞き出し、日記『寧府紀事』に書きこんでいる。その内の数条を要約する。

初代胤栄は、松永弾正に召されて槍試合にのぞみ、十二名を相手に連勝して、これより彼の武名が上がったという（松永弾正が大和の守護に補せられたのは永禄十一年で、胤栄は四十幾歳になっていた）。

宝蔵院の道場はひどく立派だった。門も稽古場も瓦ぶきで総檜造り。まるで能舞台みたいだ。板はすべて節穴一つない。柱は六寸角でタッパが高く、すだれのように透間もなく立てかけた稽古槍の穂先から、まだ二尺以上も上がすいている。床つき八畳の間の見物席。それに広い次の間がつき、うしろはゆっくりとした通し縁である。稽古場の片隅に、愛宕の勝軍地蔵と、春日の赤童子が勧請されてあった。

ある日、胤懐法印が川路に会いにやって来た。いつものことであるから座敷へ通して槍の話などしたが、その時ふと思いついて、きいた。

「御坊を呼ぶのに、いかが呼べばよろしいか。先生といいましょうか。方丈というべきか。御院主と呼べばよろしいか」

すると、胤懐がいった。

「いや。その点は御自由でござる。世人はいろいろに呼びまするでな。上人という人もあれば、御師匠、なかには和尚とよぶ人もある（和尚というのが実は正式の呼名であったらしい。『塩尻』に宝蔵院のことを述べて「その門人、師をよんで和尚という。いま他所にて僧ならぬ者の剣術・馬芸などを教うる者をも和尚とよぶ。もと宝蔵院より風をなせりとぞ」とある）。わが寺は不思議なしきたりで、始めて会う人には剣をさして面会いたしますよ」

そういえば、今日は白衣に水晶の数珠をつまぐり、そのくせ神主みたいに中啓をもっている。

川路は、もてなしに冷素麵を出した。

「わしが奈良奉行でなければ、魚類を出すところだが、奉行をしている間はダメだ。僧侶の戒律をやぶらせるわけにも行かぬから、三衣には、いっさい魚類を出さぬことにしている。時に魚類でおもい出したが、だいたい出家というものは殺生戒をまもらねばならぬ身だのに、宝蔵院は人を殺す術を教えている。これは大笑いじゃないか」

と云うと、胤懐は明けっぴろげに笑った。

「いやもう、それを云われると、こまる。わが寺では二代、三代ころまでは、いっさい精進ということをしなかった。稽古はじめには狸汁を出したものだが、いまはそれを止めて、狸汁モドキというもので代用している」

奈良の僧侶の習慣で、サシコという下裳を着けている。試合のときには袴もはかないし、襷もしない。コロモの袖を首へ通して、それで襷掛けの代用をさせる。これが宝蔵院での僧の稽古姿であった。云々。

中村市右衛門尚政

中村市右衛門尚政は槍法を宝蔵院胤栄に学び、ついに極に達した。後、越前に行って参議忠昌卿に仕う。大猷大君（家光）が尚政の刺穿を見たい、というので柳営に召され、その術を台覧に備えること三度、大猷大君ことに褒賞され、令名が四海にあふれ、誉れを千歳に伝えた。いうべし槍法の英と。

【補】中村市右衛門の事績

中村市右衛門尚政は、本姓藤原氏。父は中村金次郎といい、もと福島正則の臣であった。浪人して商家となり、猿屋六兵衛という。その子尚政は、十四歳より宝蔵院胤栄に学び、二十九歳、奥儀をきわめた。時に慶長十年、中村市右衛門と称す。さらに二十九流の武術を研究し、明国に渡って国王より賞賜品を得、慶長十一年帰国した。師の胤栄とともに禁闕に召されて叡覧に供した。その後、将軍上覧三回。寛永八年、越前福井の松平忠昌に召し抱えられ、三百石。他に長束流剣術の祖でもあった。承応元年死去、七十五歳。養子中村八太夫重行から以降、代々師範役として世襲した。流名は宝蔵院流中村派という。

市右衛門が江戸へ下って、将軍家光の上覧試合に出たのは正保三年三月二十三日のことであった。相手は御側衆の岡田淡路守であったが、岡田は二度試合して、二度とも槍先をチョイと中村に当てた。これで中村は明白に負けたのだが、世間にはこれが、宝蔵院が上覧試合に負けたのだという風に誤って伝わったので、奈良でそのうわさを聞いた当時の院主二代目胤舜がカンカンに怒り、南都から江戸へ出てきて、上覧試合を出願したが許されず、ながながと滞留したけれど、ついに上覧試合は行なわれなかった（『雑話燭談』・『翁草』・『砕玉話』）。

中村は生涯に三度上覧試合に出たが、いずれの時か、高橋左近と立ち合った時に、少し変った話が伝わっている。

将軍は高橋をお膝近くへ呼び寄せて、

「予には註文がある。今日の試合では必ず相手を突いてはならないぞ。しかけて来ても、構わずに、じいっと相手のヘソのあたりをねらっているのだ。突いてはいけない。いいか」

「はっ」

試合は始まったが、高橋左近は将軍の命のまま、ぜんぜん突こうとはしない。

中村市右衛門、やりにくくてかなわないものの、我がヘソに的を付けた相手の槍が気になって、自由な働きができない。そのうちに、久世大和守が仲へ入って、引き分けた。宝蔵院流の名手という名に似ず、案外に手筋がすっきりしなかったので、あまり評判はよくなかった。もしここでうまく働いていたら、将軍は彼を旗本に取り立てるつもりだったらしいのだが、中村は完全にその機会を逸してしまった（『紳書抄』）。

高田又兵衛吉次

高田又兵衛吉次（本姓土岐氏。通称は始め八兵衛。号は崇白、一に宗伯に作る。天正十八年伊賀国白樫村に生まる。慶長十九年、父と共に大坂城へ入り、父は戦死した。流名を宝蔵院流高田派という）は、中村尚政にしたがって槍法の妙術を得た（『福岡篤行奇特者事蹟類纂』には、高田又兵衛を宝蔵院初代胤栄の内弟子としている。他に直槍を五ノ坪流祖の五ノ坪兵庫頭之政に学び、剣は柳生流、薙刀は穴沢主殿助の門人であった）。後、小笠原右近大夫忠政につかえた（彼は元和九年から仕えたから、小笠原家がまだ播州明石城主の時代からであり、宮本武蔵玄信が同藩の客臣であった当時である。四百石、後に千石）。列侯・諸士がたくさん高田に入門して槍術を学び、これほど盛んなのは未曾有（みぞう）であった。ここにおいて大猷大君が吉次を柳営に召して、槍術を上覧に入れた（寛永五年という。『小笠原忠真公年譜』には慶安四年四月十四日とあるが、これは二代目栄伯である）。登城して見物した諸侯や旗本が、大いにその技術に感嘆した。

後日譚であるが、又兵衛吉次が小笠原家の使价（しかい）（使者）として、紀州徳川家へおもむいたことがある。大納言頼宣卿はたいへん槍術がお好きな方であるから、使者の用務がすみ拝謁がおわると、吉次の槍術を見たいと仰せられた。吉次は固辞したが、頼宣卿が余りに強く乞うので、止むをえず紀州侯の近臣某と試合をして勝った（相手は、初代大島雲平か。大島伴六の補記参照）。頼宣卿は、いたくこれを褒賞した。後、『古老茶話』にあり、年代的に見て、初代大島雲平か。大島流の名手某と

豊前小倉の城下に住む（藩主小笠原氏が、寛永九年に明石か

ら小倉へ移封されたからである）。嫡子の又兵衛にゆずって、自分は隠居し、宗伯と号した。子孫相続して小笠原家につかえている（宗伯は寛永十一年正月二十三日死去、八十二歳。小倉市峯高寺に葬る。高田宗伯には四子あり。長男又兵衛吉深は前名を斎（ひとし）という。後に乞うて臣籍を脱して黒田家につかえ、二男新兵衛吉次は出でて藤堂侯につかえ、三男八兵衛吉近と四男弥太郎吉通の二人が小笠原家にとどまった。父宗伯を相続したのは四男の弥太郎吉通、号栄伯で、栄伯は正徳二年七月五日死す）。

また吉次の門人中、森平三清政綱（一書に森次清徳また政綱）・河辺弥右衛門盛連・不破慶賀（江戸で浪人暮らしをして世に出る機会がなかったが、高田又兵衛・山本加兵衛・石野伝一・丸橋忠弥に併称される槍の名手だったと『古老茶話』にいう）等が、おのおのその宗を得て、江戸で槍術で有名になった。

【補】高田宗伯と四男栄伯

高田又兵衛宗伯が小笠原家に召し抱えられたのは、小笠原忠真が播州明石城主だった時代である。小笠原家は元和二年から寛永九年まで明石にいて、それ以後、豊前小倉へ移封になり、又兵衛も伴（つ）いて移った。明石時代小笠原家には、宮本武蔵玄信が客分として滞留しており、豊前小倉時代にも、島原乱に馳けつけた武蔵は、寛永十七年に肥後熊本の細川家へ招聘されるまでの数年間を小倉の養子伊織のもとで過ごしているから、高田又兵衛と日常の交際があったと思われる。

『兵法先師伝記』（天明二年）に、こんな記事がある。

小笠原侯が高田又兵衛と宮本武蔵に、試合をして見せろと仰せられる。高田は辞退したが、たっての所望にことわり切れず、武蔵は木刀、高田は十文字竹刀（しない）の槍で立ち合うことになった。

武蔵は中段の構え。それにむかって高田は三度まで突っかけたが、三度目の槍が流れて武蔵の股間に入った。

「拙者の負け。又兵衛の槍にはかないませぬわい」

と、武蔵がいう。

「いや、武蔵どのはまことに名人。とうてい突き当てることはでき申さぬ。しかし今日は私の顔を立てて、勝をゆずってくれたのでござる」

これが又兵衛のあいさつであった。

小倉藩の士風を書きあつめた『鶉の真似』に、ある日、宮本武蔵が、

「どうじゃね、久しぶりに、ちょっと立ち合って見ないか」

と、又兵衛に云った。

よかろうというわけで一試合したが、あとで武蔵が、

「なんと貴様、ずいぶん手を上げられたなあ。このぶんでは、もう十文字槍をやめて直槍（すぐやり）にしたらどうじゃ」

と揶揄（やゆ）したと書いてある。武蔵が、十文字槍をケレン道具と見なした点が、おもしろい。

寛永五年の上覧試合には、又兵衛は長男の高田吉深と共に演武し、門人の観興寺七兵衛が打太刀をつとめた。又兵衛は、

かねて〝石槍の技〟というわざを創案していたが、上覧のときには〝巴の槍〟と称する一槍万人に当たる秘術をおこなったと、『北豊偉人叢話』にある。


この又兵衛、かつて紀州家へ使者に行ったとき、南竜公(徳川頼宣)に望まれて、大島流の名手某(といえば、初代大島雲平吉綱であろう。七百五十石。明暦三年十一月死去、七十歳)と試合したが、ただ一突きで突きとめた。あまりにあっけないので、

「いま一度、所望」

と仰せある。だが又兵衛は、

「小笠原家にては死者と槍を合わせることは仕りませぬ」

と、言下にことわった——と『古老茶話』にある。この時の咄は、前にも引用した『兵法先師伝記』に拠ると、もっと複離な経緯があったらしい。


このとき又兵衛は二人の槍術家と試闘したが、はじめの一人には三度戦って三度とも勝ち、相手の竹刀槍は一度も彼に当たらなかった。二人目の相手、これは五十歳ばかりで惣髪、どうやら槍術師範役の老巧者とおもわれる。


又兵衛は使者に来たのを引きとめられての試合であるから、始めから気がすすまなかったのだが、たっての所望で試合をしたのに、すぐつづいて二人目と試闘せよと云われたのが、少々かんにさわった。

「私儀は重要な御使者で来申したのに、存じがけなく御意をこうむる故、よんどころなく試闘をごらんに入れたのでござる。再三の御意は迷惑千万なれど、かくなる上は紀州の槍、何本にても御相手つかまつりましょう」

と、大声でいう。この発言で、二番目の試合に殺気が出たのは自然の成行きである。


激しい突き合いになった。三合、四合と、目まぐるしく渡り合ううちに、又兵衛、相手に突き勝って、自分の槍を下に置こうとする。と、そこを見こんで突き入れた相手の槍が、又兵衛の腕をかすめて袖を突き抜けた。

「そーれ、当たり申したぞっ」

と、相手がさけぶ。

「何の当たり申そう」

「いや、たしかに当たったった。拙者の勝ちだっ」

と、相手は火のようになって主張する。


又兵衛は、かっとなった。やにわに槍をすて、腰の脇差を抜いて自分の袖をグサッと突き破る。

「見ろ。袖を突いて人が死ぬるかっ」

又兵衛は大声で云い放った。


上段の間で見物していた紀伊大納言、このときサッと顔色を変え、座を蹴って奥へ御入りになる。さあ殿さんを怒らせたのだから、この場が無事におさまりそうなはずはない。


が、おそばに居た家老の安藤帯刀、よくできた人で、

「大納言どのの御立腹せられし後は、われらが良きにとりはからいましょう。いや、貴殿の御手ぎわ、まことに感じ入りました。まずお引き取りあれ」

といい、なおこの件が又兵衛の落度にならないようにと、小笠原侯へもうまく取りつくろってくれたのであった。

宗白は大酒のみで、藩侯に槍の稽古をつけたあとでは、きまって大盃で酒を三献よばれることになっていた。この盃を〝又兵衛盃〟といって、後世まで御小納戸（膳番・庭方・馬方・鷹方その他を分掌する）に保存されていた。彼は槍の柄を三寸ぐらい切り取り、それを二個、いつも袂に入れて用心のために持ち歩いていたという。

二代目高田又兵衛（栄伯）にも逸話がある。ある日、水戸家の一族、若殿の松平大学頭から、

「どうだ入道、一試合しよう」

と、いどまれた。相手が若殿なので、やむをえず、

「御所望ならば」

といって槍をとるや、遠慮もせずにたちどころに三本までたたきつけた。そのあとで、

「名門の若様と千石取りの家老では、どちらが負けても体裁のよいものでござりませぬ」

と言ったというから振るっている（『古老茶話』）。

『倉府見聞集』に次ぎの記事がある。

「いにしえは芸術（武術ばかりでなく、一般芸能を通じてその技術を芸術といい、それに従うものを芸者という）修行する人も、深切なりし由。高田宗伯殿は門弟の稽古するに、顔を上げて見られざりし由。それにても旅よりも慕い来たり、おびただしき門人なりし由。次ぎの栄伯殿よりは、居ながらそれこれと指南し、三代目宗円殿は稽古場に下りて教えられ、次第に門弟も進まずになる故、先生も弟子の機嫌をとるようになるなり」

下石平右衛門三正

下石（おろし）平右衛門三正は、はじめ山田瀬兵衛といった。侍従松平忠明につかえて大和郡山（こおりやま）の城下に住む。壮年より槍法を好み、南都へ行って宝蔵院胤舜に鎌槍を学んで、その宗を得た。また茶をたしなむ。後、奥州白川におもむき、致仕（ちし）して侍従松平直矩につかえ、五百石を領した。後また浪人して江戸へ出、下石道二と改称して、槍術で大いに名を売った（下石派という）。後、播州赤穂の城下で死す。森勘右衛門義豊という者が、下石三正にしたがってその宗を得た。はじめ侍従直矩につかえ、後、致仕して江戸におり、文書をこのんで和歌が上手だった。また旅川弥右衛門政羽（又は政嗣。号は鉄岳）という者、義豊と同じく三正にしたがって宗を得た。酒井左衛門佐（のすけ）忠真につかえた（工夫を加えて、長十文字という三間柄以上の槍を用うる一流を創めた。旅川流という。江戸に道場をかまえ、後に門人達が道灌山にその碑を建てた。二男の旅川矢右衛門が継いだが、享保九年、訴状を幕府に呈して大岡越前守の裁判にかかり、庄内藩におあずけになった。途上、門人らが千住駅でこれを奪おうとする騒ぎがあり、郷入りに処せられた。『柳塘絹譚』に、当時郷里において風聞いたって悪しと、悪評が出ている）。

森義豊いわく。下石道二が南都へ行って、槍術を胤舜に学んだ時、奥蔵院は九十歳ばかりで、まだ気力がさかんであった。この奥蔵院が二代胤舜に槍術を伝えた僧である。

伊東紀伊守佐忠

伊東紀伊守佐忠（補記参照）は奥州の人である。槍法を好んで管槍（くだやり）に精達した。伝書には管槍を〝早槍（くだやり）〟と書いている。流名を建孝流（はじめ運籌流、俗に越前運籌流）と称した。これを落合長門守康正に伝え（『張藩武術師系録』には康政とある。また虎昌、虎正。近藤派系図に桶狭間にて戦死とあり、又、信州出身で、もと武田信玄に仕えていたという）、高木刑部左衛門昌秀（信州浪人。槍の石突きを鶴嘴形に替えたのは、この人からといい、一説には、彼の門人の小笠原貞春からともいう）が落合の伝を受けて妙を得た。小笠原内左衛門貞春（『師系録』には内記とあり、一に内記介。また貞冬。この人より以降、槍術に薙刀の伝を付加した）は昌秀にしたがって名手となり、相伝の槍法に補訂を加えて中興し、後に中納言利常卿（加賀藩主前田利常）につかえて采邑千石を領し、加州に住した。後、相州箱根駅にて死す。門人が多かったが、葦谷治兵衛言真がその宗を得た。

また虎尾紋右衛門三岫（『師系録』に孫兵衛三安とあり、『虎尾流系図』に越前の人という。運籌流を継いで、直槍と十文字槍の伝を加えた。一に虎尾流）・田辺八左衛門（名は長常。初名は長五郎。大坂役に秀頼にしたがい、鴫野合戦で勇名を馳せた。落城後は若狭近江に流泊し、京極・蒲生・加賀前田等から招かれたが応ぜず、尾州家につかえて千石。寛文四年七月十三日死す、八十六歳。一説に、八十七歳。名古屋市中区門前町大光院に葬る）という者あり、貞春について力学多年、後、また言真について宗を得た。田辺は槍術をもって尾州義直卿につかえ、采邑八百石（誤）をたまわる。子孫相続して尾州にあり、今なお虎尾流・田辺流（一に行覚流ともいう）と称する。末流が諸州にある。

また水島見誉言之（通称は平左衛門。号は兼与斎。『家譜』に、越前の南条党にて、本姓は岡という。堀久太郎の臣であったが主家没落後浪人し、寛永十三年紀州藩に召し出され、五十人扶持を得た。後に三百石。なお見誉は近眼で、稽古のときタンポ槍の先に紙片を付けていたと『南陽語叢』にいう。流名は槍術を兼与流、縄術を水島流という）という者があり、壮年から槍術を好んで小笠原貞春の門に学び、後、虎尾三岫にしたがって宗を得て精妙であった。紀州に召されて大納言頼宣卿につかえ、槍法を以て名を華夷（かい）に知られた。慶安四年六月二十日死す（六十一歳）、法名は奪境見誉。

【補】伊東紀伊守佐忠の補足

奥州の人、あるいは越後の人という。佐忠、一に祐忠。後、紀伊入道と称した。室町末期、蘆名家の臣で（一説――奥州古河の家臣）、つとに槍術に志し、夢想により鹿島大明神および摩利支天より、管槍の秘術を会得したという。一説――伊東は戦傷のため左拳が意のごとくならず、始めて管を用いることを創意した（『御家中武芸はしり廻り』）。神道流刀槍二術から六十二カ条の皆伝を得、さらに神道流の分派十二流のうち七流の相伝を得、工夫して一流を創めた。建孝流、また伊東流（俗に伊藤流）といい、この流の槍は初めは寸尺の規定がなかったけれど、江戸初期以降、全長一丈一尺一寸、金属製三寸五分の輪（管）を柄に通し、穂に近い部分に鍔があって管を留めるようにした。左手に管をにぎってしごくと、素手でしごくよりすべりがよいから、〝早槍〟と書いてクダヤリと訓ませた。伊東流という流名で伝統したのは尾州藩・米沢藩等で、後にいろいろな流派に分かれた。

石井兄弟の亀山仇討を脚色した実録小説『元禄曾我物語』に、管槍の印可状をのせているが、流祖を伊藤某とした以外は、すべて作り物である。

【補】管槍の発明者の異説

管槍の発明者は大谷刑部だと一般に信じられている。『本朝世事談綺正誤』には、

管槍は慶長のころ、越前国敦賀の城主、大谷刑部が始めて作った。刑部は病気のため手が自由にならないので、こういったケレンの槍を案出したのだ。事始（益軒の『和事始』）という書には、手棒左馬之助という者が始めて作ったというが、手棒（手首がないか、あっても指が全然きかない不具者を手棒という。野口英世が少年時代に手棒手棒とさげすまれた話は名高い）とは人の苗字というより、仇名だろう。大谷刑部は前名を左馬之助といっていたから、思うにこれは同一人物である、云々。

と書いているけれど、管槍の発案を慶長ごろとしたのは、大変まずい。刑部は慶長五年に、関ガ原戦争で四十二歳で戦死している上に、慶長以前に管槍の流布していた事例もある。例えば『多賀谷七代記』にいう。

文禄二年の春、もと今川義元の家来だった長谷川靭負という武士が、常陸の下妻へ来て管槍を教えていた。所の領主多賀谷重経が、ある日、長谷川を招いて管槍の利について尋ね、その結果、家来の白井全洞に命じ、その手の者十人に二間柄の槍をもたせ、長谷川の手の者十人に管槍をもたせて試合をさせたところ、管槍はさんざんにやられ、長谷川はほうほうの態で下妻から逃げ出した、云々。

ついでに書いておく。慶安事変の丸橋忠弥の槍術を、管槍と書いた文献が多い。しかし本当は十文字槍である。

【補】建孝流の分派

伊東紀伊守の早槍の伝統は、後にいろいろな流派に分かれた。『張藩武術師系録』・『貫流槍術伝統図』・『伊藤流管流近藤派系図』・『虎尾流系図』その他を総合して、ざっとした分派系譜を示し、若干の主要人物の経歴を略記しておく。

落合長門守・高木刑部左衛門・小笠原内記・虎尾孫兵衛は前出。

福沢先右衛門良由――はじめ脇坂侯、後に尾州家に仕えて二百石。軍用の槍を発明して警備の者に学ばせた。これを〝御流儀〟という。三百石に上り、享保十六年十二月十四

- 伊東紀伊守佐忠（伊東流・運籌流・建孝流）―福沢弥五太兵衛良勝―（三代略）―福沢先右衛門良由（軍用槍・御流儀）
  - 落合長門守康政―高木刑部左衛門昌秀
    - 小笠原内記貞春（覚天流）
      - 虎尾孫兵衛三安（虎尾流）
        - 佐分利円右衛門忠村（佐分流）
        - 轟勘兵衛―津田権之丞信之（貫流・津田流・一兮流）
          - 三枝新八信清
          - 大藤金右衛門共時（大藤流）
          - 青木武太夫保知（青木派飛電流）
          - 松井市正（十知流剣術・貫流）
        - 深美新兵衛由良（打水流）―深美利左衛門天岑（天淵流）―岡本助右衛門長当（剰水流）―近藤九兵衛元高（近藤派）
          - 近藤善左衛門元安（元安流）―近藤半之丞就元（円玄流）―近藤九兵衛薫元（空玄流）
        - 葦屋次兵衛言真―水島見誉言之（兼与流）
          - 水俣成俊―藤本伴右衛門重次（覚空流）
          - 石野伝一氏利（離相流）―外山五太夫利昭（外山流）
        - 田辺八左衛門長常（行覚流・田辺流）
        - 松本半蔵宗真（妙見明伝流）―井上兵左衛門照一（妙見自得流）
        - 堀金太夫隣実（越前運籌流）
      - 池田堅物吉政（覚三流）
    - 小山田将監貞親―小山田多聞貞重
  - 織田彦三郎景俊―槙野久兵衛茂俊（日下一旨流）―松本長門守定好（一指流）―土岐山城守頼行（自得記流）
  - 堀金太夫隣実（越前運籌流）
  - 近藤吉左衛門

日死す。八十四歳。名古屋市中区宮出町の永安寺に葬る。

佐分利円右衛門忠村――はじめ吉兵衛また源太夫、後に智忠。初姓は佐分利であるが、後は利字を省いてサブリと訓む。大垣の人。一説に大坂城の浪人とも。尾州藩主徳川義直のとき、槍術指南として召し抱えられた。延宝七年十一月二十九日死去。

津田権之丞信之――号は一兮（けい）。十六歳で免許。はじめ伊藤管流と称していたが、後に貫流とあらため、俗に津田貫流・津田流・管流・一兮流などとも呼ばれた。尾州義直のとき進物番。漸次栄進して元禄五年、槍奉行、三百石になった。元禄十一年七月八日死去、名古屋市西区山田町中小田井出の東雲寺に葬る。

近藤九兵衛元高――元禄六年尾州藩に仕え、十五人扶持。後に三十石、宝永七年九月二十五日死去。名古屋市東区松山町の林松寺に葬る。

水島見誉――前出。

田辺八左衛門――前出。

井上兵左衛門照一――祖父は加藤清正の臣。加藤家退転後、父茂太夫は泉州堺に来て医師になった。その第四子が照一である。松本宗具に妙見明伝流の管槍を学び、妙見自得流を開創した。筑前黒田家に仕えて二百石。元禄七年二月五日死去、六十四歳。福岡の香正寺に葬る。甥の井上三太夫久豊が相伝をうけ、久留米藩に召し抱えられた。

松本長門守定好――後出。

土岐山城守――後出。

小山田多聞貞重――後、入道して道存という。はじめ斎藤伝鬼坊に天流を学び、さらにその門人の増田弥次右衛門正胤に学ぶ。天流・卜伝流・神刀流の三流に達した。〝蜘蛛足万字剣〟を発明して、真天流剣術の流をおこした。越前松平忠直に仕えて一万石。忠直が謫（たく）せられた時、多聞は榊原家にあずけられた。後、上杉家に移され、承応二年、羽前米沢で死去した。父より相伝されて一心流棒術三代、伊東流管槍五代である。

青木武太夫保知――一に宅右衛門。尾州藩老、竹腰山城守家中、青木源之助の子。貫流津田権之助の門人であるが、許可なく自分で門人をとったため破門され、浪人して江戸に出、飛電流と称して教授した。

大藤（だいとう）金右衛門共時――一に治時。織田宮内の同心、二百石。天和元年より師範となった。大藤流という。山中覚左衛門に学んで、関口流居合にも達した。享保十四年六月十六日死去。名古屋大淵の大光院に葬る。三子みな師範になった。

三枝（さいぐさ）新八信清――尾州藩士、三百石。貫流のほか、はじめ柳生連也に柳生流を学んだが、師と不和が生じて彦坂八兵衛愚入に就き、円明流剣術に転じた。享保九年正月二十五日死去。名古屋市東区小川町の妙本寺に葬る。

石野伝一氏利――後出。

外山五太夫利昭――後出。

石野伝一氏利

石野伝一源氏利（一に久範）は、初め一蔵といい、後弥平兵衛に改めた。紀州頼宣卿の臣で、石野弥平兵衛正直の子である。正直は後中書王の後胤、赤松則村入道円心第十一代石野越中守氏満の二男。氏満は和泉守と称して、加州利家卿（前田家）につかえていた。氏利は少年のときから槍術を好み、衣笠七兵衛（内蔵助流槍術の渡辺内蔵助の門人。後出）・樫原五郎兵衛（樫原流鍵槍の祖、樫原五郎左衛門俊重。補記参照）の門に学んで、その宗を得た。頼宣卿の命によって水島見誉言之（前出）にしたがって多年学習し、ある日惺然として妙を悟った。頼宣卿大いに称揚して、

「氏利の槍術は極をきわめている。古今独歩というべきである。今から離相流と号するがよい」

と言った。慶安四年江戸に召され、三月二十一日柳営において技術を大猷大君（家光）の台覧に入れ、名誉をあらわした（『祖公外記附録』には、この上覧試合に「伝一不参」とある）。原田太右衛門（『紀伊人物誌』には原田太郎左衛門とある）がそのときの試合相手であった。原田の享年は三十一歳。伝一は紀州に帰ってから、ますます門人が増加した。まことに盛んなりと言うべきである。元禄六年十一月十日、七十三歳（一説――七十歳）にて死す。法名は刃霜一剣。戸山五太夫（外山が正しい。字は利昭。延宝八年三月石野伝一のすいせんで紀頼宣に召し出され、十五両三人扶持、後七十石に上る。享保十一年七月二十六日死。子孫代々外山流槍術師範）がその宗を得て紀州におり、中納言吉宗卿につかえた。青岡弥左衛門利之という者、その先は濃州岩田の人であるが、祖父を岩田助之進、のち助右衛門といって岐阜中納言秀信卿につかえたが、慶長五年、稲葉主膳・佐藤久左衛門・斎藤治部左衛門とともに、秀信卿に属して紀州高野山におもむき、後、居を京に移した。その子の七兵衛（岩田七兵衛――『南陽語叢』）、のち道節に改称して大納言頼宣卿につかえ、青岡弥左衛門の女をめとって、利之を和歌山に生んだ。利之は幼より石野氏利の門に遊んでその宗を得た。延宝年中、江戸に来たり、その術を以って有名になった（青岡流という）。

ある人いわく。石野伝一、はじめは一蔵、のち弥平兵衛という。十四歳より樫原五郎左衛門にしたがって、鍵槍を習う。十六歳のとき免状を得て、同学の輩をみちびく。また衣笠七兵衛に就いて直槍を学びその宗を得た。そのころ水島見誉言之という槍術の達人があって、沼間兵右衛門という人が見誉の槍術が非凡である由を頼宣卿に申し上げたから、

「それでは紀州で器用な者をえらんで、見誉へ付けて勉強させろ」

ということになり、衣笠七兵衛の弟子の石野弥平兵衛・原田太夫右衛門、大島雲平の弟子の中村四郎左衛門を付けられた。後、頼宣卿が紀州へ召して、五十人扶持を賜う。石野弥平兵衛はますます精心を砕いて学習し、三年にして終に明悟した。頼宣卿大いに賞美して〝離相流〟と名付けられ、心の一字を

伝授し給うとて、弥平兵衛を伝一と改められたという。（南竜院様、離相二字厳旨御秘事、狭衣に種々御工夫の品石野一蔵へ御伝授に相成り、御心之一を御伝之被遊候との思召にて、伝一と申名被下置、流名も離相御流儀と可相称旨被仰付、槍術指南被仰付――『外山五太夫家記』）。

【補】樫原五郎左衛門俊重

樫原流鍵槍の祖。俗に柏原流と書いた例もある。樫原俊重は紀州藩大番の士で、二百石。寛永二十年、文右衛門と改名した。明暦元年三月死す。神道流穴沢雪斎（後出）より相伝をうけ、神道流とも樫原流とも称する。はじめは直槍を用いていたが、後に関口柔心の忠告にしたがい、鍵槍に転じたという。

大島伴六吉継

大島伴六吉継（補記参照）は、加藤肥後守清正の家人である。後、紀州頼宣卿につかえて槍術を以って大いに鳴る。その子、雲平高賢が箕裘の芸を継いで精妙であり、のち、草庵と号した。門人若干。その末流が諸州にある。推して大島流という（後に、草庵の流を大島草庵流といい、それに対して伴六吉綱の流を、大島古流といって区別した）。土屋竜右衛門という者が高賢にしたがってその宗を得た。後、以心と号す（補記参照）。その子の雲五郎が箕裘の芸を継ぎ、大島に改姓して紀州にいた（補記参照）。また種田平間正幸（雲平草庵印可の弟子三人「土屋立右衛門・種田平間・谷忠太夫」と阿州藩中猪子氏伝来書にある）という者が高賢の門に遊んで精妙、江戸にいて大いに有名になった。その子の市右衛門が伝を継ぎ、松平備前守隆綱につかえた。これを種田流という（補記参照）。

【補】大島雲平父子

大島伴六吉継、正しくは吉綱。通称は初め新八、のち雲平、隠居後は伴六。美濃の人。横江弥五衛門の二男で大島雲八光義の養子になった。朝鮮役に加藤清正にしたがい、大坂役に前田利長にしたがって軍功があった。その後致仕して流泊し、越前宰相・伊達政宗等から招かれたが行かず、寛永十一年に、柳生宗矩のすいせんで紀州家につかえ、はじめ三百石、のち七百五十石に上る。明暦三年十一月六日病死した。七十歳

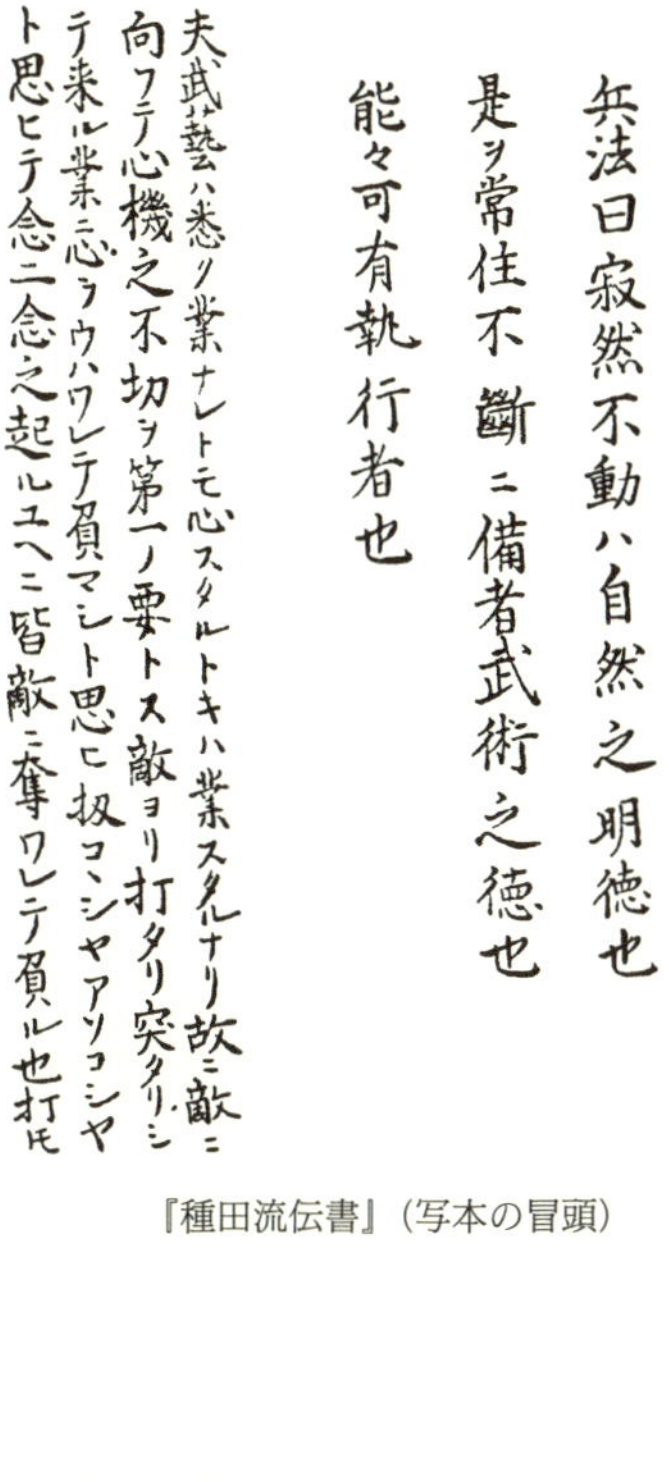
種田流槍術傳書
兵法曰寂然不動ハ自然之明徳也
是ヲ常住不斷ニ備者武術之徳也
能々可有執行者也
夫武藝ハ悉ク業ナレトモ心スタルトキハ業スタルナリ故ニ敵ニ
向フテ心機之不切ヲ第一ノ要トス敵ヨリ打タリ突タリシ
テ来ル業ニ心ヲウハワレテ負マシト思ヒ扱コンシヤアソコシヤ
ト思ヒテ念ニ念之起ルユヘニ皆敵ニ奪ワレテ負ル也

『種田流伝書』（写本の冒頭）

(『大島系譜』・『家譜』)。

その子雲平高賢とあるが、高賢は誤りか一時そう名乗ったのか不明。吉綱の二男で相続、五百石。初名は小源太のち雲平。字は常久。剃髪後は草庵、また耕心斎と号す。元禄九年七月二十五日病死す。七十四歳(『大島系譜』・『家譜』)。

『南紀徳川史』に次ぎの挿話を引用している。

初代雲平吉綱か、二代雲平常久か、どちらの話かは不明であるが、あるとき宝蔵院が紀州へやって来て、紀伊侯の上覧試合がおこなわれた(思うにこれは宝蔵院当主でなく、宝蔵院流の使手、前に書いた高田又兵衛との試合を言っているのだろう。勝負の結果が違うのは、たいてい自分側を勝ったと書くのが人情である)。

試合の当日を明日にひかえて、雲平は甚だしく不安でたまらない。君公の御前で、もし負けたら、それは自分の恥だけでなく、紀伊侯の恥にもなる。

不安のもとは宝蔵院流の十字鎌槍にある。どう考えても、あの鎌に引っかけられそうに思えてしょうがない。くよくよしているのを見て、友人たちが、気晴らしに彼を和歌川の舟あそびにつれ出した。

ところが、はじめの程は、とかくシュンとして意気の上がらなかった雲平が、どうしたのか途中から急にはしゃぎ始めたので、友人たちがびっくりした。

「おやおや御機嫌が変わって来たぞ。一体どうしたのだ。えらく元気が出始めたじゃないか」

と、からかい半分にたずねると、雲平はにこにこしながら答える。

「うん。きゅうに胸の中のシコリが取れたんだ。じつは拙者、明日の試合が不安でくよくよしていたのだが、川の水を見ているうちに、何となく会得(えとく)することがあった。見たまえ。水ぎわの蘆は流水にさからわない。水が来れば伏し、去れば立つ。要するにあれなんだ。拙者が今までくよくよしていたのは宝蔵院の槍の鎌に引っかけられやしないかと、ただそのことばかり心配していたのだが、もうそんな心配はしないよ。明日の試合には、きっと勝ってみせる」

果たしてその試合で、宝蔵院はあっさり雲平に負けてしまった。

【補】土屋竜右衛門と大島雲五郎

竜右衛門、正しくは立右衛門である。初名は清四郎。寛文八年紀藩に召し出されて、十五両三人扶持から四十石まで上る。元禄四年、大島伴六の流儀を皆伝して大島の姓をゆるされ、以心(以心斎)典明と称した。元禄十五年四月二十日死す。六十五歳(『家譜』)。一名を神取以心ともいい、疋田陰流の黒沢庄右衛門の門人である。

その子雲五郎。字は典通。初名は土屋雲五郎。三百石に上る。延享元年四月二十三日病死す。八十二歳(『家譜』)。

【補】種田平馬正幸

平馬、一に平間ともあり。肥前唐津藩士。大島流槍術を大島草庵および月瀬伊左衛門清信(大島流祖大島伴六の門人)

に学び、中江新八二義（前出）の中江流そのほか諸流の粋をとって、一流をおこした。初め江戸に住したが、その子の市左衛門は備前藩に仕え、流名はこの市左衛門より称したともいう。後、平田派・山岡派の二派に分かれた。笹野権三郎の講談で悪役になっている種田五郎右衛門は、まったくの仮作である。

渡辺内蔵助糺

渡辺内蔵助　源　糺は、宮内少輔登の子である。豊臣秀頼公につかえ壮年より槍術を好んでその妙を悟る。かつて秀頼公の師範であった。元和元年五月、大坂落城のとき勇名をあらわして自殺した。門人は多かったが、その宗を得た者は三人で、船津八郎兵衛はその一人である。船津は秀頼公につかえ、のち河越侍従松平信綱につかえた。清水新助が船津にしたがってその技術を継ぎ、船津流といい、あるいは内蔵助流とも称する。

【補】渡辺内蔵助の事績

大坂落城のとき渡辺内蔵助は、自分の二男・三男を矢倉で刺し殺し、乳母（内蔵助の家来の水谷清兵衛の妻である）に嫡男（六歳）をつれて来いと命じたが、乳母が気をきかして、渋紙に包んで縄で塀下へ釣り下げて逃がした。後、捕えられたが、乳母のはからいで渡辺の子であることを匿し通し、南禅寺の喝食（禅寺の有髪の侍童）になり、十八歳のとき細川忠興・一柳土佐守らのはからいで還俗し、ほど経て甲府綱豊（後、六代将軍家宣）につかえて渡辺権兵衛といい、五百石たまわった。内蔵助は一旦大坂を落ちのびて近江へ奔ったが、秀頼自刃と知って立ち腹を切って死んだ（『常山紀談』）。

右にいう渡辺権兵衛は、名は守という。『寛政重修諸家譜』に、

「家伝に先祖渡辺出雲守告、山城国に住し、その子宮内少輔昌、豊臣太閤につかう。その男内蔵助糺、豊臣秀頼につかえ、秀頼生害のとき、大坂において自殺す。これ権兵衛守の父なりという」

と見えている。『武功雑記』巻二に、

「秀頼公陰謀の密談は、渡辺内蔵介と大岡雅楽頭との由。正永は御中といいし女なり、内蔵介母なり」

の記事があり、渡辺は秀頼腹心の側近策謀家であったらしい。豪傑であったことは事実で、『新東鑑』・『古老茶話』等に次ぎの逸話を載せている。

慶長十七年の春、大坂城の豊臣秀頼の詰衆である津田出雲守と渡辺内蔵助が、児小姓十人ばかりつれて野田（いま大阪市福島区の内）の藤見に出かけ、終日酒宴沈酔して、あるいは二、三人、あるいは四、五人ずつ船を浮かべたり、福島・海老江（福島区の内）へんまでぶらぶら歩きをして遊んだ。

このとき林斎という盲人と出雲守が藤を見ているところへ、薩摩藩のあぶれ者が六人もやって来て、出雲守と口論がはじまった。六人の者は、いずれも四尺ばかりの長刀のコジリに小さな車をしかけたのを引きずっていたが（これは嘘話では

ない。津軽藩の徒士小栗山甚次は、長大刀のコジリ車仕掛けで有名なりしこと『奥富士物語』上にあり、又、関口流柔術の二代目関口氏業魯伯が、京都で三尺三寸の太刀のコジリに車をつけて引きずって歩いた話を後に書く。また明治維新の際、鳥取藩の志士託間樊六は五尺の太刀のコジリに小車輪をつけていたという）、やにわにそれを引っこぬいて斬り合いになり、出雲守は十文字槍をふるって応戦して九カ所斬られた。林斎は目が見えないので薪をひろって手あたり次第に投げつけているところへ、渡辺内蔵助が馳けつけて薙刀をふるって三人斬り、ようやく追っ払ったが、出雲守は遂に死去した、云々。

京僧安太夫

京僧安太夫は堀尾山城守忠晴につかえて勇名があった。かつて槍術を好み妙処に達した（正しくは慶僧安太夫直縄。通称は左兵衛、後に安太夫。近江坂田郡長沢の住人で、家祖は慶僧大和守弘縄、一万三千石を領した。直縄は同国五ノ坪村の八木兵庫頭之政に直槍を学び、唯授一人皆伝を天正年中に得た。江州一乱後、鳥取の宮部中務に仕え、八百石に上る。宮部氏断絶後、雲州松江の堀尾家に仕えて三百石、後五百石に上る。子の安太夫清縄が相続した）。鳥山栄庵（興政）がその宗を得て名手であった。これを京僧流という。大田半五郎と瀬川独立が二人とも鳥山の宗を得た。

ある人いう。鳥山栄庵が江戸から紀州へ行く途中、駿府で弓をもった取籠り者（武器を持つ兇徒が屋内にこもり、外部から取りしずめようとするのに反抗するのをいう）があって大さわぎしている場へ行きあわせ、

「よろしい。私が仕留めましょう」

といって鎌槍をとって、

「鳥山栄庵であるぞ」

と名乗ってその家へ入った。

取籠り者は矢を二本射たが、鳥山はその矢を切りおとしておどりこみ、その者を突き殺したという。彼は紀州で千石で召し抱えてもらうつもりであったが、あてがはずれたので芸州へ行き、そこで多くの浅野家の士に槍法を教えたが、後、また江戸に帰って死んだ。

鳥山栄庵（『武稽百人一首』）

穴沢主殿助盛秀

穴沢主殿助盛秀は薙刀の達人で、その術は神のごとくであった（一に秀俊、信之。初名は次郎八・有馬允。号は浄元・浄賢・絮緊・雪斎・雲斎・雲気入道など。神道流五代飯篠盛綱の門人で、新当流長大刀の祖と称され、また一心流棒術の祖である。豊臣秀頼に仕え、大坂の役に戦死した）。諸州を修業して後、秀頼公につかえ、その術を秀頼公に教えた。慶・元両年（慶長・元和）大坂において戦功を励し、ついに討死した（穴沢盛秀は穴沢流薙刀の祖。その技当代無比、二人の相手に竹槍をもたせ同時にかからせても必ず勝った。大坂役、直江山城守の手勢に向かい、折下外記と格闘中、折下の部下が一時にとびかかって、盛秀の首を上げたと『砕玉話』にある。但し討取人の名は『校合雑記』巻五には下霜織とあり、同書巻二十二には坂田五郎左衛門としている）。その芳誉、児童もこれを称する。

穴沢盛秀（『武稽百人一首』）

松本理左衛門利直

松本理左衛門利直は奥州の人（一に長門守定好。号は一指。芸州の人ともいう）。はじめ最上源五郎義俊につかえ（最上義俊のときに辞し）、後、鳥居左京亮中政につかえた（鳥居家も辞して上ノ山藩土岐頼行に仕えた。同藩へ流罪になって来た僧沢庵の説をきいて悟入し、一指流をひらく。彼の槍術は俗に槍銃と称され、銃丸発射の如き早業で知られた）。壮年より槍に耽り、牧久兵衛（正しくは槇野久兵衛茂俊。日下一旨流。前出）にしたがって宗を得た。伊東紀伊守佐忠（前出）から七代目の承伝者に当る。後（晩年）、江戸に来て諸侯諸士に槍を教えて大いに有名になった。後、松江侍従松平直政につかえた。流名を一旨流という（一指流・一枝流・一志流ともある）。慶安四年江戸に召された。時に大猷大君（家光）不例日に厚く、ゆえに技を台覧に入れることができなかった（万治三年九月五日死去、七十五歳）。ああ惜しい哉。その子の恕久（理左衛門）が芸を伝えて江戸におり、また次子の理助も達人で有名であった。

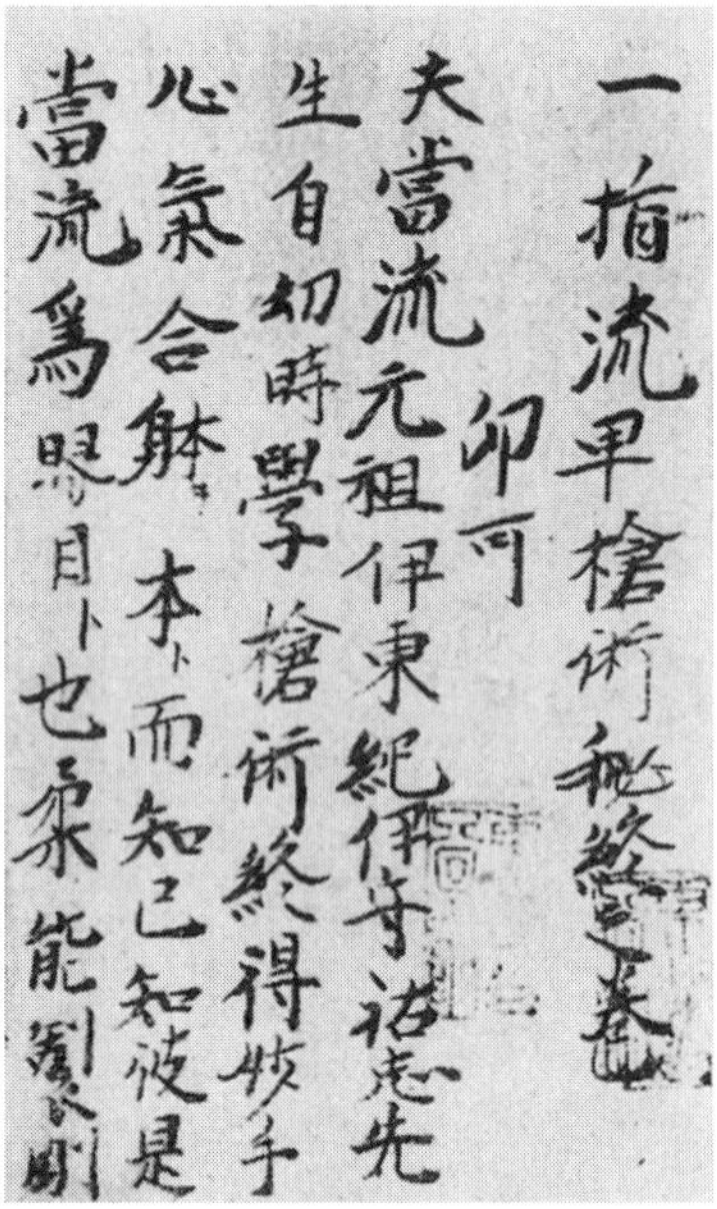
一指流早槍術秘終之巻
印可
夫當流元祖伊東紀伊守祐忠先
生自幼時學槍術終得妙手
心氣合躰本ト而知己知彼是
當流爲眼目ト也衆能

『一指流早槍術秘終之巻』（冒頭）

土岐山城守頼行

土岐山城守頼行は摂州高槻城主で（誤り。寛永五年から羽州上ノ山藩主。頼行は一に義行。孫の頼稔のときから上州沼田城に移封）、槍が上手だった。松本利直がこれを教授したが、日々上達してついにその妙を悟った。ひそかに自得記流と称する。その家来の上村小左衛門忠徳がその伝を継いだ。

木下淡路守利当

木下淡路守豊臣（とよとみの）利当（幼名は熊之助。備中足守藩主、二万五千石）は、木下二位法印家定（初名孫兵衛。尾州中村の人。妹が秀吉の室である。天正十三年姫路城主四万石。のち備中に移封削封（さくほう）された。晩年二位法印と称す。慶長十三年八

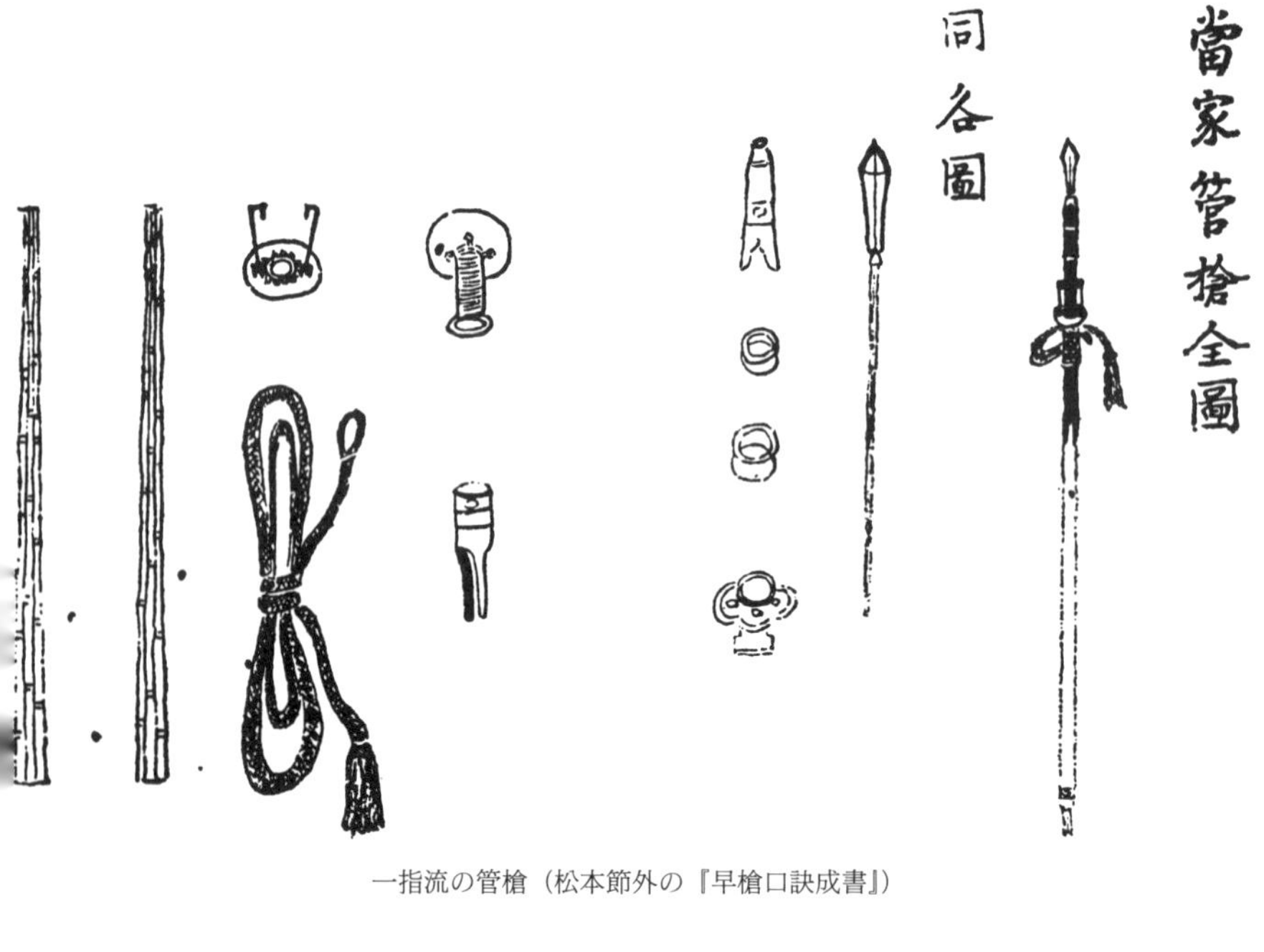

一指流の管槍（松本節外の『早槍口訣成書』）

月死す、六十六歳——『野史』）の二男、宮内少輔利房の子である。幼より槍術を好んで精妙であり、刺穿神のごとく応変きわまりなかった（槍術は、佐分利左内重可および松本理左衛門利直に学んだ。他に富田流剣術を、富田重政の門人石川霜台に学ぶ）。故にその名が四方に喧伝され、児童・走卒もその槍術を賞めた。これを木下流という（一に木下一流という。『甲子夜話』には淡路流とあり、槍の穂先がみじかく、それを掌中ににぎり匿して敵に向かうのを無形の構えという）。寛文元年十二月二十九日死す。享年五十九歳。

加藤出羽守泰興

加藤出羽守藤原泰興（伊予大洲六万石の藩主。幼名五郎八。延宝二年致仕し、入道して月窓と号す。慶僧安太夫直縄の子の清縄の門人であり、又、木下淡路守利当の門人で、流名は加藤家伝流という。延宝五年十二月十二日死す、六十八歳——『藩翰譜』。明暦図によれば、その屋敷は柳原元誓願寺前で坂崎出羽守の西隣り、いま神田松下町の内）は左近大夫貞泰の嫡子である。幼より馬術・槍術を習って共に上手であったが、特に槍術に長じた。また放鷹に凝ったのも武事を講ずるためで、治にいて乱をわすれずという心懸けであった。余力あれば文を学び、その方面に精通した者に会うと、自分より老人でも若年でも、それについて学ばぬということがなかった。思うに、武事ある者は必ず文備ありというに相当するであろう。

熊沢氏いわく。多勢立ちならびて戦うには素槍の長きがよし。かつ、大わざの勝あり。船軍・城乗りにて駆け引きの利をも得。太刀・長刀に逢いて往来のわざをなし自由なるものは十文字なり。入身（元来は無刀にて敵のふところに付け入るのを入身というと『燕居雑話』にあるが、しかし早くから武器をもってする入身もあり、『単騎枢要』に「敵の槍わが槍に当たるとも、少しも猶予なく速かに飛び入る也」とある）よきものは長刀・かぎ槍なり。近世上手の名を得たる人々には木下淡州・加藤羽州・備前の家中坂口八郎右衛門（名は勝清。岡山藩老臣の日置猪右衛門の臣。東軍流の名人小宅源太夫に学び、槍術は自得した。剣をはじめ無敵流、後に東軍無敵流といい槍は坂口流という。寛文七年、藩校の刀槍師範主席。元禄二年十一月二十八日死す）、これらは皆二間ばかりの素槍を用いたり。人によって利あれば、何をよしとも悪ししとも定むべからず。

（巻七・終）

武芸小伝・巻之八

砲術

『南浦集』（正しくは『南浦文集』という。三巻。僧文之昌、号南浦の文集。寛永二年刊行。薩摩の島津家から呂宋・安南・琉球等に贈る書を南浦が代作したものが多く、有用な史料である）に曰く、天文十二年癸卯のとし八月二十五日、大隅国のうち種子島、州（薩州）を去ること十八里の西村の小浦に、異国の大船一艘漂着す。船客百余人あり。その形たぐいなく言語通ぜず。何国の人ということをしらず。その中に大明の儒生一人いたり。五峯と名づく。このとき西村の司に織部丞というものあり。すこぶる文字をしれり。たまたま五峯に逢いて筆談して、南蛮の賈客なることを知れり。同二十七日、蕃船を導いて赤尾木津に入らしむ。島の司種子島時堯、その船中を点検し、禅僧忠首座というものをして筆談せしむ。賈胡の長二人あり、一人は牟良叔舎といい、一人をば喜利志多孟太という。手に二三尺ばかりある物をたずさう。これすなはち今の鉄砲なり。時堯よろこびて、価をかぎらず彼の二つの鉄砲を買い取り、また重訳（通訳）をして、その術を蛮人に習い得たり。その薬の製法をば、小臣笹川小四郎という者をしてこれを学ばしむ。この時に当って、紀州根来の僧杉の坊という者あり（津田小監物の舎弟、根来山の杉の坊明算、兄を西国にたずね、種子島にわたり、鉄砲を得て帰る――『紀伊国名所図会』）。千里を遠しとせずして鉄砲を求む。時堯その懇望ふかきを感じ、津田監物という者をして、鉄砲一挺を杉の坊におくり、かつ、妙薬の法と、火を放つの道を知らしむ。また時堯、鉄砲匠数人をして、その形の形象を見せしむ。日夜鍛錬して、新たにこれを製せんとす。その形・制はすこぶるこれに似たりといえども、その底をふさぐ故をしらず。その翌年、また蛮種の賈胡、種子島のうち熊野浦に来たる。その賈胡のなかに幸に一人の鉄匠あり。時堯、天

種子島時堯（『武稽百人一首』）

鉄砲起源の図（『武家軍鑑』巻三挿絵）

の授くるところなりと悦び、すなわち金兵衛清定というものをして、その底をふさぐ法を習わしむ。ようやく時月を経て、その巻いてこれを蔵むる（ラセンの溝を彫って、ねじって入れる）ことを知る。ここにおいて新たに数挺の鉄砲を製せり。その後、台とその飾りとを加う。これよりして家清の輩、みなこの器を所持しける。泉州境の商人橘屋文三郎という者、種子島に一両年逗留して、鉄砲を鍛錬するの術を学び得て帰り、その後、畿内近国にひろまり、またそののち関東にも広まりける。またその翌年、日本の商人大明へわたりけるが、大風に逢って伊豆国に吹きもどさる。そのなかに、種子島の住人松下五郎三郎という鉄砲技術習熟の者ありて、関八州に伝えける。然れば則ち鉄砲の種子島より権輿せしこと明らかなり。

根来の杉坊（『武稽百人一首』）

【補】砲術流派概観

『国朝砲熕権輿録』にいう。

我国にて、古今火術の諸流に分かれたるを挙ぐれば、田付兵庫助景澄より出し流派は田付流と称し、井上外記正継より出し流派は井上流と称し、津田監物より出し流派は津田流と称し、泊兵部少輔一火より出し流派は一火流と称し、田布施源助忠宗より出し流派は田布施流と称し、稲富伊賀入道一夢より出し流派は稲富流と称し、丸田九左衛門盛次より出し流派は霞流と称し、関八左衛門文信より出し流派は関流と称し、西村丹後守忠次より出し流派は西村流と称し、藤井河内守より出し流派は一二斎流と称し、長谷川八郎兵衛一家より出し流派は長谷川流と称し、太田新之允より出し流派は岸和田流と称し、荻野六兵衛安重より出し流派は荻野流と称し、坂本孫八郎俊豈より出し流派は荻野流増補新術流と称し、武衛市郎左衛門義樹より出し流派は武衛流と称し、中島太兵衛長守より出し流派は中島流と称し、大野宇右衛門久義より出し流派は自得流と称し、三木茂太夫より出し流派は三木流と称し、河合八度兵衛重優より出し流派は唯心流と称し、森重靭負都由より出し流派は合武三島流と称し、大草荘兵衛義宗より出し流派は求玄流と称し、佐々木少輔次郎義国より出し流派は佐々木流と称す。そのほかに安見流、奥村流、米村流、余田流、格致奇流、文四郎流、竹田流、後藤流、宮沢流、五器流、吉岡流、新井流、天降流、駒木根流、勝野流、自由斎流の諸流派ありて、いま、枚挙にいとまあらず。これその大略なり。

『海録』巻十の記事、右述と重複しない流名が多く、重複した流名にも註記に少異が見えるから引用する。

荻野流、元祖、荻野六兵衛安重。
自得流、元祖、大野佐五右衛門吉規。
武衛流、元祖、武衛市郎左衛門義樹。
星山流、元祖、星山運理。
堅昆流、元祖、南蛮人堅田昆。
植木流、元祖、植木権太夫貞。
榊原流、元祖、榊原武介。
安盛流、元祖、矢野甚兵衛安盛。
村山流、元祖、村山重太夫清定。
上川流、元祖、上川平右衛門政信。
関流、元祖、関兵右衛門。
鳥居流、元祖、鳥居甚左衛門正教。
渡辺流、元祖、渡辺大膳時次。
高橋流、元祖、高橋惣右衛門。
宇治田流、元祖、宇治田門兵衛。
岩戸流、元祖、若松喜六。
岩戸新伝流、元祖、井上伝太左衛門成安。
井上流、元祖、井上新右衛門。
阿鼻機流、元祖、阿鼻機仙人。
中島流、元祖、中島□平（一字不明）。
板倉流、また智徹流と称す。元祖、板倉理右衛門政勝。
江口流、元祖、江口市左衛門。
与田流、元祖、与田彦助重虎。
紅毛流、元祖、古川治部左衛門重政。
山野流、星山流と同派なるに似たり。
松本流、元祖、松本何右衛門定賢。
関口流、元祖、関口六左衛門政明。
石野流、元祖、石野甚太夫。

右は伝書蔵書中に有之候分也。

道源流　鈴置流　山名流　亀島流　南部流　〇新明流　岸和田流　種子流　南蛮流　〇安見流　〇田布瀬流（田布施と同流なるべし）菅沼流　不易流　折衝流　了得流　舎人流　種工流（種子と同流なるべし）稲田流　工我流　大田流　中遠流　甲賀流　〇新心流　要流　小川流　奔電流　〇心極流　佐々木流

右は流名聞きおよび候えども、伝書一見これ無し。もっとも〇印附け候分は蔵書に有之候。

右は赤城翁（清水赤城。後に述べる）の何方（いずかた）へか見せられし由にて、書付けありしを借りて写しおくなり。これにて砲術の流儀は大かた尽すとも言うべし。

右に砲術の流儀は大かた尽したとしているが、なお脱漏しているのが相当あるし、本文において解説されていない流名も多い。『武芸流派大事典』に就いて見よ。

なお末流の砲術家はどれも、徳川時代末期に国防の必要が認識され始めてから急に世に出るようになった。そのころの概観を清水礫州の『ありやなしや』に次ぎのように書いている（要約）。

以前は砲術家という者が、うそのように少なかった。まず幕府の砲術家としては、井上左太夫と田付四郎兵衛の、いわゆる〝御両家〟で、この両家からすいせんされて砲術方の与力に出身した人たちは、依田大八・依田佐介・斎藤荘兵衛門・渡辺荘左衛門・浅羽筈之介・渡辺文四郎・佐々木勘三郎・坂本源之進・村上純平ら。陪臣では遠州掛川藩の東数馬、亀山の三井友七、水口の管直紀ぐらいのことである。

先年の蝦夷さわぎの節、出役の砲術者をだれにするかというわけで、手薄の直参を派遣しないで、浪人を召し出して御やとい与力になされたが、これで召し出されたのは長州浪人の森重靱負と、忍藩の浪人井上貫流である。井上貫流は平山子竜や、私の父の師である。砲術は武衛流という。惣髪で白いひげを生やし、容貌・風采見るからに勇士であり、髭の意休に似ていた。浪人中は医家で渡世し、古伝の甲州流兵学をも教えていたが、後に貫流左衛門といっていた（後出）。

砲術家で御やとい与力になろうとして、井上家に出入りしていた佐藤百助信淵。大衍流、後に天然流は、元来山師だから誰ひとり相手にせず、そのうち何か事件をおこして江戸追放になった（後出）。大槻玄沢の門人で、蘭書の砲術を手がけたのはこの人が最初らしいが、たびたび人をだましたので世間へ顔出しができなくなったのだろう。追放がゆるされて後も、私の父のもとへは来なくなった。

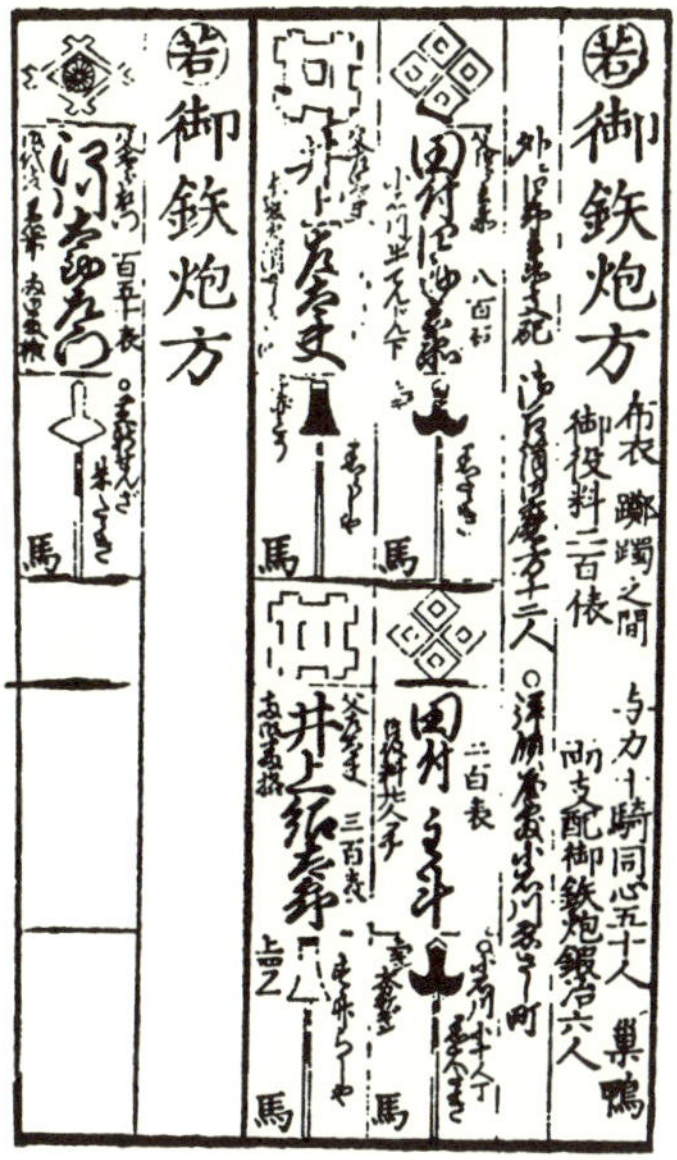

御鉄炮方（安政三年版『大成武鑑』）

津田監物

津田監物（補記参照）は紀州那賀郡小倉の人である。砲術を好んで種子島へ行き、奥旨をきわめ、天文十三年三月十五日種子島を発して紀州に帰る。在島は前後十余年の長きに及んだ。その子の自由斎（自由斎は孫である。補記参照）、父の術を伝えて精妙であった。自由斎門下では奥弥兵衛（豊田弥兵衛――『師系録』。名は猛雅。楪明と号す。広島藩士。享和二年七月二日死す、七十一歳）が、その宗を得て名手であった。末流が諸州にある。津田流という（自由斎の伝は自由斎流ともいう）。

津田流伝書にいう。津田監物は紀州南賀郡小倉の人なり。

津田監物（『武稽百人一首』）

鉄砲を好む。種子島にいたる。島主小城正威、津田が志を感じて衣食をおくり養なう。監物、袂太郎（べいたろう）（『家譜』に屏太郎、『紀伊国名所図会』には冊伊旦崙、ベイタロウとある）という者について鉄砲の奥旨をきわむ。天文十三年三月十五日、種子島を発して紀州に帰り、津田流と号すと也。

【補】津田監物と津田自由斎

津田監物、名は算長と『津田流鉄砲口訣記』にいう。『芝辻文書』や『張藩武術師系録』等に等長としたのは、字が似ているからの誤記または誤写であろう。『家譜』に重長としたのは、代をまちがえている。

算長は紀州那賀郡の人。河内交野郡津田城主、津田周防守正信の長男で、紀川小倉庄を領して吐前というところに居住していた。根来寺の杉之坊明算はその弟である。

監物、初名は源吾、小源太を経て監物に改称した。享禄年中、種子島へ漂着し、屏太郎について鉄砲の奥儀を得、天文年中、帰国した。この屏太郎を、有馬成甫氏は、種子島時堯の仮名としておられるが、信じがたい。『紀伊国名所図会』には、冊伊旦崙（ベイタロ）と書いてあって、外国人名の訓をうつした書きぶりである。案ずるに、隆安函三流砲術（大砲）を開創した中村若狭守隆安（毛利元就の臣）は、種子島へ行ってポルトガル人ベイトルウイスに学んだと伝えるが、屏（べい）太郎は、そのベイトルウイスと同一人でないだろうか（時代も、ほぼ合致する）。もちろん、この名の外人が来朝したという確証は、まだ得られないけれど、ずっと後の寛永二十年に梶目大島へ来たポルトガル人の名を、『オランダ商館日記』に、へいとろと書いている。この人は七十歳とあるから、百十年ほど以前の享禄年中に来朝したはずはないにしても、屏太郎を種子島時堯の仮名と見るよりは、外国人名と見るほうが自然とおもわれる。大体、鉄砲日本伝来は天文十二年というのが定説であるが、津田監物が享禄年中に種子島へ漂着して天文十三年に帰国の途についたという津田の伝が正しいとするなら、屏太郎の持ち込んだ鉄砲は天文十二年より若干年はさかのぼらねばなるまい。一説――『ますほのすすき』には、永禄年中（といえば津田算長のごく晩年のことになる）、四国の河野氏から鉄砲を得て帰ったのが、紀州で鉄砲を用いた始めである、という。伊予の河野通直は大友宗麟から種子島流を習ったと伝え、種子島流砲術は種子島時堯の臣、笹川小四郎に発している。屏太郎の本体がわかれば、鉄砲渡来の端緒にある疑問は、やがて解明するだろう。

天文十三年、津田監物は種子島を出発して紀州に帰った。ただちに根来寺杉之坊に入り、門前西坂本に住する堺出身の芝辻清右衛門（鍛冶屋）に、鉄砲を製作させた。足利将軍に召され、その推挙で従五位下になる。紀州徳川頼宣入国のとき仕えて、七百石。永禄十年十二月二十二日死す（『家譜』・『津田流鉄砲口訣記』他）。

諸書に、監物の子を、自由斎とするのは誤り。同流の伝書に、屏太郎―津田監物算長―津田監物算正―自由斎―津田監物重長―津田六左衛門守勝とあるように、種子島へ行った算長の、子は監物算正、孫が自由斎である。

自由斎は四郎左衛門正勝といい、寛文六年、和歌山の町奉行与力、四十石。元禄六年六月四日死す。この人の流は自由斎流といった。

泊兵部少輔一火

泊兵部少輔藤原一火は筑前の武夫である。砲術を好む。天正年中種子島に行き妙旨をきわめた。在島七年である。岡田助之丞重勝（青山大膳亮幸能の臣）という者が、一火の伝を得て精妙であり、のち青山大膳亮幸能につかえた。門人多く、一火流という。

田付兵庫助景澄

田付兵庫助源景澄（『師系録』に豊証とあるのは、誤字だろう。後名を宗鉄に改むと『改選系譜略』にある。慶長十八年、家康に召し出されて五百石。元和五年十月十四日死す、六十四歳。下総香取郡一分目村の善雄寺に葬る――『寛政重修諸家譜』。一に兵庫頭ともあり。はじめ大垣城主戸田氏鉄に仕えた）は砲術の達人である。その父美作守景定（一に兼定に作る。永禄十一年織田右府のため田付において生害した。法号休庵――同右書）は江州神埼郡田付村の人で、佐々木の庶流である。景澄はその芸をもって東照宮につかえ、宗鉄と改名した。その子兵庫助景治（寛永十四年三月十四日死す、五十七歳――同右書。伝書には景継とあり）、その芸を相続した。その子の四郎兵衛方円（みちまさ）（初名武蔵、のち方円。これは景治の養子で、知行八百石に上る。貞享二年七月三日死す、六十七歳。浅草海禅寺に葬る――同右書）は大猷大君につかえ、その子の四郎兵衛直平（一に直年。幼名三五郎。宝永三年十一月九日死す、六十五歳――同右書）が父祖の芸を継いで、その名が日本中に知られた（田付家は二家に分かれた。本家の代々四郎兵衛を大田付、末家を小田付と俗称した）。流名を田付流という。

ある人いわく、田付宗鉄・稲富伊賀・安見隠岐（名は元勝。安見流砲術祖の安見右近一之の子。父の右近は河内の人で、慶長ごろ加賀前田家の臣になった。山内一豊も右近の門人）

の三人を、そのころ鉄砲の名人と、京でも田舎でもうわさしたのである。

井上外記正継

井上外記源正継（幼名九十郎。慶長十九年徳川秀忠につかえ、五百石。寛永十五年千石になった――『寛政重修諸家譜』。元来は近江国友の出身であると『二川随筆』にいう）は播州英賀（いま姫路市飾磨区英賀）の城主井上九郎左衛門の子である（子は誤り。孫である。九郎左衛門、名は正信。父祖数代、播州揖東・飾西両郡の内を領し、のち英賀城に移る。天正六年、秀吉軍に抗して後、和す。同十一年正月八日死す、七十歳――『寛政重修諸家譜』）。豊臣秀吉播州退治のとき、九郎左衛門は戦死した（戦死したのは正継の父）。このとき正継は幼少であったが、成人してから酒井阿波守忠世に属し、大坂役に出陣して首二級を得た。天下一統後、台徳大君（秀忠）につかえ、采邑千石を領した。正継は少年のころから砲術を好んで精妙であり、その門に学ぶ者が多かった。これを井上流という（西国地方では、主として外記流という）。正保三年九月十三日、小栗長右衛門（名は政次。御鷹匠頭千三百石余。寛文六年七月二十六日死す。法名善心。小石川無量院に葬る――同右書）の宅において（誤り。井上外記の事件は小栗宅でなく、長坂宅で起こった――同右書）、長坂丹波守（血槍九郎信宅の四男で初名は作兵衛。小血槍と称した。のち茶利九郎、血槍、丹波守と称す。三百五十石から上進して御持筒頭千八百石余に上る。井上外記に殺されたとき六十三歳。法名宗心――同右書）・稲富喜太夫（名は直方。稲富一夢の弟直重の孫。六百五十石。殺されたときは四十三歳。法名紹清。牛込松源寺に葬る――同右書）を斬って死んだ。その剛勇、今に至ってこれを称する。子孫なお砲術を相続して幕下にある。

【補】井上外記の最期

『二川随筆』より引用する。

井上外記は元来、江州国友の産なり。稲富喜兵衛（喜太夫が正しい）は稲富一夢斎子息（子息は誤り。正しくは一夢の弟直重の孫である）にて、父の業を継いで元より鉄砲の上手なりしが、たがいに双方、遠町を打って相争い（遠町は遠射とも記す。弓の遠矢も鉄砲の遠射も、どちらもトーマチという）、外記と喜兵衛は年ごろ懇意の相役なれども、はからずも不和になれり。懇志の衆中寄りあつまって種々和睦を取り持ちけるほどに、別儀なく相ととのえり。九月十三日、小栗所左衛門宅にて（長右衛門とするが正しい。小栗宅の事件と書いたのも誤り。『寛政重修諸家譜』には小栗・稲富・長坂各家の記事すべて長坂の宅と一致している）外記と喜兵衛和睦の振舞いありけるに、もとより意趣なきことなれば、心の底うち解けて、たがいに盃とりかわし、事首尾よく相済みたり。すでに黄昏に近くなるころ、井上外記、亭主所左衛門に向かい、

「まず以って、今日は御取持ちのうえ御馳走仰付け下され、

かたじけなく存じ候。拙者は少々用事も候えば御いとま申候」

と刀をとり立ちしなに、長坂血槍九郎に向かい、

「今少しこれにて話し給え」

とある。血槍九郎聞いて、

「はて、今少し話し召され、何を、犬の尾を食ってまわるように申さるるわ」

と言えば、亭主その時、

「否。今しばらく御話下さるべし。夜に入りて候わば、また芸者どもに噺子（はやし）をさせて聞け申候わん」

とある。そのとき血槍九郎、

「はてさて話し召され。もはや怖きことも無きに」

とぞ申されける。この一言、外記は、むっと胸にさわり、すかさず脇差をすぽと抜き、血槍九郎の胸板をむっと指し通し、一くりくって打ち捨て置き、また刀をするりと抜き、稲富喜兵衛に切ってかかる。稲富も抜き合わせては働かれしかども、初太刀に深手をこうむられし故、ついに外記に討たれける。小栗所左衛門も右の手の内をくられ、脇腹に痛手を負いて働くことかない難し。勝手に居合わせし牢人（ろうにん）、又は家来の者共、我も我もと走り出せしを、二、三人も手を負わせしかば、後には手々に棒を持ち出し、□□立てし故、外記刀も折れて手水鉢の脇にありし。されども大勢とり巻いて、ついに外記を討ちとめたり。外記は二十二、三カ所手疵ありしと也。右の物語は三木団右衛門とて、すなわち外記方に鉄砲の弟子にて居たりしゆえ、その時も馳け付けたる由。手疵をあらため死骸を受けとりしときも、団右衛門参りたる由、委細に物語せし也。このとき外記嫡子左太夫（『明良帯録』いう「御鉄砲方。御役料二百俵、云々。世職にして井上左太夫・田付四郎兵衛両人にて掌る。与力五騎・同心二十人ずつ、鍛冶師六人支配なり」）は、堀田加賀守（正盛）へ御あずけありしが、その後召し出され、鉄砲役に仰付けられし也。


附記。『明良洪範』巻十二にもこの記事あれど少異あり。参照乞う。

田布施源助忠宗

田布施源助忠宗は河内の人である。天文六年四月、南蛮におもむいて鉄砲の奥旨を得た。酒井市之丞正重が忠宗に学んで宗を得、戸田左門氏鉄につかえて、慶長年中、その技術を伏見で東照宮の台覧にそなえ、芳誉を得た。門人多く、山内太郎兵衛久重が宗を得て精妙。末流が諸州にあり、田布施流という。

稲富伊賀入道一夢

稲富伊賀は丹後田辺の人、一色家につかえ、のち細川越中守忠興につかえた。好んで砲術を修し、ついに神妙を得た。慶長甲子の乱後、その芸をもって東照宮につかえ、名を四海に発した。一夢にしたがって学ぶ者多く、諸州に末流が多い。

稲富流（一に一夢流）という。

【補】稲富一夢の事績

本姓は赤井氏、また岡本氏と『尾陽武芸師家旧話』にある。『寛政重修諸家譜』によると、先祖は丹後国与謝郡忌木（弓木が正しい。いま京都府与謝郡野田川町三河内字弓木。天正中、一色五郎義俊ここに居る――『宮津府志』）の城主。一夢の祖父、相模守直時は一色家の臣。父は玄蕃允直秀（一書、玄蕃頭直元）。一夢は伊賀守直家（一書、祐直）といい、忌木城を去って処士となり、のち細川越中守忠興につかえ、石田三成が忠興の大坂の屋敷を攻めたとき、逃れて尾張に行き、松平忠吉につかえた。後、また尾張大納言義直につかえ、子孫代々尾州藩の臣となる。以上。別号は理斎と慶長十二年伝書に見ゆ。この流の火薬の配合を、一夢は丹後の九世戸文殊に参籠して、夢想によって伝授されたと伝えている。

一夢が射撃の達人であったことは、『積翠雑話』巻九に、こうある（要約）。

細川忠興の書院の庭の植込みへ、梟が飛んで来て夜中鳴く。その啼き声が嫌だからと言って、忠興が稲富を呼んで鉄砲で射てと命じた。ちょうど月のない時分で、庭はまっくらだが、稲富は鉄砲を持って書院の縁に出て来て、梟が一声鳴くのを待っていた。やがて梟が鳴く。稲富は腰にさした扇子を抜いて、梟の鳴く方向へ向けて足もとに置き、それを標準にして鉄砲をかまえ、やがて次ぎの一声が終るか終らぬ瞬間に、闇を射た。梟はからだのまん中を射抜かれて落ちて来た。

稲富は見えない的に命中させるのが得意で、家の内から屋根越しに鳥を打ち落としたり、曲った銃で鶺鴒をうち落としたりしたともいう、云々。

曲った銃で射つ話は少々奇矯だが、しかし稲富は鉄身・鉄孔などを修繕するよりも、銃の癖をしらべて、その癖に適合する見当（照準）を付けるようにして、鉄砲一つ一つに見当の付け処が違っていた、と『山鹿語類』巻三十二に書いている。

彼が細川忠興の信頼を裏切り、忠興夫人の壮烈な自殺や、同僚たちの殉死するのをよそに一人逃げ出したのは、『積翠雑話』に、

「同家（細川家）に稲富伊賀守という者居たり。これは天下に隠れなき鉄砲の妙手なり。忠興の内室のおとな（長老。重職）にて居たりしが、慶長五年、忠興の内室自殺のとき、『稲富腰ぬけたり』とて男をやめ、浪人して一夢斎と号す」

とあるように、まさしく臆病で死にたくなかったからであった。忠興は、その報をきいて憤激やる方なく、乱後、一夢の奉公構えを通告したが、新規召抱えとなった先が徳川家康の第四子忠吉の処であったから、忠興も泣き寝入りせざるを得なかった。

なお松平忠吉に仕えている間の挿話が、同書に二条ある。

一夢は娘を日置弥次右衛門の嫁にやったが、日置が無道者なので取りもどした。すると日置は怒って、一夢の家へ強談

に押しかけて来たが、登城中だった一夢は、それと聞いてあわてて帰宅して行った。藩主の忠吉が心配して、足軽大将の小里原惣左衛門と、使者の川田久助に命じてあとを追わせた。二人は駕籠に乗った日置に追い付き、外から突き殺してしまった。

参勤交替の帰途、桑名に泊っていた加藤清正を、旧知の一夢が訪問した。雑談の末、家来どもの中から、若者を五人呼び出して一夢に入門させたが、入門契約だけで、そのまま五人をつれて帰国し、爾来、修行に行って来いとも言いつけない。

そのことを五人は言上して、尾州へ修行にやってもらいたいと言うと、清正は笑って答えた。

「行って修行するには当らんぞ。稽古なら自分ひとりですればいいんだ。おれがお前たちを一夢に入門させたのは、そんなつもりじゃないのだ。一夢のやつは売名家だから、加藤肥後守の家来の誰れ誰れが門人であると、さかんに言い触らしていることだろう。それで沢山だ。戦争の場合に、加藤の家来にも一夢の高弟が五人も居ると思って敵が怖気づく、それだけでいいんだ」

大和郡山本多家の砲術家、武衛流の稲葉六良太夫重政が、一貫目玉の抱え頬付の射撃図を描かせて、諸国の大社・大寺へ絵馬を奉納したが、尾張の領国内へは一枚も掛額しなかった。聞くところによれば、稲富一夢へ遠慮したのだとのことであった（『昔咄』巻二十四）。

西村丹後守忠次

西村丹後守源忠次は、始め権之助という。何国の人か不明である（江州の人——『武術系譜略』）。鉄砲の奥旨を得た。京の蓮台野で砲を放ってよく的中した。世人がその妙を称した。後、禁庭において、十八間を隔てて七ツ放って星中り四ツ、角中り三ツ（小銃の的を角といい、角のまん中の黒点を星という）。故に丹後守に任ぜられ、芳名を千歳に流した。種田木工助という者がその芸を継ぐ。浅香四郎左衛門朝光が種田にしたがって宗を得た。西村流という。ある人いわく、朝光は慶長年中の人であると。

西村丹後守忠次（『武稽百人一首』）

藤井河内守

藤井河内守（名は輔綱。慶長ごろの人）は一二斎流の鉄砲の達人である。その事績を詳しくしないが、末流が諸州にある。

三木茂太夫

三木茂太夫は播州三木の人である。火術を好んで棒火矢（鉄製の筒に火薬をこめ、砲で発射する一種の火矢）に達した。末流が諸州にある。三木流という（三木茂太夫、名は安門。祖先の紀伊守尚長は讃州三木郡平木城の人であったが、長曾我部元親に追われ、播州美嚢郡三木庄に移り、安門のとき、高松藩祖松平頼重に仕えて讃州に帰った。井上流据台棒火矢の達人といわれ、播州火矢・明石火矢などと呼ばれて有名であった。子孫代々、高松藩の師範役として世襲した。『張藩武術師系録』には、名は清治、中年には伊勢に住し、後、奥州白河へ移住したと書いてあるが、伝聞の誤りか）。

ある書にいう。鉄砲は根来の杉の坊（杉の坊明算。前に述べた）・河内の安見右近（前に述べた。安見隠岐の父）・江州の百々内蔵助（未詳）など、下げ針を打つほどの達者なり、云々（下げ針は糸で針を釣り下げて射撃の的にする。もとは弓矢に用いたが、のち鉄砲にも用いるに至った）。

（巻八・終）

武芸小伝・巻之九

小具足・捕縛

小具足・捕縛は、ずいぶん古くからの伝承である。もっぱら小具足をもって世に鳴る者は竹内（たけのうち）である。今これを〝腰の廻り〟という。

【補】小具足・捕縛・組討の意味

『御家中武芸はしり廻り』（文政十三年、鈴木猪八郎編）より引用。

　小具足・腰の廻りというは、戦場ではたらくの大芸にあらず。平日敵と膝組みのとき、敵不意に発（おこ）りて、我を害せんと（するを）とりひしぐの術なり。故に腰の廻りとも、捕縛ともいう。この術を以って我が身堅固の玉垣にするゆえ、小具足に身を固めしも同じ働きあるゆえ、小具足といい、はじまりは天文年中作州垪和（はが）（岡山県久米郡中央町の内）住人に竹内中務大輔久盛（後出）という者あり、つねに武術を愛宕山の神に祈ること甚し。三七日参籠せしあかつきに、夢ともなく現（うつつ）ともなく、一人の山伏忽然と来たりて中務と武術をこころみ、二十五の腰の廻り・五つの突手を伝えて行方知れず。これまったく阿太古の神伝なりとて尊仰（そんぎょう）す。捕手に反して、敵よりおこりて我を捕らしむるか、又は、物に取かかり来るところの災をまぬがれて、かえってその敵を捕りしめに行くの術にあらず。捕りしめられぬ術なれども、この術修行のために、人を捕りしめることもまた業として伝う。近世は、制剛流ヤワラ・止心流組討ち等も組み入れて伝う。そのほかの流へも交りたり。しかれども、無刀取りということの始まりは、竹内中務が伝より始まりし事。

　捕手は、右。竹内流の小具足の中におこりて、小具足とは意味表裏（ひょうり）し、我より仕掛け、敵の不意を討ち捕りひしぐことは、我にも恨有るものにても討ち留めては、残党ありやなきや知りがたきゆえ、捕りしめてせんさくせん為にせし、乱世の事也。御治世の武士、好みなすべき術に非ず。（中略）捕手の御用を御大切の武士へ仰付られし事、意なし。捕手は足軽同心の業と成事は、もし仕損じて命をおとしても、惜しからざる者なればなり。武士の捕手を稽古するは、ただ此道に手足をかりし人に、とられざる道をよく心がくる意なるべし。武士は討手の御用は勤むとも、捕手の御用は勤めざるが武士の心がけなるべし。もし止むことを得ずして捕手を仰付らるる時は、仕損じたるとて首にして帰りて、さらに卑怯にも未練にも当たらざること也。関口流・川上流・一伝流等、もっぱら捕手を主とす。制剛流の一流にても、柔の前芸に捕手を伝う。武士の捕手は真剣の捕手をせざる事が、捕手の大事たるべき事。

組討の事。組討の勝負ということ、その名目久しいといえども、伝法ありてなせし事にあらず。ただ、我が力にまかせて、捲じ合い、組合いして敵を仕留めしことは、当時の相撲に等し。今世、組討という流儀を立つものは、多くは竹内流より起りて、中身・突手・折捲じし、扱等の術よりして、敵を痛めて捕ることを主とす。しかれども、敵、みだりに強きときは、組討のみにては取りひしぎがたく、かえって挫かることある故、組討者流にても裏・奥等には、かならず柔術を以って属する流多し。ヤワラと組討とは、陰陽・奇正のごとし。

竹内中務大夫

竹内中務大夫（補記参照）は作州津山城下、波賀村（垪和の宛字）の人で、小具足の達人である。これを竹内流の腰の廻りという。末流が諸州にある。伝書にいう。天文元年六月二十四日、修験者が忽然として竹内の館にやって来て、捕縛五ツを教えて去った。その帰るところを知らない。竹内はつねに阿太古神を祈ることが篤かったから、思うに、あの修験者は阿太古の神であったのか、といよいよこれを敬し、これを信ず、云々。

その子常陸助（補記参照）が、父祖の芸を継いで家名をおとさず。その名は日本国中に知れわたっている。

【補】竹内中務大夫久盛・久勝・久吉

竹内久盛は、作州久米郡垪和村の人、一瀬城主杉山備中守為就の長子である、とするのが通説である。『竹内家系図』には異本が多く、詳細なものほど粉飾や作為が多く混入していて、信用しにくい。久盛を文明元年生まれ、天文三年死去などと飴細工式に古くした家系書まであって、余り古すぎて門人たちの年代につながらない系図もある。竹内の分家は作州中心に特に多く、各分家の系図には、いずれも後人の手が加わっているため、よけいに混乱する。かと云って、通説もまた、あまり当てにならない。ここでは、もっぱら竹内家伝の『竹内系書古語伝記』に拠っておく。

作州垪和庄鶴田城垪和八郎為長の戦死後、為長の弟為就が鶴田城主になった。一族の幸次の子、久幸、これが後の竹内中務大夫久盛で、西垪和一ノ瀬に新城をきずいて一万三千余石を領した。幼にして勇壮、剣を好み享禄五年六月、西垪和の三の宮に参籠して、木刀で大樹を打って修行すること六日夜、夢中に異人があらわれて、木刀を二つに切って小刀とし、小具足ということを教え、さらに長さ七尺五寸の縄で敵を捕縛する早縄という技を教えた。その後、たびたび異人に教えられて五件の武技を承け、これを腰の廻りと号した。天正年中、宇喜多直家と戦って敗れ、久盛は逃れて播州別所家に仕えた（但し、天正五、六年ごろの作州新免家の『竹山城侍帖』に、「大原梅ガ坂、竹内中務」とあるのみならず、現地に末裔ものこっているから、播州の別所家でなく、作州新免家に仕えていたとすべきか）。久盛は後に帰郷して、垪和の和田村石丸に居住し、晩年は、孫の作州久米郡稲荷山城主原田三河守の孫の弥右衛門に養われ、文禄四年六月六日に死去した（死去年月にも異伝が多く、墓といわれるものも数カ所ある）。

二代目の竹内常陸守久勝は、通称藤一郎という。この久勝も、さらに異人から五件の武技を伝授され、京に出て名を高めた。関白秀次に仕え、近衛関白から日下開山の称をもらった。寛文三年九月十日、郷里にて死す、九十七歳。

その子、竹内加賀介久吉は、五畿七道を武者修行すること十年、津山で森家の士、高木馬之輔（補記参照）を試合で降して、門人にした（正しくは馬之輔は二代久勝の門人らしい）。寛文三年、天皇の上覧に入れて日下捕手開山の綸旨を

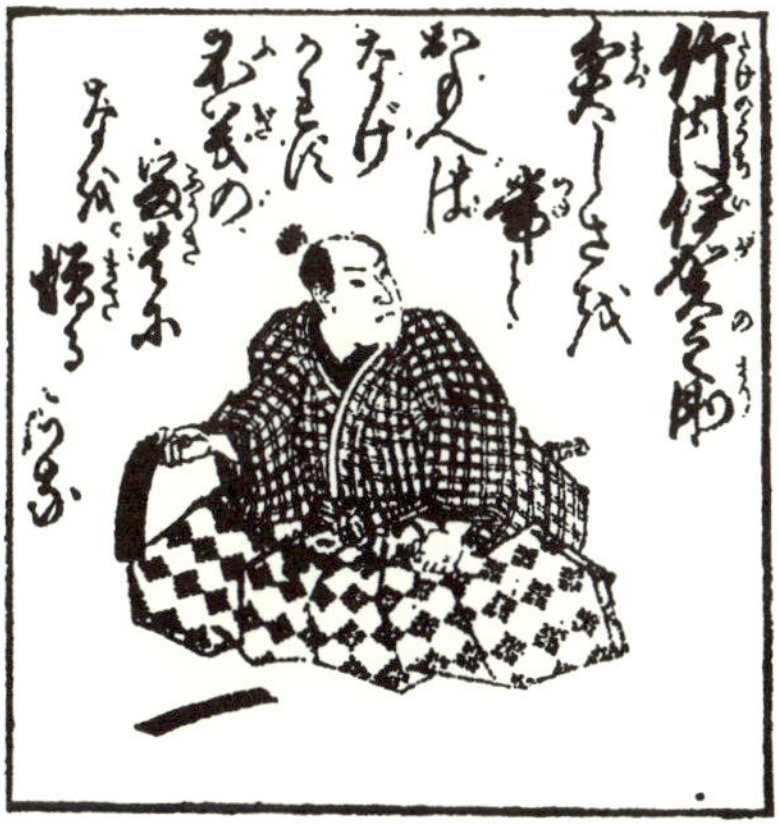

竹内加賀助（『武稽百人一首』）

たまわり、加賀介に任じられた。寛文十一年三月六日、垪和で死去した。六十九歳。代々相続して現代に及ぶ。

なお、八代目藤一郎久愛のとき、流儀の絶えるのを予防するため、九代久種の後見として、べつに藤十郎家を設けた。

竹内久勝が諸国修行中、尾張侯の謁をたまわった節、尾州藩士の大豪力できこえた戸田五郎兵衛（高木馬之輔の条に後出）を捕ってみせよと仰せられた。久勝ほどの者も眼前に、熊の手のように毛むくじゃらで腕の筋の怒り立つ大男を見ては、なかなか捕るきっかけがつかめなかった。が、やがて一計を案じて小姓に水を所望し、五郎兵衛がそれを取り次ごうとする瞬間に、久勝、やにわにその水を五郎兵衛に投げかけ、とびかかり、体当たりし、早縄をかけたが、相手もさるもの、たちまちはね返して縄を切るのを、久勝は小刀を抜きざま相手の襟首に押しつけ、

「こらこら、死人が動いちゃ、いかんぞ」

といった。

なるほど、うまい。もういちど、やって見せろと列座の者たちが注文する。久勝、眉をしかめて、

「いや、おことわりします。あんな大力ではねのけられ、その拳が胸にあたって、その痛いこと痛いこと」

と俯向いた。相手に花をもたせて、後難を避けたのである（『御家中武芸はしり廻り』）。

これは作州森家時代の話であるが、久勝・久吉両人、それに高木馬之輔（後出）が森侯の面前に伺候していた節、侯は、

久勝に高木を捕って見せよ、と仰せられた。しかし高木が、いざとなったら抜討ちだ、とばかりの気勢で大脇差を引き付けているものだから、これではどちらかが怪我をするといけないと思って、中止させた（同右書）。

なお、久勝・久吉ともに手裏剣の上手だったことが、同上書に見えている。

【補】高木馬之輔格外と高木無関

高木流体術腰の廻り、あるいは得物捕（えものどり）という。高木折右衛門の已住に、僧雲竜（永禄十三年ごろ、陸前船形山麓）—伊東紀伊守—高木折右衛門重俊の伝統を説くのは、多分、後人の文飾であろう。

折右衛門は、俗書には織右衛門武義とする。奥州白石家の士で、寛永二年四月二日出生。正保二年、体術表十二カ条・裏二十四カ条・捌十二カ条編成した。正徳元年十月七日死去した。

高木馬之助重貞（俗書には信常）は明暦二年正月十二日生まれで、寛文十一年、十六歳で、折右衛門から極意を継承した。号は格外。同じ高木姓でも、折右衛門との続柄はわからない。『高木氏系図譜略記』に拠れば、馬之輔の父は高木加兵衛といい、作州森家に仕え、津山で死去している。

高木馬之輔重貞は、竹内常陸助久勝と試合して敗れたため入門し、竹内流を学んだ。彼は森大内記長継の代に、甥の高木八郎左衛門資祥らとともに浪人し、妹婿をたよって勢州宮野村にしばらく居住した後、寛文十六年ごろから江戸に住んだ。その後、尾張に行き、さらに京都大仏前に移り住んだ。延享三年四月二十六日死去、八十余歳。妙心寺塔頭桂心院に葬る。

馬之輔は大力で知られ、逸話が多い。江戸にいたころ、尾州藩で隠れのない豪力者と称される戸田五郎兵衛と遇会し、愛宕の坂で米十六、七俵のせた牛車を引き止める競争をした。馬之輔、二足三足は引きずられたが、やがて「うーん」と一声、力を入れて引き止める。五郎兵衛の方は骨も折らず、軽く片手でぐいっと止めてしまった。さすが馬之輔もあきれて、

「君は大鬼だな」

と異名をつけたという（『尾陽武芸師家旧話』）。この話は嘘っ八だろう。五郎兵衛、名は政房。尾張忠吉に仕えて八百石。慶長年中、家康上洛のとき、大津の坂で小荷駄の牛車を引き上げて諸人をおどろかせた。後、毒害されて死すと『士林泝洄（しりんせきかい）』にあり、時代が馬之輔より、うんと昔で、顔を合わすのは不能である。

馬之輔が江戸を引きはらって名古屋へやって来た時には、五郎兵衛はすでに死去したあとであった。しかしその子の佐左衛門（誤り。佐左衛門は五郎兵衛の孫である。前名は八左衛門、字は政辰、最終知行は百五十石で、延享二年六月十日死去——『士林泝洄』）から尾張侯へ申し上げて、馬之輔は有名な武芸者で大力であるから、御召抱えになってはどうですか、と推薦した。されば一芸ためして見ようということになって、御前へ召し出される。ところがここで馬之輔が、大

言壮語で大力自慢をしたものだから、侯の神経にさわった。

尾張侯は、側にあった扇箱から、曾根才一の作った錠前をとり出して、その島海老のように曲ったところを、延ばせとの仰せである。が、そいつが手強くて、ひいても叩いてもビクともしない。

「駄目かな。こちらへ渡せ」

と尾張侯、うけとって指をかけ、ぎゅぎゅっとしごくと、軽々と延びてしまう。馬之輔、あきれて、

「うへっ」

と云って、平伏した。

仕官にしくじったので馬之輔は、こんどは美濃へ行くといって、名古屋を辞した。戸田佐左衛門が見送って出る。名古屋城の埋御門の升形のところで、別れぎわに馬之輔が、いった。

「聞きしに似合わず、名古屋には大きな御門がありませんな。こういう小門なら、一人の力で、どうにでも処置できるから御便利でござる」

つかつかと立ち寄って、埋御門の扉をガタンとはずしたのはいいが、さて、元にはめることができず、手こずっていると、御門番の足軽が六、七人、棒をもってどやどやとやって来て、

「何者なればかかる狼藉いたす」

と詰めよった。馬之輔は赤面してもじもじしていると、そばで見ていた佐左衛門が両手をのばして、カチンといわせたと思うと、苦もなく扉は元通りにはまっていた。

高木は、ほうほうのていで逃げ出し、美濃の諸原村に来て槍術を教えていた。ことのほか評判がよく、名声が上がったので、尾州藩で三百石ほどで召し抱えたいということになり、戸田佐左衛門から使者が来たが、名古屋では拙者さんざんに仕損じましたから、今さら顔出しはできません、と云ってことわった。それなら名古屋から門人をさし向けようとて、成瀬集人正組の騎馬同心の者を、毎日五、六人も犬山から通学させた。

以上の話、『尾陽武芸師家旧話』に拠る。

馬之輔の子の源之進英重が継承し、従来の体術をあらためて柔術という。英重は延宝三年に浪人して後、姫路藩本多中務に仕え、五百石。元禄十五年十月二日死去した。小浜藩酒井家の旧事を記した『拾椎雑話』巻十四に、次ぎの記事がある（要約）。

高木源之進の父右馬助は、諸家の記録にも載るほどの武功の士で、大力であった。作州森家に仕えていたが、浪人後、森家から奉公構えの追及があって、自分ではどこへも奉公できなかったから、惣領左吉に千石、次男源之進に五百石、計千五百石の本知にて、空山侯（酒井忠勝。寛永十一年、若狭に入国。寛文二年七月十二日死、七十四歳）がお召し抱えになった。右馬之助は後に格外と改名し、隠居の身でおったが、高木流槍の元祖である。

酒井家の財政緊縮で新規の家臣を減らした際、高木源之進

も浪人して城下を立ち退いたが、途中、伏原村から縄手道にかかると榎の木がある。この榎のかげで一休みした時、もう小浜へは帰ってくることもあるまいと云って、銭を二、三十文も出して、一枚一枚榎に指さきで押し込んだが、銭はみんな木の幹へめりこんでしまった。近年までその銭が見えていたと、ある老人が語った。

源之進は大力の持主で、小浜の現在の鈴木半右衛門殿屋敷が、以前、源之進の住んだ屋敷であるが、この屋敷の門を普請したとき、冠木（かぶき）にする大木を明日上げるつもりで用意しておいたところ、明朝になってみると、ちゃんと門柱の上に横たわっている。七、八人でないと上げられないのに、源之進が一人で上げたのである。

同藩士の安倍玄蕃殿方へ行った節、力業を見せてくれと所望された。源之進は有り合わせた碁盤の上に鉄砲五挺をならべさせ、目八分に持ち上げ、そばにいた二十歳ほどの給仕小姓に、走って来てこの碁盤の上に飛び乗れと云った。小姓かしこまって走り跳びに乗ったが、持った手はびくともしなかった。源之進に女の子が二人あった。姉妹庭に出てあそんでいたが、庭から外を見ようとしても子供だから背が足りない。すると妹の方が姉を抱いて、肩より上に、ぐいっと差し上げた。源之進これを見て、

「おやおや、力が娘の方へ引っ越したらしいわえ。おれの力もこれまでか」

と歎息した。この妹娘は江戸新之丞殿の妻になったが、手拭をしぼると千切れたというから、こまった御新造である。

高木八郎左衛門資祥は馬之輔重貞の甥である。重貞の姉が伴弥兵衛資順（江州の人。佐州森家に仕えた）に嫁し、その三男であった。はじめ粂之進・与七郎。父を継いで森家に仕え、高木姓を名乗り、馬之輔の甥であるが弟と称していた。森長継のとき浪人した七士の一人である。後、酒井忠勝に召し出されて二百石。しかし病身のため仕を辞し、御出入り師範となり、有誰軒無関と号した。腰の廻り及び剣槍を伯父馬之輔に学んだが、特に剣槍を独立させて無関流と称した。寛文元年、若州小浜に来たり、翌二年四月二十六日死去、四十六歳。小浜の常高寺に葬る。

荒木無人斎

荒木無人斎（一に夢仁斎。名は秀綱・秀縄、また正応ともあり。通称は左衛門。号を白応といった。正三位藤原勝美に小具足を学び、又、竹内加賀助久吉に学ぶ。『張藩武術師系録』に、荒木村重の一族かとある。朝鮮役に従軍して感状をもらい、日本開山と号すという）はどこの人か不明である。またその事績もよくわからない。捕縛の達人であって、その法がなお世におこなわれている。無人斎流という（荒木流・荒木無人斎流ともいう）。

森九左衛門

森九左衛門は捕縛の達人である。当身（あてみ）に妙を得て名手であ

り、のちに紀州頼宣卿につかえて有名であった（森流縄術という）。

夏原八太夫

夏原八太夫（名は武宗）は夢相流の小具足の達人である。今川久太夫がその伝を継ぐ（今川流という）。武井徳左衛門が今川の伝を得た。松田彦之進が武井の芸を伝え、鈴木彦左衛門が松田にしたがって、その宗を得て精妙である。

（巻九・終）

武芸小伝・巻之十

拳

『拳法秘書』にいう。今世にいう柔術というのがこれである。『武備志』（二百四十巻。明の茅元儀の撰書）にこれを拳という。古これを手搏といった（『正字通』に「手搏。両人交撃シテ勝負ヲ角スル也」）。日本での起源は、近世、陳元贇（補記参照）という者がわが国に来て、江戸の浅府（麻布）の国正寺（麻布飯倉にあって虎岳山国正寺といったが、明暦三年の大火後、芝下高輪に移って永寿山国正寺と改称した。周防山口の瑠璃光寺末、曹洞宗）に寄寓していた折、たまたま同じ寺の衆寮に福野七郎右衛門（後出）・磯目次郎左衛門（磯貝が正しい。磯貝流）・三浦与次右衛門（後出）という三人の浪人がいた。この三人に元贇が言うには、
「大明に人を捕縛する術があります。私はその術を知っているわけではないが、よく見聞きしたものですよ」
と。そこで右三人は、その術がどのようなものであるかをたずね、自分たちで、こうであろう、ああであろうと工夫し考案して後によくその術に手馴れた。これが柔の起源で、この三人から伝わって全国に普及したのである（日本柔術は陳元贇より以前からあったので、『武芸小伝』のこの説は誤りである。補記参照）。この術の理は柔らかにして敵とあらそわず、しばしば勝たんことを求めず、虚静を要とし、物をとがめず、物にふれ動かず、事あれば沈んで浮かばず、沈むを感ずるという。基本的には調息（気息をととのえること）が肝要である。

【補】中国拳法と陳元贇の来朝

日本の柔術系の技目は、むかしは和術・柔・組討・捕手・小具足・拳・白打・手搏・腰の廻り、などと細別されていたが、一般にいえば捕手・小具足・腰の廻りは主として捕縛する術、和は投げ・絞め・押える等の術、拳・白打は蹴り・なぐる・突く術である。

およそ人間の住むところ必ず喧嘩や闘争がある以上は、喧嘩上手は処世上の優者であり、組打ちや、なぐり合いの闘技の発生は、必然であった。思うに、古武道として伝統される多くの格闘技のなかで、何といっても淵源のもっとも古くて素朴なのは、相撲と拳法である。これは簡便軽捷の闘技だから、どの民族も、どんな種族も、自然に会得した古来の伝統をもっている。

印度の相撲は拳技のほうで、それが後に中国にも伝わった。俗説では、始めて拳技を中国へ持ちこんだのは達磨大師で、達磨大師は河南登封県少室山少林寺に赴任入山したのだから、大師こそ中国拳法の祖である、ということになっている。が、

それは牽強付会らしい。

　達磨大師が天竺から、『易筋経』・『洗髄経』の二経をもって来たという記録はあるけれど、この両経は実は、禅行の余暇に身心をゆるめ筋肉を柔軟ならしめる保健体育書であって、格闘技術を説く拳法書ではない。少林寺は印度から渡中した跋跎法師が、後魏の孝文帝の詔によって創建された寺であるから、宗門護持のための同寺僧兵の発生は達磨大師の赴任以前であったにしても、いわゆる少林寺拳法としての教則の成立は、金・元の時代（日本の鎌倉時代前後）に覚遠上人が出て以来のこととおもわれる。覚遠は諸国武者修行の末、李叟・白玉峯の二師をともなって少林寺に帰山し、爾来、少林寺拳法は面目を一新するに至った。清の康熙・乾隆 時代（徳川初頭期）に少林寺は反政府運動をしたため、再度焼き払われて廃跡となり、寺僧は四方に離散した。そのため少林寺拳法は、かえって諸国にその流裔を生み出したのである。

　中国では拳法を〝拳勇〟といい、少林寺で発達した拳勇を〝外家〟これから分かれて張三丰の手で、武当山で発達したのを〝内家〟（張三丰が樹上に戦う雀と蛇を見て工夫したといい、三十七手ある）、以上の二派があると『小知録』に書かれているが、この少林拳のほかにも、宋の太祖を祖とする太祖拳・趙門拳があり、宋末の岳飛に発する岳家拳、覚遠禅師の門人一貫禅師に発する嶺南拳があり、又、仏教を基盤とする少林拳に対立するものに、易の太極思想に発する太極拳があって、これは現在の中共で国技として広く普及しているという。

　日本の柔術は、明の陳元贇が麻布の国昌寺に寄寓していた期間に、同寺に寄宿していた福野七郎右衛門・磯貝次郎左衛門・三浦与次右衛門の三浪士に支那伝来の拳法をおしえたのに始まる、というのが旧来の定説であるが（『武芸小伝』・『武術流祖録』『本朝世事談綺』・『御家中武芸はしり廻り』・『起倒流燈下問答』・『起倒流拳法碑撰文』など）、それについては柔道史家のあいだに、とかくの論が多かった。事実、陳元贇の江戸国昌寺滞在期は、寛永三年四月上旬から同四年九月退去までに限定されるのみならず、日本柔術の発祥が、それより以前にあることが明確であるからであった。

　陳元贇、字は義都。既白山人と号す。外庵・芝山・秀軒・菊秀軒・九十軒・工昇・愛下生などの別号がある。明国虎林（浙江省の内）の人で、明の万暦十五年（日本、天正十五年）

陳元贇肖像（『好古類纂』）

にうまれた。二十七歳から二十八歳にかけて一年一ヵ月間、少林寺に入山していたという説がある。二十五歳、元和七年に始めて訳官として来日し、上洛した。同年冬から毛利家の扶持を得て二、三ヵ年長門に滞在し、寛永二年（三十九歳）、関東に下って、麻布飯倉の長門屋久兵衛圭佐（けいさ）の草庵に寄寓した。翌寛永三年、この草庵は芝西久保に移建されて虎林山国昌寺となり、元贇も同年四月上旬から同寺に移り、ここで前記三人の浪士、および二代目住僧久円らに中国拳法を伝えた。同四年九月、元贇は国昌寺を退去し、以後寛永十五年までは尾州・京洛・防長・長崎、また江戸へと流寓した。寛永十五年ごろ、尾州藩祖敬公に招かれてつかえ、六百石、名古屋（はじめ桑名町、後に九十軒町）に住した。寛文十一年六月九日、名古屋九十軒町の自宅で八十五歳で死去した（松原濤氏に拠る）。

右の国昌寺は、明暦三年の大火後は芝高輪に移って、永寿山国昌寺と改称している。元贇が国昌寺でおしえた拳法の伝統は、元贇流柔術と称して、二代目住僧久円―長門屋二代目久兵衛―長門屋久五郎…と子孫相伝して七代目久兵衛に及び、又、仙台藩にもその流の伝統がある。

日本の柔術が、寛永三―四年の国昌寺の元贇から発したと見るのが早計であることは、いくらも実証を挙げることができる。しかし、それだからといって、陳元贇の中国拳法が日本の闘技に影響がなかったとは、云うことができない。

柳生十兵衛三厳が、寛永十九年に書いた『新陰流月見の伝』のなかに、十兵衛の祖父、石舟斎宗厳の手控え中にあった福野七郎右衛門（当時、福野は柳生宗厳の剣術の門人であった。後出）の目録についての記録は、すでに福野の柔術が、元和年中にはでき上がっていたことを証している、曰く、

「和（やわら）の事。これは七郎右衛門工夫により、この流、良移心当和（やわら）という（福野の流儀は一般的には福野流と称されたことは『武術流祖録』などにて知られるが、起倒流伝書・真心流伝書などに、福野流を古くは良移心当流と書いている）。趣意は、わが体に剛弱骨折あるを不和、剛なるものはひとえに剛と和、弱なるものはひとえに力足らず。（中略）右、この一本三国無双の秘術たるに依って、一世いまだこれを弘めずといえども、のこらず御執心によってその心に感じ、いま伝授候こと、あえて半句もいうべからず、他意あるべからざる者なり。よってくだんの如し、元和八年三月吉日」（下略）

元和八年といえば、陳元贇が最初に来朝した年の、その翌年であって、もちろんまだ福野は元贇に会っていない。三浪人中の三浦与次右衛門も、『武術流祖録』に永禄年中の人とあるのは信用できないにしても（信用すれば陳元贇に会った時に七十歳以上になる）、福野にくらべても元和ごろには三浦流を創めていたと思われる。団野万右衛門（市橋如見斎。宮本武蔵の補記参照）が柔気流（やわらげ）（一に六字流）の柔術をひらいたのも元和七年であって、むろん国昌寺の元贇より古いのである。

水早長左衛門信正

　水早長左衛門信正（一に信政、また正信とあり。『御家中武芸はしり廻り』に、ヤワラを能くしたから矢原次郎左衛門といい、あるいは国正寺三浪人のひとりである磯貝次郎左衛門と同一人か、という）は、いずれの国の人か不明である（一説には京都の人で豊臣秀吉につかえ、太閤死後は浪人して摂津に住したという）。剛強にして万夫の勇あり。ある日、制剛僧という者（三浦与次右門の弟と『起倒流柔術系図』および『御家中武芸はしり廻り』にある。三浦は前記の国正寺三浪人の一人）が水早の家へやって来て、

「今ほど武勇の必要な時代はない。君は武術がよくできるが、しかし柔術においては私に及ばない。教えてあげよう」

といった。信正大いによろこんで学び、制剛僧は技術のすべてを授け、

「もはや全部教えた。あとは練習して通達すれば、もはや君に敵する者はないだろう」

といって去った。その居処をたずねたが答えず、またふたたび来なかった。後、信正の術、妙をきわめた。これを制剛流という（筑州系の制剛流は、ヤワラと称せず、体術拳法という。南蛮一品流捕縛というのも水早を祖としているが、この術は水早が中国にわたって研究したということになっている）。

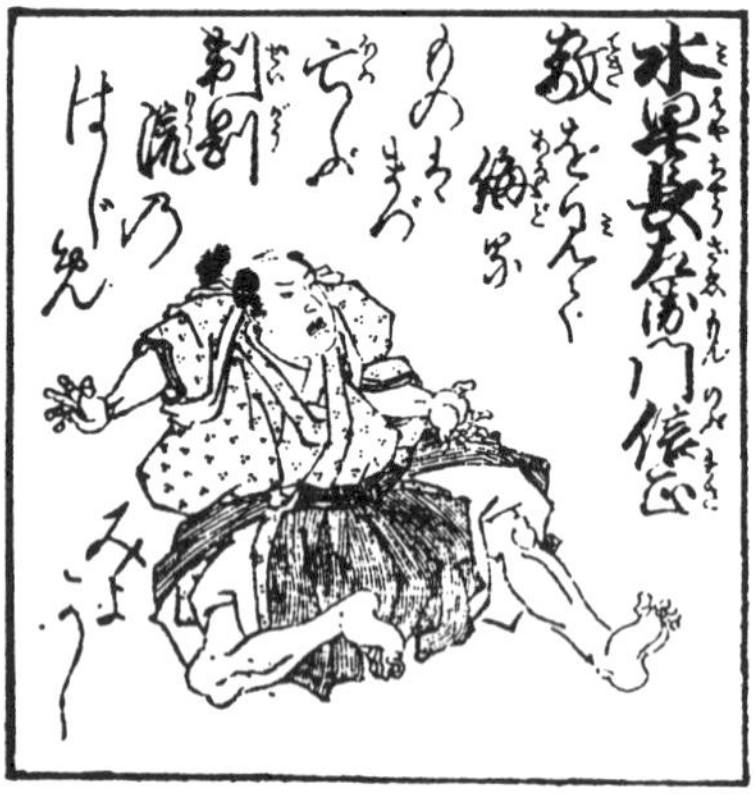

水早長左衛門信正（『武稽百人一首』）

梶原源左衛門直景

　梶原源左衛門直景は水早信正にしたがって宗を得、柔術に達す。後、尾張大納言義直卿につかえ、技術を以って有名であった。里村随心政氏が直景の門に学んで精妙であり（他に堤宝山流九代の武藤徹山に学ぶ。流名を随心流という）、さらにその門の高橋随悦諸氏（高橋流）・和田十郎右衛門正重が、おのおのその旨を得た。正重はのちに随心（師の号）と改称した（後、さらに号を随加とあらためた。豊前の人。里村随心の門人として制剛流、および宝山流を伝えたが、又、願流の阿部道是（前出）の門に入って秘伝を得、同門の山田甚兵衛と協力して新技法を編み出し、福山侯水野美作の命でこれを鑑極流と称した。一に和田流という）。延宝八年九月

二十四日死す、法名は保心。

【補】梶原源左衛門直景の事績

梶原源左衛門直景は、前名を弥市右衛門といった。父兵部景通は大垣藩戸田家の臣であったが、直景十六歳のとき退身した（津軽藩士、梶原源左衛門尉信景を祖とする仏体流縄・棒術が、米沢藩に伝統している。この信景が、もし兵部景通と同一人物だったとすれば、津軽浪人だったかも知れないが、景通の父備前守景規は北条氏直に仕え、水軍として相州三州に居たと『士林泝洄』にあるから、津軽は考えられない。別人であろう）。

直景は父とともに浪人後、奉公構えになったため、名を口演随身と変え、大坂に来て水早長左衛門に制剛流を学び、また河上伊左衛門重忠（河上流居合・捕手）に抜刀を学んだ。さらに浅山一伝流・竹内流小具足・難波流・一無流・戸田流平法・鐘捲流刀槍術をきわめ、高野山で真言秘密を学び、すべての体術に達した上に居合・抜刀を工夫して一流を立て、一時、柳生流居合を称し、やがて江戸両国に道場をひらいて、「制剛流ヤワラ組打ち骨砕きの伝」という看板をかけて門弟を教えた。正保年中、旧主戸田家の了解がついて尾州藩に仕え、梶原姓に復した（百五十石という）。貞享二年四月二十二日死去、名古屋市東区小川町の妙本寺に葬る。

あるとき力士御用木（一に小野川）と君侯の御前で試合をしたが、御用木は大兵肥満、源左衛門は小兵で、とうてい勝負になるまいと思われたのに、梶原は簡単に御用木をなぐり倒してしまった。『張藩武術師系録』によれば、梶原直景の子の景明の条に、従来は竹内流・一伝流・制剛流の三流師範だったのを、主命により合併し制剛流の一筋にしたという。さすれば梶原流の称は俗称であったのだろう。

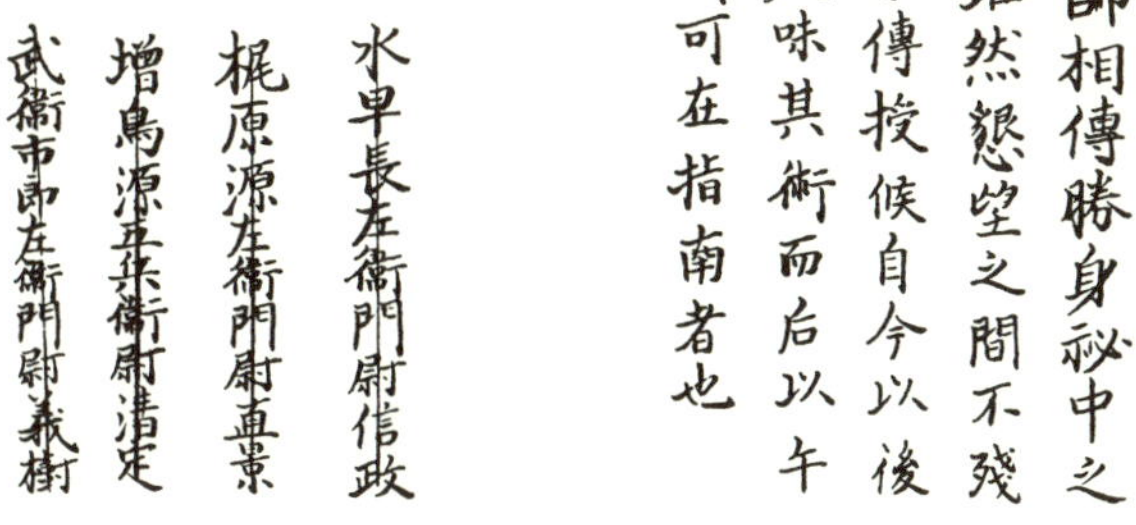
右先師相傳勝身秘中之
秘也雖然懇望之間不残
乜厘令傳授候自今以後
撰其人味其術而后以午
王血判可在指南者也

水早長左衛門尉信政
梶原源左衛門尉直景
増島源五兵衛尉清定
武衛市郎左衛門尉義樹

『制剛流伝書』の奥書

【補】 制剛流系譜略

制剛流流裔の分派の略系譜を作成し、若干人物を解説する。

- 制剛僧—水早長左衛門信正（制剛流・南蛮一品流）
  - 逸見七郎左衛門（筑州系、制剛流拳法）
  - 僧慈眼（慈眼流）
  - 梶原源左衛門直景
    - 梶原源左衛門景明
      - （四代略）—梶原久右衛門景弘
      - 大橋源右衛門政章—（一代略）—長岡重郎右衛門房虞（柳生制剛流）
      - 石黒善太夫重旧
      - 長尾為左衛門景侶（制剛長尾流）
    - 増島源五兵衛清定—武衛市郎左衛門義樹
    - 里村随心斎正氏（随心流）
      - 高橋随悦諸氏（高橋流）—和田十郎左衛門正重（鑑極流剣術）
        - 森川武兵衛高政（霞新流）
        - 脇坂源左衛門（随変流）
      - 中江川清右衛門亮
    - 猪谷忠蔵元和（円明流剣術）
      - 猪谷只四郎和充（猪谷流）
      - 辰巳長左衛門茂清
      - 宮崎只右衛門重職（心照流）
      - 津金覚左衛門政邑
    - 羽田野正左衛門

梶原久左衛門景弘——制剛流中興の達人といわれる。非常な小男であるが柔術すぐれ、身が軽くて屋根からころがって下り、梯子なしに跳ね上がった。笠寺開帖に参詣した時、熱田の若者が五人連れで八丁縄手を酔っぱらって傍若無人にやって来、梶原を小男と見て再三にわたって悪口した。梶原はとり合わずにいたが、けっきょく茶店で休んでいるところをからまれ、五人を半死状態にしてしまった。亭主が迷惑がるので、五人のからだを茶店の外へ投げ出しておいて参詣したが、帰途に茶店できけば三人は駕にのり、あと二人は、よろよろしながら逃げていったということであった（『尾陽武芸師家旧話』）。

長岡重郎右衛門房虞——尾州藩士、五十人組の士。柳生流師範補佐で、制剛流六世。合して柳生制剛流という。正徳三年八月二十三日死去。

石黒善太夫重旧——一に重久。制剛流以外に、円玄流二世、玄流三世、円明流八田九郎右衛門知義および左右田武助門人、日比野流騎兵軍用四世であった。

長尾為左衛門景侶——制剛流のほかに、貴直流棒術大沢伊織茂高の相伝をうけた。

武衛市郎左衛門義樹——制剛流柔四代であるが、他に武衛流砲術の祖である。後出。

里村随心斎正氏——前述。

高橋随悦諸氏——前述。

和田十郎左衛門正重——前述。

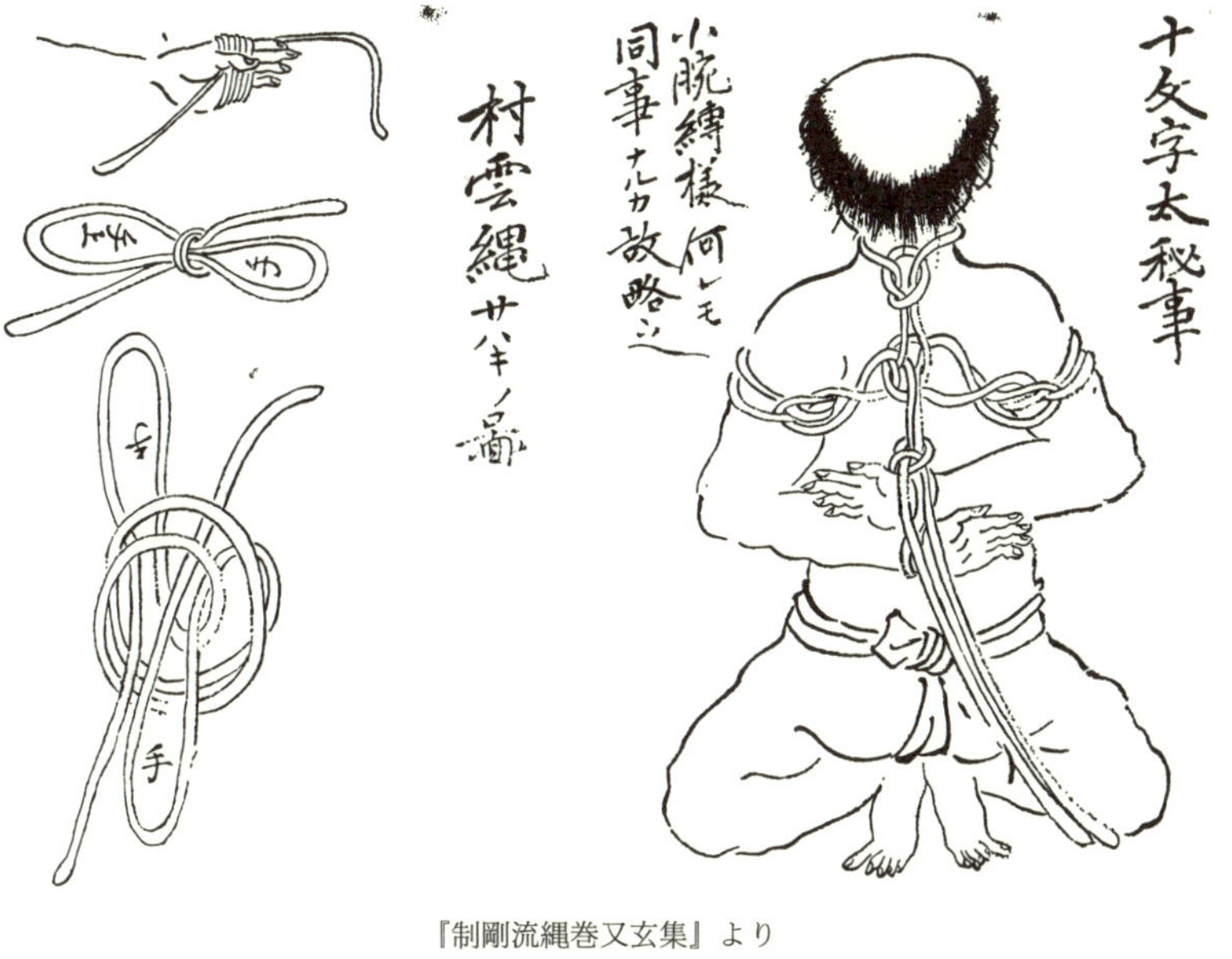

『制剛流縄巻又玄集』より

猪谷忠蔵元和——前述。

猪谷只四郎和充——前述。

宮崎只右衛門重職——制剛流心照派ともいう。重職は睡鷗と号した。制剛流のほかに静流薙刀の印可をとっている。上泉流居合を野田善十郎に学び、師範をゆるされた。津金覚左衛門と二人で狩に行き、砂子にて百姓といさかい、二、三十人の返報をうけたが、両人、腕にまかせて追っぱらったと『尾陽武芸師家旧話』にある。

津金覚左衛門政邑——幼名は作之進・瀬左衛門。中ごろ覚左衛門。後に理兵衛と改めた。最終知行百五十石。元文五年十一月死去（『士林泝洄』）。制剛流のほか、浦部流抜刀を指南した。喧嘩早い人らしく、同右書に、大曾根縄手で関東者八、九人と口論し、仕込槍で取り囲まれたのを残らず討ち捨てたという。

関口八郎右衛門氏心

関口八郎右衛門源氏心（八郎右衛門は誤り。長男八郎左衛門氏業と混合している。補記参照）は、その祖は今川家の族である。少年より刀槍および柔術を好み、おのおのその宗を得た。はじめ江戸に住んで柔術で有名になり、まことに精妙であって、刀槍・柔術について学ぶ者が多く、末流が全国にひろがった。はじめ本多家につかえ、のち、紀州大納言頼宣の召しに応じて和歌山におもむいた。大猷大君（家光）がその芸を見ようと江戸に召し出したが、不例が日々厚くなり、ついに上覧の機会を得なかった。ああ惜しい哉。のち柔心と号した（老後に気力がなくなってもヤワラの心を忘れまいという意味の号であると『大人雑話』にいう）。

関口八郎右衛門氏心（『武稽百人一首』）

氏心には三子がある。伯（長男）を八郎左衛門氏業といい、頼宣卿につかえて五百五十石を領す。仲（次男）を万右衛門氏英といい、季（末子）を弥太郎氏暁といい、のちに蟻楼と号した。氏業はのちに魯伯と号した。氏業の子八郎左衛門氏連が、父祖の芸を継いで中納言吉宗卿につかえた。およそ柔心の柔術は、古今これに比すものがない。請身の妙に至っては、まさに独歩というべきである（剣柔ともに技を攻・防の二局に分かつ。防ぎのほうを剣では受太刀といい、柔では受身という）。

近代、渋川伴五郎という柔術の達人がある（補記参照）。関口氏業の伝授をうけた人であるが、江戸に住んで有名になり、門人も多かった。弓場弾右衛門がその宗を得た（弓場は二代目渋川伴五郎である。補記参照）。

ある人いう。弓馬刀槍の技術に遊び、兵書を読んでよくその職をつとめる人は少ない。岩佐弥五左衛門清純（始め吉純。寛文二年小十人、月俸十口から扶持百俵に上る。同七年罪をえて牧野飛騨守に預けられ九年赦免。元禄元年また小笠原備中守に預けられ宝永三年恩赦されて江戸に帰る――『寛政重修諸家譜』）は、けだし、その人か。清純の曾祖父を那児耶伊豆守入道照応という（時吉、勝応斎と号す。今川氏真につかえ、のち武田信玄・勝頼につかう）。駿河今川の族であるが、甲州武田家につかえて参州長篠で戦死した。その子の吉助（慶長三年家康につかえて二百石。大番。寛永三年死す。六十一歳。小日向の善仕寺に葬る――同右書）、はじめて東照宮につかえ、岩佐と改姓した。その子の金左衛門吉勝（大番、五百石に上る。寛永十一年大坂城の守りについて死す、四十六歳――同右書）は台徳公につかえ、二子あり、兄を善兵衛吉武（吉武は誤り。初め吉正、喜三郎、のち吉清。寛永十一年相続三百石。大番。寛永十年京二条城の守りについて死す、六十三歳――同右書）、弟を弥五左衛門清純という。この清純は幼より弓馬刀槍の術を学んで職をつくし、また書を善くして蛍雪の勤があった。故あって豊前小倉に蟄居し、元禄年中（誤り。元禄元年預けられ、宝永三年帰る――同右書）公命によって江戸に帰る。年すでに八十だが、刀槍の技術を練ることは壮年の人に負けない。日々同志の者と刺撃をたのしんでいる。まことにその職分をつくすという点で、近古の（ちかごろ珍しい）一人である。壮年にして文武の芸を勤めないで、徒らに光陰をおくる人は、この翁のことを聞けば額に汗の出るほど恥ずかしく感じるに違いない。

【補】関口弥六右衛門氏心の事績

関口柔心は今川氏の一族で、祖父は関口刑部大輔氏興（一書には少輔親永）といって、今川義元の妹婿であり、岡崎城主松平信康に嫁いだ加納姫の外祖にあたる。

今川氏滅亡にあたって柔心の父、関口外記氏幸は三州の山中に蟄居したが、松平信康が岡崎城主として始めて入城した節、旧縁によってその附人となり、その後、信康が切腹を命じられて家が滅んだので、氏幸は剃髪して山中常全入道と号した（『関口氏旧記』）。氏幸の子氏心（後の柔心）は、このとき加納姫の縁で松平飛騨守に出仕し、さらに飛騨守の死後、その縁によって大和郡山城主本多甲斐守に呼び出されて、これにつかえたのである。

しかるに『大人雑話』には、この本多を江州膳所の城主の本多氏とし、なお柔心の俗名を弥左衛門と誤って、当時の童謡に、

向こうへ来るは弥左衛門、あれにさわるな弥左衛門、よけて通せ弥左衛門

と唄われたといい、又、柔心が物好きでこしらえた袴を〝弥

左衛門仕立て〃というと書いているのは、とんだ思い違い。而して袴に〃弥左衛門裁ち〃というのは『八水随筆』に、「これ御仕立道心池永弥左衛門なり。憲廟御在世に召出されたり」とあって、憲廟は常憲院すなわち五代将軍綱吉のことだから、柔心の時代よりずっと後にできたものである。

氏心は林崎甚助から居合の伝をうけ、三浦与次右衛門から組打ちの法をおそわったが、諸国修行して肥前長崎へ至ったところ、たまたま支那の拳法・捕縛の法をよくする老人を見つけ、これに従って学んだ。これより工夫して一流をひらいたのが関口流（一に新心流ともいい、居合と柔術と組合せた）の柔術で、はじめ大和郡山の本多家につかえていたが、のち寛永十六年に、紀州藩主徳川頼宣に招かれて勤仕した。南竜公みずから日々稽古するのみならず、若殿にもすすめて学ばせた。当藩では、後に八代将軍になった吉宗にいたるまで、代々関口流を近侍・小姓に稽古させたという（以上は『嘉良喜随筆』・『紀藩柔話集』その他に拠る）。

関口新心流の居合が、林崎甚助から承伝したというのは通説であるが、異説がないわけでない。『和言黔驢外編』に、

「居合四流。林崎（前出）の一貫、土屋（前出）の一伝、安曰く、吾が邑に又、関口性信と由留あり。関口氏は名は弥左衛門、紀州の人。これ或いは柔心の族か。性信の流祖は清水一夢となす。由留流の祖は滝野右京亮となす。余少時この三伝を習う。右四伝とその異同を知らざる也」

と言っていて、師を清水一夢と書いているのは他に所見がなくて、めずらしい。なお長崎で支那拳法を習ったということについては、『紀士雑談』にいう。

かつて長崎にあそんで、西洋人の拳法をよくせる者あり。いまだ人に授けず、ひとり氏心を奇として、ことごとくその秘を授く（原漢文）。

西洋人は中国人の意味らしい。案ずるに津村宗庵の『譚海』に、明暦のころ支那から王道元という人が来て長崎で教えた。これが日本柔術のはじめであると書いているが、明暦年中では関口氏心の修行時代より余程年代が下るから、おそらく王道元は氏心とは無関係だろう。

渋川伴五郎の四代目、伴五郎時英の書いた『渋川時英随筆』の中に、「柔心先生伝」と題する一文がある。内容は伝聞のあやまりもあり、その上少々長すぎもするけれども、記述が詳細で余り人に知られていない面にも触れているから、以下わかり易く要約して引用しておく。

関口柔心は日向の人で（旁証がない）、名乗りは氏成（氏心が正しい。氏心の長男氏業と混同している。同じ混同が『張藩武術師系録』にも見られるが、氏成というのは柔心の甥の関口弥左衛門頼宣のことで、はじめ氏成、後に成政と更名した）、初名は滝尾矢六左衛門といった（この初名は不明。思いちがいか）。生まれつき剛勇で才智が人にすぐれ、世にいう〃一枚あばら〃（肋骨がほとんど隙間なく並んで、あたかも一枚の骨のようになっているのをいう。そんな胸の人は豪力だという）であったという。武芸熱心で弓馬・刀槍・捕

手・居合を修行した。彼が十六歳のとき、捕手の師匠が不届きなことをして、とうてい死罪をまぬがれぬと覚悟して、二階にこもって反抗したのを、

「わが師匠ではあるが、国法にそむく罪人だから、私が捕えましょう」

と言って二階へ上がると、

「おう、小せがれが来たな」

というのに構わず突進して、からめ捕った。このとき小脇差で柔心の左脇に負傷させた疵が、あとまで残っていた。その後、諸流をきわめること十八流、それらを抜粋し、自分の工夫を加えて一流を編み出した。


　後、大和郡山城主本多氏につかえていたが、気に入らぬことがあって立ち退いて、紀州へ行った。その節、目付役人へ使者を出し、

「御家を立ち退きます故、討手の者を仰せ付られよ」

と言わせた。討手の者がさし向けられたけれど、日ごろの手並みに恐れをなして近寄れないうちに、ゆうゆうと立ち退いた。紀州南竜公に仕えて二千石を給わり、小姓組頭になる（誤り）。その後、本多氏から度々使者をおくり、柔心を返してくれと掛け合ったが、南竜公はそんな者はいないと取り合わず、滝尾の姓を関口に改めさせた。


　柔心は生知安行（生まれながらにして事物の道理を知り、無理に努めることなく安んじて道理にかなったことを行なうをいう。『中庸』にもとづく）の人物で、試合などでも相手が仕掛けるにまかせて、自在に受けて負けなかった。あるとき招かれて行った先で、

「どうぞあの席へ」

と亭主が言うのに、

「いや貴公こそあれへ」

とゆずり合って果てがなく、亭主がもどかしがって、

「しからば、貴公を抱いて、あの席へすえ申そう」

「いや、それはいかん」

と言って柔心がうしろへ寄りかかると、磐石のごとくビクとも動かなかった。


　以下原文のまま書くと、「されどもイロハをだに書くことならざる無筆なりし故、人に教うる場に至りては、物の道理を説いてそのすじみちをさとすこと能わず。そのことは斯くすれば成る。この事は又かくすれば成ると、その仕形のみをして見せられしとぞ。まことに惜しむべきことなり。されども、その事にふれてなし置かれたる仕形、又、たまたま云い置かれたること皆天地自然の道理にかないて、後世の模範になることどもにて、今に伝え来たりぬ」（中略）「さて、八郎左衛門（氏心の長男）は、十八歳のときに、男は父の位牌知行（先祖の功によって子孫がもらっている知行を嘲けっていう。『日本永代蔵』に「末々の侍、親の位牌知行を取り楽々とその通りに世を送ること本意にあらず」とあり）は取らぬものとて、小姓一人・若党一人つれて紀州を立ち退き、京都に住居せられしが、その間に、その若党にヤワラの形などを

習い修行せられしとぞ。常に三尺三寸のコジリに車（渡辺内蔵助の条見よ）を付けて帯し、若党を立髪（さかやきを剃らずに長く生やしておくのをいう。演劇で百日カツラ・五十日カツラなど言う髪型がそれである）にして連れ徘徊せられしが、町家の子供など見て笑いぬれば、

『いざ抜いて見せん』

とて、かの若党の立髪の上に濡紙を置き、抜討ちに切って見せられしと也。まことにすぐれたる手利きとぞ聞えける。後に南竜公に召し返され、家を続せらる。名乗りを氏業と言う。もとより生まれ付き勇烈にして才力あり。柔術も上手なりしとぞ。又その紀州へ帰られし時、母儀、柔心に向かい、

『惣領の八郎左衛門ことなれば、定めてよきこと候わん間、教えさせ給え』

と申さる。柔心聞かれて、

『何をぐずぐずしたることを言うぞ。何もほかに教うることとてはなし。ただ臍腸食い抜きてなりとも勝てと言え』

とありしとなん。まことに手強き教え方にて侍る。

　又、柔心は右の通りの人なれば、他国より聞き及びて仕合を望み来るもの多かりしが、みな負けて弟子になり、所に留まりて稽古する者あり、又人によりては、『年来修行したることなれば、やはり其方の所作を用ゆべし。許可をばそれがしが授くべし。うろたえさせざれば負くる者に非ず』とさとされしと也。その者どもの流れの末いまに残りて、関口流と名乗って所作の違いたる流儀多数あり。また柔心は教法をば立てられたけれども、形の如きの文盲なる人なれば、名を付くる心付きもなかりしが、紀州へ行かれて後に南竜公の仰せありて、儒者などへ論議の上にて〝柔〟という名を付け給いしと也。柔は従順と続く文字にて、人の気質の上にて言わば何事も手前を忘れ、なべて人にしたがい人にさからわぬことなれば、この身の形無くして心のままに自由を働き、心次第になることに取りなして柔術と名付け、〝やわらか〟の和訓を下略してやわらと唱えたるもの也。（中略）さてまた時英が曾祖父義方（初代渋川伴五郎）は、十六歳のとき八郎左衛門の門弟になり、二十九歳の時に許可を得て江戸に来たれり。その時故ありて師弟義絶なりし故、柔心の行年、ならびに存生の歳月等も詳ならず。追って是を記すべし。まず時英が聞き及びたる履歴の一二、あらましかくの如し。宝暦七年竜集丁丑上巳之日、秩父渋川時英武伯謹誌」。

　以下、柔心の逸話をまとめておく。

　まだ紀州藩に仕える以前の話であるが、あるとき何気なく庭を見ていると、おりから春暖、それでなくても睡眠ずきの猫（猫の落下を見て柔術の工夫をする話は『紀州柔話集』には柔心でなく、長男氏業の逸話としてある）が、一疋、屋根の上でうつらうつらやっていたが、あまり寝呆けたと見えて、おもわず屋根の勾配をころころと転がり落ちた。ところが猫は宙でヒラリと一転して、うまいぐあいに四足を地面につけてヒョイと立ち、すたすたと向こうへ歩いて行ってしまう。これを見て柔心が感心した。

「人間にだって出来るにちがいない」

そう思って、さっそく地面に藁束をたくさん積み上げ、上に布団を厚く敷いて、屋根の庇から飛び下りる稽古をはじめた。始めはなかなかうまくやれなかったが、習練を積むにつれ段々上手になり、しまいには下に藁束や布団がなくても、高いところから飛び下りても怪我もせず、うまく地面に立てるようになった。


そのころ当身の名人（『絵本英雄美談』に越前の岩城団右衛門と書いてあるが、架空人名かも知れない）があった。この人は八寸の柱を蹴折るというほどの男である。これが氏心に試合を申しこんで来た。

氏心は受身の術で、下にすわって待ち受ける。と、その男、つかつかと走って来て、氏心の顎を目がけてポンと蹴る。氏心は相手の出ようを見るためだから、あえて逆らわない。いきなり仰向けに倒れて、相手の足を避けただけだった。

と、すぐに二度目の攻撃がやって来た。同じ蹴りかただから、関口も同じ姿に避ける。三度目……こんどは違う。氏心は、蹴ろうとする相手の足首を、やにわに引っつかんで、どっと向こうへ振りとばした。

男は「ギュッ」と言っただけだった。遠くへ飛んで行き、地面へたたき付けられて目をまわしたのだ。

氏心は、はじめ二家ほど仕官して、退身し、それから大和郡山の本多家に仕えた。彼の柔術は好評で入門者が多かったが、本多侯があまり武芸に熱心でなく、関口柔心を重用しない。これでは将来が思いやられると失望して、退身を願ったが許されず、仕方なく辞職願いの書置きをして、和歌山に奔った。『家譜』には大和郡山退散後、大久保加賀守の客分になっていたのを、また立ち退き、さらに紀州藩から招かれたとある。

南竜公の面前へ始めて伺候した時、

「そちには何ができる」

と下問があった。

「はい。拙者は馬の沓（くつ）を造ることができます」

と答える。南竜公笑って、

「いや馬の沓ではない。武芸は何が得意かと聞いているのじゃ」

「はあ、武芸の儀なれば何にてもいたします」

というのが、氏心の答えだった。


関口が紀州藩に仕えたと聞いて、旧主の本多侯がカンカンになって怒った。

「にくきは関口の致し方である。当方にても身分相応に食禄も与えておいたのに、その恩義もかえりみず、隣国の紀州に仕官いたすとは旧主をないがしろにする人非人。いそぎ引きもどして切腹申しつけろ」

と家臣に申しつけたが、相手が御三家の一で格式が高いから、奉公構えの通告も出しにくい。


そのうちに紀州家から、土屋但馬守を仲裁役にたのんで、関口ゆずり受けの所望をして来たので、ついに有耶無耶（うやむや）になってしまった。以上の諸条は『南陽語叢』・『武林隠見録』・『乞言私記』等によったが、なお『紀士雑談』には、本多家との事情があるため、氏心は死ぬまで紀州家臣のあつかいではなく、扶持も知行でなく、御合力金七十五両で、あくまでも浪人客分という形になっていたと書いてある。

関口柔心は寛文十年三月七日病死した。享年七十四。法号は全性院柔心日了と『家譜』にある。

彼には三男二女があった。長男を八郎左衛門氏業、次男を万右衛門氏英。三男を弥太郎氏暁、長女を義、次女を家という。各人の名から、八、万、太郎、義、家と連続させて八幡太郎義家に成るとは洒落れた人だ。自分が清和源氏の流れだから、子どもたちに、それにあやかる名を付けたということである(『紀士雑談』)。

なお実禄本『拾遺遠見録』に、関口流元祖を関口奥右衛門とし、長男万右衛門・二男八郎右衛門・別家関口弥太郎・隼人・慶左衛門・庄右衛門、末葉に関口万助・関口勘解由などあるは、すべてフィクション。『慶安太平記』の紀州藩師範、関口隼人も架空人名である。

【補】関口八郎左衛門氏業と養子氏連

氏心(柔心)の長男八郎左衛門氏業は、隠居後は魯伯と号した。魯は魯鈍、伯は年長の意であるが、これは弟の万右衛門氏英の方が、兄のおれよりずっと俊敏であると、へりくだってつけた号だ。彼は承応三年、いったん紀州藩を辞して諸国修行の旅に出た。江戸の、芝浜松町に道場をひらいたのはその間で、延宝元年ふたたび紀州藩に帰参して三百石。その後四百石に上がる。元禄十五年五月隠居して、養子権之丞氏連が家督を相続した。権之丞は八郎左衛門氏業の甥である。つまり氏心の二男の万右衛門の二男であった。氏業は正徳六年四月二十二日八十七歳で病死。遺跡は氏連以降代々相続して九代目弥六右衛門暁氏(四十石、大番の士)のとき改易され、以下は別家関口弥太郎(氏心三男)の子孫が相続した(『家譜』に拠る)。

氏業はカブキ者かぶれの伊達男だったらしく、前に引用した渋川の柔心伝の文中にも、京都で若党に変な行装をさせ、自分も三尺三寸の長太刀のコジリに小車を仕掛けて歩いたと書いてあるが、江戸で道場をやっていた当時にも、虎蔵という少年若党に伊達染め又は大きな縞模様のきものを着せ、朱鞘の脇差を一本ささせて、自分の刀をかつがせて前を歩かせ、ずいぶん人目に立つように振るまわせる。御当人の氏業も、丸ぐけの帯に脇差をさし、鉄扇をもって堂々と闊歩するといった具合い。

するうちに若党の虎蔵、稽古を積んでだんだん強くなり、十八、九歳になると、もうなかなか人にも負けないほどになった。しかるに、どうもその心ゆきが悪くて手のつけようがない。そこで氏業は考えた。

「こいつ、どうやら大悪党になりそうだ。すえずえ身を立てる見込みのないやつだ。こういうやつの芸が上達して強くなるのは危険だし、大悪事をしでかしてからでは関口流の名にかかわるかも知れぬ」

　そこで或る夜、虎蔵を連れ出して、青山の新坂でバッサリ討ち果してしまった（青山の新坂は乃木神社の前の道で、旧時の青山大膳邸の東境に、元禄十二年に始めて開いた新道である。したがって関口氏業が延宝三年以前に、此の道で殺人することは事実としては有り得ない）。

　そのとき刀をぬぐった懐紙が、信州松代藩主真田伊豆守からもらった紙であったので、ひょっとしたら松代藩士の仕業じゃないかと、検屍役人が言ったそうである（松代の製紙は江戸中期以後は塵紙用として多量に江戸に入ったが、この話のころはまだ一般的に使用されていなかった）。

　氏業がそれからしばらくして真田侯へ指南に行くと、侯が、

「虎蔵がやられたそうだな。そちもさだめて力落としだろう」

といった。氏業は自分が殺したとは言えないので返答につまった。

　この真田伊豆守は氏業の柔術の弟子であるが、あるとき、

「武芸の名人は壁をわたり歩くというではないか。そなたも壁を横走りするといううわさだが、どうだ一つやって見せてもらいたい。たって所望する」

と仰せある。

　氏業は、笑いながら、

「何かおいしい物をごちそうしていただきたいですねえ。そうすれば、その術を御覧に入れますよ」

　そこで大名のことだから、さっそく結構な御料理をふるまわれた。ペロリと平げてしまうと、氏業はやがて壁ぎわへ寄り、子どもがするように鯱鉾立ちをして、

「さあ、これぐらいでいいでしょう」

といった。

「そりゃインチキだ」

　まさかインチキなどいうことばは使わなかったろうが、ぜひ壁を走れとの註文である。氏業は坐りなおし、きっとした態度になって言った。

「殿には格別なる武辺のお家柄であって、三軍の将をもうけたまわるべき御身でありながら、さようのうろんなことを申し出されるものではございません。正道の武士は、私なき武芸修行を心にかけるもので、目先の変った術で人をたぶらかすことはあってはならないのです。なるほど世間の人は私の父の柔心や、また塚原卜伝・神子上典膳などいう大武芸者を尊ぶあまり、いや、畳の下へくぐったの、壁に消えたのなどと、さも不思議な術をおこなったように申しますが、そのような妖術めいたことをどうして彼等がいたしますものか。よろしく御賢察のほど願い上げ奉る」

　滔々と、さわやかな弁説であった。

　この氏業、若いころ大坂の天王寺の五重の塔へのぼって、窓から出、屋根のはしから下へ飛び下りた。それを見た人々が感心して、門人になった者もあったというが、一説にはそうでなくて、氏業が屋根へ出て下を見たときに、おもわず踏

みはずして落ちたのだが、落ちる体勢が正しかったから、さかさまにならずに飛び下りるように見えたのだ、という者もあった。

以上の諸条、みな『紀藩柔話集』よりの要約である。また彼は、ハシゴに人を乗せて軽々と片手で運ぶ豪力僧と、試合をして散々に打ち負かしたとか、また馬子が、頭にかぶった頭巾に手裏剣をしのばせているのを、一目で発見したというエピソードもある（『祖公外記附録』）。

氏業の曰く、

「一芸に長ずる者が手跡がまずいのは、その芸までがまずく見える。心して手跡を学ぶがよい」

「何芸を学ぶにも師を選ぶ必要がある。つまらぬ師匠に三年ついて稽古するよりは、よき師に三年学ぶがよい」

この二条は『大人雑話』より。

【補】関口万右衛門氏英の事績

関口柔心の跡目は長男氏業が継いだので、二男万右衛門氏英は番外の勤めで出仕し、御合力金七十五両。了性と号したが、時の人は彼の技術が父兄に超えているといって、柔聖と呼んだ。かつて兄氏業と討論したときに、氏業が言った。

「おれは敵に首を押さえられていても、まだ相手を殺すことができる」

すると氏英は、言下に言った。

「おれなら襟首をやられても相手を殺すよ」

右の話、『大人雑話』。

あるとき稽古場で門人たちが雑談している。

「どうもおかしなもんだ。五年、七年、あるいは十年と稽古していても、いっこうに形のつかない人がある」

それを聞いて氏英が言う。

「そりゃ当り前さ。おれを見ろ。名人と言われる父柔心の稽古を受け、日夜おこたらずやっているのに、まだ形さえつかないよ」

ある人が柔心にたずねた。

「御長男の八郎左衛門どのと、御二男の万右衛門どのは、どちらが強うござるか」

父柔心の答えは、こうだ。

「そうだなあ。兄の方はまだよくわからんが、二男の方は、まあ、わしの若いころによう似とりますわい」

以上は『武術談』に拠る。

この万右衛門氏英が、ある日ステッキ（当時は伊達・寛闊（かんかつ）な時代であったから、余情杖（よせいづえ）といって今のステッキと同様のものが流行していた）を持って歩いていると、とつぜん向うから、

「どろぼう。どろぼう。止めてくれっ」

という声。見ると声の前方を、どろぼう先生あわをくって逃げて来る。

氏英は持っている杖を、そいつの目の前へヒョイと突き出した。どろぼうがその杖に手をかけて避けようとするのを、そのまま下を払うと、どうした呼吸のあったものか、どろぼ

関口弥太郎（『武稽百人一首』）

うはたちまちモンドリ打って平倒張った。そこを杖でおさえて追手に引き渡した。

そのときの杖の型を、見ていた人が後で色々にやってみたが、どうしてもうまくできなかったという。

この話は『紀藩柔話集』にある。

【補】関口弥太郎氏暁の事績

関口弥太郎氏暁は隠居後は蟻楼（ぎろう）と号す。はじめ二十石三人扶持から、二百石まで上がる。享保十四年十月十二日卒す、年九十。その子は養子であるが、以下代々弥太郎と称した。五代目弥太郎のときには四百石にまでなっている。

関口弥太郎は、俗伝ではもっとも名高い男である。寛永十一年の御前試合に出て、渋川伴五郎と技を競い、伴五郎に負けたことになっている。寛永十一年は関口弥太郎の生まれるより六年前、相手の渋川伴五郎が生まれるより十八年も前である。なお実録本の『幡随院長兵衛一代記』（広本）に、関口弥太郎は由比正雪の謀叛に与したため、慶安事変以後は身をかくして歩いたと書いてあるが、弥太郎は寛永十七年生まれで、慶安四年にはわずか十二歳にしかなっていなかった。

関口弥太郎も強剛だったという逸話が残っている。藩公が日高郡へ御成りの際、根来法師の山本丹生谷という者と立ち合うように、弥太郎は命じられた。この法師は戸板を胸に当てて急流のなかを二町もさかのぼるという豪力僧であるが、池のはたに木枕をおき、その上に弥太郎を立たせて、丹生谷に突き落とさせようというのだ。

丹生谷は遠くから走って来てハズミを付け、があーんとぶっつかったが、弥太郎はうごかばこそ、まるで根が生えたみたい。二度、三度、走って来て踏み切っては、があーんとぶっつかる。

と、何度目かのときに弥太郎はヒョイとからだをひねったので、丹生谷はわが力あまって思わずザブン、と池のなかへ落ちこんでしまった。

この話は『祖公外記』にある。

浅草田島町の安養寺に関口弥太郎の墓というのがあるが、これは神田関口町をひらいた人物で、武術家の関口とちがう。

【補】渋川伴五郎代々

渋川伴五郎は島津家浪人で、品川の根芋村に住んでいた起倒流柔術の名人渋川蟠竜軒の子、父から勘当されて魚屋になり、父が殺されたので敵打ちしたという講談の作りごとを、そのまま大まじめに書いた人物辞書や百科事典がある。しかし渋川蟠竜軒という人については、信用すべき根拠は皆無である。

『南紀徳川史』の関口流代々を記した中に、

「伝聞に因るに、関口流は柔術の元祖にして、渋川流もこれより出づ。初め渋川伴五郎、柔心の門に入り学びたるに、力量強く我意の術ありしより、流意に適せずとして柔心に破門せられ、後、渋川の一流を立てしに魯伯武者修行のとき出逢い、伴五郎勝負に負けたるより、ふたたび魯伯の門に入りしと言う」

の一条がある。

初代伴五郎が関口柔心とのあいだに何か気まずいことがあったらしいことは、前に引いた四代目伴五郎の柔心伝に〝義絶〟と書き、『紀州柔話集』は次ぎのようにいっている。

渋川伴五郎などは、此の浜松町に居られし節の弟子なりとか（関口二代目氏業が江戸浜松町に道場をひらいていた頃、渋川伴五郎が入門した、という説である）。この伴五郎、業も達者にせしかば、師よく教えられ上達したりしが、いかなるや武士の道に違えりとの怒りをうけ、その門を擯出されたり。伴五郎恐れ入って、それがし先生の御蔭をもて身を立てんと、この年ごろ随身し奉りたりし。思いがけざる御怒に逢い候とて、相門（同門の者たち）それぞれ頼み詫せしが、師、廉潔一徹、その道にあらざるは怒り解けず、中々宥なかりし。その時伴五郎恐れ恐れ申しけるは、それがし師の御教導により日夜の修行おこたらず、これ畢竟身を立てんの願なり。しかるに今かかる御怒りにあい、まことに武門の冥慮に尽き、氏神にも見放され候か。されば身の進退、今日ここにきわまり、自滅せんより外なし。されども人と生まれ、一時の功もなさで朽死せんこと口おしく候。此上の御慈恵に、ただ今まで御伝授下され候業、本形の通りには仕まじく、御指南下され候をもて一法に転じ指南仕り、これを以って渡世口給することをばゆるし給わらんやと、相門の人々をもて歎息しければ、飢渇するといわば男一疋見ごろしにせんも不便也。関口流の指南とありては一寸もゆるさじ。稽古したるをもて己れが一風の業をほどこさんはゆるすと有りしかば、伴五郎頓首再拝して、この厳戒により是を守りて、心のねりということをいい出て、関口流の形を引きかえ、順逆乱して渋川流と名号け教えしと云々。

初代伴五郎義方は紀州和歌山の生まれとも、また大和のうまれという。決定的な証拠を私はまだ知らない。父の名もはっきりしないが、『八水随筆』には、京都の人で渋川友右衛門といい（友右衛門の称は、後に渋川流二代目になった弓場政賢が、関口の養子になってからその名に改めている。祖父の名を孫がつぐ慣習から見て、初代伴五郎の父が友右衛門であったことは妥当と思う）、この人も柔術は名人であったと

書いている。曰く、

板倉甲斐守は長年、渋川友右衛門について柔術を習っていたが、いっこう派手な術を教えてくれないので、自分の技が上達しているのかどうか、さっぱりわからない。そこである日、友右衛門にむかって言った。

「わしは、これでもう何年となく、そなたについて稽古しているわけだが、今までこれぞと言ったむずかしい術の伝授をうけない。他流には当身とか人を投げる術とか、自由自在の妙術を伝授するというじゃないか。そなたも何故そのようにしないのか。これではせっかく稽古しても張り合いがなくておもしろくない」

すると友右衛門が、答える。

「当身というものは、何も個人対抗の力の技にのみ言うべきではございません。処により変に応じて槍や刀を用い、鉄砲のそなえを立てるのこそ用兵の当身と申すべきでござる。それゆえ伝授の書などというものも、平和の時代には経書(けいしょ)をよみ、戦乱の時代には孫呉(そんご)の兵書を用いれば充分なのです。師匠の印可も、つまりは、その師匠ひとりがみとめたに過ぎないものでありますから、いっぱん世間の人が見て名人であるというようにならなければ、まことの名人とは言えないのでございます」

正に毅然たる識見ではあるが、しかしこれでは習う方でさっぱりおもしろくないから、長続きする門人は少なかった(以上は『八水随筆』から要約)。

さて友右衛門の子、伴五郎義方。これも晩年は友右衛門を名乗ったという説があるが、まだその確証を私は見ない。義方は宝永元年五月に五十三歳で死んで、高輪の泉岳寺に墓がある。逆算すると承応元年の出生だから、延宝八年五月関口流の免許皆伝をえたというのは、二代関口氏業からであろう。初代柔心は、すでに寛文十年に死去している。入門以来足かけ十四年修行して、皆伝は二十九歳のときである。免許をとると、すぐに和歌山城下で〝道凝館(どうぎかん)〟という道場をひらいた。そして翌天和元年もしくはその二、三年のあいだに伴五郎は江戸に出、芝の西久保山(『紀州柔話集』に浜松町とあるのは、同一場所と思われる)に道場をひらく。これを〝武義堂〟という。

『雑話筆記』には、初め山王町、のち芝切通しに住すともある。

道場はひどくはやった。やがて門弟三千と称せられ、ことに老中阿部豊後守、おなじく土屋相模守・土佐藩主山内氏等の後援を得、名声は貴顕のあいだにも高まった。

『翁草』巻三十八によると、伴五郎は二十四歳のとき紀州から江戸に出たといい、その門に学ぶ者千人を超えたが、当時江戸に菅谷某という柔術の達人があり、この菅谷と三田の仏乗院(三田南町にある。高島山歓喜寺といい、真言宗真福寺末。もと八丁堀にあったが寛永十二年に現地に移って来た。寺地五百八十坪――『寺社鑑』)で試合をして伴五郎が勝ったので、よけい有名になったという。

伴五郎義方は文才があって、『質直鈔』・『柔術百首』等の著述をのこした。独身で通したので妻子がなく、門弟中から弓場弾右衛門政賢を後継者に選定して、奥儀をことごとく伝授した。

弓場は渋川友右衛門親胤と改称して、渋川流の二代目になった。一説に、弓場は別人で友右衛門というのは伴五郎義方の実弟であるともいうが、いずれが正しいか、未だ私には判断がつかない。二代目友右衛門は享保十四年死す。六十余歳。赤坂田町四丁目の、武光柳風軒信重（通称は平太左衛門。大江仙兵衛広富に真揚心流柔術を習い、一流を開いて武光流という。後、日向の法華岳に隠棲したという）の道場に他流試合をいどみ、柳風軒が逃げ出したので乱暴をはたらき、正徳元年十一月、南部遠江守へ召し預けられた（『紀州柔話集』）。

三代目は伴五郎資矩。これは友右衛門親胤の実子で、道場を麻布我善坊に移した。以下、代々伴五郎を通名とするに至った。

『異説区』に、

「宝永以後、渋川友右衛門柔術、衆をかたむく。その弟子伊藤柔純（伊東柔純斎義真。関口流伊東派、また伊東流という）いま世に名あり。友右衛門が子伴五郎、おなじく人を指南す。これは関口伴五郎という者に学びて関口流という。本家紀州にありて、関口万五郎という。これ元祖なり。三代目の伴五郎（渋川）、柔術不器用なることにて、箕裘の業なるまじとのことなりし。しかるに平生修行すこしもたゆまず業とせしが、ふと二三年のあいだに修行つのりて、はたと上達し、家名に恥じず勝れたるものになりぬ。不断の修行又あがり来るところ、奇妙なるとのことなり」

文中にいう関口伴五郎・万五郎の名は伝聞の誤りであろう。

『賤のをだ巻』には、

「渋川（三代目伴五郎）は浪人にて道場を立、よくしまりたる稽古なりけり。翁（著者）も門弟にて往来したりしたが、実にいにしえの師弟の格をたて、ことのほか厳重なることなりけり。これも御家ののぞみかなわずして、その子伴五郎代に有馬家へかかえられたり」

とある。この久留米藩有馬家の師範として召し抱えられた伴五郎は四代目伴五郎時英で、三代目伴五郎の実子である。幼少のころより技に秀で、また文才があって『柔術大意』・『柔術稽古規』・『柔術大成録』・『薫風雑話』等の著述をのこした。渋川流中興の祖と称されるのがこの四代目伴五郎である。

五代目輔元、六代目英中、七代目英実と継承して、明治年代に入り、西洋文明の移入によって古来の一般武術は大いに衰微し、明治十一年五月英実が五十三歳をもって死去すると共に歴史ある武義堂はここに廃絶した。明治十六年一月、英実の門人であった鹿児島人野村綱が、英実の養子玉吉を守り立て、本郷元町に新しく武義堂を復興したものの、二十七年に野村が文部視学官を辞して郷里へ隠退し、次いで道場の敷地が官の用地として収用されるに及んで、武義堂はふたたび廃絶の運命に立ちいたった。

後序

夫れ人の物におけるや、これを愛すればすなわちその物の及ぶところに及ぶ。ゆえにその色を愛する者は、これを牧する荑に及び（つばな。白くてなめらかなのを美とする）、その徳を愛する者は、これを舎す棠に及ぶ（『詩経』召南甘棠に、周の召伯の善政に感じ、かつて召伯が南国に巡行してリンゴの下にやどったところ、民はその木をずっと大事にしたことをうたってある）。且つ、仁者の山を愛し、智者の水を愛する、その性に似適するを以ってなり。いわんや人の人におけるをや。日夏氏の翁、性武を好み、また武を業とし、造次顚沛（かりそめの短時間をいう。『論語』里仁に出る）この道に従事し、業を精にす。その愛武を広むるや至れり。すでにしてその愛、武業の人に及ぶ。ここにおいて近世以来の武業の人若干を掲げてこれが伝を作り、道において器において、その名のあらわるる者は、歴々列序す。上世の人に至ってはすなわちその伝その書、他におこなわる。またここに贅せず。近世の人に至っては、すなわち拠るべき者はなはだすくなし。ただにその党に敲すのみならず、寸紙・尺帛も必ずこれをもとめ、口碑・流説も必ずこれをたずねてその是非を正し、その真僞（正しいか誤っているか）をつまびらかにし、年を積みて成る。その心を用うることこれ勤めたり。他人よりこれを観れば、すなわち労あるごときも、翁よりしてこれを言えば、すなわちいわゆるその性に適する者にして然る也。ああ若干人、何の幸ぞや（本書に記載された人たちは幸いであるとの意）。翁に就きてその名朽ちず。これに由りてこれを言えば、すなわち翁はこれ青雲の士なるかな。一日、翁予にこれが後序を作らんことを請う。ここに於いてか書す。

正徳甲午冬十二月　　橘直養跋

享保元年季冬元旦　　茨木多左衛門
鵜鶴総四郎　版行

新撰武術流祖録

新撰武術流祖録

江戸　羽鳥耀清
池田豊直　同輯
青山敬直

兵学

越後流・沢崎主水

越後の人である。兵法を加治竜爪斎景明（謙信直流軍学という。越前勝山城主松平大和守の臣）に習う。もっとも精妙。承応元壬辰年、東武に来、大いに鳴る。門人が多かった。加治竜爪斎は越後加治の城主加治遠江守景英（越後流加治伝の祖）の孫で、対島守景治の子である。遠江守景英は不識庵謙信に仕えた。兵法を宇佐美駿河守（名は定行、一に良勝。越後流宇佐美伝の祖）に学び、奥旨を得た。その子の景治、その子の景明がその伝を継ぐ。

謙信三徳流・栗田因幡寛政

祖父刑部大輔寛安（刑部は善光寺永寿還俗の名と云う）は宇佐美民部少輔（名は良興）に越後流の兵法を学び、その妙をきわめた。民部少輔は駿河守の子である。寛安の子大膳某がその伝を継ぐ。その子寛政が父祖の伝脈を継いで奥旨を悟る。寛永年中水戸威公に仕え、その名を高めた。謙信三徳流と称す。正保四丁亥年八月二十日死す。七十有一歳。

佐久間流・佐久間立斎健

はじめ荘左衛門（高吉）と称す。弱年より諸家の兵法を学び、後、布施源兵衛守之にしたがって山鹿流の奥旨をきわめた。享保年中水戸成公に仕う。後、良公の命によって佐久間流と称す（寛保元年死去、八十一歳）。門人のなかで中沢丈右衛門豊忠と戸祭主馬勝全が傑出した。

射術

大和流・森川総兵衛秀一

薙髪して香山・観徳軒と称す（一に喜一・喜忠・僖風。初名は左内・宗兵衛。晩年は四郎左衛門尉という）。弱冠より射術をたしなみ、流派の奥秘を極め、弓道の書を校正し、大和流と称した（開創は二十二歳の時であった。俗に香山流という。はじめ幕府の与力であったが、後、弓術をもって下野烏山藩に召し抱えられ、貞享五年からは島原藩松平忠房に仕えた。二百五十石。元禄十四年五月十四日死す、七十一歳）。その子彦左衛門修一がその伝を継いで精妙だったという。有馬周防守に仕え、『美人抄』を著述した（父に先立って元禄七年に死去したため、弟の森川信凭が相継した。以下世襲して明治に及ぶ)。

馬術

新当流・神尾織部

何国の人たるかを知らない（名は吉久。初め松平陸奥守の臣、浪人後、彦根藩井伊家に仕えた）。馬術の神妙を新当流と号す（一に鹿島流とも神当流とも神尾織部流ともいい、又、悪馬・難馬の矯正を主眼とするから、悪馬新当流ともいう）。寛延年中、水戸家の人大田原和泉守政通、後、大和守と号して四世の正統を継いで最も精妙であるという。宝暦二壬申年二月十三日没す、歳六十有三。その子大和守師正がその伝を継ぐ。

新八条流・関口八右衛門信重

元和年中の人である。八条流の妙旨を得、工夫を加えて新八条流と号す。その術を以って水戸威公に仕う。その子六助信通がその業を継ぐ。

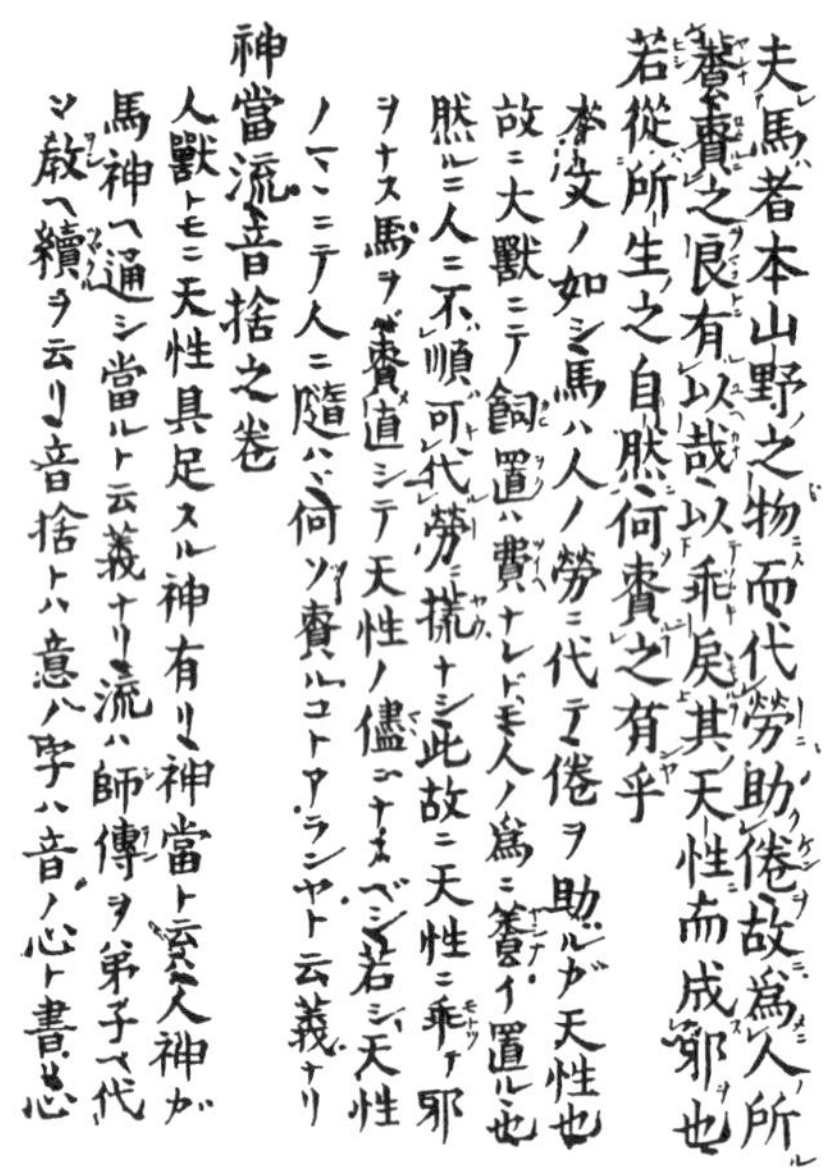
夫馬者本山野之物而代勞助倦故爲人所養畜之良有以哉以乖戻其天性而成邪也
若從所生之自然何畜之有乎
本淩文ノ如シ馬ハ人ノ勞ニ代テ倦ヲ助ルガ天性也
故ニ大獸ニテ飼置ハ費ナレドモ人ノ爲ニ養ヒ置ル也
然ルニ人ニ不順可代勞ヲ背ナシ此故ニ天性ニ乖ナ邪
ヲナス馬ヲ養道シテ天性ノ儘ニナスベシ若シ天性
ノマヽニテ人ニ隨ハズ何ソ畜ルコトアラシヤト云義ナリ
神當流音捨之巻
人獸トモニ天性具足スル神有リ神當ト云ハ人神ガ
馬神ヘ通シ當ルト云義ナリ流ハ師傳ヲ弟子ヘ代
シ畝ヘ續ヲ云リ音捨トハ意ハ字ハ音ノ心ト書也

『神当流馬術伝書』（冒頭）

刀術

神明無想東流・東下野守平元治

東国（下総香取郡東庄）の人である。刀術を好んで妙秘をきわめ（林崎重信の門人）、鹿島・香取神宮に祈って夢想に神伝を得たという。故に神明無想東流と号す。門人の田宮対島守重正（前出）がその宗を得、後また重正は林崎甚助重信に就いて抜刀を学び、その名が日域（にちいき）に高い。

無明流・石田伊豆守

上野の人である。北条氏康に仕う。壮年より武術を好み、同国御太刀山不動尊（勢多郡赤城村見立の不動かという説あり）に祈り、常に深山に入り、木石を撃ってその術を修し、また山賤（やまがつ）・野武士を会してその芸を試み、終（つい）に刀・棒・鎧（よろい）組（ぐみ）の奥旨をきわめたという。無明流と称し、末流が多い。

涼天覚清流・堀口亭山貞勝

何国の人たるかを知らない。延宝年中の人で、はじめ嘉内と号す（享保ごろ。水戸藩士）。根来重明（前出）に従って独名流の妙旨を得、後、涼天覚清流（略して涼天流）と号す。末流が水戸家にあるという。

克己流・安丸仲右衛門之勝

何国の人たるかを知らない。延宝年中の人である。柳生新陰の刀術を学んで精妙であり、後、自ら克己流と号す。その子仲右衛門之盛が箕裘の芸を継ぐ（柳生十兵衛三厳門の、森牛之助祐庵が創始した大円鏡智流から、倉田本右衛門宗倫が克己流を開創した。安丸仲右衛門は倉田の門人で、三河西尾藩士）。

直心影流・山田平左衛門光徳

元禄年中の人で、一風斎と号する（また一風軒。高槻藩の永井伊賀守の臣）。高橋弾正左衛門重治（寛文ごろ。初め土屋家に仕え、後に永井大学頭に仕えた。晩年、直翁と号す。奥山休賀斎を祖とする神影流的伝六代目で、自己の流名を直心正統流という）に従って直心正統の刀術を習い、妙秘をきわめた（一時、師に忌まれて柳生門に転じ、運籌流三代を継いでいたが、後に高橋門に復帰し、的伝七代になる）。重治は直心正統的伝の印状を、光徳にわたした。流名を改めて直心影流という。その門人が非常に多い。三男長沼四郎左衛門国郷（補記参照）は幼より刀術を好み、父に従って習練すること多年、ついに奥旨を悟る。東武の西久保（江戸見坂）にいて大いに鳴る。従遊の士が多く、末流が諸州に多い。子孫が箕裘の芸を継いで家声（かせい）をおとさない。

【補】長沼代々の系譜

長沼四郎左衛門国郷は、山田一風斎の三男。父の跡を相続して同じく永井家に仕え、芝西久保の道場を経営した。直心流では早くから組大刀による型稽古ばかりにたよらず、皮具・頬当て・竹刀による実戦式稽古をやっていたが、父一風斎のときから前記の防具類の改良に着手し、正徳ごろに面・籠手を完成したのがこの長沼四郎左衛門国郷であった。この方法が実際的であるところから、入門者が一万にも及んだというが、他の諸流では、始めはその新方式にいろいろけちを付けていたけれど、宝暦年中に一刀流の中西忠蔵子武（補記参照）が、面・籠手・竹刀の新方式に切り替えてからは滔々として都下各流がこの方式に倣（なら）うようになった。

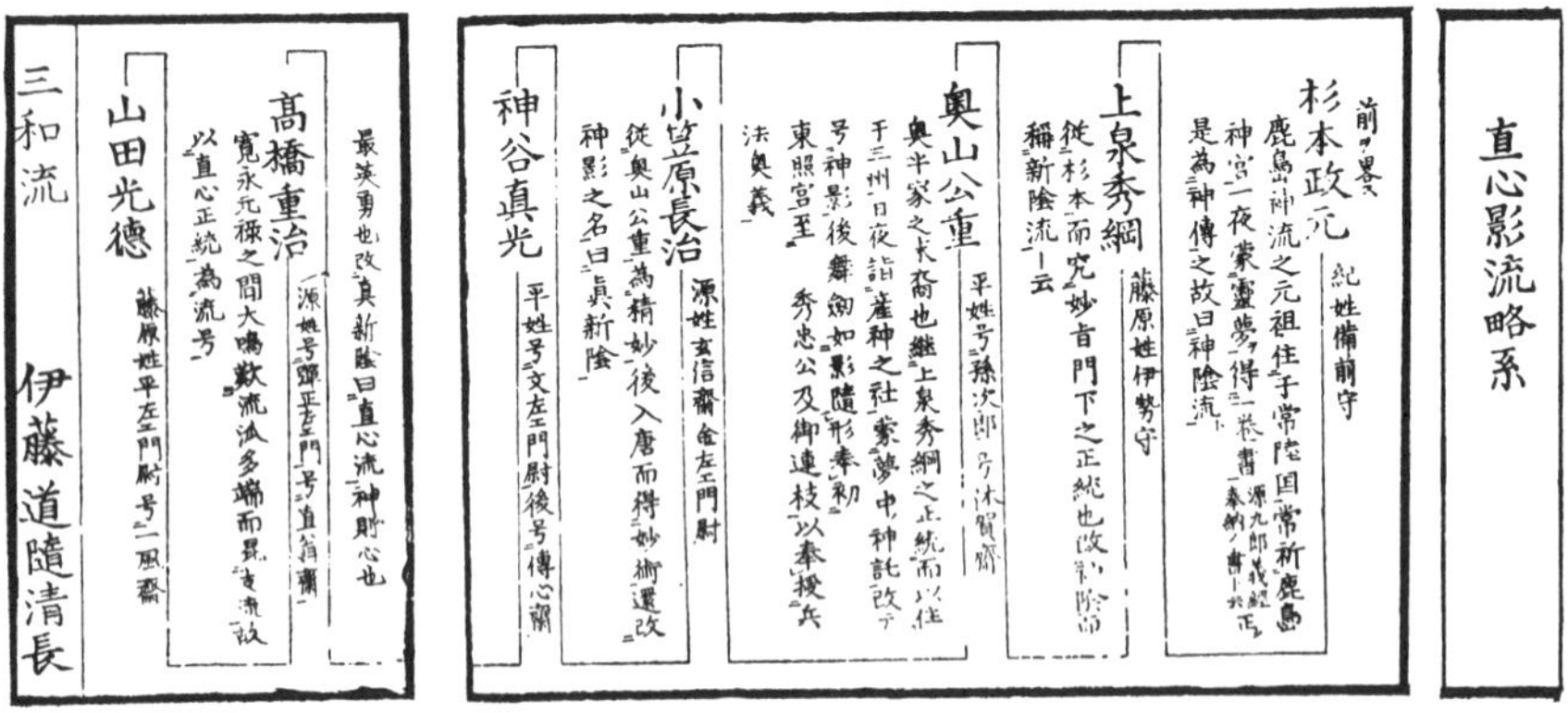

直心影流略系（『武術流祖録』）

国郷は明和四年七月二十四日死、八十歳。三田の功運寺に葬る。直心影流の的伝は高弟の長沼正兵衛が継ぎ、長沼の家系のほうは三男、四郎左衛門徳郷相続し、安永六年四月十六日、三十六歳で死して子がなく、祖父山田光徳の孫貞郷を養子にしたが相続以前に死んだから、さらに門弟平左衛門政美の弟を養子にした。これが長沼四郎左衛門亮郷で、文政九年五月二十九日死、五十七歳。以下、亮郷の子、長沼四郎左衛門万郷、その弟四郎左衛門和郷と相伝した。『道聴途説』という書に、

「昔より武夫は無文の者多きためしなるが云々、故四郎左衛門も頻る文字ありて普通の剣客に非ず。されば今の四郎左衛門もその遺風を得たりと思わる」

と賞めているのは、亮郷と万郷のことらしい。

なお長沼には別家が二家ある。一は徳郷の弟（国郷の四男）小四郎宗郷で、この人も剣名が高く、浜町山伏井戸に道場を開いていた。天明二年六月十二日死、三十七歳。今井町の法音寺に葬る。もう一家は長沼正兵衛綱郷といって、本姓は斎藤であるが、これは長沼四郎左衛門国郷の筆頭門人であった。国郷が晩年、上州沼田城主土岐美濃守に招かれた際、老衰の故に代人として斎藤をすいせんし、長沼姓を名乗らせた。すなわち、仕えて百石を給せられた。国郷没する時、養子亮郷はまだ技術が充分でなかったから、業の成るまで正兵衛に托して死んだ。そのため亮郷が亡父のあとを相続するまでの一時期は、西久保道場の門弟ぜんぶを正兵衛の道場（芝

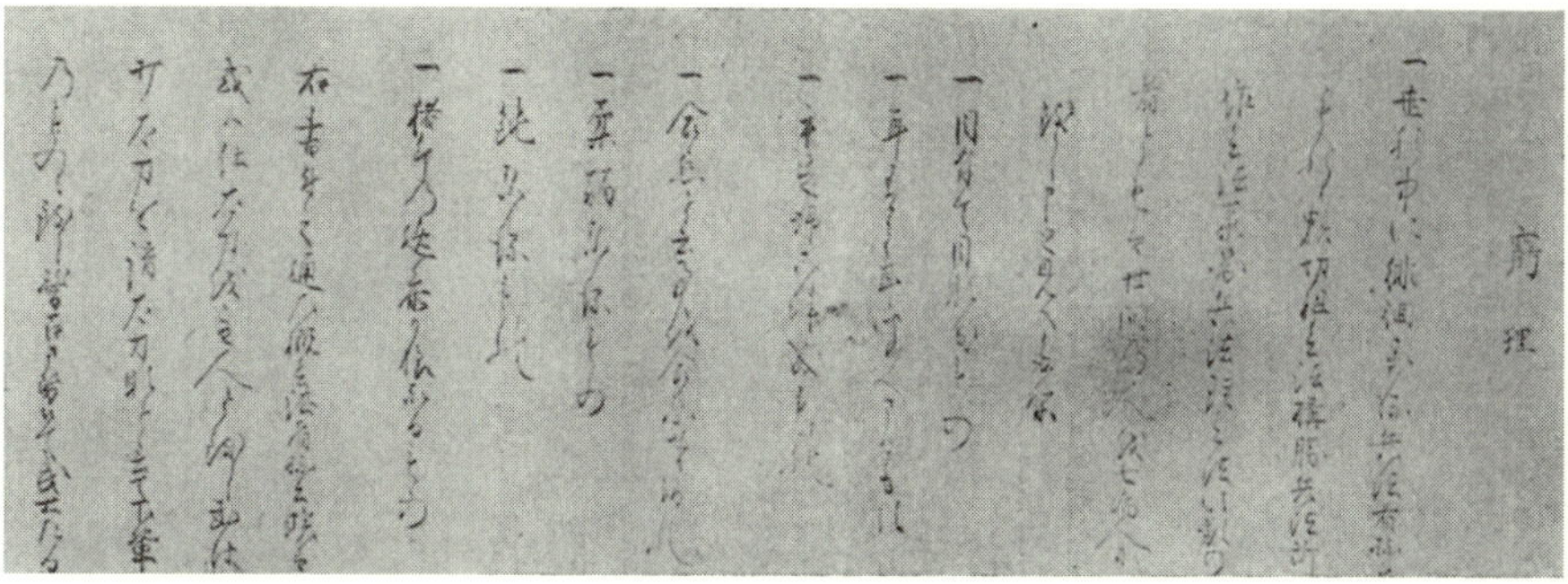

『直心影流兵法伝書』

愛宕下、田村小路）へ引き取った。

正兵衛は老後、活然斎と号し、明和末か安永初めころに死去したが、年月不明。直心影流の的伝は門人の藤川弥司郎右衛門尉近義（後出）が継ぎ、以下―赤石郡司兵衛孚祐―団野源之進義高―男谷精一郎信友と相伝した。長沼家系のほうは正兵衛忠郷―同真郷―同孝郷―同輝郷―同恂郷―長沼可笑人と承伝した。可笑人は幕末の江戸で桃井春蔵（鏡心明智流）の養子左右八郎とならんで東西の大関と併称された俊豪だった（弘化二年生れ。文久三年父の死後、田村小路の道場を継ぐ。慶応三年、尾州藩明倫堂師範。明治三年、東京に帰り、江戸見坂沼田邸内に道場をひらく）。

【補】中西派一刀流

中西忠蔵子武の承伝系図は、小野次郎右衛門忠一―中西忠太子定―中西忠蔵子武―中西忠太子啓―中西忠兵衛子正―中西忠兵衛子受―中西猪太郎子路、の順である。

中西派の初代は中西忠太子定。江戸の人。小野派一刀流宗家の小野忠一に学び、下谷練塀小路東側（現在は千代田区に編入。国鉄京浜東北線のガード下になる）に道場をひらいた。忠蔵子武のときから稽古に防具を採用して入門者が急増し、その子忠太子啓を経、その養子の忠兵衛子正の時代には、当時江戸で第一の道場といわれ、間口六間・奥行十二間あったという。子正の門に、寺田五右衛門宗有（天真一刀流。後出）・白井亨義謙（天真伝兵法・白井流。後出）の二人が特に有名である。

【補】奥山休賀斎公重

『急賀斎由緒書』・『奥平譜』によれば、本姓は奥平氏。初名は定国、のち徳川家康より公の字を賜わって公重に改むという。通称は孫次郎。休賀斎・急賀斎または音寿斎と号す。三河国作手城主奥平美作守貞能の家来、奥平出羽守貞久の七男。甲州に来遊した上泉秀綱に入門して、随従すること一年余、免許をうけて帰国し、三河国奥山郷に住し、奥山明神に祈願して自得し、みずから奥山流という（『直心影流伝書』には奥山流と書かず、新陰を神影流に改めたと記す）。徳川家康に仕え、姉川合戦に従軍して後、家康に刀術を教授すること七年間。致仕（ちし）後は、旧主奥平貞能の屋敷に引き取られて老をやしない、慶長七年、七十七歳で死去した。

【補】小笠原玄信斎長治

通称金左衛門尉。また上総入道。源信斎（源心斎）と号す。三州高天神城主小笠原与八郎長忠の弟（一説、甥）。上泉伊勢守秀綱の門に入り、後、奥山休賀斎に学んだ。はじめ、徳川家康にしたがっていたが、天正二年武田家に降参し、武田滅亡後は北条氏に従って、天正十八年の小田原陣で、箱根に立てこもって秀吉の軍に抗し、敗れて支那大陸へ亡命した。但し『夕雲流剣術書前集』には、

「夕雲新陰流の師は小笠原玄信、俗名小笠原上総という人にて、秀吉公の御旗本の衆にてありし。大坂落城の後は、関東へはばかりて唐へわたり、一年を過ぎてまた日本へ帰りし人なり」

とある。亡命中、漢の張良の子孫と称する者から矛（ほこ）の術を習得し、帰国後は江戸に居をかまえて、矛を応用した〝八寸の延べ金〟という武器を発明して、門弟に教えた。

なおそれについては小田切一雲の書いた『剣法夕雲先生相伝』に次ぎのごとくある。

先師夕雲の談ぜらるるは（中略）鹿島の生まれに上泉伊勢と云う者ありて兵法中興の名人なり。（中略）その中に挽田文五郎・戸田清源・柳生但馬・小笠原玄信という者印可を取りたり。（中略）小笠原は入唐して、異国の武士にまじりて日本流の神陰流兵法を指南して居住するうちに、不慮に張良が末孫なりと云う者弟子の内に有って、くわしく尋ぬれば、まぎれもなき彼の者、先祖張良より嫡々伝来の戈（ほこ）の術ということを鍛練す。玄信は又かの者の弟子になって戈の術を習い、師を互いに芸返し（げいかえ）にして修業するうちに、玄信は戈の術の八寸のかねということを自得す。帰朝の後、上泉の古き相弟子どもに立ち合い、八寸の延がねを試みるに、一人も手にさわる者なく、おそらくは先師上泉が存生（そんじょう）にて立ち向かうといえども、小泉に勝ちは取らせまじき物をと思うほどの道理を発明して、広く世間に教う。玄信が弟子も三千人に及べり。

【補】神谷伝心斎直光

小笠原源信斎の、若い時分の剣法（新陰流の刀法）を受けついだのが、神谷伝心斎の直心流剣術である。伝心斎は、幼名は幸之助、後に文左衛門といった。松平周防守の児小姓を

勤め、後、水野出羽守が集人正と称していたころ、これに仕えて、長男、二男とも同家に出仕した。彼は永らく師伝の新陰流をまもっていたが、六十七歳のとき、新しい哲理を立てて、当時儒学の新風であった宋学の理気二元論を基礎にして、仁義礼智信の五常にもとづき、直心をもって非心を断つ、要は誠の一字にありとして、流名を直心流とあらためた。印可を〝霊剣伝授〟と称する（『直心流神谷伝心斎改兵法根元書付』・『直心流霊剣伝授書付』）。

なお、寛文三年、八十二歳のときの伝書には、紙屋伝心頼春とあるという。これはごく晩年になってからの改称で、流名も紙屋流と書いた。死去年月は不明である。

【補】針ケ谷夕雲・小田切一雲・真里谷円四郎

針ケ谷夕雲は、奥山体賀斎の門人である。四十歳ごろまでは、師から習った刀法をまもっていたが、本郷駒込竜光寺の虚白和尚に参禅してからは、師伝の刀法も八寸の延金も、すべて虚構にすぎないといって、流儀を捨て、もっぱら本然受用の一法を案出した。虚白和尚これを評して、無住心剣と名づけた。

白井亨（岡山の人。天明三年生、天保末死す。機迅流依田新八郎・一刀流中西派の中西忠太・天真一刀流寺田五右衛門に習って後、天真伝兵法を始めた。八寸の伸曲尺（のべがね）を工夫し、『明道論』・『神妙録』・『兵法未知志留辺』の著がある）の『兵法未知志留辺』に、

「針ケ谷夕雲。初め五郎左衛門という。小笠原玄信弟子。無住心剣術の祖。小田切一雲。初め恕庵といい、後、一雲とあらたむ。夕雲弟子。六十歳にて出家し空鈍と号す。筆剣の二芸を生涯のたのしみとす」

とある。この出家して空鈍となったのが、『撃剣叢談』や『窓のすさみ』に云う、空鈍流の片桐空鈍と同一人であるか、どうかは、的確な旁証が見付かるまで決定できない。

針ケ谷夕雲および小田切一雲については、川村秀東の『夕雲流剣術書前集』にやや詳細な聞書きがあるから、今そのうちの若干の条々を抜粋する。

義旭先生（真里谷円四郎）云う。当流剣術の元祖針谷夕雲は、上野国針谷（上野国に針谷という地名をさがし当たらない。下野国の宇都宮市の大字に針ガ谷あり、また武蔵国の今の埼玉県大里郡岡部大字本郷字針谷がある、いずれか）という所の人にて、俗名針谷五郎右衛門というて、一生浪士にて居られしと也。老年になりて夕雲と名をあらためて後は、江戸八丁堀に住居して、七十歳余ばかりにて病死（寛文二年死す、七十歳。渋谷東福寺に葬る――『一雲先生伝書』）ありしと也。夕雲は紀州大納言様より、御内証にて御扶持を下され候よし、先生も聞き給いしとなり。夕雲一生のうち、他流との真剣の仕合五十二度ありし。真剣勝負の場にして終に障るものなしとなり。（中略）夕雲四十歳のころまで新陰流にして有りし。五十歳ばかりのころより当流をつかい給いしとなり。

先生云う。小田切一雲石英は、榊原式部大輔殿御家来、

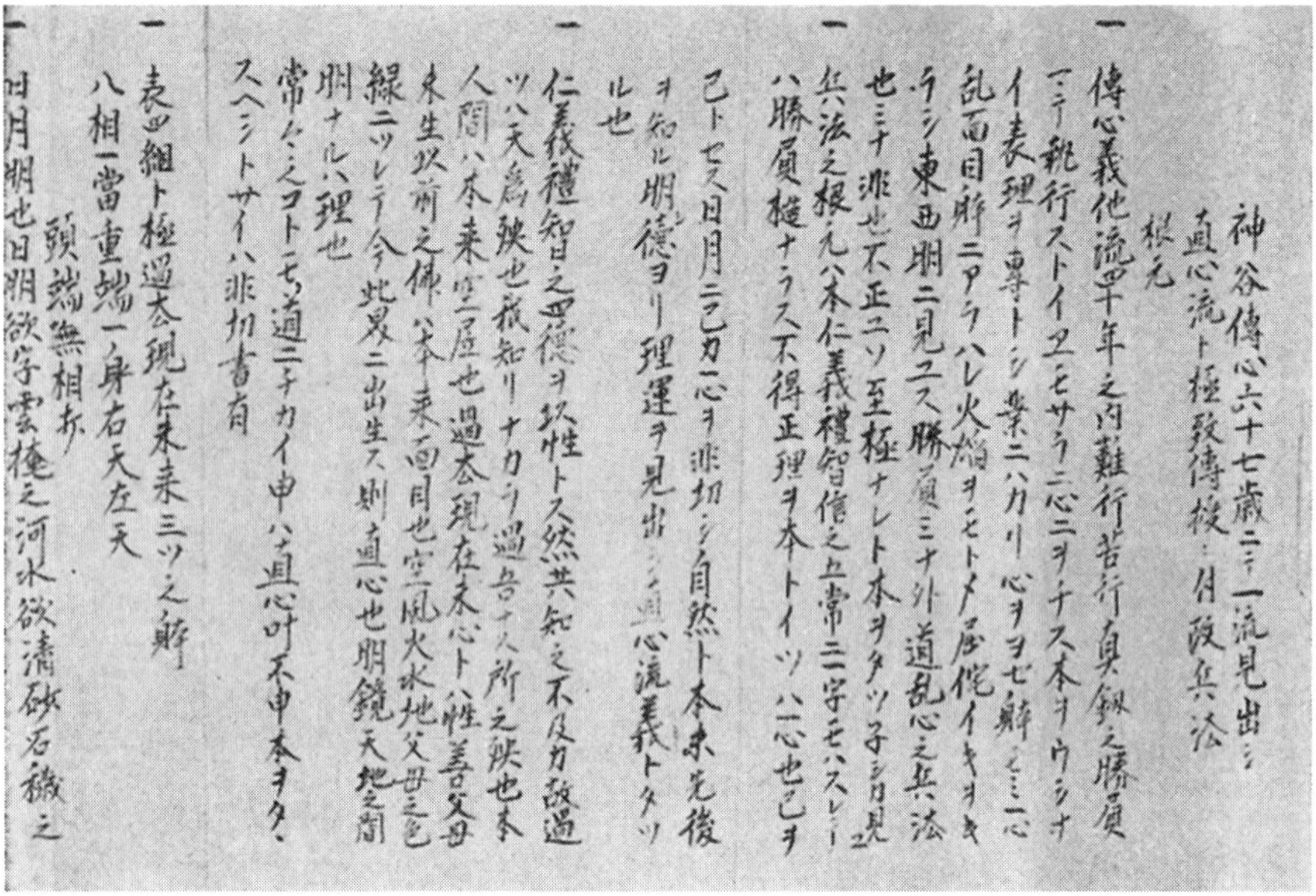
神谷傳心六十七歳ニテ一流見出シ
直心流ト極致傳授ニ付改兵法
根元
一 傳心義他流四十年之内難行苦行負鍛之勝負ニテ執行ストイヘトモサラニ心ニヲチナス本ヲウシナイ表理ヲ専トシ業ニハカリ心ヲヨセ解モミニ一心乱而目解ニアラハレ火焔ヲモトメ居俤イキヲキテラシ東西明ニ見エス勝負ミナ外道乱心之兵法也ミナ非也不正ニソ至極ナレト本ヲタツ子シ見ルニ
一 兵法之根元ハ本仁義禮智信之五常ニ字モハズレハ勝負ナラス不得正理ヲ本トイツハ一心也己ヲ
一 己トセス日月ニ己カ心ヲ非切シ自然ト本末先後ヲ知ル明徳ヨリ理運ヲ見出シ直心流義トタツル也
一 仁義禮智之四徳ヲ以性トス然共知之不及カ故過ツハ天為狭也猶知リナカラ過ナス所之狭也本人間ハ本来空ニ居也過去現在未来心トハ性善父母未生以前之佛ハ本来面目也空風火水地父母之色縁ニツレテ今此界ニ出生ス則直心也明鏡天地之間明ナル八理也
常ヘヽ之コトモ、道ニナカイ申ハ直心叶不申本ヲタヽスヘシトサイハ非加書有
一 表四綱ト極過去現在未来三ツ之解
八相一當重端一身右天左天
頭端無相亦
一 日月明也日明欲守雲掩之河水欲清砂石穢之

『直心流神谷伝心斎改兵法根元書付』

長谷川玄養という人の弟にて、長谷川如庵というて、会津の人なり。半井驢庵家の弟子にて学頭をし給いし人なり。後に小田切一雲と改め給いし。深川へ退去し（『一雲先生伝書』に深川の海辺大工町とあり、今の江東区海辺町を中心に近辺ひろい地域にわたっての地称である）給いて後出家し給い、雲鈍（原本のまま。後文には空鈍と書いているから此処は誤記である）と名付けて、増上寺近辺御掃除町（現在の芝栄町の一部。正徳年中、幕府霊屋掃除人に給した土地で、芝霊屋掃除屋敷と称していた）という所に住居あって、七十歳ばかりにて病死あり（宝永三丙戌年四月二十六日死す、七十七歳――『一雲先生伝書』）、麻布春洞院に葬りしとなり。一雲の弟子三十人、その内にて剣術よくつかい候人々は義旭先生、宇野小軒、鷲尾八兵衛、みな浪士なり。御旗本にて佐野左衛門殿、秋田淡路守殿御家来田川七右衛門、この四人なり、そのころ此のほかには無しとなり。

真里谷円四郎義旭先生（『一雲先生伝書』に、久留米藩士という。初名は山名勝之助。二十五歳のとき一雲より的伝免許を得、惣門弟子取扱となる。号は無為軒また無窮軒。寛保二年二月四日死去、八十二歳。三田町南台寺に葬る。真里谷派の称がある）は、上総国真里谷（いま千葉県君津郡富来田村真里谷）という処の人にて、上総国守武田三河守清嗣入道道鑑号真里谷殿の嫡家（ちゃくけ）なり。先生は二十五歳の時、一雲より当流嫡伝の免許ありし。されども年若にて向

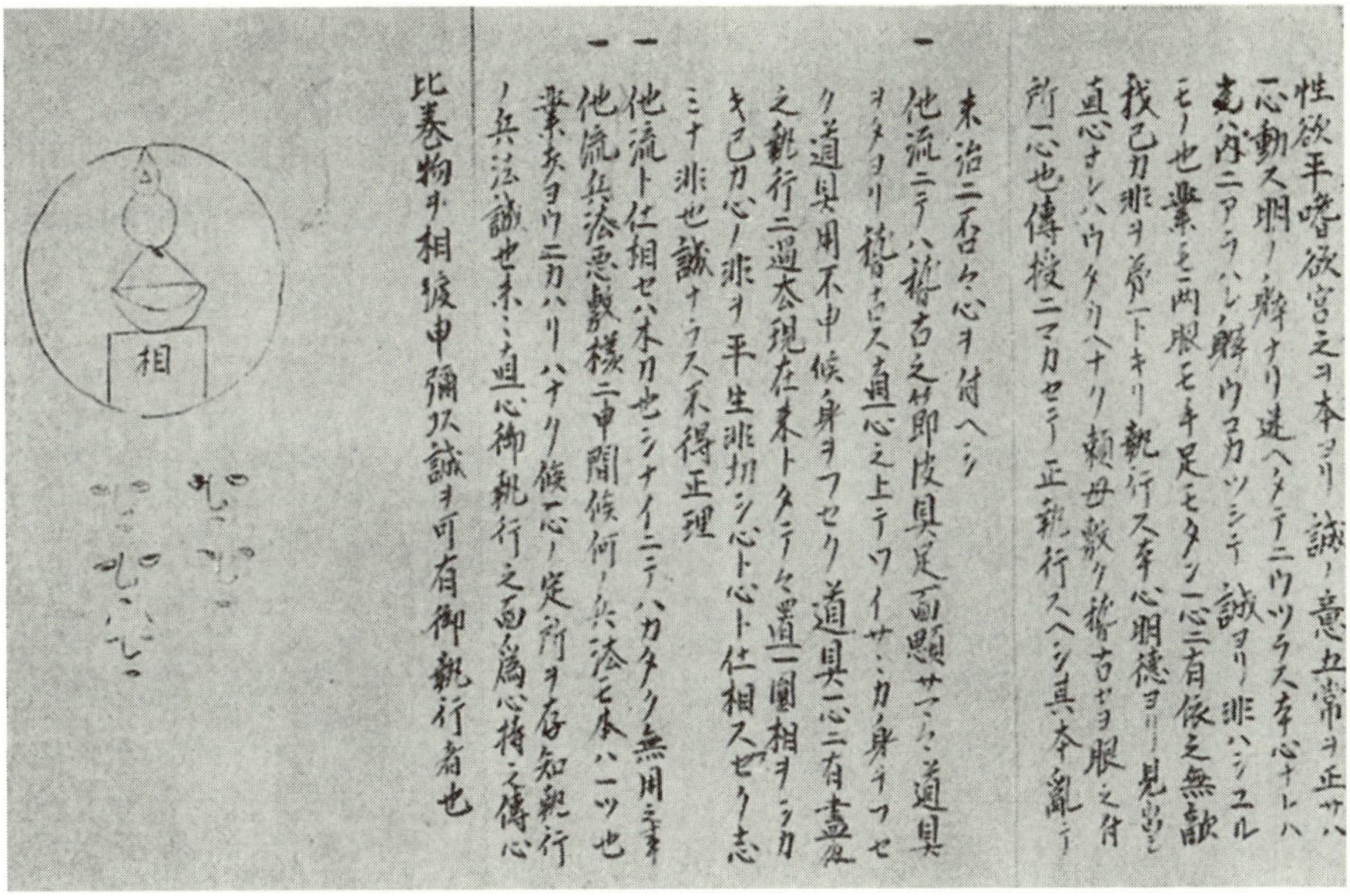

性欲平嗜欲宮之ヲ本ヨリ誠ノ意五常ヲ正サハ
一心動ス明ノ辨ナリ進ヘメテ二ウツラス本心ナレハ
是ハ内ニアラハレ辨ウコカツシテ誠ヨリ非ハシユル
モノ也業モ両眼モ手足モタシ一心ニ有依之無缺
我己力非ヲ前ノトキリ執行ス本心明徳ヨリ見事ト
直心ナレハウタカヘナク頼母敷ク稽古セヨ眼之付
所ノ心也傳授ニマカセテ正執行スヘシ其本亂テ
未治ニ存々心ヲ付ヘシ
一 他流ニテハ稽古之外即皮其足面顯サテハ道具
ヲ用ヨリ稽古ス直心之上テワイサヽカノ身テフセ
ク道具用不中候ノ身ヲフセク道具ハ心ニ有盡度
之執行ニ過太公現在本トタテ々置一圓相ヲシカ
キ己カ心ノ非ヲ平生非切シ心ト心ト仕相スセク志
ミナ非也誠ナラス不得正理
一 他流ト仕相セハ木刀也シナイニテハカタク無用之事
一 他流兵法悪敷様ニ申聞候何ノ兵法モ本ハ一ツ也
業衣ヨウニ力ハリハナク候一心ノ定所ヲ存知執行
ノ兵法誠也未ヽ直心御執行之面々為心持之傳心
此巻物ヲ相渡申彌以誠ヲ可有御執行者也

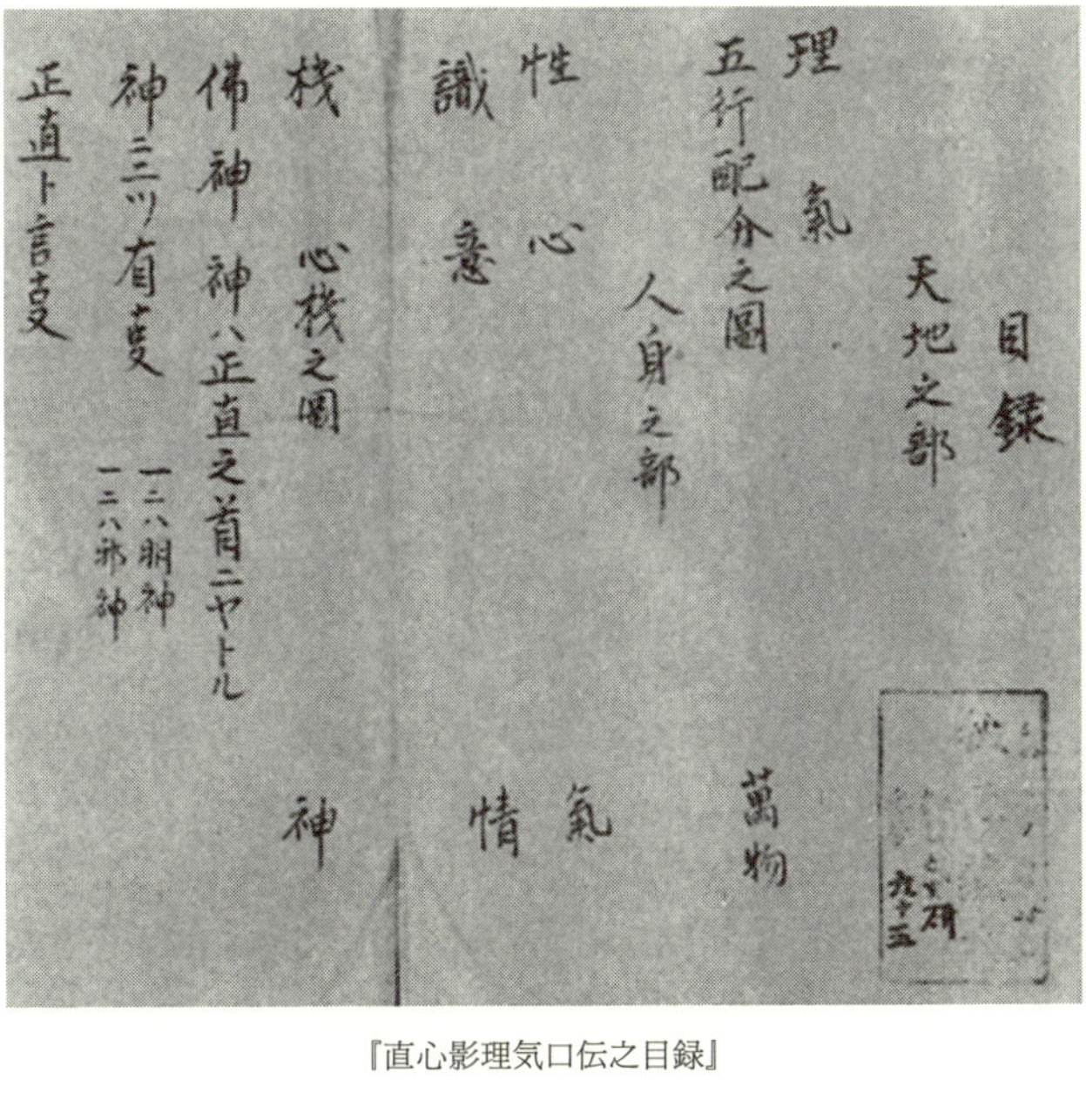

目録
天地之部
理　氣　萬物
五行配分之圖
人身之部
性　心　氣
識　意　情
心機之圖
機　神
佛神　神ハ正直之首ニヤトル
神ニ三ツ有之事　一ニ八明神　一ニ八邪神
正直ト言事

『直心影理気口伝之目録』

上（高段階）の当流嫡伝を受け取り、惣門弟中をとりあつかい候こと如何に御座候ゆえ、一雲御存命にましまし候内は、あずけ置き奉り候と有りし。その後は惣門弟子の神文の宛ても、小田切一雲老、真里谷円四郎殿と、両人あてになりし。年経て後、空鈍末期に及んで、惣門弟中の神文まで送り帰し給いて、今にことごとく先生に在り。

兵術傳法書

『夕雲兵術伝法書』

先生云う。夕雲、俗のときは二尺五寸の重さの刀に、一尺六七寸ばかりの脇差をさされし。あるとき一雲、右の刀ぬきて見給いしに、中砥にとぎて刃引きにして有りし。その後一雲のたまいしは、

「いつぞや御刀を見申し候えば、刃御座なく候。刃をお付けなされ候わば見分よく御座候わん」

と御申し候えば、夕雲の云う、

「なるほど存じ寄りは、もっともなり。さりながら我等はたけ六尺にて、力三人力もあるべし。一人ばかりの勝負には如何ようにても済み候が、大勢を相手にしての勝負に、刃あるものは刃の欠けたる時、ひっかかりてむつかしき故に、わざと刃引きにして、たたきつぶす了簡なり。ふと大名にても口論に及び喧嘩すれば、供の大勢をたたき殺し、主人をも乗物ごみに打ち破って殺す覚悟なり。それゆえ刃引きにしたり。脇差は、もし我等切腹することの有る時に悪しき故、刃付にして、よくとぎて差し候」

と御申候。後、夕雲になり給いては、一尺三寸ばかりの脇差ばかりで歩き給いしと也。

三和流（一に三和無敵流）・伊藤道随清長

寛永年中の人である。伝三郎と号し、また十郎左衛門と改む。刀柔の術に達し、最も精妙であった。水戸家につかえていたが、のち致仕して道随と号し、元禄十年九月九日死す。享年七十歳（槍・柔・薙刀を和して一流とし、三和無敵流、一に三和流という。常陸那珂郡の人という金沢学忍軒更朴翁品充は、道随の後名か、別人か不明）。

心形刀流・伊庭是水軒光明

伊庭是水軒（正しくは秀明である。俗称は総左衛門という。剣号は常吟子、また是水軒。但し如水軒光明というのは作為人名で正しくない）は元禄年中の人である。神道流の刀術を志賀重郎左衛門（『撃剣叢談』には十郎兵衛とある）に学んで妙旨を得た（天和元年皆伝）。志賀は妻片鎌寿斎（鎌は謙が正しい。本心流伝書には謙の字を用いてる）の門下である。伊庭は後に工夫して心形刀流と号した。子孫が下谷に住し（御徒町。補記参照）、その芸を伝えて家声を落とさない。門人は多いが、堀江友三一人が傑出している。子孫がその伝を継ぐ。

【補】伊庭是水軒の心形刀流代々

この流では心を練るのを第一とし、技を尽すのを第二とする。心は理、技は形、形は心が使役するのだから、心が直なれば形も直、心がゆがめば形もゆがむ。ゆえに心を直に形を正す工夫が肝要であり、こうして心・形・刀の三者一致のはたらきが可能である、という。

『撃剣叢談』には妻片謙寿斎は本心流（また本心刀流）を始めたとあって、「本心流は何の地にて何のころ行われしということを知らず。妻片謙寿斎という者に始まりて、大藤弥次左衛門、志賀十郎兵衛と伝えたり。わざ多き太刀と見えたり。心形刀流は、伊庭是水軒秀明という者、本心刀流をきわめて後、自意を造立（ぞうりつ）して心形刀流と号し、元禄・宝永のころ専ら世に鳴り、門人ももっとも多し」という。

しかし、『心形刀流目録』の注釈書たる『剣攷』（常静子著。常静子は肥前松浦藩主松浦静山である）には、

「吾が流の祖是水軒は、始め柳生の門に入りてその術を学び得たる由」

ともあって、技術の標目などにも可成り柳生流との類似が見られる。なお同書に、「宝永二年は是水軒年五十七、（中略）天和二年心形刀流を興せし」云々とあるのから逆算すると、生まれたのは慶安二年、心形刀流の創案は三十四歳であった。是水軒はどこの人か不詳だが、江戸の侠客・暴力団の事績を集成した『関東血気物語』金神長五郎の条に、

「がっぽう八兵衛。これは兵法の達人にて伊庭軍兵衛の祖なり」。

とあるのは、その前文中に〝寛文のころ〟とあるから、どうやら是水軒の父らしい。

伊庭家は養子相続が多い。三代直康が聟入り養子。五代・六代・八代みな養子であるが、これは伊庭家では、実子の有無にかかわらず、門人中のもっともすぐれた者を選んで相続者にするのが家憲であったからだという（小笠原長生氏『伊庭の兄弟』）。

中でももっとも有名なのは八代軍兵衛秀業で、本姓は三橋氏。この軍兵衛は神田お玉ケ池の北辰一刀流千葉周作（後出）、神田マナイタ橋（のち麹町番町に移る）の神道無念流斎藤弥九郎（後出）、京橋アサリ河岸の鏡心明智流桃井春蔵（後出

伊庭是水軒の墓

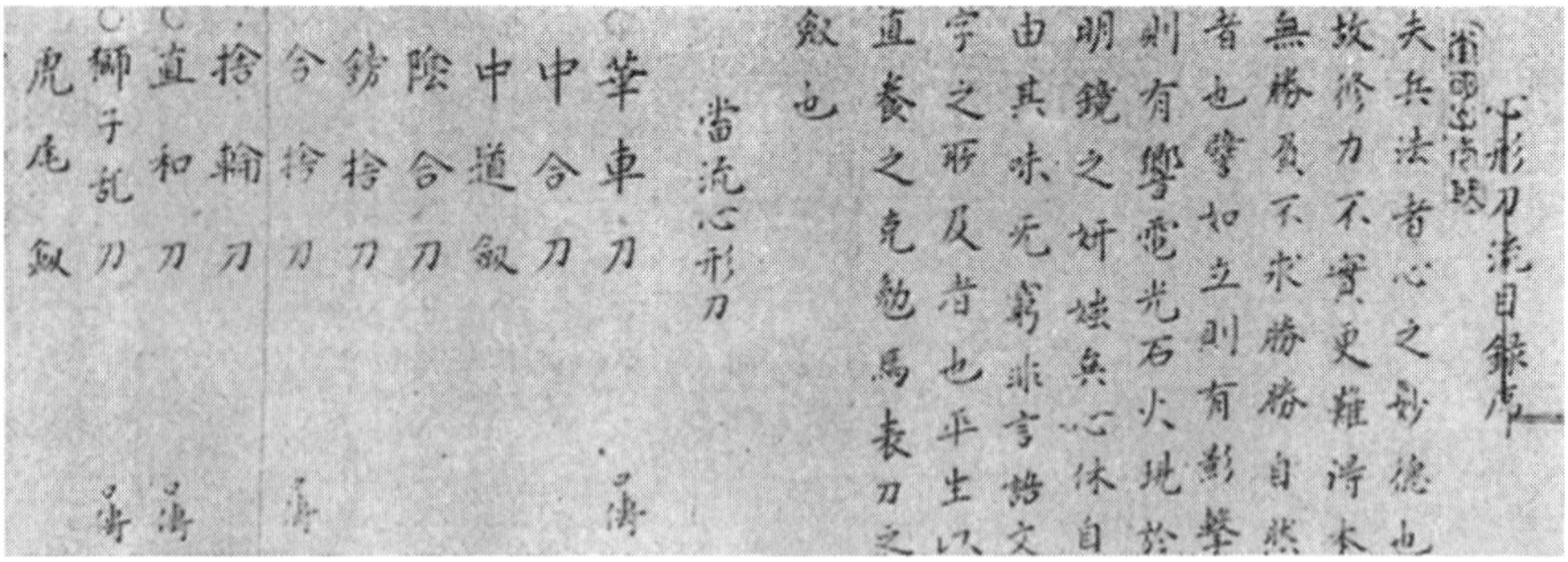
心形刀流目録序
夫兵法者心之妙徳也
故修力不實更難得本
無勝負不求勝勝自然
者也譬如立則有影撃
則有響電光石火現於
明鏡之妍媸矣心体自
由其味死窮非言語文
字之所及者也平生以
直養之克勉焉表刀之
斂也
當流心形刀
華車刀　口伝
中合刀
中道斂
陰合刀
鋳捨刀
合捨刀　口伝
捨輪刀
直和刀
獅子乱刀　口伝
虎尾斂

『心形刀流目録』

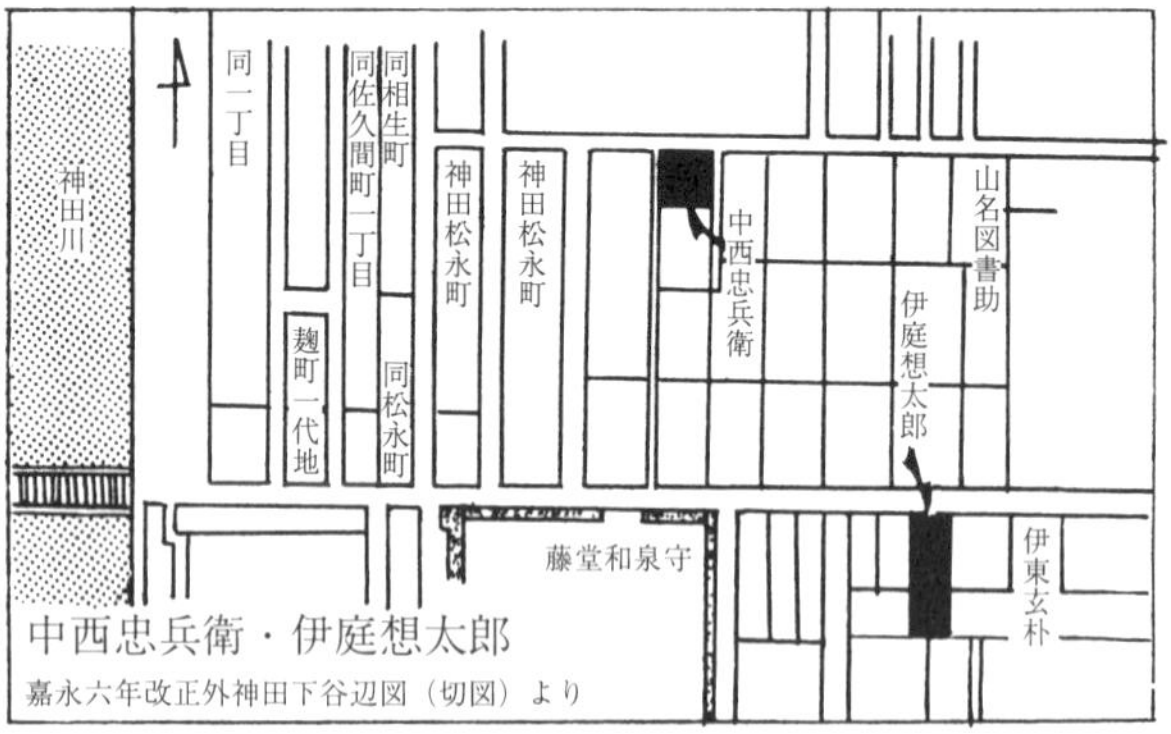

中西忠兵衛・伊庭想太郎
嘉永六年改正外神田下谷辺図（切図）より

と並んで、江戸四大道場の一と数えられた。安政五年、コレラ病で急死した。

養子軍平は本姓は垪和（はが）氏。文久元年に神田の講武所の師範に出役、講武所が安政三年に築地小田原町へ新築移転後、海軍兵学校になってその教官に任じ、明治十九年二月、七十余歳で死去した。

弟の伊庭八郎は、後に兄の養子になり、美男と強勇で〃伊

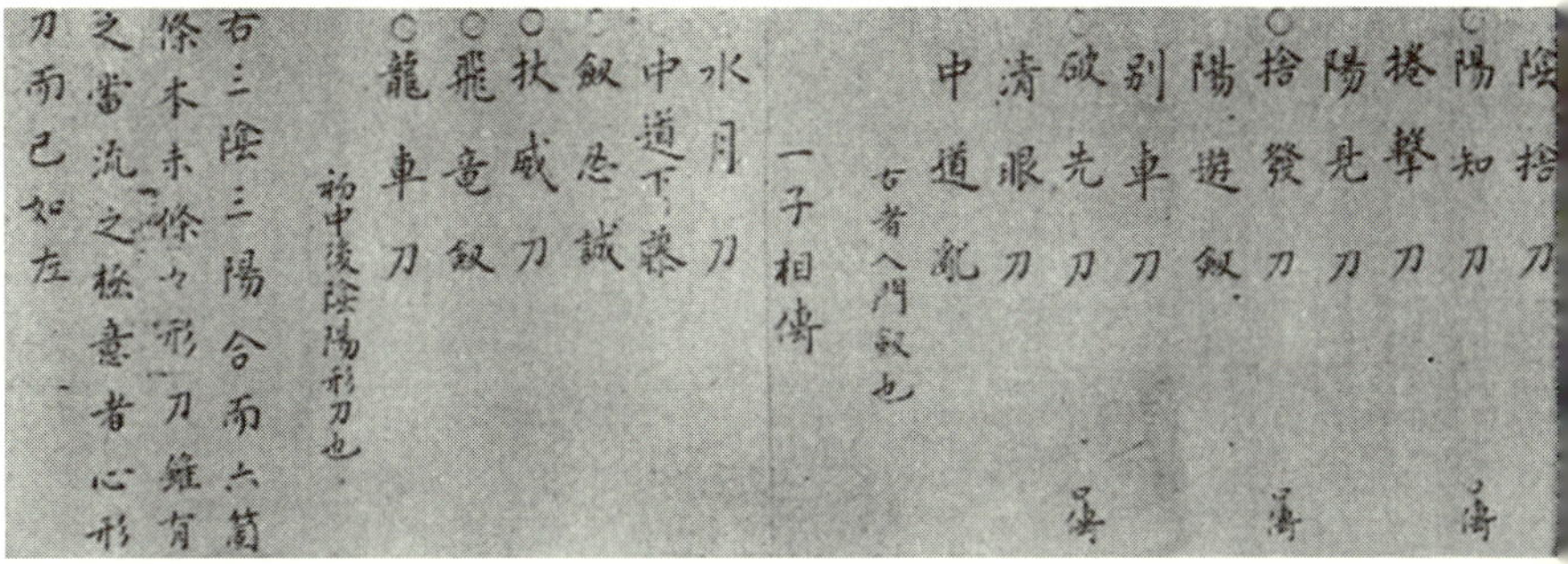
陰捨刀　一傳
陽知刀
捲撃刀
陽見刀　一傳
捨發刀　一傳
陽・遊・叙
別車刀
破先刀　一傳
清眼刀
中道亂
古者入門叙也
一子相傳
水月刀
中道下叙
叙恐誠
扶威刀
飛竜叙
龍車刀
初中後陰陽形刀也
右三陰三陽合而六箇
條本末條々形刀雖有
之當流之極意者心形
刀而已如左

庭の小天狗〟とうたわれたが、幕府の遊撃隊をひきいて各所に転戦し、鳥羽伏見に敗れ、箱根で隻腕を失い、明治二年、北海道箱館戦争で戦死した。二十七歳。

伊庭の道場は、いまの台東区下谷御徒町一丁目四番地の内の一部で、五番地に接する部分。東角の六番地がオランダ医者の伊東玄朴の屋敷だった。近吾堂版の嘉永六年切図に「伊庭想太郎」の名儀が出ているが、元来は石川という人の地面を借りていたのである。明治後、想太郎は道場を四谷区仲之町三丁目十六番地の角屋敷（学習院の裏門の前）に移し、〝文友館〟と称した（現在は若葉町一丁目の内に入る）。明治三十四年六月一日、東京市庁に於いて前逓信大臣星亨を刺殺したのはこの想太郎である。

無海流・無一坊海円

正徳年中の人である。はじめ沙門であったが、刀術を好み富田流・神道流の奥旨をきわめ、工夫をくわえて富田流無海派と号す（越前大野郡坂野の農民出である。円通寺の小僧になって、住職の円照から神道を習い、後、福井藩士宮崎某から富田流を習った。正徳年中、江戸へ出て、富田流無海派と号す）。その門の平山亦四郎康吉が妙を得、無海流とあらためた。

無眼流・反町無格

安部摂津守（信友、弥一郎という。二千石の旗本で大番頭。

晩年大坂定番になり、元禄十四年三月八日大坂で死す。六十四歳）の家臣である。三浦源右衛門政為（鷲毛斎と号す。宝永六年九月二十四日死去、六十五歳。小石川祥雲寺に葬る）に就いて刀術を学び妙旨を得、ついに無眼流と号した。門人が多い（寛保二年九月十一日死、小石川戸崎町の祥雲寺に葬る）。大束万兵衛が傑出した。

【補】三浦源右衛門の事績

三浦源右衛門の事績については、又門人の大束万兵衛の著作『剣術論編綴趣意』序文、ならびに同書末文の一節を次ぎに引用する。

　三浦氏平政為は、武江の産なり、小笠原家に給仕せり。幼弱より剣術をたしなむ。もっともその器にして、十四歳のころより三十余歳に至りて、およそ十八師の流を汲んでことごとく蘊奥をきわめ、一流も免許せずということなし。すでに東軍・一刀の二流をもてあそぶ時、古今に秀でたるを以って、諸士この業に志して門下に立つ人ようやく二千に及べり。然れども自らまだ足れりとせず。その故如何となれば、十八箇流のうちにその次なるものを削り去り、善きものを撰んで、かの極意と此の極意と打ち合わすれば、ことごとく相打ちになるの理に決せり。ここに於いて歎いて曰く、この病をまぬがれんこと如何ぞやと。一日閑眠に就く。時に花鯨（梵鐘の異名。鯨鐘という語もある。寺のつき鐘のこと。堀正平氏は鶏の声と解しておられるがこじ付けだ）の一声を聞いて睡さめたり。たちまち悟道発明して身体自在を得るが如し。すなわち一時の微妙を得て初めて流義をあらため、無眼流となづく（前にもある如く『武芸小伝』の本文には無眼流祖を反町無格としているが、千葉周作の『剣法秘訣』にも、反町が盲人の丸木橋を渡るのを見て開悟したとある）。およそ三術あり。体術・気術・剣術なり、いわれありて多く人に教えず。ゆえに世に弘まらず、たまたま二三子ありて是れを伝授す。いわゆる林氏・藤田氏・反町氏等なり。然うして一士相伝の奥旨有りて、予が師範反町氏則栄この大事を伝えたり。ことごとく他流と齟齬す。予不肖といえどもこれを受け伝う。いま門人の請いにまかせて、師伝の法則に自己の管見を附してみだりに書に筆す。敢て熟達の士の閲見に備うるにあらず。然りといえども識者ありて、予が心を助けて誤まれるを訂し闕けたるを補わば、こいねがわくば未練の人の助けともならんこと近からめと爾云う。

　寛保癸亥（三年）閏四月望　恁麽斎橘良興

三浦源右衛門、平の政為、極則相伝（極意の皆伝免許）左のごとし。

一刀流・山口流・戸田流・心流・吉岡流・眼志流・慈眼流・心陰流・新心流・鞍馬流・東軍流・武蔵流・今枝流・浅山一伝・楊心流・稲妻流・卜伝流・随変流。

　右十八箇流、十二歳より三十七歳までに免許せる流なり。無眼流と改むることは天和三年癸亥十月二十三日也。宝永六年己丑九月二十四日、行年六十有五にして遠去す。武陽小石川祥雲寺（現在、豊島区池袋三丁目に移転）に葬る。法名、三室全浦居士と号す。

以上は三浦の又門人たる大東万兵衛の記述であるが、三浦の数少ない皆伝門人を林・藤田・反町の三人に限っているのは、いけない。三浦が宝永六年に死去した時、そのあとを継いで小笠原家の師範として新規召し抱えられた木村源之丞景純（本姓は葛江という。豊前中津の人。伊藤仁斎の門人。享保十九年八月死去）が同じく三浦門の巨擘（きょはく）であって、以下代々藩主の侍講または剣術師範として、明治に至った。

大東流・大東万兵衛

大東万兵衛（字は良興、通称は満兵衛。号は恁麿斎と彼の著『剣術論編綴趣意』にある。号はインモ斎とよむ。禅語で、かくの如しという意である）は、何国の人かわからない。反町無格に従って、無眼流の刀術を習い、その宗を得、のち工夫を加えて大東流を開創した。

小田応変流・小田東太郎義久

讃岐守孝朝（前出。中条頼平の門で、常陸小田城主）の嫡流である。享保年中の人で、江戸の本所に居住し、世々その芸を継ぐ。義久はもっともその宗を得、臨機応変その妙に至る。これを小田応変流と号す。

真陰流・天野伝七郎忠久

水戸家の人である。真野文左衛門という者に愛洲陰流の刀術を習って妙旨を得、また兵学・軍礼に達し、流名を改めて真陰流と号す（師の名の真をとって、マカゲ流と訓（よ）ましたという）。その門人が多い。

神道無念流・福井兵右衛門嘉平

野州の産で天明年中の人である（下野国都賀郡藤葉村の人、いま壬生町藤井だろう。元禄十五年生まれ。享保年中江戸四谷で道場をひらき、高弟戸賀崎熊太郎の埼玉の道場に引き取られて天明二年死す、八十三歳）。はじめ川上善太夫といっていた。野中権内に一円流刀術を学んでその妙を得、後、諸州を修行して信州にいたり、飯綱権現に祈って奥旨を悟り、神道無念流と号す。ひとり戸崎熊太郎暉芳（正しくは戸賀崎熊太郎暉芳である。補記参照）が絶妙を得て、東武で有名であった。門人が多く、岡田十松（補記参照）が、傑出している。

【補】戸賀崎熊太郎代々

戸賀崎氏は新田氏の出である。新田義宗が武蔵国埼玉郡戸賀崎（いま南埼玉郡菖蒲町の内）に居著（いつ）いて、戸賀崎蔵人三郎と称したのが戸賀崎氏の祖先で、新田義貞から数えて九代目の、戸賀崎隼人義氏が天正九年に清久（南埼玉郡久善町の内）に移住し、この義氏から八代目にあたるのが、剣豪で名

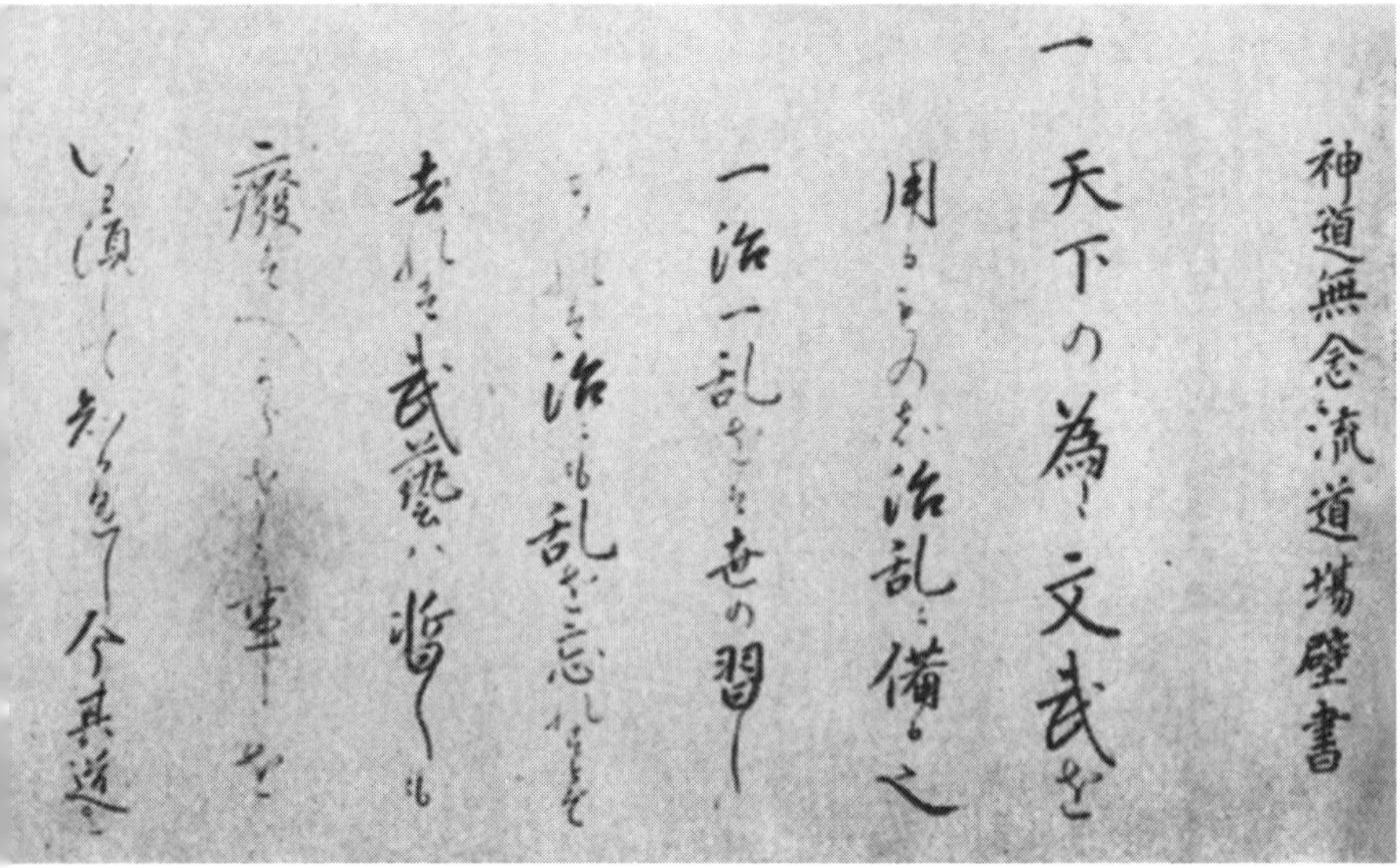

神道無念流道場壁書

戸崎（戸賀崎）熊太郎（『武稽百人一首』）

高い熊太郎である。

戸賀崎熊太郎暉芳（知道軒）は延享元年生まれ。二十一歳のとき、福井の皆伝を受けて清久村に帰って道場をひらいたが、安永七年、三十五歳のときふたたび江戸に出て、麹町裏二番町に道場をひらき（『敵討農家功夫伝』には、表二番町、門奈弥市郎殿内、とあり、天明三年の番町絵図によれば、門奈屋敷は薬師横丁と麹町四丁目横丁通りの交差路の、北西角にあたる。現在の二番町の内、市ケ谷駅から麹町四丁目へ出る広い道の中央四ツ角の西北角のところ）、門人大橋寅吉の仇討ちを援助して、天明三十年十月にその目的を達して以来、特に道場の声価を高めた（牛込行願寺に、大田南畝の建てた隠語碑がその記念であるが、いま目黒町谷戸に移っている。

この事件について熊太郎の草した『天明復讐実録』が生家に所蔵されている由であるが、別に『敵討農家功夫伝』と題する実録本が書きのこされている）。

寛政七年、江戸の道場を閉じ、門人たちを高弟の岡田十松にゆだねて帰郷し、清久において文化六年五月死んだ。六十六歳。

二代目戸賀崎熊太郎は初代知道軒の長子、字は胤芳、号は有道軒。安永三年二月生まれ。文化元年二月、江戸・東海道を歴遊して帰郷後、幼い一子を高弟の木村定次郎友義（栄久ともある。千葉周作の『剣法秘訣』に「無念流にて名人と呼ばれたる木村定次郎と野州佐野宿にて試合せしことあり」と記す）・中村万五郎政敏の両人に托し、文化十五年三月死す。四十五歳。

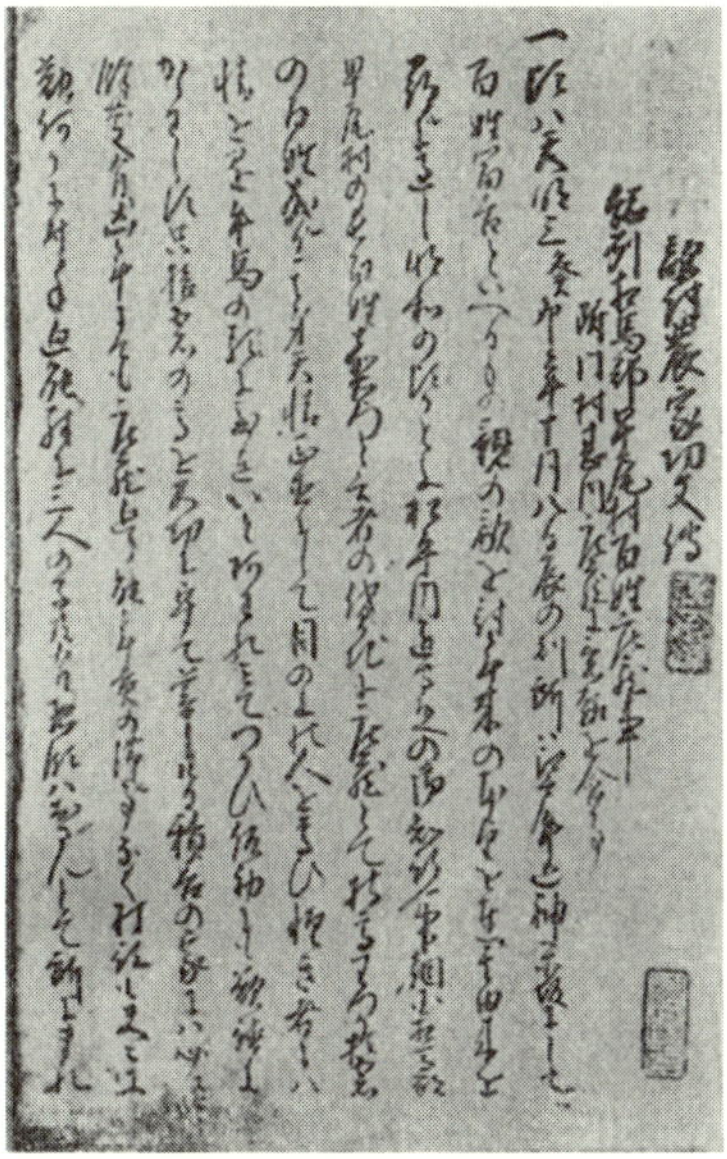
実録本『敵討農家功夫伝』

三代目戸賀崎熊太郎芳栄。初名は和一、号は喜道軒。二代目の長子で、木村友義に教えられ十七歳で奥儀に達した。翌年、門弟十八人を従えて諸国修行し、文政五年帰郷。同八年また諸国修行。天保十二年にいたり、清久の道場を門人渡辺邦蔵（この人の事績は『事実文編』に出ている。武州葛西郡西大輪の人。安政元年十二月四日死、四十七歳）にゆだねて江戸に出、牛込藁店（いま新宿区牛込袋町）に道場をひらき、弘化四年に本郷三丁目に移転した。後、水戸藩につかえて五十人扶持を給せられ、水戸に弘道館が開かれるや師範役となる。安政五年の五月、君命により本郷の道場を小石川船河原橋畔に移転、勤王志士たちの集会所の観があった。また水戸藩士金井仙太郎に教えて、その復讐を援助した。慶応元年九月二十九日死す、五十九歳。

四代目熊太郎芳武。初名は和一、尚道軒と号す。三代目の長子、天保十年生。明治十一年帰郷して清久の道場を継ぎ、明治四十年四月死す、六十九歳。五代目保之進、以下現代に及ぶ。清久の道場は五代目の時まで継続して廃した。

【補】岡田十松の伝系

岡田十松吉利は、小豆坂七本槍の一人、岡田助右衛門直教の九世の孫という。祖父の代から埼玉郡砂山で農になっていた。

はじめ松村源六（初代戸賀崎の門人）に剣を学び、のち江戸に出て戸賀崎（初代）に入門、天明五年、二十二歳で皆伝免許をうけた。天明の末、神田猿楽町に道場をひらき、これを〝撃剣館〟という。文政三年八月二十五日死す、五十六歳。法号は大休院実翁道参居士。牛込高田宝泉寺に葬る。今は寺も墓地も中野区上高田へ移転している。

撃剣館道場は十松の長子の十松利貞（熊五郎）が父の門人斎藤弥九郎の後見で相続したが、病身のため、末弟の十松利章にゆずった。

なお岡田十松吉利の門人中、もっとも有名なのは斎藤弥九郎（後出）・鈴木斧八郎（後出）・藤田東湖・江川太郎左衛門（後出）・渡辺華山・宮本左一郎（字は虎孝。常陸新治郡大橋村の人。水戸藩大番頭。同藩で試合剣術はこの人が始めという。天保九年十一月三日死去、六十一歳と『東湖遺稿』にあり）らである。

【補】斎藤弥九郎の練兵館

斎藤弥九郎の先祖は、加賀の富樫斎藤の一族であるが、一向宗の乱で織田信長に抗し、敗れて越中国氷見郡仏生寺村（いま氷見市仏生寺）にかくれ、農になった。

弥九郎は新助信道の子で、寛政十年一月生まれ。名は善道、字は忠郷、のち左馬之介また大佑と称した。少年時代に越後高田で油屋丁稚にやられ、また薬屋の小僧になった。十五歳ごろ江戸に出て、郷人土屋氏の口入れで幕臣能勢氏（四千五百石）の下男になり、その後、学を古賀精里に、兵学を平山子竜（後述）や清水赤城（後出）に、剣術を岡田十松吉利に学んだ。後に篤信斎と号す。

文政九年、二十九歳のとき独立して俎橋（九段坂下）畔に道場をひらいて〝練兵館〟という。これは同門江川太郎左衛門の後援によったのである。

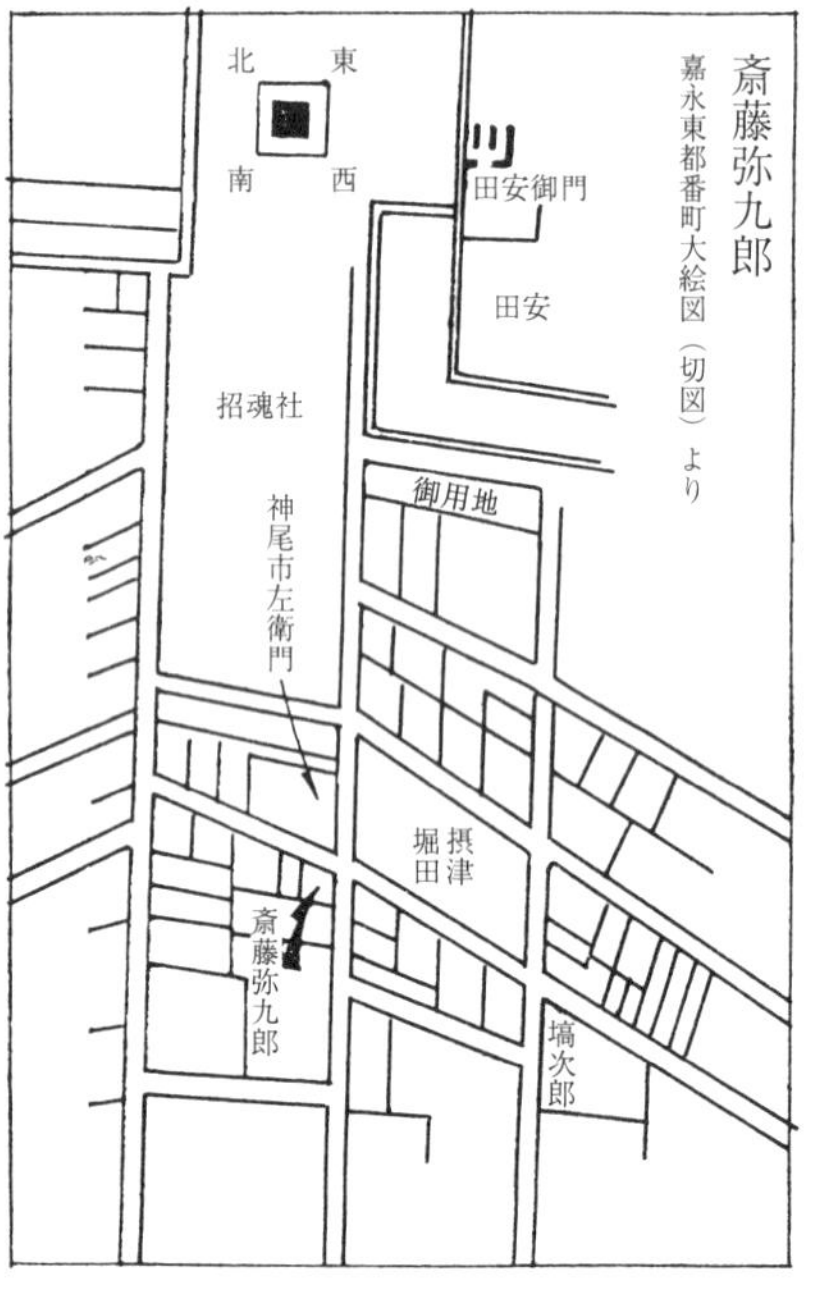

斎藤弥九郎
嘉永東都番町大絵図（切図）より

天保九年三月の火事に類焼したので、三番町（三番町大通りと、厩谷筋との交差点の西北角の家であるが、その後、靖国神社の境内に入った）に移転し、ここが明治四年に招魂社の敷地内に入ったため、さらに牛込見付に移った。

門人中にて有名だった人物は、塾頭をつとめた桂小五郎・井汲唯一貫（初名は利喜蔵、竜之助、幸右衛門、津山藩士。はじめ実剣理方一流を松尾慎六に学んだ後、江戸に出、斎藤弥九郎に入門した。安政五年、帰藩して師範役になる。勤王運動に奔走し、京都大仏に道場をひらいたが、藩士に捕えられて津山に禁獄され、自殺した。時に慶応二年四月二十日。

三十八歳。門下に今泉南八・吉田武士郎らがある）。太田市之進の三人のほかに、渡辺昇・託間樊六（前名は半六。鳥取藩の勤王家で、慶応二年八月三日、出雲で斬殺された。初め浅田為保に神刀兌山流を学び、のち神戸直方に兌山流を学び、江戸で斎藤塾に入った。自分では神風流と称している。長大刀のコジリに車をつけて歩いた逸話を、前に渡辺内蔵助の条に書いた）・仏生寺弥助（名は虎正。越中仏生寺村の農家の出身。通称、初めは釈迦五郎、弥五郎、後に弥助。号は信斎。勤王運動中は吉村豊次郎の変名を用いた。外国艦隊が馬関攻撃した際、練兵館から勇士組に参加し、帰途京都で、慶応三年七月、暗殺された。流名は無敵仏生寺流という）・高杉東行・品川弥二郎・伊藤俊輔・山尾庸三・金子健四郎（弥九郎が水戸弘道館師範として招かれた時、自分のかわりにこの金子をすいせんしている）らがある。

弥九郎は、安政後は長男新太郎竜善（号は東洋）に二代目弥九郎を襲名させ、三男の勧之助（強豪で、鬼勧の異名があった）と二人に道場をまかせ、自分は野戦の演習を、三番町の原（現在の麴町一・二丁目の内で、旧時は調練馬場・薬園・御用明地などになっていた）でしばしばおこなった。安政五年、隠居所として代々木に三千坪の荒地を買って、門人に開拓させ、これを代々木山荘といった。明治政府に召されて大阪会計官・造幣寮権判事に歴任、病気のため辞任し、明治四年十月二十四日死す。七十四歳。山荘内に葬り、小石川昌林院に移し、さらに代々木本町の福泉寺に改葬した。

二代目弥九郎は、文久三年に講武所師範として、与力格三百石で召し抱えられ、のち歩兵指図役になる。維新後、牛込見付の家を売り、お茶の水（本郷元町）に移る。明治二十一年八月五日死す、六十一歳。門人に根岸信五郎（名は音善。越後長岡藩家老牧野図書の弟。町奉行の根岸氏の養子となる。免許は慶応元年。自流を遊心流剣術という。維新後、警視庁・宮内省の師範をつとめ、明治十二年、神田小川町に道場有信館を設く。大正二年九月十五日死、七十歳。門人に中山博道がある）・秋山要介正勝（後出）がある。

無形流・別所左兵衛範治

水戸家の臣。田宮流抜刀を河合瓢阿弥勝之（田宮流のほかに、長束流剣術三世）に学んで妙旨を得、工夫を加えて無形流と号す（じっさいは河合の師、和田平助正勝が、晩年に工夫して無形流を創始し、その印可を別所にあたえたのである）。門人が多い。佐藤忠之右衛門改俊・大橋五百右衛門正業が傑出した。

弘流・井鳥巨雲為信

巨雲為信（『夕雲流剣術書前集』には興雲に作り、『雲弘流系譜』は為信とせずに元風に作る。補記参照）は伊達家の臣で、はじめ氏家八十郎といった。同藩の樋口七郎右衛門入道不撫に神道流の刀術を学んで精妙、のち致仕して二君につかえず、その術を以って大いに鳴った。ひそかに弘流と号す

（この記述は、いけない。弘流と号したのは樋口不撤で、それを学んだ井鳥が無住心剣術を参照して、新しく雲弘流を始めたのである）。その子の五郎右衛門為長が伝を継ぐ。門人に比留川雲海翁（補記参照）が有名である。

【補】樋口不撤・井鳥巨雲・比留川代々

寛文年中、仙台藩士、樋口七郎右衛門不撤が、天真正伝神道流を学んで、弘流を開創した。その門人が井鳥巨雲である。名は為信。仙台藩士氏家五郎右衛門（一名、土佐。一千石）の子で、前名は氏家八十郎。後、井島と称し、さらに祖父時代の本姓井鳥に復した。はじめ助之允要之、通称を五郎右衛門という。号は元風。流儀の奥儀に至って巨雲と号した。小田切一雲の無住心剣術を参照して一流を創めて雲弘流といい、後、仙台を辞し江戸に出て活躍した。

一雲からは正式の教授は受けなかったらしく、『夕雲流剣術書前集』に、

「近年、いとり興雲という人、空鈍流のように沙汰ありしよし。聞けば空鈍へたより度々参会して、話など聞いて、空鈍をうしろ立てのように云い給いし風聞なり。興雲教えのすがた他流と聞えし。度々参会して話など聞いて、意識を以って考えて、それを手に移して使わるようなる当流にてはあらざる故と、たしかに空鈍流と名乗り給わぬももっともなり」

と書いている。しかし聞いた話だけで幾分の工夫ができたと見えて、伊達家を辞し、専門の剣術使いになって流名を雲弘流と樹て、井鳥巨雲とあらためた。一名を天真流ともいい、天真発揚を本位として一片の私心があっても免許しない、ということにしていた。

巨雲の子は井鳥直右衛門調心で、初名八十郎、のち助之進、さらに五郎右衛門になる。号は景雲。病弱のため、流儀は巨雲の甥なる鈴木弥次郎定長（巨雲の甥鈴木勝右衛門の弟。流儀皆伝。日向高鍋藩の臣で江戸定府、麻布の藩邸に住む）が継いだ。直右衛門は、この鈴木に教えられて技が進み、享保九年九月、細川家につかえて中小姓になり（二十石）、宝暦四年、熊本時習館という藩校ができた時に、一時師範をしたが、十二年に辞任、十四年、剃髪して母方の姓によって道島調心と称し、影法師と号して剣を口にしないようになった。天明二年九月四日死去、八十二歳。西岸寺に葬る。門人中村正尊が『雲弘氏伝』を著作して、徳を述べている。

比留川彦九郎雲海保長の流名は雲弘流・雲広流ともあるほかに、俗に比留川流とも蛭川流とも称する。比留川は江戸の人。井鳥景雲為長に学び、雲弘流三代を称して、麴町四丁目に道場をひらいた。但し雲弘流系譜の上では、雲海を景雲の父、井鳥巨雲の門においている。

一説——『紀州柔話集』に拠れば、比留川彦九郎は起倒流柔術の滝野遊軒（後出）について稽古しているうちに、剣術で名を立てようと思いつき、遊軒に相談したところ、遊軒が彼のために剣術の形を考察し、雲広流と名づけて授けた、とある。

『撃剣叢談』に彦九郎は近来この術を以って川越侯（松平大和守）に仕うとあるは、年代的に見て多分初代の比留川雲海か。しかし彦九郎を東軍流としているのは誤りである。

『冬至梅宝暦評判記』に、ただ一人、剣術家として名を記載された蛭川彦九郎は、二代目の彦九郎唯心のことであるが、彼がなぜ、このように特に宝暦年代に名高くなったかといえば、それには理由があった。当時、永田馬場（今の永田町の内）に道場をもっていた直至流の榊原源太兵衛（宝暦四年に四十四歳）が、その年の五月二十五日に、浅草観音・芝愛宕・市谷八幡の三カ所へ奉額したが、ひどく目につく派手な額であったから評判になった。麻布市兵衛町に居住する医師島野昭伯（松平大和守侍医の三男、島野熊八。当時十八歳）は比留川道場の使い手であるが、この掲額を見て、同門の士二名を証人にして榊原へ他流試合をいどみ、散々に打ちのめして三枚の掲額を引きおろさせたのが、江戸で大きな話題になったからである（『三額剣術珍勝記』）。

甲源一刀流・逸見多四郎義利

武州秩父郡（西神村小沢口）の郷士で逸見冠者十七代（正しくは十九代目）の後裔である（正しくは太四郎義年。延享四年生まれ、文政十一年九月九日死去、八十二歳）。溝口派一刀流（伊藤忠也の門人の溝口新五左衛門正勝の流派。前出）を桜井五助長政（溝口の門人）に学んで印可を受けた。その術もっとも精妙。甲源一刀流と号す。その子の彦九郎義苗が芸を伝え子孫箕裘の業を継ぐ。その末門に比留間与八が傑出している（名は利恭。武蔵国高麗郡梅原村、現在の入間郡日高町の内に生まる。農民出身であるが、関東で男谷下総守・島田虎之助に続く達人と称された。天保十一年七月二十四日死、七十二歳。長子の比留間半造利光は、後に八王子千人番士の師範）。

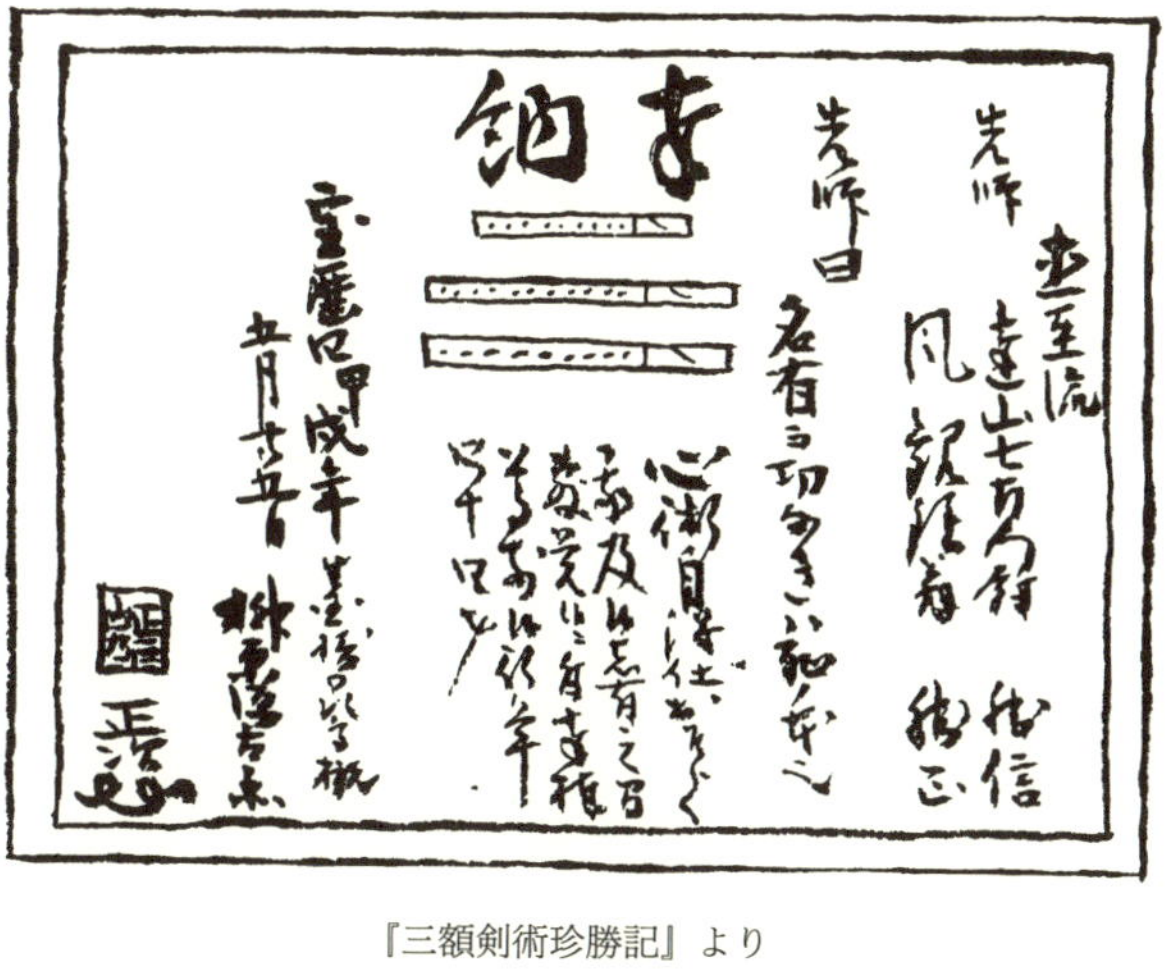

『三額剣術珍勝記』より

無滞体心流・夏見族之助

下総佐倉の人である。刀術を好み、柳生新陰流を学んでその妙をきわむ。常に門人に示すに無滞体心の四字を以てす。ゆえに無滞体心流（一に無停滞心流）という。

太平真鏡流・若名主計豊重

野州の産で享保年中の人（一に京都の浪人とも）。初め三郎次、後、退隠して真鏡斎。同国の隠士小林右門に柳生流の刀術を学び、その宗をきわめんと同国太平山の神に祈り（太は大が正しい。オオヒラ山は栃木市の西南一里余、富田大中寺の北の峯で、半腹に大平神社がある）、その奥旨を悟る。ゆえに太平真鏡流と称する。江戸に出て大いに有名になった。門人が多い（二代目の若菜生真斎豊明が、文政ごろ青山に道場を設け、又、無極応的流の手裏剣術も教えた）。

天然理心流・近藤内蔵助長裕

遠江の人である。刀術を好んで妙を得、天然理心流と号す。その門の近藤三助方昌が宗を得た。方昌は武州八王子に住し、門人が多い（寛政年代、浜名湖畔の郷士、近藤内蔵助長裕が祖である。剣は飯篠の神道流の末であるが、柔・組打・縄術も付属していた。諸流を参酌して一流を創めた。旧姓は不明であるが近藤弥吉政竜と試合して勝ち、その姓をうばって近藤姓を称したという。内蔵助は門人を養子にして技を相伝した。これが近藤三助方昌で、本姓を岡崎といい、武州南多摩郡小山の人である。はじめ江戸の市ケ谷柳町（正称は市谷甲良屋敷という町地内の西門）に道場をひらき〝試衛館〟という。嘉永二年十月、宮川久二の三男藤太を養子にした、これが近藤勇昌宜（まさよし）である。その後、道場を牛込二十騎町に移したというが、二十騎町は甲良屋敷の隣接の与力町で、地方処士などの借地は許されない。移転でなく同じ場所を隣接の俚称

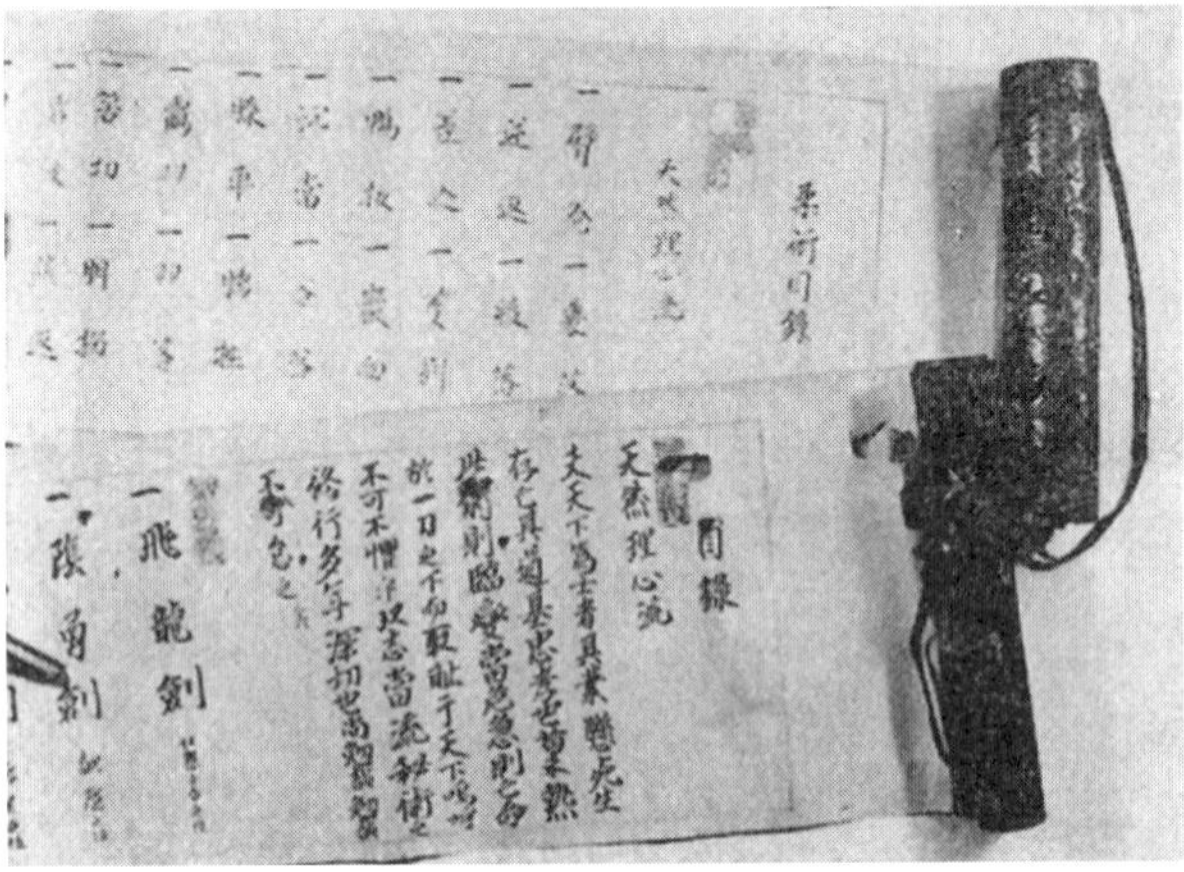

『天然理心流伝書』

でも称したのであろう。柳町と呼んだのも市ヶ谷柳町に隣接していたからで、牛込から小石川柳町（伝通院裏）へ移転したというのは誤説である。明治元年四月二十五日、板橋で刑、三十六歳。上石原竜源寺に葬る。近藤勇のあとは近藤勇五郎が継いだ。勇五郎の道場は〝撥雲館〟といい、昭和八年死去、八十二歳）。

神道一心流・櫛淵弥兵衛宣根

東武の人である。父弥兵衛宣久に天真神道流を習い、後、諸流を学んでことごとくその妙旨をきわめ、神道一心流と号す（上州利根郡後閑村の人。幼名は八弥。微塵流・直心影流・無敵流・楊心流のよいところをとって、父祖伝来の神道流に合して一流を開創した）。文政二己卯年九月、享年七十有三にて没す（四月二十三日、七十二歳が正しい。小石川戸崎町の祥雲寺に葬る。同年九月、清水赤城の撰文によって、上野不忍池畔に建碑された）。飯篠長威入道より世々その術を伝う（櫛淵弥兵衛は一橋の臣。号は虚沖軒という。はじめ神田小川町に道場があった。門人の徳力貫造が寛政十二年浅草蔵前で敵打ちをして評判高かったが〔この仇討ちのこと『野翁随筆』〕、道場を三味線堀に移してからは以前ほどはやらなくなった）。

鏡新明知流・桃井八郎左衛門直由

安永年中の人。柳沢家につかえ、のち致仕した。幼より武芸を好み、無辺流槍術・戸田流・一刀流・柳生流・堀内流等の刀術を習い、みなその奥秘をきわめた。諸州に修行して東武に帰り、鏡新明知流と号す（はじめ戸田抜刀術の鏡心の型名によって、鏡心明知流といい、後に鏡新の字にあらためた）。その子の春蔵直一が芸を継いで精妙であった。文政三庚辰年死。享年七十有一。

【補】桃井代々

桃井八郎左衛門直由（『撃剣叢談』には桃井春蔵の父を大東七流軒伴山と書いている。それが八郎左衛門の一時期の変名かどうか、旁証を得ない）は、宝暦七年二月父直籌が病死した後、大和郡山の主家（柳沢家）を辞して諸国を修行して諸流を習った。柳沢家は大和へ移封前は甲州を領していたから、桃井直由は甲州生まれか。安永二年江戸に出て、はじめ日本橋の南茅場町（いま茅場町一丁目）に道場〝士学館〟をひらいた。芝神明社に掲額したことから、愛宕下の長沼長兵衛の道場の門人たちの怨恨を買い、たびたび試合を申し込まれたが、ぬらりくらりと相手にしないで、かえって名を高めた。安永三年三月十九日死去、五十一歳。市ケ谷月窓寺に葬る。

その門人、養子桃井春蔵直一が相続して、道場を南八丁堀大富町アサリ河岸（いま新富町一丁目八番地辺）に移転。この直一は試合のとき一眼をつぶして片眼になっていたという。号は弘剣翁。文政二年死去、七十一歳。

三代桃井春蔵直雄は直一の実子である。号は籌勝軒。嘉永

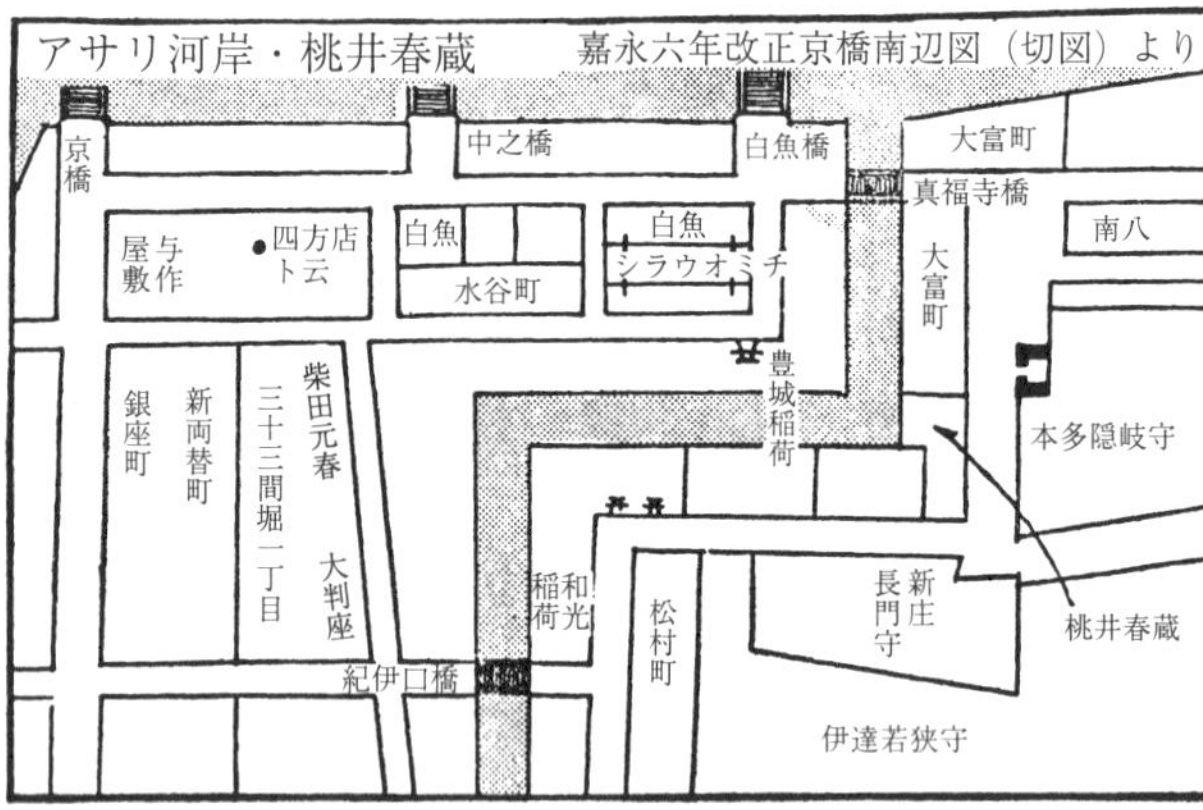

五年死す。六十七歳。

四代桃井春蔵直正は養子で、じつは沼津城主水野出羽守の臣田中十郎左衛門の二男。はじめ田中甚助といい、桃井直雄に入門して技を見込まれ、天保十二年、十七歳で養子に入って左右（そう）八郎と称し、二十五歳で奥伝、春蔵の名を襲った。当時、千葉周作のお玉ケ池道場、斎藤弥九郎のマナイタ橋道場、

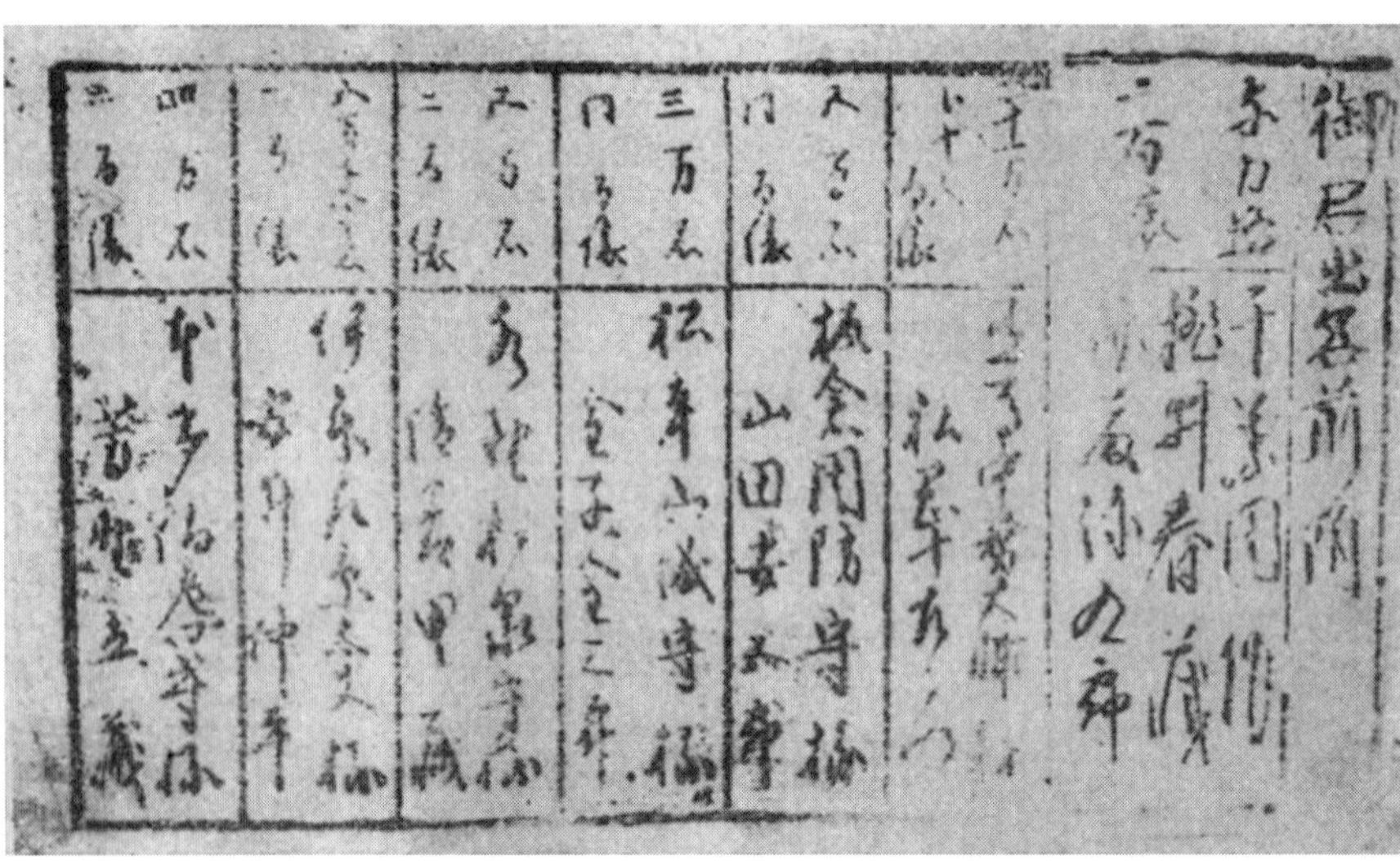

瓦版『弘化二年御召出名前付』（千葉周作・桃井春蔵・斎藤弥九郎の名あり）

御徒町の伊庭道場と並び称されたのが、このアサリ河岸の桃井の道場である。春蔵は弘化二年に、与力格二百俵で幕府に召し抱えられ、後に幕府講武所教授方に任じた。慶応二年、遊撃隊頭取並に転出し、同年、将軍上洛に従って上京し、やがて大坂玉造臨時講武所に出仕したが、その年の七月二十日将軍家茂客死のため、十一月御家人をやめ、廃藩頃まで天満で道場をひらいていた。明治十八年夏コレラで死す。

その養子桃井左右八郎は、宇和島藩士春田氏の子。長沼可笑人と並び称される達人であったが、奥羽戦争に従って戦死したという。

なお桃井春蔵直正の門には、上田馬之助美忠（細川若狭守の家来。慶応三年銀座の松田で天童藩の剣槍師範二名を斬った事件については、篠田鉱造氏の『銀座百話』・『幕末百話』に詳しい。のち、警視庁師範になった）・阪部大作・久保田晋蔵・兼松直廉の四天王、および立身流の逸見宗助（佐倉藩立身流師範逸見信敬の子。剣客は多いが真の剣客は逸見だけだと山岡鉄舟が褒めた）等が出ている。土佐藩勤王派の頭領と目された武市半平太が、桃井道場の塾頭になっていたのも四代春蔵直正の時代で、その武市の下僕としてついて来ていた岡田以蔵（異名、人斬り以蔵）も、またこの道場で学んだ鏡新明知流であった。

玉影流・高木伊勢守守富

高木伊勢守守富（前名は豊松、善左衛門、近江守。伊勢守叙任は天明六年である。五千石。はじめ小納戸、のち中奥小姓）は文恭大君（十一代将軍家斉）につかえ奉る。壮年より刀術を好んで一心流・一宮流・信心流・直心影流の五流の印可を受け、その奥旨をきわめ、玉影流と称した。従遊の士が多かった。天保五甲午の年歿す。

鈴木派無念流・鈴木大学重明

鈴木大学重明（江戸人。天明四年生まれ。はじめ一刀流だったが、戸賀崎熊太郎に試合して負け、改流したという。麴町六番地に道場があり流行して門人が多かった。尾州藩に仕えて江戸邸の師範）は尾州家につかえ、始め斧八郎といった。幼より刀術を好んで諸流を学んだが、のち岡田十松に従って宗を得、工夫して鈴木派（鈴木無念流とも）と号した。天保二辛卯年六月二日死す（四十八歳）。市ケ谷宗泰院に葬る（今は杉並区高円寺に移転している）。門人多く皆伝者も多い。（もっとも有名なものは、中村一心斎正清・一ノ宮琢磨・秋山要介らであった）。末流が諸州にある。

柳剛流・岡田総右衛門奇良

岡田総右衛門奇良（一に希良。また十内という。二代目伊庭軍兵衛直康の門人。一橋家に仕え、お玉ケ池に道場をひらく。門人一条左馬之助に岡田姓を与えて相伝）は東武（葛飾郡惣新田）の人である。はじめ心形刀流を習い、後、諸州に修行して脚を撃ち（脛を斬るのが特技で、千葉周作の『剣法秘訣』にその対抗法が書いてある）、妙を得て、ひそかに柳剛流という。文政九戌年九月死す（文政九年九月二十四日。六十二歳。智光院泰穏日照居士。牛込原町の幸国寺に葬る）。門人が多い（陸奥角田郡の一条作馬之介信忠が継いで、二代目岡田作馬之介と称す。初代岡田の遺徳碑が角田の長泉寺に建てられている。流裔は、岡田派・今井派・中山派・今関派・古川派・岡安派・小山一刀流などに分かれた）。

槍術・刀術補

一中流・東梅竜軒一中

元禄年中の人。信州の産で、久留島家につかえて甲田新左衛門正英という。梅田治忠（前出）について本心鏡智流を学び、妙旨をきわめた。また穴沢流の長刀・一元流反槍・輪鍵を本心鏡智流に加えて、みずから一中派本心鏡智流という（一に神道流一中派とも）。その子丹治祇通が業を継いだ。

先意流・正木流薙刀・正木弾之進俊光

正木俊光は濃州大垣戸田家の臣である。はじめ太郎太夫と号す。信田一円斎重次（一に重光・重治・神道流八代飯篠修理亮盛長の門人）にしたがって先意流薙刀に達し、絶妙を得た。先意流は信田重次が祖である。俊光はまた短槍・鎖術（玉グサリ・正木グサリ・分銅グサリ・万力グサリ等いい、その術の流名を特に守慎流という。鎖術の伝授は宝暦四年から始めた）に達し、妙旨に至る。推（お）して正木流という。

正木弾之進（『東遊記』）

俊光その性、剛にして力が尋常の人に超えた。七十斤の鉞（まさかり）を以って八百回振って顔色が変わらなかった（彼の大力は、門人の柏淵有儀の書いた『正木先生略年譜』にも、十二歳のとき病中、八千五百斤の庭石を軽く動かした、と出ている）。従遊の士が多い。

【補】正木弾之進の事績

正木段之進、または団之進。初め庄左衛門、後に太郎太夫（太郎大輔）と改む。名は俊充が正しく、俊光は誤り、幼名は民之助、後に田宮。大垣藩士正木太郎太夫利品の養子である。元禄二年正月三日生まれ。七歳にて源流居合を父に習う。十八歳、一刀流古藤田俊定（古藤田一刀流三世）の門に入り

（後に俊定の門人の杉浦平左衛門正景の伝を承けた）、正徳三年、二十三歳、香取金兵衛時雄に先意流薙刀を学び、後、同流祖の信田一円斎にも学んだ。槍術、および遠当ての術を考案して、変離流と号した。

彼の発明した守慎流の玉グサリというのは、長さ二尺三寸のクサリの先端に分銅をつけただけのもので、投げてからむ。捕縛のための実用具である。軽量で、平常袖に入れて持ち歩けるので軽便とされた。分銅には丸型・クサビ型・駒型・金米糖型など色々。

『撃剣叢談』によると、彼がこれを作り出したのは、主君の戸田侯が、江戸城の大手門の警備を仰せつかった時だった。何かここで急に騒擾者が出たような場合、すぐに斬りすてては大切な大手門が血によごれる。となると、けっきょく足軽が出て棒でからめるということになる。武士のじぶんが刀が使えぬとなれば、そんな光景を手をつかねて見物しているしかない。そこで刀を使わず、いざという時の捕縛の用途のために、玉グサリを工夫したのである。

この工夫は人びとにもよろこばれて、

「拙者にも作って下さい」

という人があった。正木は大の信仰者で、それを人にやるときには、いちいち御祈禱をしてやったというから、そのへんのところが武士としては、ちょいと毛色が変っている。正木の玉グサリを壁間にかけておくだけで賊が入らず、鼠が気絶するなどというほどにマジナイ臭い物になった理由も、そこの点からであろう。津村宗庵の『譚海』に、正木弾之進の逸話が二条出ている。曰く、

正木太郎太夫は大力で、大マサカリで大木の松を切り倒すほどの強力だが、秋葉権現に祈って盗難・剣難よけの鉄のクサリを賜わった。それを懸けておくだけで諸難を避けるというので、諸人が懇望して正木から分けてもらった。

あるとき大力の相撲取の綾川がやって来て、力くらべを申しこんだ。はじめに綾川が正木を抱き上げると軽々ともち上げられたが、ふたたび試みると、正木は磐石のごとく動かすことができない。それより綾川は正木に入門して、身体軽量自在の術を学んだ。

安永五年四月五日死去、八十八歳。大垣船町、日蓮宗竹経山常隠寺に葬る。

正木の武術に関しては橘南谿（なんけい）の『東遊記』巻之三に、ひじょうに面白い記述があるから引用する。

正木段之進といえるは、美濃国大垣の家中にて歴々の武士なり。この人剣術の妙を得て、この門人となる者へは鎖をさずくることとなり。京都などにもこの鎖を伝授したる人多し（京都に大々的に普及させたのは、段之進の門人、柏淵有儀石門（せきもん）であった。『芸術武功論』の著がある）、そのほか江戸などにはもっとも多く、諸国とも門葉（もんよう）多し。この段之進剣術については、世間いろいろの奇妙のはなし多くして信じがたきこともあるに、旅中にてかの門人にしたしく交わりて、その修行のあらましを聞きしに、まことに感ず

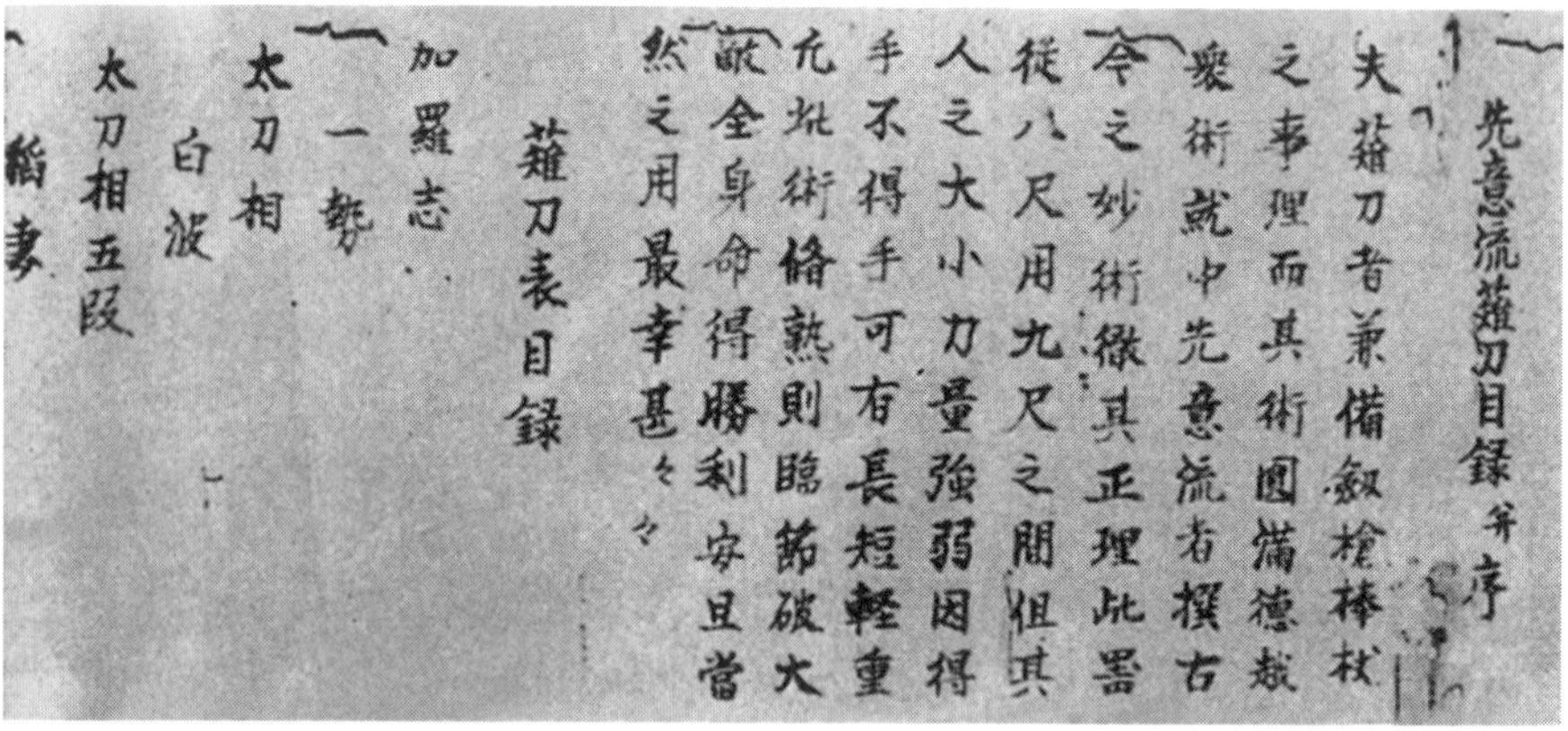

先意流薙刀目録并序
夫薙刀者兼備叙槍棒杖
之事理而其術圓満徳敍
聚術就中先意流者撰右
令之妙術微其正理此器
従八尺用九尺之間但其
人之大小力量強弱因得
手不得手可有長短軽重
允此術倫熟則臨節破大
敵全身命得勝利安且當
然之用最幸甚々々

薙刀表目録
加羅志
一勢
太刀相
白波
太刀相五段
稲妻

『先意流薙刀目録』

べき尊むべきことなり。

この段之進の父祖にやありけん、幼年より剣術に心を寄せ、日夜寝食をわすれて修行せしころ、一夜寝間のふすまを鼠のかむ音に眼さめて、畳をたたきて追うたりしに、鼠逃げ去れり。しばらくして少し寝入らんとするころ、また鼠来たりてふすまをかむ。また眼さめて追えば鼠逃げ去る。心ゆるみて寝入らんとすれば、鼠ふすまをかむ。かくのごとくすること三、四度に及びて段之進思うよう、

「わが気充たずしてかの鼠に徹せざればこそ、眠るにしたごうて鼠ふすまをかむなり」

とて起き直り、座を正して一心に気をあつめ、鼠のほうを守りつめていたりしに鼠ついに来たらず、その後は鼠の音するたびにかくのごとくするに、鼠かむことあたわず、後には桁を走る鼠をも、気をあつめてにらみぬれば落つるほどになれり。今にいたりその門人、気を煉ることを稽古するに、鼠の物をかむにて試めすことありという。門人のなかにも二、三人は、よく鼠をしりぞけるほどに至れる人ありとなり。

いかなる猛獣といえども、まず此方の気を以って制す。敵、人といえども立ち向かうより、まず気を以って勝つことなりとぞ。このことは奇妙のように聞こゆれども、さることもあるべしとおもう。(中略)

またかの鎖所持の者は、いかなる強敵にあう時にもおくれを取ることなく、又いかなる猛獣・盗賊といえどもこの

鎖を所持する人には近付くことあたわずと云えり。これはいかなることにて、かくはいうことなるにやと尋ねしに、何人（なにびと）にもせよ正木の門人となり鎖を受けんと願う時、まず誓約をすることとぞ。その誓約のことば、君に不忠なるまじ、親に不孝なるまじ、朋友には信を失うべからず、虚言いうべからず、高慢の心を起すべからず、大酒すべからず、礼儀を失うべからず、公事にあらずしてみだりに血気にはやり、夜行すべからず、なおこのほか数々の条目ありて長し。これに一ツもそむくことあらば、摩利支尊天（まりしそんてん）の御罰をこうむりて武運に尽くべしとなり。初めにかくのごとく誓うことゆえに、もしこのことばにそむく者は、たとえ鎖幾条所持するといえどもそのしるしなく、聖人の道といえどもこの上は有るべき。実（げ）に武道の奥義というべし。（下略）

正天狗流・池原五左衛門正重

水戸威公・義公につかえ（寛永ごろ。通称は一に五兵衛。後に、御咄衆となり、名を源定、また玄定とあらためた）、刀術を日置刑部左衛門に学んで精妙であった。西公の師範になったという。極意に達して判官流という（仙台藩伝には、小天狗流兵術手拍（しゅはく）とある。判官流の称は鹿島大掾（だいじょう）家に古くから伝わった古流武術で、鹿島右京之助公明はその達人として聞えた。鹿島新当流に採り入れられた〝正天狗十二カ条の太刀〟は、その古型であろう）。『武芸小伝』に大野将監という者が鞍馬流の達人で、小天狗鞍馬流というは判官義経の伝であると書いてあるが、その末流か。

当流・山本三夢入道玄常

何国の人たるかを知らない（上州館林の人、一に武州一ノ宮の人ともいう。通称、亦兵衛。一号は生夢。対島守と称した。大友豊後守の臣で、一万石を領したが、大友家が退転したので浪人した）。刀術八流の妙旨を得、なおその奥旨をきわめんと欲して鶴岡八幡宮に参籠して、心明剣一刀万化を工夫して、当流と号すという（山本流ともいう）。川澄忠智まで六世である。

三義明致流・川澄新五郎忠智

江戸の小石川金杉に住す（正しくは小石川金剛寺門前といい、金剛寺坂を上がる中ほど左側である）。文武の英士である。宝山流・大束流・当流の刀術を学び、練習多年、ついに妙旨を得た。寛政三年五月十日、流名を三義明致流とあらためた。天保八酉年十二月二十六日死す。

機迅流・依田新八郎秀復

享和年間の人で上杉家の臣。楠流の兵学を同藩の神保忠昭に学び奥秘をさとる。江州宮川、堀田家の臣浦上浅右衛門に従って、宝蔵院の槍を善くした。みずから刀術を工夫して機迅流と号す。致仕して後、丹波篠山の青山家に仕えた（新八郎秀復は、享和二年五月（二十一日）大坂の旅宿にて死す、六十三歳。墓は一心寺にある。その子辰之助秀邦、その子新八郎秀政に承伝した。天真道兵法を始めた白井亨は、初代秀復に学んだと自記している——『兵法未知志留辺』)。秀復の墓は大坂の一心寺。

無外流・都治月丹資持

都治月丹資持（一に辻また都司に作る。月丹、一に月旦に作る。資持、一に資茂に作る。名は兵内。号は一法無外、のち白舟という）は、近江甲賀郡の人である（甲賀郡馬杉村に生まれた。いま甲南町の内である）。京師にいって山口流（流祖は山口卜真斎）の刀術を学び、奥旨をさとる。工夫を加えて無外流と号す。のち東武に来たり番町に住む。門人が多いという。子孫世々その業を継ぎ、山内家につかえた。

【補】辻月丹伝の補足

辻月丹は十三歳のとき京に出て、山口流の祖山口卜真斎の門に入る。月丹の自記には山口流伊藤大膳によって印可を得たとあり、伊藤は山口の前名か、それとも山口の門弟か、旁証がない。十八歳のとき北越を修行し、印可を得たのは二十六歳の時という。

後、江戸へ出て道場をひらいた。麻布吸江寺の石潭和尚に参禅すること前後十九年、「一法実無外、乾坤得一点、吸毛方納密、動者則光清」という偈をあたえられて、それによって一法居士、また無外と号するに至った。

江戸で道場を構えた場所は、山田次朗吉氏は麹町九丁目といい、『撃剣叢談』は始め小石川、孫の代に麹町六番町という。

月丹の門人杉田庄左衛門が、麹町半蔵門外の堀端で親の仇を討ったことが評判になって、無外流の名が広く知れるようになった。『撃剣叢談』には、門人というのは兄弟二人で、高田馬場で仇に出合い、月丹もかけつけて声援したという。

月丹の剣術ぶりを『異説区』に評して、

「辻月丹など、かようにいかめしくあらざりし。仕合をするに、しなえ（竹刀）をかつぎて、すっと行って打つに、なるほど先々の先にてありしなり。気の満ちぬるには、打ちこむ時、しなえの先がふくれしとなり」

と書いている。

月丹は享保十二年六月二十三日、七十九歳で死去し、芝高輪の如来寺に葬った（品川区大井へ移転）。無妻で子がなかったから、かねて甥の辻喜摩太次英（一に喜間太また記摩太に作る）を養子として、あとを相続させた。以下三代文左衛門資賢（『撃剣叢談』に「今江戸六番町に辻文五郎とて云々、無外には孫なり」とある）、四代は辰五郎資幸で、この以後、土佐山内家の臣になる。

堤宝山流・堤山城守宝山

下野芳賀郡の守護職で小具足の達人である（堤法讃・法参ともあり）。伝記に、鎌倉地福寺の僧慈恩に槍刀・鎧組（ヨロイ着用して組打ちする武技）等の術を習い、もっとも鎧組に達して精妙であったという（慈恩高弟十四人中の一人）。推して堤宝山流と称する。元禄年中、武藤徹山（浅田権之丞の門人で、同流十世。浅田権之丞は補記参照）がその流を習い妙旨をきわめ、門人が多かった。徹山は作州津山の藩主の森家の人であるが、浪人し、東武において大いに有名になった。子孫がその芸を継ぐ。

【補】堤宝山流の浅田九郎兵衛正綱

『撃剣叢談』にいう。

　右の浅田九郎兵衛（若名、権之丞）は、当流家のうちにても、もっとも上手なりし由。十七歳のとき、讃州金光院に寄宿しけるが、宮本武蔵門人沢泥入（不明）という者と立会いて仕勝ちたり。島原陣にも、いずれの手に付いてか高名ありしという。後、作州森家につかえて禄二百石を受く。あるとき北国浪人に三間与一左衛門（出羽の人。天正五年生まれ。父は十二社権現の神官三間斎宮である。この父について卜伝流・林崎流居合を学び、はじめ佐竹氏に仕え、浪人して作州森家に召し抱えられた。寛文五年死去）という者、作州に来たりて居合を指南す。弟子も大勢つきたり。この与一左衛門は、十六歳より十二社権現の神木を相手にして二十年抜きたるに、ついに神木枯れたりという。流を〝水鷗流〟と名付け世にひろめたり。作州にて剣術このむ輩大勢勝負しけれどもみな負けて一度も勝ちたる者なし。九郎兵衛ならでは相手あるまじとて人々すすめ、出会うにきまりたる時、九郎兵衛弟子ども心にあやぶみ、問いけるは、

「三間が居合は、諸国の剣術者勝つ者なしとうけたまわり候。先生には如何して勝たんと思い玉うや、うけたまわりたし」

と云う。九郎兵衛こたえて、

「居合に勝つこと何の難きことかあらん。抜かせて勝つ也」

と云う。三間この由伝え聞きて、

「浅田は聞きしに勝る上手なり。その一言にて勝負は知れたり。我が及ぶところにあらず」

とて、立ち合わざりしという。

【補】堤宝山流の振杖と荒木流の乳切木

堤宝山流の振杖というものは、もっぱら講談の専売で、『柳生十兵衛旅日記』などにはやたら出てくる。実録本では、宮本武蔵の講談の原型になった『増補英雄美談』には、佐々木巌流が姫路にて道場をひらいていたころ、〈宝蔵院流の振杖〉というものを稽古する場面があって――この振杖という

のは三尺の杖に一尺五寸のクサリをしこみ、クサリの先へ玉をつける、それゆえ長さは三尺でも、クサリが延びると四尺五寸の用をすると書いている。いわば管槍と乳切木のあいのこみたいなものだが、しかし実際は、振杖は宝蔵院流にはなくて堤宝山流の附属である。

『撃剣叢談』に、宝山流の杖のわざに、真のこほりというものは、小田原一本流などの棒の術や渋川流の居合とおなじく、敵の太刀を抜き留める技である、という意味のことを書いてあるのを見ても、振杖が捕手の具であることがわかる。『海録』にも、

「また一種の鎌杖あり。宝山流の使い方あり。これは杖のなかより出るように仕掛けたりという」

と書いている。

思うに振杖というものは、支那の〈鏈〉から変化して来たものでないだろうか。高崎藩の富岡肥後右衛門が案出した〈撃丸〉という武器は明の劉雲中の術を取り入れたもので、足もとから乳までの長さの杖の先に、二尺ほどのクサリをつけ、そのさきに重さ三十匁の分銅をつけて振りまわす、と山崎美成の『海録』に出ているのは正に右の鏈であって、この武器を朝鮮征伐のときに明兵が使ったことが『黒田家臣伝』野村太郎兵衛の条に見え、当時これを日本側では〈ちぎりき〉と云っていたことがわかる。

ちぎりきとは手秤のことである。物の目方をはかる秤器に二種あって、置いてはかるのが天秤、手にぶらさげてはかるのが乳切木で、これは地面から人間の乳の辺までの長さの棒であるから乳切木といったのだが、武器の乳切木は右の秤器に似ているから同名に呼んだのである。

日本へ移入した時期は朝鮮役より余程以前だったらしく、すでに『義経記』巻二に「ちぎりき、さい棒、手に持ちて」と書いたのも武器としての乳切木であるが、そのくせ流布の範囲が狭かったらしく、朝鮮役の時代にまだ物珍らしいものにされたと見えて、戦利品として日本へ持ち帰られた。その一例は淡路島の領主だった脇坂甚内で、右の戦利品を洲本城に保管していたのを、後に淡路を領土に加えた阿波藩主の蜂須賀氏が見付け出して、脇坂甚内の名をとって〈じんない〉と称していたことが同家の断翰に見え、その器（二種類）の図とともに源信充の『柳庵随筆』巻八に収録されている。

武術としては荒木夢仁斎の荒木流に取り入れられ、〈乳切木術〉として現存して群馬に命脈が続いている。古くは小笠原玄信斎の〈八寸の延べ金〉、新しくは白井亨の天真伝兵法に附属した〈手棒術〉なども、おそらく乳切木の変化とおもわれ、宝山流の〈振杖〉も、乳切木に管槍の仕組みを加えたものと考えられる。

三浦流・三浦与次右衛門義辰

東武の産にして永禄年中の人である。明の陳元贇という者が来朝して、江戸麻布の国正寺にいた。義辰は元贇について柔法を習い（前述）、後みずから工夫を加えて多年修練し、

一旦惺然（せいぜん）として遂にその妙旨をさとり、三浦流と号した。甥の三浦丹治入道義邦が伝を継いで精妙であったが、相川小田原において歿した（江戸後期になって、その十九世と称する高橋玄門展歴が再興した。後出）。

福野流・福野七郎左衛門正勝

摂州浪華の人で（名は友善）、常に角力を好んで有名であった。東武麻布国正寺に寓した時、朋友の三浦与次右衛門・磯貝次郎左衛門と常に会してその術を修めた。時に陳元贇という者が同寺に寓した。元贇は三士に柔法を伝え、三士はよろこんで修練してその技おのおのその妙秘を得た。これが本朝柔術のはじめであるという（前述）。正勝がもっとも精妙であった。門に茨木専斎（名は後房。柳生家の臣。福野は貞心流和術を寺田平左衛門定安に学び、茨木専斎と共同して良移心当流を創めた）・寺田平左衛門（平左衛門定安の弟の、八左衛門頼重とするが正しい）が傑出していた。推して福野流という（柳生十兵衛の『新陰流月見の伝』に良移心当流とあるのが正称。福野流は俗称である）。平左衛門は雲州松江城主少将直政の家臣である。

起倒流・寺田勘右衛門正重

京極丹後守高国の家臣である。寺田平左衛門から福野流の柔法を伝えて精妙であった。福野正勝の三代目に当る。積功（せきこう）累年（るいねん）、ついにその妙旨をきわめ、あらためて起倒流と号した（勘右衛門正重は、寺田平左衛門安定の甥である。安定は貞心流和術の祖であり、福野七郎右衛門がこれを学んで、良移心当流を始めた。安定の弟、寺田八左衛門頼重これを承け、その子の勘右衛門正直が継いで、後に起倒流とあらためた。横山健堂氏によれば、起倒流というのは茨木専斎の命名で、寺田は自流を直信流柔道と称し、これが柔術を柔道と云った最初の用語であるという）。門人が多く、末流が諸州に多い。京極家断絶の後、雲州松江侍従につかえた。門に同藩吉村兵助扶寿が傑出した。後、作州津山の森家につかえて二百石を領した。

揚心流・秋山四郎左衛門義時

年暦不詳である。肥前長崎に住す。武官という者が義時に授くるに捕手三手・活法二十八活を以てしたが、後に義時はその奥旨をきわめようと欲し、太宰府天神に祈ってその妙秘を悟った。捕手三百手を工夫して揚心流と号すという（一説には、秋山四郎兵衛ともあって、医学修行のため中国に渡ったが、かたわら博転という中国人について学んで帰国し、太宰府天神に祈願して形手の工夫をした。菅廟の前に大きな柳があり、これに大雪が降っても雪が積もらない。それを見て悟得し、揚心流三百三手を編み出したと伝える。なお、長崎の人三浦揚心の起こしたのを揚心古流、秋山の起こしたのを揚心流といい、両者の関連は不明。秋山門の山本民左衛門から真神道流、同じく秋山門の上野縦横義喬から心明活殺流が分派した）。大江仙兵衛広富（揚心流二世であるが、三浦与次右衛門義辰の三浦流の十二世でもある）がその流を中興した。これは貞享年間の人だと云う。

【補】揚心古流・江上流・戸塚揚心流

三浦揚心は甲州名将の馬場美濃守頼房の二男の後裔で、中村左京大夫義国といい、武田家に伝わる大陰流柔術を中村左近将監正義に学んだ。揚心は長崎で医師をしていたが、病気予防の目的で、居捕五行の手型・起合行合の手型を工夫した。三浦流とも揚心流ともいい、後に秋山四郎左衛門の揚心流と区別するため、三浦のほうは揚心古流という。

二代目は阿部観柳。三代目は江上司馬之助武経で、号は師の号を襲って同じく観柳という。豊後の人で、竜造寺山城守三男の江上下総守の裔であり、叔父の阿部観柳から揚心流を相伝して、この流の中興といわれている。二十一歳、江戸に出て、芝赤羽の心光院のそばに道場をひらいた。寛政七年六月七日死去、四十八歳。その統を継いだ戸塚彦右衛門英澄は、師の姓によって江上流を称したが、その子の戸塚彦介英俊がもとの揚心流に復し、一に戸塚派揚心流といい、さらに戸塚派の称を廃した。

戸塚彦介英俊は、一心斎と号す。二十五歳、父から相伝されて教授した。沼津藩水野家師範。後、幕府の講武所教授となり、自分の道場を愛宕山に移した。維新後千葉に転じ、明治十九年四月十五日死す。七十四歳。門人の大竹森吉が、江戸日本橋浜町に道場をひらき、ふたたび戸塚揚心流という。

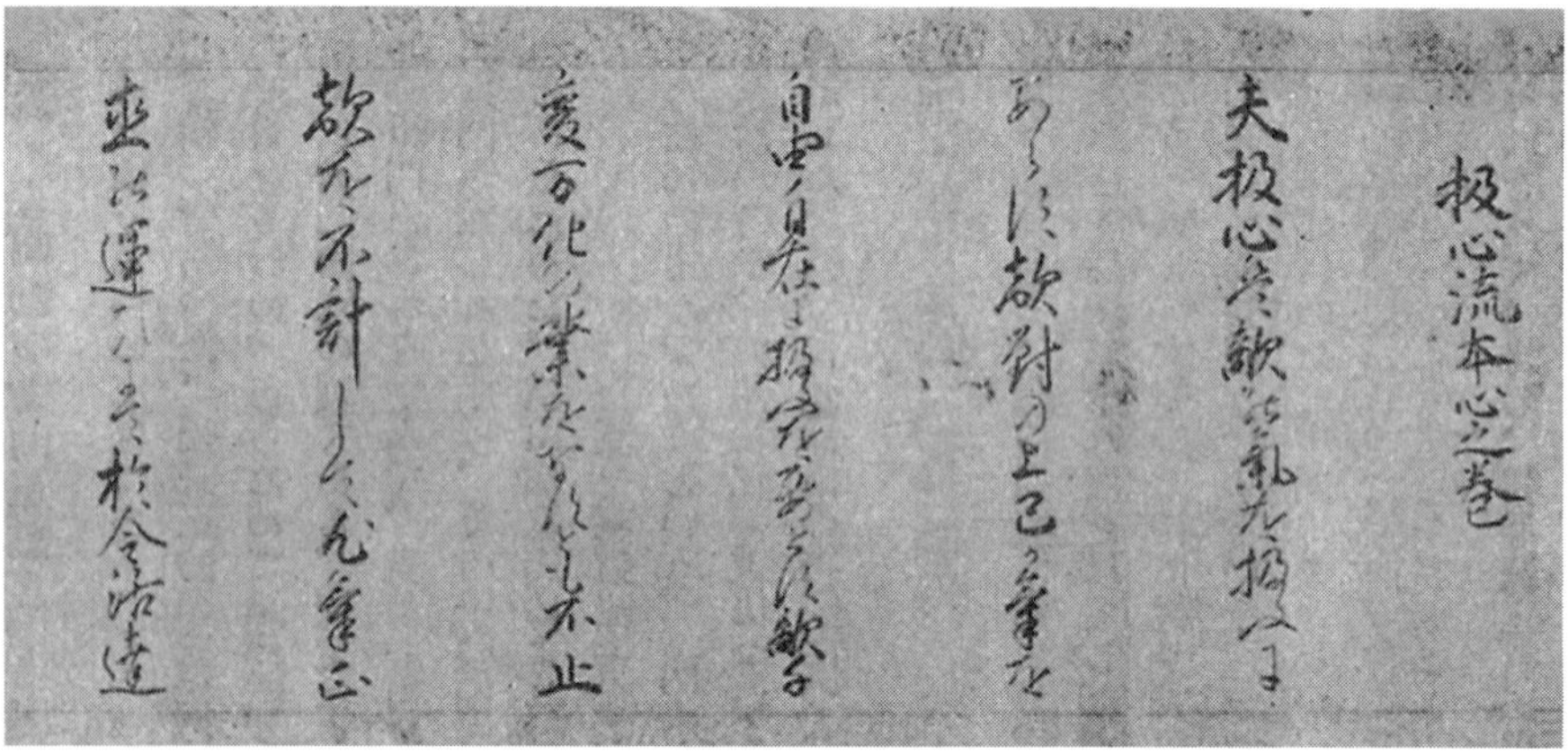

『扱心流本心之巻』

大竹は昭和五年六月六日、千葉猪の鼻台で死去、七十八歳。

扱心流・犬上郡兵衛永保

近江国犬上郡（彦根）の人。井伊家の臣棚橋五兵衛（名は良貞という。永保の叔父で、扱心流組討柔術を家伝した。永保これを習い、享保九年京へ出て、滝野遊軒貞高（後出）に起倒流を学び、同二十年、遊軒とともに江戸に下り、西久保天徳寺前に道場をひらく。後、独立して麻布狸穴（まみあな）に道場を設けた）にしたがって柔術の妙旨を得た。東武の麻布狸穴にいて大いに鳴る。扱心流と号す。宝暦三申年六月有馬家につかえた。その子の郡兵衛永昌その伝を継いだ（講談の『有馬怪猫伝』で化猫退治をしたことになっているのが此の人である）。

灌心流・神戸有鱗斎

摂州浪速の人である。江戸に住し、滝野遊軒貞高にしたがって起倒流の柔術を学び、その宗を得た。後、灌心流という。天明年中の人である（浅草三筋町に道場があって流行した。承伝は寺田勘右衛門の門人吉村兵助、その門人堀内自諾の起倒流柔道雌雄妙術、その門人が滝野遊軒である）。

良移心当流・笠原四郎左衛門

年暦不詳。黒田家の臣。少年より柔術を好んで精妙を得、良移心当流と号した（この流名は福野流の古称である）。門

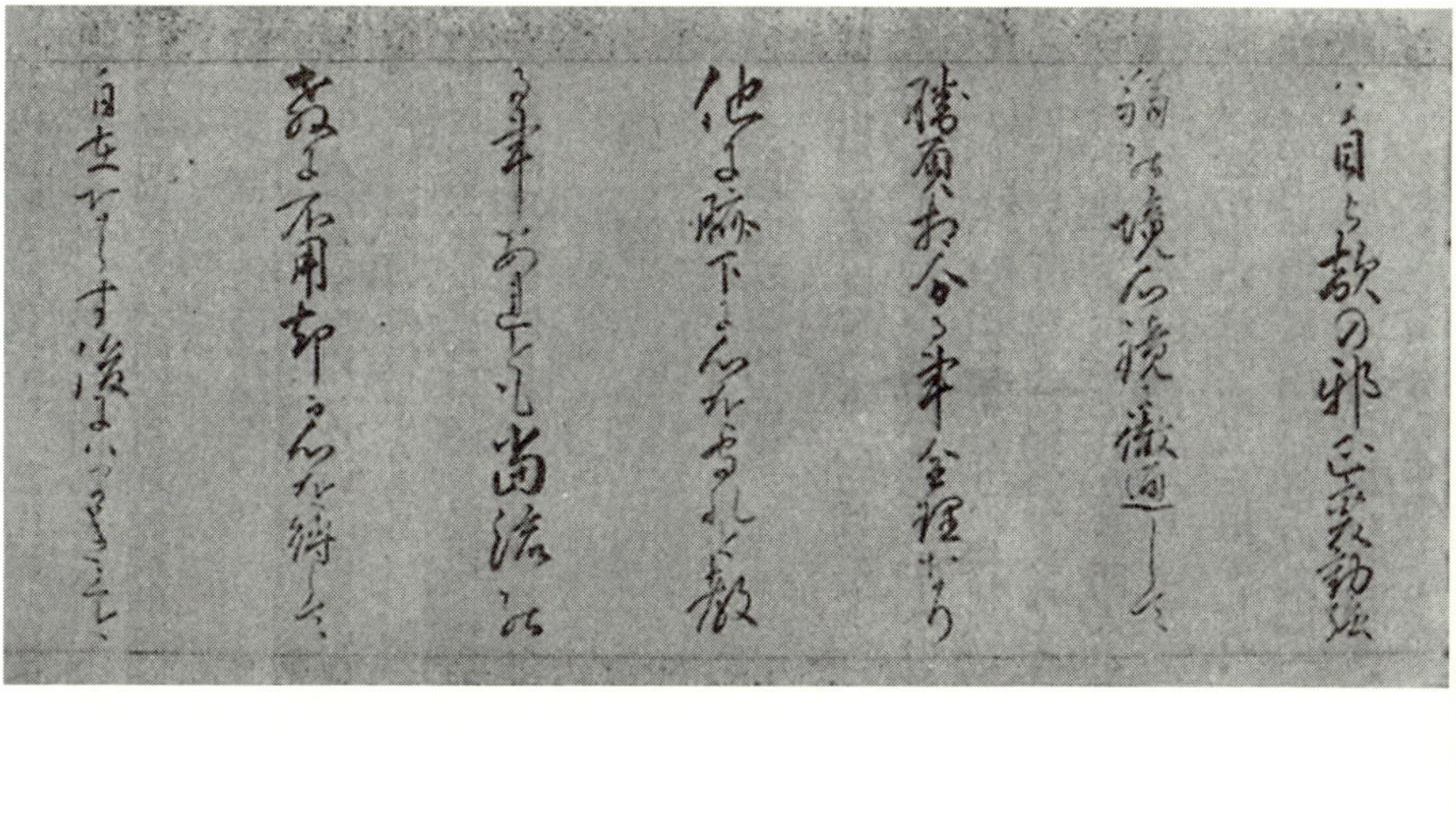

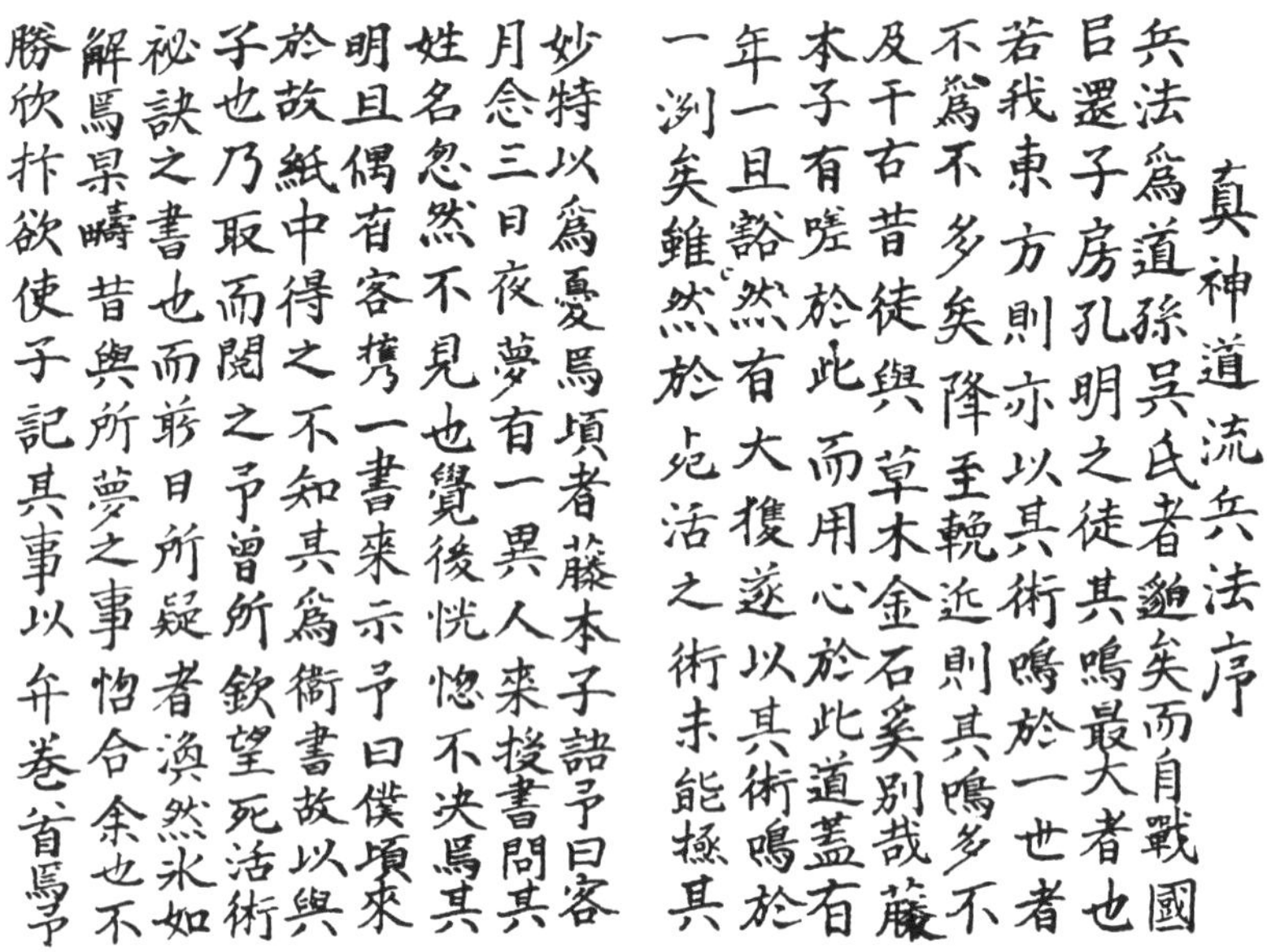
真神道流兵法序
兵法爲道孫呉氏者尚矣而自戦國
已還子房孔明之徒其鳴最大者也
若我東方則亦以其術鳴於一世者
不爲不多矣降至輓近則其鳴多不
及于古昔徒與草木金石奚別哉藤
本子有嗟於此而用心於此道蓋有
年一旦豁然有大獲遂以其術鳴於
一洲矣雖然於死活之術未能極其
妙特以爲憂焉頃者藤本子詣予曰客
月念三日夜夢有一異人来授書問其
姓名忽然不見也覺後恍惚不决焉其
明旦偶有客携一書来示予曰僕頃来
於故紙中得之不知其爲術書故以與
子也乃取而閲之予曽所欽望死活術
秘訣之書也而前日所疑者渙然氷如
解焉果疇昔與所夢之事恰合余也不
勝欣抃欲使予記其事以弁卷首焉予

『真神道流極意秘訣書』

人世々その術を伝えた。久保貞治がその宗を得た。

真神道流・山本民左衛門英早

摂州浪華の人（大坂の同心）である。揚心流を学ぶという（揚心流二代の大江仙兵衛の門人）。その絶妙をさとり、ひそかに真神道流と号す（一に真之神道流）。門に本間丈右衛門が傑出した。後、江戸に来て大いに鳴る。門人が多い（本間丈右衛門は神道一心流の刀術で名高い吹雪算待と同一人物である（後出））。

日本本伝三浦流・高橋玄門斎展歴

江戸の小石川に住す。柔術を以って大いに鳴る（流名の正称は、日本柔術本伝三浦流である）。実に三浦義辰の十九世である。その術神にして妙。その門に遊ぶ者が多く（道場は江戸小石川にあった）、宗を得た者も多い。天保七申年五月、八十有七にて死す。駒込吉祥寺に葬る。その子（高橋段兵衛）が箕裘の芸を継ぐ。

為勢自得天真流・藤田麓憲貞

黒田家の臣で、はじめ長助といった。柔術を好み、久保貞治に従って良移心当流を習い、後、海賀藤蔵直方（一に直堅。揚心流五世）について揚心流を学んで絶妙にいたる。みずから工夫を加えて為勢自得天真流（一に麓天真流）と号した。天保十年（五月）浪速に没す（旧同門の庄林道一に秘術を伝えた。庄林は後に自剛天真流を称した）。

為我流・江畑木工右衛門満真

年歴不詳。水府に住するという。吉岡流を深沢又市胤次に、浅山流を森山善右衛門長政に、藤山流（藤山一人光貞が祖。柔、居合、小具足）を助川市郎左衛門忠良に習い、その三流の奥旨をきわめて為我流を開創した。門に朝日清蔵申之（八郎右衛門）が傑出した。

吉岡流・吉岡宮内左衛門

何国の人たるかを知らない。あるいは水府に住するという（名は重勝。吉岡流砲術の祖でもある）。飯塚次郎兵衛がその伝を継ぐ。その門に深沢亦市胤次が妙を得た。深沢の門に福島平九郎・江畑木工右衛門満真が傑出した。満真は為我流の祖である。

砲　術

霞流・丸田九左衛門盛次

直江山城守の臣である（三百五十石二十人扶持。慶長九年、鉄砲総支配。寛永三年、鉄砲足軽五十人の組頭になる）。砲術の奥秘をきわめたいと、異国にわたり、練習数年、ついに妙旨を得て国に帰る（異国にわたり云々は誇張であろう。大坂の住人、片桐左近少輔から、種子島流を伝授された）。門人が多い。関八左衛門（後出）・須田九郎左衛門が傑出した（上杉景勝は、兼ねてから直江山城守に命じて、近江・和泉の砲工を招かしめ、直江の臣の丸田に砲術を習わせた。『上杉年譜』慶長九年の条に「十一月、山城守兼ねて公命をうけて、丸田九左衛門が鉄砲の術業をいよいよ琢磨（たくま）なさしめ」とある）。

関流・関八左衛門文信

上杉家の臣、土屋豊前守につかえた。砲術を好み、丸田九左衛門盛次にしたがって奥旨を得、推して関流と称した。子孫が箕裘の芸を継ぐ。

長谷川流・長谷川八郎兵衛一家

土井大炊守利勝につかえた（一家は一に勝家ともあり。土井利勝の臣というは、誤伝か。初め井伊家の臣。後に松平忠輝に仕え、三百石。稲富流その他数流を学んだ）。砲術の奥旨をきわめ、従遊の士が多い。一人、竹谷彦兵衛（吉富）その宗を得た。寛永三丙寅年、その術を以って水戸威公につかえた。門人多く、子孫その芸を伝う（裔孫の竹谷忠衛門高謙が、天保十三年十二月、藩命によって竹谷流とあらためた）。

岸和田流・太田新之允

下総の国佐倉の人である。はじめ助之允といった。砲術に達し、もっとも名声があった。万治年中、その術を以って水戸家に仕えた。その子の新之丞が術を継いで精妙である（岸和田流の祖は岸和田左京進盛高。慶長ごろの人。太田は同流八世の清水式部少輔秀貞の門人）。

荻野流・荻野六兵衛安重

上野の国左氏（佐波郡佐新郷か）の城主荻野越後守安定の末葉、彦右衛門の二男である。種ケ島流の砲術を学び、遠州浜松の城主本多家に仕え、正保元年、三十二歳のとき浜松を辞し、弟小左衛門と申しあわせて正木流等の砲術十二流の蘊奥をきわめ、その精妙をさとり、あつめて大成し、みずから一家を成して荻野流と号した（砲術揚げ矢という）。寛文七年、備前少将光政卿に仕えて俸禄二百石。光政卿逝去の後、備前を辞して播州明石の城主松平若狭守（天和二年松平若狭守直明が明石に入部以降、八万石、世襲して明治維新に至る）に仕え、食禄三百石。元禄三年六月七日死す。享年七十有八。法名禅徹、一に禅を全に作る）。須磨浦の人麿寺に葬る（須磨というは誤り。明石市大蔵谷にある人丸社の別当寺、月照寺のことだろう）。男六兵衛照清が業を継ぐ。故あって播州を辞して大坂玉造に住し、砲術を以って家業とした。門人が多いという。

荻野流増補新術・坂本孫八郎俊豈

信州高遠（いま長野県上伊那郡高遠町）の城主内藤家（元禄四年内藤清長の高遠入部以降、三万三千石、世襲して明治維新にいたる）の臣で、天山と号す（名は孫八、又は八郎。字は白寿。号は天山。風篁館・遊臥楼などの別号がある）。曩祖江源蹠属（先祖が近江源氏の系統に出た）、志賀坂本（大津市坂本町）に領地があったので氏とした。六世の祖主計は甲州武田氏につかえ、のち数世、祖父の俊英（一に英臣。雄心と号す）にいたって高遠の藩士となる。父英臣は砲術を好み、荻野照清に学んでその奥旨をきわめ、以って俊豈に伝えた。俊豈は少年時代から砲術すぐれ、また読書をこのんで経史を渉猟して事理を通暁した。明和五年、大坂にいたり、荻野氏について砲技を論究し、ついに周易・象数に求めてその微に悟入し、みずから機巧を出して砲台を創製した。およそ大砲は、十数人の力を合わせてよく転動するものだが、台上にのせてしまえば、わずかに一人の力で瞬息の間に上下・四方に廻転して発射でき、自由自在である。名づけて周発という。同藩の門人岡村忠鼎・岡村忠彝・北原恭温がこれに賛成し、あらためて荻野流増補新術（俗に天山流）という（『火砲説』・『兵律論』・『銃陣詳説』・『周発図説』その他の著作がある）。晩年漢書をこのんで長崎に遊ぶ。享和三癸亥年二月二十九日崎陽（長崎）に歿した。皓台寺内の真珠院に葬る。子の俊元（孫四郎）が家業を継いで令名があった。

【補】坂本天山の事績

『甲子夜話』巻十五に、次ぎの記事がある。

坂本孫八は信州高遠内藤家の士なるが、故ありて、西国へんをも遊歴せり。この人荻野流の砲術に達し、後はおのが新意を補いて一流を建て、一時名人と称せり。またすこぶる学才ありて易に精し。わが領邑（著者松浦静山は肥前平戸藩主）に来たりしとき、その旅寓を臣山本某たずねて謁を通ず。孫八すなわち出でて易をひらいて読み、且つその義を授けおわって、たがいに姓名を通じ、はじめて相見せし旨を伸ぶ。また大村侯の領邑（肥前大村）に往きしとき、わが士の門弟となりし者従う。かの侯の中、砲家の士あり。一日、山を登ってその技をこころみんと約す。しかるに前夜より雪ふることしきりなり。砲士来たりて曰く、

「雪ふかくして山路行くべからず、晴れを待ってこころみん」

孫八きかずして云う。

「砲は兵器。はからざるを備うるものなり。この深雪にあうは天幸なり、すみやかに打ち立つべし」

とて雪中に大砲を山に運送し、ついにその術をなす。門生等やむことをえずして従う。地せまき山谷にて大砲を旋転して放つ。一発も目当を違えざりければ人々その技に服し、孫八が英気におどろきしとなり。

武衛流・武衛市郎左衛門義樹

但州高野（正しくは竹野郷。いま兵庫県城崎郡竹野村竹野）の人である。弱冠より砲術を好み諸流を学ぶ。ついに七流の奥秘をさとる。太田摂津守資次につかえ、のち致仕した。寛永年中、島原賊乱のとき、松平伊豆守・同輝綱が大短筒を工夫して、莫大の勲功があった。義樹はその工夫を感じて、豆州の臣松永里之助にしたがって短筒を習い、妙旨を得て貫流と号す。その門に遊ぶ者が多く、世推して武衛流と称した（他に制剛流ヤワラを、増島源五兵衛清定から相伝された）。元禄九年二月十六日、浪華において死す。法名は梅光芸昌武本居士。その子の茂兵衛義侘が術を継ぎ、精妙であった。豊後岡（いま大分県直入郡竹田町）の、中川内膳正（享保以来七万四千石、幕末まで世襲した中川家が岡藩主だった）につかえた。市郎左衛門義樹の甥、渡辺助右衛門景綱、はじめ彦七という。義樹についてその芸を習い、共に諸州に修行してついにその妙旨を得た。宝永元年、武州忍の阿部家につかえ子孫が箕裘の芸を継ぐ。その門の依田左助直有が傑出した。その子の大助延年が砲術を以って有徳大君の御代、御先与力をつとめ、子孫がその業を伝えた（茂兵衛の系統のほかに、茂兵衛の弟、武衛沖之進義旭の系統もある。沖之進は、もと本多康之助の臣で、本多家断絶後に稲葉丹後守に仕えた。しばらくして浪人し、江戸へ出て、当時日本一の名人と称されて上聞に達し、大岡出雲守の見分を受けたけれど召し抱えられなかった――豊芥子の『宝丙密が秘とつ』）。

中島流・中島太兵衛長守

摂州浪華の人である。貴斎と号した。砲術を好んで武衛流を斎藤十郎太夫正房に習い、自得流を大野宇右衛門に学び、

また佐々木浦右衛門にしたがって佐々木流を学び、ことごとく奥秘をきわめて中島流を開創した（一に長盛。元禄七年生まれ。宝暦十二年正月十五日死去、六十九歳）。その門一人、浅羽主馬が傑出した。主馬の二男の筈之助政方が、寛政九年にその術を以って御先手与力に召し抱えられ、子孫がその芸を継ぐ。

自得流・大野宇右衛門久義

延享年中の人で砲術の達人である（あるいは武範という）。その術を以って有徳大君の御代、御持与力に召し抱えられ、有名である（父の大野左五左衛門吉規が、三木流・鳥居流の伴嘉右衛門資友の門人で、自得流を開創した。吉規は筑前萩尾の人で、正徳年中、大和郡山の本多能登守に仕えていた）。

唯心流・河合八度兵衛重元

備前岡山の住人（重元、一に重光ともある）。棒火矢に達し、もっとも精妙であった。元和元年その術を以って水戸家につかえ、元禄九年九月五日死す。その門に梅沢与一兵衛重高（重隆とも）という者が傑出した。

合武三島流・森重靭負都由

防州末武（いま山口県都濃郡下松市の内、花岡に当る。旧時は末武庄と称した）の人で、その先は大内盛見（大内義弘の弟。周・長・豊三州の守護。勇武の誉れあり、永享三年六月筑前深江で戦死した）の末である。字は仲美、鳥山と号す。幼より文武を好み、十八歳のとき故国を辞して数邦に遊ぶ。火砲術に達し、安盛流（宝暦年代、淡路の矢野甚兵衛安盛が祖で、禁伝流の末）・中島流（中島太兵衛長守が祖。武衛流・自得流の末）・遠国流（不明。加藤清正が朝鮮から伝えた円国流のことか）・禁伝流（不明）そのほか諸流を学んで蘊奥をきわめた。後、山本良一にしたがって橋爪廻新斎流合武伝法を学び、また古伝三島海戦法を得（師は爪木某）、なお甲州・越後の兵学数流の要旨を聞いて、火・砲両術につけ加えた。すでに『舟戦要法』二十有八巻を著わし、また火砲の数巻を著述して合武三島流という（正称は、合武三島流船軍術火業と称す）。後、東武にいって峯山侯（京極家のこと。いま、京都府中郡峰山町は元和八年以来、京極高通一万百石余の陣屋となりて、世襲して明治維新に及んだ）の邸舎に寓した。享和三亥年春、兵・砲両術を以って新規召し出されて、御書院与力となる。その門に遊ぶ士二千八百余人、その宗を得る者が多い。推して森重流と称する。文化十三年六月四日死す。享年五十有八。谷中の玉林寺に葬る。

求玄流・大草庄兵衛義宗

森重都由にしたがって合武三当流兵法（当の字は島の誤り）を学び、また火砲の術をきわめた（大草は大艸が正しい。義宗は誤り、政義が正しい。唐津領久里村の坂口九兵衛の子で、幼名は万蔵。求玄は号である）。生涯数国を遊歴し、好んで甲府また八王子にいた。推して求玄流という（求玄は彼の号である）。天保十二丑年、牛込神楽坂の旅亭に死す。享年六十有余。四谷笹寺（いま四谷三丁目の長善寺を俗に笹寺という）に葬る。（正しい歿年は天保七年十二月）。

（新撰武術流祖録・終）

続・武芸小伝

鈴木兵左衛門尉吉定

一に兵太夫。田宮自園入道（常円長勝を誤ったのであろう）に田宮流居合を学び、又、三十七流の剣術に達した。後、豊後多福寺の賢岩禅師に参禅し、開悟して以心流剣術・居合の一流を創めた。小倉藩主小笠原忠真に仕え、元禄三年十月二十日死去した。当時、柔術の和田十郎左衛門正重（随心。前出）、居合土壇斬りの丹野助右衛門邦正と併称された名手であった。門人伊藤総左衛門憲行の子孫が同流を相伝し、代々、藩の師範になった。

平山行蔵

名は潜、字は子竜。号は兵原、また兵庵・練武堂・退勇真人・韜略書院・運籌真人。父祖代々幕府の御家人で、伊賀組同心、三十俵二人扶持の微禄ながら、四谷北伊賀町（明治後の箪笥町、現在は新宿区三栄町に入る）稲荷横丁の自宅に道場をかまえ、流儀を忠孝真貫流と称し、後に、講武実用流（略して実用流）とあらためた。彼の軍学の師は長沼流の斎藤三太夫、槍術は大島流の松下清九郎、柔術と居合は渋川流の四代渋川伴五郎時英（前出）、砲術は武衛流の井上貫流左衛門（後出）であった。剣の師匠は心抜（しんぬき）流の山田茂兵衛松斎で、平山は一時、運籌流四代を称して後に忠孝真貫流の流名を立てた。文政十一年十二月二十四日死去、七十歳。東京四

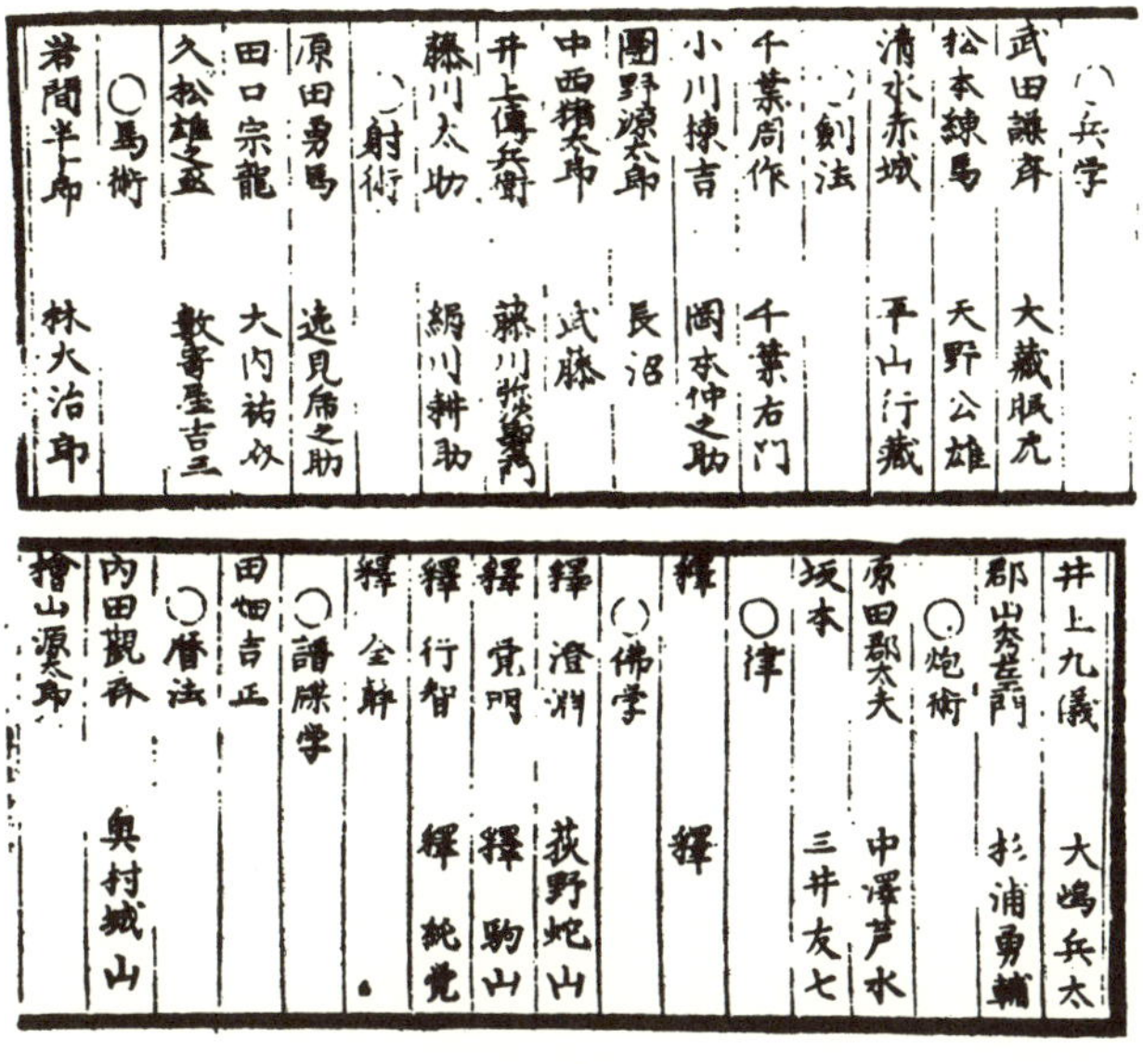

『名家一覧』所収の武術家たち

谷愛住町の永昌寺（杉並区下高井戸に移転）に墓がある。門人に、吉里藤右衛門呑敵斎（後出）・妻木弁之進・小田武右衛門（後出）・松村伊三郎の四天王、別格に下斗米秀之進（相馬大作）があり、男谷信友（後出）や、勝小吉（海舟の父）や、乃木十郎（乃木大将の父）も平山の門をくぐった。なお流祖の奥山左衛門大夫は、上泉伊勢守─丸目蔵人─奥山、と承伝したもので、奥山の心貫流となってから以後の承伝は、奥山─長尾美作守鎮宗─益永軍兵衛白円入道盛吉─益永軍兵衛盛次─永山大学入道信楽氏次─岩田甚五郎内敬─三宅善三信元─山田甚太夫弘篤─山田茂兵衛─平山行蔵─吉里呑敵斎信武である。

以下、『善行録』から引用。

平山行蔵は号を子竜といいし。伊賀組の同心にてありしが、近代無双の豪傑にして忠良の志厚く、いかにも感ずべきこと多し。幼にして父を失い、母につかえて孝なり。若年の頃とや、ある日親友たずね来たり申しけるは、それがし事ふといたせしことより士道の逸（はやり）にて、同藩四人と刃傷に及ばずしてならざること出来せり。相手は四人と申し、首尾よく本意達すべきも計りがたく、もし存分本意達しぬるとも、その座にて切腹いたしぬること故、平日骨肉にもまさりし交わりにつき、今世のいとま乞いに参りしなりと述べける。行蔵も甚だ気のどくに思い、杯事（さかずきこと）などいたし、十分助太刀もいたしたき心底ながら、父母います時は、友にゆるすに死をもってせずということを守り、堂上一人の老母ほかに養うべき者なきまま、残念ながら胸をつかみ、一通りのいとま乞いいたし帰しけるよし。ややありて老母行蔵をよび、ただいま何某どの今世のいとま乞いとて参られ、殊に相手は四人とうけたまわりながら、助太刀の挨拶もなく、多年の交情に引き替え、信義の道を失いし所行なりと言いければ、行蔵申しけるは、助太刀いたしたき心底ながら、ほかに御尊母さま養い奉る者なきこと故、歯を喰いしばり無念を忍び侍るよし答えければ、それは母にかこつけ腰抜けの言いわけなり。平常の厚き交わりに引き替え、かかる時節にそしらぬ顔しぬる無道者は我子にあらず、親・先祖の名まで汚しぬる不孝者なりと言いしかば、行蔵大いによろこび、しからば急ぎまかり越し申すべし、心得違い御免し給えとて、おっとり刀にて馳出し、かの者の屋敷へ参りしところ、もはや相手四人を見事に討ち留め、死骸に腰かけ腹切らんとせしところへ参りつき、延引の始末申分いたし、切腹せしを介錯いたし帰りけるよし。めずらしき賢母なり。故に行蔵天稟の大勇にて、傑出の人物にもなりしことならん。

同人十二三歳の頃とや。木綿綿入れ新たに母よりこしらえ与えしに、着用いたし外出せしが、いずれへか売払い、右価にて書物を求め帰り、昼夜読まれしよし。いったい抜群強根（きょうこん）の性質にて、平日書をよみけるに、ケヤキ板の二尺四方ばかりになるを敷物として、窓に背を当て寒風に吹かせ、昼夜いささかも間断なく読書せしが、両手の拳を着座のケヤキ板へ突きながら読みける。人その故を問えば、本を読むとて空しく読むべきにあらず、かくのごと、両手拳をこの堅き板に突き当てぬれば、後は鉄石のごとくになり、この拳にて胸板をも突き砕きぬるよし申されき。また寒中に水風呂を貯えおき、いささかにても文武に倦みける節は、この風呂へ入り惰気を励ましけるよし。毎朝長さ七尺ばかりなる重き振り棒を五百ぺん、長さ四尺幅三寸の居合刀をぬくこと二三百ぺん。しこうして書見に及ぶ。昼夜すこしも間断なく学びけるよし。もとより師と申すはなく独学ながら、その強記・博覧、当世に冠たり。文章をしたためぬるも流るるがごとく、さらに筆を止むるということなく、あとにて一字の顚倒をあらたむるということなきよし。また壮年の節、土間へ寝しこと三年、六十一歳の節、松平越中守より異見にて、はじめて夜具を用いけるよし。

平日の指料三尺五寸、又は三尺八寸の刀なり。つねに刀剣を愛しあつかわれけるに、生涯御城のほうへ鉾を向けしことなきよし。なお御城のほうへ足を向けて伏せりしことなきよしなり。

飯は常に玄米なるよし。かつ生涯婦人を近付けしことなし。これは彼の跡なきを大なりとするにて、道においてあやまてることながら、このあやまち古人も難しとすることにて、とても今人のならざることなり。飲食・男女は人の大欲存すとあるに、この大欲すら忍ぶほどの大勇、古今絶倫というべきか。

寛政・文化の間にもありしか。異賊わが松前をおかせしことあり。隣国の諸侯へも防禦仰せられしなり。その節上書いたしけるは、小臣一人に防禦仰せられなば、天下の良民一人も用いず、異賊みなごろしにいたすの良策あり、たとえ賊徒みなごろしにいたすとも、わが国の良民一人なりとも失いなば一人の損なり。別に籌策ありて、良民を用いず必勝の術あり。願わくば命ぜられ給えと申上げけるが、異賊も上陸までにて逃げ帰りぬるよし、かたがた仰せ付けはなかりしが、この上書も下らざるゆえ、身分不相応の兵器をかざりおきけれども、譴責もなきよし。我等も両度参り見しが、武具・馬具そのほか鳥銃大小百梃にあまり、長柄の槍も数十本、陣太鼓・簱指物・陣幕ならびに串・兵粮袋・草鞋まで懸けおき、そのさま命令下りなば即刻出陣のていなり。およそ二十畳ばかりの座敷に充満せり。その次の間は六畳と覚えしが、和漢の書籍数万巻、兵書は公辺にも平山ほどの御所蔵なきよし申す人あり。すでに兵書の書目さし上げけるところ、公辺にもなき書まで蔵しぬるよしなり。そのかわり家具類に至っては、さらに一品もなきよし。わが師、男谷先生その志操を愛せられ、たびたび尋ねられしが、茶碗・煙草盆様の物までもなかりしよし。しかし酒は至って好みける故、平日貯え置きけるよし。ある時、男谷先生たずねられしに酒出せしが、酒は片口（酒、醬油などを注ぎ入れる口付きの磁器）へ入れ、かけはんとう（欠けた飯銅。飯銅は捨て水をこぼし入れる器のことで、その形をした茶器や壺もハンドウという）に入れおきし味噌を、そのまま持ち出し肴にし、茶碗にて酒宴に及ばれしところへ、鰯売り参りければ、それをとり、生なるまま頭をちぎり捨て、味噌を付け、かじられけるよし。珍らしきことなり。

あるとき御成道古道具屋にて、大身の槍を見付け、気に入りしまま直ちに求めけれども、金子少々不足ゆえ、まず手附を渡し、同処の書肆山田屋へ参り、先日その方より求めし『白氏文集』不用につき、返したきよし申しければ、書肆その節も申上げし通り、二百疋引きにていつにても引受けぬるよし。しからば一人我等と同道いたし受取りに参りくれべし、実はこの隣町にて結構なる大槍求めしが、少し金子不足につき手附をつかわしぬ。それゆえ急に右の本返したきなりと語られしゆえ、書肆、平日用向きもありて懇意をこうむりぬるまま、何程ばかりの金子御入用なるや、ただいまさし上ぐべきなり。『白氏文集』はせんだって四両二分にさし上げけるまま、四両にいただき申すべし。本の儀はついでの節いただきに上げ申すべし、金子はまず御用い給えとさし出しけるが、受取らず、本の手摺れ汚れなども吟味の上、いよいよ四両に引取りなば、その節金子受取るべし、大儀ながら一人同道いたされべしと申して聞き入れず、よんどころなく代りの者一人つきそい、はるかに四谷伊賀町まで参りければ、本を出しけるまま改め見けるに、もとより一ぺん読みしまでにて新本も同様なりし故、いささか申分なきよし申せしかば、しからば金子受取るべしとて受取られける。手代の者はただちにいとま申しければ、我等もまた同道すべしとて一同に参り、右の道具屋へ代を払い、手づから槍をひっさげ山田屋へ寄り、おかげにて好き道具手に入り、大慶なりと挨拶ありしよし。まことに感ずべきことなり。この咄は『白氏文集』とりに参りし手代の者申聞きしことなり。右の所行、愚直なるようなれども、当世別して心がくべきことと思いぬ。寿も七十歳まで存命せしよし。当時の行蔵は二代目にて（平山金十郎という）、幼年のときより内弟子に参りいけるよし。これも先代の家風を落さず、文武のほか他事なく執行せしが先代の所行、上（かみ）にも御感（ぎょかん）の余り、なお当代もその遺風を守りけるを御賞誉にもありしにや、同心より大筒方与力へ近頃仰付けられし、有難きことなりし。

吉里呑敵斎信武

通称は藤右衛門。号は子勇。幕士、小十人組に属す。四谷大番町に住み、武芸十八般に通じた。竹内藤八郎久直に竹内流小具足・組打を、山口十太郎光興に関口流居合・柔術を学ぶ。また平山行蔵の門人で、実用流四天王の随一であった。ほかに石川文右衛門孟魚から、守慎流鎖術・太子流剣術・無極流鎖鎌の伝をうけ、奥儀に達した。呑敵流と称する。『ありやなしや』にいう、四谷大番町では吉里藤右衛門（後、呑敵斎と号す）、この人は幕士で小十人組にぞくしているが、竹内流の捕手を教えている。身のたけ六尺ちかい大男で、あたまは四方髪（総髪）である。槍・剣・柔は平山子竜の門人でにし、長剣・短衣・大酒呑みで、豪邁の士であった。私の若いころよく道でこの人を見かけたものだ。柳川藩士の門人が多かった。たいへんな豪力者だと平山子竜は言っていたが、これも現在どうしているかを私は知らない。

小田武右衛門

平山子竜門の四天王の一人。『ありやなしや』にいう。牛込中御徒町の徒士で、小田武右衛門という人がある。もと市ガ谷加賀屋敷の三枝左京の家来であったが、左京とおなじ平山子竜の門人である。大島流の槍術、心貫流の剣術、関口流の柔術の教授をしている。

小田武右衛門は朱鞘の大小をさしているが、いつだったか十一代将軍（家斉）がこれを見て、赤トンボというあだ名をあたえられ、それ以後は、この人は朱鞘でなければさすことができないということである。奴風の豪快な男で、六尺ちかい巨漢だった。

山内甚五兵衛直一

また一真ともあり。蓮真斎また八流斎と号した。備前岡山の人。新陰流ほか諸流を学んで後、多賀伯庵聚津（淡路流槍術の木下淡路守利当の門人）から富田流の伝を得た。熊沢了介・僧白巌らに交遊して心要を練り、京都へ修行にいって木下淡路守利当の許に寓し、平常無敵流を開創した。時に寛文二年二月である。別に、法集流剣術の祖ともいう。所司代板倉重矩の徒士になったが、後、去って小田原の象鼻山妙福寺に隠棲し、同寺二十八世住職となって日清という。寛文十三年八月十五日、六十五歳で死去した。

寺田五右衛門宗有

高崎藩士。延享元年に生まる。幼名は三五郎、喜代太、後に五右衛門、また五郎右衛門ともいう。幼年、一刀流中西子定（前出）の門に入り修行中、防具稽古にあきたらずして門を去り、平常無敵流の池田八左衛門成春（山内蓮真斎―関野清太夫信歳―池田八左衛門成祥谷神軒虚翁―池田八左衛門成春霊翁）について十二年間修行し、谷神伝の秘奥を免許されたが、藩では一刀流でないと師範になれないので、あらためて中西子啓の門に入り、主として組太刀を研究して、天下無敵と称された。白隠禅師の高足、東嶺和尚に参禅大悟し、和尚から道業天真に貫通したといって印可を得た。これより天真翁と号し、天真一刀流の流名を立てた。一刀流免許は寛政十二年、五十余歳の時である。他に伊賀平右衛門に居合、佐々木伝四郎に砲術、長尾撫髪に槍術、金子伝右衛門に柔術を学んで、いずれも皆伝免許であった。寛政四年、高崎在勤になって八年間、民政にも実力を発揮した。文政八年八月一日死去、八十二歳。駒込の光源寺に葬る。子の喜三太も技をよくしたが、翌九年九月二十九日死去した。

門人中、もっとも有名なのは白井亨（後出）である。白井の伝を継いだ津田明馨が、高崎藩の師範になって天真一刀流を伝えた。明馨の養子の明常が伝を得て師範になったが、元治元年十二月の従軍で病気にかかり、まもなく死去した。

千葉周作の『剣法秘訣』にいう。

一刀流中西忠兵衛子正氏の門下に、寺田五右衛門・白井亨という両人の組太刀の名人あり。いずれ劣らぬ英傑にて、一見識を立てたる人なり。（中略）寺田氏は、自分の構えたる木刀の先よりは火炎燃え出ずるといい、白井氏は、我が木刀の先よりは輪が出ずるといい、いずれ劣らぬ名人なり。しかし実は、火炎も、輪も、出ずるにはあらず、ただ切先のするどきを云うて、我が木刀の先へは寄せ付けぬとの意なり。

白井亨義謙

備前岡山藩士。天明三年に生まれた。八歳から機迅流の依田新八郎秀復（前出）に入門したが、印可がもらえないので十四歳のときその門を去った。寛政九年正月、十五歳、一刀流の中西忠太子啓に入門して修行すること五年、帰り新参の寺田五右衛門にも稽古をつけてもらった。

子啓死去して子の子正に替る。文化二年、白井は二十三歳の秋、自分の工夫した〝八寸の伸金〟（もとは小笠原源信斎が工夫した）を売物にして京・大坂・中国筋を武者修行し、やがて故郷の岡山に道場をひらいた。この間、藩の軍学者滝川万五郎俊章について兵法の印可を得た。文化七年、江戸へ帰り、あらためて寺田五右衛門の門に入り、寺田の奨めによって、内観・練丹によって妙機を自得した。流名を白井流といい、会津藩に伝統した。

黒河内伝五郎兼規

会津藩士。祖父の左近兼孝が寛延三年、神夢想無楽流居合術で会津藩に召し抱えられて以来、代々師範であった。白井亨の天真一刀流は、湯田且蔵を経て黒河内家三代に通じて伝わった。兼規の代には、家伝の右二流のほかに、稲上心妙流柔術・静流および穴沢流薙刀、天真一刀流の手棒・手裏剣まで教えた。彼はまた吹針術に長じ、一丈ばかりへだてて障子に吹きつけるのに、一、二針ずつ連続して絶えなかったという。晩年盲目となり、会津落城のとき憤激のあまり自殺した。六十五歳。城西阿弥陀寺に葬る。

高柳又四郎義正

高柳又四郎義正、一に利辰ともある。幕府御勘定留役組頭（百俵）から飛騨高山の代官に赴任した高柳左京亮定用（小三郎、玄斎）の二男である。高柳の家は代々幕士で、家祖の高柳源五右衛門定政は、戸田清玄門の林田左門に学んで戸田流林田派二代目であるが、その流を家伝して代々伝えた。又四郎の祖父、高柳左京亮定常は同流十三代目であるが、別に原田市左衛門利重から梶派一刀流を、矢野佐五左衛門清綱

（大坂御弓同心。東軍流を柴崎勘兵衛から皆伝され、享保五年十月から東軍新当流を開創した）から東軍新当流を学び、安永元年から戸田流高柳派と称した。しかるに戸田派から異議が出て、左京亮一代限りで戸田流に復することになった。

その子の左京亮定用（小三郎、玄斎）が、戸田流を父から相伝された。『飛驒御代官御郡代累代御名前書』によれば、定用は元治元年六月二十八日代官赴任、慶応二年二月に病死して、次の代官（新見内膳）に替った。定用の長男、欽一郎定方が父の遺跡を相続し、江戸に居住した。

定用の三男、高柳金三郎は家伝の戸田流のほかに、また梶派一刀流を学んで、戸田流高柳派の名称を復活した。

高柳又四郎義正は、左京亮定用の二男（金三郎の兄）である。中西忠兵衛子正について、小野派（中西派）一刀流を学び、寺田五右衛門宗有・白井亨義謙とともに〝中西道場の三羽烏〟と称され、この三人のために他流試合に来る者が一人として勝って帰る者がなかったという。有名な〝音無しの構え〟は、この又四郎のことである。

『飛驒御代官御郡代累代御名前書』

千葉周作の『剣法秘訣』にいう。

中西氏の門人に、高柳又四郎という人あり。これ又剣術の名人にて、いかようなる人と試合いたしたりとも、自分の竹刀に相手の竹刀をさわらすことなく、二尺三尺も離れ居て、向こうの出る頭、起る頭を打ち、あるいは突きを入れ、決して此の方へ寄せつけず、向こうより一と足出るところへ此の方よりも一と足進むことゆえ丁度打ち間よくなり他流には一度も負けたることなし。他の人とは違い、よく間合いを覚えたる故、この人の上に出る者なし。然れども、突きなどは多く悪きところ勝ちにて、同門は余りこの人と稽古するを好まず、又同人は、いかようなる初心者にても、わざと打たせるなどという事は決してせぬ人なり。平日の話にも、我は人の稽古になるようには致さず、ただ自分の稽古になるように致す故、たとい初心者たりとも、わざと打たすなどということは致さぬと、かねがね云われしなり。その癖つきたる故か、自分の門人にもその通りなる稽古ゆえ、同人の門人には一人も上達の者なく、その身一代の剣術に終りしは実に残念なることなり。又、同人他流試合などの節にも、初めより終りまで一試合のうち、一度も高柳の竹刀にさわらぬこと度々ありたり。これを〝音無しの勝負〟などと同人は唱え居れり。先ず斯ようなる人を、上手・名人とも云うべし。

浅利又七郎義明

又七郎は二代ある。初代又七郎義信は武州松戸に生まれ、若狭小浜藩に仕えた。中西忠太子啓について学び、突き技天下一品と称されて有名な剣士になった。俗に浅利流という。嗣なく、初め千葉周作を見込んで養子にしたが、意見合わず不縁となり、周作は去った。二度目にもらった養子が、又七郎義明で、じつは中西忠兵衛子正（中西派一刀流三世の子啓を継いで四世になる）の二男である。養父の薫陶をうけて神技に達し、剣名もっとも高かった。

養父義信は、家督を義明にゆずって隠居し、義明は替って小浜藩に出仕した。義信、嘉永六年二月二十七日死去、七十六歳。浅草の慶印寺に葬る（今、牛込原町二丁目の常楽寺に移っている）。義明は明治二十七年四月十六日死去、七十三歳。

千葉周作成政

名は観。号は屠竜。寛政六年、陸前栗原郡花山村荒谷に出生した。祖父の千葉吉之丞常成は、磐城国相馬藩の剣術師範で、流名を北辰夢想流と称したが、故あって浪人し、安永年代の末に栗原郡花山村に移った。その娘の婿になったのが幸右衛門成勝で、長男又右衛門・二男於菟松・三男定吉ができた。二男於菟松が後の千葉周作、三男定吉が小千葉といわれた定吉政道（桶町千葉）である。

浅利又七郎の墓（東京都新宿区原町、常楽寺）

兄弟は父から北辰夢想流を学び、父とともに江戸近郊の松戸に移住した。父は医業に転じて浦山寿貞と改称していたが、天保二年正月死去し、松戸の宝光院に葬る。

周作は旗本喜多村石見守正秀に仕え、小野派一刀流の浅利又七郎義信の門に学んだ。さらに浅利の師、中西子正について学び、やがて見こまれて浅利家の娘婿として養子に迎えられたが、後、故あって離縁した。

周作は独立して北辰一刀流と号し、日本橋品川町に道場をひらき、さらに神田お玉ケ池に移して〝玄武館〟という。

周作は、天保六年、門人臼井六郎をつれて水戸に遊び、水戸斉昭の御前で演武して妙技を賞され、やがて十六人扶持を与えられて、弘道館に出張教授し、天保十二年、馬廻役百石に上った。

弘化二年には幕府から、与力格二百俵でとり立てられたが、安政二年十二月十三日、六十二歳で死去し（一説――十二月十日、七十六歳というは誤り）、浅草田島町誓願寺内、仁寿院に葬る。後、西巣鴨の本妙寺に改葬した。長男奇蘇太郎栄胤、二男栄次郎成之、三男道三郎、四男多門四郎、いずれも父の業を習って剣に達したが、二男栄次郎もっとも傑出し、〝千葉の小天狗〟と称された。

長男・二男・三男とも、父の旧縁によって水戸家に仕え、四男も別扶持をもらっていた。奇蘇太郎は安政二年二月、三十一歳で死去し、栄次郎また文久二年正月十二日、三十歳で夭逝した。栄次郎の跡目を道三郎が相続し、大番格まで栄進して、明治五年、三十八歳で死去した。

周作の弟、定吉は、はじめ玄武館にあって兄を補佐していたが、後、高橋桶町に道場を構え、俗に〝桶町の千葉〟と称された。鳥取藩池田家に召し抱えられた。

千葉周作の墓（東京都豊島区西巣鴨、本妙寺）

山岡鉄舟

幕臣小野朝右衛門高福の子で、山岡氏を継いだ。名は高歩、字は猛虎、通称は鉄太郎。父小野朝右衛門は弘化二年、飛驒郡代として高山代官所に赴任し、鉄太郎はこれに従った。

『飛驒御代官御郡代累代御名前書』に、

「弘化二巳年六月二十九日より

山岡鉄舟像

嘉永五子年八月二十九日迄
元御蔵奉行　小野朝右衛門橘高福病死　六百石」

とある。

鉄太郎は、このとき十一歳であった。彼は飛騨において学を富田節斎にうけ、剣術を井上清虎にうけ書法を岩佐市右衛門に習った。十三歳、幕府の内命によって諸国武芸視察に来た長田文弥に会し、以後、剣道修行の便宜を得るに至った。十七歳、江戸に帰り、十八歳から講武所に入学し、二十一歳で同世話役に挙げられた。槍術家山岡静山に入門して術技・思想のうえで大きな感化を得た（静山は山岡紀一郎正視。本流忍刃流槍術の高橋鍵之助の門人で、有名な高橋謙三郎泥舟と同門である）。二十歳。静山の妹英子に婚して山岡家に入る。二十四歳、清河八郎（千葉周作の門人）と結んで尊皇攘夷党をおこし、みずから幕府を策励して朝旨に従わそうと運動した。文久三年、二十八歳のとき浅利義明に入門。明治元年、西郷隆盛と会見して江戸を焦土より救い、江戸開城後は徳川慶喜に従って駿府に移り、権大参事となって民政をつかさどった。後に明治政府に出仕した。子爵。明治十七年、伊東一刀斎正統九世、小野派宗家小野業雄から正伝秘奥と瓶割刀をあたえられ、同十世となる。後、工夫して無刀流（一刀正伝無刀流）を唱えた。明治二十一年七月十九日死去、五十三歳。谷中初音町の全生庵に葬る。

上遠野伊豆守広秀

上遠野（かどの）氏はもと小野姓。十代伊豆高秀のとき伊達政宗に招かれて仕え、八百四十二石。孫の上遠野掃部守常秀が、松林左馬助（前出）およびその門人の進藤勘四郎儀次に願立流の刀術・手裏剣その他の武技を学んで子孫に伝えた。常秀―下野守秀実―喜膳歳秀―伊豆守広秀と順次し、広秀は家禄三千石まで上る（『伊達世臣家譜』）。〝手裏剣の上遠野〟といわれ、上遠野流の手裏剣術を大成したのは、この広秀であった。寛政七年四月七日死去、七十五歳。

仙台藩の先覚者工藤平助の娘、只野真葛が、上遠野の手裏剣を次のように書いている。

上遠野伊豆は、明和・安永年代の藩臣である。武芸に達していた上に、わけて工夫の手裏剣の名手であった。針を一本、指のわきにはさんで、さっと投げると、百発百中であった。元来この針の工夫を思いついたのは、敵に出あったとき相手の両眼をつぶしてしまえば、いかなる大敵でも恐るるに足りない、という点からであったという。いつでも両鬢に四本ずつ八本の針をさしていた。あるとき伊達家七代の重村が、江戸の芝の屋敷で、御杉戸の絵の桜の下に馬の立っている図の、四つ脚の爪に打って見よといいつけたところ、二本うって、ぴったり命中した。その針跡が、屋敷の焼失する時まで判然とのこっていた。広秀は風がわりな人物で、むかし富士の巻狩りに仁田の四郎が猪に乗ったというところから、山狩りのたびに自分も猪を見つけて飛び乗るのが得意であった。さかさまに乗り、しりの穴に脇差を差し通せば、かならず仕止めることができると云っていた。手裏剣は一代きりのものだからといって、人には決して教えなかった。習おうと思うなら、ただ根気強く二本の針を打っていれば、自然に上手になると云っていた、云々。

上遠野の手裏剣は門人をとらなかったけれど、その打ち針が後に水戸藩に伝わり、上州安中藩から来て当時水戸藩指南をしていた北辰一刀流の海保帆平が、その工夫をかんがえて通達し、それを安中藩師範代だった根岸宣教に伝えたのが後の根岸流手裏剣である。

海保帆平芳郷

幼名は鉞次郎。上州安中藩士。文政五年生まれ。剣術は十二、三歳ころ、すでに藩の師範も手こずるほどであったという。十四歳、北辰一刀流千葉周作の門に入り、天保十一年、十九歳の時には早くも千葉門下第一の使い手といわれるようになった。藤田東湖の推薦で、水戸藩師範として五百石の高禄で召し抱えられ、天保十二年六月、弘道館創設にともない、彼は館剣術師範に任命された。水戸の儒臣会沢正志斎の長女と結婚して二男をあげた。江戸の本郷弓町に海保塾を設け、安中藩の根岸松齢を塾頭にした。

万延元年三月の桜田事変後、嫌疑をうけ、水戸に幽閉されること三年、釈放されて江戸に出たが、囚禁に健康をこわし、文久三年十月病死した。四十二歳であった。

上遠野流手裏剣を自分流に工夫して、精妙を得たが、これを根岸松齢にさずけて大成させた。

根岸宣教松齢

幼名は忠蔵。松齢は号であるが、後には号を名とするに至った。天保四年十一月、安中藩の荒木流師範、根岸忠蔵宣徳の子に生まれた。松齢の曾祖父、根岸丈右衛門宣延が、寛政三年に民間から登用され、荒木流の師範として安中藩に召し抱えられて以来―根岸宣将―宣徳―宣教と相続した。

宣教は十六歳で江戸に出、千葉周作・千葉栄次郎・海保帆平に学び、北辰一刀流の奥儀をきわめたほか、父から荒木流を学び、また大島流槍術にも達した。二十三歳、海保の代稽古で水戸藩邸にも出入し、又、海保塾の塾頭を任された。上遠野伝の手裏剣を海保から教えられ、一流を開創して根岸流という。

安政四年、二十五歳のとき諸国武者修行をし、帰藩して父のあとをついで四代目師範になった。当時、彼の突きの威力をおそれて、諸手突きは藩主から封ぜられたという。人物・力量、上州一の剣師と称され、門下三千といわれた。門人中、都丸磯七・岡田定五郎・関口信教・武井常次郎を、根岸門の四天王という。三男三女、みな武術を継がなかった。明治三十年七月十五日死去、六十五歳。安中の妙光院に葬る。

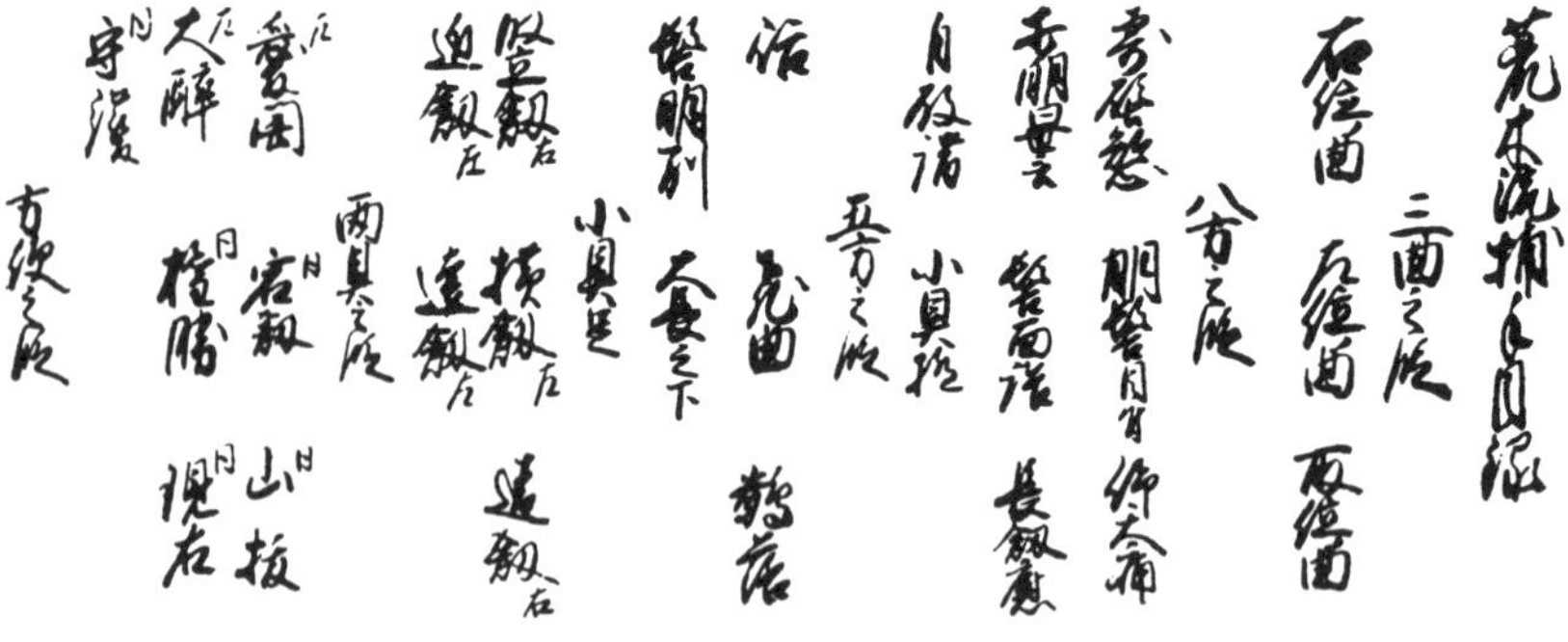

『荒木流捕手目録』

清水赤城

名は俊平、また俊蔵。字は正徳。赤城の号のほかに、淡廊・淡庵正気堂などの別号がある。明和三年、上州高崎に生まれた。九歳のとき、父にしたがって江戸に出、十三歳のころから文武両道に励んだ。剣は神道一心流の櫛淵弥兵衛宣根（虚沖軒）の門人。槍は宝蔵院流山本理左衛門に学び、砲術は斎藤庄兵衛から免許を得た。他に星山流・南蛮流・自得流・井上流などの砲術諸流を学んで、『火砲録』等の著作がある。右以外にも天文・暦数を本多利明に、兵術は和合楢水・島田正修に学んだ。諸侯から招かれたが応ぜず、野にとどまって教授した。

文化四年、ロシア船が千島をうかがうや、赤城は松平定信の委任によって海防の策を上申した。住所は牛込門内である。嘉永元年五月十日死去、八十三歳。小日向の日輪寺に葬る。

長男、清水太郎子巡も兵学と居合で有名であった。礫洲と号す。『ありやなしや』の著書。安政六年一月十八日死去、六十一歳。

二男、清水次郎正則。槍は宝蔵院流、満田権右衛門より皆伝。剣は二天流の渡辺六右衛門の弟子で、牛込に道場〝錬武堂〟を設けて教授した。父兄に先立ち、弘化三年七月一日死去、四十一歳。

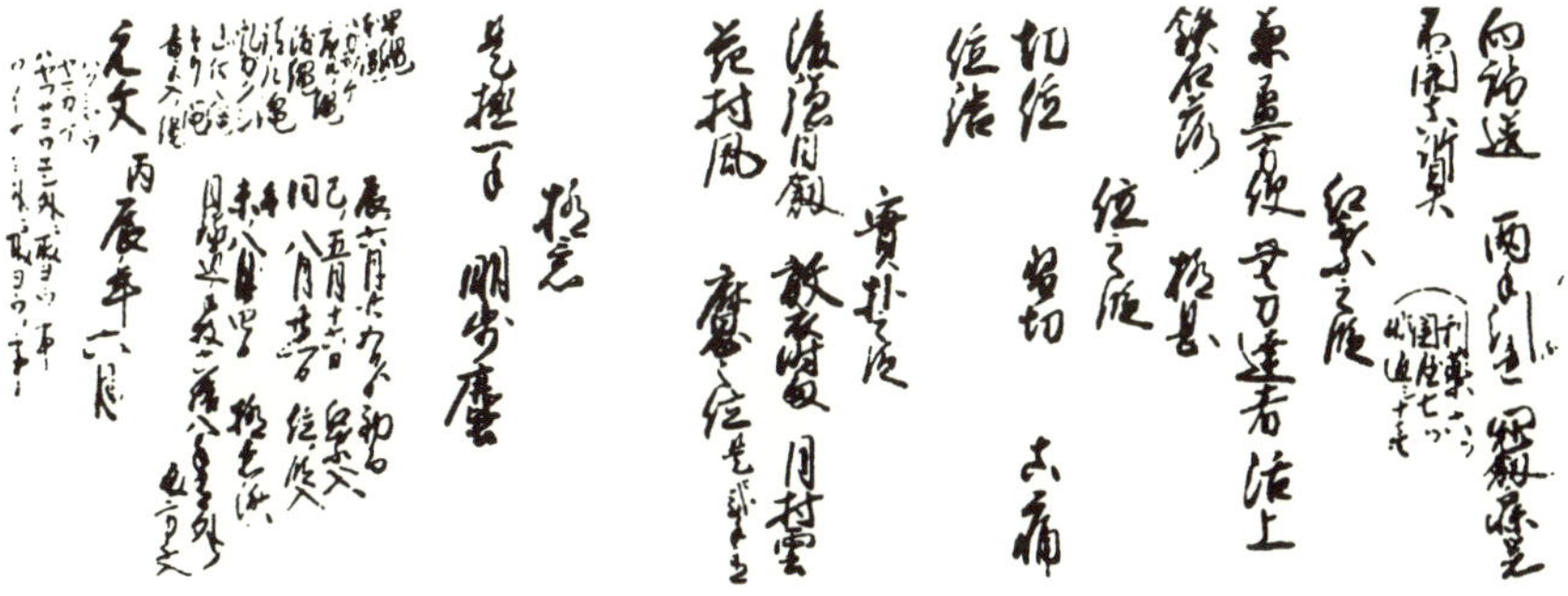

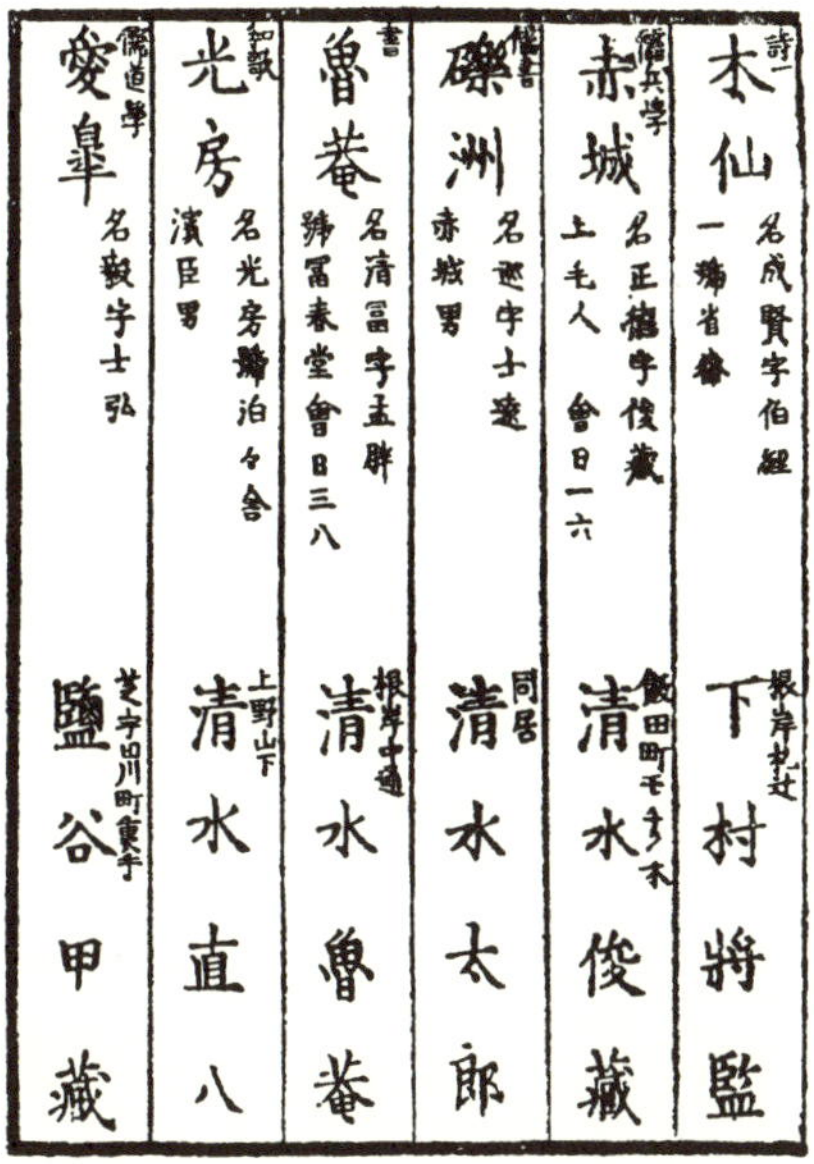

詩一	木仙	名成賢字伯經 一號省齋	根岸お丈	下村將監
儒兵學	赤城	名正龍字俊藏 上毛人 會日一六	飯田町モチノ木	清水俊藏
儒書	礫洲	名烈字士達 赤城男	同居	清水太郎
書	魯菴	名清富字孟胖 號冨春堂 會日三八	根岸中通	清水魯菴
和歌	光房	名光房號泊々舍 濱臣男	上野山下	清水直八
儒道學	愛皐	名穀字士弘	芝宇田川町東手	鹽谷甲藏

清水赤城・礫洲住所（天保六年版『広益諸人名録』）

本間丈右衛門正遠

　環山と号す。後に吹雪算得と改名し、作州津山の森家に召し抱えられた。柔術は、真神道流の山本民左衛門（前出）の門人。剣道は神道一心流の櫛淵弥兵衛宣根（虚沖軒）の門人である。山東京山の『蜘蛛の糸巻』に、日本橋の照降町新道に住むとあり。『ありやなしや』にいう、吹雪算得は、作州津山（森三河守）の臣で、もと本間丈右衛門といっていたのを、後に改名したのである。身のたけ六尺二寸の大男で、また大力であり、真当流（誤記）の柔術に達して一刀流の剣術を教えていたが、虚沖軒先生の道場へ試合に来て負け、それ以来門人になったのである。

吹雪算得は背の高い大男の、じつに堂々たる美男子であったから、津山侯の眷寵（けんちょう）をうけて二百石で召し抱えられた。それをきいた平山子竜が、「吹雪算得の男っぷりなら三百石でも安いよ」と言ったそうだが、そのことばからでも彼の風采の想像がつくだろう。肌色が白く、きれいな服装をして長い剣を佩（は）いている。これほど立派な美男子を、私もここ四、五十年間見たことがない。四十余歳で死去した。

山崎孫四郎

『ありやなしや』にいう、虚沖軒先生門で算得についで有名なのは、山崎孫四郎だった。この人はもと相撲取りで、シコ名を藤綱といっていたが、右肱を折ってから転業して武芸者になった。柔術は扱心流、槍は種田流、剣は虚沖軒の門に入る。身長五尺八寸、色くろくごつごつしたからだつきで、筋骨さながら鉄のごとく、見るから強そうだった。浅草田原町八幡社地に住み、高崎藩の客分になっていたが、四十余歳で死んだ。

秋山要助正武

一に正勝。雷角斎入道と号す。阿部播磨守領分、武州埼玉郡箱田村の農民の子として（川越の紺屋職人の子という説は、信じがたい）、安永元年十一月二十五日生まれた。戸賀崎熊太郎暉芳の門に入り、十九歳で神道無念流印可。後また岡田十松吉利・鈴木斧八郎重明・逸見太四郎に学び、近藤三助方昌に天然理心流を学んだという。神道無念流を門人の大川平兵衛英勝に継がせ、自分は武州飯能に道場〝扶桑館〟をひらき、扶桑念流と称す。晩年郷里に帰り、天保四年八月二十五日、野州佐野で客死した。六十二歳。興福寺に葬る。

大川平兵衛英勝

幼名は小鮒栄次郎。父は本姓渡辺で武州埼玉郡上野村の農、小鮒家を継いだ。栄次郎は三男。幼少より腕力強く、数里へだてた箱田村の秋山要助に入門して修行を積み、二十歳のころ皆伝を得た。二十二歳、入間郡横沼の大川与左衛門の養子になり、大川平兵衛英勝という。邸内に道場を設け子弟に教えたが、天保七年七月、甲源一刀流の大橋半之輔との試合に勝って、名声大いに上がった。当時の門弟に、渋沢宗助・尾高新五郎・尾高長七郎らがある。

後、川越の鳥居町に道場をひらく。文久二年十一月の藩政改革の時、召し出されて藩の剣術師範になり、十三石四人扶持を給せられた。慶応三年、藩侯が前橋に居城を移した際、大川もついて移り、向町橋林近くの自宅にも道場を設けた。明治二年、武州松山に隠棲し、明治四年九月十一日、七十歳で死去し、墓は武州横沼にある。次男の修三が道統を継いだ。

藤川弥司郎右衛門近義

近義の父藤川近知は、播州竜野の出身で、沼田藩土岐家に仕えた。近義は享保十一年出生。直心影流の長沼四郎左衛門国郷の門に入り、代稽古の長沼正兵衛尉活然斎から、同流十代目の的伝を得た。宝暦六年、下谷長者町に道場をひらいた。直心影流藤川派、俗に藤川流という。寛政十年四月十二日死去、七十二歳。養子の藤川次郎四郎近徳は、土岐家の河野氏から来て娘に配されたが、三十八歳で夭逝した。その遺児、当時十一歳の弥八郎近常を、近義の門人赤石軍次兵衛孚祐が後見して、十三年間にわたって道場を維持し、近常を名剣士に育て上げた。

しかし近常は生来多病のため、三十余歳で引退し、弟の弥司郎右衛門貞（貞近、一に貞親。幼名は鳳八郎）に藤川の正統をゆずる。この貞も赤石軍次兵衛の門人である。貞は文久二年八月死去、七十二歳。

赤石の後見中、もっとも傑出したのは前述の藤川弥八郎近常と、井上伝兵衛と酒井良祐の三人で、これを〝藤川の三羽烏〟という。

赤石軍次兵衛孚祐

軍司兵衛ともある。安永六年、下谷車坂に道場をひらき、後、浅草門跡裏に移った。『ありやなしや』にいう、もと近藤家の臣であるが、剣術で一家をおこし（藤川弥司郎右衛門近義、参照）、与力の株を買って幕臣になった。門人数百人。文政八年八月死去、七十七歳。

その門にも上手が多いが、特に本所亀沢町の団野源之進と、石川瀬平二（瀬平とも背平治ともある）が名高い。団野・井上伝兵衛・石川瀬平・磯貞三郎を〝赤石門の四天王〟という。

団野源之進義高

赤石軍次兵衛の門人で、直心影流正統十二代。団野派という。号は真帆斎。寛政七年、本所亀沢町に道場をひらく。教うるところ親切ていねいで、子弟から慈母のごとく慕われた。晩年、道場を門人の男谷精一郎信友にゆずり、隠居して余生をたのしみ、安政元年七月、八十九歳で死去した。男谷がこの道場へ移転入居したのは、安政五年からである。

井上伝兵衛

幼名は富太郎。赤石軍次兵衛の門人。下谷に住し、後、鳥居甲斐守の姦計にかかって暗殺された（『ありやなしや』）。幕府の御徒で、下谷御徒町に屋敷があったが、従弟某の子を養子にして御徒の株をゆずり、井上誠太郎と名のらせて出仕させた。自分は下谷車坂町に道場をかまえ、名を井上玄斎と称していた。彼は藤川弥司郎右衛門貞親の門人の位置にあるが、じっさいはその道場を後見していた赤石軍次兵衛に教わったのである。

伝兵衛の暗殺されたのは、天保九年十二月二十三日の夜であった。下手人は本庄茂平次（前名は辰輔）で、本庄は悪辣できこえる町奉行鳥居甲斐守の腹心であり、薬種商人の子であるが、鳥居が井上の門弟であるところから、彼も同門に連らなっていた。井上伝兵衛をその党に誘ったが、井上がことわったので、悪事が井上の口から洩れるのをおそれて、暗殺した。しかし、口をぬぐって葬式の世話などしていたため、彼の犯行であることは、久しく露顕しなかった。

伝兵衛の弟は伊予松山藩に仕え、熊倉伝之丞と称したが、兄の仇をうつため浪入し、一子伝十郎をつれて江戸に出た。本庄茂平次は露顕をおそれて、伝之丞をも暗殺した。そのため、かえって茂平次があやしいと目をつけられたので、長崎へ高飛びして行衛をくらましたけれど、数年後、鳥居甲斐守の失脚にともなって、長崎でとらえられて江戸送りとなった。

井上伝兵衛の門人、十津川浪士の小松典膳が、熊倉伝十郎に助力して茂平次の行衛をさぐっていたが、茂平次の江戸送りを知るや、手を尽してその筋に嘆願し、茂平次が中追放の刑を云いわたされて評定所を出るのを待ち受け、神田一ツ橋外の、護持院ケ原で仇を討った。茂平次四十五歳、伝十郎三十三歳、典膳四十七歳。いわゆる〝護持院ケ原の仇討〟である。時に弘化四年八月六日（『匏庵遺稿』・『甲子夜話』他）。

酒井良祐成大

良佑と書くのが正しいかも知れない。太田錦城の孫、才次郎の書いた『旧聞小録』に、

「酒井良佑。通称は捨吉。越後高田の人。榊原氏に事う。少より剣を好み、江戸に来るに及んで藤川近義に師事す。鵬（鳳）八郎と井上伝兵衛と名をひとしくす」（原漢文）という。以下、『ありやなしや』より引用する。

越後高田藩榊原家に、酒井良佑という剣客がある。幼名は捨吉という。この良佑は、今の藤川弥二郎左衛門（弥司郎右衛門貞近）がまだ鵬八郎といっていた時分の弟子で、当時、井上伝兵衛と、鵬八郎と、酒井良佑の三人は伯仲の剣士といわれ、中でも酒井の技術がもっとも卓越していた。

私は母の兄（安平見山楼）と共に、この酒井良佑の伴をして南総に遊んだことがあるが、良佑の門人が上総には数百人もあり、そのわけを旅中で聞いた。

高田藩の士、はじめは多く太田錦城の門人だった。錦城は号で太田才佐が本名。加賀人で儒者として有名であって、後に幕府の儒官になった大久保長之助（越後の人。号は鷲山）なども、錦城の講義をきいていた（錦城、名は元貞、字は公幹、通称は才佐。伊藤東涯と皆川淇園に従学した。文政八年四月二十三日死、六十一歳。谷中の一乗寺に葬る）。

酒井良佑も朋友といっしょに錦城の講座に出ていたが、あるとき錦城の談話が撃剣のことに及び、口をきわめて秋山要介を褒めるので、良佑はこれに反駁した。曰く、

「秋山要介の無念流というものは、もともといいかげんな虚剣であって、実理に合わないようである。自分より劣れる者に勝つというだけのもので、なんら恐るるに足りません」

これをきいて太田錦城は、色をなして、言った。

「きみは年が若いから、年長者を軽蔑するのだろうが、秋山要介の撃剣にたくみなことは、世間にも定評があり、拙者のせがれなども、とうてい及ばないと言っている」

錦城のせがれというのは、長男栄太郎のことだ。栄太郎は今堀吉之介の門人で（『旧聞小録』には、会田七郎の門人で、会田の死後その後を襲い、直心影流十三世とあり）、剣士としてちょっと名を知られ、浜町の山伏井戸に道場を営んでいた。後、錦城の遺跡を継いで本郷に住し、どちらかと言えば剣より棋士で鳴らした。

　酒井良佑、錦城のことばに思わず鼻先がピクピクした。

「あいや失礼ながら、御令息の剣術と、この私の剣術とを日を同じうして論ぜられるのは、先生の素人了簡でござろう」

「なに、私が素人だ？　じゃあ君は秋山要介と試合ができるかい」

「さようです。流儀の作法で、私のほうからは求めませんが、秋山氏のほうから求められるならば、いかにも試合はいたしましょう」

「これは面白い。しかと相違ないな」

　錦城先生、秋山をひいきの余り、試合のことを仲介した。

　このとき秋山はすでに五十歳。良佑は二十五、六歳の血気盛りで、要介は余り試合の気がすすまないけれども、錦城先生の口入れだから、ことわりかねて日を約束し、栄太郎の道場で技をまじえることになる。

　当日、錦城の門人、要介の門人、田舎からの見物人など、たくさんやって来た。

　要介は、いった。

「貴兄は壮年、拙者は老輩で、長時間の試合には耐えられないから、五本勝負ということにしよう」

「よろしい」

　面・小手をつけ、竹刀をとって対峙する。良佑は身のたけ六尺。要介は精神いじけて余り積極的に戦えない。そのうち良佑、

「やあーっ！」

と大喝して、上段より要介の頭上に打ちおろす。受けたが、割りつけられて、

「参った」

と、さけぶ。

　二本目は左の小手、三本目は胴をとられて、要介は三本つづけてやられ、あとの二本はもはや戦わないでも良佑のストレート勝ちということに、きまった（『旧聞小録』には、良佑の四勝一敗としてある）。

「これほどの巧者に出合ったことがない。私がもっと若くても、とうてい五分の勝負はむつかしい」

と秋山要介が褒め、太田錦城も大いに感心した。

　これ以後、上総で酒井良佑の門弟がきゅうにふえ、むろん要介の門や、錦城の門から移る者も多かった。

　良佑の稽古場は南総高根村の網元、酒井兵三郎の台所で、ここへ近隣五、六里から来集する門人が数十人あり、十日ほどそこで教えると、他の場所からべつの門人たちが、馬で迎えに来るという有様であった。

　上総の幸手宿の近所に、相撲取りの万五郎という者、無念

流戸賀崎熊太郎の弟子であるが、酒井良佑があまり流行するので試合を申し込み、手もなく負けて、それ以来上総では、良佑はまるで天狗のように尊敬されるに至った。

良佑は、江戸では小石川竜慶橋に住んでいたが（十九歳、文政三年以来そこに道場をひらく）、四十余歳で死去した（天保八年九月二十二日死去、四十六歳）。本郷六丁目の喜福寺に葬る。大久保長之助が碑文を作る（以上で要約おわり）。

良佑の跡目は、子の捨吉が継いで二代目良佑成功と名乗る。剣術の承伝は、酒井良佑成大―岡本仲之助―中村左橘―酒井良佑成功。高田藩に仕えていたが、上野の彰義隊に加盟して大いに戦い、北海道に落ちのびて箱館に転戦して後、降参して幽囚された。明治十四年に死去した（『北越名流遺芳』）。

磯貞三郎

石川瀬平二の岳父、礒貞三郎は、赤石軍司兵衛の高弟で、飯田町もちの木坂下、鍋島内匠頭の家来分である。麹町三丁目谷町で道場を営んでいた。

その門人で麹町の大工某が棒の使い手で、おまけに酒癖がわるい。八月の月見の宴によばれて来て貞三郎と口論し、その夜中に六尺棒をもってやって来て、門をたたき、

「雌雄を決しよう」

と、いう。

家の裏の、紺屋の物干場に出て、貞三郎は一尺五寸ほどの脇差で闘い、けっきょく踏みこんで大工を一刀に斬り倒してしまった。

このため江戸から追放され、上総・下総を遊歴して、一斎と改名し、柔術の法によって導引（どういん）を業として生活を立てた。後、地蔵道人と号す。この人の伝碑（でんぴ）を沢田東洋（書家、沢田東江の孫）が柴又帝釈天（しばまたたいしゃくてん）の社地に建てたが、ともかく人物としては得がたい豪骨の士であった（『ありやなしや』）。

戸田一心斎

通称は栄之助。大洲藩士。江戸に出て赤石軍次兵衛に直心影流を学ぶ。京に上って道場をひらき、門人多く、令名が高かった。明治四年十二月六日死去。黒谷に葬る（『京都名家墳墓誌』）。

男谷精一郎信友

幼名は新太郎。通称精一郎、後、下総守。静斎また蘭斎と号した。文化七年一月六日出生。父は男谷新次郎信連である。精一郎は二十歳のとき、同族の男谷彦四郎忠果の養子となって、幕府小十人組の跡を継いだ。彦四郎は燕斎と号し、男谷検校の孫。表御祐筆。天保十一年六月二十八日死去、六十四歳。二女あり。次女を精一郎にめあわせたのである。

精一郎は幼少から文武を好み、はじめ平山子竜の門に入った。文化十四年、本所亀沢町の団野源之進（直心影流的伝十二代）の門に入る。精一郎は、やがて麻布狸穴に自分の道場をひらいたが、安政元年、団野死去のとき亀沢町道場をゆず

られ、直心影流的伝十三代になり、安政五年から亀沢町に移った。他流試合を奨励し、若い時分から都下の剣士と手あわせしない者はないほどで、申し込まれた試合をこばんだことはなかったという。

天保二年、書院番、嘉永三年、御徒頭になる。安政二年に幕府が講武所を設けたのは、男谷精一郎の建議にもとづいたもので、彼はその頭取並、兼師範となり、下総守に叙任。文久二年、講武所奉行、三千石に上る。元治元年七月十六日、五十五歳にて死去、深川の増林寺に墓がある。

以下、『善行録』の記事を引用する。

男谷先生は予が撃剣の師なり。名は信友、号は静斎、通称を精一郎といい給う。当時御本丸御徒頭つとめらるるなり。その人となり厳毅・方正、天の縦せる英武・雄才・闊達・大度にして、よく衆を容るるの大量なり。天性武事を好ませられ、幼年より勉励いたされ槍術は古今に独歩せり。弓馬・拳法いずれも深く循行せざるなし。なお博く諸史百家の書に渉らせられ、古今治乱盛衰の理をきわめられ、武

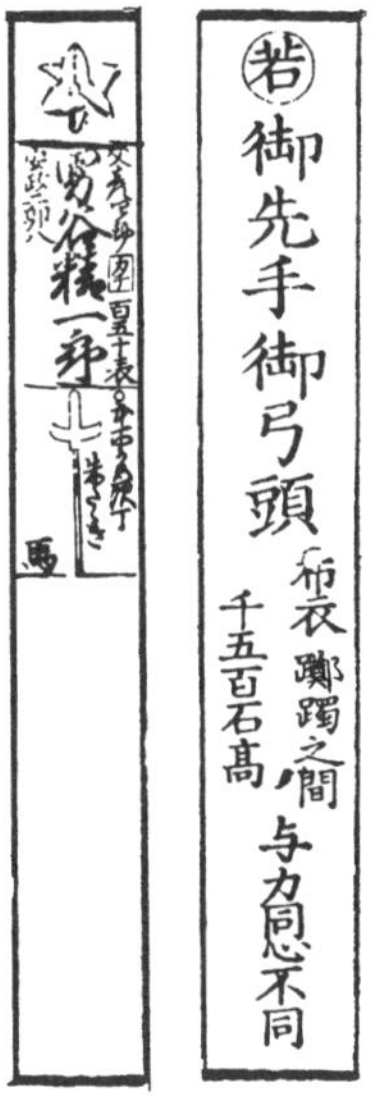

男谷精一郎
(安政三年版『大政武鑑』)

事のほかは昼夜読書を楽しみとなし給う。もっとも歴史の学に長ぜらる。かたわら書画の妙を得給えども、あえて人に知らせ給わず。門下の内にても知る者少なし。勿論、すべて何事も表にあらわし給わぬ性質なり。常に人の長短・得失を論じ給わず、別して公辺政務の批判をきらわせ給う。御咄と申せば古人の忠孝・節義のこと、代々の興亡・盛衰などのほか他なし。その余はただ大声に笑わせらるるのみなり。予は二十年来親炙し、その高徳に服せしなり。故に先生にもまた厚く思召し、横川七郎（後出）同様に、内外の斟酌なく寵遇にあずかりしこと比類なし。よって年来こころに感ぜしところの言行実跡を伝えて、子孫の鑑戒にいたしたく、記しおきぬ。あえて他見をゆるさず。

先生壮年より酒を好ませらるること、人に超えさせ給う。よって折には門下親戚らの招きにあずかり、或いは酒客により分外に酩酊せらるることもありしが、さらに平生に変らせられず。そのうえ翌朝は、いつもの時を違え給わず早起きにて、ただちに馬乗袴をめされ、庭指を帯びさせ、井戸へ参られ、うがいなされ、それより箒はたきを取らせられ、居間より次ぎの間を掃除いたさるるなり。このとき余人はようやく目をさますことなりき。直ちに庭の矢場へいらせられ、射術せられしなり。又は雨天などの節は几案にて書見のこともあり、巻藁射らるることもありしが、右の早起きの時刻、掃除のことは、三百六十日さらに変らせらるることなし。長きあいだには遠足などにて草臥れのこと

あるべく、前日の稽古にてかくべつ疲労のこともあるべく、又は前夜深更まで酒宴にて分外すごさせられ、二日酔のことも常にあるべきことながら、翌朝起きさせらるる時刻一朝も違わせらるることなし。処労の時なりとも、例の時刻に一旦は必ず起きさせられ、後また床に付せらるるなり。実に彼の管寧（字は幼安。漢の朱虚の人）も遠く及ばざることにて、いわゆる常有るともいうべきことなり。あるとき酒席の節、予・七郎等へ教誨のことありし。克己の二字を守るべしとなり。なお仰せられしは、我等つとめて此処を執行（修行）いたすこと多年なり。何事にてもまず難儀に思うことは、第一にこれを行う。毎朝早く起出でぬることなども、長き間には色々前日の労れにて枕の上がり兼ぬる折もあれども、それをいささか憤発（奮発）して起上がりぬれば、平日にかわることもなきものなり。すべて何事にても一念の発る頭を打って、負けざるように心がくべきこと肝要なり。我等は昔より、右の処をつとめて執行いたしける故、今にては習い性となり、かくべつ難儀に思うことなし。最初のところいささかの憤発にて、果ては懸隔の違いになり行くものなり。よく此処をつとむべきよし仰せられし故、右の二字をしたためて頂き、額にいたし、常に居間へ掛け置きけれども、仲々先生には恥ずることのみなり。勿論、先生の人となり、内大勇・果敢にして外温柔・寛裕なり。古今の英雄というべきか。

　武場をひらかれしも、やがて二十四五年にもなるべきか。されども門下千に及び、海内その英名をしらざる者なきにいたらせらるるは、いったい直心影流の定めにて、他流の試合を堅く禁ぜしことにて、自流の内のみの執行ゆえ、これまでかくべつ抜群の者もきかず。しかるに最初より先生の志は、もと忠孝のために稽古致す業なれば、たがいに長短をこころみ合い、わが短を捨て彼が長をとり、いささかにても我にまさる者こそ益友ならん。なるだけ仕口の知れざる他流と試合うこと、此の道の大益なるべし。竹刀の上の勝負を念とし、勝つを誉れ、負けを恥とするは、忠孝を主とする者の執行にあらず。又は浪人などにて、全く口腹のためにのみする者の業なるべし。流禁にはあれども、他流の試合を専ら致さずしては、本意の稽古はならぬことなりとて、諸方の武場と往来いたし、およそ都下の内、試合致さざるは有るまじ。元来、勝負を争うの試合にてなく、ずいぶん礼譲を専らに致されし故、ついに争論に及びしこともなし。なお又各流名を唱うることあるまじきことなり。槍は槍術、剣は剣術にてよろしく、何流々々と分かるるより、甚だ狭小偏僻になり行きしこと歎くべきのよし、常に仰せられし。その頃までは、いずれにても、余り他流の試合はなかりしが、右の通り諸方へ参られし故、都下にて他流の試合追々盛んになりゆき、ついには、寄合い稽古など始まりけるよう成りしは、畢竟先生の武辺に引き立てられ、自ら風化致されし也。かかりしこと故、自然その妙処にいたらせられしも推して知るべきなり。よって世の人々は、ただ勝れたる武人とのみ唱えけれども、予は左に思わず。なかなか武の一篇を以って評するごときの人にあらず。胸中の深智・儁才、古今に卓越せらるれども、深くこれを包ませられ、さらに人に知らしめ給わず。そのうえ行跡の正しきこと、当世また有るべき人と思わず。我等肉眼ながら三十年来世上の人にも交わり、名ある人の実跡をも聞きしに、先生のごとき人なし。まことに感激すべきことなり。

つねづね吾が党へ語られし。昔楠公は、生涯その室のほかの婦人と近付き給うことなきよし。この一事、我また楠公にゆずらずと仰せられし。

諸葛・武公・楠公などはすぐれたる誠忠のことにて、万世不朽の美名をのこせしが、我等その才知は企て及ばざることながら、誠忠の一念は少しも譲らざる心得なり。すべて人は何事にても、内輪ひかえ目こそ肝要なれども、忠孝・信義の場合においては辞譲いたすまじきことなり、と教示し給いしなり。

先代彦四郎どのは燕斎と号せられ、能書の美名天下にかまびすしく、高貴・権門の方々より御家人・陪臣までおびただしき門下にてありしが、中には書の門人いたしぬれば権家へ取り入りの種にもと、稽古せし人もあるなどと評判せしもあり。そのころ先生は両番御勤めにてありしが、ある親戚の衆より異見せられしは、今尊大人盛んのうち対客登城など出精いたし、大人御弟子の権家方へ頼み入るるならば、昇進もやすかるべし。他人すら右等の目論見にて、書の門入せしものもある沙汰あり、まして親子のことにしあれば、必ず取扱いくれべきなり。この時節をむなしくするのは不智のいたりなりと申されしに、先生もってのほか不得意にて、拙者は三百俵と申す高頂戴あれば何事にても不足なく、このほかは酒食も腹へは入り申さず、さらに他の望みなし。ただ当役を大切に精勤いたすのほか、一切願わしきことなきよし、挨拶ありしなり。元来権門等へ奔放いたし、身の引立てを願うなぞという小事は、甚だ嫌いなりしことなり。その後、彦四郎どの世を辞され、三百俵高にてありし処、かねて書の稽古場等のため歴々の門下にて助け合い、広き座敷こしらえありしが、当時の高には不相応なることにて、ゆくゆくはとても持ち続きかねべきこと故、譜代の用人吉子又七諌言に及びしは、御心にはかなわせられまじきことながら、このままにては御住居むきも今に持ち続きかね、殊に御厄介多きにも渡らせられ莫大の御雑費、なお追々御縁辺の時節にもならせなば、如何とも致し方あるまじく、今より御心がけ遊ばされ、せめて五百石高にも進ませられずしては、とても此の極難しのがせられがたし。御劬労さまながら、対客登城前など御始めなされ、御かせぎ給いぬるようと申し出しが、先生挨拶には、そのほう心にかけて、我等が上を思っての忠言は至極過分なることながら、我等性質にて此の働きは甚だ不得手なり。たとえ一篇推家への拝趨にて千石高に昇るとも、この儀は決して出来ざることなり。住居向き雨漏り・破損など出来なば切り売りにいたすべく、厄介の儀も少しも心配にならず。高増しの縁談望むべきにあらず。持参金を多く持たせつかわすより、芸術など能く執行いたさせしほう増しなるべく、そのほか何事も三百俵にて不足なることなし。少しも此の上の望みなきこと故、再度右様のこと申し聞きくれまじ。酒がまずくなりぬと仰せられて、例の大声にて笑わせられし。そこへはからずも御徒頭千石高仰せをこうむられし。まことに珍らしきことなり。しかるに先生を知らざる者、又は己々の不肖にもかえりみず嫉妬・偏執の心より、時の執政水野越前守どのへ取り入り、分外の昇進いたせしと誹謗せる者もありしと聞く。大なる間違いなり。もっとも水野どの武芸を好ませられ、都下の武人を招かれ試合など好まれしが、先生ほどの妙技ほかに比類なく、既にある他流と試合のみぎり、感心のあまり、思わず男谷は天下の剣術者なりと歎美せられしを、一席の衆もみな聞かれしなり。右ゆえ家中の指南をたのまれ、二七の日稽古にて参られしなり。さりながら、身分のことなど願いいたすようなる卑劣の性質にあらせられぬことを、人は知らざるなり。

　奇物翫好・園庭木石の構・飼鳥・鉢植類、又は碁・将棊・俳諧の類、淫楽は申すに及ばず、好めるもの一品もなし。常に昼夜文武の道にのみ心をゆだねられ、一切の嗜玩あることを見ず。たまたま稽古の間日、雨雪などにて徒然の折節、山水花鳥の類えがかせ給いて、掛け置かせられ慰さめられしことあり。果てはいつも予などへ賜わりし故、ただちに表具申し付け、つねに壁間にかけて恩恵を拝し、その英風をしたいしなり。ただ天然の山水は従来好み給いしことにて、春秋は折節墨陀（隅田）のへん、向島などへ追陪いたせしなり。

　この両三年前のことなりき。先生の御弟、当時御両親とも橋場に住居なり。右弟御の長女かねて続柄もありしにや、御本丸大奥勤めの女中へ、部屋子につかわしおけるよし、この息女、容儀衆に秀でしこと御聴に入り、西丸様へ御中﨟に進ぜられべくとの尊恵にて、御透見などあらせられ、いよいよさし上ぐるようとの節お尋ねにつき、部屋親の女中心得に、男谷精一郎娘のよしに申上げけることのよし。上にも精一郎娘ならば一段のことなり、早々さし上ぐべしとの上意の趣、橋場へ申し参りと故、一同よろこびの眉をひらかれ、さっそく亀沢町へ参られ吹聴し、右の次第よんどころなき手続ゆえ、御娘のつもりに御聞き入れ給えと御頼みありしに、先生には以ってのほかなることとありて、一円御得心あらせられぬこと故、是非なく立帰られしが、さりとては如何ともなされ方なきまま、かねての御孝心ゆえ親御様より御頼みもあらば、まげても御聞き入れあらせられべくと、御両親様へお願いなされ、なおまた達て御頼みありしが何分にも御聞入なく、仰せ上げられけるは、私儀三十年来武事を以って子弟に教導いたし、つねに武道の吟味切磋つかまつりぬることは人々も知りぬることなるに、我娘にもなきものを第一上をいつわり、かつは御寵遇もあらせなば、その僥倖（ぎょうこう）によりて身の栄花をきわめんと心得ぬる姿にあたり、公私とも済（す）まず。よしや上よりいつわりの譴責（けんせき）なきとても、右の汚名雪（すす）ぎがたく、恥を千載にのこしぬるこそ遺恨至極なることに侍（はべ）れば、ここを得（とく）とおぼしめさせられ、御用捨下さるべき旨仰せられし故、よんどころなく右の息女病気に申し立て、下げられしよし。いったい平日兄弟合（あい）のむつまじく、友愛の道まことに美しく、何事にても御頼みのことなど御ことわり申すことついに承り侍らず、そのうえ御両親への孝心は勿論人々の知れるところなりしが、この一条ばかりは何と御頼みありても御聞き入れなく、堅く御ことわりなりし。当時御旗本衆のありさま、いささか内縁のなき女子をも養女などにいたし、御奉公にさし上げ、中には大いに僥倖を得し人々もありしを見真似（みまね）、かなりの容儀にもあれば、養女にこしらえ差し出しぬること珍らしからず。なかなか恥じぬることならず。結句、働きのつもりになり行きし風俗なり。先生の心術とは懸隔（けんかく）せる世の有様、歎（たん）ずべきことなり。

　刀剣を好ませられ、当時の上工に命ぜられ、いろいろ堅（かた）物（もの）ためしなどいたされ、折れ曲りなき品をたくさんに蔵させられし。そのほか弓・銃・槍・甲冑など分外に所蔵せられしなり。

　家来の召つかい方なども感心せしことなり。幼年の節より召つかわれし渡り中間清助なる者、今は七十歳なるが、かねてより別段に部屋をこしらえつかわされ、足軽になされ、日々の勤めも免ぜられさし置かるるなり。春秋の折節遠足なされしおりは、予・七郎など御さそいにて追陪せしが、潜行（しのび）ながらも当時の御身分ゆえ、両侍・草履取り・物持ち中間めしつれられしなり。昨年春、深川元八幡より洲崎のほうへ陪侍（ばいじ）せしが、折節元八幡には人もなかりしままに、芝うちはらい各座をしめて、海面の渺々（びょうびょう）たるけはい、遠く芙蓉（ふよう）の雲外に出しさま、実に白扇倒懸東海天と丈山（石川丈山）が詠ぜしも宣（むべ）なることなどと云い合い、また房総の遠山藍（あい）もてえがきしかと、引きはえたるを興ぜられ、御持たせの吸筒（すいづつ）などひらかれ、一杯を催されしが、御供の侍・中間にも茶碗などにて度々賜わり、肴なども手づからつかわされしなり。いつも右の通りなりしが、そばに侍りいて我等毎度心中に感心せしなり。彼らが有難がりぬるさまを見るにつけても、何ぞ一朝事もあらば、卑賤の身ながらも身命をなげうって忠勤いたすべきさまなりし。いったい中間にいたるまで一年・二年の者は少なく、いずれも長く勤め居ける者ばかりなり。我等も一両人の僕をもつかいぬるが、このありさまに感じ、少しはいたわりつかわせしに、また彼らが勤向きも水ぎわ立ちしことにてありし。毎度先生へ出でぬれば益を得（え）帰りぬること多し。実に虚往実帰（きょおうじつき）（虚而往実而帰――『荘子』徳充符に出た語）というべきなり。

　御家内多く、分けて男子方多ければ、長き内には一度ぐらいは叱（しか）らせらるる声をきくこともあるべきに、絶えて憤怒の色、叱咤の声をききしことなし。いつも顔色温和にして、欣々然として得るところ有るがごとし。これ則ち天稟の大量、衆人の及ばざるところといえども、よく忠恕の道を守らせられ、また日夜勉励して克己の二字を鍛煉・琢磨せらるるの功いたるところならん。御息達も幸いにいずれも人に超えし生い立ちにて、孝順の心厚く、別して武芸は抜群、何事も申分なく、常人の比すべきにあらず。まことに天のしからしむるものならんか。

　前にも申すごとく僅か二十四年の武場なれども、門下のうち武術抜群、都下その右に出づる者なき輩たくさんに出来せしは、ひとえに先生の教育方によれるものならん。大勢のことなれば、もとより種々様々の人物もありしが、広大の量にて容れさせられ、目前いささかの非をとがめられず、ただ自分の言行いかにし正しくなされし故、自然に風化いたし、ついには先生の風儀をしたい、各信義の道を重んじ、行跡を正しく改めけるよう成り行きしなり。これいわゆる不言の令ともいうべきなり。右の輩の内、いま都下四方に武場を開き、あるいは侯家の師範となり、それぞれ大勢の門下を教育せる者二十余人なり。国初よりいまだかくのごときを聞かず。これ無辺の大功、公辺への誠忠、広大なるものならん。

　先生平日諸葛・武公を愛せられて、その像を壁間にかけられ、掛花生に花の絶えしことなし。その花は世間の挿花にあらず。後園の内にて折り、天然のままにさしおかるるなり。掃除のことは前に申せしごとく、毎朝手づからなさるるなり。曾子のいわゆる居処荘なるというところならん。

　一躰の人となり、常によく屈を守りて伸びることを念とし給い、予・七郎などに折節の教誨にも、聡明叡智守るに愚をもってするのいましめ、勤めて守るべきことなり。世路の艱難をさけ、よく父母の遺体を全うすることこの修行にありと、折々いましめ給いき。前にも申せし先生の深智・儁才にして、胸中万石の玉を貯え給いしも、深くその光を包ませられて、さらに人に知らしめ給わず。故に知る者少なし。人知らず。しかるを慢ぜずともいうべきか。いささかの事にても人と長を争わず、誉をあたえ給うこと例の大量と、屈を守るの修行にてなれるものならんかと、常々心に感じぬ。

　右、横川七郎（後出）と申すは、予が先輩にして、常陸国作屋（造矢）村郷士木村弥太夫次男なり。その人となり篤実・温厚にして、青松の百年一日のごとくなる性質にて、表は魯なるがごとく内善悪の道を明弁して信義の操を守り、まじわること久しくて増々厚く、道徳は必ず固持し、然諾は必ず重く応じ、おこない言をかえりみ、言行をかえりみるの人にて、感激すべきこと多し。予、同門数百人の内にて、心腹の友として常に争責の益を得、たがいに骨肉の交情日々に厚くするものは此の人にあり。敬して尊むべき人なり。もとより武術は師門の黄秦にして吾が党の祭酒なり（学問をつかさどる者を祭酒という）。当時八町堀に武場をひらき、若干の門下を教導してその名都下にひらけり。

横川七郎治定

男谷精一郎の門下中、特に傑出した者は島田虎之助（後出）・島田和四郎友親（虎之助の兄）・天野将監（将監の養子が彰義隊頭首の天野八郎）・榊原鍵吉（後出）・三橋虎蔵・柏木大助・横川七郎らであるが、なかんずく横川はよく師風を守って的伝を得、直心影流十四代になった。

横川は常陸国造矢村の出身で、前名は木村俊次郎といい、村の富家木村弥太夫の四男。幼時、村内の横川八郎右衛門の養子になったが、同家に実子ができたので、江戸へ出た。精一郎に学んで後、八丁堀に道場をひらく。

島田虎之助直親

号は見山とするのが通説だが、峴山が正しいか。豊前中津の奥平藩士、島田市郎右衛門親房の第六子として、文化十一年に島田村で出生した。兄（親房の第三子）に和四郎友親があって、後に同じ男谷門に学んでいる。

十歳ごろから藩の剣術師範、堀十郎左衛門（次郎大夫とも）の門に通って、小野派一刀流を学んだ。十六歳、九州一円の武者修行の旅に出、翌年、ふたたび九州武者修行に出た。二十歳ごろから上方・関東を目ざして武者修行し、天保九年に江戸にあらわれた。男谷精一郎を訪ねて試合をし、さらに井上伝兵衛（前出）の下谷車坂の道場を訪ねて散々に負け、井上の紹介状をもらって男谷の道場（本所亀沢町）に内弟子として住みこんだ。爾来、数年のあいだに師範印可を得、男谷の師範代になって剣名大いに上がった。天保十四年に師家を出て、浅草新堀、次いで深川霊岸島に道場をひらき、松平内記勝敬家の出入りとして二十人扶持をもらった。嘉永五年九月十六日病死、三十九歳。浅草松葉町の正定寺に葬る。

榊原鍵吉

幕士榊原益太郎友直の嫡子として、天保元年十一月、麻布広尾で生まれた。名は友善といったが、通称の鍵吉で世に知られた。十三歳のころから、当時狸穴にあった男谷精一郎の道場に学び、熱心に稽古して上達し、免許皆伝を与えられた。

安政二年、幕府の講武所創建とともに教授方に挙げられ、講武所が三年十月、神田小川町に移転してからは、師範役並にすすんだ。紀州から家茂が入って将軍職になり、軍制が改革されると、鍵吉は三橋虎蔵・井上八郎・今堀登代太郎・近藤弥之助らと共に師範役に任ぜられた。彼の家は元来幕士であるから、地位も栄進して二ノ丸御留守居格で三百俵を給せられた。

慶応二年七月、将軍家茂、大坂城内に死去したが、このときの将軍上洛には鍵吉も従っていた。同年十一月、講武所が陸軍所と改称され、もっぱら洋式調練を教えることになったので、鍵吉は身をひき、車坂の自分の道場に帰って子弟に教えた。

慶応四年五月十五日、上野彰義隊と官軍の戦いに、鍵吉は隊外の別動隊として輪王寺宮を自ら背負って上野を脱出し、三河島まで見送った。彼はすぐ道場へ引き返し、知らん顔して官軍の詮議の目をのがれた。

徳川家は田安の亀之助（後の徳川家達）を当主として、駿府七十万石をたまわることになり、鍵吉を招いて大番頭に任命した。その年八月、彼は静岡へ随行し、明治三年東京へ帰った。

旧武術家たちの新しい生活手段としての撃剣会興行は、明治六年四月十一日、榊原鍵吉が浅草見付外で興行したのが最初であった。それに真似て、斎藤弥九郎・千葉道場等も興行をおこない、一時は柔術などもふくめて、東京だけでも四十数カ所を数え、次第に地方へもひろがって、その余勢は明治三十年ごろまで続いた。

明治十一年八月、上野公園で警視庁のもよおした天皇御臨幸の撃剣会には、鍵吉は審判として出席した。明治二十年十一月十一日、伏見宮邸において鍵吉の兜割りを天覧に入れた。明治二十七年九月十一日病死、六十五歳。四谷南寺町の西応寺に葬った。

山田次朗吉氏の『日本剣道史』が、その年表を榊原鍵吉の死を以って閉じ、「旧師歿して以後は、名の実に副わず、技の法に叶わざるもの多く、撃剣は熾んなるに似たるも、道術は破れたるに庶幾し」と言ったのは穏当の見というべきであろう。

中村一心斎正清

肥前島原の人。字は一知。号は呑竜。天明二年生まれ。八歳のとき、島原藩士板倉勘助勝武に、浅山一伝流を学んだ。寛政十一年、江戸に出、都築与平治・津田武太夫らに浅山一伝流を学び、後、いったん病気療養のため島原に帰郷したが、やがてまた江戸に出、鈴木斧八郎重明の塾頭たること三年、ついで江戸八丁堀に道場をひらいた。その間、心形刀流を学び、また神道無念流の戸賀崎知道軒の門にも入る。

文政元年六月、富士山にのぼって百カ日の大行を積み、九月のある夜、霊感を得て不二心流を開創した。身長六尺三寸、美髯三尺五寸。森景鎮の『剣法撃刺論』に、中村一心斎は内観の法を修したとあるから、仙術式の精神練成を刀術の補助法としたらしく、そういう特殊な訓練から、不二心流精神骨法という術を創始した。

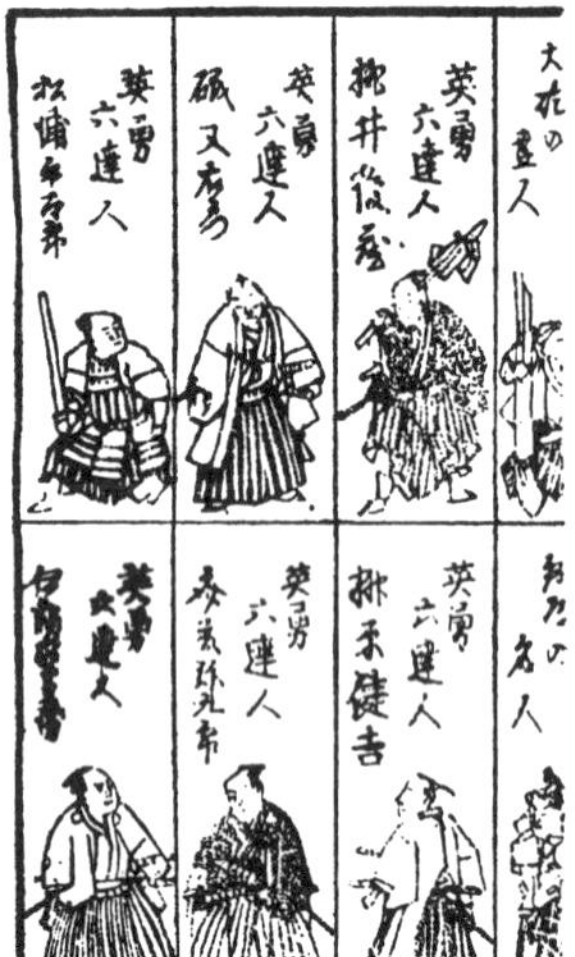

瓦版『当時英勇揃』（部分）
〈桃井春蔵・磯又右衛門・榊原鍵吉・斎藤弥九郎他〉

彼は、もと久留米藩士で、五千石の大身であったというのは、どうやら人の噂だけらしい。水戸斉昭に招かれて、千葉周作門下の海保帆平と試合をした時、まだ二十歳代の血気の帆平が、老年の一心斎に全く歯が立たなかったという話がある。

晩年は千葉の木更津に隠棲し、安政元年十月三日、下総国埴生郡赤萩村の鵜飼覚右衛門の宅で死んだ。七十三歳。同所の善福寺に葬る。

加藤田平八郎重秀

近代の廻国試合でもっとも有名なのが、久留米の加藤田平八郎と、柳川の大石進である。この平八郎は久留米藩士になって以来の加藤田家の四代目、剣術の伝統で数えると上泉武蔵守―小笠原上総―針谷五郎左衛門―片岡伊兵衛―中村権内―加藤田新作―加藤田平八武信―加藤田新八武陣―加藤田平八郎重秀で、神陰流九代目であった。

初名は万次郎、字は潜卿、号を益亭という。実父は加藤田十助だが、十助は加藤田の本家でなく、初代本家新作の二男十助の後であった。重秀は文政六年、十六歳のとき本家加藤田新八武陣の娘婿として入籍した。養父新八から神陰流を習うかたわら、星野九郎（星野流四代。初代は熊本藩士、星野角右衛門実員で、秋山系揚心流土肥新蔵の門人）から揚心流鎖鎌の相伝をうけ、又、深野平左衛門からも揚心流薙刀を学んだ。二十二歳の文政十二年五月から年末にわたって半年間、九州・四国・中国・近畿・南海十九カ国を武者修行し、九百九十八人と試合して帰り、天保八年に養父が隠居したので相続して、久留米藩師範になった。天保九年三月、三十一歳で江戸に出、窪田助太郎・男谷精一郎他数十人と試合して帰国した。養父新八は弘化三年六月二十五日死去、六十五歳。平八郎重秀は六十八歳で死去したという。重秀の流儀は、俗に加藤田神陰流という。

門人中もっとも傑出したのは松崎浪四郎直之で、後に久留米藩師範となり、九州一の名があった。

大石進種次

寛政九年、筑後三池郡宮部村（いま大牟田市内）に生まる。柳川藩士、大石太郎兵衛種行の子。通称は進、後に七太夫。武楽と号した。幼時、馬を飼い門前の田畑をたがやして家計を補った。某日、剣術のことで人の辱しめを受けて、発奮、石をつるして突技（つきわざ）を稽古し、遂に藩中第一の突の名手になった。父から愛洲神影流を受けて一派をひらき、大石神影流という。二十三歳、父を継いで御徒組となる。従来の剣術を観破し、あらたに十三本穂の鉄面をつくり、また竹腹巻と半小手を用い、試合において胴切りの技を始め、殊に左片手突きを創案して試合の手数を案出した。身長七尺、怪力。天保四年、同十年と、もういちど年代不明に四方を遊歴し、五尺余の長竹刀で突きまくって、各道場を撃破し、大石旋風と怖れられた。文久三年十一月十九日病死、六十七歳。三池郡宮部村に葬る。二男の種昌が父の称をうけて進と改名し、これも剣士として名が高かった。明治十一年十二月二十二日死去、五十五歳。

平野荘八尚勝

田宮流居合の八代目である。『ありやなしや』にいう、二番町の、土屋伊賀守家来で平野荘八。これは関口流の柔術、田宮流の居合剣術を教えている。この人は腕力がすぐれているので、門人もことごとく力業が強い。只木柔兵衛（平野の門人である。火の番役。伝通院前に住す。その養子敬之進は牛込肴町に住す）などは、へいぜい大・小刀あわせて三貫目もあるという重い刀を佩用していた。平子竜（平山子竜）の心友で、学問もあった人物だそうだ。

窪田助左衛門（正しくは助左衛門勝英の長子、助太郎清音である。後出）・中根十郎太夫（御番士）なども、前記の平野荘八の門人である。中根は芸州の上田主水から中根家へ養子に来た人で、身のたけ六尺にちかく、三尺余の朱鞘の大・小を腰にしているが、供の者に大身の槍をもたせ、せいの高い馬にシャンと乗ってあるくすがたは、じつに立派であった。近来、これほどの堂々たるかっぷくの人物は旗本のなかにも余りない。惜しい哉、四十歳余の若さで物故した。

窪田助太郎清音

初め勝栄。後に源太夫・助太夫という。旗本窪田助左衛門勝英の長子。田宮流居合を平野荘八（一に匠八）尚勝に学び、田宮流九代となる。安政二年、講武所頭取に就任。また無辺無極流槍術・中島流火術・山鹿流軍学・長沼流軍学にも達し、『足軽進退秘授別伝』その他、武術に関する著述が多い。この流、宇和島藩に伝わって窪田派田宮流という。慶応二年十二月二十五日死去、七十八歳。青山南町の玉窓寺に葬る。

篠田金右衛門・五兵衛

『ありやなしや』にいう、宝蔵院流では越中富山藩（前田備後守）の篠田金右衛門、おなじく篠田五兵衛であるが、私の知っているころには金右衛門がすでに歿して、その子弥織が世を継ぎ、小石川諏訪町に住んでいた。大小名らの入門者がひじょうに多く高松侯（讃岐の松平讃岐守）の支族をはじめとして、柳川侯（筑後の立花家）・関宿侯（下総関宿・久世大和守）ら、みな篠田金右衛門の門人である。

篠田五兵衛のほうは小石川の百間長屋横丁に住んでいた。私の弟（次郎正則）はこの人の門人であるが、五兵衛は五十余歳で死去した。その養子を長四郎という。この人は病身のため家業をやめ、富山へ帰郷した。

本家の篠田弥織もそののち家業をやめ、これも富山へ引退した。この流儀のあとを承伝しているのは高松の山田恒蔵である。

小栗仁右衛門正信

柳生石舟斎宗厳の門人とも、但馬守宗矩の門人の出淵平兵衛に学んだともいう。長崎へ出張した際、柳生門の駿河鷲之助と協力して一つの拳法を創案し、柔の字をきらって甲冑伝とも武者取りともいい、総称して小栗流という。刀術を表、和術を裏として、元和三年から門人に教えた。寛文元年六月六日死去、七十三歳（一説――八十歳）。

小栗流二代目の朝比奈円右衛門は、備後福山藩士朝比奈軍兵衛信政の長男。三歳で父をうしなったので、土佐山内家士、朝比奈右京亮（叔父）に頼って養育された。水野柳滴斎（正勝。水野流柔。前出）の門に学び、後、出府して小栗仁右衛門の膝下で修行して、一家をなした。山内忠義・忠豊・豊昌三代に仕えて和術師範役をつとめ、二百石。格式は馬廻りであった。天和三年十一月十日死去、五十八歳。以降、高知藩に伝統した。

堀田佐五衛門自諾

初名は階康、後に頼康。自諾は号である。起倒流を、吉村平助扶寿（寺田勘右衛門満英の門人。満英は前出）に学んだ。自諾は前名を平野半平頼建といって、播州赤穂の浅野長矩に仕えて、近習役、二百石。長矩切腹後、大石良雄の義盟に加わっていたが、いち早く脱盟し、大石家の払物代金をぬすんで京都に奔り、改名した。赤穂における免許の門人は十二名あり、中に、大石内蔵助・萱野三平重美があり、間十次郎光興も高弟であった。後に大坂に出て道場をひらく。享保九年三月二十二日死去、六十七歳。天満の本伝寺に葬った。

自諾の門人に滝野遊軒貞高がある（『紀州柔話集』には、遊軒を大坂の揚心流山本為左衛門の門人とあり、為の字は民の誤記真神道流の山本民左衛門英早である。前出）。

遊軒は師の死去した享保九年、京へ移って道場をひらいたが、起倒流の伝書をたくさん私製して江戸方面へ流し、三年ほど経ってから、流名の何となく高まったころに江戸に来て、下谷三筋町（一説――西窪天徳寺前）に門戸をひらき、門人をとった。しばらく居て、上方の門人がやかましく催促するからと偽わって京へ上り、一年ほどで元の三筋町へ舞いもどり、これより大いに繁昌した。晩年、老衰して門人も離れ、大いに窮乏したが、晩弟の鈴木清兵衛邦教（起倒流のほかに、神武尺蠖（せきご）流剣術を開創した）がよく世話をしたので、流儀の書類をこれにゆずった。宝暦十二年六月十八日死去、七十二歳。入谷町の全得寺に葬る。明治四十三年、西巣鴨の松竜山摠泉寺に改葬した。向島の三囲神社に百回忌の供養碑がある。

飯塚臥竜斎興義

通称は、はじめ徳三郎、後に伝左衛門。飯塚水之進興保の子として、安永九年十一月十九日、上州緑野郡（いま大野郡）下大塚村に生まれた。十四歳のとき江戸に出、叔父の絹川文左衛門信興（一に久右衛門、芳重、良重。総州絹川村の人。上州新町駅に居住していたが、後に江戸浅草馬道に道場をひらく。戸田流渡辺兵右衛門興直の門人）に絹川流（剣・柔）を学び、後、神影・戸田・疋田・三化無敵流の四流を併修し、叔父の死後は同流の蛭川菊右衛門興但（一に興良。絹川文左衛門の門人）について奥儀をきわめた。寛政十年から諸国修行し、一時、津軽越中守に仕えたが、やがて辞して再び諸国を修行し、全国の門人一万余と称された。なお学ぶこと十流。上州新田郡の正田隼人から臥竜斎の号を与えられた。天保十一年二月三日死す。六十一歳。大塚村の源性寺に葬る（『上州人物志』）。

磯又右衛門正足

号は柳関斎という。天明六年（一説――二年とも）、伊勢松坂に生まれた。紀州藩士で本名は岡本八郎治。十五歳のとき京都に出て、一柳織部に揚心流を学ぶこと七年、師の死後、真神道流の本間丈右衛門に入門し、六年たらずで奥儀をきわめた。諸国修行中、近江草津で百余人の無頼漢と争ったとき、当身（あてみ）について悟るところがあり、二流を合して一派を立て、天神真揚流百二十四手を定めた。江戸に出て、神田お玉ケ池に道場をひらく。故あって一時、栗山又右衛門とあらため、やがて磯氏を継いで幕臣になった。文久三年七月十五日死去、七十八歳（一説――六十歳。又一説――文久二年、七十四歳とも）。以下、―又一郎正光―又右衛門正智（前名、松本清左衛門）―又右衛門正信―又右衛門正幸と相伝し、嗣なく、絶家した。

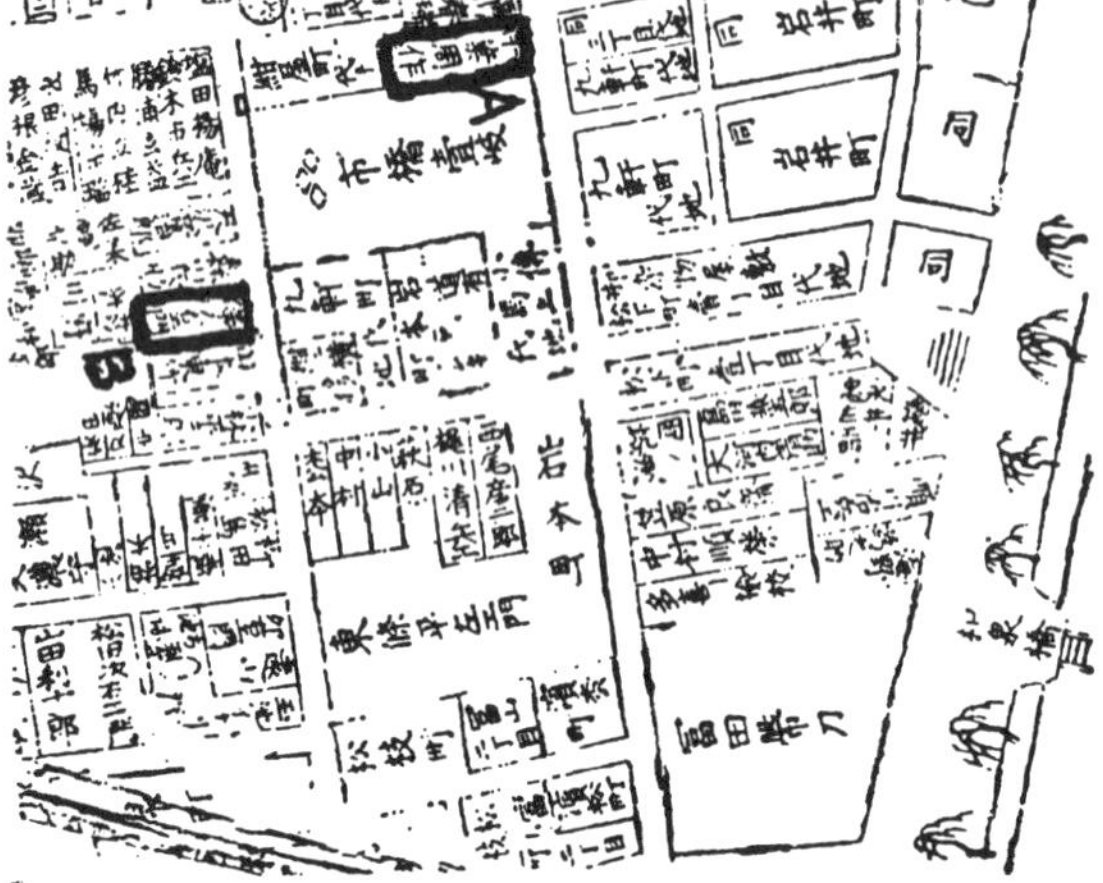

安政六年切図（A・千葉周作　B・磯又右衛門）

酒井要人信文

小野派一刀流十一代である。忠也派として伊藤忠也から数えると九代目にあたる。師は吉田助右衛門豊詔（一に弥五右衛門）。門人に勝見老喜忠篤・熊谷源治郎丹治末治（一刀流兵法妙信熊谷派）・大久保九郎兵衛忠宣（その門人の月岡一郎義宣から神武一刀流）らがある。

『ありやなしや』にいう、

このごろ牛ケ淵の桜井蔵之介の地面を借りて住んでいる酒井要人は、もと浜松水野家（沼津、水野出羽守）の浪人である。吉田弥五右衛門の高弟で、小野派一刀流の剣術、高田派宝蔵院流槍術を指南している。旗本の門弟が数百人もある。この人の槍術は私の父（清水赤城）も門人であったから、私はそんな因縁で刀槍を、この酒井要人に学んだのである。牛ケ淵から、後に小川町今川小路に移転した。今は養子があとを継いでいるが、名は養父と同じく要人と称している。槍で“相面の試合”をすることはごく近来のことだが、酒井要人は相当はやくからやっていた。

伊能宗右衛門由虎

宝蔵院四代目胤風―竹村八郎兵衛嘉会―伊能宗右衛門由常―伊能宗右衛門由旧―伊能宗右衛門一雲斎由虎―松平甲之助と相伝した。

『ありやなしや』にいう、

牛込、築土明神下の伊能宗右衛門は、はじめ永見氏の家来。いちど浪人して後、あらためて林肥後守の家来になった。号して一雲斎という。この人は宝蔵院流槍術と、愛洲流の剣術を教えている。旗本の門弟が数百人ある。近年、七十余歳で死去した。

高橋伊勢守泥舟

勝海舟・山岡鉄舟と並んで、いわゆる幕末三舟の一人である。名は政晃、通称は精一、また謙三郎、後に伊勢守。幕士の川村外記が、河内久五郎の忍心流を相伝されて一時、忍刃流とあらため、後また忍心流に復帰した。天保台覧の記事には本流恩忍流とあるのは誤記で、正称は本流忍刃流という。江戸の幕士のあいだにおこなわれた。高橋家の家伝は、川村外記―永田元右衛門高附―関伝蔵儁義―高橋紋三郎―高橋義左衛門包実―高橋鍵野助―高橋泥舟で、泥舟は幕末軍制改革のとき遊撃・精鋭二隊の総督に任じた。明治三十六年死去、六十九歳。

堀江源五右衛門

『ありやなしや』にいう、

馬術で有名なのは本郷桜の馬場の堀江源五右衛門だ。これは昔から代々鳴りひびいた馬術家で、その名はすでに斎藤主税の門人帖にあり、また『駅馬大意記』にもその名が見えている。堀江の馬術は大変もてはやされたもので、この人は後に沼津水野侯に召し抱えられた。

大沼優之助

秋元藩（羽州山形）の大沼優之助という者、日置流弓術で一時大いに世におこなわれた。浅草・神田明神社等に、鉄兜を貫いた額面を奉納して、額堂に今もかかげられている（『ありやなしや』）。

片見蔵人

私の若かったころ、浅草堂内に片見蔵人という人の、鉄兜を貫いた額があった。この人は郡山浪人の子で、片見流と称し、実用射術を教えて寛政年代に大いに流行した。私の父なども安富景山の家でよく片見に面会したことがあるとのことだ（『ありやなしや』）。

安富景山

安富景山は名は軍八。これも郡山浪人だが、弓術によって与力に召し出された。後、安藤対島守邸からの帰途、護持院ヶ原で暗殺された（『ありやなしや』）。

井上貫流

江戸の人、医を業とし、後に貫流左衛門とあらためた。肥前国の浪人雲仙道人（俗名不明）より西洋砲学（和蘭流）を学び、井上流を称した。文化年中、ロシア船北辺を犯す。幕府、貫流に命じて視察せしめた。『旧聞小録』にいう、

「性豪遇不群、武技をよくし、砲術を巧みにす。自ら言う発明する所あり、よって命じて井上流と曰う。弟子甚だ多し。文化中、鄂虜しばしば辺塞を犯す。幕府貫流を召し、これをして蝦夷に赴かしめ、以って虜情を探らしめんとす。貫流美髯たり。その始て大将軍に謁するや、列侯貴官、争ってこれを見る。貫流手に髯を掀けて曰く、好男子ひとり有る我のみと、府中伝えて以って笑を為す。時に吏、その名の士人ならざるを以って、これを改めしめんと欲し、これを貫流に命ず。貫流曰く、臣すでに貫流を以って名となす。今にわかに改むべからず。やむなくんば則ち貫流左衛門となして、吏これを可とす。ここにおいて貫流左衛門の名、大いに世に鳴る。その蝦夷に赴くや、謂て曰く、今日の行、万死もとより甘んずるところ也。すなわち自ら旗に書するに〝曝屍海岸〟の四字を以ってす。人みなこれを壮とす」（原漢文）

佐藤百助信淵

一に百祐。字は元海。松庵・万松斎・椿園などの号がある。明和六年六月、出羽国雄勝郡郡山村に生まれた。父の庄九郎信季より大衍流砲術を学び、その六代目を継いだ。また伯父の式正から大円流、熊谷丹次郎直利に隆安流、坂本孫八郎俊豈に荻野流、その他、武衛流・自得流・渡辺流・安見流・中島流・浅香流の各流砲術を学んで、行軍砲・自走火船・ガス弾の紫金鈴等を発明した。

文化五年、阿波藩に兵学師範として招かれ、鮎喰町（徳島市）付近に射的場を設けて射法をこころみたが、在任一年、政変のため阿波を去った。嘉永三年一月六日死去、八十二歳。浅草高原町の松応寺に葬る。

高島秋帆

高島四郎太夫茂敦。後、喜平。字は子厚また舜臣。秋帆と号す。寛政十年、長崎町年寄高島四郎兵衛の長子として生まれた。和蘭予備大尉デヒレニューに西洋砲術を学び、歩騎砲三兵の編成運用をきわめ、幕府に洋式兵制の採用を進言。天保十二年五月五日、徳丸ケ原で洋式調練を実施して与力格に上げられた。天保十四年、讒言により投獄され、幽囚十余年、嘉永六年に江川坦庵の救解で出獄し、安政二年、講武所師範、文久三年、武具奉行となる。慶応二年一月十四日死す、六十九歳。本郷東片町の大円寺に葬る。西洋流と称し、後に高島流とあらためた。

村上財右衛門範致

『旧聞小録』より摘要する。

通称は定平、後に財右衛門とあらたむ。号は清谷。田原藩の人である。長崎に遊学し、高島秋帆に砲術の秘をきわめて帰藩し、士弟に教えた。安政年中、秋帆の江戸に檻送されるのを知り、面会しようと新居駅まで追って行ったが、許されなかった。洋船に摸して藩のためにスクーナーを造り、順応丸と名づけて自ら操縦し、江戸に回航した。諸役を栄進して家老に上る。明治二年、大参事に任じ、同五月四日病死した。六十五歳。子の照武が相続した。

（続・武芸小伝終）

跋

綿谷　雪

歴史というものは、大きな経験であったということができるけれども、その経験は、すでにすんでしまっていることであって、われわれがこれを対象にする場合、観念的にはともかく、感覚的には決してとらえることができないものです。

しかし、文化史学の立場からすれば、これを感覚的にとらえることができないからといって、あえて何らのこころみをしないで済ましておられるわけでもない。何とか、歴史の世界に潜入し、生々しい（ビビット）感情をもってその時代、その環境における生きた人間たちのイメージに直面したいという念願に駆り立てられるのです。

とは云え、現代人の生活感情や精神を仲介者（メディアム）としていたのでは、おそらく過去への潜入は、とうてい不可能なのではないでしょうか。

ビタミン剤・肝臓剤を常飲し、何者かの為めにする偽造の自由社会とやらに住んで、金・オベンチャラ・猜疑・卑屈と、あらゆる制御（せいぎょ）的因子（いんし）にわれわれの思惟や行動がブレーキをかけられている現代から、あたまにマゲを付け、腰に大刀を帯びて、不自由な階級社会の規範の中で、あんがいにも伸び伸びと、心ゆくばかり闊達に生き抜いた人たちの多かった過去の世界を想像することは、単なる幻想としてならともかく、ヒシヒシと身にせまる現実感をもって味わうことが無理であります。

しかし私は、こう思うのです。たとえば武術というような一局面を歴史ののぞき穴としてみたら、どうだろうか？と。

武家時代における武術というものは、現代のスポーツや趣味、教養とは、テンで違います。それを表看板にする、しないにかかわらず、ともかく彼等の生活に密着し、行動や処世法の基本になっていなかったでしょうか。

武術をスポーツにしてしまったのは、思うに、現代人が人生を真面目なものと思うことを中止し、気楽なものと見るようになったためです。昔の人たちにとっては、おそらく、人生は真面目で深刻なものと見るようになったためです。昔の人たちにとっては、おそらく、人生は真面目で深刻なものであっただろうと思います。そして武術は、人生が真面目で深刻なものであった時代の、特異な所産であります。

私は必ずしも現代に武術の再興を冀望（きぼう）しているわけではありません。しかし、どう考えても、人生を気楽なものと考える現代人の生き方には、賛意を表することができないのです。それではヒューマニズムの拒否ではありませんか。私が武術というのぞき穴から、過去の人間をのぞいて見ようとするのも、まあこういった観点からであります。

人名索引

・複数の名称がある人物については代表的なものを掲載した。
・ボールド体の数字は見出しのページを表す。

か

し

す

せ

そ

た

ち

つ

て

と

な

に

め

も

や

ゆ

よ

わ

流派名索引

・流派名の読み方と武技の内容は、綿谷雪　山田忠史編
『増補大改訂　武芸流派大事典』を参考にした。
・アステリスク（*）の付いたものは同名異流であることを示す。

あ

い

う

え

お

か

す

せ

そ

た

ち

つ

て

と

な

に

ね

は

ひ

ふ

へ

ほ

ま

み

む

も

や

文献・伝書・史料名索引

あ

い

う

え

お

か

き

く

け

こ

そ

た

ち

つ

て

と

な

に

ね

神社・仏閣名索引

著者略歴
綿谷雪（わたたに・きよし）
1903年-1983年。和歌山県和歌山市出身。
作家、江戸文化研究家、武芸史研究家。早稲田大学卒業。在学中から真山青果の助手をつとめる。
主な著書に『考証江戸切絵図』『考証武芸者列伝』『日本剣豪100選』『武芸流派100選』『図説・古武道史』他多数。

完本　日本武芸小伝

2011年2月21日初版第1刷印刷
2011年2月25日初版第1刷発行

著者　綿谷雪

発行者　佐藤今朝夫
発行所　株式会社国書刊行会
174-0056　東京都板橋区志村 1-13-15
TEL. 03-5970-7421　FAX. 03-5970-7427
http://www.kokusho.co.jp

装丁　臼井新太郎
印刷所　株式会社シナノパブリッシングプレス
製本所　株式会社ブックアート

ISBN978-4-336-05345-9　C0021
乱丁本・落丁本はお取り替え致します。

妖術使いの物語

佐藤至子

四六版・上製　二五二〇円

日本の歴史の陰に陽に跳梁跋扈し、物語、歌舞伎、浄瑠璃、漫画など様々なジャンルに登場する、怪しくも魅力的な妖術使いたちと、彼らが駆使する妖術の数々を語り尽くす。妖術を使う場面を描いたダイナミックな図版約一〇〇点収録。

日本刑罰風俗図史

藤澤衛彦［著］　伊藤晴雨［著・画］

A5版・上製　三三六〇円

日本の刑罰の歴史を一望する奇書！「関所改」「松葉いぶし」「雪責」「蛇責めと釘牢」……。稀代の民俗学者と絵師による刑罰と風俗の文化史。〈責め絵師〉伊藤晴雨の美麗挿絵を多数収録。

※価格は税込です。